主　　编　徐勇　李学通　罗存康
本册主编　郭鑫

卢沟桥事变史料全编

◇ 第四册 ◇

中华书局

目录

贰　从丰台事变到卢沟桥军演（1936年6月—1937年7月6日）

贰　从丰台事变到卢沟桥军演（1936年6月—1937年7月6日）

一、华北危机与日军控制丰台

（一）桥本群中将问答录

资料名称：橋本群中将回想応答録

资料出处：臼井勝美、稲葉正夫解説《現代史資料》9《日中戦争》2，株式会社みすず書房 1976 年発行，第 318—335 頁。

资料解说：桥本群于 1936 年 8 月任日本中国驻屯军参谋长，1937 年 8 月转任第一军参谋长，是日军发动七七事变的主要责任人之一。本件是 1939 年至 1940 年间，桥本和参谋本部战史部官员之间的问答记录。桥本群在问答中强调驻屯军行动是依「庙议」，要实现华北的「防共、亲日、开发经济、经济提携」。日军认为丰台地区是「战略交通要点」，遂于 1936 年占领丰台兵营，控制了丰台地区。桥本群认为丰台事件是卢沟桥事变的「导火索」。还强调，由于「日本在大陆发展」，早晚都必须解决华北问题，即便没有卢沟桥事变，也会有第二、第三次类似冲突。

九一　橋本群中将回想応答録（参謀本部作成）

目　次

三二、中央から見たる漢口作戦に対する所感
三三、廣東作戦実行の経緯
三四、廣東作戦計画に関する問題
三五、武漢攻略後の処置
三六、海南島攻略問題
三七、陸海軍間及省部間の関係に就て
三八、中央統帥の範囲及節度に就て
三九、中央統帥の実行方法に就て
四〇、統帥上の意志決定の時期に就て
四一、方面軍（軍）に附与する任務（命令）に就て
四二、戦闘序列に就て
四三、兵力転用及総予備的兵力の保有に就て
四四、制令線（作戦地域）に就て
四五、瓦斯使用問題に就て

竹田宮殿下　今次事変に於ける中央部の統帥に就いて駐屯軍参謀長として向ふから見られた所見、及中央部と現地軍との関係、夫れから又第一部長として中央に来られてからの事項に就いて忌憚ない御所感並に戦争指導の実相を伺ひたいと存じます。

橋本　事変其のものの大きな輪廓に就いては記憶に残つて居りますが、実際の作戦行動其のものと云ふ様になりますと相当頭から抜けて居ると思ひますが……

殿下　中央統帥部と現地との間に於ける其の時の経緯あたりを伺ひたいのであります。其の大綱は大体機密作戦日誌等に在るのですが、其の時どう云ふ関係でそれが出来たか、どう云ふ風な事が原因して斯うなつたかと云ふ真相が伺へたら結構だと思ひます。

一、事変直前に於ける現地の空気

竹田宮殿下　先づ伺ひたいのは事変の始まる前現地で戦争謀略か何かあつたでせうか、中央としては色々心配して岡本中佐を現地に派遣して居りますが。

橋本　岡本中佐は私が種々話しましたので安心して帰りました。其の他は何もありません。

殿下　全く「デマ」でありますか。

橋本　相当大きく「デマ」が飛んで中央部は非常に心配せられたらしいが全くの「デマ」です。

然しその「デマ」がどう云ふ理由で伝播したかと云へば、当時駐屯軍を取捲いて居る浪人共が沢山居つたので、さう云ふ連中の策動に依るかと思ひます。満洲に大勢集つて来ました浪人共は満洲が片付いて奇麗になつた今日では、関東軍の行動を邪魔して（事変最中でもよくありましたが）目に余る様になつて来る。其の為にそれ等を駆逐する様になつたので内地に帰つたものもあるが大部分は北支へ流れて来て、支那問題其の他を提げてゴロ〳〵して此の附近に非常に沢山居たのであります。

それで事変直前にも色々策動する者や各種のものがありましたが其の都度之を弾圧して居つたのです。然し之は今から見ますと浪人あたりの策動と云ふものが相当に働いて駐屯軍内部に於ても支那側

に対する諜報謀略をやる主任者の内の一部には、それを諜報其の他に利用して居るために、其れ等の間に種々な関係を持つて居つたでありませう。

又実際軍の意見を纏める迄に幕僚達の考へとしては色々個々の意見もあつたのでありませうが、夫れは駐屯軍としての正式のものでなく事実に於て此の如き計画も何等の準備もなかつたのです。

さうした実情は中央の方面には仲々解らんので中央は心配しまして、駐屯軍は今にも戦争をするのかと（其の戦争と云ふのはどの程度のものを考へて居たか判りませんが）所謂戦争謀略をやつて居るが如く中央は考へて居られた様です。当時浪人達の間の考といふものも対支戦争などと云ふやうなものではなく、結局北支の状態を一変する、例へば宋哲元の政権を覆へし韓復榘を持つて来るとか、或は閻錫山をどうするとか又は冀東政権を拡大強化するとか所謂北支工作の過激なる進展を望んで居つたと見るべきでありまして、駐屯軍の施策に対し飽き足らない考を持つて居たやうに思ひます。

然し駐屯軍としては廟議の決定に基く対支処理方針（名称？）を基礎とし、之を遂行する為には当時の冀察政権を対象として施策するを本筋とし、徐々に其の実績を挙ぐるの方針でありまして必しも荒療治をしなければ工作停頓せりとは考へて居らなかつたのです。右処理方針の内容は詳細に覚えませんが要するに北支に於ては防共、親日、経済開発、経済提携と云ふ事を主としてやらねばならんと云ふ様な方針だつたと記憶して居ります。

殿下　それは何時頃の事ですか。

橋本　之は古い話ですが、私が軍事課長〔昭和九年八月—十年十月〕で居りました時から関係省間に研究せられ其の後数次の修正を経て私が参謀長に行く頃には更に新らしいものが決定せられて居て赴任する前に話を聞きました。之は勿論平時に於ける政策的のもので今度の事変の不拡大方針といふものと直接の関聯はありません。

後日戦争謀略云々といふ実情はまあそんなものです。

結局取捲の連中が北支に何か事あれかしと裏面から夫々陰謀を企らんで策動して、陰謀計画を樹てるもの、実際に動いて居つた奴もあるし、其の中には一部幕僚が之を諜報に使つて（第二課関係の幕僚の一部）居つたと云ふ事もありました。

殿下　然し其の頃支那に何か事が起りはせんかと云ふ気分は大体窺へたのではないですか。

岡本中佐の行つたのは五月頃だと思ひますが。

橋本　岡本の来たのは今でもはつきり覚えて居ります。戦争のことを非常に心配して居ましたが私が話しましたらすつかり安心して帰りました。支那に於ける空気が段々険悪になり、殊に西安事件以後は南京政府の抗日一層露骨となり夫れが宋哲元の態度にも影響し北支にも不安の空気が逐次醸成せられつゝあつたことは事実です。

二、事変勃発当時に於ける駐屯軍と関東軍との思想の相違

橋本　夫れからもう一つは夫れに余程関聯している問題ですが、事件が勃発した時関東軍が中央に意見具申をして居ます。

つまり蘆溝橋事件が起りますと、此の際やれと云ふ意見でありま

320

す。

殿下　夫れは電報でありますか。

橋本　電報も無論行つたでせうが書類もこしらへて関東軍だけで意見具申をしたのです。そして支那駐屯軍よりも同様の意見具申をするやうに勧告する為に幕僚が其の書類を持つて天津へやつて来たのです。私の所の幕僚にも同じ意見を言ふものがありましたが、軍としては対「ソ」情勢判断に就き関東軍と同様の自信を有しないから同様の意見を駐屯軍より具申することは出来ぬと断りましたので、遺憾の意を表して新京へ帰つたことがあります。

　事変前から北支問題に関する関東軍と駐屯軍との考には幾分の相違がありました。

　関東軍としては満洲国を確り握つて行く為に其の周囲の地域と云ふものに非常に関心を持つて居るのは之は無理からぬ事だと思ひます。夫れで東北〔満洲〕正面は直接に「ソ」聯を相手とする事だから問題はないのですが、西の方面即ち蒙古方面北支方面は何と云ひましても支那からもぎ取つた満洲国である関係上、始終交通もあれば陰謀も行はれると云ふ関係にあり、而も蔣介石は失地回復といふ「スローガン」を以て満洲国の独立と云ふものを否認して居つた時代であるから、さう云ふ陰謀を持つ人が北支から流れて来るのは無論であります。

　そこで天津、北京附近が親日、親満と云ふ境地になつて来るのでなければ満洲国の治安維持に危険を及ぼすことを考へ、而も夫れをやる為には従来の伝統もあり積極的強硬態度で一貫してやるといふ主義であります。

　例へば前の事と関聯いたしますが、あの宋哲元の政権の如きも我が要求に対し少し愚図々々して居るとあんなものはひつくり返せば親日のものが出来るではないかと云ふことを度々聞かされたのです。然し駐屯軍としては宋哲元を代へて他のものを持つて来てもそれは同じだと思つて居りました。

　然し兎も角北支だけは日満両国とは特殊な関係にあるし、日本に対する考へ方を全然一変するのでなかつたら駄目だ、結局支那と云ふものから北支だけを別箇にしなければ満洲をいくら治療しても隣からどんどん這入つて来て駄目である、故に安全地帯を作る必要があるといふ思想は前からあつたと見えまして、是より先例の冀東政府と云ふものを北支の一角満洲の隣に作りましたのも関東軍であります。

　ところが支那駐屯軍が十一年の三月増強せられ、満洲の国境線を以て作戦地境を劃しましたので関東軍は直接此の方面に手を下す訳にはゆかん事になつたのです。

　然し其の後に於ても関東軍としては満洲国の関係上色々の希望があり、一方駐屯軍としては単に満洲国の為のみに北支問題を処理する訳にはいかぬので、支那問題を廻つて両者間には色々考への違ひもありましたが之は止むを得ぬことであります。

三、内蒙事件

橋本　事変前に起つた内蒙事件でありますが、之は北支工作に対しては非常に妨害をしました。即ち関東軍としては防共地帯と云ふやうなものを設け、蒙古人の希望を支持して其処へ蒙疆を独立させ従つて支那の勢力を其処から排除すると云ふことが必要だと云ふ考へに基いたのであつたのでありますが、支那問題を処理する者から云へば支那の領土と云ふものを保全して置いて、そうして之と提携して行く事が根本方針でありますから、其の一部を取ると云ふ独立運動とは両立しないのは当然で夫れで非常に其の時は困つたのであります。

北支に於ては先程申し上げました様に大方針が決つて居りますから内蒙に於ける関東軍の施策を公然是認する訳に行きません。而も関東軍は中央部の諒解なく全然謀略として独断でやつて居るといふ始末です。

然し実際問題として内蒙に一つ防共地帯を拵へると云ふ其の事に就ては駐屯軍としても不賛成でなく、又日本としても必要だと感じて居りましたから関東軍の処置を黙認の上其の実際の仕事には援助しました。而もその援助なしには出来ないのです。熱河多倫の方を通つて行ふ作戦は補給上充分にすることは出来ないので、皆天津北京からの鉄道が後方の連絡線になつて居つた訳であります。而して其れ等の鉄道は支那側の鉄道でありますから鉄道の従業員もどんなものを送つて居るか知つて居ただらうし、其の都度支那側に報告も出して居つたと思ひます。

殿下　あの内蒙事件と云ふものは駐屯軍の北支施策を妨害したばかりでなく、蘆溝橋事件の遠因とも云へるのではないですか。

橋本　或はさう云へると思ひます。

あの為に支那が兵力を山西から綏遠に迄も集中しましたし、それに蒙古軍が敗けて退がる、即ち日本軍が支援して居る蒙古軍が退がるのでありますから、彼等は其の勢に乗じて失地恢復をやると云ふ気合をかけて非常に傲慢になつて来た。之れは蘆溝橋事件に見る如き支那側の態度に或る程度拍車を加へたとも云ひ得るのであります。

四、事変勃発当時の駐屯軍の空気と現地交渉の実相

殿下　事変が勃発して直ぐ兵力行使を拘束する指示が来て居り、夫れからも現地では支那側との交渉を色々やつて居られますが、其の時分の駐屯軍の気分と云ふものはどう云ふ風なものでしたか。

橋本　蘆溝橋に事件が起つて直後には現地に居る両軍の部隊を離隔させて置いたが、夜になるとパチパチ撃ち合ふので非常に神経がいらだつて居ました。

七日の晩に事件が起つて、八日一日経て九日に私は北京に行きましたが、其の行く迄に分散せる駐屯軍兵力の集結や相手に対する要求と云ひますか之の事変を治める為の条件を決めて行つたのです。

ところが其の時中央部から指示が来まして、不拡大方針によりこれこれ云ふ条件でこれを解決せよと云ふことでしたが、それが此方の考へて居るのと一致して居つて殆ど項目まで同じ方針で書いてありました。その内容は

陳　謝

責任者の処罰

兵力の撤退

今後の保障

と云ふありふれたものです。

私は夫れを持つて北京に行きました。其の頃宋哲元は帰郷して居つたので其の他の要人と会つて色々要求を出しましたが、向ふにも色々主張があるので容易に応じない。

其の頃も夜になると郊外の蘆溝橋では銃声がします。後から考へますと事件を起さうとする共産党系の策動だと思ひます。無論日本側の策動ではないかと云ふ所の疑も持つて居つたのでありますが、其の辺ははつきりしません。

然し兎も角鉄砲を撃ち出すと両方共益々緊張が強くなつて刻々に色々と報告されて来る。一方交渉は依然やりましたが十分な結果は得られません。更に十日の晩は夜遅く迄やりましたがどうも面白くない。

ところで私が長く北京に居ては困るので（当時司令官〔田代皖一郎中将〕は病気で重態でした）、十一日朝一旦帰らうと思つて松井大佐〔太久郎〕に「交渉は続けてやれ」と命じて飛行場迄行きました。所が支那側が後から追ひかけて来て「日本軍の言ふことを聞く」と言つてきました。

五、第一回兵力増加決行頃の現地の気分

橋本　北京に於ける交渉の状況は直接其の要点を中央に電報すると共に、電話で刻々詳細に天津の軍司令部に通報しました為、留守中の幕僚よりも中央部に状況を電報し、其の中には交渉の状況を悲観的に報告した部分もあつたことは想像せられます。

当時関東軍から一部の兵力を国境迄進めると云ふやうな意味の天津からの電話を受け取りましたので、そんな事で直ぐ帰る決心をしましたのですが、私も当時支那側が我々の条件を容れないと云ふ時は強圧的に関東軍の一部の兵力を借りてこれをやる心算であつたのですが、（第二十師団を応急動員で出すと云つて来たのもその時だと思ひます）支那側が我が条件を聞き入れましたので之は解決すると思ひ非常によい気持で天津飛行場へ著きました。すると池田参謀〔純久〕外に二人が来て居りまして新軍司令官が任命せられたことと、中央が出兵の決心をしたと云ふことを聞きました。それでこれはどうも喰違ひがあると云ふ感じを持つたのです。なんとなれば現地としては之を纒め得るとさう思つて居るのに兵力を動かすと云ふのは事態を悪くするからです。それで飛行場で池田参謀にそのことの電報の起案を命じたと記憶して居ります。

司令部へ帰つて見ると非常に興奮して、今にも戦争が始まりさうな心算で色々と準備をしている。そこで皆を集めまして交渉は斯う云ふ風だから兎に角不拡大方針で処置を採らねばならんと申渡しました。

元来中央は此方と同じく飽く迄不拡大の方針でありましたが、交渉不成立と見てこの出兵を決行したものと考へます。

然し一度出兵を決行せられたる以上、之れを下げる訳にはいかんから、之を支那の国境外で止めて我が要求条件を実行せしむる為の支援にする方針を幕僚に示して夫れから交渉条件実行の具体的交渉を始めました。

六、当初に於ける第一線の気分

殿下　其の頃に第一線はどう云ふ風な考へでしたか。河邊旅団は司令部に対して電報や手紙で「兎に角斯う云ふ風な所置ではとても承服が出来ん」と云ふ様なことを云つて居た様ですが……

橋本　私が行きました時に蘆溝橋に居た河邊・牟田口両部隊長は非常に興奮して居ました。そこで私は「これだけの要求をもつて交渉に行くのだから其の心算で居れ」と云つたので現地はやつと納得しました。然し私が北京に行きまして交渉して居る最中にも未だ第一線では兎角撃ち合ひを止めん。扨て交渉は向ふが蘆溝橋に居ることは此方に取つては非常に不利だから永定河の向ふへ撤退し、此方は現駐地に帰ると云ふ内容であるが、向ふは帰らないのみならず夜になると撃ち出します。始めは便衣隊か何かが居つたらしいのですが、後には兵力を持つて来ましたので、夫れでさう云ふ所に此方が僅かな兵力で居ることは不利だから第一線では哨兵位のものが居て撃つて来る今の内にどうしても之を敲かねばならんと云ふ風に思つて居つたらしいのです。之は戦術的に見まして無理からぬ事だと思ひます。けれども、さう云ふ事をやつては大局から見て交渉が出来ぬ。夫れで「さう云ふことはやつてはいかん」と電話で北京から現地へ云つてやつた様に思ひます。然し此方にも相当損害がありましたので皆の気が立つて居りますから、其の辺の指導は仲々難しいことでありました。斯う云ふ時は余程冷静にやりませんと今度の「ノモンハン」のやうな状況に立至るのです。其の時の状態も之れとよく似て居ります。即ち斯う云ふ場合には現場に居るものの考と冷静なものの考との間にどうしても喰違ひがあります。

殿下　第一線そのものも不拡大方針で努めて居つたと云ふことは事実ですか。

橋本　やり度いとは思つて居りません。只現地の局部の考ではあり〔ママ〕ませんでしたが、宛平縣城をとると云ふ程度の希望はありました。

七、当初に於ける軍司令部内の空気

殿下　其の時分に司令部内に事変の拡大を利用して何んとかしようと考へて居たものはありませんでしたか。

橋本　此の際を利用して宋哲元〔ママ〕（二十九軍）を追払つてしまへ、追払つたら後はどうなるかと云ふことを考へ、事変が勃発するのを待ち構へて居たと云ふ様な者もありました。

そしてそう云ふ者達は「こんな小さな事をやるのは幕僚の一部間で結構だ。口に出したら参謀長に叱られる」と云ふ様な訳で、ゴソゴソと何かやつて居つた様なこともありました。

殿下　もう少し考を進めて満洲国の隣に安全地帯を作らうと云ふ企図を持つて具体的に動いて居つたと云ふことはなかつたですか。

橋本　前に申した様に駐屯軍がやつて居る最中に関東軍からさうした様な事を云つて来ましたが、当時新しい軍司令官が増加参謀を連れて来ましたので、夫れに就ても色々な意見がありました。然し結局その関東軍の意見の趣旨は「その直前の乾岔子事件の経験から

「ソ」聯は今戦をやる意志はない。当分の間は大丈夫だ。其の間に支那を片付けたらどうだ。」と云ふのでしたが駐屯軍としては其の意見具申に連帯することは御免蒙りましたのです。其の理由の骨子は「ソ」聯が今出て来る虞はないと云ふ判断は支那に居る我々は責任をとり得ないと云ふにあります。即ち現在では「ソ」聯は戦をする気持はないかも知れないが、日本が支那全土へ深入りをすると鬪きましたら手を拱いて居るとは請合へぬ為で、そんなことは中央部で決める可きで、中央が若し「ソ」聯は大丈夫だから支那をやれと斯う云ふ決定をとつたら、其の時はやると云ふ意見だつたのであります。夫れからも一つは関東軍は支那問題を非常に軽く見て居る点に就いて非常に不安があつて、我々はそう云ふ性質のものではなからうと考へて居りました。

それで結局軍司令官も私の意見に同意されたのであります。

八、当初に於ける駐屯軍の処置

殿下　今述べられた様な意見と実際に兵力を動かした処置との関係は……

橋本　事件勃発の直後より逐次兵力を集めまして、結局牟田口聯隊を蘆溝橋に集めたのですが之は仲々難かしかつたのであります。

事変が始まりました時は豊臺に一ケ大隊居り、城内の一ケ大隊の内の大部は検閲の為に通州へ行つて居り、天津の一ケ大隊は天津に居りました。それで先づ通州に居つた大隊は一小隊を残して帰して、結局城内に二ケ中隊位を居留民保護の為に残して其の他を豊臺に集めたのです。

夫れから天津に居ました鈴木砲兵聯隊も豊臺へもつて行きました。之は何等故障なく行きました（鉄道輸送でなく行きました）。

次に騎兵隊もやりましたが騎兵が行く時には城壁の外を通つたので支那軍に射撃されました。天津の第二聯隊は山海關へ検閲に行つて居つたので、天津に集結を命じまして結局始は蘆溝橋に一ケ聯隊、天津に一ケ聯隊を集めた事になりました。

夫れは交渉が何時までもグズグズして居るのに、第一線では相変らずパチパチやつて居るものですから不測の変が起きても不覚をとらないやうに処置して置かねばならないと思つたからです。その内に関東軍の鈴木旅団、酒井旅団が来たので冀東政府の区域内に置いた訳です。その理由は事変前も冀東政府の区域は部隊が行動して居りましたので相手に刺戟を与へない様にさうして居たのです。

次で第二十師団が輸送されて来まして最初国境外に置く心算だつたのですが、先頭が既に天津にやつて来て居るので（極く一部）山海關までの非常に長い鉄道の沿線に配置させました。

以上の如く結局其の恰好は先づ相手を威圧する様な恰好で只一ケ聯隊だけが蘆溝橋で相手の真中に閉ぢ込められて居るのですが、其の当時相手も戦をしようと云ふ決心を無論持つて居らんので大事に至らなかつたのです。

相手の二十九軍は事件を起した三十七師の馮治安の一ケ聯隊だけが直接弾を射ち合つたもので非常に興奮して居ましたが、他は呑気に構へて居りました。

鉄道は輸送のため非常に大事なものでしたが当時の鉄路局長陳覚

生は此方のものでいざといふ時には鉄道で兵力を輸送する計画をして居りました。

殿下　現地では河邊旅団の位置をさう危険だとは感じて居らなかつたのですか。

橋本　寧ろ好い位置に在つたと思ひます。

かへつて河邊旅団を退げるといふ事は交渉に負けることになるのであそこに頑張つて居りました。

九、事件の直接原因

橋本　事変前にも第一第二回と同じやうな豊臺事件と云ふのがありました。

衝突の直接動機は結局豊臺に新に兵営一ケ大隊分を設けたと云ふことに起因するのです。この兵営を設けるに就いては相当向ふに刺戟を与へ北支に色々なゴタゴタを起すことになりましたので、一ケ大隊の兵舎がなかつたならば或は今度の事変も防ぎ得たかも知れませんし、少くともああ言ふことが導火線となつて蘆溝橋事件なるものは起らなかつた様に思ひますが、これには色々の経緯があるのであります。

駐屯軍は十一年の三月増強されることに決まりまして、其の後逐次増強されつつあつて兵営に一番困つて居りました。

駐兵は条約上に於ては交通を確保するためでありまして鉄道沿線には兵力を置きますが、その場所も北京、黄村、揚村、天津、塘沽、秦皇島と云ふ様に指定されて居るもの以外には置けない訳です。然し時勢は非常に変つたので今迄の僅か五ケ中隊許りでは足らない為に混成一ケ旅団になつたのですが、其の兵力を何処へ置くかと云ふことが問題であります。

そこで主力を天津に置くことは天津と云ふものが条約にありますからよいのですが、租界外の土地を買収して兵営を作らうと思つても土地を仲々買収させないので、北寧鉄道当局に買はせまして其処に兵営を作らしまして、天津に一ケ聯隊と特科部隊を置くことになりまして、他の一ケ聯隊は北京と云ふことになつたのですが、然し北京の城内には公使館及居留民の治安を守る為に二ケ中隊の兵舎があるばかりだから其処へ一ケ大隊の兵隊を入れるのも非常に窮屈でどうにも容れやうがない。

そこで現地では通州に置きたかつたのであります……。それは冀東政府の為に其処に日本軍が居ると云ふのが非常に有利であるからであります。勿論冀東政府は敷地を提供すると云ふのです……。ところが当時陸軍省で梅津次官等は反対をされました。夫れは通州に置くと云ふことは条約にないからです。即ち「通州に兵力を置くと云ふのは国際問題となつた時に何等外交的に見ても根拠がない。そう云ふ所に駐兵すると云ふことは外交上の弱点を惹き起す」と云ふので、之は尤な話でそれで其の次は豊臺を考へたのです。豊臺も指定地域外でありますが、そこには十数年前英国軍が駐屯し何年か居て、どうした訳か引き上げてしまつたことがあるのですが、当時支那側は何等抗議をして居らない。さう云ふ先例があることを陸軍省が外務省で探し出しまして夫れでそこへ決まる様になつて、取り敢へず城内に一大隊、豊臺に一大隊、天津に一大隊と分置して仮りに

収容することになりました。

ところが今度は其処で土地を得る事が仲々出来ないので御覧になりました様に鉄道のすぐ側の土地を停車場の用地と云ふ名目で北寧鉄路をして買収させたのであります。

殿下　それは何時頃のことでありますか。

橋本　十一年の三月増強の当時のことで前参謀長永見〔俊徳〕大佐の頃です。所が最初工事をする時既に問題を起しましてゴタゴタやつて居りました。それが第一回の豊臺事件であります。

次に私が着任しました後十月頃でしたか第二回目の豊臺事件がありました。それはあそこに向ふの軍隊も矢張り駐屯して居つてそれと衝突して将に撃ち合ふと云ふ所迄いつて漸く治めたのです。

豊臺と云ふ所はさう云ふ嫌な所ですが一方戦略上の交通の要点です……。何となれば鉄道が京漢線、天津方面、北京方面各方面へ行く分岐点でこれを押へると云ふことは重要なことであります……。然しそれだけに支那側としましては日本軍があそこへ軍隊を置いたと云ふことの真意に対し恐らくは疑惑をもつて居つたらしく二回も豊臺事件が起つたのであります。

ところが何時迄も「バラツク」に入れて置くのはいかないから、永久建築物にしなければならない（天津は永久建築で始めて居つた）。又聯隊長としては三つの大隊を三ケ所に分けて居つたのでは統率上困るので聯隊を纏めて呉れと云ふ当然の要求もありましたが、どうしてもよい場所がない……。前にも申した様に通州の方に建てる事については殷汝耕は自分の方に来て下されば都合がよいがと云ふ。然し陸軍省が承知致しません……。夫れで仕方がないので豊臺ならば今迄仮にでも居つたことがあるので此処へ置くと云ふことにして、あの兵営の回りの広い地域（豊臺と蘆溝橋との中間より豊臺の方へ少し寄つた所）を買収することに著手しました。

ところでうまく話がつきかかると妨害が入つて仕方がない。そこで私が宋哲元に話した事もありますが、言を左右にして其の時は拒否をしないでもどうも譲りたくないらしく、色々な「デマ」が飛んで飛行場を作るのだとか、あの附近に大きい兵営を作つて大軍を持つて来て駐屯させると云ふ意図を日本軍が持つて居るとか、何とか云つて宛平縣長以下が策動し土地の地主を使嗾して売らせない様にする。それで附近のものを相当刺戟させたやうであります。

そこへ問題が起つたのです。之は勿論この附近の人も騒いだが直接表面に立てワイワイと騒いだのは学生です（北京は学生の剿窟だものですから夫れが策動して騒ぎ立てた…… 始終監督はして居るけれどもさう云ふ者が混つて運動したことは眼に見えて居る）。

其の問題がごたごたとして何とも決らない内に事件が起きたのです。

其の時の様子を申しますと、宛平縣城あたりには不断から若干の保安隊は居りましたけれ共、蘆溝橋事件が起つた時には一ケ大隊も居り永定河の堤防の処（龍王廟）までやつて来て陣地を作つて其処へ配兵して居つたのです。然しそれは後から判つたことで、豊臺に居るものはいささかもそんな所に敵が居ると云ふ事は知らずに、丁度検閲準備の為に夜間演習をやつて居つたら射撃されたと云ふのでありますが、実際は最初に誰れが発砲したのか本当はよく判りません。然し兎も角も豊臺に軍隊を駐屯させたと云ふ事が此の事件の発端と云ひ得るのであります。

今から思へば通州へ持つて行つて置けば宜かつたと思ひます。そうすれば却つて敵の拠点を包囲するやうな態勢に兵力の集結が出来たと思ひます。

一〇、河邊旅団の位置の問題

殿下　其の頃西村少佐が行つて河邊旅団を引上げてもと云ふ話があつたのではありませんか……。

橋本　然し現地の空気は何等の不安を感じませんでした。

相手の兵力の居る場所は南苑の兵営と北京の城内と西苑とでありまして、当時吾々は南苑の兵営をとる必要を考へて居たので、矢張りあそこに旅団が居つた方が良かつたのです。即ち此方には危険がありませんし、其の方が態勢が却つて宜しいと思ひました。

殿下　此の問題は之を有耶無耶にして拡大に導く原因にしようと云ふ様な考のものは無かつたのですか。

橋本　何時迄も夜になると蘆溝橋でパチパチやるのは悪いと云ふ見地から云へば撤退させた方がよかつたかも知れません。然し豊臺のすぐ前の一文字山に一部を出して、主力は兵営の附近に居つたので、此の一部を撤退すると云ふ決心は一寸出来ないことです。若し退げたら敵に与へる感じは非常に違ふと思ひます。

それかと云つて増兵せずに平時の兵力で維持してゆくと云ふことは之は全く政策的な考であります。然しあれだけの兵力を集めた上は一つも危険と云ふことは感じませんでした。殊に相手から先にしかけて来ると云ふ虞がないと云ふ事も思つて居りましたから……。

其の後の経過を見ましてもさうでありますが……。

一一、郎坊事件前後の真相

殿下　結局さういふ風にゴタゴタして居つて中央との関係はどうでしたか。

橋本　其の頃中央の方針と喰違ひがあるといふ様な事は感じませんでした。

其の後宋哲元が司令部に来て陳謝し更に細目の具体的取極を行ふ事を決定したのです。

殿下　そこで期限付の話が出たのでせう。

橋本　四つの条件を出して戦を止めると云ふことになつたのですが、矢張り夜になると射ち合ふ程度でした。

十三日に新軍司令官が着きまして、十八日頃でしたか向ふの大隊長を処罰しまして其の処罰状を見せました。そして相手は蘆溝橋を撤退する代りに保安隊（警察官）を入れると云ふことになり、今迄実際に弾を射ち合つて居た相手は交代しました。ところで此の将来の保障とは何ぞやと云ふのが問題で色々研究しました結果更に数項目を定めました。之に対して宋哲元は張自忠をよこしたので直ぐ交渉を始めたのですが、張自忠はどんどん片端から承諾して居つたのです。ところが十八日でしたでせうか、東京から電報が来て十九日迄と云ふ期限をつけて交渉し、支那側の真意をつきとめて報告せよと云つて来たのです。

恐らく中央としては当時非常に緊張して居つて、要すれば兵力を動かす準備をして居るときでしたから「のんべんだらり」と交渉をして居つてはいかんと云ふ気持であつたのでせう。然しこちらでは戦をせんでも済むと云ふ考へで、今申した様に非常に友好的な気分を以て片端から交渉が進み今度の事件の「きつかけ」となつた馮治安の三十七師を永定河からずつと南へ移動させると云ふ様に向ふが相当譲歩して来て居る最中でしたから、十九日迄と云ふ期限をつけて要求すると云ふ事は甚だ不自然だつたのです。

其の時どう云ふ電報を打つたか、はつきり覚えて居りませんが「十九日と時日を切ると云ふ事はいかん」と云ふのか、或は「交渉が纏りさうである」と云ふ電報かを打ちました。

其の内十九日も過ぎ後は万一の配備をとつて実行を監督すると云ふ状態でした。

その内に中央部ではどう云ふ決心をし処置をとつたかと云ふことは私には判らないのですが、其の頃三ケ師団の動員が令せられたのです。

殿下　其の時に郎坊事件があつたのですね……。中央で三ケ師団動員を計画したのは郎坊事件直後だと思ひますが。

橋本　現地で本当に決心したのは廣安門事件の時だと思ひます。郎坊事件と云ふものは相当やりましたが丁度蘆溝橋で衝突したのと同じ様な全く突発的事件なんです。

其の頃私は前に申しました様に天津に戻つて居ましたし、宋哲元も天津に居りましたが、当時北京の空気が悪いので宋哲元は此方に居つて我々と協同して此の事変を纏める様に話を進めたのです。然し「馮治安は俺の（宋哲元）言ふことだけはよく聞くのだから非常に良い北京の空気を鎮めに行く」と云ふので「夫れならばお前も行け」と云つて張自忠をつけて北京に帰してやつたのです。其の時は張自忠を付けてやつたので幾分安心して居つたのですが、結局北京に行つても駄目だつたのです。

殿下　其の頃支那方はどう云ふ風な考で居つたのですか。

橋本　支那はどう云ふ風に考へて居つたか判りません……。

軍隊によつて少し異ひますが、二十九軍は日本軍を軽視して居るために抗日意識が強く日本軍をやつつけるのは訳はないと云ふ考があつた様であります。

北京と天津との間にある電線の妨害は平時からでも非常にあつたのですが、蘆溝橋であゝ云ふ事件が起つた為余計頻繁となりました。夫れで援護兵を付けた通信隊を派遣して保線をやらせたのですが、それが郎坊の所で夜になつて其処に駐屯して居た軍隊とぶつつかつたと云ふのが郎坊事件です。

後から考へると此の援護兵は付けてやらなかつた方が或はよかつたかも知れませんが、当時は段々空気が緊張して来るものですから、用心の為に援護兵は丁度其の頃天津に居つた第二十師団から僅か一中隊と機関銃一小隊を付けてやつたのです。

その時相手の軍隊と云ふものは郎坊の兵営に居つた三十八師で、蘆溝橋で毎日パチパチやつて居る其の空気が反映して居る。そこへ日本の援護兵が到着し狭くて宿る所がないので停車場の附近で宿る場所を捜して居る間に、其の兵営に居る敵とぶつつかつてしまつたのです。

ところで衝突したのが偶然にも張自忠の軍隊でしたが、張自忠と云ふのは日本にも来まして色々見学をし政府、軍部其の他要路の人にも会ひ、大いに款待されて帰つた直後で、どつちかと云へば親日的な男で、其の軍隊といふものは之迄に何等問題を起して居ないのに偶然にも事故を起してしまつたのです。

郎坊でぶつつかつたと云ふことを私に一番先に知らせて来たのは誰かと云ふと、それは張自忠でした……。張自忠は日本語を話せないものだから鉄路局長の陳覚生が代つて日本語で電話をかけて来た……。夫れで「君は何処から電話をかけて居るのか」と聞きましたら「北京の張自忠の家からかけて居ますが此処には皆集つて居ます」と言ひ、「兎に角今郎坊で両軍がぶつつかつて居るから止めさせて呉れ」と言うて来たのです。

それで「此方は通信線援護の為に兵隊をやつたのだから夫れ以外に目的はない」と言つたのですが、向ふは自分に都合のよい様な報告を現地から受けて居るらしく「日本軍に攻撃された」と言つて居ました。夫れで「此方もこれ以上にはせぬ様にはするがお前の方も止めさせるやうにしろ……。どうもお前の方は統制が悪いからしつかりやつて呉れ」と言つてやりました。暫くすると二度目の電話があつて「隊長に直ぐ兵営をあけて他に移れと命令しました」との電話がかかつたので「俺の方は直ぐ処置するから問題はない……安心して居れ」と言うてやりまして、私は司令部へ行きました。するともう報告が来て居ました。

ところであそこには支那側の旅団長も居つたし、聯隊長も居て兵力は一ケ大隊位居つたと思ひますが、張自忠の云つた趣旨が下の方に伝はらなかつた為にさう云ふ連中が停車場を包囲してしまひ、此方は一ケ中隊ばかりの兵力で停車場に拠つて防禦して居るが相当損害も出て戦闘は激しくなつたのであります。夫れで増援を第二十師団から出しましたが、仲々遠いし鉄道で輸送するのだから間に合はず心配しまして丁度天津に待機して居た関東軍の飛行隊に相手を一つ敲けと云ふ命令を出し、夫れが夜が明けてから飛び出して行きましたのです。

然し前に申した様に張自忠との間に「これはこれで打ち切る」と云ふ話が付いて居りましたし、元来二十九軍の戦をする理由は薄弱なものでありましたから全面的に戦をする気はなかつたと思ひます。

只今迄ぶつつかつて居たのは馮治安の三十七師であるが、今度始めて張自忠の三十八師の一部と日本軍の一部とが衝突した事と、もう一つは昔からの駐屯軍の重大任務であつた鉄道通信線の保護を妨害した事と云ふことが新しい事実であります。

一二、南苑攻撃決心の経緯

殿下　其の翌日廣安門事件が起つたのですか。

橋本　其の翌日飛行隊に爆撃を命ずると共に支那側に会見を申込みまして期限付の要求をしました。そして結局之を纏めたのですが其の条項の内には急には出来ないものもある（例へば共産党の取締と云ふ様なこと）。而し他のことは直ぐやらせることとし、北京の周囲で敵対行為をして居る馮治安の三十七師の如きは一刻も猶予せず四十八時間の期限付で撤退すべき要求を出しました。

夫れに対して郎坊事件の直後に今の要求通りやりますと云ふ返事が来ました。

ところが今まで城内には二ケ中隊と云ふ最少限の兵力のみで大部は蘆溝橋に居つたのですが、城内には色々居留民も居りますし、北京の公使館警備には之では兵力が手薄だと云ふ事を感じましたし、もう一つには馮治安の城内に居る兵力が撤退した後の治安を考へるとどうしても軍隊を増して貰ひたいといふ北京からの要求がありましたので、夫れも宜からうと云ふ事となり向ふの軍主脳部とも協定しまして約一ケ大隊のものを中に入れる約束で二ケ中隊ばかりが其の門を這入つて行つた所が、其の途中でピシャツと門を閉めて仕舞つたのであります。(当時北京は支那側が城門を閉ぢて居て日常も非常に厳重に警戒して居ました。)

そこで其の当時居りました桜井徳太郎中佐、松井大佐が相当活躍したのでありますが、途中で城門を遮断した為袋の鼠の様になつたので苦境に陥つて仕舞ひ其処に又新しい一つの問題が増えた訳でありますが、結局此事件は命令が行違ひになつてうまく伝はらなかつたのがこの廣安門事件の真因でありました。

当時私共は地形を知つて居るものですから非常に状況を悪く思つて、あの大隊の半分のものは全滅したかも知れんと云ふ感想を持つた。其処で駐屯軍としては遂に居留民保護の任務が達成出来ぬ事になるので遂に相手の不信行為にもう我慢がならんと云ふ結論に達し、徹底的武力行使を決意し支那側に最後通牒をやつて其の晩夜中十二時頃(一部の配置の基礎は出来て居りますから)南苑攻撃を命じたのであります。

……是より先万一を慮り天津の第二聯隊主力を通州附近に第二十師団主力を天津に近く集結してありました……

尚其の命令を出した後直ぐ居留民保護の目的で時間を切つて相手の撤退を命じましたが、其れが実行されて居ないし当時城内には支那軍が充満して居り又居留民は市内にばらまかれて居るので愈々これは居留民をどうかしなければいかんと云ふので居留民を大急ぎで集めようとしたのです。

所が今動かしては支那側がどんな妨害をするかも判らないと云ふので、兎に角一令の下に集め得る様に夜が明ける前に準備をさせて翌朝になつたら公使館に集まれと云ふことにしました。

一方攻撃の方は準備が出来て居るが居留民が安全地帯へ引上げるまで少し待つ如く命令に修正を加へて居留民の収容が出来た後南苑の攻撃をしたのであります。

殿下 其の時どんな風な考で居つたのですか。つまり其の攻撃は二十九軍をやつつける目的だけであつたか、或は其の時既に拡大する虞ありと考へたのですか。

橋本 夫れ迄は不拡大と云ふ方針で押し通す考でしたが、其の時にはもう全面的の戦争になるかも知れぬと考へたのです。

然し全面的の戦争と云ふものになつた場合中央としてどう云ふ処置をするかと云ふことは我々には判らなかつたのです。

即ち結局二十九軍を追払ふことは容易であるけれども其の頃既に中央軍が保定附近に向つてどんどん北上して来て居ますので、此の中央軍に対してどうするかと云ふ事を現地としては考へざるを得ず、愈々思ひ切つてやることを決して処置をとるとするも、それを一つ一つ中央に聞いてやる訳には行きませんので之は十分に検討の上で処置しなければならぬと思つて居りました。然しそれが上海の方に迄飛び火するとは誰も考へて居なかつたので、全面的戦争と言つても只北支に日本軍が相当な兵力を持つて行って軍事的に一時之を占領するといふ位に考へて居つたのです。（然し夫れ丈けでも相当の兵力を要する。）

尚最初にも申上げた如く夫れには対「ソ」関係もありますから日本軍の過半数を以つて中央軍と一大決戦をすると云ふ覚悟は余程の決心が要るのです。それで其の決戦は例へば隴海線以北の地に於て大会戦をやると云ふ様な平時からもよく研究されて居た作戦でも此処に国軍の主力を使ふやうな状態になるかも知れんといふ位の事は考へて居りましたが、上海に飛び火し今のやうに拡大するとは考へて居りませんでした。

殿下　あの時分中央が駐屯軍の作戦要領と云ふものを作つて居りますが夫れが行つて居りましたか。

橋本　来て居りません。駐屯軍自身でやつたのです。方面軍が出来てからは作戦要領が来た様でありますがそれ迄は此方で作つたものでやつた様であります。其の今申しました企図は中央から兵力を呉れる前のものであります。

一三、爆撃に関する問題

殿下　それから爆撃に関する問題はなかつたのですか。

橋本　郎坊事件の時に爆撃をやらしたので飛行隊の連中は非常に喜んで其の後も京漢線、隴海線あたりから支那軍が北上して来る状況を偵察して居つたのでありました。所が爆撃をやらさないのが不満で偵察に行つた帰りに何か少々いたづらをやつて居つたらしいのです。

徳川兵団の主力が天津に来る前は関東軍の臨時飛行隊（隊長は私の同期生の上條大佐でした）がやつて居りましたが、夫れは偵察機と戦闘機と若干の軽爆を持つた三ケ中隊か四ケ中隊のものでありました。

殿下　現地の方では航空積極作戦をやつた方が良いと云ふ意見で色色交渉があつた結果中央からそれに対して注意が行つて居る様ですが……。

橋本　当時徳川兵団の輸送が始まりまして其の主力が皆天津の飛行場に来ました。又満洲のも大分入つて来て居たのであの飛行場は狭い位で滑走だけはやれるが格納庫が極く少さいもので皆露天に置いたのであります。

夫れで軍としては毎日北上して来る敵中央軍を主として偵察することをやらして居たのですが、飛行隊としては敵の航空状況の偵察を非常に熱心にやつて居りまして、隴海線沿線の洛陽、西安あの方面に毎日飛行して「未だ今日も敵は来て居らぬ」と言つて居つたが然し「敵は何時来るか判らないし向ふに機先を制せられて我が根拠地を空襲せられるのは非常に不利であるから飛行距離の関係上相手があの線を越して一歩でも此方へ入つて来たならば之を積極的にやらねばならぬ」といふ事を切りに意見具申して居りました。私は尤なことだと思つたが然し「まだ勝手にやつては不可ぬ。若し飛行機が落される様なことがあつても勝手にやつてはいかぬ。やる時機は軍から示す」と言ひ又そのことを中央にも言つてやつたのです。

ところが中央は未だ本当の戦をして居る訳ではないから外交機関を通じて敵がどんどん北上して居るのを止めさせ殊に飛行機が其の線を越えて来た場合には此方から積極的行動を取るかも知れぬと云うてやるから其のつもりで居て貰ひたいといふことであつたのであります。

一四、内地動員下令当時の現地の考へ

殿下　あの時分にどう云ふ風にして不拡大が拡大に変つたのですか。

橋本　現地から東京を眺めて居ますと東京に二つの流れがあつた様であります。

殿下　現地にも二つあつたとは思はれませんでしたか。

橋本　其の当時中央から前の次長の中島中将閣下が総務部長として軍務課長の柴山〔兼四郎〕大佐と二人でやつて来ました。夫れは私が不拡大の方針で之を纏め得ると云ふ自信を持つて居る頃で、たしか十四、五日頃だと思ひます。丁度新軍司令官が官舎に這入らぬ前で官舎では元の司令官が亡くなる直前の頃だと思ひます。

殿下　中島中将閣下は朝鮮に内地兵団を停めて置いた方がよいと言つて居られた様ですが……。

橋本　兵隊が関内にどんどん這入つて来ると云ふことは事件を益々紛糾させる因だから余り好むべきことではない。殊に現地軍が平時と同じ気分で居る所へ動員部隊が這入つて来るといふことは空気を一層悪くし却つて敵に戦意を与へて仕舞ふと云ふので私共と協議の上その意見を纏めたのです。

殿下　実際も亦今の様に此方が兵を出したから向ふも兵力を出さなければならなくなつたと考へられますか。

橋本　全然さうばかりとも言へませぬが我が方が関内に兵を出したから向ふも益々中央軍を北上させたと云ふことは事実であります。

殿下　宋哲元が自分で陳謝に来た頃、現地の電報では敵が未だ本腰にやらぬ中に此方から早くやつて貰ひたいといふ意味があつたのではないですか。

橋本　そんな意味に東京ではとられたかも知れないが本当はさうではないのです。

殿下　始めは相当色々電話の往復があつた様ですが……。

橋本　私と石原閣下と話したのと参謀と参謀本部員あたりと話するのとはどうも違つて居つた様であります。

例へば此方の駐屯軍の参謀と向ふの部員との間で色々な電報や電話をして居たのではないかと見られる点もありまして、石原閣下から来た電話も始めにかかつた当時と愈々最後的通牒を出すと云ふ時分のは其の意味が違つて居た様で其の原因がよく判らぬのです。

然し私としては上は司令官以下一兵に至るまで一貫した同じ考で行つたといふだけの自信はあります

殿下　最初大体消極的であつたが此方が兵力を出した為に却つて向ふが兵力を積極的に出すといふ結果になつたと云ふのと、又一面には中央軍の北上が宋哲元あたりの心境を変化させて一戦をやる気分にさせたといふのとどちらでせうか……

橋本　両方なんです……。積極的に兵力を向ふに出したからと云ふのと宋哲元も中央軍が這入つて来たからには日本軍と二十九軍との間が円満に行く見込みが立たなくなつて仕舞つたから自然態度を決めねばならぬ立場に追ひ詰められたのであらうと思ひます。

夫れで中央軍が這入つて来ることは梅津、何應欽の協定に反するのですが、さて宋哲元には中央軍を退げさせると云ふ力がなかつたのです……。若し彼に力があれば中央軍が這入つて来ることに対して嫌だと言へたと思ひますが……

殿下　拡大には色々な事情もあつたと思ひますが不拡大方針でありながら兵力を準備せしめたと云ふ事は拡大を裏書する様なもので準備したその事だけでも既に考に矛盾があると思ひますが……

橋本　不拡大方針と云ふものが全くの不拡大方針であるならば関東軍が国境に兵力を出したと云ふ事も問題になるのですが、自衛上関東軍がそこまでやつたと言へばさうも云へるかも知れないのです。「駐屯軍の背後には関東軍あり」とは支那側の平常から考へて居た所です。

然し関東軍の兵力移動はそれ程に向ふが感じて居りませんが、内地から兵力を送ると云ふ事は相手に相当影響を与へ居ると思ひます。朝鮮師団をよこしたと云ふ事だけでも北京、天津には非常に衝動を与へて居ります。

殿下　結局中央では不安の為に兵力を出した様に思ふのですが駐屯軍としては増兵がなくとも片付くと思つたのですか。

橋本　駐屯軍だけで戦が片付くとは思ひませぬが交渉に依つて紛争の解決は出来ると思ひました。其処に駐屯軍と中央部との考に矛盾があつたのです。

尤も交渉の最中に中央部から兵力を送つたために其の威圧に依つて交渉条件の実行を促進したことも亦事実ですが、一方南京政府を刺戟し中央軍の北進をも促進したことは前に述べた通りですから結果に於ては不拡大方針に対する矛盾のやうになつたのであります。然し日支全般の関係が早晩何等かの根本解決を要する如き情勢下に於て北支に突発事件が発生したのですから中央として駐屯軍の兵力不十分なりとの不安を感じたことは尤ものことと思ひます。実際駐屯軍の兵力は中途半端でしたから……

一五、北支問題の根本的検討

殿下　仲々難しい問題と思ひますが結果から見てどう考へられますか。

橋本　簡単に結論をするのは早計かも知れませぬが、先づ平時に駐屯軍の様な半端な兵力をああ云ふ所に置いて実力者たる軍司令官が表面に立つて北支の問題を解決しようとした所に研究を要するものがあると思ひます。

先程も一寸申上げましたやうな閣議で決定した北支処理方針にあるああいふ風な程度のことをやるのなら兵力は要らない訳です。従つて条約に基く列国並の兵力で沢山のやうに思ひます。

駐屯軍の兵力は事変前即ち十一年の三月に増強して混成一ヶ旅団にしました。そしてこれ丈の兵力を北支へ置けば大丈夫だと云ふ考であつたのですが之が大いに検討を要するものと思はれるので、今から考へると夫れ位の兵力だつたら無かつた方が良かつたと思ひます。又軍司令官と云ふものをして外交経済に関すること迄やらせることは良くないことで……矢張り外交は外交関係の者がやり経済は其の専門家に任かせ陸軍は満洲国の北支寄りの所……つまり熱河（この方面は当時がらあきになつて居た）……附近に大きな力を集めて置いて、グツト睨んで居つたならば寧ろその方が効果があつたと思ひます。

軍司令官其の他軍隊に居る者が専門外の外交経済問題を取扱ふものですから凡てにぎごちなく何か向ふへ申込をして拒絶せられたら軍の面目にかかると云ふ事になつて非常に拙劣い。夫れでどうしても外交関係の人にやらせ経済は其の方面の人にやらせると云ふ事が必要であります。

次に北支問題を単に北支のみに於て解決することは当時の情勢に於ては無理であつてどうしても支那全般の問題と関聯して中央政府を相手に解決すべきものであつたのであつたのですが、種々の事情（満洲事変以来の抗日態度、英国の経済問題を主とする援支排日、西安事件以来特に露骨となれる蘇聯の策動等）よりして中央政府を相手とする外交関係は停頓状態となり寧ろ悪化する一方であつたのです。それで少くとも北支問題は北支政権（宋哲元）を対象として局地問題として解決しようと考へたのですが、北支政権としても中央政府を全然無視して日本の希望する如き提携合作を実行することはやり得なかつたのです。

即ち表面実力者たる日本側（駐屯軍）の言に聴従するが如くにして内々では常に南京政府の意嚮に気兼をし牽制せられて居つたのです。

之に対し日本側に於ても満洲事変の惰勢と申しますか満洲問題を処理したと同様の思想を以て北支を処理せんとする観念と、満洲以外の支那は之を統一せる支那の儘国交の調整を図り其の範囲内に於て北支問題をも処理せんとする観念とが絶えず両立して居た様に思ひます。

此等の不一致が縦ひ表面上は政府の一定せる方針を示されても不言の間に実際問題の処理に影響を及ぼしたることは争はれないことと思ふのです。

以上の如く考えますと北支問題と称するも畢竟独立した問題ではなく、対支問題に包括せらるべきもので対支問題は一面支那を繞る国際問題でもあるのですから此の解決が困難であるのは当然と思ひますが、日本の大陸発展の為には晩かれ早かれ解決せねばならぬ問題であつたのです。

蘆溝橋事件は避け得たかも知れませぬが第二第三の同種事件即ち根本的問題解決の導火線たるべき小事件は不可避的に起つたでせう。不拡大方針を徹底的に実行して一時成功したとしてもそれが根本的解決になつたとは思はれず、早晩解決に乗り出さねばならなかつたでせう、要するに時機の問題であり、やり方の問題であり第三国に対する腹の決め方の問題であつたと思ひます。

一六、察哈爾作戦開始の経緯

殿下　察哈爾作戦に就てお伺ひ致したいのでありますが……

（二）关于最近的华北基本形势

资料名称：最近北支の一般情勢に就て

资料出处：島田俊彦、稲葉正夫解説《現代史資料》8《日中戦争》1，株式会社みすず書房 1973 年発行，第 157—159 頁。

资料解说： 1936 年 6 月 5 日日军参谋本部发布《支那时局报》第十一号，记载的是日本控制的冀东傀儡政权大幅降低关税，导致日货冲击中国市场，引发中国民众对日本的不满，以及北平学生的抗议运动等。

支那時局報第十一号

三〇　最近北支の一般情勢に就て

（昭和十一年六月五日　参謀本部）

秘

最近北支の一般情勢に就て

目　次

最近北支の一般情勢に就て

北支に対する帝国の態度は北支の明朗化と日満支関係の緊密化とにより て一貫せられあり然るに最近の北支政情は冀東低率関税設定に伴ふ特種貿易の影響、支那駐屯軍の増強等の為国民政府当局及其使嗾に躍る一部民衆の神経を刺激したるものの如く五月下旬に至り平津に於ける学生の排日示威運動、我軍用列車爆破事件等相継いで勃発し且概ね時を同うして英国兵の邦人殺害事件ありて北支の事端益々滋きものあるを思はしむるも未だ差し当り大局には影響なきものの如し

一、冀東の低関税問題

支那に於ける密輸入は南京政府の民衆の利益を犠牲とせる不合理なる高率関税必然の所産として従来南北支一帯に亘り殆んど公々然と行はれ来りし不可避普遍的現象なり殊に冀東は昔より密輸の旺なる地域なりしが偶々冀東政権の独立により其沿岸に於ける支那海関の監視船の遊弋を禁止せる為海路密輸の激増を見冀東側としても之が取締りに困難を感じたる結果合理化せる関税政策の樹立を必要とするに至り本年二月其辦法を制定し低廉なる手数料を徴集して貨物の陸揚げを合法的ならしめたり之に依り従来高関税の桎梏下にありし優良にして廉価なる日本よりの輸入品は冀東を通じて天津に殺到し次で支那各地に進出し今や遠く中支方面迄に及び為に一般大衆の生活は安易になれりと雖も支那市場は一大衝撃を受け且国民政府収入の大宗たる関税収入は巨額の減収を告げ支那財政の基礎を脅かすに至れり

思ふに冀東政権の低関税設定は該政権自体の必要と民衆生活安定の要望に従ひ実施せられたるものに過ぎず固より帝国の与り知らざる所なり然るに南京政府等が之を以て帝国就中皇軍の計画的支持の結果とするは省みて敢て他を誣ふものにして啻に当を得ざるのみならず皇軍の栄誉を傷くるの甚だしきものにして斯くの如く歪曲せられ且為にせんが為の放言は断じて看過を許すべからざる所なり

二、平津に於ける排日学生運動の再発

北支に於ける排日学生運動は昨年末の弾圧後表面鳴を静めありしが本年五月初頭以来今次軍の増強を契機として再び表面化し其成行に関し注目せられありし処遂に五月二十八日天津に於て数百名よりなる大、中学生の排日示威運動勃発し当局に対し日本の増兵反対、密輸防止等の陳情を為し排日「ビラ」を撒布約五時間に亘り市中を遊行せり

之に対し支那当局は我方の厳重なる抗議により該運動の鎮圧阻止の手段を講じ且今後の取締りに関し努ふ所あり又北平に於ても二十九日大学生会合し駐屯軍の増兵、宋哲元の施政等に反対し且三十日より三日間の同盟休校を決議したるが如きも支那側当局は厳重なる警戒を行ひつつあるを以て今の所は拡大の惧なく漸次平静に帰すべしと称しあり

然れども本次運動は平津各大学及基督教青年会が中心となり其背後には南京政府及英米並共産党方面の支援あるやに伝へられ資金亦豊富にして従来の運動に比し一層根強きものの如く観察せらるるを以て北支支那当局の措置如何に依りては更に重大化するの虞なしとせざるなり

三、我軍用列車爆破事件

天津軍増強に伴ふ第二次派遣部隊は五月二十八日未明秦皇島に到着し夫々駐屯地に向へるが二十九日午後八時十分天津郊外に於て爆薬を以て其第二次列車の顛覆を企図せるものあり幸にして大なる被害なく貨車一輛破損し馬匹に若干の損傷を受けたるも列車は其儘天津に到着せり仍りて軍は直ちに夜間の軍事輸送を中止し現地に一部隊を派遣し実状を捜索せしめたる所爆破地点は天津旧露西亜租界北方千米の地点にして予め軌道下に「ダイナマイト」一を埋設し機関車の衝動に依り爆破する如く装置したる極めて巧妙なるものなりしも「レール」に大なる損傷を及ぼさざりし為列車は僥倖にも顛覆を免れたるものなり

尚本件の真相に就ては捜索を続行中なるが五月二十八日来の学生排日運動に関連し北支を擾乱せんとする策謀なること概ね明白なるを以て軍は六月二日当面の責任者たる宋哲元に抗議すると共に此種不祥事件の絶滅を期すべく其対策に関し目下慎重考慮中なり

四、英国兵による邦人殺傷事件

公務により北平に出張中なりし満洲国日系官吏二名は五月二十七日夜半同市目抜きの街上に於て外国兵士に襲撃せられ内一名は殺害せられたり尚現場には英国兵の服装の一部をなす布製紐遺棄せられあり捜査の結果犯人は同夜同所附近に於て数回に亘り内鮮人六名を殴打負傷せしめたる二名の英国海兵なりとの推定概ね確実となれり

本件は目下の処無頼なる英国兵士の単なる暴行沙汰なるやに解せられありと雖も我北支工作の進展に対し従来好感を有せざりし英国側の感情の発露とも思惟せらるる節亦無きにあらず仍りて在北平帝

158

国大使館は五月三十日取敢へず本件に関し英国大使館に抗議すると
共に交渉の推移を厳重に監視しあり

（三）《绥远事件始末记》摘要

资料名称：《綏遠事件始末記》拔萃

资料出处：島田俊彦、稲葉正夫解説《現代史資料》8《日中戦争》1，株式会社みすず書房1973年発行，第562—578頁。

资料解说：本资料是在关东军负责「内蒙工作」、时任德化特务机关辅佐官的松井忠雄，对「绥远事件」的前因后果和相关过程的记录。

二一「綏遠事件始末記」抜萃（徳化特務機関輔佐官　松井忠雄大尉手記）

私は「約束が違うから新京に帰る」というと、隆吉は「命令違反だぞ」と威嚇したが、私は軍司令官以下の花押のある現物を見ぬ限り信用せぬといい切り、電報を書き、隆吉の乗つて来た飛行機で新京に飛んだ。もう一度課長、参謀長に具申し、綾部〔橘樹〕第一課長に助言して貰うという必死の覚悟だつた。赤峰経由で直行し、司令部の退庁時刻すれすれに滑り込んだが、課長「東京行」、参謀長「東辺道視察中」だつた。庶務将校の小野寺〔貫〕少佐は、「花押見に来たんです」という私に、「電報来た。怒鳴られたろう」といううた。出してくれた本物には花押判がならんでいた。隆吉の見せたのと枚数も合う、内容にも違いはない。「綾部さんがどうして同意されたのでしょう」と、いうのが私の言葉だつた。

東條さんの所へ、警務指導官の人選依頼に出かけた。「情勢判断は」と聞かれ、私は「謀略でありますから、公算は千に一です。」と答えると、「田中は景気のいいことをいうとつたが」といつた。

板垣さんの帰京までの時間、いつものように海外武官電から始めて電報綴、情報綴をひつくりかえしていたが、徳機電を見ると、廻

覧の欄は、主任参謀以上のところは棒をひいてある。私の報告は、隆吉限りで握りつぶされているのだ。

海外武官電は、日本の八方塞りを伝えているのに、軍は隆吉にひきずられ、綏遠工作の方針を決定している。一大尉の力でどうしたらいいか。「参謀長機不時着目下救援中」の着信紙が私につき出された。

山岡〔道武〕参謀に「内蒙軍が総崩れになつたら、外蒙は撹乱動作に出るでしょうか」と、真剣で聞くと、「外蒙は動かぬ、大丈夫だ。しかしそんなに今度の工作は心配か」と反問された。「危いですね」というのが私の答だつた。私はどうしたらいいか、考えた。参謀長から「余の帰還まで松井大尉は新京にあるべし」と参謀長電が来た。

1、情勢判断

自分は蒙古に帰る。自分が自ら潔くして去つたらどうなる。ローレンスチベットの様な狂信者が輔佐官になつたらどうする。狂信者でなくとも、事情を知らず、任務一点張りに邁進する男が出て来て

も結果は同じだ。よし人あつて、如何にあげつろうとも皇天后土は照鑒する。参謀長に直言する必要もない。自分の力を信じ、最善を尽すのだ。

外蒙が動かぬとすれば、満洲国との国境の北半分は安全だ。もし中国軍が協定線を越えたら、軍は兵をチャハル台地に出すだろう。すると、ドロンを確保せねばならない。コンチャンタックの砂漠を背にして東南面して、中国軍がドロンに殺到する左側背を脅威して時間を稼ぐ。しかも要綱は、実施要領を現地機関長に一任しているから、最悪に至らしめぬ方策はあり得る。〔傍点編者、以下同じ〕

謀略軍は蒙古軍と分離して使う。併列させず、重畳させる。国境外に謀略軍を押し出すのが第一段。事成ればよし。成らねば武装解除だ。中国軍と妥協して、共同討伐を提議してもいい。

徳王にもブレーキをかける。雁門道以北を光復して独立などという夢を棄てさせる。あくまで中国主権の下に動作させる。ただ傳作義の不信を責めるのを第一義とする。

2、綏遠工作の実体・作戦計画

本工作の性格は、あくまで第二課の謀略であつて、現地機関長の責任に於て行なわれる。またその発動時機の決定も、現地機関長の判断による等実施要領はその独断に委せられていた。

資金は、軍政府関係協力部隊の分は軍の機密費、謀略部隊の分は、板垣〔征四郎〕参謀長と隆吉の手配によるもので、十月隆吉は六十万円を携行、私が更に板垣さんから五十万円を受領したが、これは隆吉に手交した。

経費は正規輔佐官たる私が、全部収支したことは勿論だが、謀略部隊費には当初触れなかつた、いや触れさせられなかつた。隆吉が新京に帰るとき、川崎輔佐官に渡されたのは十万少しだ。

これらの決算報告は、東條新参謀長に対し行なつたが、受領証を大トラック一杯につめて携行した私に対し、東條さんは「篠塚の甥の貴様だ、よし。」というだけで済んだ。

隆吉は、謀略部隊経費について文句をつけて来たので、「受領証を製作すべきや」と公電を打つたら、黙つてしまつた。「使徒不明は不明」と、私は書き上げたからだ。

兵器弾薬は、長城戦で押えた東北軍のもので、殆んど新品だ。「総てを計上すると六百万円になる。」これは隆吉の述懐だ。

第二課の謀略だから、これだけの作戦にも第一課からは誰も助手は来なかつた。(昭和十年暮の察東事件のときは、武井参謀と自動車隊の中尉下士官が来た)

兵站通信は桑原〔支那吉〕張北機長、作戦情報は私、管理部業務には、第九師団から臨時軍司令部勤務を命ぜられた川崎祐久大尉が当つた。

私は飛行隊との連絡もあつて十月から第一戦の商都に機関を開設、情報収集に当り、紅格爾図敗戦後は、第一線蒙古軍第一乃至第六師の指揮と王英軍、張復堂軍の監視に任じた。武力工作開始直前までに得た謀略部隊の状況は左のようなものだつた。

一、王英部隊

騎兵　三〇〇

直轄部隊　山砲隊（三門）二〇〇

王英の腹心、匪族程度

金甲山部隊　歩兵四、〇〇〇
孫殿英系、中国政府の工作員多数を包含、首領は参謀長揚
（正規中央軍参謀大佐）

二、張復堂部隊　歩兵三、〇〇〇
殆んどチャハル特別保安隊、省主席劉汝明の部下より成る

右に対する私のとつた処置。李守信を通じスパイを植込む。王英部隊には満洲蒙古の匪首として有名な胡寶山（通遼特務機関がよい機会として、帰順させ追放したもの）を部隊長としてその部下を以て独立部隊を編成させて配属、金部隊を監視さすこととす。胡は、若いとき李守信と一緒に兵隊だつた男で、猛烈な反漢人種、しかし李守信には心服していたから、情を明してこの任務につけた。これらの部隊を、機会あらば武装解除し、或は追放しようとしたのは、以上の内情を知つていたからで、隆吉にもしばしば忠告した。隆吉が工作の主軸と考えた謀略部隊は、実は使用期限の切れた黄色薬みたいなもので、何時どんなエネルギーをうけて爆発するか、判らぬ危険極まりないものであつた。

十月末から徳王をまじえた軍事会議がしばしば開かれた。そして蒙古軍と謀略部隊の使用法、作戦計画および出師の名分などについて、徳王、田中参謀、松井輔佐官の間で激論が繰返された。その結果決定された作戦計画および出師の名分は、大要次のようなものであつた。

3、作戦計画（插図第一参照）

一、行動開始は十一月三日　十日迄に戦略展開を了る。

二、作戦開始は十一月十四日と予定する。

三、各軍の行動予定。

第一期

イ、右第一線は王英軍（金甲山部隊を含む）とし、商都方向より平地泉に攻勢を指向する。

ロ、左第一線は李守信の指揮する第一軍主力及張復堂軍とし南壕塹方向より興和に攻勢を指向し、これを攻略後右旋回して平地泉東南方地区に進出、王英軍に協力する。

ハ、蒙古軍第七師は厳に百靈廟を守備し包頭以西に対する第二期作戦を準備する。

ニ、第二師（山砲一小隊を附す）は八台、商都を守備、飛行隊の直接掩護に任ずる。

ホ、第二線兵団

警衛師、第八師　　スニト徳化地区

第四、五、六師　　張北庙灘地区

第二期

チャハル西四旗（陶林、平地泉、豊鎮、興和）を確保せる後主力を以て綏遠、大同何れに攻勢を指向すべきかは作戦と併行する対傅作義、対趙承綬工作の進展状況によるも王英軍は包頭以西に転用、五原地区を占領せしむ

計画は正に右の通りであつたが、十一月二日夜李守信の訪問をうけた私は、自分の腹案を述べ、且情勢判断を伝えて、常に張復常軍を第一線とし、直轄部隊（蒙古軍）は集結掌握しておくよう依頼した。結局第一線部隊は謀略部隊だけということになつた。

564

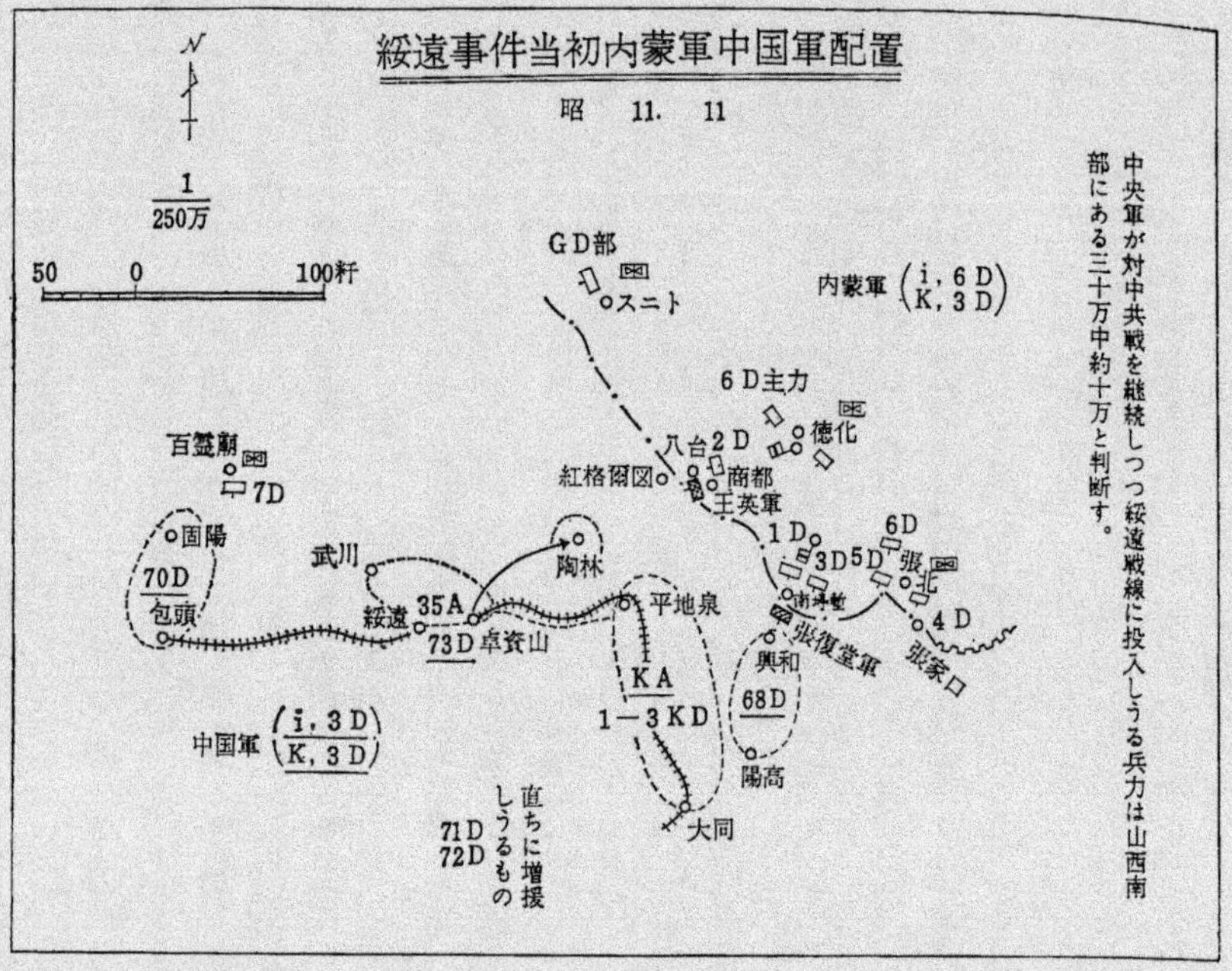

当面の中国軍は、三五軍と騎兵軍であつた。山西省内の綏遠軍としては、趙承綬騎兵軍、李服膺軍と考えられていたが、中央の統制下に傅作義が第一線を統一指揮し、その上に陳誠が坐り、閻錫山は浮上つていた。このことは私がしばしば新京に報告したことであつたが、一顧も与えられなかつたようである。また各地の保甲自衛団は、縣長の指揮下にあつて所在軍隊の指揮を受けていた。

師団の編制、装備、訓練の度も事実一部を除き日本軍に匹敵するものであつた。トラックの徴傭力も一〇〇台は楽であると判断された。

これに反し、蒙古軍は九ケ師になつていたが、在来の李守信軍であつた第一乃至第三師をのぞいては、何れも五月に集めた所謂新募新編のもので問題にならなかつた。第一乃至第三師も銃数一、二〇〇から一、五〇〇程度で、兵力特に火力の劣勢は甚しいものがあつた。これら蒙古軍の指揮権は、関東軍司令官に委任され、軍司令官は徳化機関長をして代理せしめた。

協力部隊のうち飛行隊は、満航で編成された臨時独立飛行隊で、九一戦闘機四、八八偵察機二、スーパー六、モス一の計十三機、隊長河井田義国、乗員は明野、濱松、下志津飛行学校の助教出身が主で申分なかつたが、機種の古いこと、寄せ集めで且つ少数であつたことは、戦闘隊としては致命的であろう。暗号解読班は非常に優秀であり、満洲電々の在内蒙有無線は全部徴傭され、満鉄の自動車班一五〇輌が配属された。

4、出師の名分

十一月十四日王英は次のような出師宣言を発した。

「東亜に於て断じて容れ得ぬもの中共と国民党」とし、「国家の危機旦夕にありここに蒋族を打倒するにあらざればこの危機を救うあたわず、国民政府を覆すにあらざれば民衆政治を起す能わず。黄紀四六三二年十一月十四日義を商都に起し、死を誓つて南征、漢満の健児を率いて跳梁する奸漢を殲滅せんとす。われら同朋この大義を明察して起て！」

さらに十一月十七日軍政府は、蒋介石、政府各部長、各省長宛次のような通電を発した。

今次綏東の紛争は、一に傅作義綏遠省主席の不信に端を発するものとし、左の事項をあげた。

一、チャハル右翼四旗の強圧による綏遠省への帰属
二、百靈廟の内蒙政府の圧迫
三、蒙政会の解消
四、同軍隊の解消
五、徳王以下要人に対する加害企図
六、資金給与の不履行

軍の配置については私は負けた。しかしまだ策はあると考えた。出師の目的を両者全く別にすることと、徳王のそれをあくまで局地のものとすることだけは成功した。このことは別に西安事件を予期した訳ではないが、幕をしめるとき本当に役に立つた。

5、紅格爾圖《ホンゴルト》敗戦

十五日本格的攻撃というので、飛行隊長と私は、モスで爆撃行指導をかねて第一線に向つた。飛行場は万一を考え、対空機関銃にも配兵し、九一戦闘機は何時でも飛出せる準備をさせてあつた。

王英軍は、二吉位離れて包囲していて、山砲三門だけがポツンポツンと射撃しているだけで、歩兵は戦争見物だ。爆撃は正確で、城壁を崩して行く。歩兵の攻撃前進に最好機だのに、王英軍は全く動かぬ。

スーパー一機が高射機関砲にやられ、白煙を吹き出したので、爆弾を投下させ帰途につかせた。爆撃手は機上戦死、方向指導のための助手は火傷をうけたが、遺体を守つていた。翼の下は全部燃え、機胴の縦桁は折れる寸前、しかも爆弾一ケをつけたまま胴体着陸したのは流石だと感心した。この機には軍司令官から感状が授与された。

王英軍がだらしなく引かかつているのに業を煮やした私は、隆吉に戦闘指導をやらせろと具申したが、「勝算我にあり」として許さなかつた。

十六日飛行隊は、大同、綏遠飛行場の写真偵察をやつたが、中国機の進出は認められぬ。太原機関からの通報にもまだその徴候はない。一部で紅格爾圖爆撃、王英軍戦意なしと飛行隊長大いに怒る。

十七日偵察飛行に行つた私は、王英軍が紅格爾圖周辺の部落に密集し、煙突から煙が出ているばかりか、屋外でも焚火しているのを見た。戦闘は中止であり、警戒は疎だ。一部を残して監視し、主力は南進を続け、出撃したら平地でたたけばいい。再度王英軍の督戦を具申したが、返事もこない。

左翼興和正面は中国軍の小部隊を撃破しつつ興和に向つているが、

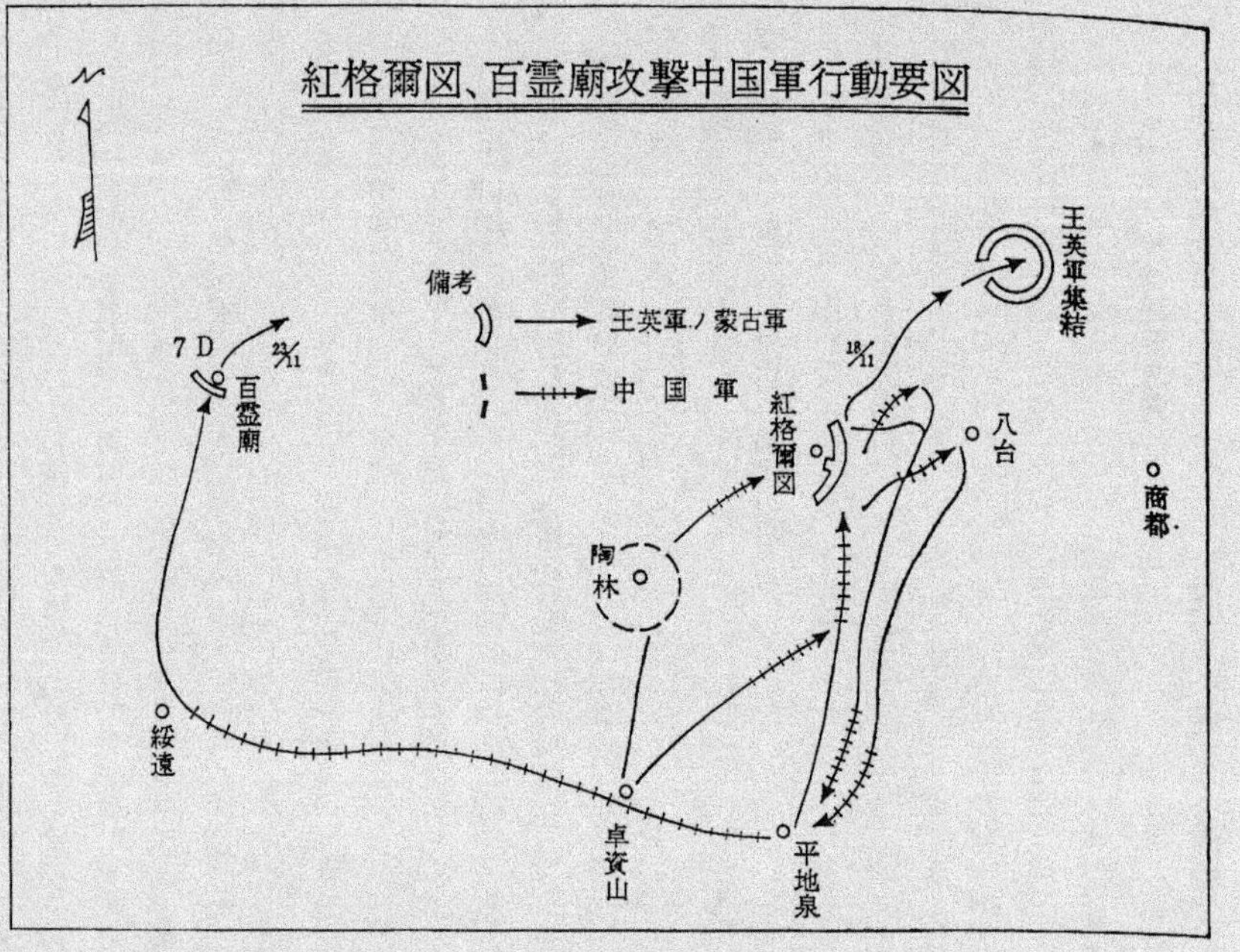

張軍の進撃はすこぶる鈍く、爆撃砲撃をしきりに要求している。李守信からは心配無用と心強い報告がある。

金甲山部隊内に潜入させてある密偵報によると、酒ばかり飲み、王英を馬鹿野郎呼ばわりして戦う意志はないという。商都平地泉間の交通は、民衆動員のため密偵の行動は全く封じられて手も足も出ぬ。

空中偵察でも部隊らしいものは少しも判らぬ。暗電も大きい動きは出ても、第一線は薩張り判らず、漸く焦慮を感ずる。徳化では戦況有利と新京へ報告していた。

午後四時平地泉方向を偵察した一機が、その東方三十粁興和と八蘇木を経て商都に通ずる十字路を先頭に、数十台のトラックを発見したが、天候が激変して来たのと高射砲への顧慮から絶対低空飛行を禁止していたので、爾後の行進方向を確め得なかつた。

王英司令部、李守信司令部に情報を通報、警戒を至厳にするよう命じた。もしやる気なら、一気に商都飛行場に突入する公算もある。第二師は全力で飛行場南方陣地に拠り、航空隊は終夜全機出動準備を整えさせた。第二師長は私と徹夜していた。

十一月十八日

「払暁八台の第二師守備隊から西南方に猛烈な銃砲声を聞くという電話がかかつたが、細部を聞きかえす間もなく不通となつた」と、報告して来た。「王英軍は本未明中国軍の奇襲をうけ、東北方に潰走中。八台は迫撃砲八を有する約一連隊の中国軍の攻撃をうけ、損害続出しあるも士気旺盛なり」という将校斥候の報告を、南門の戦闘司令所で聞いたときは雪も止んでいた。

王英につけてあつた無線班は、トラックで脱出して来た。「散々です」という。王英軍の敗れるのは当然、飛行場がやられなかつたことは有難い。王英軍の情況偵察のための将校斥候の派遣、商都、徳化中間へ一ヶ中隊の配置を第二師長に命じ、飛行場へ行くと丁度偵察から帰つた隊長は、「王英は逃げた。しかし中国軍は一つも目に入らぬ。陶林、平地泉間ホイルの跡はない。確かに近くにいるらしいが判らぬ。王英軍は八台北方十粁位に集結している」という。

これを徳化に報告したところ、「隆吉は、王英が敗れた。貴様は見たのか、王英はラワ戦法の名手だ、退つたのではない。中国軍に大打撃を与え一時戦場を離脱しただけだ。それが判らんか」と怒鳴つた。

「金甲山部隊は一発も射撃せず、また中国軍の攻撃をもうけなかつた」という密偵報は事実だろう。しかしこれを今徳化に報告する気は出ない。どうでるか判らぬ敗残部隊を、徳化と商都との中間に近く抱くことは厄介だ。商都を攻撃しなかつた中国軍の意図はどこにあるのか。次の攻撃目標は百霊廟だ。

一、直ちに左第一線の行動停止
二、李守信主力の商都集結
三、王英軍の逐次解消
四、百靈廟部隊の撤収

という件を具申し、隆吉と喧嘩になつた。

暗電では傅作義が山西趙承綬の騎兵軍を統一指揮している。傅と趙とを別々に工作対象にしたり、包頭の王靖國は傅と仲違いだなど**ということは問題ではない。現在中国軍と戦闘しているのは、大漢義軍だけだから口を拭いていい。**しかし百靈廟が攻撃をうけたらこれは本当に蒙古軍政府と中国との武力衝突だ。しかもこれを守り抜くことは六ケ敷い。距離があまりに遠い。もし奪られたら士気にも影響する。

しかし隆吉は「百靈廟は天険だ」という。だが、遂に李守信軍の商都集結は認めた。

「百靈廟は撤兵せぬ。王英軍には手を出すな」というのだ。

6、中国側の状況

十七日蔣介石は、三機に幕僚を分乗させて太原に飛んだ。実に自信たつぷりだ。恐らく閻からは紅格爾圖反擊計画の報告があり、蔣からは「しつかりやれ」と激励したことも想像される。

十八日蔣は、紅格爾圖の勝報に満悦しながら太原綏靖公署前の広場で、三千の群集に一席ぶつた。

「綏東に於ける蒙古匪軍の攪乱問題は、その性質および対内外関係極めて重大であるが、これ等はすでに水も洩らさぬ準備整い、すべての計画は熟して、われわれに十分の成算がある。われわれはいま十分の覚悟と冷静な態度とを以て、沈着にこの問題を処理すべきである。わが国は、満洲事変以来一段の進歩を遂げ、全国統一は完成せんとし、近代国家の基礎は漸く牢固となつた。今後奮励努力すれば、如何なる外患と雖も恐るるに足らぬ。」

というのだが、これは本当の彼の気持を述べたものだといえる。

孤立主義の山西人も、外患の前には中国第一線の防人だつた。**何千年来の血を沸かし、中国人たる意識を再確認したのだ。**

王英軍は、その集結地で点名整編することとし、蒙古軍は、商都に李守信軍司令部、第二、三、五師を、尚義に第六師、南埣暫に第一師、廟灘に第四師を配置し、張復堂軍三千は、南埣暫南郊に集結させる等夫々十九日に処置された。航空隊は、中国側のトラックを求めて爆撃を加えたが、その効果は確実とはいえなかつた。

7、百靈廟の失陥

紅格爾図敗戦の結果は、折角設置したアラシャン（定遠営）特務機関の引上げとなり、次いで百靈廟守備の蒙古軍第七師が潰走し、同地が遂に綏遠軍の手に落ちることとなつた。以下は百靈廟失陥の状況である。

傅作義は徳王に対し、十七日左の如く通牒して来た。

「貴下は速かに軍事行動を中止すると共に不法に奪取せる東四旗の地を返還し、一切の公職を去つて恭順の意を表すべし」

次は百靈廟だ。川崎輔佐官が王英軍点名に商都に来た。初めての対面だ。いい男だ。私は「百靈廟がやられたとき徳化をバタバタさせないようにしてくれ」と頼んだ。

「機関長は、第七師はチャハル蒙古の精鋭、師長は穆総管、参謀長は中央軍官学校出の秀才だ。というてますが」、と川崎は正直だつた。「それが眉睡だ」というと、「へえ」と感心した。

紅格爾圖敗戦の反響は大きかつた。中国は昭和八年長城戦以来の敗戦感を一掃した。無名の紅格爾圖は、中国の地圖に大きく印刷され、民族決戦の地と宣伝された。上海の地方協議会に端を発した「綏遠を援助しろ」という声は全国に拡がつた。平津地区での運動中綏境蒙古派平同郷会までが動き出したのは、中国側の勝利だ。

二十日国民党中央党部宣伝部は、最近の国内及国際間の輿論は、国民政府がすでにその尽すべき最大の責任を果したことを認めている……。国交調整の鍵は、正に日本側に存すと、声明した。

二十一日有田外相は、「今次綏遠のことは、内蒙古側との紛争で、帝国の干与するところではない。従つて内蒙古軍の行動に関しては、政府はもとより、軍に於ても、何等援助を与えていないことは勿論である。」と声明して、これに答えた。日本外務省は、何一つ知らされておらず、知ろうとしても何一つ手掛りはなかつた。

軍ですら知らぬ。武藤〔章〕課長は、十二年正月商都で私から敗戦を報告され、「偽をいえ」と怒鳴つた位だ。徳化からは隆吉が勝手な報告をしていたのだ。隣の張家口機関も綏遠機関にも判らぬ。

「紅格爾圖第一線にあつた彭毓斌騎兵師団は、十八日午後より撤退を開始し、二十日全兵力を平地泉に集結す。師長は十九日該地に到着しあり」という、稲森少佐の指揮する暗号解読班から出された報告は、徳化電を裏書するかにとられ、新京では「王英は勝つた」と、感ぜられた。その新聞班の発表は景気よく流れたのだ。しかしこれらの発表は、日本の不信となつて中国側は蔑視した。

隆吉は、もう一押しだ。援護射撃は通電で結構と、新京に乞う。そこで幕僚談、「今次内蒙は赤化の魔手と、中国の強圧をはねのけんとして自衛のため起つたので、日満両国としては、公正な態度をもつてこれに臨むと共に、その紛争が満洲国境線をおかし、その辺境に赤化の危険が感ぜらるるに於ては、断乎適当な措置をとると共に、中国最近の抗日事実に対しても、飽までこれを排撃するに一致した」と、凄んだ。

しかし中共撃滅を第一義としている蔣としては、これは腹に据えかねるものがあつたろうし、怒り虫の傅作義が、カンカンになつたことは想像に余りある。

隆吉は、王英の敗戦を王英の口から聞くと、暗電に出てくる部隊本部の位置を片端から爆撃せいと命じた。飛行隊長は、五十万分の地図にもない地名なんか探しても無駄だ。ポツンポツンと爆撃して、何の足しになる。隆吉は航空隊用法を知つとるのかと怒る。

その最中小濱氏善大佐の督戦をうけた。大佐は内地を出るとき、蒙古軍の総指揮官という話で来たらしい。現地では何一つやれぬので、髀肉の嘆に堪えられなかつたのだろう。隆吉から「松井に活を入れてくれ」といわれて来た、と大変な意気込だつた。これには閉口した。しかし何かの拍子で、私が無天「陸軍大学を卒業してないこと」であることが判ると、ガラリ態度が変つたことにも驚いた。

「何だ、無天かよ貴様は」

というのだつた。しかし北満で日本軍をつれての匪賊討伐と、今度の事件とを一緒にしていることに危険を感じた。

二十二日中央軍十三軍湯恩伯、騎兵第七師長門炳岳が大同に入つた。暗電と密偵報は一致した。これは容易ならぬことだ。梅何協定で、日本軍は中央軍と直接正面することはなくなつた。土秦協定線でもそうだつた。しかし今、中央軍はその線に顔を出そうとしている。趙承綬の騎兵軍はどこへ行くか。陰山山脈の北へ使われるだろう。そのあとに中国の精鋭騎兵第七師が入る。中国側は、関東軍が平地泉方向をさけ、更に西方に出ることを察知しているのだ。

また西方アラシャンでは、第二五師關麟徵が、この寒さに戦塵にまみれた夏服で、定遠營に到着するのだつた。これは中共の西北への交通路を遮断するの意味もある。蒙古王が、やつと到着したばかりの横田機関長に、撤退を要請したのは、中国側の圧迫でもある。機関長は、死んでも残る気だつたが、軍は撤退止むなしとして、二十三日半数のものを飛行機で収容、残りは二十四日と定めた。

二十三日夜、装甲車を先頭に、綏遠軍は百靈廟に突入したが、蒙古第七師は、何等抵抗せず逃亡し、百靈廟機関は襲撃され、丁度収容されたアラシャン機関員と一緒にトラックで辛うじてシャラムリンに脱出することが出来た。二十四日アラシャン引上機は、百靈廟に着陸しようとしたが、機関長の判断で、地上異変ありとして、一気に徳化に飛び、ことなきを得た。

百靈廟の占領は、中国全土を狂喜させた。紅格爾圖は防禦だが、百靈廟は、攻撃が成功したのだ。中国のインテリには、古いスーパーがユンケル新型に、使い古したフォードやシボレーがフィアットに思われ、更に一般的には紅格爾圖、百靈廟に潰走したのは、蒙古軍のマークをつけた関東軍将兵と考えられたのだ。

二十三日上海に於て、中国政府は突如租界当局援助の下に、抗日連合戦線の巨頭章乃器等を捕え、政府の意図外にまで昂まる抗日の空気に沈静剤を投じたが、二十四日第八次川越張羣会談に対し、行政会議は中日交渉打切りの主張が圧倒的だつた。

日本の新聞や、中国の新聞ラジオなど連日戦争記事をのせ、電波を流していたが、十八日以来地上戦闘はない。十九日平綏線に装甲列車が入つた、という情報があつたのに対し、李守信は、龍大尉参

570

謀に三組の群から成る挺進騎兵を指揮させ、装甲列車の破壊を命じた。「二十一日夜大同北方孤山で貨物列車と装甲列車と正面衝突」と、中国側は発表した。二十五日龍隊は、一群未帰還、主力は戦死者三の死体を馬背にくくりつけて帰つて来た。

中国航空部隊の情報には、一番頭を悩ましたことだつたが、その徴候はまだない。全面戦に入るのを避けているのか。軍も平綏沿線の爆撃は禁じていた。

隆吉は変貌した。百靈廟失陥以来流石に或る程度真実を報告し出した。彼は自信を失い出した。

二十七日関東軍は、「内蒙軍の行動は、中共及びこれと提携せる軍閥の圧迫より脱せんとする防共自衛の已むを得ざる手段であり、その目的とするところは、日満両国の緊密なる国策と一致するを以て、軍は内蒙軍の成功を念願する。—情況によつては、軍は適当と認める処置を講ずるの已むなきに至るであろう。」と声明し、満洲国も同一歩調をとり、外交部発表を行つた。これは、隆吉が武藤さんに哀訴して行われたもので、危険なものだ。

二十八日中国政府外交部は、「如何なる第三者と雖も領土完成に対し、如何なる口実を以てしても、侵略或は干渉行為が発生するならば、全力をあげてこれが防衛に努めることは国家の職責である」と反駁した。中国側も、列強も、そしてつんぼ桟敷の日本国民も、ここに始めて仮面を脱いだ関東軍の姿を見たと考えたことだろう。

舞台は、関東軍と中国政府との競合となつた。しかし如何に強い電報戦を展開しても、実力がものをいう。関東軍のそれは、第二課限りの謀略だし、現役将校は僅かに四人、三人は無天だ。飛行隊といつても、戦闘機は九一式、偵察機は八八式、爆撃機はスーパーだ。地上部隊は何一つない。兵器は旧東北軍から押収したものだけだつた。中国側は、最精鋭の騎兵第七師と十三軍を第一線に出し、更に十万は山西南部から抽出出来る。

勝負は判つている。中国側は猛烈な切崩しをやり出した。蔣介石は閻錫山と連名で「内蒙軍将兵に告ぐ」とし、

「親愛なる中国同胞よ！ 君等はなぜ綏東を侵略する必要があるのか。君達中国人が中国人を打ち殺す悲惨事をやめて、速かに正義にかえれ！ 君等が、このままぐずぐずしておれば、中国四億の同胞は、君等を蛇蝎視するに至るだろう。速かに中央軍隊に来れ！」といい、一銃、一門、一機に賞をかけ、我々の首にも金をかけた。

王英、金甲山部隊に入れた密偵報は、部隊の統制全くなく、幹部は連日会議を開き、反正（寝返り）を論じていると報告した。徳化に注意すると、「疑えば、李守信と雖も同じ」と、放言して相手にしない。切崩しは、張家口からも行われ、張勵生が動いていた。苦肉反間を李守信と我々との間に行つた。隆吉はカンカンに怒つたが、事実はなかつた。しかし上海電は、デカデカと李守信の反正を宣伝した。

8、百靈廟奪還行動と叛乱（挿図第三参照）

十一月二十九日松井輔佐官は、徳化に招致され、田中参謀から意見を徴せられた。

「逐次に謀略部隊を解散すれば現状維持は可能である。最早段階は、関東軍と南京との対立にまで進んでいる。南京にも人なきにあ

らず、中共撃滅は大事業だ。それを完成するにはまだまだ時間がかかるから、暫く静観するを得策とする。百靈廟奪還など愚の骨頂だ。」

とまで極言したが、「戦はバクチだ。丁と張つたら丁で押すんだ」と、言下に一蹴した。

田中参謀の奪還に関する命令指示は、次のようであつた。

一、百靈廟は金甲山部隊に奪還させる。

二、王英軍は乗馬隊だけとし、紅格爾圖をさけ、その北方から包頭に挺進させる。

三、蒙古正規軍は厳に国境線を守備。

四、商都機関は集積してある弾薬糧秣を成るべく多く王英、金甲山部隊に補充せよ。

そしてなお田中参謀は「王英、金甲山部隊は俺の直轄だ。百靈廟奪還は、桑原張北機長にやらせる。貴様は補給だけ心配すればいい。」と釘をさすように付言した。

秘中の秘であるべきこの計画を、日支のニュースが連日伝えたのは何ということだ。金甲山部隊を百靈廟に追出すのは賛成だが、これは至難中の至難だ。輸送は自動車だが、これの離脱がむつかしい。不祥事が起る。桑原さんは胆が太いからやり切るだろうが、と思つた。

二十九日蔣介石は、四省総司令陳誠及び綏遠省主席傅作義に「百靈廟を確保すると否とは国家の安危に関する所全力を以て防禦せよ」と命じ、陳誠は二十九、三十日傅、趙、湯、門を集め、①百靈廟絶対確保②綏遠省東部の攻勢防禦の二方針を決定した。これは中国中央軍が責任を持つて第一線に立つことを意味し、また一面土肥原、秦徳純協定の遵守を示すものだ。

三十日トラック群は第一次輸送を行い、まずシャラムリン廟に送つた。一日夜最後のトラック群と共に桑原少佐は商都を出発した。

「何時もの道路は駄目ですよ。北へ廻らねば」

というのが、私のはなむけの言葉だつた。

二日午前、桑原少佐は第一次輸送部隊を指揮し、百靈廟南方稜線による中国軍に対し、攻撃を準備させ、逐次到着する部隊を掌握、煙草谷大尉（二七期）の指揮する最後の梯団の到着と共に全力を展開、午後一時攻撃開始を命じた。

部隊は南方から攻撃した。百靈廟守備隊は、北方には逃げられない。そこには死の砂漠が待つている。

航空隊は、午後三回の出撃は無理だつたが、隊長は強行した。私はピストにつめていたが、南方から攻撃しているとの第一報で不安だつた。極力南方からする中国軍の支援を偵知阻止するよう要求した。

飛行場はもう真暗だ。まだ二機帰らぬ。着陸指示の点火をし、やつと迎えた。

「第一線は午後四時依然前進していません」という報告に、「万事了る」と思つた。

翌日はシャラムリンへの撤退収容掩護に飛行隊を協力させたが、追撃もうけず、収容出来た。しかしこれは、喜んでいいのか、どうか、判らぬ。

シャラムリンには百靈廟機関と旧アバカ機関がいたが、これは金部隊の撤退に雑居してしまつた。両機関は、後退を希望したが、隆吉は許さぬ。金部隊の不遜な態度、不穏な様子も報告されたが取上げない。自動車の運転手達は、自動車を何とかしてシャラムリンに残しておこうとする金部隊の態度に脅えた。

隆吉は、小濱大佐に満軍の日系中尉をつけ、トラック一台に護衛兵を付し、シャラムリンの総指揮官にした。だが、両機関の指揮権は与えなかつたので、大佐はひどく不満だつた。従つてそれは、両機関と大佐の仲をも妙なものにした。金部隊は大佐の厳重な命令に不満だつたし、廟のラマは、ここで工事をすることに抗議した。

大佐は、衛隊と本堂に、金司令部は東部入口に、両機関は西部に分れ分れだつた。張鳴（日本留学生上りで、南京政府の要人許正の娘で日本の支那浪人萱野某の養女と結婚している果敢な反蔣の闘士というのが隆吉の紹介だつた。しかし私は何か不透明なものを感じ警戒した。王英軍の政治部長にしたのだが、彼の動きは、私のスパイ網に不思議な行動をしるさせた）は馬に乗れぬので、金部隊についていたが、彼がどんな役割をしたか疑問だ。

三日、第三艦隊は青島に陸戦隊を上げた。南京では、川越大使が不調の責を負い、引退を表明、四日陸海外三相会議は、中国の諒解事項遅延せば、断乎打切りの方針を決定した。

六日中国政府は、日中交渉停頓の責は綏遠事件にありとし、日本の内蒙軍事援助停止こそ交渉再開の先決問題だと、ハッキリ態度を明かにした。

八日寺内陸相は「陸相としてこの際あまり刺戟となることはいいたくないが、弱きを助け、義を行う日本刀でも嫌でも抜かねばならぬことがないとも限るまいからね」

と、車中談したと報道された。

十二月八日夜十二時、徳化機関の当直無線手は、シャラムリンとの連絡通信を行わず、朝まで二時間置きの点検通信も忘れ、六時あわてゝ呼び出したが、応答はなかつた。シャラムリン兵変は、スニト王府にまず伝えられ、王府の無電が徳化に伝えた。

隆吉の命令で、私は飛行隊長に、偵察同行を乞うた。準備に時間があつたので、司令部に李守信を訪ねると、知つていた。二組の斥候を出したところだという。第一線は心配ないと告げた。

金の叛乱と湯恩伯の攻撃とが一致したら厄介だが、湯軍は動かない。

今朝モスで、シャラムリンに金を送ることになつていたので、これも気がかりだつた。しかし何時もの飛行場には残骸も見えず、廟一帯は静まりかえつて、人つ子一人見えぬ。無気味なものだつた。三回旋回したが、何も判らぬ。スニト街道に沿い、徳化に帰つて報告した。モスは安全だつた。

隆吉は阿片のきれたいん者のような顔色だつた。

「大月が捕えられ、南方に連行された。」と低い声でいつたとたん

「全滅だ！」

と怒鳴つた。全く狂人だ。逆手に出てやれと、

「シャラムリンを奪還します。李守信の一ヶ聯隊、山砲一門あればいいです。今から私は、情報収集にスニトに先行します」

というと、

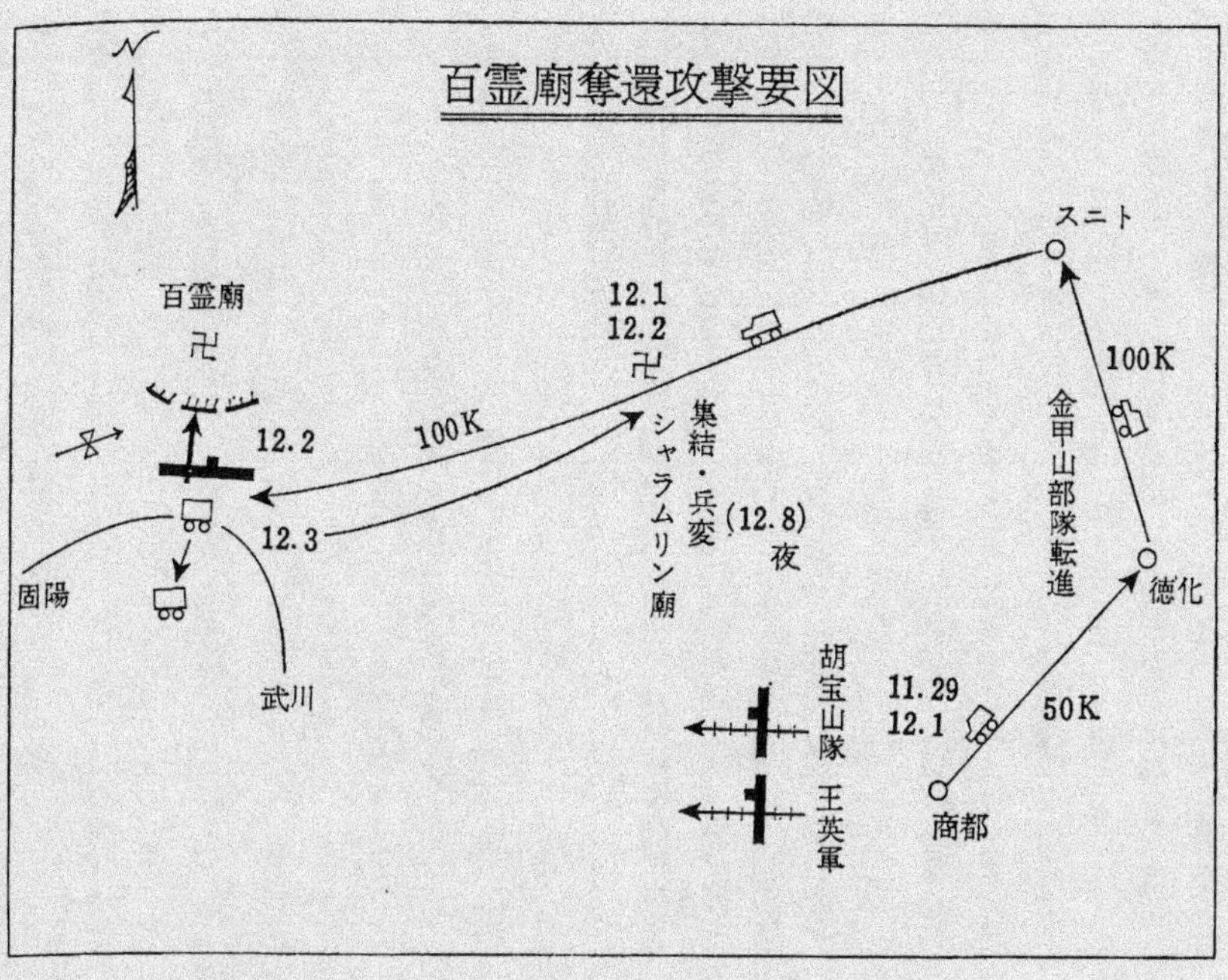

「奪還しても保持出来ぬ」

と、かすれた声でいい、下を向いてしまつた。私は川崎大尉を呼んで、情勢判断を伝えた。

「中国側は、これ以上実力行動には出ない。しかし反間苦肉、切崩し謀略はひどくなる。よく気をつけてくれ」

「小濱大佐以下のことは、ラマ坊主の筋以外ない」、「もう一つ大事なことは！」というと、川崎は「機関長胆大なることかめの如し」と笑つたので、「頼むぞ」といい商都へ帰つた。

翌十日間仁田通信手が一人だけ生還して来た。その報告によると、小濱大佐は寝台の上で腹に短刀をさされ、副官は人口で斃れ、大月一人拉致され、他のものは廟の壁にならんで立たされ、片端から銃殺、本人は隣りの血をあび昏倒し、夕方寒さで目がさめ、ラマ坊主の所で衣類をかりてスニトにたどりついた、というのだつた。

これを伝える隆吉の声は、死人の様だつた。「どうしたんです」というと、「炕の煙で瓦斯中毒だ」と、つぶやく様に答えた。

金甲山は暫編師長、主だつた幹部三人は暫編旅長として中国正規軍に編入された。彼等は、昭和十二年内長城線で本物の関東軍と戦つた。張鳴は拉致されたが、間もなく釈放された。彼また支那事変中日本軍が福建工作に使つたが、ハッキリしたダブルスパイだつた。

9、西安事件と工作の終止符

十二月十二日、このとき突如西安事件がおこつた。蒋介石が西安において、張學良、楊虎城に監禁された事件である。内外の視聴はひとしく本事件に集中された。この事件は、綏遠工作の行詰りに直面して、苦慮のあまり半死の病人だつた田中参謀には、回生の薬となり、さらに徳王を喜ばせた。しかし大勢は幕のひきどきであつて、そのための天与の好機であつたのである。

彼がそれ（西安事件）を伝えた声は、昨日までとは全く違つていた。「黒木の工作が成功したのですか」というと、「そうともいえぬ」と打消したが、「蔣介石一人殺しても国民政府は動かんでしょう」と、彼の殺害説を反駁すると

「なに議論のときか。絶好のチャンスだ。出来るだけ宣伝ビラを印刷させろ。空から撒くのだ。明日スーパー一台廻せ」

「ビラの文句は、思ひ切り蔣をやつつけるんだ」

と附加えた。

隆吉の膝下徳化はどうか。十四日始めて記者として徳化入りを許された同盟通信記者は、

「全市には既に独立建国の気漲り、市中には蔣政権没落を喜び、赤化防衛の為内蒙独立の秋至るを喜ぶという意味のポスターが各所に貼られ……委員長徳王始め各盟王公は、両三日中に全線進撃の謀議を凝らすはずで、内蒙義軍の意気すでに綏遠を呑む概がある」と報道した。

だが、私は全く別なことを考えていたので李守信に相談した。隆吉のハズンだ声を聞きながら私の頭に浮んだのは土木の変だつた。也先汗は、英宗を捕え、諸公を鏖した。そのとき金宝文綺を以て命乞いをした太后皇后と対立して、「天子重からず社稷重し」とした兵部千謙がいた。歴史は繰返すのだ。何れが勝を制しても、東洋の前途は重大な転機に立つ。機関の問題ではない。関東軍のそれでもない。日本の問題だ。

李守信は平静そのものだつた。

「殺すでしょうか」

「わかりませんね。私が西安に出してある密偵の報告があるまでは」

「今後の見透しですが、もし蔣が殺され、中国政府と張、楊、中共連合勢力と衝突するとしたら、内蒙には中国政府はかまつておれますまい。妥協出来たとしたら、対日全面戦ですから、対軍政府ではないので、矢張り内蒙は一時あずかりでしよう。中国は蔣が殺されても動乱にはなりますまい。

そこで、この機会に雁門關までという考え方も出ますが、それは反共を叫ぶ手前義に戻るでしよう。現実には湯恩伯軍との決戦となり、成功しても多大の損害が出、中国政府の危機に反逆したという不義の名は免かれず、中国民衆の怒りを一層高め、蒙漢協力の実は望むべくもありません。地域の占領は出来ても政治は不可能です」

司令は

「松井の考えは、私の考えです」

と同意した。

「だが、王公は？」

と問うと、「文句はありません」という。

「徳王は？」というと

「田中参謀は？」

と笑つた。二人は大いに笑つた。

「司令、私は明日徳化に行きます。司令は王公に、軍政府職員に

働きかけて下さい」

といい辞去した。

「植田〔植田謙吉・関東軍司令官〕さんに直接訴えよう」

……………………

隆吉は、私を見ると

「来たか。こんな機会は二度とないぞ。一気に平綏線へ、そして雁門關に出るぞ」

と浴せた。

私は、機関長室で対座した。

「軍から指示来ましたか。止めましょう。大義名分です」

と切り出した。隆吉もまけない。李守信と語ったところを述べたが、聞かぬ。

「謀略は機会をつかむ」

「謀略と雖も正義は存する。謀略と陰謀とは違います」

隆吉は、小濱大佐以下の骨はどうする。傅作義に一撃を与えずして、どうして止められる、というのだ。

傅作義ではない。前面の敵は中国軍だ。綏遠軍などというものは存在しない、というと「臆病者！　貴様は湯恩伯軍が恐ろしいか」とわめいた。

「湯恩伯軍は恐れません。中国軍隊の統制の見事さを恐れます」

と切りかえした。圧倒している感じを持つた。

「どうです。この辺でサット手を引いたら、西安事件がなかつたら雁門關に九旒の白旗を立てたのだ、という方が余韻があるではありませんか」

と突如調子を落して隆吉の瞳を見入ると、明かに動揺している。

「参謀！　あなたは中国関係主任参謀です。この情勢において、軍は刻々の判決を求めています。あなたは新京に帰るべきです。元来この工作は、現地機関長の責任において行われているのです。幕を引くかひかぬかは、現地の責任において行わるべきであつて、軍の指示を待つことは許されません。」

これは死命を制した。勝負は了つた。隆吉は、謀略部隊の後始末をクドクドいい出したが、相手にならなかつた。

隆吉は、ついに

「止める」

と、吐き出すようにいつた。

李守信の私を迎えた顔は晴々としていた。

10、田中参謀退陣と後始末

昭和十二年元日武藤章第二課長が祝賀のため徳化に来た。そして田中参謀の病気（神経衰弱）がどうにもならぬことを認め、直ちに新京に召喚の手続きをとり、間もなく自ら徳化に来て後始末に乗り出した。それは、謀略部隊の整理、蒙古軍の原態勢復帰であつた。

「日本軍の内蒙進出により、蒙古軍の原態勢復帰を援護する件は、隆吉から再度進言されているので、新京で交渉したが、仲々第一課がうんといわぬ。その一部として、興安軍二聯隊だけは出発命令を出すのを確認してきた。今日多倫へ着く筈だ。これで安心したろう。引続き日本軍の交渉は、隆吉がやつている。俺からも電報で催促する。」

576

というのだ。

「日の丸を蒙古に立てるなんてとんでもないこと、興安軍もいらぬ。出てしまつたら仕方がないが、多倫止りとして欲しい」

と、私は答えた。

課長は、何をいうか、という顔付だ。早速課長は電報を打たせた。私は「返事はきませんよ」と、いうた。課長は「日本軍を出す以外土肥原、秦徳純協定を中国に守らせる手はない」という、隆吉の進言をくりかえした。

「戦に兵力が余りすぎることはない」というのが課長の説、私は「戦は了つた。今はバランスがとれている。二十八日の声明に脅えている中国側は、もし日の丸や蘭の花をチャハル台地に立てたら、このバランスが破れるから、どう出るか、判らぬ。よしたがいい。中国側には協定線を越える意志は絶対にない」というのだ。

この夜私は、課長に、紅格爾圖の敗戦を語り、中国軍が追撃せず、協定線で止つた事実を語つた。この敗戦は、課長には初耳だつた。

翌日課長を案内して第一線を飛び、商都に降りた。飛行場から第一線へというのに、徒歩、しかも飛行場を出るなり、護衛兵が散開し出したのには課長もビックリしたらしい。

「あれが国境線です」という稜線には、湯恩伯軍がいる、というと「追払え、越境だ」と、課長は怒つた。

しかし張家口正面でも、国境線を中国軍に許している事実を説明し、これらの争奪をやり出したら、きりがなく、大戦に入る。しかも地形上こちらは平気だが、中国側はこの線をとられたら裸になるから真剣に抵抗する、と説明した。誰が決めた、というので「田中参謀です」というと、不機嫌な顔をした。

「飛行場は砲兵の弾著距離内じゃないか」

「迫撃砲でも届きましょう」

というのが、二人の会話だつた。

私は課長が、第一線の危険を一層感じ、日本軍進出の必要をより一層感じたのじゃないか、と心配した。私は「日本軍を出さんで下さい」と、また課長に説いた。そして蒙古工作の歴史を語つた。

「結局俺は、田中の舌三寸に躍つた訳か」

という課長に

「結論はそうですね」

と答えた。

課長は、新京からの返電を確かめさせたが、昼の交信にも入電はなかつた。課長は「徳化電第X号再考ありたく重ねて具申す」と打たせた。

翌朝、新京から返電なし、と報告しても課長は案外機嫌よく、私は新京に感謝した。その朝は、日本軍出兵については語らず、謀略部隊の処置について報告した。

1、王英の残存二〇〇は金で処置する。

2、張復堂三、〇〇〇は追払う。

これは兵器を買収し、手当を出すだけ工作費がないからだ。坂西〔一良〕大佐（第一課長）が来て、「何だ、買上ればいい」というたが、私には私の算盤があつた。しかしこの処置は、具体的のことは報告せず、課長には、平津地区に出張し、小濱大佐以下の骨を北平機関、二九軍顧問部を通じて拾えるようして下さい。留守中全部片をつけ万一失敗しても、課長の責任にならぬようします。とだけ話した。

課長は

「王英は殺さんで呉れと、田中が繰返して頼んどつたからいいな。で、時機はいつにする」

というので、「早い方がいい」といつた。

「貴様俺を追出すのか」

と笑うので、

「君子は庖厨を遠ざく。謀略なぞまともの将校は見ざる聞かざるがいいです」

と進言、諒解を得た。課長に私は、更に進言した。

「汪が帰つて来ましたね。西安の東北軍はまだ燻ぶつていますから、当分は汪さん、十二日香港声明互譲の精神で行くでしょうが、対中国策は一大転換を必要としますね」

「中国を見直すんだな」

「その前、日本を見直すのです。内蒙のことなど一大尉に委せておいて可なりです。課長殿、何とかして下さい」

「政党政治の時代は去つた。しかし軍が肩代りするのは好ましくない。これは過渡的便法だ。俺はそう信ずるよ。この過渡的時代に日本が国際的危機に追いこまれるのは日本の不幸だ。しかしこれは日本の運命だ」

「課長殿の運命でもありましょう。」

といつた。私は、武藤さんが好きだ。一大尉しかも無天の私によせてくれた信頼だけでなしに……。

翌日課長は出張した。私は張復堂軍の処罰の手配をした。知つているのは李守信だけだつた。

その夜張復堂部隊は、武装解除のデマに躍つて自ら叛乱をおこし、李守信軍に追払われた。王英等には、予定通り金と便服を与えて解散させた。武藤課長は、天津でこの報告を受取つたが、「努力を多とす。情勢変化に処し新京に向う」と電報して、新京にかえつた。飛行隊は、張北飛行場の整備完了とともに、一度張北に集結、地上部隊に先立ち復帰せしめた。蒙古軍は、第二線から動かし、第一線は最後とし、この間〔ママ〕密偵報告と暗電に注意し、中国軍の動きを監視し、第一線の候敵には、私が細部にいたるまで指導した。

578

（四）绥远问题

资料名称：綏遠問題

资料出处：島田俊彦、稲葉正夫解説《現代史資料》8《日中戦争》1，株式会社みすず書房1973年発行，第597—603頁。

资料解说：本资料是日本军令部根据在北平日军的报告整理的关于「绥远问题」的特报，记述了从日军指使王英等傀儡武装侵入绥远，到西安事变后「绥远问题」告一段落，其间的详细过程。

支那特報第十七号

二八　綏遠問題

（昭和十一年十二月二十八日　軍令部）

〔編者註・昭和十一年十二月十二日在北平桑原輔佐官の報告をその儘複製して配布したものである。〕

目　次

綏遠問題

第一、王英軍の綏東侵入開始迄の経過

所謂綏遠問題の真相把握は極めて困難にして其の詳細は不明なるも概ね次の如き経過に依る王英軍の綏東侵入を以て事件の導因を造れり

一、李守信軍の多倫進出

昭和八年関東軍熱河に入るや新に帰順せる熱河土着軍旅長李守信は関東軍の後押しにて支那軍を圧迫省境線を越え多倫に進出、察東義勇軍と称せり爾来多倫は察哈爾経略の前進根拠地となり玆に綏遠問題の一種子は蒔かれたり

二、長城以北察哈爾支那軍撤退に関する日支軍事協定

張北事件（列国軍事及国情第二巻、昭和十一年三月刊行三九三頁参照）の善後処理として所謂察哈爾交渉（土肥原、秦徳純協定）行はれ支那軍隊は長城以南に撤退を開始したるが更に本件に附随し保安隊問題に関する所謂松井、張允栄協定なるもの一〇、八、五、張家口に於て調印され之に基きて蒙人保安隊は新に支那側保安隊と協同察北の治安維持に任ずることとなり同時に察東には王道一の率ゐる特殊保安隊出現するに至れり

三、蒙人保安隊の縣城入城と李守信軍の西進

前項協定に依り熱河方面に於て編成せられたる蒙人保安隊は漸次察北に進入、各県城（沽源、寶昌、康保、徳化、張北、商都）に入らむとするや察省主席張自忠は主として左の理由に依り之に反対せ

り

各縣城内には蒙人一人も居らざれば斯る地域に蒙人保安隊を入るるは却て問題を紛糾せしむるに過ぎず

蒙人保安隊は蒙人居住地域（水草を追うて転々し定住せず）に駐すれば足る

斯くて問題は重大化し一〇、一二、六予て多倫に待機しありし李守信軍は関東軍飛行機の協力を得て察北に進出、寶昌、沽源等に於て支那側保安隊と戦闘を交へ之を南方に圧迫せり

一方同年十二月中旬北平に於ては冀察政務委員会成立せるが此の機に於て土肥原、秦徳純を通じ日支間に諒解成立し支那側は前記松井、張允栄協定を確認し蒙人保安隊の各縣城入城を承認せり

而して李守信軍に就ては何等言及する処なかりしも李軍は蒙人保安隊掩護推進の為西進を続け一二、二一、無抵抗にて張北に入り支那保安隊は李軍に押されて長城以南に撤退せり

四、察哈爾盟の結成

察哈爾には北部に錫林郭勒盟ありて五部十旗を統轄し南部察哈爾には所謂察哈爾八旗存在せるも盟の組織なく且支那側は此の地域に縣城を築き縣政を布き蒙人は何等政治的発言権なかりき

然るに李守信軍の進出と共に漢人保安隊撤退し蒙人保安隊之に代るや蒙人治蒙の自治的欲求高調され一一、一、二三所謂察哈爾八旗各代表張北に集合し左記察哈爾盟を結成、蒙人保安隊長卓圖巴札布盟長に就任し大いに気勢を挙げ此日徳王は特に百靈廟より張北に飛来卓盟長に印綬を授与せり

	（翼）	（旗名）	（旗名県城）	省区分
察哈爾盟	左翼四旗	正藍旗、鑲白旗、正白旗、鑲黄旗	張北、沽源、多倫、寶昌、康保	察哈爾省
	右翼四旗	正黄旗、正紅旗、鑲紅旗、鑲藍旗	南部……	察哈爾省
			豊鎮、集寧（平地泉）、陶林、涼城、興和	綏遠省

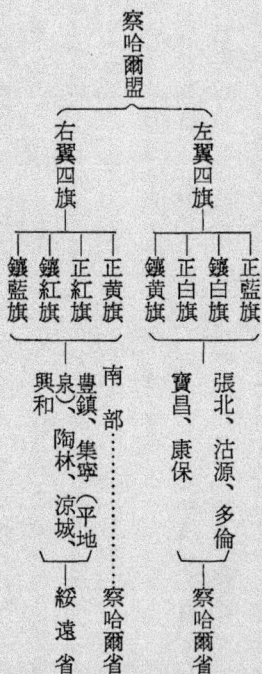

五、綏遠省境内蒙政会の成立

従来百靈廟には内蒙自治政府たる蒙政会あり

而して本蒙政会の実権を握れる徳王は漸次日満依存に傾き察哈爾盟結成に依り蒙人治蒙の気勢昻るや南京政府は一一、一、二五国民政府令を以て綏省境内蒙政会組織条令を発布し之を行政院に直隷せしめ日満倚存の察哈爾盟及百靈廟蒙政会と対抗し以て内蒙に於ける其の勢力の存続竝に日満勢力の綏遠波及を阻止せんと企図せり

本蒙政会は二、二三綏遠に於て傅作義、徐永昌（閻錫山代表）等参列の下に盛大なる成立式を挙行せり

本蒙政会に所属すべきは

烏蘭察布盟所属各旗

伊克昭盟所属各旗

帰化土黙特旗

綏東五縣右翼四旗

にして察哈爾盟下に在る綏遠省内豊鎮、集寧（平地泉）、陶林、涼城

興和等の各県並に察哈爾省内商都を包含す、是れ南京政府の察哈爾盟結成阻止の意図あるを如実に表明せしものと謂ふべし

六、百靈廟教導隊の兵変

一一、二、二一百靈廟蒙政会教導隊約四〇〇名は綏遠省側の煽動に依り兵変を起し兵器を奪ひ、我特務機関を襲撃し無電台を破壊し綏遠に逃走せり傅作義は右叛乱兵を庇護し叛乱首謀者を重用せり

七、百靈廟蒙政会の綏遠撤退

四月八日国民政府は政府令を以て綏遠省境内蒙政会職員の百靈廟蒙政会職員兼務（註）を禁じ且百靈廟蒙政会綏遠内に在るは不合理となし其の察哈爾移転を命ぜり

斯くて百靈廟蒙政会は名実共に消滅し蒙政会は日満倚存の内蒙軍政府（百靈廟蒙政会の後身とも見るべく徳王を中心とする機関にして徳化にあり）と支那倚存の綏省境内蒙政会に分裂せり

（註）内蒙各旗盟長は何れも両蒙政会委員なりしも兼務を禁ぜるを以て百靈廟蒙政会は単に錫林郭勒副盟長たる徳王及察哈爾盟関係者のみとなれり

八、全内蒙王公会議

一一、四、二四関東軍の指導に依る全内蒙王公会議は西烏珠穆沁王府に於て開催され一致団結蒙人治蒙の気勢を昂げたり

本会議には察哈爾綏遠寧夏の各盟旗長（或は代表者）何れも出席せるが右に依る綏遠省内蒙政会職員等の参加は蒙人が如何に首鼠両端なるかを示すと共に一方又戒心を要する点なりとす

九、内蒙軍政府の樹立

一一、五、一二正式に徳化に内蒙軍政府組織せられ（一一、一、三以来徳王は西蘇尼特に内蒙軍政府を樹立し居たり）徳王之が主脳となり李守信軍政長官となる

一〇、内蒙自治軍の拡充

内蒙軍政府成立以来長城以北の察省は完全に支那側の羈絆を脱し関東軍の指導に依り日満倚存に邁進し李守信の第一軍は張北方面に於て漸次拡充され八月に至り兵力約六〇〇〇余名に達し一方予て熱河省内に於て公募中なりし第二軍は七月末約五〇〇〇余名となりしを以て武装編成の上漸次察哈爾省に送られ八月上旬概ね徳化方面に集中を了し茲に内蒙自治軍の完成綏遠経略部隊の集中を了せり

一一、王道一部隊の綏東侵入と王英の蹶起

張允栄松井協定に依り創設せられたる王道一の特殊警察隊は察東地区に蟠踞中なりし処其の本隊は素々劉桂堂石友三等雑匪軍残党の糾合なるを以て内紛絶えず七月下旬一部兵変を起せるが王道一は一部を率ゐて察西に移動南部方面に蝟集し李守信軍と確執を生ずるに至れり

依つて関東軍は統制を乱すを惧れ将来綏遠工作の素因を作る意図を以て王部の綏遠進出を企図せしめたり

斯くて王部は八月中旬より行動を起し綏東方面に在りし趙承綬の部隊と数次の小衝突を惹起せるが王部敗退し次で兵変起り王道一は部下の為に暗殺せられたり

茲に於て同方面に蟠踞中の豪族王英は新に関東軍の諒解を得て王道一の部隊を糾合し兵力約六〇〇〇名を得て潜に綏遠侵入の機熟するを待てり

第二、王英軍綏遠侵入の蹉跌

十月上旬以降綏遠侵入の機を窺ひありし内蒙自治軍及大漢義軍（王英部）は十一月中旬愈々結氷期に入ると共に行動を開始せり

当時に於ける兵力概ね左の如し

(イ) 内蒙自治軍　総司令徳王　兵力約一二、〇〇〇

第一軍　軍長李守信（漢人八割、蒙人二割）

第二軍　軍長徳　王（漢人二割、蒙人八割）

(ロ) 大漢義軍（第三軍）軍長王英　漢人土匪軍約六、〇〇〇

斯くて王英軍の一部は先づ百靈廟の前進根拠地に進出し他の一部は烏蘭花岑の線に出で李守信は商都より西進、紅格爾圖を占領、着々地歩を占め二十日頃を期し一斉に固陽、武川、陶林の線に進出、包頭、綏遠、卓資山を占領せんと企図せるものの如し

然るに支那側の防備施設意外に堅固にして其の士気昂れるに反し烏合の衆団たる蒙古軍は全く戦意無く支那軍の反撃を受け二十四日前進根拠地たる百靈廟占領され多大の軍需品を敵手に委ぬるに至れり

右に関し十一月二十七日の南京方面漢字紙は一斉に百靈廟克服の詳報を掲げ某方の大元帝国建設計画の大陰謀暴露せりと宣伝すると共に同地占領の際大砲七、八門、機関銃十余挺、弾薬一〇〇〇余箱、無電機数台、自動車数台、「ガソリン」五〇〇余箱、麵粉一万余袋其の他石炭糧食多数獲得せる旨特筆大書せり

玆に於て内蒙軍は作戦計画を一変し、王英軍は百靈廟の北方を迂廻して五原に向はんとし李守信軍は新に大廟（錫拉穆林廟）を根拠とし百靈廟奪回を企図し飛行機は連日百靈廟に爆撃を加へたるも王英軍麾下の寝返り等に勢力を得たる支那軍は却て積極的に進軍し一二、一〇大廟は遂に支那軍の手に帰せり此の場合邦人多数の戦死者を出せり

十二月上旬に於ける内蒙軍及支那軍の兵力配備概ね附図の如し

尚綏遠作戦の為十二月初頭迄に北上（主力洛陽、一部太原方面）せる中央空軍は第一線部隊約六十機以上に達せり

第三、支那側の援綏運動と綏遠問題を繞る通電（声明）戦

十一月上旬綏東の風雲急を告ぐるや支那一般の援綏運動翕然と起り各地に綏遠剿匪救護委員会等の後援会続々として成立し言論機関は筆を揃へて輿論の喚起に異常の努力を払ひ義捐金の募集、赴綏慰問使の派遣等に狂奔せるが国民党中央宣伝部は十八日に至り左記要旨の「国民貢献一日所得運動推進弁法」を頒布し之が実施方を全国各級党部に発令せり

一、各地党部及政府は本運動促進の為同様名称の委員会を組織すべし

二、個人は一日の所得、会社商店は一日の営業所得を又機関、学校、団体等は一日の事務経費を献金すべし

三、民衆及地方の有力者に義捐を勧誘し集金は総て中央財政委員会に送付すべし

更に中央宣伝部は二十日に至り

日支交渉の鍵は確に日本側に在り最近偽匪軍大挙辺境を侵すこと日に滋く国民の感情激発し綏察軍事に対する関心は日支交渉よりも遥に大なり

今日の綏東問題は侵犯者が何者たるを問はず国家民族の仇敵な

600

り

前線将士に対する物質的精神的支援は絶対的にして国家の前途は楽観し得る処なり中央党部は全国人民が募捐運動遂行弁法に則り国家に貢献せむことを希望す

との重大声明を発表せるが南京政府当局は此頃より極度に神経を尖らし一般の抗日輿論は愈々硬化してさなきだに行悩みありし日支交渉は其の前途益々光明を失ふの情勢となれり

玆に於て帝国は二十一日外務当局談の形式を以て左記を声明せり

満洲国接境地方に於ける事態に関しては帝国の常に関心を有する所なるも今次綏東方面に於ける内蒙軍と綏遠軍との衝突は内蒙古側と綏遠側との紛争にして帝国の関する処に非ず従つて内蒙古軍の行動に対しては政府は固より軍に於ても何等援助を与へおらざること勿論なり

然るに一方我が関東軍当局に於ては十一月二十七日左記要旨の声明を発してその立場を闡明せり

内蒙軍の蹶起は防共自衛の為め已むを得ざる手段にして其の目的とする所は日支両国の緊切なる国策と一致するを以て関東軍は内蒙軍の行動に関し多大の関心を有し其の成功を願ふと共に万一満洲国接壌地方にして本戦乱の影響に依り治安攪乱せられ累を満洲国に及ぼし若くは支那全土赤化の危機に瀕するが如き事態発生するに於ては関東軍は適当と認むる処置を講ずるの已むなきに至るべし

尚満洲国政府外交部も左記要旨の声明を発表せり

満洲国は赤化勢力の侵略に対しては全力を挙げて抗争する決意を有するを以て内蒙の防共自衛の聖戦に対しては多大の同情を寄するものなり今後綏遠問題の情勢如何に依り万一満洲国の利害に影響するに至らば必要なる処置を講ずべし

右声明に対し国民政府外交部は

領土主権の維持は国家生存の必須条件にして何れの第三者も又如何なる口実を以てするも侵犯するを許さず万一不幸にして此の種非法の侵犯或は干渉発生せば必ず全力を尽して防衛し以て国家の職責を尽さむのみ

又満洲国張国務総理は協和会長の資格を以て十月七日左記要旨の談話を発表して内蒙軍援助を表明せり

内蒙義勇軍は決然起つて共禍の絶滅を期し凡ゆる苦難を顧みず正義の軍を進めつゝあり吾人の大理想は全蒙義軍の措置と一致す宜しく輿論の力を集めて之を援助するは熱烈なる協和会精神の発露なり吾人は内蒙軍に対し義金を募り其の聖業の大成を祈るものなり

飜つて支那側の言論機関の動向は十一月二十四日南京各支那紙の左記記事に依り其の片鱗を認知するを得べし

(イ)「アーベント」に対する喜多武官談として大文字に記載されたるものゝ要旨

日本が綏東問題に関連せるは事実にして日本軍人が蒙古軍に対し援助を与へ察北に於て大規模の軍事学校を設立して蒙古軍を訓練し飛行機「タンク」鉄甲車及軍需品等を売渡せる事実あるを語り要するに日本は蒙古を其の統治下に置かんとするものなることを率直に認めたり云々

(ロ) 新民報及中国日報の右に関する論説

日本外務省は綏東問題には日本は関係なしと声明する一方関東軍は断然援助を声明せりとの説伝へられ矛盾の折柄喜多武官の談話は之に断定的結論を与へたるものにして其の効や大なりと謂ふべし

吾人は綏東問題が全く国家存亡の重大問題なるを痛感し之を愬ふると共に一方日本が其の侵略的野心を世界に公表し世界人士の「疑惑」を一掃したるを欣ぶものなり日独同盟等にも顧み綏東問題は実に支那民族生存の為の血戦の序幕なり日支交渉の如き断然之を打切り綏東問題の解決に当らざるべからず云々

第四、綏遠問題に対する冀察政権の態度

蔣介石は杭州に於て十月十六日より両三日に亘り韓復榘、徐永昌、戈定遠（宋哲元秘書長）等北支将領以下国府要人を集めて対日態度を協議すると共に綏遠問題対策を講究せるが更に同二十二日西安に飛行して張學良、閻錫山等と会同更に熟議を遂げたるが之等に依り各地将領をして斉しく中央擁護の態度を益々強固ならしむると共に民衆の抗日意識を煽ることとなれり

尚将介石は十一月十七日太原に於て山西省側要人と綏遠問題に関し協議を行ひ十八日午後太原発洛陽に帰れり、斯くて支那側の対綏態度は愈々積極化し前述（附図参照）の如く中央軍大兵団及中央空軍の援綏北上となりたるが一方蔣介石は宋哲元に対し綏遠問題に対する宋麾下第二十九軍の協力並に冀東の武力回収に関する密令を発したり

茲に於て宋哲元は張自忠、馮治安、劉汝明等の幹部を召集し十一月二十九日及十二月一日の両回に亘り之が対策を練りたる結果

(イ) 婉曲に中央の申出を拒否し保境安民を標榜して内蒙軍が冀察軍を攻撃せざる限り厳正中立を維持するを根本方針とし

(ロ) 若し中央軍が商都に入るが如き事態発生せば同地は察省に属するを以て察省自ら之が防止に当ることに決定し

(ハ) 冀東問題の処理は将来の時機到来を待つて之に着手すべき旨概ね意見の一致を見たるものの如し

尚平綏鉄路局は関係各部に対し十一月二十六日以降日本人の貨物輸送を停止し若し該貨物ある場合は鉄路局に報告し其の承認を経たる後之を輸送すべしとの内命を発したり

第五、西安事変の勃発と綏遠問題の一段落

綏遠軍の大廟占領（十二月十日）に勢を得たる支那側は進んで察哈爾省への進出を企図せるものの如く支那陸、空軍の増援赴綏日と共に滋くなり之に対し内蒙軍は潛に雪辱の師を起すべく準備中なりしが偶々勃発せし西安事変は全支を挙げて其の渦中に投じ内外の視聴は斉しく之に集中せらるるに至れり

茲に於て作戦の行悩みに苦慮しありし総司令徳王は十二月十五日徳化に副司令卓王及李守信、王英等を招集対策を練り先づ傅作義に対し綏遠軍撤退の勧告を発し次で十八日附にて国民政府及冀察政権に対し

張學良の背叛は蒙古官民の斉しく痛憤するところにして蔣介石救出の一日も速かならんことを期待す

吾人の軍事行動は蒙古民族生存の方途を解決するにあるも茲に図らずも兇変を見るに及び中央をして北顧の憂なからしめ討逆に

専念し得る如く暫く対綏軍事行動を中止すべしとの停戦通電を発せるが越えて二十二日に至り徳化蒙古軍総司令部当局は左記要旨の内蒙防共宣言を発して其の意のある処を表明せり

共産主義の排撃に関しては綏遠、山西両当局も吾人と同一意見なるべしと確信す、従来防共の熱意と其の手段に於て吾人と一致せざるものあり遂に兵火を交へたるも今や中国は西安事変を契機として容共と排共の二大分野に分るるに至れり故に吾人は暫く戈を収めて綏遠及山西の自覚を促すと共に排共工作に協力する覚悟なり若し両当局にして依然として従来の態度を持続し大乗的防共の協同工作を拒否するに於ては断乎再び矛を取りて其の猛省を促さんとす

一方支那側に於ても対西安工作の為北上援綏空、陸軍の西安方面への移動集中を命じて続々所属部隊を南下せしめたるが閻錫山、傅作義は十二月二十五日太原に於て対内蒙戦事に関し協議の結果内蒙軍進出せざる限り現状維持の状勢を以て暫時行動を停止することに決したりと伝へらる斯くて綏遠問題は玆に一段落の情勢となり内蒙側に於ては綏遠及山西側と地方的政治解決を計りつつ百靈廟は政治的手段に依り之が奪回を企図し支那軍隊が察哈爾省内蒙古に侵入せざる限り我方も亦兵を動かさざるの根本方針を以て情勢の変化を静視しつつあり

綏遠問題

603

（五）绥远事件的真相

资料名称：綏遠事件の真相

资料出处：田中隆吉著《田中隆吉著作集》（非売品），あづま堂印刷株式会社1979年印刷，第281—285頁。

资料解说：1935年，田中隆吉时任关东军参谋部情报参谋，继任德化特务机关长。本资料中，田中记述了「绥远事件」的背景、进程和结果，介绍了事变前后与德王的关系，是一份了解日本策划事件内幕的第一手资料。

綏遠事件の真相

昭和十一年の十一月に、西部蒙古の察哈爾、綏遠の省境と、シラムリン廟及び百霊廟の一角で起った、華蒙両軍の衝突は世に謂う綏遠事件である。然しその全貌を知るものは日本人では唯私一人である。他に何人もこれに直接関係した人はない。今日に到っては私は之を語る義務があると信ずるが故に、茲に筆を採ってその真相を明かにせんとするものである。

綏遠事件の真相を語る前に先づ私は内蒙古に於ける徳王を中心とする内蒙独立運動の内容に触れなければならぬ。何んとなれば之を知らずして綏遠事変の原因と結果を知ることは不可能に近いからである。

民国元年の辛亥革命は漢、満、蒙、回、蔵、各民族の自治を認め之を打って一丸とした中華民国の建設を本来の使命として居たにも拘らず、国民政府が毫もこの公約を果さず、外蒙古の自治は之を認め乍ら内蒙古に対しては聊も好意的なる態度がないのを見て、内蒙古の民衆は、兼ねてから快からず思って居た。偶々昭和七年三月の満洲国独立宣言は痛く内蒙古民族の感情を刺激した。

青年時代より蒙古民族の沈淪を憂い、その復興を唯一の念願として居た徳王は昭和八年夏、蔣介石氏に対し、辛亥革命の公約の実行を迫った。蔣介石氏は快く、内蒙自治委員会の設立とそれに要する経費の支出を認めた。かくして同年十月、内蒙自治委員会は百霊廟に樹立せられ、主席に雲王、秘書長に徳王が就任し、一切の実権は徳王が掌握して着々自治の態勢を整えた。然るにこの自治委員会の成立は、綏遠省に於ける漢蒙両民族の複雑極まる利害の衝突から、綏遠省の実権者伝作儀氏と徳王の間に大きな溝を生ずるに到った。而も自治委員会に要する経費は兎角遅れがちであって、徳王が私財の全部を擲っても足らなかった。

当時関東軍は、一切を挙げて対ソ作戦準備に専念しつつあった。大きい眼を開いて満蒙の地形を観察すると、ソ軍の有力な機械化部隊が庫倫から察哈爾或熱河方面に南下するときは、関東軍の左翼は重大な危険に曝される。この部隊が更に進んで承徳或は北京に進出し、秦皇島若くは塘沽の海港を占領し、この一帯の地に空軍根拠地を設定せば勝負は既に明白である。故に関東軍は西部蒙古に有力なる作戦根拠地を求めてその左翼の安全を図らんとした。この関東軍の作戦上の要求と徳王の内蒙古独立の要求は全く合致した。かくして昭和十年八月、南京政府に失望せる徳王は新京に来って溥儀皇帝に謁見し、南関東軍司令官と握手して満蒙相互援助条約の締結に成功した。この間の斡旋の労をとったのは、当時関東軍参謀であった私であった。何んとなれば昭和二年張家口以来徳王を知り、爾来長い間の親交があったからである。

昭和十一年二月一日徳王は自己の出身地西スニット王府に秘密裡に蒙古軍政府を樹立した。李守信将軍の卒いる蒙古軍三個師はその統轄下に入った。徳王は直ちに満洲国の援助の下に軍隊の拡張と内政の刷新に努めた。七月に到って徳王は九個師約一万五千の騎兵を掌握することが出来た。此頃徳王は軍政府を徳化に移し、軍官学校等も創設して着々として陣容の整備に努めた。

徳王は剛毅であり果断であり又聡明である。その最大の美点は正直であって苟くも虚言を言わぬ所に在る。然も仲々の政治家であった。十一年八月再び新京に来た徳王は関東軍に対して満洲国内の興安四省を蒙古軍政府に割譲し、蒙古国の独立を認めよと要求した。然しこれは関東軍としては実行全く不可能な問題である。徳王はこれを百も二百も承知の上でこの要求を出した。関東軍は時機尚早であるとて婉曲に之を断った。そこで徳王は現在の蒙古軍政府の領域では政府の自活が出来ない。故に自分は綏遠省内の旧蒙古地域（四個の盟から成って居り昭和四年に綏遠省に併合せられたもの）を恢復したいから満洲国側の援助を希望すると申し出でた。これは前年に成立した相互援助条約に依って拒否するとは出来ない。そこで私は、軍司令官植田大将と参謀長板垣中将の旨を受けて、軍隊の訓練不十分の現状に於ては失敗に終る公算が多いことを縷々説明したが徳王は仲々私の忠告を聴かぬ。そこで私は徳王の懇望と軍司令官の命令に依って徳王に大なる過失を犯さしめないため、助言者として九月の末徳王の許に派遣された。このとき軍人として徳王の許に赴いたのは私と私の輔佐官桑原少佐及び松井大尉の三名に過ぎなかった。其他は悉く満洲国関係の人々であってそれは自動車の運転手と各盟の顧問等であった。「旋風二十年」や岩淵辰雄氏の「敗るる日まで」に書いてある東条氏の作った特別兵団の如きものは遺憾乍らこの時徳王の許には無かった。それは翌十二年の夏、日華事変の初期に、その春板垣氏の後を受けて参謀長となった東条氏が関東軍から派遣せられた二ケの混成旅団を率いて張家口、大同、綏遠、包頭に作戦したのと混同して居る。この関東軍の一部は俗称東条兵団と名づけられた。所謂この綏遠事件当時には東条氏は関東軍憲兵隊長であってこの事変とは聊かの関係もない。

私は到着と同時に徳王に対し、蒙古の軍隊は決して戦闘に参与させては成らぬ。戦闘を事としても、それは、一部の謀略部隊を敵の後方に侵入せしめてゲリラ戦を行う程度に止め、領土の恢復は平和交渉に依るべきであると進言した。徳王も之を諒承した。そしてこのゲリラ部隊は、綏遠省五原の出身の王英氏の手に依って編成せられた。兵力は約二千の騎兵部隊であった。その兵器、弾薬は李守信将軍の手に依って供給せられた。此頃、綏遠省大青山の蒙古ラマ寺の高僧の暗殺事件があって、蒙古側の感情は弥が上にも悪化した。

十一月の始め徳王は伝作儀氏に向って領土恢復の交渉を開始した。伝氏は一言の許に之を抜拒した。そして大兵を綏遠の平地泉、大同に集結して反撃の機を覗った。十一月中旬王英氏のゲリラ部隊は綏遠省内に進撃を開始した。同時に伝作儀氏の軍隊の一部は百霊廟を占領した。百霊廟には僅かの蒙古保安隊があったのみである。私はこれ以上は軍隊を動かさず、飽く迄交渉に依って事態の解決を図るべきであると徳王に進言し、徳王亦之を諒として問題の解決を南京政府に委ねた。

時偶々関東軍の第二課長武藤章大佐が視察のため徳化に来た。そして百霊廟の喪失を遺憾として徳王に対して恢復攻撃を命じた。私はそれが無用の愚策たることを武藤氏に説いたが、氏は頑として聴かぬ。そこで徳王は止むなく王英氏の残したゲリラ部隊の残部を自動車に搭乗せしめて百霊廟に向って出発せしめた。この部隊は百霊廟に到着する前にシラムリン廟に於て背反し予備役の小浜大佐外二十数名の運転手を拉致して伝作儀氏の許に投じた。この人々は後に到って悉く銃殺刑に処せられた。

十二月始め突如として西安事件が起った。西安事件とは蔣介石氏が張学良氏のために西安郊外の温泉に監禁せられた事件である。茲に於て徳王は中国の不幸に際して闘争を継続すべきにあらずと宣言してこの闘争を打ち切った。

この事件の内容は以上の如く極めて簡単である。私は未だ嘗て世間で言うが如く命からがら逃げたことはない。終始徳王と共に徳化にあり、事件の打ち切り後はゲリラ部隊等を解散して十二月下旬新京に帰った。

この事件は中国側の新聞は恰も日本軍に対し勝利を得たかの如く宣伝した。然し伝作儀氏は単なる匪賊の討伐戦であったと問題にしなかった。然し徳王の企画は確かに失敗に終った。爾後徳王の行動が極めて慎重に成ったことは争われぬ。亦この事件に依って一部中国民衆に侮日の感情を抱かしむるに到ったことも事実である。

（六）关于华北自治运动的陆军电报

资料名称： 華北自治運動に関する陸軍電

资料出处： 島田俊彦、稲葉正夫解説《現代史資料》8《日中戦争》1，株式会社みすず書房 1973 年発行，第 147—150 頁。

资料解说： 本资料是日本陆军省同关东军和中国驻屯军间的几份往来电报，揭示了日军高层为分离华北而操控「华北自治运动」的事实，具有重要的研究价值。

二八　華北自治運動に関する陸軍電

一　陸軍次官〔古荘幹部〕ヨリ関東軍参謀長〔西尾壽造〕、支那駐屯軍参謀長〔酒井隆〕宛

電報（暗号、極秘）

陸満六七四

昭和十年十一月二十二日

天電八二九ニ関シ

一、北支問題ニ関シ有吉大使ヲシテ南京政府ニ対シ勧告及警告ヲ発セシメラレタル件（陸満六五五）ハ過般大連会同ノ話合ニ基キ外務側ニ之カ実行ヲ要求セルモノナリ但シ有吉大使ヲシテ勧告及警告以上深入リシ南京政府ノ術策ニ陥ルコトナカラシムル為本日再ヒ外務大臣ヨリ同大使宛訓令セリ

二、自治宣言ノ発出時期カ現地ノ実情ニ鑑ミ機微ニ属スル問題ナリトナス貴見尤ナルヲ以テ貴方ノ実情ニ即スル如ク適宜之ヲ決定セラルヘク又自治ノ範囲ニ関スル貴電八五一ハ異存ナシ

三、土肥原少将等ノ北支ニ於ケル行動ハ北支諸軍閥ヲ通シ南京政府側及外国方面ニ筒抜ケナルカ如キ現情ニ鑑ミ申ス迄モナキコトナカラ此際特ニ進退ヲ慎重ニシ国策遂行ニ障害ヲ貽ササル如ク御注意アリ度

二　陸軍次官ヨリ関東軍、支那駐屯軍参謀長、北平、上海、南京武官宛

電（暗号、極秘）

陸満六八〇号

昭和十年十一月二十五日

有吉大使ノ南京政府ニ対スル申入レハ陸満第六五五号電ノ如ク北支問題ニ対スル警告及勧告（交渉ニアラス）ノ範囲ヲ出ツルモノニアラス蔣介石ハ曩ニ廣田外務大臣ヨリ提議セル三大原則ノ承認ヲ回答シ来リ之ヲ逆用シテ之ト交換条件ニ北支自治宣言ヲ取消サシメントスル魂胆アリト認メラルルヲ以テ既ニ外務大臣ヨリ有吉大使宛所要ノ訓令ヲ発セル次第ハ陸満電第六七四号ノ如シ当方ハ北支自治問題ト三大原則ノ実行トハ別個ノ問題トシテ取扱フヘキモノニシテ三大原則ト交換ニ北支自治ヲ取消サシムルカ如キ筋合ニアラス又北支自治問題ヲ南京政府ト交渉シ之ヲ解決スヘキモノニアラス寧ロ此際

出先機関ノ適切ナル指導ニ依リ自治運動ヲ促進スルコトハ兼ネテ南京政府ノ北支ニ対スル認識ヲ深カラシメ其対日態度ヲ是正スルノ一助トモナルヘシト考察シアル次第ナリ（以上、外務海軍トモ協定済）

尚将来蒋介石ニシテ三大原則ヲ提ケ北支自治運動ノ緩和ヲ要請シ来ル場合ニ於テハ之ヲ捉ヘテ三大原則ノ実質的実行ヲ要求スルヲ可ナリトスト考ヘアリ

三 陸軍次官ヨリ関東軍、支那駐屯軍参謀長、南京、北平、上海武官宛

電報（暗号、極秘）

陸満六八四

昭和十年十一月二十六日

北支時局ニ関シテハ今後左記要領ニ依リ処理セラルヘシ

方　針

北支処理ニ関スル今後ノ指導ハ現ニ進展セル情勢竝其成果ヲ利導拡充シ且内外諸般ノ実情ニ即応セシメツツ漸ヲ追フテ自治ノ完成ヲ期ス

要　領

一、北支自治政権樹立運動ヲ推進シ所期ノ目的達成ヲ期シ北支時局紛糾セル場合ニハ必要ニ臨ミ派兵ヲ奏請ス

二、北支自治政権樹立ハ先ツ在北支実力者ヲ中心トシ逐次民衆中心ノ政治機構ノ確立ニ至ルモノトス而シテ究局ノ目的ハ北支五省ヲシテ南京政府ノ宗主権ハ之ヲ認ムルモ政治、外交、財政ハ之ヲ南京政府ヨリ離脱セシムルニ在リト雖モ之カ工作ノ過程ニ於テハ適切ニ現地ノ実勢ニ即応シ功ヲ急カス漸ヲ追フテ以テ前記目的達成ニ迄到達スルモノトス

三、北支ノ自治ハ表面支那側ノ自発的且自由意志ヲ基調トスルヲ要シ之ニ対スル軍ノ態度ハ飽ク迄内面的指導ヲ主旨トセサルヘカラス是カ為常ニ支那側ヲ掌握シ彼等ヲシテ努メテ我方ノ意図外ニ脱逸セシメサルヲ要ス

四、北支ノ処理ハ内外聳目ノ中心タリ又既往ノ例ニ徴シ秘密工作カ支那側ヨリ漏洩シ南京政権及諸外国ニ放送セラレアルヲ以テ諸事此間ノ事情ヲ洞察シテ秘密ヲ旨トシ努メテ内容ノ暴露ヲ避ク

又特ニ外債担保トナリアル財源ノ処理ニ関シテハ慎重ナルヲ要ス

五、現地ニ於ケル北支処理ノ主宰者ハ実質的ニモ支那駐屯軍トス軍ハ密ニ中央ト連絡シ常ニ情勢ノ推移ヲ明ニシ適時軍ノ企図ヲ請訓若ハ通報シ以テ中央竝出先ノ対策ヲシテ錯誤ナカラシムルヲ要ス

六、北支処理ノ為関東軍及上海南京其他ノ各武官ハ密ニ支那駐屯軍ト連絡協力ス

四 陸軍次官ヨリ関東軍参謀長、支那駐屯軍参謀長、済南、上海、南京武官宛

電報（極秘、暗号）

陸満七〇〇

昭和十年十二月三日

天電六、支電九四九及南京電五七七ニ関シ

一、有吉大使ト南京政府トノ接触ハ北支自治運動ニ影響スル所少ナカラサルヲ以テ適宜之ヲ控制シアルモ何應欽等ノ北上ニ対シテハ宋

哲元及蕭振瀛ハ数回ニ亘リ南京側ニ之ヲ要請セル形跡アリ

又宋哲元ハ二十九日夜発出セリト称スル公開通電ハ三十日ニ到ルモ尚実行シアラサルカ如キ情報アル等宋哲元ハ痛ク南京側ニ気兼ネシ其態度煮エ切ラサルモノノ如ク観察セラルルヲ以テ或ル程度南京側ヲ押シテ北方実力者ニ依ル自治ヲ認メシムル如ク指導スルコトハ又宋哲元等ノ態度ヲ決定セシムル上ニモ効果アリト思料セラル依テ左ノ如キ方針ヲ以テ処理スルコトトセリ

イ、宋哲元等ヲ指導シ自治運動ノ進展ヲ策スルコト従前ノ通リ

ロ、南京側ニ対シテハ三原則ノ実行ヲ強要スル外其北支ニ関スル申出条項（支電九四九、南京電五七七）ヲ捉ヘテ之ニ同意ヲ表シ現北支実力者ヲシテ右条項内容ヲ実行セシメ南京側ヲシテ之ヲ承認セシムル如ク指導ス

右ハ差当リ南京総領事〔須磨弥吉郎〕（南京武官〔雨宮巽〕協力）ヲシテ之ニ当ラシメ有吉大使ノ赴寧ハ玆暫ラク北方ノ動キヲ見極メ得ル迄之ヲ延期ス

ハ、何應欽等南京要人ヲシテ北支時局ヲ処理セシムルコトハ極力之ヲ排撃スルヲ要シ日本官憲ハ此等要人トノ会見ヲ避クルハ勿論現北支軍政権ヲシテ右同様ノ態度ヲ採ラシムル等彼等要人ヲシテ北支滞在ノ意志ヲ放擲セシムル如ク指導ス

ニ、宋哲元等ノ行動ニ関シ事前ニ日本側ノ通信ニ依リ暴露セラルルコト多ク右ハ諸種ノ関係上面白カラサルヲ以テ過早ノ発表ハ之ヲ差控フル様特ニ北支諸機関ニ於テ言論機関ニ対スル指導ヲ希望ス

以上外務、海軍協定スミ

五　陸軍次官ヨリ関東軍参謀長、天津軍参謀長、北平、濟南、上海、南京武官宛

電報（暗号、極秘）

陸満七〇八

昭和十年十二月九日

北支自治政権ニ関スル件

電報（暗号、極秘）

一、各出先機関ノ協力ニ依リ宋哲元ヲ中心トスル自治政権ノ樹立ト之ニ対スル南京政府ノ承認トヲ見ントシ概ネ陸満第七〇〇号ノ軌道ニ乗リ来レルハ同慶ノ至リナリ此上トモ北支中支諸機関相呼応シ該電ニ示ス措置ヲ続ケ漸ヲ追ウテ陸満第六八四ノ目的ヲ達成セラレンコトヲ希望ス

二、陸満第七〇〇号第一項(ロ)ニ関シ関電四六三及四六四ヲ以テ意見電報アリタルモ右陸満電ノ主旨ハ宋哲元等ヲシテ南京側ノ申出条項内容ヲ自主的ニ実行セシメ其既存事実ヲ南京政府ヲシテ認メシメントスルニアリテ此主旨ハ変更スルノ要ヲ認メス

三、尚北支ニ新設セラルル委員会ハ之ヲ行政院外ニ置クヤ或ハ行政院ノ隷属下ニ置クヘキヤニ関シテハ前者ヲ希望スルコト固ヨリナルモ徒ニ難キヲ要望シテ折角軌道ニ乗リ来レル現勢ヲ破綻ニ導カサルヲ要シ漸ヲ追ウテ所期ノ目的ヲ完成スルコトニ着意シ現地ノ実情ニ即応スル如ク適宜処置セラルルヲ可トス

六　陸軍次官ヨリ支那駐屯軍参謀長宛

電報（暗号、極秘）

陸満二三

昭和十一年一月二十日

貴電第一〇九号第七冀察政権ノ顧問ニ関シテハ陸満第一六号第三項ニ拠リ処理スヘク差当リ速急ヲ要スルモノニ限リ詮議中ナリ就テハ右ノ内貴地ニ於テ已ニ準備シアルモノ及東京ニテ準備スヘキモノニ区分シ特ニ担当業務、官等俸給等ヲ明示シ至急具申セラレ度シ

〔以上の各電報に引用されている諸電は目下のところ発見することができない。〕

（七）华北自治运动的演变

资料名称：北支自治運動の推移

资料出处：島田俊彦、稲葉正夫解説《現代史資料》8《日中戦争》1，株式会社みすず書房1973年発行，第128—136頁。

资料解说：本资料是日军参谋本部编写的日军「华北工作」的记录。其中回顾了「华北自治运动」的前后过程、南京国民政府的相关措施与日军的应对等，是日军决策层对「华北工作」的综合性记录。

支那時局報第一号

二五　北支自治運動の推移

（昭和十一年一月九日　参謀本部）

目　次

一、緒　　言

去る十二月十八日北平外交大楼に於て冀察政務委員会成立し委員長宋哲元は談話の形式を以て今後二省二市の政務一般を処理すべきを発表し北支自治運動も玆に兎も角一段階を劃せり　新聞或は巷間に流布せられたる北支運動の印象を以てすれば所謂大山鳴動して鼠一匹の感なきにあらざるも混然たる政情の渦中に於て朧気ながらも其明朗化に一歩を進めたる右委員会の成立に対しては一応満足の意を表するに吝かならず

唯玆に吾人の最も遺憾とする所は北支運動の表面化以来我北支の真相を究めざる我国一部の徒輩が巧妙なる南京政府の宣伝と為にせんとする外国通信等を盲信し「自治運動は我軍部のみの工作なり」「北支は経済的に一顧の価値なし」等の実に心なき放送を敢てし輿論の帰趨を妨害したること言語道断歎くべきものある点なりとす

純平厳正なる国策は斯かる不純の策動に左右せらるるにあらざるも之等の放送は忽ち南京政府の逆用する所となり北支将領の決意を鈍化せしむるに効果極めて大なりしことは否定すべからず

吾人は茲に北支自治運動の本質を検討し冀察委員会成立の経過を概述し以て将来の参考たらしめんとす

二、北支自治運動の発展

十月二十日河北省香河縣に勃発せる民衆運動を導火線として既に停戦協定成立後より擡頭し来り更に陝西省共産匪の猖獗に脅かされたる北支自治の政治思想は各方面に於て一路表面化の動向を辿るに至れり　抑々北支自治運動の根底は一朝一夕に醸成せられたるものにあらず南京政府過去十年に於ける対北支政策は実質に於て搾取の一語に尽き（附表参照）住民の困窮疲弊其極に達す　斯かる搾取政策は支那軍閥の常套手段にして敢て奇とするに足らざるも苟も満洲国の駸々たる発展を目前に直視し蒋介石政権逐次後退の傾向にある北支に於て識者の心底に北支自治の念願切なるものを生ずるは寧ろ当然の推移と謂はざるべからず

由来官憲の威力に対し羊の如く従順なる支那民衆が其弾圧を意とすることなく今次の如き熾烈なる運動を開始せるは其根底極めて深く多年の批政に対する深刻なる反抗意識と日満依存に拠りて其窮境を打開せんとする強烈なる欲求の作用に基く所以を察せざるべからず此間帝国の態度は飽く迄厳正不動にして本自治運動に対しては好意と同情とを表明したるも未だ嘗て実質的に何等の援助を与へたることなく不純なる一部の策動に対しては監視抑制することに努めたり北支各実力者は前述の如き情勢に直面せるも従来其立場竝に利害関係を異にするのみならず独立独行の実力毅魄〔ママ〕を欠き殊に従来反蒋運動に苦き経験を嘗めたるを以て実力ある日満援助の約束なくして軽挙盲動する時は忽ち中央政府の圧迫を受け徒らに地盤崩壊を招く虞ありとなし率先洞ケ峠を下りて難局に当らんとするの英断に出づるものなかりしが適々十一月四日南京政府の突如発表せる幣制改革は経済的延ては政治的に南京屈伏を余儀なくせしめらるる運命に逢着すべきを覚り各実力者は何等か対策を講ぜざるを得ざるに至れり

三、各北支将領の態度

北支実力者の主なる者には山西の閻錫山、山東の韓復榘竝河北の商震及萬福麟と本年六月北支事件に際し中央軍の撤退の後を享けて察哈爾省より逐次河北省に乗出せる宋哲元あり

彼は嘗て馮玉祥の腹心にして国民軍の中堅たりしが一九二九年馮の反蒋軍に従ひて河南に進出して敗れ一度陝西に退きしが一九三〇年再び閻の反蒋戦に策応し馮に代りて西北軍を指揮せしが再び敗戦の憂目に遭ひ後張學良の東北第三軍長、中央軍の第二十九軍長、察哈爾省主席に歴任す

即ち彼は一面反蒋系なると共に熱河抗日戦竝本年察哈爾事件の当事者として反日系の尤なるものなりしが帝国の正々堂々たる主張と満洲国の駸々たる発展に伴ひ自己の背後に寂寞を感じ将来は日満と提携して局面打開の方策を樹立せざるを得ざる立場にありしが北支情勢の変転を察知し機を失せず平津衛戍司令に就任すると共に北支民衆の人心を収攬して自己勢力の拡大強化を企図する所あり

其他の各将領亦内心将来の立場擁護の為めには帝国との提携親善を期するの必要を十分に熟知しあるも之に対する南京系の圧迫牽制

も亦強烈にして万一提携完からざるに乗じ軽挙南京離反の旗幟を明らかにせば各個に撃破せらるる虞大なるものあり故に各将領は他の合流完成を待て徐ろに出馬するを賢明なりとし所謂機会主義を採りつつありしが独り宋哲元は比較的南京の直接的圧力を免るるの立場にありしを以て其工作は逐次に進展せり

四、十一月中旬に於ける情勢

十一月十一日宋哲元は南京に開催中なりし五全大会に対し政権開放人材集中に対する建言を呈出し十三日韓復榘も亦更に同主旨の通電を発し爾後殷汝耕以下停戦地域内各機関北支新聞公会各大学有志之に呼応し北支情勢の進展見るべきものあり

当時宋哲元一派の樹立せる計画の要旨左の如し

一、北支に親日反蘇の政権を樹立す而して南京政府の政策は反日なるに鑑み其拘束より脱する為自治（半独立）の形態を採る

二、地域は北支に於ける五省三市とす

三、南京政府の宗主権を認むるも外交、内政、経済等に関し高度の自由を保持す

当時日本内地諸新聞は一斉に北支自治政権の樹立を報道し内外の注目を集めたるも以上の工作は事実に於て未だ半途を出でず彼れは通電及抽象的政策を発表して内外の意嚮を打診すると共に一方南京に対しては秘かに「余は日本の圧迫強迫を受けつつあり如何に処置すべきや」等の電報を発し表面の糊塗に努め攻撃の矢面に立つるを避け他面宋哲元の配下たる蕭振瀛等は帝国の援助懇請に狂奔する所あり之に対し我は依然飽く迄内面的政治干渉を避け其成行を注目せり

五、南京政府の切崩し工作

之より先南京政府は北支離反の形勢を察知するや六中全会の開催に先ち蒋介石自ら山西省太原に飛行し閻錫山を説得して曰く「若し閻にして北支将領を説き之を結束せしめ得るならば閻を以て北支政治分会の首領たらしめ本工作の為め必要なる経費は中央之を負担し且つ閻の首領実現せば更に外交財政の両権を附与せん」と述べ閻亦現在山西の不況に当り取り敢へず中央の扶閻政策を容るるは不利ならずとなし六中全会出席を決意するに至れり　又参謀次長熊斌は蒋介石の旨を受けて北上し宋哲元、韓復榘に対し「中央政府の対北支具体案は既に決定せるを以て局地的に自治乃至独立運動に狂奔するは極めて不利なり」と説き其他政府要人は頻繁に北支実力者に対し電報を以て之が懐柔に努むると共に他面部隊の移動、南京附近特別大演習に藉口して数ケ師を集中し且つ一部を隴海沿線を北上陽動せしめ又多数の軍用列車を準備する等万一中央の命を奉ぜざらんか即時武力を以て弾圧すべきを暗示し之を脅威するの手段を忘れざりき

南京政府は前述北支将領に対する直接的懐柔脅威の手段を尽すと共に間接的には公私の宣伝機関を動員し現南京政府は数多友邦の全幅的支援を獲得し政府は国民貧富の差を適当に調節することに全幅の努力を尽しつつあり今次の幣制改革は自力更生の第一歩にして之により国富を増加し外侮の復讐を企図する旨組織的宣伝を試み国民に対し暗に対日強硬政策の存在を誇示すると共に聯蘇政策を採用して我れに挑戦するの傲慢なる態度に出で斯かる結果は十一月九日上海日本海軍陸戦隊水兵に対する狙撃事件〔註1〕となり引続き十一日は同地南京路日比節洋行に対する暴行事件〔註2〕となり当時散布せる宣伝ビラに

は堂々（？）「支那は日本の連続的圧迫に依り愈々危機の最高潮に達せり　坐して亡国の民たらんより敢然起つて日本帝国主義に挑戦すべし」と掲げたり

以上は当然南京政府の指導する内面工作に基くものなれども我官憲の抗議に対しては陳弁是れ努め　実質的には何等の誠意を示さず蔣介石は五全大会の席上に於て「国民政府の対日外交方針は依然親善を旨とす」と嘯き以上直接間接、表裏二面の北支切崩し工作は北支将領に対し南京政府が何等か日本と妥協の方策を有するものの如く之が成立の暁は全く自己の立場を失ふやも知れず又妥協成立せざるに於ては国民政府は最後の手段として決戦を辞せざるべく此場合日本が現下の情勢に於て果して武力解決に乗出すべきや否や疑問なりとの印象を与へたるものの如し

六、自治運動の軟化

宋哲元一派の自治運動は兎も角十一月中旬以来漸次高調を呈し二十日前後には自治宣言発表の気運にありしも韓復榘以下其他の将領は宋哲元一派の専断を疑ひて之に合流するを潔とせず殊に情勢完全に熟する以前に軽挙するを危険なりとし殊に南京側の切崩し工作一層甚しかりしを以て容易に動かず遂に宋哲元も亦独り渾沌たる情勢に処して敢然之を乗切るの困難を感ずるに至り十一月十八日には南京政府に対し

日本側の圧迫により十一月二十日より二十二日の間に於て自治を宣言せざるべからざる苦境にあり

と電報し一方帝国出先官憲に対しては五全大会閉会後即十一月二十五日以後に於て自治独立宣言を発表すと称して遷延策を講じ其態度著しく軟化するに至れり

七、帝国の態度と有吉大使の南京訪問

帝国は規定方針に基き飽く迄厳然たる態度を堅持すると共に一方各関係各省密接なる協調を遂げ北支の情勢に対し多大の関心を以て注意怠る所なかりしが此際局地の事態に眩惑せらるるを戒め大局を洞察して事を処理するを必要となし今次の自治運動に対しても国際国内的の影響を考察し政府輿論一体となり統制ある国策の運営により漸を追うて之に必要なる措置を講ずべく庶幾する所あり関東軍は先きに支那中央軍の移動頻繁にして北伐の気運濃厚なるの情勢を察知するや万一の場合機を逸せず北支我居留民保護の目的を達する為め十一月十九日約一旅団の兵力を満支国境に集結し支那駐屯軍も亦機に応じ前記の目的を達成する為め必要なる部隊の移動を実施し又南京中央政府に対しては十一月二十日有吉大使をして蔣介石に会見せしめ此際支那中央政府にして速かに北支の事態に適応する態度に出でざれば事態は益々悪化するの虞あること及支那側は山東河北省南境に中央軍の一部を集中しあるも該兵力を北支に進出せしめ武力を以て事態の解決を図るが如きことあらんか由々しき大事を惹起すべきを警告せり

蔣介石は之れに対し北支自治運動の抑止を懇請し之と交換的に予て外務省側より申入れある三原則（一、親日政策の具体的実現、二、反満政策の根絶と北支に於ける文化的提携、三、赤化共同防止）の実行を承認せんとする意志を表示せしも素より北支自治運動と三原則の実行とは自ら別個の問題なるを以て有吉大使は飽く迄北支自治運動に対する南京政府の認識是正を重ねて要望せり

132

八、冀東自治委員会の成立

当時北支切崩しに狂奔しありし南京政府は有吉大使の南京政府訪問を利用し宋哲元、韓復榘等に対し「中央政府の華北問題に対する処理法は日本中央政府と協議の結果円満解決を得たるを以て近く実行を見るに至るべし」との虚電を発し又他面「リースロス」の幣制改革を以て「英国は対支援助を約束せり」と放送し其他聯蘇工作成立を流布して北支将領の決意を益々鈍化するに努め此宣伝効果は極めて著大なりしが如くさしもの自治運動も全く形勢混沌たるに至る情勢斯くの如きに当り十一月二十三日夜戦区督察専員殷汝耕（前上海市政府参事にして上海事変当時上海市長呉鐵城を代表して日本側との折衝に任じ蒋介石系に属するも元来早稲田大学政治経済科を卒業し日本人を妻とし日本事情に精通すと称せらる）は突如天津に各停戦区域保安総隊長を集め宋哲元諒解の下に停戦地域の自治を宣言するに決し次で二十五日夕通州に於て宣言を発表すると共に冀東防共自治委員会を設置せり其組織の大綱左の如し

一、自治実施区域は停戦地域の外延慶、龍門、赤城の三縣とす
二、委員会は委員九名（保安総隊長五名及殷汝耕及其秘書三）を以て組織し殷汝耕を以て委員長とす
三、外交及軍事は委員長之に任ず
四、一切の行政は支那現行の法令に従ふも必要に応じ単独法令を発布す
五、一切の国家収入を管理す
六、法院を設置す
七、建設委員会を設く

九、南京政府の対策

前記冀東の自治宣言は痛く南京政府を刺戟し該政府は殷汝耕を以て国賊となし逮捕命令を発すると共に十一月二十四日陳儀は南京駐屯陸軍武官〔雨宮巽〕に会見を申込み「北平軍事委員分会の撤廃を発令し且つ日本側と全責任を以て交渉し得る高級者を派遣したし」と提議し又十一月二十六日には行政院に於て左記事項を決議せり

一、北平軍委分会を廃止し其業務は南京軍事委員会に於て辦理す
二、何應欽を行政院駐平辦事処長官に任命す
三、宋哲元を冀察綏靖主任に任命す
四、殷汝耕を免職し之を逮捕す

越えて十月三十日支那側より更に北支処理に関し左記要旨の提議あり〔いわゆる北支自治辦法〕

一、協同防共を実行すること
二、北支に於ては幣制改革に関し適当の修正を加ふ
三、関内外に於ける人民の関係密接なる点を顧慮し両者間の経済関係を円滑にす
四、北支政権には財政に対する相当なる支配権を附与す（一億数千万元の公債発行の権）
五、右政権には対外懸案に関し合理的に現地解決を為す権限を附与す
六、民意に基き人材を登用し理想的政治を行ふ

右に関し近く何應欽、陳儀、熊式輝、殷同の四名を北上せしめ多田〔駿〕支那駐屯軍司令官と協議の上現地の情勢に即する日本側の希望を容れ北支問題に乗出すこととなれる旨附言せり要するに南京政府は

今や北支問題を此儘放置すべからざるを覚り自らの手によりて具体的手段を講じ依然南京政府の威令下にある北支政権を樹立して往年に於ける黄郛政権の亜流を企図せるものの如し

一〇、何應欽等の北上

前記提議に対し我南京総領事〔須磨弥吉郎〕は既定の方針に基き拒否の態度を示しありしも十二月一日に至り天津市長程克は南京行政院宛「天津附近は今や一触即発の危機に臨み自ら市政を掌り対策なきに苦しむ大勢の赴く所を観るに輿論に従ふにあらざれば狂瀾を既倒に支ふること困難なり哀心を陳情して命を待つ」旨電報を発し宋哲元亦独力自治の危険を敢行せんより飽く迄穏便に某程度南京政府と妥協の裡に工作を進むるを賢明なりとし「何應欽の北上を待つ」旨再三電報せり茲に於て南京政府は急遽何應欽等を北上せしむるに決し何は十二月三日北平に入り宋哲元一派と協議を重ねつつありしが十二月五日に至り宋哲元は辞表を何應欽に呈出して其綜跡〔ママ〕を晦まし蕭振瀛亦宋哲元代表として自治案を作製して若し容れられざれば総辞職を行ふ旨応酬し何應欽亦現地の情勢は到底自ら之を処理する能はざるを察知したるにや十二月七日遂に中央の体面を保持する範囲に於て地方の環境に適合すべき政治組織を認めて之を中央に請訓し南京も亦十二月十二日遂に商震を河南省に移し宋哲元を河北省主席に任命する旨発表せり一方蕭振瀛等は速かに何應欽等の動向を察知し冀察政務委員会の結成に邁進し委員の詮衡に着手し遂に十二月十八日其成立を見たることは既述の如し

一一、冀察政権の今後

冀察政権の内容に関しては今尚漠然たるものあるも其組織大綱は要するに南京政府の制定せしものにして将来諸法規の草定〔ママ〕も亦国民政府の容認を必要とする如く規定せられあり

宋哲元をして謂はしむれば「如何なる名義を以てするも兎に角冀察政務委員会成立し南京側及余の面子さへ立たば今後の処置は余自ら断じて実行し実質に於て南京政府より離脱すべし」と揚言しある所なるも既往に於ける彼れの弱腰を知る者は今後の情勢に処して如何様にも変転する可能性あるを認めざるを得ず

然れども事茲に到れる今日新政権及宋哲元の本質に関する穿鑿論議は其時機にあらず帝国としては飽く迄静観監視の地位に立ち当面の局部的現状に眩惑せらるることなく敢然自主的意識を堅持し新政権の機構及工作の強化促進を希望し不撓不屈帝国既定の方針に邁進するあるのみ

若し夫れ宋哲元にして依然旧軍閥の常套手段を発揮し徒らに自己の勢力扶植にのみ専念し北支民衆の幸福を無視し北支自治運動の本質に離反するが如きことあらば其盛衰亦知るべきものにして先きに成立せし冀東自治政府が未だに冀察政権との合流を欲せざる所以も亦茲に存するならん

現在宋哲元は逐次帝国の真意を諒解し其後に於ける施策逐次見るべきものあるは極めて欣幸とする所にして更に緊褌一番理想的政治の実現に邁進し北支の明朗化を現実するに至らば是れ啻に北支民衆の幸福のみならず閻韓亦之れに合流し所謂北支五省の政治的分離独立の楷梯たるに至るべし

一二、結　言

以上は北支自治運動の推移を概述せるに止まるも之を要するに帝

国の態度は飽く迄正然〔ママ〕不動にして局部的情勢に眩惑せられて姑息なる術策を弄せしことなし彼の内外諸新聞記事に於て北支問題を廻り一喜一憂揣摩臆測を逞うし「日本軍部の北支工作は失敗に終れり」等の「デマ」飛びしは寧ろ噴飯に堪へざるものあり正義の真理と大勢の赴く力を察せざるものは未だ倶に語るに足らざるなり

附表　其一

本表は比較的正確なる統計を基礎とし従来南京政府が財政的に如何に北支より搾取しつゝありやの参考に供するものなり

北支より徴達する中央税及税外収入

総　計　一四〇〇〇万元

内　訳

関　税	七〇〇〇万元
塩　税	三三五〇万元
統　税	一五一〇万元
菸酒税	三六〇万元
印花税	三九〇万元
鉱　税	二〇〇万元
交易所税其他	一〇〇万元
税外収入	一〇〇〇万元

北支に於ける中央支出額

総　計　八三五〇万元

内　訳

一般行政費	二二二〇万元	
徹〔徴〕税費	一二八〇万元	
軍事費	三一五〇万元	
外債負担額	一七〇〇万元	
（関　税		一四〇〇万元
塩　税		三〇〇万元）

差　引　五六五〇万元

即ち右五千六百五十万元は中央政府が毎年北支より純粋に搾取せる金額なり

附表　其二

貿易其他より見たる北支（五省）独立可能性調

区分	項目	金額（単位千元）	摘要
支払	外国貿易	三六、五〇〇	最近九ケ年の平均にして輸入平均二、二四〇、〇〇〇、〇〇〇元、輸出平均一、八七〇、〇〇〇、〇〇〇元なり
	国内貿易	三三、八〇〇	最近二ケ年の平均にして移入平均一、九四〇、〇〇〇、〇〇〇元、移出平均一、六一〇、〇〇〇、〇〇〇元なり
	密輸出入	二〇、〇〇〇	密輸入に関しては陸海路密輸出入の綜合判決は概ね二〇、〇〇〇、〇〇〇元と推定す
	外国商社利益金	五、〇〇〇	在北支外国商社の利益金其他の国外送金は五、〇〇〇、〇〇〇元と推定す
	小計	九五、三〇〇	
	辺境貿易	五、〇〇〇	外、内蒙及新疆、青海等に対する分にして推定なり

134

区分	項目	金額	摘要
受取	対満陸地貿易	一、〇〇〇	対満は概ね海路貿易なれども一部陸地の分を出超とす
	山東、河北苦力の送金	一〇、〇〇〇	在満苦力の山東、山西の持帰り金にして概ね一人二五元—三五元と称せられ三年以上のもの在満者には一〇元以上のものあり年々二、三十万人とし更に一般送金等を含む
	外人消費	四〇、〇〇〇	旅客、伝導、外国公館、駐屯軍隊、外国船舶の消費全支二〇〇、〇〇〇元としその五分の一と見做す
	学生消費	一、五〇〇	平津地方の大学専門学校の中南支よりの留学生の消費にして約三千人とし一人五〇〇元とす
	小計	五七、五〇〇	
差引残		三七、八〇〇	貿易内外収支（中央徴税を除く）総計入超額
	中央搾取截除による剰余	㈠五六、五〇〇	国税一四〇、〇〇〇、〇〇〇元中関税、塩税、外債担保一七、〇〇〇、〇〇〇元及従来中央負担たりし地方行政費七六、五〇〇、〇〇〇元を控除せるものとす
純剰余		一八、七〇〇	貿易収支内外の総純計に基く剰余額にして財政上の財源に充当し得る分

一、現銀の密輸出は一時的現象なるを以て除外す

二、本表外数字的に不明瞭なるも地方税にして中央に直接納入せらるるもの及中支資本に依る北支より搾取せらるるものあり

三、貿易外収支は特に顕著なるもののみを計上したり

四、関税等に関しては北支駐屯軍司令部の調査に拠る

五、一般貿易上の計数は北支海関統計年報に拠りその他の資料は出先報告及満鉄の調査等による

附表　第三

貿易其他より見たる冀察両省収支表

区分	項目	金額（単位千元）	摘要
支払	外国貿易	一三、五〇〇	秦皇島及天津二港最近十ケ年平均にして輸入平均一一九、七〇〇元、輸出平均一〇六、二〇〇元なり
	国内貿易	四二、八〇〇	同右最近三ケ年平均にして北支（五省）に比して入超なる青島の出超関係に依る
	密輸出入	八、〇〇〇	密輸出入陸海路経由の綜合にして北支（五省）より類推して算定す
	外国商社利益金	三、〇〇〇	在北支各国商社の利益其他の外国送金にして山東特に青島方面を控除したる分
	小計	六七、三〇〇	
受	対外陸地貿易	三、〇〇〇	対満蒙陸地貿易の推定にして海上と異なり出超なり
	在外出稼人送金	六、〇〇〇	河北省より満洲出稼人の送金其他南洋各国及船員又は料理人特種技術者の送金、満洲其他の糧〔ママ〕等への両省在住者の投資利息
	外人消費	三五、〇〇〇	旅客、伝導、外国公館、駐屯軍軍隊、外国船舶の消費の推定額

取 学生消費	一、五〇〇	平津地方大学々生或は「ミッション」等の学生の全支より集まりて消費する分にして上記額の三、四倍に推定する向もあり
小計	四五、五〇〇	
差引残額	㈠二一、八〇〇	貿易外収支（中央徴税を除く）総計入超額
中央搾取截除による剰余	三〇、一九五	中央税（国税）七一、一四五千元（冀六九、五〇〇千元、察一、六四五千元）及国有事業収入等一、二〇〇千元合計七二、三四五千元其中関税、塩税等の外債担保全支の一二、五％八、五〇〇千元及塩税一、六五〇千元及従来中央負担たりし地方行政費三二、〇〇〇千元（軍事費一八、〇〇〇千元を含む）を控除したる額
純剰余	八、三九五	貿易収支内外の総純計に基く剰余額にして財政上の財源に充当し得る分

備考　一、冀察両省を分離したる統計資料少きため推定多し
　　　二、貿易外収支は特に顕著なるもののみを計上し観察に依りては更に楽観せる向あり
　　　三、関税及財政上の数字は北支那駐屯軍の調査に依る

〔註1〕上海特別陸戦隊員一等水兵中山秀雄がダラッチ路で中国人のため射殺された事件

〔註2〕上海南京路にある邦人陶器店日比節洋行に対し中国人が小石や煉瓦片を投じ、ショーウィンドーや器物を破損した事件

（八）丰台事件

资料名称：豊台事件

资料出处：支駐步一会編《支那駐屯步兵第一聯隊史》（非壳品），内海通勝 1974 年印行，第 6—7 頁。

资料解说：日军增兵后，先后于 1936 年 6 月、9 月两度挑衅中国驻军，强占了丰台的中国军队兵营，是为「丰台事件」。这两次行动的挑动者都是增兵后的驻屯军第一联队第三大队。本资料为该联队战后生存人员所编写的联队史之部分内容，记录了第三大队在丰台挑动纷争，并强横要求中国军队撤出丰台的部分情况。

第二章　支那事変の初動、その拡大

豊台事件

この事件は我が連隊が誕生して初めての試練であり、この時の日支両軍のしこりがやがて蘆溝橋事変の導火線となろうとは誰れしも考えの及ばなかったことだろう。

時は昭和十一年九月十八日、当時豊台に駐留していた我が第三大隊（大隊長一木少佐）の第七中隊（中隊長穂積大尉）は、先任小岩井中尉が指揮して夜間演習に行く路上に於いて、同じ豊台に駐留していた中国第二十九軍の部隊とすれ違いに起った紛争である。

因みに当時の新聞報道記事をみよう。

豊台に増派＝陸軍省発表＝

〔天津特電十八日発〕支那駐屯軍では午後九時三十分談話の形式で次の如く発表した＝本日午後六時頃豊台駐屯〇〇〇〇〇隊は演習の帰途、同地駐屯支那兵営前に差し掛りたる際、支那兵がわが将校の乗馬を殴打し且看護兵に暴行を加えたるを以て、〇〇隊は直ちに支那兵営に対峙し目下折衝中なり。支那側はその非を認め我が軍に対し善後処置を考究中なり。軍は支那側の不法行為に対し目下厳重交渉中なり。

〔十九日午前二時四十分陸軍省発表〕昨十八日午後六時頃豊台駐屯我が部隊の一中隊夜間演習に出動の途中、支那軍督察処附近において支那兵の不法行為に遭ひ紛争を生じたるを以て、主力部隊長は一部兵力を増派して同地支那兵営に対し包囲の体勢をとり支那軍の武装解除を要求せり。我が支那駐屯軍は本事態に対し目下善処に努めあるも、北平部隊長は万一の場合を顧慮し一部隊を豊台に増派せり。

〔豊台にて常安特派員十九日発〕一触即発の危機をはらんだ対峙中であった日支兵衝突事件は、我が軍の隠忍自重的態度に依り幸ひにも砲火を交ふるに至らずして一先づ解決した。事件勃発とともに我が牟田口部隊長と二十九軍側三十七師副師長許長林との間に徹宵交渉を継続、最初は支那側部隊内に強硬論を唱えるものあり、我が方の要求を十分承認するに至らなかったが、我が方はあくまで事件の円満解決を期し、支那側の善処を追究したに対し、許副師長は三十七師馮治安並に目下天津にある宋哲元冀察政務委員会委員長の指令に基き、十九日早暁に至り牟田口部隊長に対し別項の如き解決条件を提示した。よって牟田口部隊長は直に田代司令官の決裁を求めたところその承認を得たので、午前九時に至り漸く円満解決を告ぐるに至った。解決条件左の如し。

一、支那側部隊は取敢ず北寧鉄道の南側に徹退し十九、二十日内に遠距離の地点に移駐を実行すること。

事件解決と共に我が方部隊は直ちに原隊復帰の命令を受け豊台部隊はその兵営に、北平からの増援部隊はトラックに分乗して原隊に帰還、一方支那側部隊は鉄道線路南側に向って移駐を開始した。

ところが、この協定が完全実施されなかった。そのことを当時の新聞は次のように報じている。

豊台から撤退せず
支那側協定を蹂躙
わが駐屯軍憤激す

〔北京二十一日発同盟〕二十日午後十二時を期限とし実行されるべき豊台及びその附近の第二十九軍撤退に関する現地協定は二十一日朝に至っても何等支那側によって実行されていないこと判明、支那側は遂に重大なる背信的協定蹂躙をなすに至った。而し協定をなしたる当の責任者第三十七師副師長許長林は、我方の撤退要求に対し全然協定取決めの事態を否定し「かかる約束をなしたる覚えなし」と完全に前言を翻している有様で、これがため日本軍当局は激怒し二十一日早朝来緊急協議会を開き、目下対策協議中である。云々

日支軍首脳の一致した不拡大方針は一応、貫かれ、協定は曲りなりにも実行にうつされたが、日支両軍の間には、徐々に険悪な空気が濃くなって来た。

（九）冯治安和电线切断事件

资料名称：馮治安と電線切断事件

资料出处：寺平忠輔著《蘆溝橋事件——日本の悲劇》，読売新聞社 1970 年版，第 38—40 頁。

资料解说：日军为加速分割并控制华北，不断寻找各种借口对当地驻军进行挑衅。本资料介绍了 1936 年 6 月日军借口所谓军用电线被切断事件，向河北省政府主席冯治安施加压力的情况。

馮治安と電線切断事件

こうした愉快な軍隊があるかと思うと、一方にはまた、北京の西方、万寿山の麓《ふもと》に駐屯する第二十九軍第三十七師のように、抗日一辺倒といった部隊もあった。この指揮官が馮治安である。

私が石友三の部隊を訪問した四月三日の朝、北寧鉄道の沿線、落垡《ラオファー》の西方で、日本の軍用電線が八間隔にわたって切断された。この場所は私の着任前、一月十八日にも五間隔ばかり切断された前例もあり、かたがた、軍参謀長は四月八日、河北省政府主席馮治安に対し、犯人の逮捕、損害の賠償、責任者の処罰、将来の保障、以上四項目を要求した。

彼は、これに対してなんらの回答もしてこない。そのうち五月三日、落垡《ラオファー》の同一地点で、またもや八間隔の切断事件が報告されてきた。

軍司令部はもう、通り一遍の通告では役に立たないと、問題を北京特務機関に移し、機関長松井大佐に対

河北省政府主席，37師師長　馮治安

し、馮治安との直接交渉を命じてきた。ところが馮は言を左右にし、絶対日本側と会見しようとせず、属僚、林文竜と張我軍を特務機関に遣《つかわ》して、我が方の意向を打診させるありさまである。

もともと、この電線切断事件は、抗日侮日の輩《やから》がやった仕業とは思われない。中国の鴉片《あへん》吸引常習者が、その飲み代に困っての窃盗に違いないと私は睨《にら》んだ。ことに日本の軍用電線ばかりが狙われる理由は、銅線の質が非常によく、中国のものに比べ、はるかに高値で売れるのがその原因だったに違いない。

私は四月三日と五月三日、事件がちょうど一ヶ月を間にして行なわれた事から判断して、一つの周期律を編み出した。そこで中国側に対し、「六月三日前後数日間、落垡《ラオファー》の警戒を特に厳重にしていただきたい」と申し入れた。しかしこれに対し、彼等は何等の措置も対策も講じようとしなかった。

果して六月五日黎明《れいめい》、またもや同一場所で五間隔が切断されたのである。さすがに温厚な松井機関長も業を煮やした。「もう馮治安なんかを相手とせず、直接冀察政務委員会に今までの実情を通告して、天下り式に善処させよう。事は小さいが問題が問題である」

冀察外交委員会主席魏宗翰《ぎそうかん》は、早速特務機関にやってきて、丁重に陳謝した後、すぐその足で馮治安のところにとんで行って、懸命に彼を説得した。「河北省政府が不誠意だという印象を、日本側に植えつけることは、冀察全面的の立場からいって面白くない。この際一応折れて出て特務機関側と折衝したらどうか」馮は渋々ながらこれに応じた。

六月十日午前十時、私は西城大院胡同《ターユワンホートン》の馮治安邸に赴いて彼と会見した。「六月五日の未明、落垡《ラオファー》において起った問題についてお話したいと思います」「六月五日の事件というと、どんな問題でしたかなあ」この期に及んでなおかつ白々しい態度を示す馮治安である。

彼は私の一言一句を柳に風と受け流し、極力責任回避にこれ努めた。通訳なしで直接談判すること三十分、さすがの彼もとうとう詭弁《きべん》の種が尽きてしまった。そして前回、日本側から提出した諸条件を総体的に承認し、一部の細目だけは後刻張我軍を機関に派し、ご連絡しましょうというところまでこぎつけた。

この交渉間、馮治安は事ごとに面子《メンツ》論を振り回し、自己の面子の保持に汲々《きゅうきゅう》たる態度が観取されたので、私は最後に「ただいまお約束した条件は、空証文でなく、貴方の面子にかけて確実に処理して頂けるでしょうな」と駄目押しした。

彼は面子を逆用された事を知ってか知らずか、作り笑いを浮べ、それでもどうやら玄関口まで私を送って来た。

（十）丰台事件的勃发

资料名称：豊台事件の勃発

资料出处：寺平忠輔著《蘆溝橋事件——日本の悲劇》，読売新聞社1970年版，第40—41頁。

资料解说：本资料系根据直接参与事件的驻北平日军特务机关辅佐官寺平忠辅的记录整理而成，介绍了日军增兵并抢占丰台中国军队驻地，两次挑动冲突，并最终迫使华军撤走，占据丰台军营，进而窥伺卢沟桥、宛平的过程。

豊台事件の勃発

馮治安は河北省の出身で、当年四十四歳、馮玉祥の旧

部下ではあったけれど、抗日の鼻息荒く、する事なす事、宋の意に反するところが多かった。そこで遠く手離しておくと、何を仕出かすかわからないというので、一番手近な北京周辺の要地に配してあった。

ある日私が万寿山の方に車をとばせて行くと、ちょうど西苑の兵営から出て来た馮治安の部隊、歩兵の一ヶ連が私の車とすれ違った。この時、彼等が歌っていた軍歌は

打倒日本　打倒日本　除軍閥　除軍閥
努力革命成功　努力革命成功
去奮闘　去奮闘

というのだった。この歌詞はもともとは、打倒列強打倒列強というのだが、三十七師はそれをわざわざ打倒日本と置き換えて歌わせていた。

黒塗り厳めしい西苑の兵営は、昔、独逸人技師の設計監督の下に建てられたという事だが、今では完全に侮日抗日の巣窟《そうくつ》と化し、さきに梅津・何応欽協定で華北から逐《お》われた、二十五師長関麟徴なども、しばしばここに姿を現わして兵を煽《せん》動し、また中共北方局の主任劉少奇あたりも、学生の軍事訓練に便乗してこの方面に顔を出

41　北京特務機関と冀察の人々

し、盛んに抗日をアジっていたという情報が入っている。

　師長馮治安が徹底的に日本嫌《ぎら》いな男であってみれば、上の行なうところ下これに倣《なら》うのも、またやむを得ないところではある。

　話は少々遡《さかのぼ》るが、昭和十一年九月十八日、豊台事件というのが勃発《ぼっぱつ》した。満州事変柳条溝の一発から、満五年の記念日である。こういう日には日華双方、お互いが余程気をつけ慎み合わないと、とかく不慮のゴタゴタを引き起しがちである。

　この日の夕刻、豊台駐屯一木大隊の一ヶ中隊が、駅前近くを通りかかったところ、折りから演習帰りの中国軍一ヶ連とすれ違った。ところが中国兵の一人が、穂積中隊最後尾の兵を、故意に路外に押し出すような行動をとった。部隊の後から乗馬でやって来た年少血気の小岩井光夫中尉、やにわに中国兵の群に躍り込んで連長に対し、鋭く彼の不法を難詰した。中国兵の一人が小岩井中尉の馬の尻《しり》をたたき、馬が驚いて跳ね上った。

　中国兵は即座に銃に弾を込め、自分達の兵営の前に散開して、対応の姿勢をとったので、日本軍も直ちにこれと相対峙《たいじ》し、睨《にら》み合いの態勢に移った。

　北京から特務機関の浜田補佐官や桜井徳太郎軍事顧問がとんで来た。もちろん牟田口廉也《むだぐちれんや》連隊長もやってくるし、中国側の副師長許長林少将や外交専員林耕宇などもかけつけて来た。

　河辺旅団長が即刻、隷《れい》下日本軍に発砲禁止を命じたので、彼我の交渉は、その翌日の明け方まで続けられたが、両軍干戈《かんか》を交えるまでには立ち至らず、結局中国側の陳謝と、関係者の処罰、ならびに中国軍部隊の豊台撤去を条件として、一応この問題に終止符が打たれた。

　この事件を引き起した部隊、これが馮治安の三十七師であり、蘆溝橋事件を惹起《じゃっき》した相手が、この三十七師であった事に想到するとき、我々はうたた感慨無量ならざるを得ないのである。

（十二）八面玲珑的秦德纯

资料名称：八面玲瓏の秦德純

资料出处：寺平忠輔著《蘆溝橋事件——日本の悲劇》，読売新聞社1970年版，第41—43頁。

资料解说：寺平忠辅是日军驻北平特务机关辅佐官，本资料记录了日军与第二十九军副军长秦德纯的交往情况，较仔细地描写了秦德纯以「头脑明敏」应对日军的灵活态度，试图缓解来自日军的压力。

41　北京特務機関と冀察の人々

八面玲瓏の秦徳純

宋哲元が山東省に引籠った二ヶ月半の間、これを代理して冀察の実権を握っていたのが秦徳純《しんとくじゅん》である。山東省出身で四十六歳、二十九軍副軍長兼北京市長という肩書を持ち、軍人出身ではあったけれど、実に八面玲瓏《れいろう》円転滑脱《かつだつ》の如才なさで、応待の技巧など外交官そこのけの鮮

42

北京市長，29軍副軍長　秦徳純

やかさだった。

私が着任後間もなく、機関の奏任嘱託武田熙氏から聞いた話に次のようなのがある。

その年の二月、例の三中全会が開かれる直前、秦徳純は自身で特務機関を訪れ「南京から、しきりに冀察も三中全会に代表を送れといってきています。しかし我々は、絶対代表を送る意志はありません。世間では、私がすぐにでも、代表になってとんで行くんではないかというデマが流布されているそうですけれど、全くもって迷惑千万な話です。機関の方々は私を信頼していて下さるので、その点だけは安心です」と朗らかに笑い、かつ語る秦徳純だった。

ところが問題の三中全会が始まる間際、彼は飄《ひょう》然、北京から姿をくらました。そして南京の会議に冀察代表として出席した。しかも出席前日本側に対し、実に条理を尽した置手紙までしてある周到さだ。

「私は先般ご連絡しました通り、代表は絶対送らない心構えでおりましたが、南京から毎日催促と威嚇《いかく》です。代表を送らなければ反逆者と見なして、冀察を解消するとまでいってきました。これでは冀察と日本、せっかく今日までの親善提携も、ことごとく水の泡《あわ》になってしまいます。さればとてこの際、半可通《なまはんか》の代表を送ると南京側に丸め込まれる危険が多分にありますので、非常の決意をもって、私自身会議に出席し、頭数だけそろえることに致しました。あしからず」といった筆法である。

戻って来ると何はさておき、まず日本側にご機嫌《きげん》伺いにやって来た。こんな風にして日本側の感情を柔らげておき、さておもむろに第二段の工作たる、南京側指令の実現にとりかかろうという行き方である。頭脳明敏、その上駆け引が上手ときているのだから、確かに冀察の智《ち》嚢《のう》たるを失わない。

森の都、北京が若々しい新緑に装いを改め、そして華北の重鎮・宋哲元が山東省楽陵に隠遁《いんとん》してしまった後の冀察は、もうだれが何といっても、完全に秦徳純の一人舞台といった観があった。

彼は三中全会をめぐっての容共的雰囲気をそのまま、だれに気兼ねする事もなく冀察の内部にとり入れる事が出来た。そして華北の空気は三、四月ごろからかなり混濁の状を呈してはいたが、五月に入ると俄然《がぜん》、急激に悪化の度を加え始めて来た。あたかも満州事変前夜の満州といえよう。日本人の小学生は、通学途上、中国人から石ころを投げつけられ、「打倒日本帝国主義」の赤や黄やの伝単は、学生達の手によって、随所の胡同《ホートン》に貼《は》りめぐらされた。

それにもかかわらず秦徳純は、日本側の宴会には、何時でも笑顔を浮べてやって来て、三味の音に合せてみんなと一緒に、東京音頭も踊れば泥鰌《どじょう》すくいのマネもする。「邦人の保護、特に小学生の通学を安全ならしめるため、北京市内の治安を工夫し改善していただきたい」と要求すると、彼は言下に「かしこまりました。全くとんでもない事です。早速部下に命じて、厳重取締らせることに致しましょう」しかしその実績は、何時まで待っても一向実現してはこなかった。

（十二）隐忍自重的天津军

资料名称：隐忍自重の天津軍

资料出处：寺平忠輔著《蘆溝橋事件——日本の悲劇》，読売新聞社1970年版，第47—48頁。

资料解说：记录了卢沟桥事变前夕，日军军中流传的关于制造第二次九一八事变的传言和日军不断加强军事训练等情况。

隠忍自重の天津軍

「七夕様の晩に華北で第二の柳条溝事件が起る」という謡言は、私はじめ現地で耳にした者はない。それがどういうものか、遙か海を越えた東京三宅坂あたりに、ある程度の迫真力をもって伝えられていったという事実がある。

これが参謀本部の作戦部長石原莞爾《かんじ》少将に考えさせるものがあった。早速陸軍省軍務局長後宮淳《うしろくじゅん》少将とも相談し、軍事課の高級課員岡本清福中佐を現地に派し、華北の情勢を仔細《しさい》に検討させることになった。

出発に当って石原少将は「現地の若い連中が、何かエラく勢込んでいる風評がある。とんでもない事だ。バカげた事件でも起すといかん。至急現地に行って、それらの芽生えを摘み取って来てくれ」といった。

岡本中佐は華北にとんだ。そして山海関《さんかいかん》、灤州《らんしゅう》、唐山、天津等現地部隊の情況を逐次打診した。橋本参謀長と言い池田純久経済参謀と言い、時局に対してはいたって冷静であり慎重である。和知機関にせよ茂川機関にせよ極めて神妙であって、軽挙妄動《もうどう》するような気配は微塵《みじん》だにも感ぜられない。

引き続き北京を訪れた岡本中佐は、同期の木原義雄大隊長を交えて、河辺旅団長のもとで懇談した。旅団長は語った。「現地軍の思潮、これには何ら憂慮すべき点はない。ことに私の隷下《れいか》部隊に関する限り、厳に軽挙妄動を戒め、慎重の上にも慎重を期するよう徹底させてある。この事は安心して内地に復命してくれ給え」

中佐はその翌日、さらに豊台を訪れて行った。守備隊長一木清直《いちききよなお》少佐は謹厳な態度で「我々は河辺閣下の直轄指揮の下に、この豊台に駐屯しております。閣下はかねがね、中国軍に対してはあくまで慎重であれと要望されており、この点兵に至るまで十分徹底させております。部下は今、一心不乱、対赤軍戦法の訓練に専念しております」とハッキリ報告した。大隊長は平素、「警備というやつはオレにはニガ手だ。どうもよくわからぬ」とコ示していたが、この日岡本中佐と懇談以後は「おかげでスッカリ、警備上自らの進むべき道がよくわかった」と任務に対する安心感を得た様子だった。

東京に戻った岡本中佐は、これら一切をありのまま上司に報告した。

「現地では軍司令官以下、よく中央の方針を体しており、軽挙、事を起すような気配は全然認められません。また蘆溝橋付近は泊りがけで視察し、小隊長あたりとも胸襟《きょうきん》を開いて語り合いましたが、皆よく自重しており、不穏な行動に対する懸念は、全く必要といたしません。中央の意図は、詳細これら現地部隊に伝達して参りました」

事実、もし華北に一発の銃声が響こうものなら、中国の民心を極度に刺激し、直ちに日華の全面戦争に移行することは明瞭であり、さらに列国権益の錯綜《さくそう》する場所柄だけに、ひいて第二の世界大戦に発展するだろうことも、多年の研究で、すでに知り尽されていたのである。だから歴代の軍司令官は、隠忍自重に徹底しており、部下を戒めて一発の応射すらもあえてせしめなかった。お隣、満蒙千里を掌握する関東軍を「勇壮」という言葉で現わすなら、天津軍には隠忍を最大の使命とする駐屯軍が背負う「悲壮」の言葉がしっくりあてはまるだろう。

だからいかに岡本中佐の慧眼をもってしても、事、天津軍に関する限り、軍自らが陰謀によって事を起し、関東軍の真似をしようなど、そんな誤った考えの持ち主は、一名だって発見されよう道理がなかった。

むしろ中国通の軍務課長柴山兼四郎大佐あたりが乗り出して来て、中国側の情勢打診を綿密にやったなら、かえってその方から事件の端緒をつかみ出し、事前対策の手を打つためには、遙かに効果があったかもわからない。もともと謡言の出どころは日本側からではなく、中国側のものばかりだったからである。

（十三）北海（支那）事件经过概要

资料名称：北海（支那）事件経過概要

资料出处：島田俊彦、稲葉正夫解説《現代史資料》8《日中戦争》1，株式会社みすず書房1973年発行，第207—286頁。

资料解说：包括日本海军处置北海事件等事项的一系列文件。以北海事件为重点，同时也记载了日军对于中国时局、兵力布局的分析，从中可以看出日本动用武力威逼中方的史实，揭示了日本军政当局对于当时中国各地局势的分析认识及其侵华谋略的制定情况。

三八　北海（支那）事件経過概要

（昭和十一年八月～昭和十二年一月）

（軍令部第二課）

一一、九、一一

北海事件経過概要　其の一（九、九―一一）

○九、三、北海邦人中野（在留三十年北海唯一の邦人）殺害さる

○九、八、廣東にて初めて右の事実を知る

○九、九、中央に於て右の情報接受

○3F〔第三艦隊〕の第一段処置

嵯峨　d×1/13dg（若竹）――北海に派遣｝を命ず
d×1/13dg（早苗）――廣東に派遣｝

（註）嵯峨には外務調査員二名の外廣西省陸軍武官岡田〔芳政〕大尉便乗〔dg＝駆逐隊、d＝駆逐艦〕

○3Fの処理方針

十九路軍の行動竝に北海の地勢に鑑み充分の準備と慎重なる態度を以て臨む方針の下に

㈠不取敢嵯峨、若竹を海口（海南島の北端）附近に待機後命を待たしむ

㈡此の間南京及廣東に於て支那側に対し我現地調査に協力せしむる為事前工作をなす

㈢此の間球磨、夕張、一六駆〔駆逐隊〕を海口に集中せしむ

㈣支那側の協力を得ざる場合は必要程度の兵力を分遣調査に従事せしむ

㈤支那側の協力を得ざる場合は右の全兵力を以て北海に進出実地調査せしむ

○3Fの第二段処置

㈠支那側の協力を得ることとなれるを以て嵯峨を北海に先行せしむ

㈡球磨、一六駆夫々青島発南下せしむ

㈢福州武官〔須賀彦次郎〕を夕張に乗艦せしむることに手配す

○中央の処置

一、九日午後四時外務大臣〔有田八郎〕の意嚮なりとて外務省より左記申来る

㈠本件は成都事件と一括既定方針の対支折衝に有利に利用せん

とす

(二) 現地調査員の上陸又は軍艦の北海入港に当り十九路軍は之を阻止せんとし延て無用の事端発生の虞なしとせず

十九路軍の事端発生は却て彼の思ふ壺にはまる事となり対支全面的交渉上不利なり

(三) 以上に基き海軍艦船は派遣せられざるを可とせずや

右に関し省部協議の結果

(一) 十九路軍の態度に鑑み無用の事端発生は不利なるも既に3Fに於て兵力配備を発令し既に回航中なるのみならず

(二) 警備の見地よりも北海派兵は取止むるを得ず

(三) 北海回航各艦に於て警戒を厳にしつつ事態拡大に導かざる様慎重なる態度を以て臨み且現地調査には成るべく支那軍艦を同行するを可とする旨

出先に指示することに決し九日夜発電す

二、待機兵力に関しては大演習実施に支障なからしむることを考慮するも情勢に依り之に捉はれざる方針の下に腹案を定め差し当り一、二航戦〔航空戦隊〕に爆弾を搭載することに処理す

（終）

一一、九、一〇

対支待機兵力等に関する方針の件覚

最近の日支関係は何時事態悪化するやも測られざる処一方大演習の実施竝に之が為近く軍令部主脳部の出張等に鑑み待機兵力等に関する腹案を定め置くこととす

一、方　針

(一) 形勢悪化の兆を予見せば機を失せず兵力待機方処理す

(二) 成るべく大演習に支障なからしむることを考慮するも情勢に依り之に捉はれず

(三) 兵力待機を要する場合主脳部出張中なるときは必要なる人員は速に帰庁す

二、各種の状況に応ずる待機兵力腹案

(一) 兵力増派を要するも事態軽微なる場合

春日（横〔横須賀〕）　一駆（大湊）　特陸〔特別陸戦隊〕一大〔大隊〕（横又は呉）

情況に依り常盤《特陸一大（佐〔佐世保〕）》を加ふ

(二) 相当兵力の増派を要する場合にして第一特演〔特別大演習〕参加兵力の派遣に支障なき場合

多磨（舞〔舞鶴〕）　常磐（佐）　春日（横）　厳島（横）

八重山（佐）　白鷹（呉）　一駆（大湊）　二六駆（鎮〔鎮海〕）

一掃〔掃海隊〕（横）　一一掃（呉）

特陸三大

(三) 相当兵力の増派を要する場合にして第一特演を予定通実施するを可とする場合

八戦隊　一水戦〔水雷戦隊〕　特陸三大　春日　常磐

(四) 有力なる兵力を増派するを要する場合

GF〔聯合艦隊〕より必要なる兵力

三、雑　件

(一) 一航戦及二航戦は急速派遣に備ふる為予め爆弾を搭載し置くものとす

㈡ 待機地点を佐世保とす
（但し陸戦隊輸送を要するものは当該軍港）
㈢ 増派地点は差し当り北海方面竝に長江方面に予定す
㈣ 一方面に増派せらるる部隊は出来得る限り戦隊として之を編成し3F長官の指揮下に入らしむ

（終）

新聞発表　　海軍省副官談

昭和十一年九月九日

海軍当局は上海に於ける陸戦隊員中山兵曹暗殺事件〔註1〕居留民萱生殺害事件〔註2〕に次で成都に於ける残虐事件を見更に又今次北海に於ける中野惨殺事件の発生を見たる今日、底止する所無き悪辣なる排日侮日行為に対し堅き決意を以て徹底的解決を要望して居るが出先第三艦隊に於ては不取敢現地に於ける我権益及居留民の保護に万全を期すべく警戒配備を厳にし今次北海事件に対しては先づ軍艦嵯峨に所在外務官憲を便乗現地に急航せしむると共に更に第十三駆逐隊の駆逐艦を夫々北海及廣東に急派し異常の緊張裡に事態の推移を厳重注視して居る

一一—九—一二

北海事件経過概要　其の二（九、一一、一二）

○一一日午前洲崎を3F附属とすることに省部協議
一二日発令す
○一一日一航戦二航戦に爆弾搭載のことに省部協議

一一日午後発令す

○洲崎には八糎高角砲二門七・七粍機銃二門装備のことに至急手配す九〇式二号水偵二機予備機として洲崎に搭載運搬の儀ありしも揚収装置の関係上取止むることとす
○3F艦船南下の状況別紙の通
○午後一航戦司令官幕僚来部
北海方面の情況竝に今後に対する軍令部腹案説明

（終）

㊙　北海事件兵力移動一覧表

一一、九、一一

艦名		九日	一〇日	一一日	記事
嵯峨		廣東（一一〇〇）→香港（一九〇〇）	香港（〇八三〇）→	↓	
球磨			青島（一九三〇）→	↓	一六日迄に海口着の予定
夕張		旅順（入渠中）			一八日迄に海口着の予定
一三駆	区 若竹	上海（〇八三〇）→	→	→香港（一三三〇）	北海に向ふ筈
	呉竹	上海在泊			
	早苗	上海（〇八三〇）→	→	→香港（一三三〇）	廣東に向ふ筈

一六駆	ㄗ 朝顔 芙蓉 刈萱		青島（一八〇〇）→		一六日迄に海口着の予定

一—九—一二

北海事件経過概要　其の三　（一一—九—一二）

九月十二日午後参謀本部第一部長〔桑木崇明〕来訪軍令部第一部長〔近藤信竹〕に左の通申入る

北海方面の地勢上作戦効果期待薄きを以て陸兵派遣は之を行はざる方針なり

（終）

北海事件経過概要　其の四　（一一—九—一三）

正午嵯峨機密第一一一番電受領北海方面の情勢明となり別紙の通処理す

（終）

（嵯峨機密一一一番電要領

現地ニハ尚モ十九路軍跋扈監視ヲ厳ニシアリ、差当リ正面ヨリノ調査頗ル困難ナル状況ニアリト認メラルルモ先方ノ言ノミナルヲ以テ本艦トシテハ先着ノ第十三駆逐隊司令トモ協議ノ上更ニ應瑞附近ニ転錨陸上ノ情況ヲ偵知セントス）

（別紙）

一一、九、一三（日）一一〇〇

◎嵯峨機密第一一一番電ニ関スル情況判断

（3Fノ右ニ対スル処置、嵯峨其ノ後ノ行動共ニ未着）

一、此ノ際時期ノ遅延ハ兎ニ角既定方針ニ基ク我方ノ北海実地調査及帝国軍艦ノ同方面廻航ヲ取止ムルハ不可ナリ

二、之ガ為ニハ支那当局者ニ改メテ我方ノ断乎タル決意ヲ示シ障碍排除竝ニ実地調査ニ対スル援助ヲ急速実行スル如ク外交措置ヲ要ス

三、内地ノ兵力待機等ハ3Fノ処置ヲ見、今後ノ模様ニ依リ決シ可然（1Sf〔航空戦隊〕ハ十三日朝迄ニ、2Sfハ十四日朝迄ニ補給了）

処　置

◎第二号外交措置を軍務より外務に申入る

外務了承早速発令を約す　（一四〇〇頃）

（終）

◎2Sf〔堀江六郎〕司令官、加賀艦長〔三竝貞三〕来部　（一一三〇）

北海方面の情況処理方針竝に今後に対する軍令部の腹案説明済

△海図は仏版もなく結局海軍海図が最良とのことになる

△航空図及$\frac{1}{10,000}$陸図は十四日中に送付の予定

北海事件経過概要　其の五〔註3〕　（一一—九—一四）

3F機密第七一・七二番電受領

七一番電に依る3Fの処理方針に同意省部協議の上出先に中央の意図を示す（官房機密第五七〇番電参照〔註4〕）

（終）

北海事件経過概要　其の六（一一―九―一五）

北海事件の推移に鑑み午前午後に亙り左記諸官会同の上別紙の通北海事件処理方針を策定し夕刻軍務局に示す

一部長〔近藤信竹〕
一、二課長〔福留繁・金澤正夫〕　中原〔義正〕部員
一課　中澤〔佑〕、小野田〔捨二郎〕部員
二課　鹿岡〔圓平〕部員

昭和十一年九月十五日　軍令部

北海事件処理方針

一、大　綱

㈠ 本事件は成都事件と併せ国民政府を相手とし全面的排日の禁絶及国交根本的調整に利導し此が解決を促進す

㈡ 北海に於ける現地調査は既定の方針に拠る

事態已むを得ず同方面に於て兵力を行使する場合は我威信の保持に必要なる程度に止む

㈢ ㈡項に関聯し抗日事態の全支に波及することあるべきに備ふ

二、処理方針

㈠ 当面実施しつつある国民政府に対する要求の貫徹を促進し速に彼をして北海に於ける抵抗排除に関する決意を表明せしむ

㈡ 国民政府が責任を以て解決に当らんことを約束するに於ては暫く之が実行を厳重監視す

㈢ 国民政府が責任を回避し、又は徒に解決を遷延せんとする場合には期限を附し抵抗排除に関する実行を強要すると共に兵力を増派し実力行使に伴ふ支那並に各国に対する外交的措置を講じ且現地に於ける非戦闘員の撤退を要求す

㈠ 増派兵力

(イ) 北海方面　第一航空戦隊　第二航空戦隊　第八戦隊情況に依り特陸一ケ大隊

(ロ) 台湾方面　大攻四、中攻一二、戦闘機　一二

㈡ 待機兵力（情況に依り中支及北支方面に配備す）

2F、第一水雷戦隊、特陸三ケ大隊（内一個大隊は上海に急派す）

艦戦　二四
艦攻　二四

㈣ 右に依るも解決せざる場合は北海方面に対し所要の兵力行使を行ふ

右兵力役使は我武威を示し現地調査を実行するを限度とす

㈤ 北海方面に於ける兵力行使終了せば所要の兵力を海口方面に駐め爾余の兵力は所要の方面に集結す

㈥ 右と併行して外交交渉を促進し成都事件と併せ之が解決を強行す

㈦ 其の際彼に誠意の認むべきものなく或は却つて排日を助長するが如き場合は情況に依り海南島若くは青島の保障占領を行ふ

三、本件処理に関しては陸軍外務と密接なる連絡を保持す

尚ほ諸外国に対する宣伝並に施策に遺憾なきを期す

（終）

北海事件経過概要（総長上奏資料）　一一―九―一五

一、兵力移動の状況

㈠　嵯峨は十二日海口を経て同日一九四〇北海着現地に留つて居ります

㈡　十三駆逐隊の若竹は嵯峨に引続き海口を経て十二日二〇二〇北海着次で十三日一三〇〇北海発同日二一二〇海口着

従て現在北海在泊艦は嵯峨一隻であります

㈢　右の外球磨及十六駆逐隊は十六日迄に、夕張は十八日迄に現地着予定にて南下中であります

尚馬公要港部の一艦が現地に向ふことになつて居ります

㈣　兵力南下に伴ひ補給艦を必要と致しまする為十二日附を以て洲崎を第三艦隊に附属せしめられ、同艦は十三日高雄に向け横須賀を出港致しました

二、兵力待機

情勢悪化の場合に処し急速航空兵力を現地に集中し得る様第一、第二航空戦隊は夫々所要の爆弾を搭載済みであります

（終）

北海事件経過概要　其の七　（一一―九―一六）

3F参謀長より航空兵力増派に関する希望表示（3F機密第一〇一番電）之に対し昨十五日所定の処理方針に基き兵力使用に関する腹案を次長より明示す（軍令部機密第二五二番電）

北海事件兵力移動表　其の二　一一、九、一三

	一一日	一二日	一三日	一四日	一五日	一六日
嵯峨		海口（一六四〇）→北海（一九四〇）	北海	北海	北海	北海
球磨	揚子江（一六四〇）（一八四〇）→	→	→馬公（〇六四〇）（一四三〇）→	→	→海口（一四三〇）	海口
夕張		旅順（一七〇〇）呉淞へ→	→	→呉淞（〇六三〇）（一〇四五）→	→	→馬公（〇五三〇）（三一九）海口へ→
ㇳ若竹	香港（一三三〇）（一六〇〇）→	→海口（一五〇〇）→北海（二〇二〇）	北海（一三〇〇）→海口（二一二〇）	海口	海口	海口

三駆	呉竹	上海	上海	上海	上海	上海	上海
	早苗	香港（一三三〇）	香港（〇五〇〇）→廣東（一二〇〇）	廣東	廣東	廣東	廣東
一六駆	朝顔	一〇—〇八〇〇　青島発		→馬公（〇五一五）（一四〇〇）		→海口（一四三〇）	海口
	芙蓉						
	刈萱						
四駆	羽風		→厦門（一七四六）	厦門	厦門	厦門	厦門
	秋風		馬公（一八〇〇）汕頭に	→汕頭（〇九〇〇）	汕頭	汕頭	汕頭
	太刀風	馬公	馬公	馬公	馬公	馬公（一〇〇〇）	一七日　海口（一三一三）
	帆風		馬公（一五〇〇）福州へ	→福州（〇九〇〇）	福州	福州（〇八三〇）→馬祖島（一八三〇）	馬祖島（〇六〇〇）→馬尾（〇八四五）
洲崎				横須賀（一三〇〇）高雄へ	→	→	→

北海事件経過概要　其の八（一一—九—一七）

支那側に於て十九路軍北海撤退方処理しつつある楽観的情報に接せる処、更に支那側を追及して支那側責任当局の決意手段並に現地調査可能の時機に関する明確なる回答を取附くる必要を認め軍務局に申入れたる処、軍務同意外務省に申入る

一一、九、一七、一課長

北海方面の事態は稍好転するが如く新聞紙等に伝はるも何等旧来の外交常套を脱し居らず此の際速に事態の解決を促進するに非れば

海軍の威信を内外に失墜し士気にも係る　支那飛行機が嵯峨艦上を低空旋回飛行するが如きは示威運動と見る外なく拱手無策荏苒無展開なる能はず

故に此の際我が決意を一段と強く表明し支那側にして現に浮足立ちあるならば益之を追及して追撃戦の効果を収め若し依然として面従腹背の常套手段を持しあるに於ては右の強要手段は一層必要なり仍て既定方針に従ひ

一、北海当面の処理を我が要求通実行するや否や即時明確なる最後的意志表示を求む（余計なことは入らぬ之れ丈け聞けばよし）

二、右要求通やると明言せば暫く実行を監視す然らざれば次段のstepたる期限付実行を迫る

三、兵力増派発動は㈠の成行を待つ

北海事件経過概要　其の九　（一一—九—一八）

○発動艇搭載の件研究鳴戸又は鶴見に搭載先行せしむべき案ありしも所要の際8S〔第八戦隊〕に搭載することに腹案決定

○2Sfより機銃弾につき照会電あり佐世保軍需部に於て準備方航本〔航空本部〕より電報す

九月十八日在支兵力配備

地点	艦名
上海	卩出雲、呉竹
鎮江	小鷹
南京	梅
蕪湖	蓮
九江	保津
大冶	勢多
漢口	▷安宅、熱海
長沙	鳥羽、堅田
宜昌	二見
重慶	比良
海口	▷夕張、球磨、若竹、刈萱、芙蓉、朝顔、太刀風
北海	嵯峨
廣東	早苗
汕頭	秋風
厦門	羽風
福州	帆風
青島	菊、葵
芝罘	萩

北海事件経過概要　其の一〇　（一一—九—一九）〔注5〕

○一昨日決定の3Fに申入れの件発電（官房機密五八五番電）

○3Fより処理方針来示す（3F機密一四〇番電）〔注6〕
○漢口巡査射殺事件の情報に接す〔注7〕

北海
漢口 事件経過概要　其の一一（一一、九、二〇（日））

漢口事件処理

佐鎮待陸一大（四五〇標準）及二三駆を上海に派遣3Fに編入のことに部協議を了し軍務に申入れし処二三駆は暫く情勢を観て処理することとし差当り特陸（四〇〇名標準）を補充することに協議成り人事局に於て該特陸を何れより派出するを最適とするかに付き研究の結果佐鎮〔佐世保鎮守府〕を最適とすることとなり明二一日待機発令方処理することとして本日の処理を終る（漸く午後八時に至り議纏まりし次第にして本日中に処理予定の腹案なりしところ明日発令のことに処理せり）

漢口事件処理方針　　軍令部　一一—九—二〇

一、大綱

(一) 本事件は成都事件と一括外交交渉に依り処理するを方針とし事実闡明を急速進捗せしめ外交交渉を促進す

(二) 漢口に於ては居留民保護を主眼とし必要なる兵力を集中するも武力威圧の為抜き差ならぬ事態に誘導せざらんことを期す〔原文では二の(三)は赤線で抹消されている。〕

(三) 事態悪化する場合は居留民引揚を為すものとす

(四) 漢口事件の為北海事件の処理方針を変更することなく之を機会に一層之が解決を強要促進す

(五) 抗日事態の全支に波及することあるべきに備ふ

二、当面の処理要領

(一) 事実調査特に背後関係の探査を促進すると共に国民政府をして犯人の探査を厳に要求し之が実行を厳重監視す

(二) 差し当り中支方面に対し左記兵力を増派し警備兵力を補充し万一に備へ事態悪化の兆候あるに於ては機を失せず更に内地より兵力を増派す

差し当り増派する兵力

駆逐隊　一隊

特陸　一隊

三、本事件を端緒とし或は対支全面的交渉の推移に依り事態拡大の虞ある場合の処理は北海事件処理方針に準ず

（終）

北海
漢口 事件経過概要　其の一二（一一、九、二一（月））

一、佐鎮特陸一大（四〇〇名標準）待機の件午前中に処理発電

二、次で右特陸派遣の件仰允裁の上海軍当局談として午後二時頃新聞に発表す

次で軍令部総長〔伏見宮博恭王〕より右特陸派遣の件を伝達す（電案大臣供覧に手間取り一九五〇発電せり）

三、北海事件拡大の場合に対する処理方針に関し軍令一、二課長、軍務一課長〔保科善四郎〕と協議の上次長〔嶋田繁太郎〕、大臣〔永野修身〕に了解済（別紙）

四、長江筋に駆逐隊増派に関しては北海事件の拡大に伴ふ全般的作戦準備の考慮並に腹案に依る二三駆の配員並に練度の現状に鑑み今

後の情勢に依り処理することとし且艦船増派は小出しすることなく大なる兵力を同時に派遣することに方針を確立す

五、十課〔暗号事務〕情報に依れば日支外交折衝中外務省の態度が恰も海軍の強硬態度に強要せらるるに出でたるが如き印象を支那側に示す点あるに鑑み軍務局長〔豊田副武〕より東亜局長〔桑島主計〕に注意を喚起すると共に今次事件に対する我挙国一致の強硬なる態度を支那側に明示する様申入れ東亜局長之を応諾せり

六、午後一課主催にて関係局部主務局員会同主として航空兵力派遣の場合に対する準備に付き協議す

七、四項に伴ひ外務大臣〔有田八郎〕より川越〔茂〕大使に北海事件に対する支那側の既往の具体的処理振竝に調査可能の時機に関し支那側の明確なる回答を取付くる様訓電する旨外務省より来示す

八、軍令部第一課長参謀本部と連絡す

海軍省当局談　　　　昭和十一年九月二十一日

昨年十一月上海に於ける中山兵曹暗殺事件以来既に一歳に及ばんとし而も事件解決に対する支那側当局の態度は故意に公判の遅延を策し或は犯人を偽造して真相の糊塗を図るやの陰謀も観取せられ其の誠意の認むべきものなく引続き頻発せる暴虐事件は汕頭に於ける角田巡査殺害事件〔二月二十一日発生、進〕、上海に於ける萱生暗殺事件、長沙に於ける爆弾事件〔註8〕、成都に於ける虐殺傷害事件〔註9〕、北海に於ける中野虐殺事件〔九月十九日発生、庭二郎〕、汕頭に於ける爆弾事件更に漢口に於ける吉岡巡査暗殺事件等悪性の排日テロ事件は殆んど支那全土に亘り而も最近に至り加速度的に増大するの傾向を辿り北海事件に於ては我方屡次の要求に拘らず現地調査援助に関し有効適切なる処置を遷延しつつあるのみならず被害者の遺骸及遺族の安否の如き既に二旬に亘り尚不明の裡に放任せられ却て次ぎ次ぎと残虐なる新事件の勃発を見つつある情況である

在支権益及居留民の保護に任ずる帝国海軍としては日支国交に稽へ之れ迄極力自重的態度を持し来つたのであるが事態既に斯くなる以上荏苒支那当局の善処のみに信頼待望するを許されない情況であつて或は自衛上必要の処置に出づるの已むなきに至る場合を考慮し不取敢特別陸戦隊を編成し内地より海軍兵力を派遣以て第三艦隊の警備兵力を増大するの手配を進むることとなつた次第である

北海漢口事件経過概要　其の一三（一一、九、二二）

一、二十一日十九路軍撤退余漢謀軍接防せる旨南京武官〔中原三郎〕の情報竝に北海に於て二十二日〇八〇〇より現地調査開始の予定竝に之に備へ南遣部隊同時刻迄に北海集中の旨3F参謀長の情報に接す

二、佐鎮特陸（四八三名）室戸にて二二日〇七〇〇佐世保発二四日〇八〇〇上海着予定の旨室戸特務艦長の報告に接す

北海漢口事件経過概要　其の一三の二（一一、九、二二）

一、本日の現地調査不可能なる場合速に左記兵力を北海方面に急派することに軍令一、二課長腹案を定む（午前）

1Sf

8S特陸一大、中攻六、大攻四

二、午前石原〔完爾〕参謀本部課長来部軍令一課長に対し陸軍は全支作戦の意志なきことを意志表示す

三、正午佐鎮長官〔百武源吾〕より特陸派遣の報告に接す

四、北海方面の情報を待望しつつありし処漸く一六三〇に至り逐次情報に接す

右の情報に依れば支那軍艦は中央政府より調査開始の命に接せず為に調査に関する交渉遅々として進まず玆に於て3F長官[及川古志郎]より徒に支那側の処置協力に待つは軍の威信に関するを以て自主的に調査任務遂行の手段を講じ差支へなき旨訓電す（3F機密一八五番電）

右の情報に基き事態急変の公算大なりと判断し増派兵力に付第一課に於て準備を進む

五、一八〇〇頃「我調査員支那側調査員と同行陸戦隊と共に上陸せる」旨の同盟電に接す

六、一九五〇調査開始の公電に接し現地特に不安なきものと判断す

（終）

支那事件経過概要　其の一四　（一一、九、二三）

一、午前中北海事件調査に関する報告なく次長より督促電を発す

二、一三五〇以後漸く現地の情報に接す

二二日は市中の保安充分ならざりし為二三日調査のことに支那側の申入あり二三日午前八時より開始し実力行使の機会少きことを報じ来れり

三、爾後特に現地の情況変化なきを以て特に処理事項なし

支那事件経過概要　其の一五　（一一、九、二三日夜—二四日）

一、二三日二三〇〇上海に於ける出雲水兵[一等水兵田港朝光]射殺事件の報に接し一部長以下一部課長部員参集徹夜協議の上排日侮日の屡次の暴虐に鑑み此を契機に断乎たる国家的決意を堅め強硬なる態度を以て善後処置することとし差当り我断乎たる決意を表示し且今後の波及に備ふることに軍令部方針を定む次で省部協議の上左記事項を処理す

㈠ 8S 3dg 22dg〔dg＝駆逐隊〕を佐世保に急航上海方面回航の準備を指示す（軍令部機密二六一番電）

㈡ 呉鎮特陸一大（四〇〇名標準）二十四時間待機を指示す（軍令部機密二六二番電）

㈢ 大攻四、中攻六、戦闘機一二を以て第十一航空隊を特設し臺湾方面派遣準備方を指示す（軍令部機密二六三番電）

㈣ 上海公大飛行場準備方指示す（軍務電）

二、午前七時右㈠㈡㈢に関する仰　允裁御裁可あり

三、午前一部長室に於て一部課長中原部員[中国情報担当]を中心に六課長其の他課長若干協議の上時局処理方針を決定す（其の要領別紙の通）

四、一二三〇呉鎮特陸派遣の件を伝達す（軍令部機密二六四番電）

五、八戦隊機密三八番電に依れば上海に増派せらるべき艦船部隊は佐世保に於て相当時間待機するものと予想しあるものの如く判断せられたるを以て急速佐世保発上海方面に回航の儀と承知せられ度旨一四四〇電報す（軍令部機密第二七〇番電）

（別紙）

方　針

一、対支膺懲の国家的決意を確立するを要す

二、GFは不取敢佐世保方面に行動せしむ

三、対支作戦諸準備を促進す
四、新聞は当分「サイレント」輿論喚起に努む
五、諸外国を我に有利に利導し且之に対し備ふ
六、現在続行中の対支交渉を促進し且適時期限付回答を要求す
七、前項に対する支那側の態度に依つては河北山東及青島の保障占領を行ふ
　情況に依り海南島も保障占領す
八、対支作戦は極力局限し且持久戦を予期す之が為中支及南支居留民は情況に応じ
　機を失せず撤退せしむ
　但し上海は現地保護す

支那事件経過概要　其の一六　（一一、九、二五）

一、正子 8S 3dg 22dg 派遣伝達の件発電す
二、午前一部長、一、二課長、中原部員、鹿岡部員参集別紙案の通対支処理案を決定軍務局に提示す
　本件軍務にて研究、本日協議決定に至らず
三、夜佐藤〔脩〕武官の意見具申（滬機密二三八番電）接受す
〔テロ事件の頻発に鑑み、川越大使は従来の対華交渉を打切り、最後の腹をきめて新しい交渉に乗出す必要があるといふ内容〕
四、二十三日の川越〔不詳〕張会談決裂の情報に接す（外務電）
〔南京発第七三八・七三九号電参照〕

（別紙）

宛 3F 参謀長　　　　次官、次長

三艦隊機密第二〇五、二二六、二二七番ニ関シ
目下ノ事態ニ対シテハ断乎タル国家的決意ノ下ニ今後ノ処理ニ当ル必要ヲ認メ陸軍外務ト協議ヲ促進シツツアル処尚決定ニ時日ヲ要スルヲ以テ諸般ノ準備ヲ進メ事態悪化ニ備フルト共ニ当面ノ事態ニ対シテハ差当リ既発令ノ兵力ヲ急速進出シテ警備力ヲ充実シ之ニ依ル反響ヲ見テ事態収拾ノ前途ヲ見極メントス
　第八戦隊亦右ノ趣旨ニ依リ上海其ノ他所要方面ニ配備セラレ度内意ナリ尚海南島保障占領ノ件ハ考慮シ非スト雖北海事件ヲ契機トシ今後我方勢力ノ扶植ヲ希望シアルヲ以テ差当リ官房機密第五九七番電ニ依リ処理セラレ度
〔九月二十四日付、海軍次官、軍令部次長～第三艦隊参謀長、官房機密第五九七号電「貴機密第二〇一番電返、海口方面ニハ警備及対支交渉ヲ有利ナラシムル見地ニ於テ当分ノ間所要ノ兵力ヲ配備セラレ、又馬要駆逐艦ハ依然南支方面警備ニ任セシメラレ度内意ナリ」〕

一課長〔福留繁〕意見　　一一、九、二五

一、貴機密第二〇五電〔註10〕末段の点は海軍としては当然之を考慮し内々諸般の準備を進めつつあるも未だ国家としての総決意を決定するには至らざる事情もあり今直に最後的発動の時機に到らず今暫く警備状態をつづけ取り敢へず貴機密第〔ママ〕　番の増援兵力を兼ね旁々彼に**威迫的反響を与へ事態収拾の前途を見極めんとするものなり従って**

8Sをも上海に派遣せられ度内意と承知あり度

海南島の保障占領は今の処之を考慮しあらず若干兵力を残留せしむるは差当り威迫的反響を与ふるを主眼とせらるるものなり海南島に関しては目下の処保障占領の企図なきも兼ねて我勢力の扶植を希望し居たるに付此次事件を契機として爾今なるべく当方面に警備兵力を配備し我勢力の進出を擁護推進せんとする方針なり

（終）

官房機密第二五一六号

昭和十一年九月二十五日

海軍省副官

構内各部局　御中

対支処置に関し部外発表に関する件通知

当分の間海軍の対支処置に関しては特別の必要生起の場合の外部外発表を行はず緘黙を守ることに定められ候

追て右特別の場合の発表は海軍省に於て之を行ふこと従来の通に候

（終）

支那事件経過概要　其の一七（一一、九、二六）

（次長より殿下〔伏見宮〕へ説明済）

一、川越、張羣の折衝「デッドロック」に乗り上げ愈々中央の最後的態度を決定するの必要を認められ〇九〇〇より軍令部首脳者会合の上軍令部の方針を定め（別紙其の一）一〇〇〇省部会議に臨む

二、一〇〇〇大臣室に於て省部首脳者会談

軍令二課長別紙其の一を説明

軍令一課長陸軍の態度に就き説明す

三部長六課長諸外国の態度に就き情況判断を述ぶ（別紙其の二）

大臣別紙其の三の通説明す

本会談に於て午後三省局長会議を開くことに決定、最後通牒の要求内容に関し海軍の腹案を示すこととす

其の要点左の通

㈠排日の禁絶

㈡国交調整上左の諸件の実行

(イ)福岡上海間航空路

(ロ)輸入税の低下

(ハ)防共協定

(ホ)北支経済開発

㈢事件に対する責任

此は三局長会議の議題に非ず今後最後的要求として省部関係課長研究せる一案なり

三、本朝入電、川越、張羣会談の模様に依り昨日軍務に示せる処理案（3F宛電）を多少修正し午後軍務に示す（別紙其の四）

四、午後三省局長会議開催

(A)左記の点に関し三者意見一致す

㈠外交折衝を進め蒋介石の帰京を促進す（駐日支那大使〔許世英〕に申入れ且外務大臣より川越大使に促進方訓電す）

（註）川、蒋両者膝を交へて談合せば割合よく議纏まり行くものと判断す

㈡若し蒋介石帰京を遷延せば最後通牒に依り之を強要す

㈢ 尚若し肯ぜざれば実力行使の手段に出づ

(B) 参考事項

豊田〔副武〕軍務局長問

「北支事態が重大なるが陸軍の腹如何」

磯谷〔廉介〕軍務局長答

「北支五省を満洲国の延長とするが如き極端なる事を考へ居るものなし

主として冀察冀東の授権の形式に依る「ステータス」を考慮す」

豊田軍務局長問

「蔣介石帰京せざる場合如何にするか」

磯谷軍務局長答

「一月でも二月でも待つ其の際は国論も喧しくなる故、北支に対し既定方針にて進む」

以上の外磯谷軍務局長の説明左の通

(イ) 事件不拡大を根本方針とするも外交停頓せば実力行使の外なし之に対する

用意は有す

兎も角出来る丈一兵も使用したくなし

(ロ) 用兵方面に関しては参謀本部陸軍省意見一致せず

参謀本部は北支を選ぶも陸軍省は上海南京を選ぶ

(理由)

北支は支那にとり急所に非ず蔣は之に対し大なる関心を有せず

然るに蔣を南京より追へば党部は解消し浙江財閥は離反す

(ハ) **漢口の現地保護を要求す**

五、別紙其の四に依る3F参謀長宛電案に付き多少修正の上省部意見一致発電す（官房機密六三八番電）

別紙其の一

一、海軍案を基礎とする国家的決意の決定促進

二、外交的措置として最後的要求の前提要求の提出（例）蔣の帰京、我方要求の整備提出

三、既発令の対支進出兵力及GFの行動を第二号に伴はしむ（速に措置を要す）

四、最後通牒に先ち措置

(イ) 海軍兵力の配備

(ロ) 長江上流廣東居留民引揚

(ハ) 兵力を以てする示威

五、最後通牒提出前後の考慮

(イ) 陸軍の態度如何

北支ならば充分協力すべし

(ロ) 対蘇対英対米考慮

六、言論指導に根本的実施を要す

別紙其の二

〔高須四郎〕三部長説明

一、英は外交的に何かやらうが兵力を動かすことなし

二、蘇は目下関東軍を抑へあるも我より積極的に仕掛けざる限り彼**より仕掛くることなかるべし但し内面の工作は行ふべく且全支作戦**

220

ともならば別の考慮を要す

三、米は遠大目標の軍備充実に努力中なるも今次事件に積極的に出づることなかるべし

但し北支に関係すれば九ヵ国条約等の問題惹起すべし

別紙其の三

大臣説明

一、先づ国論を一致せしむること肝要にして陸軍を説き付くること結局内を堅むること第一なり

二、上海は之を確保す

三、保障占領は青島の外無し

四、海軍作戦の主体は南方の封鎖及航空戦にして北は主として陸軍に委す

五、支那に対しては覇道を避け我方に於ても反省すべきことあり

現在の対支問題は従来の行懸りで解決し然る後国交調整を図るべきなり

別紙其の四

官房機密第六三八番電案　　次官、次長

一、屢次ノ事件発生並ニ日支交渉ノ推移ニ鑑ミ此ノ際断乎タル国家的決意ノ下に今後ノ処理ニ当ル必要ヲ認メ之カ確立ニ関シ目下努力中ニシテ海軍トシテハ最悪ノ事態ニ応スル為着々諸準備ヲ進メツツアリ

而テ外交的措置トシテハ最後的決意ニ依ル発動ニ先チ今一応蔣介石ノ帰京並ニ我方要求ニ対スル彼ノ決意ヲ促スコトニ決シ外務大臣ヨリ出先ニ訓令セリ

二、既発令兵力ノ派遣ハ出雲兵員射殺事件直後ノ処置トシテ警備力ヲ拡充シ且我兵力顕示ニ依ル反響ヲ見テ今後事態収拾ノ目途ヲ得ル目的ヲ以テ急速派遣セラレタルモノニシテ更ニ前号外交措置支援ノ目的ヲモ考慮シ成ルヘク8Sdg特陸ヲ同時ニ上海其ノ他要地ニ配備セラレ度

三、海南島保障占領ノ件ハ其ノ企図ヲ有セスト雖対支交渉並ニ我方勢力ノ扶植ヲ有利ナラシムル為差シ当リ官房機密五九七番電〔本書二一八頁〕ノ趣旨ニ依ラレ度

経過概要　其の一八（一一、九、二七）

情況特に変化なく処理せる事項なし

支那事件経過概要　其の一九（一一、九、二八）

一、3F参謀長意見具申（三〇六、三〇七番電）接受

中央方針に変化なく差し当り之に対する処置をなさず

二、第一特別演習新聞発表の件は今日迄採り来りし我決意顕示の方策と相容れざるものあるを以て之を行はざることに二課長より官房に申入る

三、総長宮殿下の御日程に関しては今日の情勢に於て極めて機微なるものある処左の通決定せらる

十月三日　東京発

四日　福岡着　御巡視

五日　講評終つて御帰庁

四、一一〇〇大臣官邸に於て非公式軍事参議会開催

㈠ 軍務局長、第一部長より諸情報並に諸準備に関し説明あり

㈡ 大臣より左の通説明あり

本朝外相、総理に会見し左記諸点を申入れたり

(イ) 此の際国家的決意の確立を要す

(ロ) 日支関係の是正は我方の北支に対する態度が解決の鍵なり

茲に於て次の二案を考慮することを得

(甲案) 我方の要求のみを遮二無二貫徹し彼肯ぜざれば武力行使に訴ふ但し本案は諸外国を刺戟すること大なり

(乙案) 北支に対する我方要求に無理の点を反省自省し公正なる態度を以て対支折衝に当る

右に対する廟議決定を要求す

(註) 右の件に関し首相〔廣田弘毅〕より陸軍に本日午後陸軍の態度に付回答を要求し尚回答不可能なるに於ては陸相〔寺内壽一〕の帰京を要請する様申入れたり

㈢ 末次〔信正〕大将の希望要項左の通

(イ) 最悪の場合の準備として航空機に重点を置かれ度

(ロ) 戦時編制に近き状態に充員し置く要あり

㈣ 野村〔吉三郎〕大将談

北支事態に関しては大臣に同意す

欧洲は近き将来如何に進展すべきか不明なるも此の際最後の手段に出づるも差支なきものと判断せらる但し此の際蘇等を引込まざる様戒心を要す

五、軍務〔局長〕より外務省に対し左記の諸件実行方を促進す

㈠ 蔣帰京の促進

㈡ 川越、蔣直接交渉に於ける我方要求事項の確立

㈢ 蔣帰京せざる場合の対策確立

六、時局に対する出動準備に関する覚（案）軍令部

第一課より所要の向へ配布す

七、午後豊田軍務局長は磯谷陸軍省軍務局長を訪問（桑島〔主計〕東亜局長来り合す）海軍大臣より首相外相に申入れたる廟議決定促進に関し陸軍省として所信を訊す

磯谷　海軍大臣の要求は至急陸相に取次ぐべきも自分の考としては

支那人は一歩下れば一歩つけ上るを常とす

陸軍としては、既定の北支処理要綱より下ることは絶対反対なり

豊田　北支処理要綱は中央一致の方針なる故文字通其の内容を以てすれば交渉も有利ならん然し露骨に云へば陸軍の意見は区々なるが如し

真意如何

磯谷　文字通りの解釈なることは太鼓判を押す

豊田　然らば安心なり

川越、須磨〔彌吉郎〕の交渉は稍中央訓令を逸脱しあり適宜是正することとし支那にも幾分面子を立てる様にせば可ならん

磯谷　桑島　同意

蔣川越の直接交渉は本筋に戻すこととすべし

222

之を要するに陸軍は海軍の意見を全面的に認むる迄には至らざりしも北支処理要綱に関しては予想外の見当違ひなかりき

尚磯谷局長は二十九日発北海道に至り陸軍の意向を確むることを約す

時局に対する出師準備に関する覚（案）

軍令部第一課

一、方　針

対支派遣部隊に対するものを第一段、対米（英）作戦初期使用兵力中特に早期戦備着手を要するものに対するものを第二段、対米（英）作戦応急出師準備を第三段として各出師準備を行ふ

二、対支派遣部隊の出師準備

対支派遣部隊を1F（主力艦を除く）2F、3F、4F（主力艦及一万噸級を除く）とす

㈠　船体兵器機関の整備充当期間　　日

（待機発令より待機地点出発迄の期間にして情況更に進展せる場合に決定す）

㈡　搭載兵器軍需品

左の各項の外は平時搭載数（額）

(1)　特減装弾薬（軽巡及駆）

戦時定数と平時定数との差額（数）但し平戦同額のものは各砲三十発

(2)　探　海　具（一、二駆）　二組

機雷処分具（同　右）　一組

(3)　陸上作戦兵器

1、爆　弾

目下製作中の二五〇瓩一、〇〇〇、六〇瓩二、〇〇〇の外左の数の擬爆弾を陸用爆弾に改装す

二五〇瓩　五〇〇

三〇瓩　二、〇〇〇

情況に依り更に左の数を準備することあり

二五〇瓩　一、四〇〇

三〇瓩　三、五〇〇

2、陸戦隊関係

〇六個大隊（約三千名）の装備

（但し九月二十五日現在に於ける上海漢口駐屯のものを含む）

〇右に対する兵器調達額

各大隊に対し上海事変に使用せるものの二倍宛

〇陸図の準備

(4)　飛行基地準備

一、上海方面

公大、太康飛行場新設

二、其の他の方面

濟州島不時着陸場の拡張（現四〇〇米平方を一〇〇〇米平方に拡張）

石垣島不時着陸場の補修

㈢　艦隊待機下令後処理すべき航空関係は別紙に依る

二、対米（英）作戦初期使用兵力中特に早期戦備着手艦船の出師準備

左表に示す艦船に対し主として工事促進及戦時使用の為保有中のものの一部に対するもの

区分		艦船
海軍艦船	軍艦	多摩、由良、龍田、加古、北上 ◎平戸、◎矢矧
	駆逐艦	二駆、十五駆、二十七駆、三十二駆、暁、漣 峯風、矢風、沖風
	潜水艦	十三潜、十七潜、◎二十六潜、◎六潜 伊号第四潜水艦
部外艦船		*秩父丸、*浅間丸、*龍田丸、*氷川丸の整備に長期を要する原因となる兵器、艤装品、船体の一部
記事		一、◎を附しあるものは戦時使用の目的を以て保有中のもの 二、*を附しあるものは行動、所在を予め可及的内地又は内地近くに引止むる程度に止め急速改装可能の準備を為すもの

三、対米（英）作戦応急出師準備

我対支交渉又は対支実力行使中米（英）の我に対する関係悪化の兆を認めたる場合着手するものにして其の要領左の如し

(一) 整備に長期を要する艦船の出征前必施工事の着手所要艦船別表の如し

(二) 左記人員の急速養成開始

(1) 各学校生徒

(2) 航空、無線及信号関係員

(三) 戦時自給困難なる軍需品其の他必要なるものの調達に着手す

(四) 主として南洋群島方面の主要水陸施設の着手

(1) 航空基地

(2) 砲台関係

(3) 通信関係

別表

応急出師準備に於て出征前必施工事着手艦船

区分		艦船
海軍艦船	軍艦	赤城、比叡、金剛、伊勢、大鯨、三隈、最上、淺間、攝津、朝日、△對馬、△浦風
	駆逐艦	二十五駆、二十八駆
	潜水艦	◎四潜、◎十一潜、◎二十五潜
部外船舶		秩父丸、龍田丸、淺間丸の内二隻、氷川丸 *第五、*第六、*第七航空戦隊
記事		一、△を附しあるものは戦時使用に当つて簡単なる工事を以て特設巡洋艦及特設砲艦に使用するもの 二、*を附しあるものは長期を要する兵器、艤装品又は船体一部の準備をなすもの 三、◎を附しあるものは戦時使用の為め保有中のもの

別紙

軍機　艦隊待機下令後処理すべき航空関係事項

一、第十一航空隊の増勢　第十二、第十三航空隊の編制（以上艦（陸）上機）

二、第二十一、第二十二、第二十三、第二十四、第二十五、第二十六、第二十七航空隊の編成

(註)　第十一航空隊の増勢は主として飛行艇搭乗員の転換により充実す

第十二航空隊は現編制航空隊より直ちに之を編成す

第十三航空隊及第二十一乃至第二十七航空隊は情勢急を要する場合は霞ケ浦、横須賀の教官教員を以て充実し約二ケ月の余裕ある場合は現航空隊の急速術力向上に依り之に応ず

第十一航空隊増勢計画

隊名	機種	現隊数	艦隊待機下令時	二ケ月後
第十一航空隊	艦戦	一隊	一隊	一隊
	中攻	半隊	一隊	一隊半
	大攻	半隊	$\frac{3}{4}$隊	$\frac{3}{4}$隊

第十二航空隊編制（艦隊待機下令時）

隊名	機種	隊数	派出元
第十二航空隊	艦上戦闘機	一隊半	大村一隊、佐伯半隊
	艦上爆撃機	一隊	大村、佐伯　各半隊
	艦上攻撃機	一隊	館山、大村　各半隊

計　四二機

第十三航空隊編制（艦隊待機下令後速かに）

隊名	機種	隊数	派出元
第十三航空隊	艦上戦闘機	一隊半	館山(一隊)、大湊(半隊)
	艦上攻撃機	一隊半	呉、佐伯、大村　各半隊

計　三六機

航空隊（水上機）編制（艦隊待機下令後速かに）

隊名	機種	隊数	派出元
第二十一航空隊	水上偵察機	一隊	館山
第二十二航空隊	水上偵察機	一隊	大湊
第二十三航空隊	水上偵察機	一隊	呉
第二十四航空隊	水上偵察機	一隊	舞鶴
第二十五航空隊	水上偵察機	一隊	佐世保
第二十六航空隊	水上偵察隊	一隊	鎮海
第二十七航空隊	中艇	一隊	佐世保　横濱

計　五二機

一一、九、二七

九月二十八日第一部長軍事参議官に説明覚

一、九月十九日漢口巡査射殺事件の報に接し佐鎮特陸一箇大隊（四〇〇名標準）を上海特陸に増派することに決し二十一日一一〇〇右特陸の十二時間待機準備方発電し次で之が派遣方御允裁を仰ぎたる後上海に派遣し3F長官の指揮を受けしめらるの件を伝達せらる

　以上に基き佐世保鎮守府に於ては二十二日〇三〇〇準備完成特務艦室戸に乗艦を了し同日〇七〇〇佐世保発二十四日〇七〇〇上海着の上同隊は上海特陸司令官の指揮下に入れり

二、漢口巡査射殺事件突発するや3Fに於ては上海特陸より一箇中隊（一〇四名）を二十日一〇三〇上海発漢口残留隊に増派（呉竹、蓮に分乗）二十二日一八〇〇漢口着之に依り漢口の陸戦隊兵力は二〇〇名となる

三、北海事件に関して十九路軍撤退せず我実力行使の必要ある場合の増援兵力として 1Sf 8S 特陸一大、中攻六、大攻四を腹案として予定し置ける処同事件順調に経過し兵力使用の必要なく一先づ終了せり

四、二十三日二三〇〇頃出雲水兵射殺事件の報に接し、我断乎たる決意を表示し且今後の波及に備ふることに軍令部方針を定め省部協議の上左記事項を処理す

㈠ 8S 3dg 22dg を佐世保に急航上海方面回航の準備をなさしむ

㈡ 呉鎮特陸一箇大隊（四〇〇名標準）を上海方面派遣の目的を以て二十四時間待機となさしむ

㈢ 大攻四、中攻六、戦闘機一二機を以て第十一航空隊を特設し臺湾方面派遣の準備をなさしむ

㈣ 上海公大飛行場の準備に着手せしむ

二十四日〇七〇〇右㈠㈡㈢に関し御允裁を仰ぎ一二三〇呉鎮特陸派遣の件を二十五日〇〇〇〇 8S 3dg 22dg 派遣の件を伝達せられ、一方第十一航空隊の編成並に3F附属の件を伝達せらる

右に基き呉鎮守府に於ては二十四日一六三〇準備完成二十五日一八〇〇知床に乗艦呉発（二十八日一四〇〇上海着の予定）

一方 8S 3dg 22dg は夫々艦隊より分離二十五日早朝佐世保着の上 8S は二十六日午前中に出動準備完成午後佐世保出港二十七日午後馬鞍群島（3F命令に依る）着の予定

3dg 22dg は夫々二十六日早朝出動準備完成同日〇六〇〇佐世保発二十七日〇九〇〇上海（3F命令に依る）着の予定

第十一航空隊に関しては其の後着々準備進捗十月三日臺北着の予定

五、今日迄の兵力使用に関する経過概要以上の如し

尚北海事件当時警備艦船の移動概況を附言せば左の通

　中野殺害事件の報に接するや3Fに於ては差し当り嵯峨を現地に派遣す（十二日北海着）

　一方十三駆逐隊の一艦（芙蓉）を廣東に他の一艦（若竹）を北海に次で、16dg 球磨、夕張を逐次派遣十五日迄に夕張を除き之等南遣部隊海口に集中せり

　其の後夕張は十八日海口着尚3Fの要請に依り馬公より派遣せられたる太刀風は十七日海口に達す

斯くて嵯峨を北海に、其の他の兵力を海口に待機せしめ着々現地調査の準備工作を進めつゝありし処二十二日〇八〇〇調査開始のこととなり南遣部隊は同時刻迄に北海に集中す

然る処同日北海の治安未だ収まらず明二十三日迄延期せられ度旨支那側の要望ありしを以て之を応諾二十三、四日の両日に亘り現地調査の上南遣部隊は二十四日夜北海を引揚げ翌二十五日海口着、爾後球磨、太刀風を除き引続き海口に配備中

尚北海事件に依る3F兵力の南下に伴ひ福州、厦門、汕頭の警備兵力絶無となりしを以て馬要より十三日駆逐艦各一隻を配し引続き今日に及ぶ

海南島警備兵力の配備に関しては対支交渉並に同島に対する我方の勢力扶植を有利ならしむる目的を以て差し当り所要の兵力を海口方面に存置せられ度旨中央より3Fに内意を伝へたり

六、陸軍との連絡概況

㈠　九月十二日午後参謀本部　第一部長来訪「北海方面の地勢上作戦効果期待薄きを以て陸兵派遣は之を行はざる方針なる」旨意志表示す

㈡　九月二十二日石原参謀本部第二課長第一課長を来訪「陸軍は対支全面作戦の企図なき」旨意志表示す

㈢　九月二十四日軍令部第一課長参謀本部第三課長を訪問し対支時局に対する軍令部の方針を説明し陸軍の之に対する協力を求む「参謀本部に於ても中支出兵を要する場合は徹底的に実施するを要すと思ふ尚至急研究の上何分回答すべき」旨回答す

㈣　九月二十五日第一課中澤部員と参謀本部楠本〔實隆〕中佐公平〔匡武〕少佐と会談す

陸軍側は「北支出兵は課長間の連絡の通参謀本部に於ては異議なし但し陸軍省は之を容認せず、中支出兵は可及的之を避け度」との意を通ず

㈤　九月二十五日参謀本部第三課長富永〔恭次〕大佐来部「対支時局対策」なる刷物を第一課長に手交す

此の際参謀本部第三課長は「参謀本部も万一の場合対北中支出兵のことに決意し具体案成立せるも未だ陸軍省側の完全なる諒解を取付くる迄に到らざる」旨を伝ふ

（終）

対支作戦方針概要

一、作戦要領

㈠　河北山東方面の占領（海陸協同）

㈡　上海地方（停戦協定区域の範囲内）の確保

（海陸協同）

㈢　航空機を以てする敵兵力、要点の攻撃

（第一撃より連続持久す）

㈣　支那沿岸の封鎖

敵艦船我に敵対するときは直に之を攻撃撃滅す

二、使用兵力

聯合艦隊、第三艦隊及第四艦隊所要の航空兵力の特設、増勢を行ふ

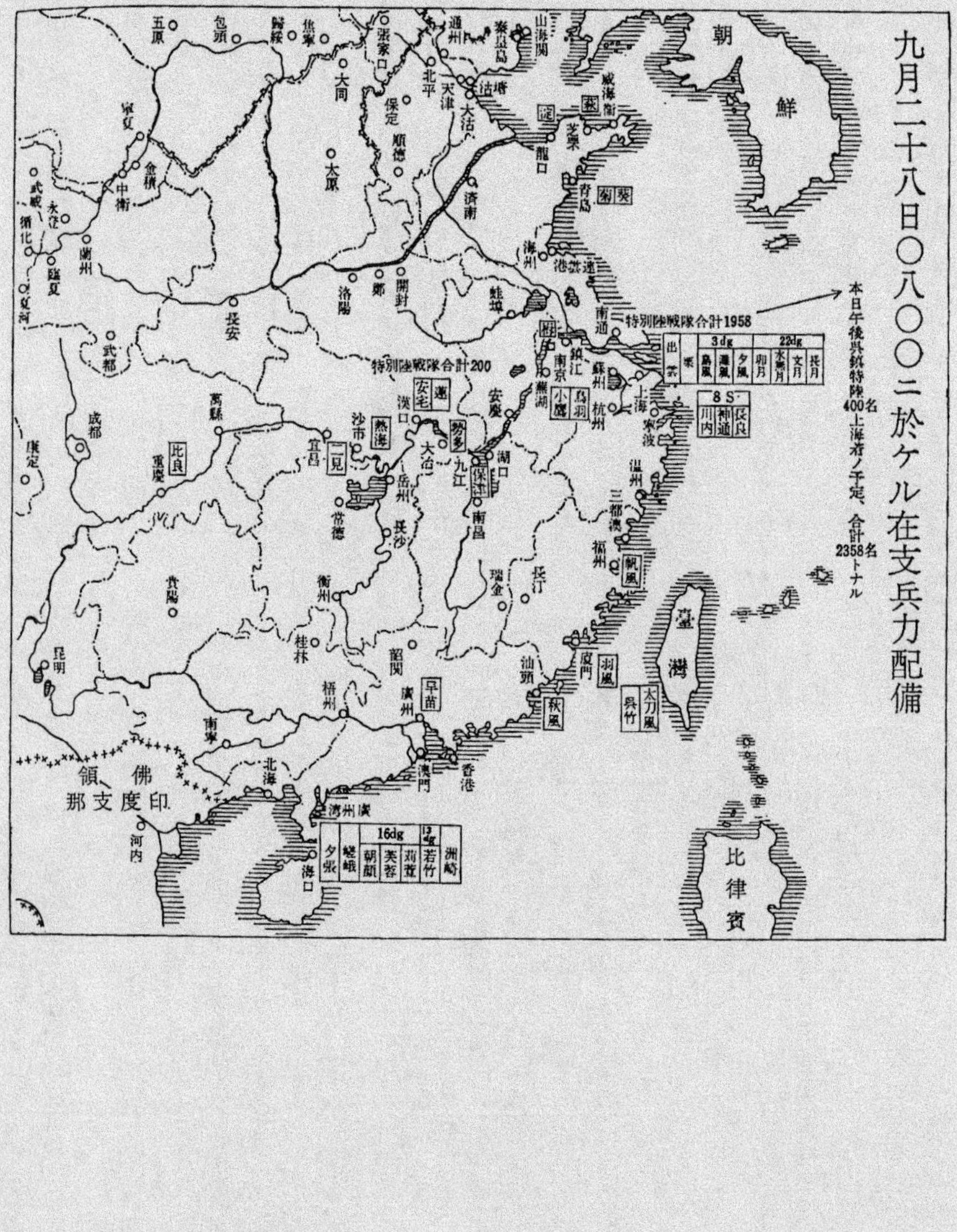
九月二十八日〇八〇〇ニ於ケル在支兵力配備
本日午後呉鎮特陸400名上海着ノ予定、合計2358名トナル
特別陸戦隊合計1958
特別陸戦隊合計200
朝鮮
臺灣
比律賓
佛領印度支那
上海
南京
漢口
九江
廣州
香港
澳門
青島
天津
北平
済南
福州
厦門
汕頭
海口
3dg
22dg
16dg
8S

支那陸軍各省別配備概要表

(11—9—27)

省別	指揮者	兵力概要		記事
山東	韓復榘	5師1旅	57,000	旧馮玉祥軍
河北（察哈爾）	宋哲元	4師	41,000	馮玉祥系
	商震	4師騎1師	33,000	山西系 一部陝西方面
	馮占海	1師	16,000	東北系
	萬福麟	3師	19,000	同上
山西	閻錫山	8師3旅3騎旅	81,000	留日士出身
綏遠	傅作義	2師	14,000	
河南	駐豫皖綏靖主任 劉峙	9師	61,000	蔣介石直系
陝西	西安綏靖主任 楊虎城	4師	72,000	
	西北勦匪副司令 張學良	20師其他	152,000	旧東北軍を主とす
甘粛	駐甘綏靖主任 朱紹良	4師騎1旅	38,000	
寧夏	第15路軍 馬鴻逵	6師騎1師	45,000	
江蘇	中央直轄	6師1旅	67,000	
浙江	中央直轄	2師	11,000	
安徽	第11路軍 劉鎮華 第14車 衛立煌	3師 1旅	43,000	旧馮玉祥系
江西	駐贛綏靖主任 顧祝同	8師	95,000	蔣介石直系
湖北	武漢綏靖主任 何成濬 宜昌行営 陳誠	18師4旅	187,600	旧陸士出身　湖北土着派 蔣介石直系

湖南	第28軍長 陶廣 湖南清郷督辦 何鍵	5師	37,000	湖北土着派 其他蔣介石直系軍あり
四川	劉湘	23師11旅	325,000	四川土着軍
	剿匪第2路軍 薛岳	5師	59,000	中央入川軍
貴州	第18路軍 毛光翔	8師2旅	80,000	貴州軍
	剿匪第4路軍 劉建緒	8師	96,000	中央軍
雲南	龍雲	6師	16,000	土着軍
福建	駐閩綏靖主任 蔣鼎文	5師1旅	40,000	蔣介石直系
廣東	第4路軍 余漢謀	11師3旅	120,000	陳濟棠の失脚後整理中
	中央軍 蔣介石	17師	175,000	続々入省中
廣西	李宋仁	5師5団	39,300	反蔣戦に失敗妥協交渉中
靑海	第24路軍 馬麟	3師騎1旅	30,000	
新疆	盛世才	6師	95,000	蘇露の勢力多分に侵入す

支那陸軍総計　約 211 万

201 師　騎 8 師

39 旅　騎 11 旅

支那陸軍最近の動静

（昭和一一年九月末）

蔣介石麾下の中央軍は客年以来国内共産軍の剿滅に努力し、其移動に伴ひて四川、貴州、陝西方面に中央軍を集結せしめしが、昭和一一年六月廣東、廣西両派が抗日を名目とする反中央態度に出づるや、四川、貴州方面に在りし中央軍の一部を湖南、江西方面に移動し、尚江西、福建に在りし部隊を動員し、両廣包囲の態勢を採らしめたり

七月十八日陳濟棠の失脚するや中央軍は漸次省内に入りて旧第一集団軍の整理に着手することとなり現在省境並に省内に於ける中央軍は十七箇師に及ぶが如し

北海（支那）事件経過概要（軍令部第二課）

支那事件経過概要　其の二〇　（一一、九、二九）

一、3F参謀長〔註11〕より平戦転換期に於ける作戦計画に関し意見を参考として表示し来る

（此の種電報は機密保持上最も警戒を要するものにして斯くの如きは特に電報し来らざる様小林〔仁〕第五課長〔米国情報担当〕上海行きの際注意を促すことに総部会の席上次長より指示せられたり）

二、一三〇〇次長室に於て総部会開催

左記の順序に依り課長部員の説明あり

㈠　二課長　成都事件より今日に至る迄の経過概要説明

㈡　中原部員　処理方針説明

㈢　一課長　参謀本部との連絡情況並に作戦方針の腹案説明

次で質疑応答の後次長より最悪の場合に備へ各部準備に万全を期する様指示せられたり

三、昨日豊田軍務局長の陸軍に対する申入れは曲解せられ海軍は陸軍の出兵を要請し乍ら北支に関しては丸きり反対の態度を持すとの印象を与へたるものの如し

午後参本三課長当部一課長を訪問せるに付海軍の意志を明かにし参本は釈然諒解す

陸軍省に於ては大に議論ある模様なるに付本日海相代理として北海道に赴く大角〔岑生〕大将に依頼し海軍の真意を陸軍側に誤らず伝ふる様措置す尚豊田軍務局長より磯谷軍務局長に対し電話にて誤解なき様申入れたり

経過概要（説明案）　一一、九、二九　二課長

一、曩に成都事件あり屡次の排日「テロ」事件に鑑み帝国は此の際日支国交の根本的調整及排日の禁絶を主眼とする外交交渉を開始する方針を決定川越大使は九、一八以来南京に入り張羣を相手とする交渉を開始せり

二、此より先九、三北海に於て中野殺害事件あり同九日中央に於て之を知り現地に於ては速に調査員を進出して現地調査をなさしむることとなる

然るに支那側は同地が十九路軍占拠し危険なるの故を以て我方の調査並に軍艦の派遣を取止めんことを要求したるも海軍としては警備の見地に於て軍艦の派遣及調査は敢行するを要したるを以て3Fは当時旅順、青島及上海方面に在る5S球磨等を同方面に集中すること

に決し中央部としては北海現地調査に当り十九路軍との関係に鑑み現地調査は極めて慎重にし且無用の事端発生を極力避け支那側を利用し要すれば適当なる時機を待ち之を行ふこと等を指示せり

三、然るに北海の十九路軍撤退に関する支那側工作進捗せず我方現地調査に対する援助亦不誠意なるものあり嵯峨は調査員を乗せ北海着、其の他の南遣部隊亦十八日を以て全部海口方面に集中を了し此の上現地調査行はれざるが如きは我海軍の威武にも関し情況に依り何時強行調査延て事端発生の已むを得ざるに至る実情に在り此に対する作戦諸般の準備を進むると共に3Fに対しては「目下努力中の支那側をして抵抗排除せしむることが効果なかりし場合已むを得ず実力行使の情勢に立至る場合には有力なる航空兵力其の他を派遣せらるる腹案」なる旨次長より指示せらる

四、九月十九日漢口事件あり、陸戦隊上陸又上海よりも増援を見たり此より先上海特陸の兵員不足を痛感し海軍省を強要しつつありしも実現せざりしが右の情況及今後の日支関係に鑑み差当り特陸増援を要すと認められ二十一日佐特陸四〇〇名増遣待機右は室戸便にて二十四日朝上海着（四八〇名）、尚右便にて上陸の防空其の他の諸兵器を増強せらる

五、二十三日夕出雲水兵射殺事件

処置　8S 3dg 22dg 待機、呉特陸（四〇〇名）—知床便、11fg 編制、

（中6・大4・戦十二臺湾着）

二十四日八時陛下御出発に付急速御允裁を了す

六、北海現地は二十三、二十四日敵の抵抗なく終了

此の間の戦勢甚だまずし

南遣部隊は其の後海口に集中海口方面には警備及対支交渉を有利ならしむる為当分所要の兵力を配備し馬要も亦南支

七、二十三日、川越、張羣の交渉「デッドロック」少しく情況不明

中央の方針

二十六日大臣室協議

三局長会議

方針発電

二十八日大臣の推進、

軍務局長、磯谷

8S 3dg 22dg　二十七日朝

二十七日午後馬鞍群島着

特陸　二十八日朝上海着

大演習

「一特」予定通

殿下三日御発

支那事件経過概要　其の二一（一一、九、三〇）

一、第十一航空隊派遣の件伝達

二、昨二十九日の三省課長主務者会議の模様に付軍務一課長〔保科善四郎〕より左の通説明あり（(外)外務省側　(海)海軍省側　(陸)陸軍省側）

会議の目的

対支最後要求の具体案に関する審議

(外)陸軍にては政略出兵は反対なりとの事なるが今以て然るか

(陸)変りなし但し居留民保護には出兵を拒否する訳に非ず

232

(外) 張羣川越の最後の談合の情況を説明す要旨左の如し
要するに我方七項目は大体認め居るも北支に関する件のみは具体的となり居らず
(外) 福岡上海航空連絡其の他の提出を必要とせん尚北支は五省とし内容に於て彼の疑惑する諸件に関しても触るることとし主として経済提携、防共に限定するを可とせん
何れにするも最後の腹が決せざれば何事も出来ず海軍の腹は承知するも陸軍の方針如何
(海) 対支権益擁護の見地と屢次事件の実情に鑑み最後案として具体案提出の要ありとなし予め省部意見一致の最後要求を提唱す
(外) 異存なし
(陸) 結局意見一致す
支那側が我方要求を肯かざる場合の処置に関しては最後通牒を突き付くることとし所要の実力行使も已むを得ずとの意見に一致す
尚支那側提出の五項目は交換条件とせず希望事項ならば考慮し差支なき態度となすことに意見一致す
以上の程度の意見一致の上各上司に伺ひたる後実行に移すこととなる
陸軍は尚大臣不在の理由にて態度を保留す
之を要するに北支に関する細目は尚審議を要するもの多くあり
三、次長以下右の説明聴取後軍令部としては大体右保科課長の「ライン」にて異存なく外陸を速に推進せんことを要望す
尚北支に関する最後要求としては冀察冀東を特殊地域として徹底的に我方に有利なる政権下に置き防共及経済提携を附帯せしむ但し主権及外交権を強要せず
追而外務意見たる北支五省とし支那側の任命する人物を配し防共経済提携を附帯せしむる案は五省の範囲に地域を拡大するならば情況に依り差支なかるべしとの意見に一致す
四、前日（二十九日）三省事務会議に依り研究の結果を纒めたる別紙第一に基き再び協議せる模様次の如し
出席者（外）上村〔伸一〕・太田〔一郎〕（陸）石本〔寅三〕・園田〔晟之助〕（海）保科〔善四郎〕・中村〔勝平〕
議題　川越大使蔣介石同交渉に関する方針
（陸）要求事項は(イ)(ロ)を除き(ハ)(ニ)を出しては如何
（海）(イ)(ロ)も出すを可とす
北支の件は五省とせず冀察二省とし度
（外）海軍の意味は何應欽の六項目を宋哲元にやらせる意味と解せらる然るに二省のことなれば既に内面指導にて実施し宋に対しては南京と無関係にやらせて居る
先般対支実行策説明に出張したる際にも明かなる如く今日北支に南京授権を認むることに対しては現地に強硬反対あり二省にては現地が決して承服せざるべし現地絶縁せしめある南京を北支に引き入れる気分だけにても現地の指導は甚だ困難となる二省とすれば非常な譲歩となる
（陸）現在の北支処理要綱は成都事件なかりし前のものなり今日に於ては当然変るべきなり
陸軍としては北支は南京に承知させなくても自力で促進す防共だけ出来れば満足なり防共の要求は絶対必要なり
（海）北支を我方独自に促進するに於ては明朗化は期待出来ず国交

の根本調整亦期待出来ず

(イ)(ロ)も要求すべしとすること昨日の通

(外)　(ハ)防共(ニ)北支(イ)福岡—上海航空の順とす

(ロ)関税は日本独力にて出来ることに非ず一方支那はやることを確めあり(ロ)の部に移しては如何

(海)　(ロ)は出来る望ある以上出来るものをも要求として差支なしと思ふ

右順序の変更異存なし

(外)　防共の原則「北支五省」の冠辞は削る

防共は其の原則を反蘇依日の国交転換意志表示と解すべく此の際出来る限度にても確認せしむるを得策とす即山海關包頭線以北なる支那案の辺にて纏むること然るべし

(海)　排日取締問題に付明確に要求すること必要なり

以上にて至急各上司の承認を取付け至急訓電のことに取計ふことに申合す

整理したる案別紙第二の通り

（尚陸軍は北支に関する件に付海軍が不同意ならば全然要求事項より drop するも可なる旨申出せり本件は取り入れず）

以上の模様、軍務一課長より軍令部に説明あり、軍令部としては、右の「ライン」に同意なるも北支「分治」の語は極力之を避け適当に表現する様申入るることとせり、（鹿岡註、陸軍が交渉の情況に依りては北支五省に対し支那主権侵害の意図全然なきことを支那側に明言すべしとの明確なる意志表示をなせるは劃期的進展と云ふべし）

別紙第一

川越大使蒋介石間交渉に関する方針

（関係省係官会議の結果意見の一致を見たる案十一、九、二十九）

一、根本方針

(1)　川越大使及須磨総領事と張羣、高宗武等との間に行はれたる従来の話合は之を予備的折衝と見做し、蒋介石の帰寧を俟つて始めて川越大使と蒋介石との間に正式交渉を開始すとの建前をとること

(2)　従来須磨総領事等を通じ支那側の意向を探査し来れる所に基き川越蒋会談に於ては我方提案の内容に多少の調整を加ふること

(3)　右川越蒋間交渉は左記要綱に依り今次不祥事件に対する我方提案の根本要件たる国交調整問題並に排日取締問題の大綱に付蒋介石の決意を取付くるを以て根幹とし従つて前記両問題に関する大局的話合成立の上は具体的問題に関しては之を別途交渉（例へば須磨張羣間の折衝等）に譲るも差支なし

二、要　綱

(一)　国交調整問題

往電第二二四号甲(一)〔本書二八七頁〕の趣旨に依り今次事件に対する南京政府の責任を確認せしむると共に国交調整に対し具体的に誠意を表示せしむ

(1)　具体的誠意表示の実証として左記実行を要求す

(イ)　福岡、上海間航空聯絡の即時調印並に実行（但し北支自由飛行其の他との牽聯を許さず）

(ロ)　関税引下は我方希望案に則り遅くも二、三ヶ月以内に実現のこと

234

（我方希望案取入程度に関しては支那側の誠意に期待す）

(ハ) 北支五省共同防共の原則を承認し実行細目に関し委員会を設けて攻究す

（防共の範囲は山海關包頭を連ぬる線以北に限定せず北支五省を含ましむるを要す又防共の内容に関しては多田〔駿〕司令官、宋哲元防共協定〔註12〕の如く必しも日本軍に依る直接弾圧行動を予想せざるも「五省特政会設置に関する日支合意附属覚書案」の趣旨に依り尠くも情報の交換、相互の連絡、及第三国の行動に対する共同防衛の原則は之を承認せしむるを要す）

(ニ) 北支五省「分治」〔註13〕の原則確認

（北支自治辦法六項目に掲記せらるるが如き具体的権限を五省に拡大せしむることは此の際別とするも尠くも第二次北支処理要綱〔本書三六八頁〕、「分治の内容」に規定せらるる趣旨に基き「五省特政会設置に関する日支合意案」の原則を承認せしむ「支那側に於て南京政府特権下に五省分治の原則を承認するに於ては我方として北支に南京政権より離脱せる独立国家を育成し或は満洲国の延長を具現するが如き意向なき」旨言明せられ差支なし）

(2) 前記「要求事項」に関する説明

(イ) 右(イ)乃至(ニ)は南京来電第七一五号〔不詳〕須磨の提示せる六項目〔註14〕並に右に対する支那側回答（南京来電第七三九号〔不詳〕）を斟酌し作成せるものなり

(ロ) 前記六項目中の(二)及(四)並に前記第七三九号〔不詳〕三の(一)北支問題中経済合作の点に関しては南京来電第七三九号支那側回答の程度にて一応満足することとし蒋介石に対しては要求事項とせず「詳細の点に就ては追て支那側事務当局との間に打合はせしむることとすべき」旨釘をさし置く程度に止められ差支なし

(ハ) 「要求事項」とは万一蒋に於て前記(イ)(ロ)(ハ)(ニ)を承諾せざる場合には「我方は蒋に誠意なきものと見做し交渉を打切ると共に我方独自の立場に帰り自力にて右目的を達成す」との意味なり

(二) 排日取締問題

排日取締に関しては十九日高宗武の須磨に対する談話（南京来電第七一六号〔不詳〕）の趣旨に依り左記に関する原則を確認せしむ

(1) 党部常務委員会副主席の命令

(2) 蒋介石の声明

(3) 教科書、雑誌の取締

(4) 党部の排日行動禁絶、党部の排日行動に関する政府の責任

(5) 邦人旅行の自由並に安全保障

(三) 「国交調整に関する支那側の希望」に対する対策

(1) 張羣は支那側五項目は日本側提案と同時に協議することを要求すと云ひ居る処右は固より容認の限りに非るに付南京来電第七六二号〔不詳〕の趣旨に依り主義の問題として断乎はね付けること〔本書二九〇頁〕

(2) 右五項目以外南京来電第七三八号支那側提出の書物に列記せられ居る支那側の見解、申出、条件等は之を黙殺すること

(3) 支那側をして前記五項目を撤回せしむると共に更に進んで前記我方要求を容認せしむる為必要の場合には左記に依り応酬す

（例へば(一)九年度議会調書第一七二頁(三)客年支宛第二〇九号(二)〔以上不詳〕及(四)「リースロス」に対する応酬資料等）

別紙第二

川越大使蔣介石間交渉に関する方針

（関係省係官会議の結果意見の一致を見たる案十一、九、三十）

一、根本方針

(1) 我方に於ては支那側の意嚮を探る為須磨総領事等を通じ各種の試案を提出し来れる処右折衝の結果を斟酌し今次川越蔣会談に於ては右我方提案の内容に多少の調整を加ふること

(2) 右川越蔣間交渉は左記要綱に依り蔣介石をして今次不詳事件に対する我方提案の根本要件たる国交調整問題並に排日取締問題の大綱を確認せしむるを以て根幹とす従つて前記両問題に関する大局的話合成立の上は具体的問題に関しては右話合を基礎とし更に張羣との細目交渉に入るものとす

二、要　綱

㈠ 国交調整問題

往電第二二四号甲㈠の趣旨に依り今次事件に対する南京政府の責任を確認せしむると共に国交調整に対し具体的に誠意を表示せしむ

(1) 具体的誠意表示の実証として左記実行を要求す

(イ) 共同防共の原則を承認し実行細目に関し委員会を設けて攻究す（防共の範囲を山海關包頭を連ぬる線以北に限定する場合には支那側書物にあるが如く「国策の一大転換を計り且対日誠意の一大表示として協議することに決意」するに止らず同線以北に於ては成るべく「日支軍事同盟」の前提として之を為すものなることを承認せしむる様誘導することと致度し尚我方としては出来得れば右防共協定以外に支那全土を包含する（已むなくば北支五省とするも差支なし）別個の防共協定の締結を希望す尤も其の際は単に情報の交換乃至は赤化宣伝防止に関する措置の協議等の程度に止め差支なき意嚮なり

(ロ) 北支五省「分治」の原則確認

（北支自治辦法六項目に掲記せらるるが如き具体的権限を五省に拡大せしむることは此の際之を見合せ第二次北支処理要綱、「分治の内容」に規定せらるる趣旨に基き「五省特政会設置に関する日支合意案」の原則を承認せしむ（尤も(イ)の五省防共を応諾せる場合には防共に関する点を除く）「支那側に於て南京政府授権下に五省分治の原則を承認するに於ては我方として北支に南京政権より離脱せる独立国家を育成し或は満洲国の延長を具現するが如き意嚮なき」旨言明せられ差支なし）

(ハ) 福岡、上海間航空聯絡の即時調印竝に実行（但し北支自由飛行其の他との牽聯を許さず）

(ニ) 関税引下は我方希望案に則り遅くも二、三ケ月以内に実現のこと

(2) 前記「要求事項」に関する説明

（我方希望案取入の程度に関しては支那側の誠意に期待す）

(イ) 右(イ)乃至(ニ)は南京来電第七一五号須磨の提示せる六項目竝に右に対する支那側回答（南京来電第七三九号）を斟酌し作成せるものなり

(ロ) 前記六項目中の㈠及㈣に関しては南京来電第七三九号支那側回答の程度にて一応満足することとし蔣介石に対しては要求事項とせず「詳細の点に就ては追て支那側事務当局との間に打合はせ

しむることとすべき」旨釘をさし置く程度に止められ差支なし

㈠　排日取締問題

往電第二二四号(甲)㈡の二項目〔本書二八七頁〕を要求す

尚十九日高宗武の須磨に対する談話（南京来電第七一六号）の次第も有り往電第二二五号〔本書二八八頁〕㈡の(ロ)の細目に付蒋と交渉するの要なきも我方としては南京政府に於ても少くも左記を実行することを期待す

(1)　党部常務委員会副主席の命令

(2)　蒋介石の声明

(3)　教科書、雑誌の取締

(4)　党部の排日行動禁絶、党部の排日行動に関する政府の責任

(5)　邦人旅行の自由竝に安全保障

（尚往電第二二四号㈡の(ホ)の一方的声明〔本書二八八頁〕の実行は勿論とす）

㈢　「国交調整に関する支那側の希望」に対する対策

(1)　張羣は支那側五項目は日本側提案と同時に協議することを要求すと云ひ居る処右は固より容認の限りに非るに付南京来電第七六二号の趣旨に依り主義の問題として断固はね付けること但し支那側に於て五項目の同時協議方〔不詳〕飽迄主張する場合には二月二十二日附亜、一機密第二十四号接触振案㈢の趣旨に依り可然く応酬すること

(2)　右五項目以外南京来電第七三九号支那側提出の書物に列記せられ居る支那側の見解、申出、条件等は成るべく之を黙殺する方針の下に可然く応酬すること

(3)　支那側をして前記五項目を撤回せしむると共に更に進んで前記我方要求を容認せしむる為の応酬資料は左の通り

（例へば㈠九年度議会調書第一七二頁㈢客年支宛第二〇九号㈠及㈣「リースロス」に対する応酬資料等）

五省特政会設置に関する日支合意案

日支両国間の善隣の関係を鞏固にし東亜の安定を確保せむが為華北五省に付左の通り合意す

第一条　河北、山西、察哈爾、綏遠及山東五省の庶政を処理する為国民政府は天津に五省特政会を置き之に第二条乃至第四条の趣旨に従ひ特殊事態に適応する施政の権限を附与す

第二条　五省特政会は共産主義を排除する為日本側と共同して一切の共産主義的行為の防遏に従事し且つ之が為要することあるべき共同軍事行動に関し指揮の統一、協同の円満を期する為必要なる事項は日支軍務当局相互に別に協定す

第三条　幣制、税制、路政等金融財政、産業、交通一切に関し（日本側との諒解を経たる）特別の施設を行ふ

第四条　日（満）支提携の為須要なる諸般の施措特に経済的及文化的の融通聯絡を行ふ

五省特政会設置に関する日支合意附属覚書案

本日調印せられたる五省特政会設置に関する日支合意第二条に関し左の通り約定す

第一条　日本側及五省特政会は共産主義運動に関する一切の情報を相互に交換し且防共行為竝に防共の為にする兵器及軍需品等に関しては相互に緊密なる聯絡を保持す

第二条、共産主義運動に関聯する第三国の一切の行動は日支両国共同して之を排除防衛す

北支五省特政会設置に関する件

（十一、六、十二、太田〔一郎〕試案）

一、設立の趣旨

北支民衆を中心とする自治の完成を援助し以て其の安居楽業を得せしむると共に日満両国との関係を調整せしめ相互の福祉を増進せしむるは我北支政策の根本方針にして我方に於ては右方針に基き先づ冀察二省に於ける自治の完成を期すると共に山東、山西、綏遠の三省をして自ら進んで之に合流せしむるが如く指導し来れる次第なり、然るに宋哲元を首班とする冀察政務委員会の現状は我方の期待に反する所尠なからず、延いて北支五省の自治完成の如きも前途甚だ遼遠なるを思はしむるものあり右は対支政策上より云ふも将又対蘇作戦上より見るも甚だ面白からざるに付此の際左記要綱に依り速に北支の現状を打開し北支五省聯盟の結成を誘導すると共に同地域を対蘇作戦上の背後地として我方の把握下に確保すること緊要のことなりと認む。

二、要　　綱

㈠　南京政権に対する交渉

⑴　在支大使をして南京政府との間に別紙甲号「五省特政会設置に関する日支合意案」並に乙号「附属覚書案」の調印方交渉せしむ

（特政会なる字句に関しては曩に東三省特政会及蒙蔵特政会等の歴史あり、尚前記合意案に基き国民政府より特政会に賦与せらるべき権限は客年南京側に於て何應欽に与へんとしたる六項目と同趣旨にして又附属覚書案の内容は所謂防共協定の趣旨を斟酌せるものなり）

⑵　特政会の前記権限遂行をして遺憾なからしめんが為国民政府は特政会指導長官として適当の人物を特派す

（国民政府に面子を与ふる点より云ふも将又対外関係上我方の立場を有利ならしむる点より云ふも本項承認は已むを得ざるものと認む但し特政会の権限は特政会自体に賦与せらるるものにして指導長官に与へらるるものに非ず又前記指導長官を承認せる結果、特政会が黄郛政権と同様なる傀儡的存在とならざる様特政会の構成に必要なる予防的措置を施すの要ある処右に関しては下記㈡参照のこと、追て右指導長官としては諸般の関係上閻錫山を以て最も好都合なりと認むるも南京側の面子上南京側より派員方固執する場合には右派員の人物如何に依りては之を認め可然し）

㈡　特政会の構成

⑴　特政会は河北（宋哲元）、山西（閻錫山又は省主席?徐永昌）綏遠（傅作義）察哈爾（宋哲元兼任委員とするを可とす、然らざる時は張自忠とす）山東（韓復榘）の五省実権者各一名より成る委員会制とし別に委員長を設けざること（委員は形式上南京政府之を任命す）

⑵　特政会に秘書長を置き一切の庶務を掌らしむること（王克敏を最適任と認む）

⑶　特政会は天津に之を設け毎月少くも一回委員会を召集するこ

と

（以上構成の主旨とする所は要するに南京政府をして必要の権限を特政会に賦与せしめたる上は特政会は成るべく形式的名義上のものたらしむると共に同会を五省主席に対する我方申入の単なる取次機関たるに止めしめ以て北支五省に対する実際上の工作は我方出先機関と各省省主席との直接的取引に委ぬる一方特政会委員会の名義に依り五省主席を成るべく頻繁に会合せしめ以て北支五省の聯繫に誘導せんとするにあり）

三、本件施策に当り注意すべき事項

(1)　南京側との交渉に際し我方の為すべき説明振りと北支五省に対する実際上の指導振との間には相当の懸隔あり、南京に於ける我方出先と北支に於ける出先との間に密接なる聯絡を要す

尚本件目的達成の為には多少の名目を与ふることに依り南京側を誘ふと共に北支現地に於ける工作を進むることに依り南京側に或程度の威圧を加ふるを要すること勿論の儀なり

(2)　五省特政会に於ける冀察政権の役割は現在の冀察政権に対する冀東政府の役割と異ならず、仍つて冀察政権が過早の措置に出で為に爾他三省をして五省聯繫に足踏せしむるが如きことなき様厳重注意を加ふるの要あり

(3)　五省特政会は省を以て単位とし宋哲元は河北省代表として委員会に参加するものに付本会成立の上は冀東政府は成るべく速に之を解消せしめ、冀察政権下の一特別区として宋哲元の統制に服せしむるを要す

(4)　冀察政務委員会は五省特政会管下に於ける一組織として其の儘存置せしむる建前なるも五省聯盟内に一分派を存置することに反対ありたる場合は之を解消するも差支なかるべし

支那事件経過概要　其の二二（一一、一〇、一）

一、外務大臣の要請に依り蔣川越交渉最後案を事重大なりとし本一日午前首相〔廣田弘毅〕、海相〔永野修身〕、外相〔有田八郎〕、陸軍次官〔梅津美治郎〕会合の上昨三十日決定の案を基礎とし閣議として審議す（桑島東亜局長陪席）

㈠（陸軍次官）防共範囲を為し得れば北支五省已むを得ざれば山海關包頭線と致度

一同右を容認す

㈡「五省特政会設置に関する日支合意案」は未だ三省意見一致のものにあらず、今次要求案に包含せしめざることとし北支に関する要求は第二次北支処理要綱に基き具体的に記述することとす

（鹿岡注　北支五省に関する要求の具体的内容に関しては幾多疑問の点あるものの如く之が決定までには慎重検討の要あるべし）

㈢　以上に基き更に修正の上外務より案を回示することとす

㈣（東亜局長）右の案ならば支那側は承知すべし

㈤（海相）若し支那側が肯ぜざれば如何するか海軍としては極めて困難なる局面に際会することとなる

此を聴かねば最後の腹を決めて短時日に徹底的に遣る考なり

右に対し一同異存なし

㈥（陸軍次官）やらねばならぬが痛い手なしに困る次第なり

（海相の言を強て否定せるに非ず）

㈦（海相）要するに此の案を聴かざれば最後の強力手段より策な

し従て今次の要求は天地神明に恥ぢざるものなることを望む
一同異議なし

二、夜外務案（別紙）回示し来り先づ軍令部の腹を決するため三部長、一、二、六課長、中原、小野田、鹿岡、藤原部員参集協議の結果

「支那側要求五項目に関しては主義としてははねつけるも、我方要求を容認せば之等は自ら解決するに至るべき」を支那側に言ひ含むる様修正する外原案に同意することとし軍務に申入る

（鹿岡私見、原案中北支特殊性に関し具体的の説明なきは最後案たる要点を欠くものにして結局我最後的態度を決するためには更に事務的折衝の情況に依らざるべからざることとなる是外交折衝の方策としては拙劣徒に二十一ケ条の轍を覆むこととなるべし従て此の際、原案と並行して北支特殊性の具体案を確立し川越蔣会談に並行して事務的に日支間に追行せしめ以て蔣に対しyes or noの資料を提供すること肝要なり）

三、本日得たる主なる情報左の如し

㈠支那側は着々対日戦備を進め八八師、八九師は京滬沿線に移動を命ぜられ（外務南京発七六六号 滬機密二五六番電）其の他航空機の移動集中漸次顕著なるものあり（特情）

㈡支那側は漸く聯盟英米等に呼び掛けんとする気勢顕著なり（特情）

㈢南京に於ける外交事務的折衝依然継続せられある処支那側は歩一歩〔小林謙吾〕譲歩差支なき気配を示しつつあり（外務電南京発七七一号）

㈣在米武官よりの情報並に意見具申の要点

(イ)米国は目下朝野を挙げて選挙戦に集中従て帝国として事件の解決を遷延するは不利なり

(ロ)帝国の正当なる要求にして容れられざれば過度に米国の輿論を顧慮することなく断乎として所信に邁進せられ可然

（以上機密一四三番電参照）

川越大使より蔣介石に対し要求すべき事項（九月三十日関係省係官会議、並に四相会議の結果意見の一致を見たる案、十一、十、一）

註、別紙括弧内は川越大使の含迄通報するものなり

一、国交調整問題

往電第二二四号(甲)㈠の趣旨に依り今次事件に対する南京政府の責任を確認すると共に国交調整に対する具体的誠意表示の実証として左記を実行せしむことを要求す

(1)共同防共の原則を承認し実行細目に関し委員会を設けて攻究すること

(イ)二十三日支那側書物にあるが如く「日支軍事同盟に至る一発端」としての防共協定の範囲を山海關包頭を連ぬる線以北の外尠くも北支五省に及ぼすこと

(ロ)前項の如く軍事同盟に至る前提としての防共協定には非ずして赤化思想の侵攻防止を目的とし右目的達成の為執るべき措置に関する協議並に共産主義に関する情報の交換等を内容とする協定を支那全般に付き締結すること

(ハ)尚口頭を以て本協定の内容に関しては詳細委員会に於て協議することとし差支無きも本協定は赤化思想に対するものにして

既存の北支防共協定の如く共匪等に対する日本軍の直接弾圧行動を予想するものに非ざる旨説明のこと）

（二）川越大使限りの含、我方としては最近の国際情勢に鑑み防共協定は出来得る限り速に之を締結し度き意向にして之が為には交渉の如何に依りては協定の範囲を山海關の線以北に限る(イ)の防共協定のみにて妥結するも已むなしと考へ居れり）

(2) 北支五省特殊制度の原則確認即ち南京政府は北支の特殊性を認め北支五省に特別の政治組織を創設すると共に右新組織に対し財政、産業、交通等に関する特殊の権限を賦与すること

（尚支那側に於て前記北支五省特殊制度を承認するに於ては我方として北支に南京政府より離脱せる独立国家を育成し或は満洲国の延長を具現するが如き意向なき旨言明せられ差支なし）

(3) 福岡、上海間航空聯絡を即時調印、実行すること、但し北支自由飛行其の他との牽聯を許さず

(4) 関税引下は我方希望案に則り遅くも二、三ケ月以内に実現のこと

（我方希望案取入の程度に関しては支那側の誠意に期待す）

（前記「要求事項」に関する説明）

(イ) 右(1)乃至(4)は南京来電第七一五号須磨の提示せる六項目並に右に対する支那側回答（南京来電第七三九号）を斟酌し作成せるものなり

(ロ) 前記六項目中の(二)及(四)に関しては南京来電第七三九号支那側回答の程度にて一応満足することとし蒋介石に対しては要求事項とせず「詳細の点に就ては追て支那側事務当局との間に打合はせしむることとすべき」旨釘をさし置く程度に止められ差支なし

二、排日取締問題

往電第二二四号甲(一)の二項目を要求す

（尚口頭を以て左記を附言せられ度し）

我方に於て曩に張羣其の他に対し往電第二二五号(一)の(ロ)の各項目実行方要求せる処支那側は右に関聯し(1)党部常務委員会副主席の命令(2)蒋介石の声明(3)教科書新聞雑誌の取締(4)党部の排日行動禁絶、党部の排日行動に関する政府の責任(5)邦人旅行の自由並に安全保障等を確言せるに鑑み我方としては前記確言の実行を期待し此の際細目に付ては論議せず

（尚往電第二二四号(二)の(ホ)の一方的声明の実行は勿論とす）

（「国交調整に関する支那側の希望」に対する対策）

(1) 張羣は支那側五項目は日本側提案と同時に協議することを要求すと云ひ居る処右は固より容認の限りに非ざるに付南京来電第七六二号の趣旨に依り主義の問題としては断乎はねつけること但し支那側に於て五項目の同時協議方飽迄主張する場合には二月二十二日附亜、一機密第二十四号接触振案(三)の趣旨に依り可然く応酬すること

(2) 右五項目以外南京来電第七三九号支那側提出の書物に列記せられ居る支那側の見解、申出、条件等は成るべく之を黙殺する方針の下に可然く応酬すること

支那事件経過概要　其の二五　（一一、一〇、二）

一、廣田首相、有田外相、永野海相、梅津陸軍次官会議に於て別紙案を決定

一、外務より訓電すると共に桑島東亜局長を現地に派遣、川越大使に中央の意図を詳細伝達せしむることに決定

同局長本日午後東京発五日上海着の予定

二、特記すべき情報としては

佐藤武官より中山事件判決の内容（二人死刑、一人無罪）につき情報あり

三、3F所属船舶防空施設増備の件準備方手配す（航本機密第四三九番電）

（別紙）

川越大使蔣介石間交渉に関する方策

（十月二日四相会議に於て決定）

註、別紙括弧内は川越大使の含迄通報するものなり

（十月二日発電の筈）

一、国交調整問題

往電第二二四号甲(一)の趣旨に依り国交調整に対する具体的誠意表示の実証として左記を実行せむことを要求す

(1) 共同防共に付ては

(イ) 二十三日支那側書物にあるが如き「日支軍事同盟に至る一発端」としての防共協定の範囲は北支五省とすること但し已むを得ざれば差当り支那北辺に限定するも差支なし細目は委員会を設けて考究せしむること若し内容の大体に付て説明納得せしむるの必要ある場合には対蘇関係を主眼とし例へば日本側の飛行場及無電台の建設、道路の築造、特務機関の設置等を容認するが如きものなることを説明すべし而して本項の協定は之を秘密とすること

(ロ) 前項の如く軍事同盟に至る前提としての防共協定にあらざる一般的赤化防止を目的とする協定即ち右目的達成の為執るべき措置に関する協議並に共産党の活動に関する情報の交換等を内容とする協定を支那全般に付き締結すること

右協定は直に川越、張間に締結方交渉することとし妥結の上は発表すること

(2) 北支問題に付ては第二次北支処理要綱に依り交渉するものとす之が為先づ南京政府に対し北支の特殊性を認め北支五省に特別の政治組織例へば特政会の如きを創設すると共に右新組織に対し財政、産業、交通等に関する特殊の権限を賦与すること

（尚支那側に於て前記北支特殊制度を承認するに於ては我方として北支に南京政府より離脱せる独立国家を育成し或は満洲国の延長を具現するが如き意向なき旨言明せられ差支なし）

(3) 福岡、上海間航空聯絡は北支自由飛行其の他と牽聯せしむることなく此際調印、実行すること

(4) 関税引下は我方希望案に則り遅くも二、三ケ月以内に実現のこと

（我方希望案取入の程度に関しては支那側の誠意に期待す）

(5) 南京来電第七一五号須磨の提示せる六項目中の(二)及(四)に関しては南京来電第七三九号支那側回答の程度にて一応満足することとし蔣介石に対しては要求事項とせず「詳細の点に就ては追て支那側事務当局との間に打合はせしむることとすべき」旨釘をさし置く程度に止むること

二、排日取締問題

往電第二二四号甲㈡の二項目を要求すると共に嚢に張羣其の他が同意を表し居る(1)党部常務委員会副主席の命令(2)蒋介石の声明(3)教科書新聞雑誌の取締(4)党部の排日行動禁絶、党部の排日行動に関する政府の責任(5)邦人旅行の自由竝に安全保障等は即時之を実行に移す様申入るること

（尚往電第二二四号㈡の㈱の一方的声明の実行は勿論とす）

（「国交調整に関する支那側の希望」に対する対策）

(1) 張羣は支那側五項目は日本側提案と同時に協議することを要求すと云ひ居る処右五項目の同時協議方主張する場合には二月二十二日附亜、一機密第二十四号接触振案㈢の趣旨に依り可然く応酬すること

(2) 右五項目以外南京来電第七三九号支那側提出の書物に列記せられ居る支那側の見解、申出、条件等は成るべく之に触れざる方針の下に可然く応酬すること

支那事件経過概要　其の二四（一一、一〇、三）

一、午前省部関係課長審議の上五省特政会案に関し別紙鉛筆附記の通修正のことに意見一致

〔本書では鉛筆書入れにより修正されたものを（　）にいれ、後記した。〕

二、三省事務会議に於て川越大使蒋介石間交渉に関する方策（一日決定のもの）中(2)の特政会の如き云々は特殊性の程度を特政会案の如きものの意とするに非ず、単に一例に過ぎず要は特殊性の原則を認めしむる意なることに意見一致

三、情報の主なもの左の如し

㈠ 中山事件の処理に関し我要求は暫く之を留保する旨支那側に申入る（南京武官機密一二八番電）

㈡ 日支関係に処し英側の機微なる動きの一端を伺ひ得るものあり（須磨総領事発七八二号の一）

（別紙）

五省特政会設置に関する日支合意案

日支両国間の善隣の関係を鞏固にし東亜の安定を確保せむが為華北五省に付左の通り合意す

第一条　河北、山西、察哈爾、綏遠及山東五省の庶政を処理する為国民政府は天津に五省特政会を置き之に第二条乃至第四条の趣旨に従ひ特殊事態に適応する施政の権限を附与す

第二条　五省特政会は共産主義を排除する為日本側と共同して一切の共産主義的行為の防遏に従事し且つ之が為要することあるべき共同軍事行動に関し指揮の統一、協同の円滑を期する為必要なる事項は日支軍務当局相互に別に協定す

（五省特政会は北支五省に於ける共産主義を排除する為日本側と共同して一切の共産主義的行為の防遏に従事す之が為必要なる事項は日支委員会をして別に協定せしむ）

第三条　幣制、税制、路政等金融財政、産業、交通一切に関し（日本側との諒解を経たる）特別の施設を行ふ

（金融財政、産業、交通等に関し特別の施設を行ふ）

第四条　日（満）支提携の為須要なる諸般の施措特に経済的及文化的の融通聯絡を行ふ

（日支提携の為……）

五省特政会設置に関する日支合意附属覚書案

本日調印せられたる五省特政会設置に関する日支合意第二条に関し左の通り約定す

第一条　日本側及五省特政会は共産主義運動に関する一切の情報を相互に交換し且防共行為竝に防共の為にする兵器及軍需品等に関しては相互に緊密なる聯絡を保持す

第二条　共産主義運動に関聯する第三国の一切の行動は日支両国共同して之を排除防衛す

北支五省特政会設置に関する件　（十一、六、十二、太田試案）

一、設立の趣旨

北支民衆を中心とする自治の完成を援助し以て其の安居楽業を得せしむると共に日満両国との関係を調整せしめ相互の福祉を増進せしむるは我北支政策の根本方針にして我方に於ては右方針に基き先づ冀察二省に於ける自治の完成を期すると共に山東、山西、綏遠の三省をして自ら進んで之に合流せしむるが如く指導し来れる次第なり、然るに宋哲元を首班とする冀察政務委員会の現状は我方の期待に反する所尠なからず、延いて北支五省の自治完成の如きも前途甚だ遼遠なるを思はしむるものあり右は対支政策上より云ふも将又対蘇作戦上より見るも甚だ面白からざるに付此の際左記要綱に依り速に北支の現状を打開し北支五省聯盟の結成を誘導すると共に同地域を対蘇作戦上の背後地として我方の把握下に確保すること緊要のことなりと認む

二、要　　綱

㈠　南京政権に対する交渉

⑴　在支大使をして南京政府との間に別紙甲号「五省特政会設置に関する日支合意案」竝に乙号「附属覚書案」の調印方交渉せしむ

（特政会なる字句に関しては夙に東三省特政会及蒙蔵特政会等の歴史あり、尚前記合意案に基き国民政府より特政会に賦与せらるべき権限は客年南京側に於て何應欽に与へんとした六項目と同趣旨にして又附属覚書案の内容は所謂防共協定の趣旨を斟酌せるものなり）

⑵　特政会の前記権限遂行をして遺憾なからしめんが為国民政府は特政会指導長官として適当の人物を特派す

（国民政府に面子を与ふる点より云ふも将又対外関係上我方の立場を有利ならしむる点より云ふも本項承認は已むを得ざるものと認む但し特政会の権限は特政会自体に賦与せらるるものにして指導長官に与へらるるものに非ず又前記指導長官を承認せる結果、特政会が黄郛政権と同様なる鵺的存在とならざる様特政会の構成に必要なる予防的措置を施すの要ある処右に関しては下記㈡参照のこと、追て右指導長官としては諸般の関係上閻錫山を以て最も好都合なりと認むるも南京側の面子上南京側より派員方固執する

場合には右派員の人物如何に依りては之を認め可然し

㈡ 特政会の構成

(1) 特政会は河北（宋哲元）、山西（閻錫山又は省主席徐永昌）綏遠（傅作義）察哈爾（宋哲元兼任委員とするを可とす、然らざる時は張自忠とす）山東（韓復榘）の五省実権者各一名より成る委員会制とし別に委員長を設けざること（委員は形式上南京政府之を任命す）

(2) 特政会に秘書長を置き一切の庶務を掌らしむること（王克敏を最適任と認む）

(3) 特政会は天津に之を設け毎月少くも一回委員会を召集すること

（以上構成の主旨とする所は要するに南京政府をして必要の権限を特政会に賦与せしめたる上は特政会は成るべく形式的名義上のものたらしむると共に同会を五省主席に対する我方申入の単なる取次機関たるに止めしめ以て北支五省に対する実際上の工作は我方出先機関と各省省主席との直接的取引に委ぬる一方特政会委員会の名義に依り五省主席を成るべく頻繁に会合せしめ以て北支五省の聯繋に誘導せんとするにあり）

三、本件施策に当り注意すべき事項

(1) 南京側との交渉に際し我方の為すべき説明振りと北支五省に対する実際上の指導振との間には相当の懸隔あり、南京に於ける我方出先と北支に於ける出先との間に密接なる聯絡を要す

尚本件目的達成の為には多少の名目を与ふることに依り南京側を誘ふと共に北支現地に於ける工作を進むることに依り南京側に或程度の威圧を加ふるを要すること勿論の儀なり

(2) 五省特政会内に於ける冀察政権の役割は現在の冀察政権に対する冀東政府の役割と異ならず、仍つて冀察政権が過早の措置に出で為に爾他三省をして五省聯繋に足踏せしむるが如きことなき様厳重注意を加ふるの要あり。

(3) 五省特政会は省を以て単位とし宋哲元は河北省代表として委員会に参加するものに付本会成立の上は冀東政府は成るべく速に之を解消せしめ、冀察政権下の一特別区として宋哲元の統制に服せしむるを要す

(4) 冀察政務委員会は五省特政会管下に於ける一組織として其の儘存置せしむる建前なるも五省聯盟内に一分派を存置することに反対ありたる場合は之を解消するも差支なかるべし

支那事件経過概要　其の二五（一一、一〇、四）

一、処理事項なし

二、情報の主なるもの左の如し

㈠ 上海漢字紙〔亜洲司長〕共同声明の報に接す（滬第六〇番電）

㈡ 三日高宗武、川越大使を来訪蔣は七日又は八日大使と会見し度旨申出で大使応諾す

（本件支那側にては種々妨碍運動を避くる為絶対極秘に願度旨申出ありしも、今朝都下各新聞には概ね本件を大々的に報道す）

（南京機〔要〕密一二九番電）

㈢ 若杉総領事二日午後呉〔呉鐵城〕上海市長に対し中山事件要求保留の申入れをなす（滬機密二六二番電）

㈣　本日11fg移動実施、大、中攻木更津発鹿屋着
戦闘機ホッカー偵察機鹿屋発小禄着
木更津発の大攻一伊豆稲取崎東方海面に於て遭難、五名救助危篤絶望、三名行方不明

三、蔣介石の執らんとする方策に関する読売新聞の判断別紙の通

（鹿岡所見　右は極めて公正なる判断と認む）

（別紙）

読売新聞朝刊（昭和十一年十月四日）

日支交渉に響く蔣脚下の情勢

国交整調か国内統一か

正に死活の重大岐路！

親ソ親英派の猛策動に鑑み

飛躍的決断期待されず

〔上海本社特電〕（中村特派員三日発）蔣介石氏の南京入りも近づき、いよいよ日支交渉は川越大使と蔣介石氏会見の段取りとなつたが、日本政府より特派された桑島外務省東亜局長も五日午後上海に到着、日本の最後的決意を川越大使に伝達することになり日支交渉は異常の国際的緊張裡に最後の幕を揚げんとしてゐる。三日南京における川越、高宗武両氏の会談では廬山に於て蔣介石氏の訓令を受け、帰来行政院首脳会議で十分案を練つた高宗武氏より相当突込んだ蔣介石氏の意向が披瀝された模様で、この予備会談の結果川越・**蔣両氏の正式交渉が如何なる方面に展開するか頗る重大視されてゐ**るが、上海方面の有力筋では蔣介石氏としては事態の重大性は十分認識し、国交調整の熱意を有してゐるが、緊迫せる対内関係のため彼の対日決断をにぶらせ不透明なる態度に終始せざるを得まい、従つて交渉絶望と見るは早計にしても前途決して楽観を許さないといふに一致してゐる、即ち次の如き複雑なる国内事情を押し切つて交渉をまとめあげるだけの決断が蔣介石氏にあるか否か、押し切るとすればその反動として、或は支離滅裂の混乱動揺の起る事を予期せねばならぬが、日支国交調整より先づ全国統一を第一目的とする蔣介石氏が統一漸く成らんとする今日、対日問題のために全国混乱の大犠牲を払ふものとは思はれない。結局は内部の強硬論を抑へる対内策として**日本には平等互譲を要求例へば日本側の対支要求の交換条件として冀東政権の解消、北支停戦協定、海津・河應欽協定解消等の如き要求を持ち出し、**所謂面子を保持せんことに主力をそそぐであらうが、かゝる右顧左眄的態度で交渉の急速な展開は望まれない。

一、**抗日人民戦線の全国的拡大強化**　抗日救国会の名の下に凡ゆる階級職業に亙つて拡大された全国的抗日人民戦線はその後の不祥事件の頻発とこれによる日本の態度強化に刺戟されて反撥的に益々その勢力を拡大強化し、今や隠然たる政治的勢力とさへならんとしつゝある、彼等は目下南京政府の対日態度に**峻厳なる監視の眼を注ぎ日支交渉成立の日は蔣介石政権が民衆の敵となる日であるといふ新しいスローガンの下に**全国救国会に密令し一斉擾乱或は抗日テロのゲリラ戦によつて南京政府の立場を窮地に追ひ込まんと準備を進めてゐる、特に日支交渉の最大眼目とされてゐる北支問題を重視し

246

冀察政権及び第廿九軍、学生急進分子に働きかけ巧みな抗日宣伝によつて人民戦線参加を煽動、暗躍しつゝある事実があり、まかり間違へば南京政府にとつて恐るべき敵国となる危機にある。

二、**地方軍閥の反蔣的蠢動の急台頭**　廣西問題は一応落着の形にあるが南京政府と廣西派との妥協成立は南京政府が廣西派の抗日戦線に合流するといふのが根本条件となつてゐるのでこゝで日支の南京交渉が成立すれば廣西派はこれを以て南京政府の対日屈服と看做し全国救国会の**武装蜂起と相呼応し再び反蔣行動に出づるであらうことは動かせない**、寧ろ今回の廣西派の妥協はこの機会あることを見越しての妥協であつたとさへ云はれてゐる程である。

三、**抗日親ソ派頭目馮玉祥等の暗躍**　馮玉祥はソ連をバックとする抗日人民戦線の最先登に立たんとする野心と実力を有し、殊に最近国民党部内に於て勢力下り坂に向はんとしつゝある陳立夫、陳果夫の両抗日巨頭が馮玉祥に頼つて勢力を挽回せんとしつゝあり、馮の左翼急進派における声望は往年のそれに数倍するものがある。されば蔣介石氏が漫然日本と握手せば馮の隠然たる勢力と最近山西に追はれて蔣介石氏に対し不平満々たる張學良軍と合流して**西北軍の再組織となり蔣氏の一大敵国を形成するは必然であると見られてゐる、しかも馮玉祥が蹶起する日は南京交渉において日支妥協成立の日だと信ずべき理由がある。**

四、**南京政府内部の攪乱分裂の傾向**　日支交渉を繞る南京政府部内の硬軟両論の対立激化は先の行政院会議及び中央政治会議の席上暴露された即ち馮玉祥、孫科、于右壬等の対日玉砕論は会議を断然リードし穏健漸進主義の何應欽、張羣等を顔色なからしめたが強硬派の**主張は蔣介石氏を行政院長の職より退かしめ後任に孔祥熙氏を**祭り上げこれを対日交渉の矢面に立てんとするもので、その意図は蔣介石氏が自ら乗り出せば交渉に対する批判と牽制は或程度差控へねばならぬに反し、孔祥熙氏なれば批判の自由は勿論交渉攪乱さへ可能であることを狙つたものゝ如くである。孔祥熙氏がこの意図を看破して予防線を張つたゝめ強硬派の策謀はものにはならなかつたが、交渉攪乱のため尚凡ゆる策謀を弄しつゝあるため張羣一派の立場は交渉開始とゝもに早くも攻撃の的となり非常な危機に立つてゐる、蔣介石氏が南京交渉を成立せしめんとするには先づ強硬派を説得せねばならぬが、全国の対日強硬輿論をバックとするこの一派の懐柔は容易ではない。

五、**日支交渉への英ソの監視的態度**　最近在支各国大使のうち最も積極的活動をなしつゝあるのは英、ソ両大使であるが、これは英、ソ両国が目下の日支関係と南京交渉に重大関心を持ちつゝあることの証左で英大使館ハウ参事官は日支交渉開始以来屡ば須磨総領事を訪問、交渉経過を打診するところあり特に北支問題については英国としては重大関心を有する旨を表明、又支那側に対しても交渉に対する牽制をなしたことも伝へられてゐる、かゝる事実は南京政府部内の欧米派や対日強硬派に可成り大きな心理的影響を与へてゐることは否み難い、一方先の廣東における蔣介石氏と香港総督の会見においては両者間支那統一問題、南支における英支合作問題については突込んだ意見の交換が行はれた模様で、信ずべき筋の情報ではその際蔣氏は或種の言質に近いものを総督より得たと伝へられてゐる**又ソ連は日支交渉における日支共同防共問題及び北支問題を特に重**

視しボゴモロフ大使は上海南京側の往来に忙しい有様である。

川越・蒋の会見は七・八日頃

（南京本社特電）（三日発）外交部亜洲司長高宗武氏は三日午前十一時川越大使を訪問、四十分にわたり会談、更に午後須磨総領事を訪問した、会談内容については一切秘密にされ内容の発表はなかつたが、前後の事情よりすれば一両日中に蒋介石氏は南京に帰り、国民政府としての対日根本方針を決定の上、川越大使に会見を申込む意向である旨を伝へたものと解される。尚蒋介石氏は恐らく三日乃至四日には帰京する模様であるが確聞する所によれば蒋介石氏は六日の行政院会議に臨み日支会談並びに対日根本態度につき最後的協議をなした上、愈よ交渉に乗り出すといはれ、川越、蒋両氏会見は七日或は八日に行はれる模様である。

支那事件経過概要　其の二六　（一一、一〇、五）

一、蒋介石川越大使の会談に依り対支兵力発動に至らざるも予定の大演習実演及観艦式施行を不利とする場合の対策に付一、二課長協議の上別紙案の通定む

二、情報の主なるもの左の通

㈠　高宗武川越大使と会談後須磨総領事を訪問の際に於ける談話に依れば支那側対策は大体決定しあり日本側六項目の内防共及北支二問題の外は大体日本側希望に副ふこととなるべく唯支那側五項目を如何に処理すべきやの点決定の上ならでは如何とも申上げ難しと

（三日発須磨七八五号電）

㈡　11fg中攻六、大攻三、戦闘機一八、フォッカー一、一四一五臺北に集中を了す

㈢　東朝朝刊に別紙記事あり

（鹿岡所見　情況悪しき場合と雖陸軍は武力行使を避け内面工作にて北支に乗出すに非ざるかを疑はしむるものあり陸軍の態度に関しては尚厳に監視を要す）

（別紙）

東京朝日新聞朝刊（昭和十一年十月五日）

わが要望を容れずば
南京政府の地位否認
陸軍・強硬主張を堅持

（札幌電話）廣田首相は五日中には御都合を伺ひ対支外交経過につき委曲奏上の後先月廿二日以来直接対支関係につき意見交換を遂げてゐない寺内陸相と懇談、南京政府その後の動向、外務、陸海軍三省会議の経過等詳細報告、今後に処する**帝国政府の対支方針**につき隔意なき意見交換を重ねるものと見られる。寺内陸相としてはその後の対支問題の経過については先月三十日来札した磯谷軍務局長より一応の報告を受けてをり、梅津次官からも逐一重要事項の報告を得てゐるので一応去る一日二日の両日における三省会議の経過並にその結果をもたらして南京に赴いた桑島東亜局長と川越大使に対する重要訓令に基く川越、蒋介石氏会談の成行を静観する態度をとる意向である、しかし陸軍に達した諸情報によれば南京における外交交渉に多大の期待をかけ得られず事態はむしろこの際日支国交の根本的調整成否の分れる重大局面に移行

しつゝあるので陸相としては右外交交渉の破局に対応し我既得権益並に居留民の生命財産の保護につき必要なる自衛的措置についても十分の準備を整へおく必要を認め既に西尾〔寿造〕参謀次長と磯谷軍務局長との間には十分なる打合せ聯絡完了しある旨を

首相にも報告するものと察せられる、しかも陸軍としては蒋介石氏が従来の伝統的対日方針を持続し、我方の公正妥当なる要望を容認せざる場合は南京政府を以て支那を代表する唯一無二の正当政府としての地位承認を取消し川越大使の南京引揚を断行し新に支那の各方面における実力者と政治的経済的提携につき全面的折衝を開始すべしとの主張を堅持し寺内陸相は南京交渉決裂の場合にはこれらの諸懸案についてもあらかじめ首相の諒解を求めおくものと見られる。

対支時局対策案

（回覧せず　別案にて決裁す）

蒋介石、川越大使の会談に依り対支兵力発動に至らざるも予定の大演習実演及観艦式施行を不利とする場合の対策なり

第一、方　針

一、対抗演習第二特別演習及観艦式を取止めGF及4Fをして対支作戦準備を完成せしめ主として九州沿岸に行動待機せしめ兼て艦隊訓練を促進す

二、右の処断及艦隊の姿勢を外交上有利に利用す

第二、処　置

一、差当り対抗演習、第二特別演習及観艦式を当分延期する件手続きす（遅くも十月十日迄に決定）

二、大演習編制は其の儘とす

但し第三編制に於ける赤軍4Fは青軍GFの麾下に編入す（十月十五日以後に対する処置）

三、GF、4Fを左の通り指導す

(イ)　対支作戦計画内示（作戦課）

(ロ)　機宜呉及佐世保軍港に於て所要の戦備を完成せしむ

(ハ)　右終りて以後主として九州沿岸に行動待機せしめ訓練を続行せしむ

GF長官指導の下に第二特別演習に準じ夜戦訓練を実施せしむ

（註）一、行動用としてGF一昼夜の燃料増額

二、準第二特演実施用としてGF、4Fは同二昼夜使用のこととす

四、適時上記演習及観艦式取止の件手続を執る

五、対支兵力発動を要する場合は左記に依る

(イ)　大演習取止の件仰允裁し新対支戦時編制発令

（企図秘匿の為大演習変更とするを可とす）

(ロ)　対支兵力発動後大演習取止の件発表す

六、前記各号の処置は対支交渉の推移に応ずる如く言論機関の指導を適切にす

七、昭和十二年度海軍特別大演習実施のこととす

（註）一、明年度予算対策

二、対抗演習用燃料の処分

（終）

一課長

大演習取止め内決意遅くも八日迄とす

一、演習編制は其の儘とし差当り対抗演習延期のことに手続す

二、演習部隊には対支作戦計画其の他の準備方内示す

三、演習部隊は第二特別演習を目標として訓練を継続す

四、対支兵力発動を決定したる場合大演習取止め仰允裁の上新編制を発令す（企図秘匿の為演習編制変更とするを有利とする場合あり）

五、対支兵力発動後大演習取止発動

（終）

（備考）観艦式は事務上差支なき時機を限度とし単行取止め御決定のこと

一一、一〇、六

次長総長に説明資料

一、支那一般情況

㈠特情に依れば支那側に於ては着々戦備を進めつゝあること依然たり

㈡三日高宗武川越大使を来訪蔣は七日又は八日に大使と会見し度旨申出大使応諾す

㈢右会談後高宗武須磨総領事訪問彼の語る処に依れば支那側対策は大体決定しあり日本側六項目の内防共及北支二問題の外は概ね日本側希望に副ふこととなるべきも唯支那側要求五項目を如何に処理すべきやの点決定の上ならでは如何とも申上げ難しと

㈣上海に於ては一日午後より閘北一帯より避難する者多数ありし処三日より漸次減少す

㈤三日上海南京全新聞社十八社連名にて「中日関係に関する共同意見と信念」と題し中国民の自重を促すと共に日本の朝野へ対し寛大なる態度を示せられんことを望み且特に日本新聞に注意を喚起する旨声明を発せり

㈥佐藤武官の三日に於ける情況判断別紙の通

尚現銀移出は漢口に於ても行はれつゝあり

㈦居留民の引揚に関しては出先に於て準備に遺憾なきを期しつゝあり

(イ)長沙領事館の御真影は四日午後堅田に奉移せり

(ロ)長沙に於ては九日四三名引揚残留者已むを得ざる商人一八名及領事館員陸軍武官二四名は十七日引揚の予定

(ハ)重慶の居留民引揚に関しては減水期の関係上時期を失せざる様出先海軍側に於て日清汽船と密接なる連絡をとり慎重手配中なり

二、中山事件に対する我方要求に関しては他の諸事件と関連要求の必要ある為要求保留の旨南京及上海各当局者に対し出先外務側より申入済

三、一一航空隊移動に関しては颱風のため延期中の処四日五日の両日に亘り実施五日一四一五左の通臺北集中を完了す

中攻　六　大攻　三　戦闘機　一八　フォッカー　一

右移動中大攻一四日朝伊豆稲取崎東方海面にて遭難す

四、新式陸軍兵器を陸軍より融通を受け上海特陸に増配のことに手

250

配中之に伴ひ横鎮より一七〇余名上海特陸に臨増近く上海に向ふ予定内若干名目下陸軍諸学校にて右兵器につき講習を受けつつあり

五、現に上海に派遣中の特陸の外左記に依り特陸準備方各鎮に内報済

㈠　横須賀　　一ケ大隊（二箇中隊基幹）

㈡　呉　　一ケ中隊

㈢　佐世保　　一ケ大隊（二三中隊基幹）

（終）

（別紙）

在支館附武官

機密二六三番電

時局観測

一、従来支那政府ハ宣伝及言論統制等ニ依リ実情ヲ知ラシメス全支就中其ノ心臓タル上海ノ財界ノ平静ヲ謀リ来レルモ最近ニ至リ兵力ノ移動銀ノ移動其ノ他戦備（屡々報告ノ通リ）表面化シ上海ノ人心ハ非常ニ動揺スルニ至レリ中央政府内ニハ硬派モアレトモ日本海軍ノ不言実行強硬ナル態度ニ対シテハ戦争ヲ懸念スルモノカ多クナリツツアリテ急ニ周章シ英国ニ調停ヲ依頼スル等手段ヲ尽シ居ルモノト察セラル上海ニ於ケル外人方面ノ消息ニ依レハ米国ノ態度ハ今ノ処（戦争ニナラサル限リ）冷淡ナルカ如シ

二、滬音第六〇番電報ハ新聞報（商総会系）記者ニシテ復旦大学教授ナル郭〔マヽ〕陶歩ノ主動スルトコロニシテ平和論ノ第一声ト観ラレ日本側ノ応手ヲ見タル上之ニ応シ続々平和運動起ルモノト観測ス尚本件恐ラク上海一般市民ノ希望ニ依ルノミナラス政府ノ指導アルモノト推察ス

三、彼ノ戦備注意ヲ要スルコト勿論ナルモ南京ニ於ケル交渉ハ今一押ノ所緊要ナリト思考ス　三日

支那事件経過概要　其の二七（一一、一〇、六）

一、陸上攻撃機搭乗員の訓練を必要とする処GF横鎮基本演習を予定通実施するに於ては万事不如意なるを以て之を取止むることに省部意見一致仰允裁の手続をとる

二、長沙に於ては居留民引揚の準備急速進行中の処外務電に依れば海軍の責任に於て引揚げしむるが如き気勢を認められ、注意を要する処、外務大臣より婦人子供は兎も角一般的引揚げは南京に於ける交渉の模様等暫く情勢の推移を見たる上取計ふべき旨訓電したき旨海軍に申入あり海軍之を応諾し別に海軍よりも右外務電の趣旨を出先に電報す

之に依り海軍側が責任をとるが如き誤解は解消する筈

三、岡田部員中央出先連絡のため本日出発上海に向ふ

四、本日得たる情報の主なるもの左の通

㈠　蒋介石夫人同伴昨五日午后南京着

㈡　日支時局に関する在南京英米人側の代表的意見

「今次事件は日本の満洲事件以来の策動の当然の結果にして日本が広汎なる要求を此の機会に提出するには同情し得ずとなす者多し

英人側には権益擁護の必要上日本の要求達成を妨害する方針に

て進むべしとなし中には支那側に実力援助も辞せずとなす者あり米人側は満洲事件に対する米の失敗の経験もあり又特に英の如く大なる利害関係なきを以て進んで日本反対の態度を表するが如きことなかるべしとなす」

（川越大使八三五号）

五、軍令部総長、一部長第一特演より帰庁

支那事件経過概要　其の二八（一一、一〇、七）

一、3F参謀長より居留民引揚に関し自身の「リスク」に依り残留を希望する者あるも外務省令にて引揚を強要せしむる様機宜取計らひ方承認を得度旨意見具申あり（3F機密四七二番電）

二、昨六日3Fに於ては海口警泊艦の引揚及5Sdの一艦基隆派遣の件を電令せり（3F機密四八〇番電）

三、GF横鎮聯合基演取止めの件允裁済みの旨侍従武官より電報あり直に之が伝達並に左記申進の件電報す

㈠ 3Sfは小笠原に集中

㈡ 1fgは木更津にありて中攻搭乗員特別訓練に協力

㈢ 第一通信隊は現配備の儘訓練に従事

四、二項海口警泊艦引揚に関しては少くとも一隻在置を適当と認めらるるも差し当り3Fの処置に委し今後暫く3Fの処置を観、要すれば中央より海口警泊艦派遣のことに申進することとす

五、午前一、三部長一、二、六課長、中原、藤原、鹿岡部員参集中山事件要求に関する軍令部案を協議別紙の通決定の上軍務局に申入る

六、長沙居留民は重慶邦人引揚げの報あると共に引揚げることに出先に於て決定の旨通報に接す（3F機密二九一番電）

七、情報の主なるもの左の通

㈠ 駐日支那大使〔許世英〕は五日の朝日の記事に就き我新聞記者談を報じたる後交渉に際しては其の内容は努めて具体的にし他日詞を藉りて干渉の具たらしめざる様注意せられ度旨意見具申す

尚右記者談中に日本軍人は絶対に戦意なしの一項あり（支特情極秘四四四）

㈡ 蔣は七日「空軍将校は許可なくして職務を離るべからざる」を密令す（支特情極秘四四三）

（別紙）　一一、一〇、七

中山事件要求に関する件

軍令部案左の通

若杉〔不詳〕総領事電第四五八号の現地案中

㈠㈡ 同意

㈢ 同　意

但し

(イ) 石射〔射太郎〕案に依る地域内に於ても我軍隊の行動自由の「ステータスコー」を認めしむることを附加す

(ロ) 拡大地域に於ける「ステータスコー」を認めしむる件に関しては総領事電第四五八号の四（　）内の意味不明なる処同地域に於ける我軍隊の行動自由の現状を公文書に依り認めしむる意味と

252

解し同意す

(ハ)　右の地域に於ける警察制度大綱（総領事電四五八号の四のロ）に於ては総監副総監の外巡査の件も越界路警察に準ずるものと解す

(ニ)　電話問題中央解決の案は外務省と折衝の上機宜決定することとす

㈣㈤㈥㈦㈧　同意

（終）

支那事件経過概要　其の二九　（一一、一〇、八）

一、対支情勢の変化に応ずる為大演習等の処理腹案覚別紙の通作案

二、11fg の大攻不具合の点あり同隊に於て制限飛行時間五時間と判定の旨報告あり

右に対し同隊大攻の使用を取止め中攻二を内地より補充することに手配す

三、得たる情報の主なるもの左の通

㈠　川越大使本八日一〇〇〇蒋介石と会談の筈

（南京機密一三二番電）

㈡　昨七日上海に於て又々支那民衆避難を始む原因は人心安定治安維持のため江蘇省各県に戒厳を布告せられたるため却て人心を動揺せしめたると、中国軍隊の移動一般に知れ渡り謠言盛んとなりたる為なり（支館附武官滬六七番電）

㈢　上海米価暴騰す（工部局報）

原因は時局に備へ買蓄行はれたる為なり

（滬六八番電）

㈣　英国に於ける対日感情は満洲上海事変当時よりも悪化し居り帝国が断乎たる手段に出づる時は相当なる干渉と峻烈なる輿論の攻撃あるものと観測さる

英武官報（機密七七番電）

㈤　英国大使六日川越大使来訪の際日本側は排日の根絶を要求せらるるも日本の或種の行動を再考せざる限り支那の如何なる政府と雖容認し難かるべく且日支交渉の現状は重大危機に在り利害関係多き各国に影響する所大なるを以て「メス」を下すが如き事態の招来は最も避くるを要すべしと述べたる由なり

（南京機密一三一番電）

㈥　七日の日支交渉状況（外務電八〇三、八〇四号）

〔本書三一四頁以下参照〕

対支情勢の変化に応ずる為大演習等の処理腹案覚

昭和十一年十月八日

第一案

対支実力行使の為大演習取止めを要する場合

一、「昭和十一年特別大演習を終結せしめらる」旨仰允裁及伝達

二、対支戦時編制仰允裁及伝達

艦隊及所要各部に作戦計画内示
作戦諸準備を進む
作戦行動開始
｝作戦課の案に依る

三、大演習及同経費の処理

(イ) 昭和十二年度特別大演習を実施することとし所要経費を追加要求す
(ロ) 本年度大演習費残額（約三百万円）は明年度に流用又は燃料蓄積等省側と協議処理す

第二案

大演習編制は其の儘とし「対抗演習、第二特別演習及観艦式取止め」を要する場合
其の後の情勢に依り
(甲) 艦隊の待機又は作戦行動開始を要する場合
(乙) 大演習部隊は引続き訓練続行を可とする場合
一、「第三期演習主要実施事項を取止めらる」×◎
「第三期演習を当分の間続行し軍令部総長をして之を統裁せしめらる」
右仰允裁及伝達
×大演習第三期は十月二十九日迄なるに付延期を要する場合
◎演習部隊に訓練続行等の方針指示を要す
二、艦隊及所要各部に対支戦時編制及作戦計画等内示
必要なる作戦諸準備を進む
大演習部隊爾後の行動作業等指示
（以上三項）作戦課の案に依る
(註) 右内示及打合の為4FをGFと合同（内海）せしめ中央より派員処置す
右内示及打合せ終了後大演習部隊は呉及佐世保に回航所要の戦備を完成せしむることとす

(註) 本号の為の所要日数七日乃至十日の見込
三、情況（甲）の場合
艦隊の待機又は作戦行動開始
処置は第一案に同じ
四、情況（乙）の場合
第二号の戦備完了後大演習部隊は九州沿岸及豊後水道方面に行動し諸訓練を続行する如く指導す
此の場合GF長官指導の下に第二特別演習に準ずる夜戦の演練を行はしむ
(註) 一、所要燃料の配付を要す
準二特演は二昼夜以内と予定す
二、赤軍4Fを青軍GFに編入方手続を執る
五、大演習及同経費の処理
第一案に同じ
但し第四号の回航、訓練及準二特演演練の為大演習費残額は約二百二十万円程度となるべし

第三案

予定通大演習続行の場合
一、差当り対支時局に必要なる中央要員は審判官を免じ予定通続行す
統監艦（比叡）と海軍省との通信連絡を密にす
(註) 赤軍審判官十月十日　青軍審判官同十四日東京発　赤軍審判官は処理済なり
二、対支情勢の変化に応じ機を失せず第一案又は第二案に転ず

254

（終）

支那事件経過概要　其の三〇　（一一、一〇、九）

一、昨日の夕刊、七時、九時半の放送に依り、川越蔣会談の事実を知るも、其の内容不明

今朝の新聞に於ても、各紙夫々推察記事を掲載するに過ぎず

今朝南京電に接し会談の内容の梗概を知れるも詳細に関しては不明（南京機密一三三番電）

（鹿岡所見としては蔣は共同防共に関して明確なる意志表示をせず又北支の特殊性に関しては、主権尊重、行政統一の原則なる語に隠れて之を認め居らず之を要するに蔣としては早急の解決は極力之を避けんとするものの如し）

二、午前川越蔣会談に関する外務電（第八一〇号電、本書三一七頁参照）に接し、一部長一、六課長中原、中澤、藤原、鹿岡部員参集

（二課長横須賀出張のため欠席）

当面の処理としては大演習問題なりしも決論〔マヽ〕に至らず

三、午後軍務一課長〔保科善四郎〕中村〔勝平〕局員、軍令部一、六課長中原、藤原、鹿岡部員参集、中山事件の要求事項に付協議す

中村局員の説明に依れば昨日行はれたる三省事務会議に於ては陸軍外務共に我海軍案中、拡大区域に於ける特別警察制度及武装兵進出の現状承認の件は停戦協定との関連もあり支那側に対し無理なる要求となるべしとの理由にて不賛意なる処右協議に於ては、上海に於ける頻々たる不祥事件に鑑み警察権の混済を極〔限〕減し事件生起の機会を減少せしむる為には是非特別警察制度の確立を必要とする理由の下に且武装兵の進出の現状は停戦協定の除外例として認めしめ已むを得ざれば日本人墓地、練兵場、女学校等への通行を認めしむる方針の下に原案にて進むことに決定

右方針にて外務陸軍に折衝することとす

四、日支交渉の前途遽に逆睹すべからざる処楽観的態度に陥るなきを保せず特に外務当局の傾向として易きに就き有耶無耶の裡に本交渉を終らんとするを懼れ、此の際更めて国家的決意の確立を必要とするを以て省部意見一致の上、内閣各方面は勿論、参謀本部に対し海軍側より強く申入るることとす

五、得たる情報の主なるもの左の通

㈠　南京米参事館八日発電に依れば英大使は八日午後川越大使と九日午後蔣介石と会談するものの如し（米特情極秘五三七番電）

㈡　八日英外務大臣代理は駐日英大使に支那に於ける英国の利権の危惧を特に強調して日本政府に通告すべき旨訓電せり（英特情極秘一九四号）

十月九日

八日の蔣介石川越会談の外務電等着、同会談及其の予備交渉の推移に稽へ支那側は我方要求に対し或程度容認の態度なるも猶前途予測を許さず一方英国等の対支援助の趨勢漸次散見せらるる情況なるに鑑み支那側は一応我方の要求に対する鋒先を受け流しつつ国内的事情等に藉口して解決遷延を策するものと判断せらる

一方対支交渉は今次の機会に更に促進解決を期せざるに於ては百

年河清を待つに等しく特に既定方針の速なる促進を要するの結論に達し近々閣僚等も帰京に付此の際第一に国家的決意の確立、戦備所要経費の取得竝に右方針に基く外交の促進を期することとなり海軍省宛申入る、省側亦同意也

十月十日

嶋田〔繁太郎〕次長西尾〔寿造〕参謀次長往訪要談

(嶋) 日支事態は最近蔣川越会談の為或は其の儘の推移に委せんとするものあらんも思はざるも甚だし対支国交の根本対策を確立するは今日を措て他なし

就ては予て内協議中なる如く当面の交渉が停頓するに於ては最後要求を提出し之をしも聞かざれば已むなく海陸協同実力行使の挙に出で彼を屈服するの方針を国家的決意として確立するを急務とす

(西) 同感にして目下主務部にても折角研究中なり自分の所見としては上海に戦編二ヶ師を送りて居留民の現地保護を行ひ北にては青島に一ヶ師、北支には天津、北平成し得れば大同（山西にして由来支那の戦争は山西の去就にて其の決を得る事例とす）の線を確保する如く五ヶ師位の出兵を要すべく、韓復榘に対しては彼を反噬せしめざる如く施策するを可と信ず

斯くなる以上堂々腹をすへ特別議会を要求し動員も正式に行ふ腹案なり

只支那に最痛い所を押へる手段なきやと極力研究中なり

(嶋) 大体の事務当局折衝中の案に同意を得感謝す此の上とも国家的決意の確立に努力され度

同日午後陸軍省の態度促進の為左の処置を執る

保科軍務第一課長は陸軍軍事課岡本〔清福〕中佐を往訪

(一) 此の際外交官等が当面の交渉に満足して挫折するは最不可、此の際大に外交促進を要す

(二) 陸相〔寺内寿一〕帰庁せらるれば海相〔永野修身〕より国家的決意の確立に関し閣議請議の予定に付、陸軍としても態度を決し協力を得度

右に対し岡本中佐は全然同意し海軍省の申入は今晩陸相迎の為次官〔梅津美治郎〕出発に付直接次官に申入れ陸相に伝達すべし

尚対支用兵に就ては参謀本部と共に研究中の如く前掲参謀本部案と略同様の腹案を述ぶ

但し北支の兵力は合計四ヶ師位の腹案なり

同日南京よりの外務電に依り予て支那側が我方要求に対し九日回答する由約せしものに対し双十節及休暇の関係上回答を来週初（十二三日？）に延期方申入れ来れるの報あり

以上の如くして支那側の態度に鑑み又国内的に廟議一決の為には大演習に変動を要すること必要と認め政府を動かす為要すれば右取止め可能なる海軍の態度を示すを要すとなし一部長より次長に進言（次長より大臣へ）することに一部の意見一致す

得たる情報の主なるもの左の通

(一) 南京武官電に依れば八日川蔣会談の内容に関し我方要求に対する回答は八日中に回答の筈なりし処支那側の都合に依り来週初めに致度旨申入りありたり（南京機密第一三五番電）

(二) 上海に於ける避難民は依然として多数に上る（九日）（滬第七二番電）

駐日支那大使《許世英》は九日英大使《クライブ》と八日蘇大使《ユレネフ》を訪問英蘇の動向探査に努めたるものの如く其の際英大使は防共は「ソ」を以て防禦同盟の対象とするものなることを注意し又英米は支に対し精神的援助はするも欧洲の情勢に鑑み実力を以て日本に干渉することなからんと語れり

一方「ソ」大使は他の項目に付て譲歩するも、防共は堅拒すべしと語れり

而て支大使は最後に、防共に関し「時期を限つての察哈爾綏遠の共匪を粛清するを目的とし第三国を攻撃の対象とせず該区内の共匪平静の日を以て其の効力を失ふ」如くすべき旨意見具申せり（支特情極秘四五五号）

駐支米大使《ヒューゲッセン》は日本の察綏に於ける策謀を報ず、（米特情極秘五四三号）

十月十一日（日曜）

特記すべき処置並に情報なし

十月十二日

一、陛下陸軍特別大演習より御還幸

午後二時別紙の通「北海事件以後に於ける在支警備兵力の派遣行動等」に関し奏上す

二、岡田部員上海出張より帰庁、其の報告に依れば出先海軍の所見としては

日支交渉は屡次の「テロ」行為に対する自衛を基調とせざるべからざるに国交調整を根本義とするは自衛戦の名目を立てるに著しき困難あり

出先としては戦備を整へつつ支那側の出方に依つて之に応ずる様心組みあり

三、情報の特記すべきものなし

四、内地新聞の茲数日の趨勢は極めて冷静にして日支交渉に関し記事を掲載するもの尠し

北海事件以後に於ける在支警備兵力の派遣行動等に関し　奏上

謹みて北海事件以後支那の事態愈平静を失したる為海軍として執りました在支警備兵力の増遣及其の行動等に付　奏上致します

一、北海事件に対しましては第三艦隊に於て措置を講じ我調査員を乗艦せしめたる嵯峨の九月十二日北海著を最初とし巡洋艦二隻、駆逐艦五隻を同十八日迄に海南島の海口に集中し是等を以て第五水雷戦隊司令官の指揮下に南遣部隊を編成し同方面に兵力を顕示して我決意を示すと共に北海の現地調査に備へて居りました処支那側に於ても我方の現地調査に協力する為種々の手段を講じましたので南遣部隊は九月二十二日朝北海に移動し次で二十三、四日の両日に亘り無事現地調査を終了するを得ました依て同部隊は一先づ海口に帰投し次で十月初旬固有の警備配備に復帰致しました

北海の現地調査に際しましては同地に占拠せる第十九路軍の態度に依り或は実力行使の已むを得ざる情況となることあるを顧慮し中央と致しましても予め必要なる準備に着手致しましたが第三艦隊及馬公、旅順要港部艦船は益悪化せんとする各地の情況に応ずる為何れも支那沿岸及揚子江の要地に配備せられ警戒を厳に致しました

二、北海事件の現地調査未だ終了せざるに先ち九月十九日漢口に於て我領事館巡査射殺事件が突発致しました

第三艦隊に於きましては機を失せず漢口に所要の艦船を集中し又特別陸戦隊を増援して同地居留民の保護に万全を期するの処置を執りましたが中央としては屡次不祥事件の発生及各地に之が波及の情況に鑑みまして特別陸戦隊増勢の必要を痛感しましたので差当り佐世保鎮守府特別陸戦隊一箇大隊を上海特別陸戦隊に派遣せしめらるる様手続を執り同陸戦隊は特務艦室戸にて九月二十四日上海に到着致しました

然るに同二十三日又もや上海に於て出雲水兵射殺事件が生起致しました

情勢斯の如く殊に際限なき支那各地の排日的暴虐行為の頻発は日支国交の将来に稽へ又支那警備の見地に於きましても速に適切有効なる根本的措置を講ずるの必要を痛感致しましたので成都事件以来続行中の対支外交折衝を此の際国家的決意の下に促進すべきことを政府に要求致しまするると共に海軍としては断乎たる我決意を表示し且今後の波及に備ふる為差当り警備兵力の拡充を図る目的を以て第八戦隊、第三駆逐隊及第二十二駆逐隊竝に呉鎮守府特別陸戦隊一箇大隊を派遣せしめらるる様手続を執り是等艦船部隊は何れも九月二十七日乃至二十八日上海方面に到着致しました尚最近支那空軍の拡充の実状に稽へまして之に備ふる為別に陸上攻撃機十機、戦闘機十二機を以て第十一航空隊を編成せられ同隊の大部は十月五日臺北に集中を終りました

以上に依り目下支那方面に対し派遣せられある海軍兵力は第三艦隊旗艦出雲の外巡洋艦五隻、駆逐艦二十四隻、砲艦十隻、特務艦二隻、上海特別陸戦隊約二千二百名、漢口同約三百名で御座りまして各重要地点に配備し不安定なる各地の情勢に対し警備上遺憾なきを期する為鋭意努力致して居ります

三、目下南京に於て行はれつつある日支交渉の結果如何は両国国交上重大なる分岐点となるもので御座りまして支那側に於ても陸軍及空軍を漸次兵要地点に集中致して居りまする関係上今後其の態度如何に依りましては最悪の場合対支実力発動の已むを得ざる情況に立ち到るやも保し難いのでありまする故此の際陸軍とも連絡を密にし予め最悪の場合に対する諸準備を促進し今後の情勢に即応し得る様遺〔違?〕算なきを期し居る次第で御座りまして之が為在支警備艦船部隊に夫々防空施設其の他新式兵器の増備を急ぐと共に横須賀、呉及佐世保鎮守府に於ける特別陸戦隊の派遣準備竝に艦船及航空部隊等の作戦諸準備を進捗中で御座ります

以上の如く目下の情勢は一に対支交渉の推移如何に懸つて居りまするが若し不幸にして対支実力行使を要するが如き場合は当面の特別大演習にも変動を及ぼすの已むを得ざることと存じまするが其の場合は別に奏請致す所存で御座ります

右を以て　奏上を終ります

昭和十一年十月

軍令部総長　博恭王

在支陸戦隊の現状　一一、一〇、一二

場所	上海特別陸戦隊の定員	北海事件前の現員	増派兵力 呉鎮守府第一特別陸戦隊	増派兵力 佐世保鎮守府第一特別陸戦隊	増派兵力 臨時増置	合計
上海	一五〇三	一五七九	四〇〇	四八三	一三	二二七一
漢口	九六	九六				三〇〇

準備中の陸戦隊　一一、一〇、一二

部隊	部隊数	記事
横須賀鎮守府第一特別陸戦隊	一個大隊（二個中隊基幹）	一、二個中隊基幹一個大隊は約五四〇名 二、一個中隊基幹一個大隊は約三〇〇名
呉鎮守府第二特別陸戦隊	一個大隊（一個中隊基幹）	
佐世保鎮守府第二特別陸戦隊	一個大隊（二個中隊基幹）	
上海海軍特別陸戦隊に臨時増置するもの	一八〇名	上海海軍特別陸戦隊に機械化部隊増勢のため増員せらるるものにして十四日佐世保発野島便にて上海に向ふ

主要航空兵力の現状　一一、一〇、一二

部隊	戦闘機	艦上攻撃機	陸上攻撃機
第一航空戦隊	一二機	二四機	
第二航空戦隊	一二機	四四機	
第十一航空隊	一二機		九機
記事	本表の外各機種約三分の一の補用機を有す		

十月十三日

一、本日の閣議の模様左の通

㈠ 新聞にある行政機構の件は陸相よりは何等提言なし

㈡ 海相より対支時局に関し提案

㈠ 現在日支交渉の推移より観て最後の腹を閣議として決定を請ふ

海軍としては大演習も近くなり速に方針確立を希望す

近来長足の発達をなせる支那の空軍並に諸般の軍備の現情に鑑み海軍兵力のみを以てする時局解決は至難なり等海軍警備上の苦心を述ぶ

㈡ 首相外相共に煮え切らず其の曰く

対支四項目は支那は容認するならん但し防共は何とかならんも北支の問題は仲々困難なりと観測す尚外相曰く此の調子ならば在来通陸軍の実力にてじりじり北支をやるより外なからんと

㈢ 海相より

陸軍の北支に於ける在来の不明朗なる遣り方が今回因を為し海軍の困却し居る処なり

対支交渉に於て我方の最後案は北支に関し冀察二省に止まるも其れをすら聴かざる時は如何にするか

(ホ) 各相「其の時は実力行使より外なからん」との意見に微温的乍ら決定す

(ヘ) 陸相曰く「漢口は充分頑張つて貰ひ度し」

海相答へて曰く「其は海軍兵力にては今日の情勢に於て不可能なり」

(ト) 海相曰く「陸軍は今次の日支交渉に関し本当の腹を決あり居るや」

陸相答へて曰く「陸軍部内に種々意見あるも今日の処最後に致方なければ実力行使に出づるも已むを得ずとのことに大体決定せり」

右の如き情勢にして首、外、陸相共に熱なく一に外交折衝のみに委し早急に武力行使等へ気運動かざる状況なり

二、右の状況なるを以て大演習は予定通実行することとし進められ度旨次官を通じ次長宛申入ありたり

三、軍令部としては差し当り大演習実行のことに進め尚南京交渉の模様にて更に其の態度を決することとなる

四、得たる情報の特記すべきものなし

第二案の際の実行案（一一—一〇—一三）

第一、仰允裁及伝達

◎仰　允　裁

○昭和十一年特別大演習計画書中左の通改正せらる

一、第一統監部の編制及編制期日中

(イ)「第一期及第二期演習」を「第一期、第二期及第三期演習」に改む〔中央統監部員を第三期にも延長する件〕

(ロ)「第三期演習の欄」を削る〔第三期審判官を廃する件〕

二、第二を削る〔比叡、白露、時雨を削る件〕

三、第十二中第三期演習の欄主要実施事項「一対抗演習、二、第二特別演習三、観艦式四、講評」を「一、参加演習部隊各個又は聯合の演習及訓練二、講評」に改む〔主要実施事項を改むる件〕

四、第十三中「第一期及第二期演習」を「本演習」に改む〔全期を通じ勅命により総長統裁の件〕

五、第七章を削る〔観艦式の件を削る件〕

六、第三以下を順次繰り上ぐ

七、別表第三中「赤軍第四艦隊」を「第四艦隊」に改め青軍聯合艦隊の下欄「第二艦隊の次」に挿入す

◎伝　達

一、仰允裁事項の文書伝達

二、電　報

昭和十一年特別大演習計画書中左ノ通改正セラル

一、第三期演習主要実施事項中「対抗演習、第二特別演習、観艦式」ヲ「参加演習部隊各個又ハ聯合ノ演習及訓練」ニ改ム

二、別表第三中「赤軍第四艦隊」ヲ「第四艦隊」ニ改メ青軍聯合艦隊ニ編入セラル

三、第三期演習、軍令部総長ヲシテ統裁セシメラル

第二、演習部隊の指導

260

特別大演習中央主席審判官

宛GF長官（各鎮、2F 4F長官）

対抗演習、第二特別演習及観艦式を取止められたるに付ては青軍聯合艦隊の演習訓練に関し差当り左記に依り御取計らひを得度

追て詳細説明の為〔ママ〕日着予定を以て近藤審判官を派遣せらる

記

一、第四艦隊は青軍聯合艦隊司令長官の定むる所に依り第一、第二艦隊に合同

二、対支時局諸対策の打合せ（近藤審判官着後）の後主として呉及佐世保軍港に回航補給及諸準備を行ふ

三、第二号の準備済次第主として九州西岸方面に行動し各個又は聯合の演習及訓練を続行す

〔文書覚〕

青軍GF長官宛

近藤審判官携行

一、対支時局及之に対する廟議及海軍の方針

二、対支戦時編制及対支作戦計画の内示

三、第二号に伴ひ呉及佐世保軍港に於て準備事項

四、爾後の演習及訓練に関し

(イ) 主として九州西岸に行動すること

(ロ) 必要の場合即応するの姿勢に在ること

(ハ) 各個又は聯合の演習及訓練続行のこと

(ニ) 第二特別演習に準ずる演習を〔ママ〕GF長官指導下に行ふこと

之が為必要なる審判官を以すこと

(ホ) 所要燃料増額の件

GF　四昼夜 ｝大演習燃料
4F　五昼夜

十月十四日

一、新聞報に依れば昨十三日須磨高宗武会談に於て支那側は日本側に決意なきものと見縊り強気に出で居るものの如し

二、午前参謀次長〔西尾壽造〕当部次長を来訪陸軍の態度に付左の通言明す

陸軍軍備の現状に鑑み兵力行使は極力之を避け、大義名分上兵力行使せざるべからざる場合にのみに限り度

陸軍の態度は今日迄兎角明確ならざりし処右参謀次長の言明に依り何等かの事件に依り大義名分上実力行使に出でざるべからざる場合を除き南京交渉の為に最悪の場合に立至ることは絶対に避けんとするものなること明白となれり

尚対支交渉に於て防共及北支問題に対しても陸軍としては飽迄強硬に突張る熱意なく要すれば之を「ドロップ」して従来の施策を続行するを可とする意見の如し

而て将来「テロ」行為頻発する場合陸軍は如何なる態度に出づるや不明なるも以上主として陸軍の態度に鑑み海軍の主張するが如き対支交渉に対する国家的決意の確立は現状に於ては遂に其の目的を達し得ざりし次第なり

三、参謀次長退去後課長以上次長室に参集右陸軍の態度に基き協議の結果大演習は予定通実施することに決定す

但し緊張せる気分の下に現地に活躍する第三艦隊の実状にも鑑み観艦式は御祭気分に堕することなき様従て部外よりの招待等は之を

辞退することとす
尚大演習後の艦隊の行動補充交代及航空隊の編制換等に関しては具体的結論に達せず〔第八三〇号電本冊三二五頁〕

四、夕刻川越請訓電着（電中原〔義正〕大佐保管）
一部長、一、二課長、中原、岡田、藤原、小野田、鹿岡部員参集協議の上、支那側の条件は協定成文中に入れざることとして請訓電の内容に同意することとし中原部員を通じ軍務に申入るることとす

時局処理に関する件覚（一一、一〇、一四）

海軍省
軍令部

一、演習及観艦式
南京交渉急速解決の見込なきを以て演習及観艦式は予定通実施のこととす
但し何時事態悪化するやも測られざるに付悪化の場合には演習を中止し所要の準備を行ふの心構をなし置くものとす

二、時局関係主要職員
右関係軍令部職員（次長、一課長、中原大佐）の演習参加を止め又演習中の大臣扈従を止む

三、外交交渉
川越大使請訓に基き関係者間に於て外交交渉の遣方に関する再討議を行ひ将来に障碍を貽さざる限り個々の事項に付支那側の諾否、即決を要求し片附きたるものより速に調印実行に移す方針にて進む

四、第三艦隊兵力
㈠ 第三艦隊兵力は当分の間現状の儘とす
（第十一航空隊も当分の間臺湾前進の儘とす）
㈡ 役務変更予定の艦船も時局の状況に依りては役務変更期を延期することとす
㈢ 艦隊士官の異動及補充交代は最小限度に止むるものとす
又服役延期を考慮し置くものとす
㈣ 重慶及長沙警備艦は下江可能の限度迄（大体十月末）碇泊せしむべきも居留民をして同時引揚を為さしむべきや否やは時の状況により之を定むるものとす
但し同時引揚をなさしめざる場合には必要の時機に引揚を可能ならしむる如く日清汽船の準備をなさしむ

五、艦隊の行動其の他
演習終了後の艦隊行動等に関しては時の状況に応じ之を定む可しと雖も情勢悪化の場合に応ずる為左の場合に対する準備を為さしめ置くものとす
㈠ 役務変更（並航空隊編制替も）期の延期
㈡ 満期兵の服役及補充交代期の延期（但し練習生の入校は予定通りとす）
㈢ 休暇延期
㈣ 艦船の大修理延期
㈤ 士官の大異動延期（但し学生の入校は予定通り実施す）

六、演習の公表振
演習の実施に関連し時局に対する海軍の態度に関し誤解せしめざる様適当の公表を行ふ

（終）

262

十月十五日

一、川越請訓に依る我要求案に関しては陸軍側が部内に於て審議未了未だ成案を得ざりしを以て三省事務会議にて結論に至らず

二、川越請訓は高宗武須磨間の会談を基礎とするものにして権威乏しきを以て川越自身支那側責任者と交渉の上請訓すべきを外相より出先に注意を喚起せり

十月十六日

一、三省事務当局会議開催

(外) 高宗武は蒋の懐刀なり

現地大使始め本心は積極的なるも陸軍が動かぬことを知りたる以後は消極的となれり

従て請訓の「ライン」にて中央に助け船を乞ふの形の如し昨日川越に対し張羣と積極的にやる様訓電せり其の結果に依り正式の請訓あるものと予想す

(海) 海軍の成案（請訓に対する）説明

大体の見越しつき居るに付相当の処にて速に妥結を希望す

(外) 北支五省及防共は「ドロップ」しては如何

(海) 海軍は不同意海軍の見地を切言す

(陸) 防共は北支五省とし主義を主とし細目は委員会にてやることとするを可とす

北支五省は高の言の程度にても取り決めるを有利とす

(外) 但し現地工作を後戻りせしめざるを可とす

海軍の要望は当然乍ら支那の事は急ぐと損をする

以上に依り

外務省としては昨日の電報に依る川越張の会談の結果に基き最後案を出すを可とす

陸軍も略同様の態度なり

海軍としては緊張〔ママ〕より現地の情況及其の他諸般の事情より速きを可とする旨申入る

結局一致せる処左の通

㈠ 本交渉は速に妥結に導くべく南京交渉を促進す

㈡ 防共は主旨を認め細目は委員会にて決せしむ

㈢ 北支は冀察二省の実情を黙認せしめ他の三省に付ては経済合作を進む

㈣ 言論を指導し陸軍も大に関心を有する旨を知らしむ、（一方陸軍の最後案を促進することとす）

更に海軍より陸軍の態度促進を痛切に要求せるに対し陸軍は外交促進の為出兵は困難なるもイザとなれば避くるものに非ずと述ぶ

之を要するに陸軍は外務省より鞭撻せられつつある態度なり

二、特記すべき情報なし

十月十七日

一、昨日の三省事務当局会議の模様に関し中原部員より総長に報告す

二、佐藤〔脩〕武官報に依れば昨十六日までに上海避難民の現象止み既に若干帰宅するもの現はるるに至れり

十月十八日

一、南京〔中原三郎〕武官報に依れば十九日午後三時川越張羣会談のこととなれる由、尚蒋主催の杭州会議は事実なり但し其の内容は不明

二、支那時局の推移に鑑み、軍令部一課長審判官行きの件保留中の処、本月一五〇〇東京発扶桑乗艦の途に就く

三、軍令部二課長〔金澤正夫〕以下中央審判官比叡に乗艦

十月十九日

一、颱風の為第三期対抗演習一日繰下げられ同時に陛下の御発輦一日繰下げらる

二、特情に依れば駐日支那大使〔許世英〕は南京外交部に日本は出兵の意図なきを情報す

十月二十日

一、午前中原南京武官電午後川越大使電受領昨十九日川越張羣の会談に於ては防共及北支問題を議題として論議せるも、何等の歩み寄りなく一向に進展せず

二、総長、次長、一部長東京発比叡に乗艦す

十月二十一日

一、本日午後川越張羣会談す

二、新聞紙は漸く支那側の硬化を報道す

十月二十二日

一、午前中原武官電、川越大使電接受

昨二十日午後三時川越張羣会談したる所、防共問題に終始し何等得る処なく近日中再び会談することに申合す

右会談中張は一般防共に付ては協定の形式を執らず事実上情報を交換する程度ならば出来るべしとて容易に納得せず兎に角蔣に相談の上返答すべしと約し尚北支防共に付ては委員会にて協定すべき大綱丈にても予め承知し度旨申入れ川越大使次回に返答を約す

二、去る十月十三日九江に於て保津艦長に対し九江飛行場番兵の不遜侮日の行為ありし旨電報に接す

（3F機密六一八番電）

飛行場に入場を許可せざりし件は断乎として許すべからざるものにして中央政府の責任を問ふ必要ありと認む

十月二十三日

特記すべき事項なし

十月二十四日

一、駐日支那大使有田外相訪問、我意向を探る

外務川越電に依れば右の訪問は北支防共に関しては山海關包頭線以北に限り一般防共に関しては協定することなきを前提として話し込み我意を探らんとせるものなり

二、須磨〔彌吉郎〕南京総領事着京

外務、海軍側と懇談、出先の実情を披露する処あり海軍側より海軍の所信を披瀝す

三、中原大佐右会談終つて軍令部首脳部に報告の為神戸に向け東京発

十月二十五日

一、中原大佐神戸着比叡に於て総長以下軍令部首脳部に報告す

二、神戸に於て補充交代其の他に関し協議したる事項別紙の通

覚

（昭和十一年十月二十五日於神戸省部協議済）

一、来る十一月一日予定の補充交代は航空関係者及第三艦隊を除く外予定通実施す

二、海軍軍人の休暇は十二月一日以後行ふこととす
三、艦船修理は航空母艦（鳳翔を除く）以外は予定通実施す

（終）

十月二十六日

一、中原大佐帰庁、中原大佐の語る処に依れば昨日の話合にては、補充交代、艦隊行動等に関し首脳部の意見未だ確定せず
二、海軍次官〔長谷川清〕須磨総領事を水交社にて昼餐に招待す
三、軍務一課長よりの電話に依れば神戸に於ける省部協議の結果に依る補充交代艦隊行動等に関する処理方針左の通
㈠ 補充交代は予定通但し3F及航空隊関係は止むを得ざる最小限度に止む
㈡ 修理は予定通但し加賀龍驤を除く（鳳翔は行ふこと）
㈢ 艦隊の休暇は十一月中行へず十二月以後に行ふ

十月二十七日

一、中原南京武官電に依れば川越大使は昨二十六日午後四時より約二時間張羣と第六次会談を行ふ共同防共及一般赤化防止問題に関し討議せるも未だ前回程度以上進展を見るに至らず

十月二十八日—三十一日

一、特記すべき変化なし
二、須磨総領事上京中得たる事項左の通
（註）上京中の行動
二十四日　海軍側と会談
二十五日　外務側のみにて研究
二十六日　海軍次官昼食に招待
二十七日　陸軍軍務局長〔磯谷廉介〕昼食に招待
離京
（三省事務会談の運に至らず）
㈠ 南京交渉の状況
本交渉は幾多の困難あり
(イ) 北支防共に関する地域冀察綏三省に関しては山海關包頭線以北に落付かざるを得ざるべし
(ロ) 一般防共は困難なり
(ハ) 北支問題に関しては経済合作を考慮し必要の都度南京政府より訓令を出すのが関の山ならん
㈡ 離京に際し何等新訓令に接せず
四相会議に依る従前通の訓令にて押せと云ふ結論になる
㈢ 唯須磨総領事の得たる点は
(イ) 困難なる交渉状況を中央に明確に認識せしめたること
(ロ) 海軍案に付海軍のフランクなる意見を聴き且外務側の之に同意なる点を明にし今後折衝上の最後線を胸算に置き得たること
㈣ 二十七日陸軍との会談に於ては如何なる印象を受けたるや不明なるも恐らく陸軍は面倒なれば止めて終へと云ふ腹なる如く観測せるるものの如し
陸軍との会談後東亜局長〔桑島主計〕、東亜一課長〔上村伸一〕、太田〔二郎〕を加へ四人にて協議の結果
極力纏めることに努力する唯防共問題及北支問題に関しては協定困難となれば公文交換の形式をとり更に万已むを得ざれば議事録として而も之に調印する形式をとる

ことに決定せる由なり
三、磯谷軍務局長は交渉面倒なれば交渉は一先づ打切り、日本は独自の立場にて是と信ずることをやれば良ろしとの旨、駐日支那陸軍武官に語れる由（特情に依る）

十一月一日—八日

一、二　日
㈠ 時局処理に関し別紙の通決定
㈡ 第十一航空隊攻撃機隊木更津戦闘機隊鹿屋移動の件次長より予報す

二、三　日
須磨高宗武会談特に進展を見ず

三、五　日
㈠ 第二十六駆逐隊を支那沿岸（主として長江方面）に派遣せしめられ之と交代して第三駆逐隊を内地に帰還せしめらるる件次長より予報す
㈡ 福留一課長中央の意向を伝ふる為上海に向け東京発

四、六　日
㈠ 十月十二日以後に於ける対支時局関係警備兵力の行動等に関し総長上聞書を奉呈す
㈡ 第十一航空隊攻撃機隊木更津戦闘機隊鹿屋移動の件御允裁の上伝達す

時局処理に関する件覚（一一、一一、一一）

海軍省
軍令部

須磨総領事の帰京報告に伴ふ陸軍側の態度等に依り十一月中には外交交渉による解決を見ること困難の状況に立至りたるも海軍としては交渉妥結後尚先方の誠意実行を見る迄は従来の態度を余りに緩和するは不適当と認めらるるのみならず他方近く艦隊航空隊の編制替士官以下の大異動等もあるを以て以上を考慮し左記に拠り処理することとす

記

一、外交交渉
別紙最後線を以て速に妥結する如く折衝促進のこととす

二、第三艦隊兵力
㈠ 第八戦隊
十一月下旬帰還せしむ
(イ) 川内（第一水戦）神通（第二水戦）は十一月二十日頃「龍田（佐警）」現地着の上交代帰還（龍田は当分の間第三艦隊に増勢）
(ロ) 長良（二予）は十一月末に帰還情況之を要すれば多摩（舞警）を代艦として派遣
(註) (イ) 川内、神通帰還の場合第五水雷戦隊旗艦夕張を中支に配備するを可とす
(ロ) 「当分の間」は交渉妥結後尚支那側の誠意実行を見可き若干期間を意味す
㈡ 第三駆逐隊（横警）
十一月十日頃第二十六駆逐隊（鎮警）現地着の上交代帰還（第二十六駆逐隊は当分の間第三艦隊に増勢）
㈢ 第二十二駆逐隊（第二空戦）

266

十二月十日頃帰還情況之を要すれば第二十三(佐警)駆逐隊派遣

㈲ 馬公警備隊を南支に五水戦の一隊を中支に配備するを可とす

㈣ 洲　埼

十一月十日頃第三艦隊附属を解く

㈤ 第十一航空隊

十一月六日附帰還十一月十六日解隊

但し臺北の基地施設は当分其の儘となし爆弾燃料等は馬公要港部に保管せしむ

尚(イ) 十一月十六日航空隊編制替後第十一第十二第十三航空隊の派遣準備をなし置き急派に応じ得る如くす

(ロ) 濟州島の飛行基地整備を続行し之を完成し置くものとす

㈥ 上海海軍特別陸戦隊

当分の間現状の儘とす（但し所要に応じ急速に内地より陸戦隊派遣の準備をなし置くものとす）

㈲ 3Fの上特陸増員上申に関しては実情調査の上追て之を定むることとす〔三予〕

㈦ 球　磨

十二月一日頃「天龍」と交代帰還

㈧ 士官以下の異動及下士官兵の補充交代は之を最小限度に止む又下士官兵の服役を事件解決迄延期す

三、聯合艦隊

㈠ 乗員の異動補充交代は予定通之を実施す

㈡ 乗員の休暇は四十八時間「ノーテス」にて規定通実施す

㈢ 艦隊の修理は予定通之を行ふ

但し加賀龍驤は受命後五日以内に行動を起し得る条件の下に修理を行ふものとす

四、第三艦隊との連絡

以上に関連し第三艦隊と連絡の為速に福留軍令部第一課長を現地に派遣す

（終）

◎対支要求の最後線の件

（十月十六日海陸外三省主務者会議の結果修正）

一、防共問題

支那北辺（冀、察、綏三省）に対する共同防共の主義を承認せしむ而て更に日支間に共同防共委員会を設置し実行方法及地域等に付研究のこととす

二、北支五省問題

㈠ 冀察の現状を黙認せしむ

㈡ 他の三省に対しては経済合作を承認せしむ

（但し陸軍に対しては出先をして中央の統制を離れたる工作を絶対的に止めしめ専ら第二次北支処理要綱の示す処に拠り処理せしむ）

三、航空連絡（福岡上海間）問題

即時調印実行期を三ケ月以内とす

四、関税低下問題

即時調印実行期を二ケ月後とす

五、事件自体の解決

南京政府と交渉するを建前とす
但し上海事件に限り具体的条項は現地解決とし差支なし
猶支那側五項目は交換条件とはせず紳士協約となす
（実際問題として密輸、北支自由飛行は自発的に考慮を約束し然る可し）
以上成る可く速に妥結せしむるの方針を執るものとす　（終）

（註）
㈠　本件外務、陸軍上司に於て同意なりと（一〇—一二）
㈡　一〇—三一外務省より陸軍に於ては凡て drop し本件自体の解決のみ行ふことを外務省に申入る旨情報ありたるに付海軍は之に絶対反対の旨外務省に申入る　（一〇—三一）

上聞書

十月十二日以後に於ける対支時局関係
整備兵力の行動等に関し

一、曩に上聞に達しましたる十月十二日当時の情勢に於きましては従前通の在支兵力を以て依然警備に任じつつ特別大演習を予定通実施のこととせられ其の後同演習は順調に終了せられたので御座りまするが其の間対支局面に特記すべき変動なく今日に及びました次第で御座ります

二、対支時局関係警備兵力中臺灣方面派遣の第十一航空隊に関しましては臺灣に於ける諸般の事情に依り同隊を同方面に存置せしむる為には幾多の無理を忍ばざるべからざる実情に在り一方日支時局の打開は前途尚相当の時日を要し現状に於ては右の無理を忍びてまで同隊を前進せしめ置く必要なきに至りましたものと認められまするので差当り同隊を内地に移動せしめらるることに仰　允裁方　奏上致す次第で御座ります尚情勢変化なければ同隊は十一月十六日解除のことに別に手続致す考で御座ります

右以外の在支警備兵力に関しましては現下の情勢に於て急速なる変更は之を避けるを必要と致しまする一方明年度艦船役務の準備の関係にも鑑み第三艦隊に増勢中の在支陸戦隊兵力は当分現状通とし第八戦隊第三駆逐隊及第二十二駆逐隊は適当なる艦船を派遣の上交代せしむることと致度腹案にて其の場合は別に　上奏致す所存で御座ります

昭和十一年十一月六日

軍令部総長　博　恭　王

十一月九日—十八日

一、九日　第二十六駆逐隊支那沿岸派遣並に第三駆逐隊内地帰還の件御允裁を仰ぎ前者の件即日伝達す
第十一航空隊移動開始
二、十日　川越張会談
三、十一日　郵船笠置丸船員上海に於て射殺さる
須磨高宗武会談
四、十二日　第十一航空隊移動終了
本移動中戦闘機故障状況左の通

行方不明　二機

石垣島不時着破損　一機

小禄より分解輸送　一機

鹿屋高浜海岸不時着　一機

鬼界島不時着　一機

五、十三日　第三駆逐隊内地帰還の件伝達

須磨高宗武会談

六、十六日　第八戦隊（長良欠）内地帰還の件予報

第十一航空隊解隊

七、十八日　第八戦隊（長良欠）内地帰還の件御允裁を仰ぐ

加賀、龍驤工事制限の件解除す

川越高宗武会談

第十一航空隊司令報告（総長室）

十一月十九日—十二月五日

一、二十日　須磨高宗武会談

川内、神通明十二年度艦隊役務の関係上内地帰還のことに伝達せらる

長良は明十二年度第二予備となる関係上、特に急ぎ帰還の必要なきを以て引続き月末迄警備に任ずることとす

二十日迄に天龍、龍田支那沿岸着、本日附を以て両艦とも第十戦隊に編入せらる

二、二十一日　川越大使請訓に接し纏め得る範囲にて纏め、纏め得ざる点（北支問題、防共問題）は将来交渉を続くる形式を執ることに軍令部方針決定軍務に申入る

三、二十三日　川越張会談

四、二十七日　日支交渉其の後の状況より見て交渉打切りのこと然るべしとの軍令部方針決定

川越大使請訓案に依れば打切りとするも、その際、交渉経過の覚書（一方的のもの）を支那側に交附せんとするも、何等意味なきものにして、一切白紙にして打切然るべしとの方針に決定、軍務局に申入る

本日、長良月末内地帰還のことに予報する予定なりし処青島方面の情勢漸次悪化せるに鑑み予報せざることに変更す

五、三十日

青島の情勢愈々悪化せんとする一方長良（十二年二予）球磨（十二年三予）を内地に帰還せしめざるべからざる状況なるを以て舞鶴警備艦多摩を青島方面に派遣同艦現地着の上長良、球磨を帰還せしむる方針に決定、左の通処理す

㈠ 多摩二十四時間待機の件申進

㈡ (a) 多摩支那沿岸派遣、警備に関し3F長官の指揮を受くる件

(b) 球磨多摩現地着迄残留警備に関し3F長官の指揮を受くる件

(c) 球磨、長良内地帰還（多摩現地着後）の件御允裁を仰ぐ

六、十二月一日

多摩派遣球磨残留の件伝達す

日支交渉に関する三省事務当局協議の結果、極力纏めることに努力を続くるも止むを得ざれば出先の判断にて打切り可然との方針を決定す

七、二　日

多摩舞鶴発（四日青島着の予定）

青島の情勢益々悪化、暴動化せんとする情勢となれるを以て午後五時邦人紡績工場一斉に閉鎖す

八、三　日

本早朝青島先任指揮官天龍艦長は青島の情勢に備へ機先を制して暴動化を未然に防止する意図を以て七六二名の聯合陸戦隊を揚陸せしむ

当時在泊艦船左の通

天龍、龍田、長良、球磨　22dg　葵

陸戦隊は邦人紡績工場の警衛に当れる外、党部機関数個所の検索、書類押収の処置に出でたり

青島に於ける警備兵力の行動に関し文書上奏す（総長より）

日支交渉は外務出先案の如く打切りとなる（口述覚写支那側に交附の件は海軍側の意志に反し、之を実行せり）

予想通支那側よりの主権侵害に関する抗議あり

九、四　日

多摩青島着

球磨長良は多摩着後内地帰還のことに伝達予定なりし処青島の情勢（我陸戦隊揚陸後の情勢は多少流言蜚語あるも平穏）に即応せしめるため帰還の伝達を暫く見合すこととなる

一〇、五　日

支那の情勢殊に青島問題自体並に之が全支に波及することあるべき場合に備へんが為神威四十八時間待機方申進す

尚航空部隊の準備竝に特陸（各鎮に一大、内横呉特陸二八砲隊（山砲四、曲射歩兵砲四）を加ふること）の準備に関し、次官次長連名にて申進す

金澤第二課長、青島問題に関し中央出先と連絡の為出京（大連経由十日早朝青島着の予定）

上　聞　書

青島に於ける警備兵力の行動に関し

一、曩に上海方面の邦人紡績会社に於ける労働争議は十一月中旬以来青島に飛火するに至り二三の紡績会社に於て紛争を続けて参りましたが漸次不穏化せんとする情勢が御座りました故第三艦隊に於きましては警備上万全を期し逐次兵力を青島に集中し現に天龍、龍田、球磨、長良、第二十二駆逐隊及旅順要港部より派遣せられたる第十四駆逐隊の葵が同地に警泊中で御座ります尚球磨及長良の交代として舞鶴要港部警備艦多摩を同地に増派せらるることに既に手続致しまして同艦は昨二日舞鶴発明四日青島着の予定で御座りまする一方第三艦隊旗艦出雲は三日上海発青島に回航中で御座ります

二、青島に於ては支那側当局も極力事態鎮静に努力して参りましたが其の効果なく昨二日に至り各紡績工場は遂に一斉に休業閉鎖致しました為形勢益悪化し或は暴動化せんとする虞あるに至りました故現地の先任指揮官天龍艦長は機先を制して今早朝七百六十余名より成る聯合陸戦隊を揚陸して在留帝国臣民の生命財産の保護に任じて居ります

三、今後の警備方針に関しましては従来通我武威の顕示に依り極力

支那側当局を鞭撻して以て事態を収拾するを第一とし已むを得ず執ることあるべき自衛手段も極力必要なる最小限度に止めんとする方針を既に出先に示して居りまして目下の処支那側正規兵の移動等も無く事態大なる変化は御座りませぬが尚逆睹し難き支那側の態度等に稽へ又之が各地に波及することあるべきに対し警戒を厳に致して居ります

昭和十一年十二月三日

軍令部総長　博　恭　王

十二月六日—十二月十三日

五日3F長官青島着直接青島問題の処理に当り着々解決の運びに向ひ其の間長谷川〔清〕新長官長崎より第二十二駆逐隊駆逐艦便にて八日青島着新旧長官交代を了す

其の後十四日早朝より一斉開工の見透付き3F長官は十一日青島発十三日上海着

西〔春彦〕総領事沈〔沈鴻烈〕市長間の外交々渉に関しては紡績工場再開に関する事項と、外部に発表せざる両者間の了解事項に二分し概ね我方要求通沈の容るるところとなる

（西二八七号二八九号二九〇号二九一号参照）

北海（支那）事件経過概要（軍令部第二課）

一一、一二、一三

張學良クーデーター〔註15〕事件経過概要

一、新聞報に依り首題の事件を知る

二、南京武官電一二五五接受、新聞報を確認す

三、右の確報を得て全支に於ける動乱に備へ警備兵力を強化すべく左の通処置す

兵力待機発令

木曾常磐 11dg 23dg 四十八時間待機

四、本事件処理方針別紙〔註16〕の通（第一部甲部員綴）

十二月十四日

西安兵変に関する情報多数あるも、蔣の生死不明特に処置せる事項なし

十二月十五日

青島に於ける邦人工場一斉に開工、情勢依然平穏なり

十二月十六日

予定通球磨長良の陸戦隊撤収す

球磨長良の陸戦隊撤収の件報告に接し両艦内地帰還の件伝達す

対支警備兵力の行動待機等に関し総長奏上す（別紙参照）

十二月二十四日

青島陸戦隊全部撤収（二十三日）及支那一般状勢に付文書上奏

上聞書

謹みて対支警備兵力の行動待機等に関し　奏上致します

一、今次の西安兵変の結果我在支権益及在留邦人の生命財産に不安を来す虞れが御座りますので必要に応じ速に在支警備兵力の増勢強化を図り得る如く差し当り神威（第十二戦隊所属）木曾（横須賀警備艦）常磐（佐世保所属第一予備）第十一駆逐隊（呉警備駆逐隊）及第二十三駆逐隊（佐世保警備駆逐隊）に四十八時間待機を命じて御座ります

尚陸戦隊及航空兵力派遣の場合に応じ得る如く前者は各鎮守府に於て五百名より成る特別陸戦隊各一個大隊計三箇大隊後者は館山、木更津等の各航空隊に於て所要の機種機数に付必要の準備を進めて御座ります

二、青島事件其の後の情況は着々解決の運びに向ひつつ御座りますので第三艦隊司令長官は現地の指揮を首席指揮官天龍艦長に委し去る十一日旗艦出雲を率ゐ青島発十三日上海に到着致しました

其の後十四日朝邦人紡績工場は一斉に就業するに至り情勢大に緩和致しましたので先づ十五日球磨、長良の陸戦隊を撤収、両艦は右撤収の上内地に向け青島を引揚げました

明日現地指揮官は多摩、第二十二駆逐隊及葵の陸戦隊を撤収する予定で御座りまするが第二十二駆逐隊は十二年度第二航空戦隊所属の関係上各種準備の為出来得る限速に内地に帰還せしむる必要が御座りますので同隊は明日陸戦隊撤収次第内地に帰還方茲に奏請致す次第で御座ります

以上に依り目下支那沿岸に臨時派遣の上警備に関し第三艦隊司令長官の指揮を受けしめられて居りまする艦船部隊は多摩（舞鶴警備艦）及第二十六駆逐隊（鎮海警備駆逐隊）で御座りまするが是等は現下支那の情勢に鑑み当分引続き支那沿岸警備に任ぜしめ之が内地帰還に関しては更めて奏請致す所存で御座ります

昭和十一年十二月十六日

軍令部総長　博恭王

十二月十七日

金澤課長帰庁、青島の情勢に関し報告あり（別紙参照）

十二月十八、十九、二十日

其の後青島方面異状なく平穏なり

西安兵変に関しては既に一週間を経過し、蔣の生死に関し情報区区にして確定的のものなし

国民政府の宣伝工作宜しきを得たるものか、支那財界は意外に平静なり

廣西側が抗日通電を発せるも、學良と何の程度の諒解ありや不明なり、尚學良と協同して反国民政府の挙に出でんとするもの未だ旗幟鮮明なるものなし

上聞書

在支警備兵力の行動に関し

一、十二月三日青島に揚陸致しました第三艦隊陸戦隊は其の後同地に於ける邦人紡績工場も十四日より一斉に操業を開始し事態漸次緩和するに至りました故十五日以来逐次に兵力の撤収を行ひましたが其の間支那側不逞分子の多くは青島特別市外に追放せられ治安亦良好に維持せられまして最近の情勢に於ては最早邦人の生命財産に危険を感ぜざるに至りました故昨二十三日最後の撤収を行ひ茲に陸戦隊全部の撤退を終りました

此の間巡洋艦球磨、長良は十六日、第二十二駆逐隊は十八日夫々青島発内地に帰還致し又旅順要港部より派遣せられて居りました第十四駆逐隊の葵は十七日青島発旅順に帰港致しました

以上に依り現在青島在泊艦は天龍、龍田及多摩の三艦で御座ります

二、西安兵変の突発に伴ひ第三艦隊に於きましては特に警戒を厳にすると共に十二月十七日漢口特別陸戦隊を増勢致しました従て現在在支特別陸戦隊の員数は上海に約二、四〇〇名漢口に約三〇〇名駐屯致して居ります

三、支那の情勢に応ずる為の内地待機兵力に関しましては十二月十六日奏上致しました通で御座りまして其の後変動御座りませぬ

昭和十一年十二月二十四日

軍令部総長　博恭王

青島事件処理及現地視察報告

（金澤正夫）

◎行動

△　十二月五日3F長谷川長官と同車発、車中、小官使命を伝へ長官全然同意

△　便船の都合にて大連経由、十日朝青島着、長官は途中駆逐艦便に変更八日着青

◎　事件処理経過

△　陸戦隊上陸迄の現地実況〔註17〕

○　今春の茂益丸、税関事件当時以後支那側党部、国術館、及不逞分子の反日工作着々進み加ふるに支那当局の取締誠意の認むべきものなく斯の如くせば支那一般の排日抗日気運と相俟て特殊地帯たる青島に一大脅威を誘致する虞あり中南支は別とし青島は彼の為す〔ママ〕が儘に放任する能はず、要すれば現地保障占領等避くべからずとの外、海、陸の信念とも云ふべき堅き決心なりき

○　球磨は其の間に処し警備諸方策の研究を尽し、総領事館警察と相協力して何時にても事に応ずる準備を為せり

○　十一月十七日以来の紡績工場罷業、怠業並に其の計画が組織的にして単なる労資争議のみならず、多分に政治的意味を含み殊に市政府当局より其の主謀者を出したるに依り前記の信念は益堅くなれり

○　沈鴻烈は優柔不断其の統制力なく、外面我によきも内心は決して同じからず将来青島の明朗化の為には彼を追ひ出すを要す、今回事件の責任重大に付絶好の機会なり

△　支那側要求の現地案

以上の思想に基く現地外海陸の合作、陸軍武官の意見重きを為す

△　沈の謝罪——追ひ出し策

△　党部の解消——前記目的の達成及陸戦隊揚陸の合理化

結局陸戦隊の威力下に一挙解決を期せんとす

△　3F〔第三艦隊司令長官〕来青（六日）するや3F司令部としては現地の思想と異なり此の際

○　急速解決、陸戦隊の速なる撤退を急がる——公平なる処長官交代を上海に於て行はんとすることも手伝ひ居りしやに認めらる

○　事件処理に関し3F幕僚と現地陸海外との論争

○　此の趨勢は支那側に反映し七日、八日交渉「デッドロック」

▲　八日午後長谷川長官着任後小官携行の方針にて進まる

一方外務省よりも処理訓電来る

右に依り処理方針確立、交渉常道に入る

従来強硬に支那側に要求せし要求を相当緩和せる為支那側も乗り来る

○ 争議関係——公文書（往復）
○ 政事事項を了解事項とす（不公表） ＼／ Separate

陸戦隊の進退を交渉の為拘束せらるることなきに至る

◬ 十日夜遅く迄かかり解決、十四日工場開場（工人多く帰郷中の為）

3Fより陸戦隊、艦船の撤退方針を決して電報す（年内の撤退を二十日頃に早む）

△ 3F「口」は十一日夜南下、二十日過再び来青、終末処理の予定

△ 陸戦隊は目的達成後成べく速に一斉撤退を期したるも急速撤退は不安なるに付逐次撤退のこととなる、情況に依り早まるべし

◬ 支那側は三日朝突然の揚陸に度肝を抜かれ、戦慄す（我方に武器を取上げたる噂あるも実は放棄遁走）

○ 不充分乍ら我威力下に極〔穏〕力治安維持に努め

支那側陸戦隊の如きも田尻武官の命の儘に進退せしむ

○ 白沙河以北に移駐したる韓復榘軍も不進入を連絡し来る

○ 不逞の徒手入の際の間違ひは支那税関吏邸をおそひ、窓硝子を壊したること一件あるのみ

○ 海軍陸戦隊の分駐警備、市中巡邏、軍紀厳正、邦人の尊敬と感謝を受く、大に好遇を受く

○ 小事件としては鮮人の密輸に端を発し税関と格闘ありしも大事に至らず

（青島に於ける密輸の一例）

◬ 十四日各紡績工場一斉開業（十四日開場は主として不逞分子の追ひ出し善良工人の復帰の為に暇取れり）

○ 支那側と密接なる連絡の下に取締りに当り何等事故なし

○ 工人出勤率、操業率平均80%

○ 不逞の徒は多く遁亡又は逐放に会ひ且我今次の威力におそれ、今後治安は大に改善せらるべし

◎ 北支警備指揮官の処置

○ 現地の実情以上の如く推移し遂に支那側の取締不徹底なる為工人に反省を与ふる為一斉閉場を総領事より命じ三日之を行ふこととなりしを却て支那側に漏洩を虞れ二日各社共閉場

○ 閉場せば二万五千の職工、十万余の家族まで或は爆発暴動化することなきを保せず

此の件は予めの研究に依り陸戦隊の揚陸已むを得ずとの現地の研究なり即ち

宛3F長官（長良艦長）　発球磨艦長　十一月十九日

青島ニ於ケル工場騒乱ノ為日本人及其ノ財産ニ著シキ毀害ヲ受ケントシ又受ケタル場合ニハ陸戦隊ヲ揚陸シ警備ニ任セントス

宛球磨艦長　発3F参謀長　十一月二十日

球磨機密第三五〇番電ノ件了承セラル

実施ニ際シテハ申ス迄モナキ事乍ラ貴地総領事及田尻武官ハ充分連絡ヲトリ慎重〔穏〕ナル処置ヲセラレ度

○ 先任指揮官宇垣大佐は十二月一日事態容易ならずとして陸戦隊の編制及諸準備を行ひ　更に二日総領事及武官の要請あり

然れども揚陸は統帥事項に属し自己の判断に依り決するの議を

明にし飽く迄慎重を期したるも　事態以上の如く工場閉鎖は暴動化せんとする傾向大なりしを以て機先を制し　遂に揚陸に決定せる次第なり

従て

◎　最近着任し申継を了したる乍り〔ママ〕の天龍艦長が右の情勢にて揚陸に決せしも已むを得ざる所

◎　此に至る情勢として工場閉鎖を飽く迄必要とせしや否やに問題生ず　現地当事者は必要已むを得ざりしと確信しあるも当時前述の観念に一致せる現地諸員としては当然の処置と為すも已むを得ざりしならん　即ち現地の空気に左右せられしこと大なり

○　3F司令部の意向は尚早なりし為長官より一言ありし模様なるも以上の如き現地空気は玆に予め允許を得ありしことは入港後承知したるものの如し

◎　陸戦隊揚陸の判断処置は以上の如く研究問題にはあるもあげたる以上の処理、我武威を発揮することに極めて適切に行はれたり

◎　党部及不逞分子の手入亦前述の空気にて侮日的〔ママ〕根本原因を諸事解消する既定方針に拠り総領事に相談せるに敢て非認せず、実は総領事館警察及球磨に於て事前充分研究を尽されありたり

◎　球磨内地帰還は警備上重大なることにして当事者は之に捕はれ居らずと確言するも　自然影響を受けたることあるものと認む

◎　現地の諸情況

△　総領事、武官（海陸）共に強硬にて本国〔ママ〕のことは一致実行せり

総領事の次席□□〔不明〕領事亦強硬論者、——現地空気は3Fとは大に異なれり

△　居留民中

(1)　紡績は各社の利害一致せずあの時に同時閉鎖には態度一決定〔ママ〕せず

結局総領事より強請したる形となれり

事件処理は陸戦隊威力に依り有利解決に付一同大に感謝す

(2)　一般市民中識者は稍時機尚早なりしならんと云ふものあるも経過及海軍の処理迅速なりし為却て雨降て地塊〔ママ〕るとなしあり

(3)　一部事を構へんとする強硬論者も処理迅速なりし為殆んど論議を起さず、陸軍武官も大に助力せり

◎　今次事件の効果

揚陸したる以上其の最善の効果発揮の為処理せられたる処

△　昭和七年党部焼打以来のこと

支那側に及ぼせし影響重大、支那当局も禍根一掃に大に実効を挙げたり

今後大に改善を見るべし

極めて適切なりしものとして現地官民一同大に敬意を表し感謝しあり

◎　陸軍特務機関

△　武官は大に自重し殊に海陸の一致には真剣に努力しあるも陸軍色が大に濃厚なりつつあり殊に

△　陸軍の存在を顕示するに最大の努力をなしつつあり

◎　接待費の裕福、公館の大、人員の充実

◎ 新聞記者の操縦
◎ 何事にても陸軍特務機関が率先スピーカとなる総領事及海軍武官を代表する観あり
◎ 陸軍の使用連絡者に相当警戒を要するものあり
◎ 居留民中識者は本春の事件以来、中央国策の強化を要望しつつあり
○ 余程注意せざれば陸軍に引ずらるるに至らん
今次の事件迄の動向にも其の影響を見逸す能はず
◎ 沈鴻烈及市政府要人
◎ 大に恐縮し不逞分子の手入等不平はあるべきも現地にては最早問題とし非ず
◎ 沈の最もオソルルは追ひ出さるること
◎ 沈の部下、謝程元、周参事〔周家彦〕共に日本側にはよし
即ち公平に見て沈及其の重なるstaffは日本人によき様（此のコンビは中々得られず）思考するも陸軍は嫌ひなり（沈も陸軍には下らず専ら海軍との連絡依存に努む）
西総領事陸軍は共に適当なる時に交代を策するものの如し
（よく海軍の主張は言ひ置けり　然し更に注意を要す）
西、陸軍、田尻——共に余晉龢を推賞しつつあり
◎ 3Fに対する関東軍、天津軍—北支武官—の態度
△ 3Fは中南支のイデオロシーを北支に及ぼさんとす　是根本的間違ひなりと為し　何事に依らず快からず
△ 青島武力の不足を訴ふ
△ 青島滄口飛行場の改修拡張中

◎ 所　見
① 青島武官の地位——海陸政策の衝突点
△ 陸軍特務機関には現に押されつつある実情
此の点今後警備上重要視するを要す
△ 今次事件も海軍現地が海軍中央、3Fより一貫せる方針にて現地を指導し得ざりしに属す
武官を少将大佐級とす、機関の拡張
② 6SD又は10S△の創設
③ 青島支那政府顧問の改善

十一月一九日		送信艦所	クマ
着信艦所		発信艦所	三
		番号	六三〇
受信艦所		発信受付時刻	一七五〇
		受信時刻	
着信者	3F長官 長良艦長	通報先	
発信者	球磨艦長	指定	
	K.C	電波	

通信文（暗号）　丙極　無線

球磨機密第三五〇番電　一九日一七時四〇分
青島ニ於ケル工場騒動ノ為メ日本人及ソノ財産ニ著シキ毀害ヲ受ケントシ又受ケタル場合ニハ陸戦隊ヲ揚陸シ警備ニ任セントス（終）

276

十一月二〇日			
送信艦所	出雲	着信者	球磨艦長
着信艦所		発信者	3F参謀長
発信艦所			K.C
番号	三一八	通報先	長良艦長
受信艦所		指定	至急信
発信艦受付時刻	〇九〇五		電波
受信時刻	〇九二〇		

通信文（暗号）　甲極　無線

3F機密第八七一番電　二十日〇八四〇
球磨機密第三五〇番電ノ件了承セラル
実施ニ際シテハ申ス迄モナキコト乍ラ貴地総領事及田尻武官ト充分連絡ヲ取リ慎重ナル処理ヲセラレ度
（終）

第九〇号

拝啓陳者青島市西方滄口所在の邦人経営紡績工場に於ては十一月中旬以来工人の怠業又は罷業に依り操業甚しく困難となりたる為百方之が鎮撫に力め殊に貴市長より提示せられたる工人側要求事項一切を容認し事態の平常に復せんことを希求したるに拘らず工人側態度は沈静に至らざるのみならず却て悪化の傾向ありたるを以て紡績工場側に於ては之れ以上継続して操業すること不可能なる状態に立至りたる為本月二日一斉に工場を閉鎖し未然に危険を避止すると共に工人の反省を促すことと致候素より今回の挙は右目的の外に他意無きものにして工場側に於ても閉鎖に依り善良工人の蒙る困難を惟ひ速に再開の希望なりし処爾今貴市政府に於て左記各項を誠実に履行せられ再び以前の如き事態を発生せしめざる様御措置相成に於ては近く開工の運に至るべき趣に有之候

一、解雇せられたる不良工人中罪重きものの処罰

二、右不良工人の青島市外への追放

　工場側より既に追放を要求せるもの及今後追放を要求するものに付同様なり

三、追放せらるるもの以外の被解雇工人の取締は特に留意して厳重之を行ひ事件発生に関しては責任を執るべきこと

四、罷業背後の煽動者の青島市外への追放（其の「リスト」は提出済）

五、中国側に於て工人の復職を阻止するが如き行動を許さざるのみならず積極的に（官憲の告示其の他の方法を以て）復職方鞭撻、督励すること

六、解雇せられたる不良工人を市政府の勤務員たらしめざること

七、将来公安局は独自の見解を以て治安維持の為不良工人取締の徹底強化を期すべきこと

　尚紡績工場に於ては解雇工人に対しては解雇手当を支給せず又再開の際復業工人に対しては休業中一日一定金額の割合（復業遅延の者に対しては減額することあるべし）を以て一時的の出勤奨励金を支給することに決定せる趣に付貴市政府に於ても右御含みの上工人等に於て此上不穏なる行動其の他の策動を為さざる様厳重御取締相成度候

　就而右に対し何分の御回答相成度此段照会得貴意候　敬具

昭和十一年十二月十日

在青島 総領事 西 春 彦

青島市長 沈 鴻 烈 殿

昭和十一年（民国二十五年）十二月十日

西総領事沈青島市長間の了解事項

一、党部関係（市党部及鉄路党部）

邦人経営工場方面には党部を一切活動せしめず且一般的に外国関係事項には党部を一切関与せしめざることを市長が国民党中央委員たるの個人の資格を以て中央党部に進言し以て将来一切の排日活動を為さしめざること

二、国術館関係

(イ) 市政府は将来国術館員が国術本来の使命を守り決して排日其の他軌道外の行動に出でざる様厳重取締ること

(ロ) 市政府は国術館をして四方、滄口に於て国術練習所を設立又は経営することを禁止せしめ且日本紡績工場職工の国術練習所への入所練習を許さざらしむること

三、市政府所属機関の日本人職員

市政府は現在青島市政府の附属機関に招聘中の日本人職員辞職の際は新に日本人職員を招聘すること

四、新聞記事取締

市政府は国交を妨害する新聞記事の厳重なる取締を為すこと

（発受信用紙） 十二月十日

発信者 3F参謀長

着信者 次官次長

通報（旅要参謀長 11S 5Sd 上陸司令官 大使館附、南京、北支武官、天龍艦長）

送信艦所	口	指定	
タ	ナ	平晴文号	丙極秘
受受信付時時刻刻		電信員	
暗号班	受付時刻 翻訳時刻	暗号員	岩木

(3F) 機密八四番電

発令時刻十日〇二時〇〇分

一、3F機密第七八番電ニ関シ九日交渉ノ結果操業開始ニ関スル諸条件ハ往復文書トシテ其ノ他一般条件ニ関シテハ了解事項トシテ夫々処理スルコトニ了解成リ案文整理中　詳細外務電参照アリ度

追テ操業開始ハ十四日頃ノ予定

二、不良工人ノ処理等順調ニ進捗シツツアリテ工場及市内平穏ナリ

（終）

（発受信用紙） 十二月十一日

発信者 3F参謀長

着信者 次官次長

「宛通報末尾」

送信艦所	口	指定	
タ	ナ	平暗文号	丙極秘
受受信付時時刻刻		電信員	町田
暗号班	受付時刻 翻訳時刻	暗号員	小林

(3F) 機密八七番電

発令時刻十一日〇二時三〇分

一、十日夜総領事沈市長間ニ3F機密第八四番電通リ往復文書ノ交換及了解事項ノ取極ヲ了セリ詳細外務電参照アリ度

二、紡績会社ハ予定通十四日朝一斉開工ノ運トナリタルニ付其ノ状

278

況ヲ見テ第一次（十五日）球磨長良陸戦隊ヲ第二次（十七日頃）第二十二駆逐隊葵多摩陸戦隊ヲ撤収シ更ニ爾後ノ情勢ヲ見極メタル上残リ全部ヲ撤収セシメラルル予定

三、従ツテ今後ノ情勢順調ナラハ球磨長良ハ十六、七日頃第二十二駆逐隊ハ十八、九日頃発内地帰還ノコトニ取計ハレ差支ナキ見込但シ多摩及第二十六駆逐隊ハ引続キ支那沿岸警備任務ニ服セシメラレ度希望ナリ

（了）

宛通報

（11S 5Sd 上陸各司令官、各鎮、GF 2F 舞要、鎮要、旅要各参謀長、14dg、22dg 司令、北支、南京　支那大使館附各武官

天龍多磨球磨長良龍田各艦長葵駆艦長）

宇垣〔纏〕

北海（支那）事件経過概要（軍令部第二課）

一、（武官公館）連絡隊ノ整備ニ関スル件（予算獲得ノコト機密保持、武官室）

一、10S司令官新設ノ件（出雲ハ独立旗艦）

一、天龍ニ警備主任ヲ臨増ノ件

一、天龍砲術長大原又十郎ノ件

一、残留隊ノ件

一、青島処理方針ノ件

一、武官ニ機密費増額ノ件

一、青島水交社ノ件（有事ノ場合ノ司令部）

一、青島ニ於ケル支那軍隊ノ駐屯ニ関スル件

一、不良分子ノ手入（弾圧）ニ関スル件

一、西安事件ニ伴フ兵力問題

昭和十一年十二月十日　青島

多摩艦長

第三艦隊参謀長殿

北支警備に関する意見の件送付

今次青島紡績工場罷業事件に直面して北支警備上是非とも必要とする最小限度の要望事項として現地に於て感得したる意見別紙の通に候

別紙添

（終）

写送付先

軍務局長

軍令部第一課長

旅順要港部参謀長

舞鶴要港部参謀長

現状より見て北支警備上是非とも必要とする

最小限度の要望事項（多摩艦長意見）

一、青島駐在海軍武官室に電信員二名及支那当局の暗号通信解読及諜報員として少くも一、二名を配員し以て駐在武官の活動力を強化し最近設置せられたる陸軍特務機関に対し遜色なきものたらしむるを要す

（理　由）

㈠　電信員の要求は駐在武官より既に再三意見具申せられたる通に

して又確実なる情報を獲得するため青島にて発受する支那官憲の暗号通信を解読すること最必要なり

㈡最近（十一年十一月中旬）青島に設置せられたる陸軍特務機関は廣西に特設せんとしたる機関が同地に設置困難となりたる関係上之を青島に設けたるものにして其の編制左の如く海軍駐在武官が僅に一名の書記を使用せるものと比較して雲泥の差あり海軍武官室の強化を必要とす

青島駐在日本陸軍特務機関の編制

少　佐　一、（特務機関長谷《ヤ》萩《ハギ》那華雄）
書記及筆生　二、
通　訳　一、
課報員　一、（外交員の如く常に外廻りをなし居る由）
電信員　二、
タイピスト　一、
給　仕　二、
運転手　一、（青島に於ける唯一の日本人運転手なりと云ふ）
計　十一名

二、北支警備の軽巡には飛行機搭載艦を充つるを可とす

（理　由）

飛行機搭載が無言の威圧ともなり又実際飛行機の活用を期する場合尠からず事件発生毎に必ず航空母艦の待機を発令せらるる事例に鑑みても明かなり

三、北支警備艦船が現状の如きものとするならば先任艦長の幕僚となるべき適当なる少佐級一名を臨時乗組として配員するを要す

（理　由）

今次事件に於て警備先任指揮官として天龍艦長が最も痛切に感じたるは適当なる輔佐官を手許に扣置し度き件なり

航海長砲術長等他に常務あるものをして輔佐せしむることは実は言ふべくして行ひ難き所にして殊に聯合陸戦隊を揚陸せしむるが如き場合には到底実効を期し得ず事件発生せざる常時に於ては本配置者は部内部外各部との連絡士官或は諜報士官として勤務せしむるを可とす

四、右は已むを得ざる一応の姑息手段にして寧ろ望む所は第三艦隊麾下に第十戦隊司令部を独立して設け北支警備艦に之を置かるるを得ば此の上もなき所なり

（終）

280

昭和十一年十二月十四日開工当日各社出勤状況

	在籍工人数	出勤工人数	出勤率
日本紡　紡績	一二一一	九六九	八〇%
織機	七五四	五六六	七六%
内外綿	一九一七	一四九六	七八%
日清紡	八五〇	六九三	八〇%
豊田紡	八一六	五七七	七一%
上海紡	九七七	八三一	八五%
公　大	四一八五	三三〇七	七九%
長崎紡	八〇一	六四〇	八〇%
富士紡	八六八	六九〇	八〇%

同興紡　八八〇　七七九　八六%

昭和十一年十二月十四日開工当日操業状態

日本紡　紡績　八〇%
　　　　織機　九〇%
内外綿　七〇%
日清紡　八〇%　（紡績織機とも）
豊田紡　八〇%　（〃）
上海紡　九〇%　（〃）
公大　織布工場第一、第三全運転第二は九三%運転、紡績工場全運転
　　　但し各工場とも乾燥の関係もあり又運転始にてもあり一部分時時停台す
長崎紡　紡績　七〇%
富士紡　紡績　九〇%
　　　　織機　九三%
同興紡　紡績　七三%
　　　　織機　八五%

陸戦隊撤収に際し声明

帝国海軍陸戦隊の揚陸と其の後の日支両国官憲の協力に依り青島の治安は逐次回復し本日を以て陸戦隊を撤収し得るの情勢に到達し得たるは誠に同慶に堪へざる所なり

此の間に於て在留邦人各位が冷静事に処し陸戦隊に供与されたる各種の好意に対して玆に深く感謝の意を表す

本職は今後支那官憲の誠意に信頼し青島が速に名実共に平和郷として日支共存共栄の実を挙ぐるに至る可きを切望するものなり然れども万一将来再び在留帝国臣民の生命財産を危殆ならしむるが如き事態を生ずるに於ては警備本来の任務に鑑み直に適当と信ずる処置を執るべきことを此に声明す

（終）

十二月二十一日—三十一日

十二月二十四日文書上奏す（青島陸戦隊撤退に関する件）

在支警備兵力の行動に関し　上聞書

謹みて在支警備兵力の行動に関し　上聞に達します

一、十二月三日青島に上陸致しました第三艦隊陸戦隊は其の後同地に於ける邦人紡績工場も十四日より一斉に操業を開始し事態漸次緩和するに至りました故十五日以来逐次に兵力の撤収を行ひましたが其の間支那側不逞分子の多くは青島特別市外に追放せられ治安亦良好に維持せられまして最近の情勢に於ては最早邦人の生命財産に危険を感ぜざるに至りました故昨二十三日最後の撤収を行ひ玆に陸戦隊全部の撤退を終りました

此の間巡洋艦球磨、長良は十六日、第二十二駆逐隊は十八日夫々青島発内地に帰還致し又旅順要港部より派遣せられて居りました第十四駆逐隊の葵は十七日青島発旅順に帰港致しました

以上に依り現在青島在泊艦は天龍、龍田及多摩の三艦で御座りま

す

二、西安兵変の突発に伴ひ第三艦隊に於きましては特に警戒を厳にすると共に十二月十七日漢口特別陸戦隊を増勢致しました従て現在在支特別陸戦隊の員数は上海に約二、四〇〇名漢口に約三〇〇名駐屯致して居ります

三、支那の情勢に応ずる為の内地待機兵力に関しましては十二月十六日奏上致しました通で御座りまして其の後変動御座りませぬ

昭和十一年十二月二十四日

軍令部総長　博恭王

昭和十二年一月一日—一月二十一日

一月八日　対支時局処理に関し別紙の通決定す

一月二十日　呉鎮佐鎮特陸廃止、上海特陸基準兵力二二〇〇名（内約二〇〇名漢口分遣）とし更に臨増三〇〇名（内約一〇〇名漢口分遣）のことに処理す

多摩26dg内地帰還の件伝達せらる

一月十八日　上奏（警備兵力の派遣解除等に関し）

（別紙）

対支時局処理に関する件覚

（海軍省軍令部一二、一、八）

西安事変は蔣張の妥協に依り一先づ落着を見たるが如しと雖将来南京政府が如何なる形態を採り如何なる政策を採るべきやに就ては尚明かならず前途楽観を許さざるものあるに付時局の安定を見る迄左記方針に拠り処理することとす

記

一、第十戦隊に司令官を置く

而て3F長官の軍隊区分に依り出雲は之を長官直率とし自由に行動し得しめ天龍龍田は之を第十戦隊司令官直率とし主として北支警備に当るを得しむ

理由

（将来に於ける北支時局の発展性に稽へ対支政策の円滑なる実現を期する為特に北支警備兵力増強を必要とす）

尚之に関連し適当の時機青島駐在武官室を強化す（駐在武官を大佐とし属員を増す）

二、特別陸戦隊

基本兵力上海「二〇〇〇」漢口「二〇〇」とし当分の間上海に「二〇〇」漢口に「一〇〇」増強す

現に派遣中の呉佐世保特別陸戦隊は之を解散し所要の特務士官準士官下士官兵の外之を帰還せしむ（一月中旬）

三、多摩及第二十六駆逐隊を内地に帰還せしむ（一月中旬）

四、内地待機兵力は左記の外之を解く（一月中旬）

㈠ 11fg 12fg 13fg 及各鎮特陸各一ケ大隊の準備は当分の間其の儘とす

㈡ 1Sf 2Sf には爆弾及所要兵器を搭載の儘とし急速派遣に応じ得しむ

㈢ 8S 1Sd には対支応急派遣に応じ得る如く必要なる準備をなし置かしむ

五、飛行基地の整備

282

㈠臺北及濟州島飛行基地は之を整備し応急使用可能の状態に保つ
㈡上海公大飛行基地の急速整地準備を完成し置き応急使用を可能ならしむ

備考

第十戦隊司令官を置くの件に関連し旅順要港部駐満海軍部等の関係制度に関しては更に実情考慮の上研究処理することとす

（終）

上聞書

謹みて対支警備兵力の派遣解除等に関し　上聞に達します

西安事件以後の支那情勢は目下海軍の警備各地に於ては稍平穏の情況に在りまするが同事件に伴ふ複雑なる国内事情と依然たる対日態度に鑑み今後の動向は大に警戒を要する情態に御座りまする故海軍の警備と致しましては尚昨年来の緊張せる態度と諸準備を持続するの要ありと認めます

然るに昨年来臨時派遣の艦船部隊は内地に於ける固有任務の関係等に鑑み此際機宜整理の必要がありまする故概要次の如く処理せられ度手続を進むる次第で御座ります

一月下旬第十戦隊（出雲、天龍、龍田）に新に司令官を置かれ主として北支警備に関する指揮統制を強化せられ且上海特別陸戦隊基準兵力を二千二百名（内漢口に約二百名分遣）に制定し更に当分の間臨時に三百名（内漢口に約百名分遣）を増置し在支陸戦隊平時兵力を強化せらるる予定で御座りまする故来る二十日多摩及第二十六駆逐隊の内地帰還を命ぜらるることと致度尚昨秋上海に派遣し第三艦隊司令長官の指揮を受けしめられたる呉及佐世保鎮守府特別陸戦隊は既に夫々呉鎮守府第一特別陸戦隊佐世保鎮守府第一特別陸戦隊とし第三艦隊に附属せしめられたる処右上海特別陸戦隊強化と共に第三艦隊附属を解き同時に廃止せられまする次第で御座ります

以上に依り対支警備兵力は平時編制に於て夫々強化せられたる次第で御座りまするが尚内地に於て鎮守府特別陸戦隊航空隊等の諸準備を進めて居りまして之に依り今後生起する事態に即応することとし以て対支警備上万遺憾なきを期して居ります

昭和十二年一月十八日

軍令部総長　博恭王

〔註1〕一九三五年十一月九日、一等水兵、中山秀雄（死亡後兵曹に昇進）が上海で中国人のために拳銃で狙撃され、死亡した事件。

〔註2〕一九三六年七月十日、三菱商事上海支店出入りのブローカー萱生鑛作が上海其美路で、子供を連れて散策中に拳銃で打たれて死んだ事件。

〔註3〕第三艦隊機密第七一番電

九月十三日第三艦隊参謀長→次官・次長

十四日以後成可ク早キ時機ニ於テ北浦武官ハ外務側トモ連繋シ出来得レハ蔣介石或ハ之ニ代ルヘキ有力者ニ面会セラレ帝国第三艦隊司令長官ヨリ蔣委員長ニ対スル伝言ナル旨ヲ述ヘ北海事件ハ当然南京政府ノ責任ニ属スヘシト信スル所貴方ノ処置ハ頗ル緩慢ニシテ未タニ要領ヲ得ス曩ニ派遣セラレタル福安モ無為ニシテ帰リ應瑞モ何等為ス所ナク我方ハ真ニ不必要ナル事端ノ発生ヲ悦ハス日支国交ノ大局ヲ思ヒ慎重ノ態度ヲ持チツツアル次第ナルモ若シ貴方ニ於テ全ク処理ノ能力ナキコト明ラカトナルニ於テハ事端ノ発生ヲ覚悟シ我方自ラ之カ解決ヲ為ササルヘカラサルヲ以テ既ニ帝国第三艦隊ノ有力ナル部隊ハ海口ニ集結ヲ了シ待機シツツアリ

我艦隊ニシテ一度北海ニ進マハ其ノ後ノ成行ハ寔ニ憂フヘキモノアリテ斯クノ如キハ我方ニ於テモ決シテ好ム所ニアラス南京政府ニ於テモ北海ノ十九路軍スラ如何トモ為シ得サルニ於テハ其ノ不名誉ナルハ勿論信ヲ中外

ニ失フヘキニヨリ口頭ニテ蔣委員長ハ速ニ大ナル決心ヲ以テ十九路軍ヲシテ貴下ノ命ニ服セシムルカ或ハ之ヲ北海外ニ駆逐シ以テ我方ノ極メテ当然ノ要望タル中野虐殺事件顚末ノ調査中野遺族ノ始末北海ニアリト思ハルル中野遺族ノ始末北海ニアリト思ハルル中野遺族ノ消息取調及保護ヲ直ニ実現シ得ル様尽力セラレ度旨強ク申入レラレ度尚我第三艦隊ハ既述ノ主旨ニ依リ蔣委員長ノ誠意ト実力ニ望ヲ嘱シ未タ海口ニ待機シ居ル次第ニシテ一度北海に進出セハ以後ノ成行ハ測ルヘカラサルモノアルヲ重ネテ附言シ置カレ度南京ニ於テ中原武官モ右ニ準シ何應欽等然ルヘキ有力者ニ申入レラレ度

本件申入レノ発動ハ中央ト打合セノ上改メテ電報ス右命ニ依リ

第三艦隊機密第七二番電第二緊急信九月十三日第三艦隊参謀長→次官

第三艦隊機密第七一番電ハ内容外交交渉ニ亘ル点多キヲ以テ之カ支那へ申入レニ関シ何分ノ御意見アラハ至急折返シ電アリ度

〔註4〕　官房機密第五七〇番電次官→第三艦隊参謀長

貴機密第七二番電返

貴機密第七一番電ノ通取計ハルルコトニ同意ナリ但シ「事端ノ発生ヲ覚悟シ」ノ語句ハ露骨ニ過クルニ付削除サレ度（外務省ト協議済）

尚外務大臣ヨリ昨十三日南京廣東宛支那側ニ対シ厳重申入方訓電シ本日更ニ本電ニ関スル措置方同様訓電セリ（外務電合第七〇八号、第七一一号参照）

〔註5〕　官房機密第五八五番電

一一、九、一九　　　　海軍次官

三艦隊参謀長

在支館附武官、在南京・廣東武官（五水戦司令官）

十五日在支大使ニ対スル張外交部長応酬ノ外昨今南京政府ニ於テ十九路軍ノ北海撤退、現地妨害排除等ニ関シ楽観的情報アル処我方トシテハ支那一流ノ其ノ場遁レノ遷延策ニ乗セラルルコトヲ厳戒シ此ノ際益支那側ヲ追及シ有効適切ナル処置ノ即時実行ヲ要求シ其ノ決意ト手段竝ニ現地調査可能ノ時機トニ付速ニ明確ナル回答ヲ取附ケ且其ノ実施ヲ厳重監視スルコト特ニ必要ナリ

付テハ各所在外務側トモ連絡ノ上成ルヘク早キ時機ニ右趣旨ニ依ル申入方可然取計ハレ度

本件外務省ト協議済

〔註6〕　第三艦隊機密第一四〇番電

一一、九、一九　　　　第三艦隊参謀長

次官

次長（五水戦司令官、馬要参謀長　廣東・南京各武官）

現下ノ情勢ニ於テ当艦隊司令長官ノ執ラレントスル方策次ノ如シ

一、南遣部隊ハ其ノ主力ヲ概ネ海口附近ニ又其ノ一部（現在ハ嵯峨）ヲ北海沖ニ置キ戦備ヲ厳ニシ万一ニ対スル諸方策準備ヲ確立シツツ十九路軍ノ撤退ノ実施ヲ厳重監視ス

二、十九路軍撤退等ニ依リ陸上トノ交通可能ナルニ至ラハ機ヲ失セス調査員ヲ陸上ニ派遣シ調査任務ヲ遂行セシム

三、前項ノ時機ニ達セハ南遣部隊ハ機ヲ失セス全力ヲ以テ北海ニ進出之カ直接援護ニ任ス調査員ノ上陸ニ際シテハ支那軍艦官憲トノ連絡ヲ緊密ニシ我調査員ノ安全保護ノ万全ヲ期スルモ尚今日迄ノ事態ニ鑑ミ状況之ヲ要スレハ我陸戦隊ヲ揚陸直接援護ニ任セシム此ノ際事前支那官憲ノ諒解ヲ得ルニ努ム

四、今後支那中央政府カ荏苒瀰久十九路軍撤退ノ実ヲ挙ケ得サルニ於テハ今日迄ノ経過ト帝国海軍ノ威信ニ鑑ミ南遣部隊ヲ以テ之カ解決ニ当ルノ不得已ニ至ルヘキヲ覚悟ス其ノ際取ルヘキ方途ニ就テハ事前更メテ電報ス

〔註7〕　九月十九日午前十一時三十分頃漢口日本租界で総領事館巡査吉岡庭次郎が立番中、一中国人のため拳銃で狙撃され即死した事件。

〔註8〕　一九三六年八月二十日夜、長沙における日本人経営の旅館に弾爆が投げこまれた事件。若干破損、死傷者はなかった。

〔註9〕　一九三六年九月十七日夜、汕頭の日本人経営料理店に対する弾爆投入事件。但し不発、損害はなかった。

〔註10〕　第三艦隊機密第二〇五番電

一一、九、二四　　　　第三艦隊長官

大臣、総長

284

事態此処ニ立至テハ此際断乎タル処置ニ出ツルノ已ムヲ得サルモノアリト認ム帝国トシテ先ツ取ルヘキ手段ハ

一、第三艦隊ニ増派部隊ノ派遣内?航空母艦ヲ含ム有力ナル艦隊ノ馬鞍群島附近ヘノ派遣待機

二、海南島ノ保障占領（?現部隊ニテ不取敢一部実施可能）

三、青島、濟南居留民現地保護ノタメ出兵

四、北支駐屯軍ノ発動ヲ以テ圧力ヲ加フ

五、中支出兵準備

右態勢略整ヒタル時時限付ヲ以テ対支要求ヲ提出短期間ニ〔脱カ〕効果甚大ナル解決ヲ期ス尚此等準備ハ極メテ隠密裡ニ行ヒ一斉ニ発動スルヲ要ス　終

〔註11〕　これは恐らく左の第三艦隊腹案を内容とする九月二十八日付、第三艦隊機密第三二五番電を指すのであろう。

中央訓令ノ本旨ニ依ルモノト仮定シ今後ノ推移ヲ予想之カ対策ヲ左ノ如ク予定ス

一、大使蔣トノ第一回会見ニ依リ将来ノ見通シヲ判断ス

二、其ノ際情況悪ト判断スレハ上流ノ在留民及軍艦ヲ漢口ニ引揚ク

三、尚モ爾後ノ経過不良ナレハ逐次漢口下流ノ居留民ヲ上海ニ引揚ク

四、交渉全ク行詰リ我方ノ最後要求ヲ提出スル場合ニハ適時左記事項ヲ実施シ大使南京引揚ノ時機ニ之ヲ完了シアルヲ要ス

㈠　第十一戦隊各艦及漢口残留隊ヲ江陰ヨリ下流ニ下ケ置クコト

㈡　航空母艦ヲ基幹トスル部隊ヲ馬鞍群島近海ニ集中スルコト

㈢　上海ノ陸上兵力ヲ充実スルコト

㈣　出来得ル限リ陸軍部隊ヲ上海附近ニ進出セシメ置クコト

㈤　北支南支方面ニ於テモ右諸項ニ準スル姿勢ヲ執リ置クコト

尚右ハ理想的ノ推移ニシテ第二項発動ヨリ少クトモ約一箇月ヲ要スル見込ナルモ我作戦上ノ要求ニ依リ先手ヲ打ツ必要ヲ生シ或ハ突発事件生スル際ハ其ノ一部ヲ犠牲ニスルモ已ムヲ得サル場合アルコトヲ附言スルコトトセリ

〔註12〕　この協定は昭和十一年二月末、中共軍が突如、陝西省から山西省に出撃したのでこの情勢に対応するため急遽結ばれたもの、全文左の通り。

防共協定

日本軍及び冀察中国軍は絶対に共産主義を排除するの精神に基き相協同して一切の共産主義的行為の防遏に従事することを協定す

本協定の細目に関しては別に之を協定す

本協定は日本文を以て正文と為す

昭和十一年三月三十日

支那駐屯軍司令官　多　田　駿

冀察綏靖主任　宋　哲　元

防共協定細目

防共協定に基き細目を協定すること次の如し

一、冀察側は左記事項を実行す

(1)　閻錫山と協同して共匪の掃蕩に従事す之が為閻と防共協定を結ぶことに努む閻にして之を肯ぜざるときは適時防共独自の立場に於て山西に兵を進め共匪を消滅す

(2)　共産運動に関する情報は絶へず日本軍部と交換し且防共行為に関しては日本軍部と緊密なる連絡を保持す

(3)　防共を貫徹する為山東側と協同し必要に応じ之と防共協定を結ぶことに努む

(4)　従来の西南との協定を益々強化拡充す

(5)　共産主義は人類共同の敵にして東洋平和を撹乱するものなるを以て絶対之を排撃するの態度を天下に宣示す

(6)　共産党藍衣社等及之に類する団体結社を弾圧解消し党部は之を存在せしめず

(7)　日本との防共協同動作を取る為には日本との精神的融合の必要なるに鑑み此の際日本との提携親善的行為に徹底し排日的団体及言論を弾圧し排日的教材を一掃し且軍隊及官民に対しては日支提携親善の主旨を以て訓導す

二、日本側は左記事項を実行す

(1)　日本側は冀察側の防共の為必要なる兵力の増加を認め且各種兵器弾薬

及飛行機を廉価にて譲渡す但し飛行機は必要に応じ之を貸与す

(2) 冀察側の防共に関する行為は絶対に之を支持す

(2) 共産運動に関する情報は絶へず冀察側と交換し且冀察側の防共行為に関する資料を提供す

(4) 晋綏、山東及西南との提携協同に対しては日本側は之を賛助し且北支に対する中央軍の進出を防遏する冀察側の行為に対しても絶対に支持す

三、本協定は双方之を発表せず

四、本協定は日本文を以て正文とす

昭和十一年三月三十一日

〔註13〕 昭和十年十一月二十五日、日本出先陸軍の華北自治工作の結果として冀東防共自治委員会が成立したとき、国民政府が華北における連鎖反応の発生を恐れて急遽決定した対日妥協案。その内容は ㈠華北共同防共 ㈡新幣制の華北限りの修正 ㈢関内外の経済的交流 ㈣華北実力者に対する華北財政権の附与 ㈤対外諸懸案の現地解決 ㈥人材登用、理想的政治の実現である。

〔註14〕 九月十九日の須磨・高宗武会談で須磨が提出した六項目の要求。内容は次の通りで、第六項を除いては、回答を二十二日までの期限付きとした。

一、共同防共を原則的に承認し、委員会を作つて考究すること。

二、財政・実業・交通・鉄道・内政各部に、遅くも十二月までに日本人顧問を招聘のこと。

三、福岡・上海間の航空路開設を即時調印実行のこと。

四、「不逞」鮮人の即時引渡し。

五、関税協定締結と輸入税引下げを、遅くも三ヵ月以内に実現のこと。

六、前年十一月に国民政府が決定し、日本側にも内示した（唐有壬・外交部次長より須磨に）華北五省六項目案（華北自治辦法案）に対する確定的意見を提出すること。

〔註15〕 いわゆる西安事件。昭和十一年十二月十二日、張學良が陝西省西安滞在中の蔣介石を突然逮捕監禁し、容共抗日の実行を迫つた事件。結局蔣介石は同月二十五日釈放され、無事南京に帰還したが、それは張の要求を容れたからだといわれている。

〔註16〕 「別紙」は現存しないが、内容は次の電報により判明する。

一一、一二、一三　　　軍務局長

第三艦隊参謀長

在支館附武官

軍務機密第六七五番電

西安兵変ニ対スル我方対策要綱左ノ通含ミノ上可然処置セラレ度

一、方　針

西安兵変ニ伴ヒ在支邦人ノ生命財産ニ相当ノ不安ヲ与フルニ至ルヘキヲ以テ取敢ヘス在支警備兵力ノ強化ニ対スル準備ヲ行フト共ニ此ノ際帝国ハ其ノ出処進退ヲ公明正大ニシ苟モ其ノ信用ヲ傷クルカ如キ所為ヲ慎ムコトトス然レトモ本兵変ヲ適当ニ利用シ対支政策ノ推進ヲ図ルコト勿論ナリ

二、処　置

㈠ 正確ナル情報ノ速得

㈡ 居留民ノ保護権益ノ擁護ニ付必要ノ処置ヲ取ル

㈢ 支那特ニ其ノ民衆ニ対シ同情的態度ヲ以テ臨ム

㈣ 共産党ノ陰謀不信ヲ挙ケ不自然ニ陥ラサル様適当ニ宣伝ス

㈤ 居留民ノ保護政策ノ統制ニ関シ外務陸軍トノ連絡ヲ一層密接ニス

本電趣旨ニハ外務、陸軍同意

〔註17〕 一九三六年六月二十日、日本の発動機船茂益丸が青島沖で密輸の疑いで、中国側の税関監視船により射撃され、捕えられた事件。当時冀東特殊貿易と税関監視船の行動に対する日中双方の見解が完全に対立しつつあつたので、この事件はあたかも同日に岐口沖で発生した同種の大榮丸事件とともに事態を紛糾させた。日本側は茂益丸が砂糖と人絹の密輸船であつたにもかかわらず、税関側が回航中同船の国旗を海中に棄て、射撃に当つて無被覆鉛弾を使用したといつて税関側に抗議した。税関側の態度も大榮丸事件の場合と同様に、国旗問題以外はすこぶる強硬だつたので、かねてから中国側の高関税政策に反感を抱く青島の日本居留民が激昂して税関を襲撃するという一幕もあつた。税関側が日本側の要求をいれてこの事件が完全に落着したのは同年十月一日のことであつた。

（十四）过热的「北京的咽喉」

资料名称：「北京のノド」過熱

资料出处：読売新聞社編《昭和史の天皇》15，読売新聞社1965年発行，第301—309頁。

资料解说：1936年日本加紧侵略华北地区，侵占了被称为「北京咽喉」的丰台之后，引起两国关系急剧恶化。本资料介绍了丰台事件中中日两军的冲突，以及卢沟桥事变前后的诸多大小事件，从一个侧面揭示了日军挑动战争的进程轨迹。

〝北京のノド〟過熱

支那駐屯軍の増強をきっかけにして、抗日、排日の運動は中国全土に広がり、それもひんぴんとした日本人に対するテロにまで発展した。ふたたび北支に視点を戻そう。

桜井徳太郎氏の話。

「ともかく昭和十一年五月に駐屯軍が増強され、豊台に一木大隊（清直少佐、歩兵第一連隊第三大隊）が常駐した。この豊台というのは、第八中隊のだれかが話していたように、北京と天津を結ぶ交通の要衝であり、というより北京のノド元に当たるポイント。そこへいきなり日本軍がはいってきた。警察側とすればなんともじゃまで仕方がない。それで目のかたきにする。一方、日本軍としては軍事的な要点だから離さない。例の団匪《だんぴ》事件（北清事変の別称）のときも、各国は北京、天津間を中国側に遮断《しゃだん》されて動きがとれなかったというにがい経験がある。そこで豊台さえ握っていれば——という考えが強かった。そういうことで日中間にひとつの過熱状態がおこるわけですよ。

それでわたしは、なんとか日中の意思の疎通を図らにゃいかんと考え、あれこれ計画をねったんですが、ひとつ冀察の二十九軍の幹部に日本の大演習（天皇が大元帥として臨場する）を見学してもらい、加えて現在の日本をよく認識してもらうため東京、大阪などもとっくり見物してもらおうとしたんです。昭和十一年の大演習は晩秋だったか、冬になっていたか、ともかく北海道で行なわれることになっていた。

冀察側とも協議のうえメンバーも決定し、九月十九日に北京を出発する予定だったんですよ。ところが、出発前日、つまり十八日になって、日中間に大事件が突発してしまった。『豊台事件』といわれるトラブルです。もちろんこの〝日本見学〟は延期せざるを得ない」

九月十八日は、中国にとって満州事変の屈辱の記念日である。すでにみたように、この日、遠く上海では「逆九・一八」の大規模な抗日デモが行なわれ、その先頭に立った救国連合会の指導者の一人史良女史（中国政府初代の司法部長）は警官と衝突してけがをしている。だから、北京においても当然なんらかの形で日中間に不測の事態発生が予想されたのだった。だが、支那駐屯軍において、この日、この点を特に各部隊に対して注意したような記録はない。

事件はささいなことから発生した。

「盧溝橋付近戦闘詳報、自昭和十二年七月八日至昭和十二年七月九日、支那駐屯軍歩兵第一連隊」という記録がある。しばしばいうように「戦闘詳報」は、戦闘の詳細な記録であり、戦闘経過を知る上で欠かすことの出来ないものだが、この戦闘経過を厳密な意味で、第三者の立場、つまり客観的に述べているかというと、必ずしもそうではない。旧軍の性格として、日本軍は常に勝っていなければならなかったし、そのために、しばしば〝戦場の英雄〟をつくりあげてしまうことさえあった。そしてその戦闘部隊は〝武勲かっかく〟たる存在にのし上がるのである。だから戦闘詳報を読むさいには、この点に十分注意しなければならないのである。

それはともかく、この「支駐兵一戦闘詳報」は、昭和十二年七月七日の蘆溝橋事件を扱うが、目次を見ると、第一＝戦闘前における彼我形勢の概要、その一＝彼我一般の状況、1＝一般支那軍の状況、2＝彼我の一般的態度、3＝豊台事件となっている。戦闘詳報は事件後間もなく作成され、また文語調と、つねに支那軍を〝わる者〟の目で見ているので、こうした点を勘案しながら、できるだけやさしく書き直してみよう。

「以上述べたように、これまで二十九軍は、われわれに対して不都合な行為を数えきれぬほど行なってきたが、蘆溝橋事件発生当時、連隊長に決心をさせ、それに伴う一連の処置を行なわせたもの、つまり連隊長が心の中にいだいていた判断の基準、また連隊の将兵が蘆溝橋事件に当たってとった行動の因子を形成したものは、昨年(昭和十一年)九月十八日に発生した『豊台事件』であったので、その概要をしるす。

九月十八日、豊台に駐屯している第三大隊(大隊長一木清直少佐)の第七中隊(中隊長穂積松年大尉)が、蘆溝橋付近で夜間演習を実施しようとして、同日午後五時ごろ(豊台の)兵営を出発し、豊台駅前に差しかかった。ちょうどそのとき同じく豊台に駐屯していた二十九軍の中国兵約一個中隊が行軍より帰ってくるのに出会った。

すると、第七中隊の最後尾にいた看護兵に対して中国側の兵士が(どういうことをやったのか具体的には詳報には書かれていないが)侮辱的な行動をしたので、乗馬で第七中隊の先頭にいた指揮官の小岩井(光夫)中尉がかけつけ、その不都合をなじると、いきなり中国側兵士は持っていた銃で同中尉の馬をなぐりつけた。そこで第七中隊員は中国軍を圧迫して、これを豊台の中国軍兵舎内に追い込むとともに、一木大隊長にそのむねを急報した。

大隊長はただちに大隊全員に非常集合を命じて出動し、中国側兵舎を包囲した。中国側も豊台南方六百メートルの造甲庄村に駐在していた部隊が豊台の日本兵舎に対して射撃の準備をし、その一部は豊台駅まで出動してきて挑戦的態度に出るなど、まさに一触即発の状態になった。

当時、連隊長は旅団長の命令で北京から現地に急行し、中国側交渉員である馮治安師長の部下の旅長・許長林と交渉を行ない、左の条件をもって解決した。

一、豊台および造甲庄村に駐屯中の中国軍隊をすみやかに撤去する。以後、両地点共に中国軍隊を駐屯させない。

二、日本軍に非礼を働いた豊台駐屯の中国軍隊は日本軍隊に謝罪し、かつ関係責任者を処罰する。

三、日本側は中国軍隊がその非をさとり、謝罪せる上は、武士道的精神に訴え、平素の友好関係に戻り、特に(中国軍の)武装解除をなさず、武装のまま撤退することを認める。宋哲元(冀察政務委員会委員長)に対し、交渉員の許長林より特に日本軍隊の武士道的好意を報告する。

ところが同日午後に至り、中国側は他の部隊をもって、いぜん豊台に駐屯せしめんとしてさらに問題を起こし、またその後スパイの報告によると、中国側は、日本軍が武装解除をしなかった寛大な処置を『日本軍は中国軍勢に恐れをなした結果だ』と高言していることを知った。

連隊長はこの中国側の不信行為に対し、憤懣《ふんまん》するとともに、わが武士道的精神を理解させることが出来なかった、つまり日本軍の態度が寛大に過ぎたため日本軍の威信を傷つけたようなことがなかったかとも思い、残念でならなかった。

もし、今後、中国軍にこのような不法行為があったなら、決して容赦なく、ただちに立ってこらしめを加え、そして彼らの侮日、抗日の観念に一撃を加え、彼らの常套《じょうとう》手段である不信行為を画策する余裕を与えてはならないことが絶対に必要である。

これこそ日本軍の威武を高からしめ、しかも事件を小範囲に局限すると同時に、解決をもっともすみやかならしめるゆえんであると確信する。同時に部下に対してもよくこの点を訓示したわけである」

この支那駐屯軍歩兵第一連隊長は、のち、太平洋戦争末期、ビルマにあって悲惨きわまりないインパール作戦の総指揮官となった牟田口廉也大佐（のち中将）、旅団長もこのときビルマ方面軍司令官・河辺正三少将（のち大将）であった。

戦闘詳報の記述ぶり、当時の日本軍幹部が中国軍に対して持っていた感情などについて、あらためて触れる必要はあるまい。ただ、牟田口中将はビルマ戦線にあって「太平洋戦争の発火点になった盧溝橋事件の責任者として、時の上官河辺将軍とふたたび手を組み、勝利のうちに戦争を終結させる」と語ったというあまりにも有名な話があったことをそえておこう。

昭和十一年九月十九日、つまり豊台事件の翌日、大演習見学のため二十九軍の幹部を引率して渡日することになっていた桜井徳太郎氏は、事柄が事柄だけに、事件発生の報を聞くとすぐさま北京から豊台の現場にとび出した。

桜井氏の話。

「それ大変だ、というので、わたしはすぐ現場へとんで行きましたよ。もっとも、行く前に二十九軍三十七師長の馮治安の所へ行って、ええ、事件の相手方は彼の部下ですからね、相談すると、彼も『なんとか大事件にならないよう事態を収めてくれ』という。そこで許長林旅長と、参謀の周思靖大佐（上校）という日本の陸士を出て、日本語のよくわかる男をともなって現場へ行ったんです。北京から豊台まで車で三十分ぐらいの距離だったと思う。

現場へ行くと日中両軍がけわしい表情で対立している。中国側の兵舎——これは日本の兵舎と三、四百メートルくらいしか離れていなかったが――を日本軍が銃を構えて包囲しているんですね。とにかく両軍の間にはいって『撃ってはならん、撃ってはならん』と制止して、周大佐を中国軍側にやり、わたしは第七中隊、いやもうそのときは第三大隊全員が出動していたんで一木（清直）大隊長に会って事態をともかく落ち着けるよう話し合いをはじめたんです。

北京からは連隊長の牟田口大佐も見えている。それにくっついて日本人記者はもちろん、外人記者も数人来てましたから、これは大声で追い返しちまった。ところが一木大隊長がもうムキになって『絶対に中国軍を武装解除するんだ』といきり立っている。『それはまずいよ。武装解除したら中国側のメンツがなくなって、まとまる話もまとまらない。武装のまま撤退してもらうのが上策だ』と説得するんだが、現場の空気はピンと張りつめている。『いや、武装のままの撤退だったら、いつ撃ってくるかわからない』と大隊長は強硬でしたなあ。

いろいろ押し問答の結果『銃の弾倉からタマは抜かせる。手榴弾《しゅりゅうだん》もからだのベルトからはずさせるということではどうだ』となって、ようやく大隊長も納得したんでした。もちろん中国側にも不満はありますが、この際一歩譲ってもらうことにしてようやく交渉がまとまりました。そこで牟田口連隊長と許旅長が〝和解〟の握手をしましてね、そのところを記者諸君に写真にとってもらうことにしたんです。

それからわたしは、中国軍兵士の銃口検査をしたり、腰にぶら下げていた手榴弾を箱にすべて入れさせる作業をやって、形の上で武装したまま宛平県城、俗称を蘆溝橋城に移駐させたんでした。そんなふうに事件は思ったより早く、たしか十九日の夜明け前に片がついた。それでわたしの記憶だと、北京にとって返しましてね。一時中止になっていた日本行きを実施することにし、一時間ばかり列車を待たせたうえで、中国側の中将二人と大佐クラスの計十二人を連れて、日本へ旅立ったんですが、果たしてそうだったか、詳しいことは笠井顧問が知っているはずです。ともかく、その晩は天津に泊まりました。わたしは天津にあった支那駐屯軍司令部で豊台事件のいきさつと、処置について報告したことだけはよく覚えています。

豊台事件というのは、いってみれば子供のケンカみたいなもんだ。石を投げたとか、馬のしりをひっぱたいたとか、そんなささいなことが原因だったが、なにしろみんな鉄砲を持っているもんだから、カッカして火が出たわけです。それが恐ろしい。そういう教訓を得たはずだったんだが、少なくとも中国側により強い抗日意識を植えつけたことは事実だなあ」

事件発生と同時に非常召集をかけられた清水中隊（第八中隊）の兵士たちはどのように行動したか。すこしずつ聞いてみる。

佐藤一男氏（当時、軍曹）の話。

「大隊長命令で中国側兵舎を取り囲んだが、これは中国軍の武装を解除させるためだったような記憶です。事件の前までは豊台の日中両軍の仲はまずまず平穏だった。逆にいうと、だからこそいったん事があると無用に神経がとがったんじゃなかったかなあ」

石川小太郎氏（当時、上等兵）の話。

「われわれは直ちに出動を命ぜられて、中国軍の兵舎を囲ったんですよ。どう対処するかということは連隊本部から指示があったんでしょうが、タマは一発も撃たないで、ただ包囲しただけでしたがね。もっとも付近の民家の屋根の上にあがって、そこから中国の兵舎をいつでも攻撃できるよう機関銃を向けて、いざというときに備える態勢はとっていました。

あれは、どこからですか、桜井少佐という方がおいでになって、中国兵舎に乗り込んで、それで和睦《わぼく》したんですね。次の日、牟田口連隊長が来て、支那の方のえらい人も来てですな、豊台の兵舎の前で撤退式をやったんです。ええ、中国軍は豊台から撤退したんです。式では連隊長が向こうのえらい人と握手をして、そして兵営が明け渡されたんだが、なんでも中国軍は盧溝橋の宛平県城にはいったと聞いてます」

奈良佐四郎氏（当時、一等兵、現、農業、秋田県鹿角郡尾去沢町尾去）の話。

「その晩というものは、ひと晩ですよ、軽機関銃さ、実包(弾)こめてですな、そして支那軍の兵舎を取り巻いたですよ、わたしなんかは、その近くの支那人の家屋の屋根さ上がっていた。

桜井少佐がやって来て、それに大隊長や憲兵がついて、支那軍の方もえらい人がみんな庭に立ってどちらも着剣して話を始めたんです。こちらはとにかく屋根の上に上がって高いところから見ているからよくわかるわけだ。そしたらなにか話がもつれたみたいで、こっちの大隊長がおこったらしいんですな。

すると桜井少佐が、

『あ、イッキ(一木)君、ちょっと待てい』

といって、手で押しとどめるようにするんですよ。ところが大隊長は、

『オレの部下にオレが命令するのは——』

ということでおさまらない。そんなことをやって結局、支那の兵隊は二百人ぐらいおったと思うが、全部盧溝橋に移った。そのあき家になった兵舎には支那の普通の人たちがはいって商売やったりしてましたな。

桜井って人は、だいたい軍服を着てないんですよ。白いヘルメットみたいなのをかぶって、開襟《かいきん》シャツを着ている。むかし、ぬくい方さいぐ人が着ていたあれで、はじめのころは軍に何も関係ねえ人だと思っていただ。わたしが衛兵に立ってたとき、ヨレヨレのエンビ服みたいのを着てな、山高帽みたいのをかぶって、こう粗末な皮

のカバンなんかを下げてやってくる。

歩哨《ほしょう》に立っているわたしらに名刺を出すから大隊本部さ持って行くですよ。そうすれば、なんとまあ、大隊の副官から大隊長までが、もう、じかに門の所まで来て、それではいるですよ。ああいうものは、軍事探偵とか、そういうもんだと思ったすなあ」

二、西安事变后的时局与日军侵占华北计划

（一）事变前夕的状况

资料名称：事变直前の状况

资料出处：井本熊男著《支那事変作戦日誌》，芙蓉書房1998年版，第59—81頁。

资料解说：1937年5月由日本参谋本部次长今井清中将统率，日军组织赴华北地区参谋考察团，对天津、北平、通州、张家口、绥远、包头、大同、太原、济南、青岛及其附近地区的中国驻军、社会民生状况，以及增兵后的华北日军态势，进行多方面的系统考察。本资料出自考察团团员之一、任职于参谋本部作战课的井本熊男的旅行日志。曰志确认，中国华北各地抗日、侮日气氛已经接近「沸点」，大多数日本军人认为应该对中国「一击」，以打开时局。

第一節　事変直前の状況

満州事変後、支那事変直前に至るまでの日支関係については、前章であらまし述べたので、本節では、昭和十二年前半、すなわち蘆構橋事件が起るまでの主として現地の状況を、筆者の旅行日誌によって回想することにしたい。

一、北支旅行の概要（山雨欲来風満楼）

昭和十二年五月中下旬の約二週間、満洲において参謀次長今井清中将の統裁で参謀旅行演習が行われた。統裁部庶務として参加した筆者は演習終了後、同課の先輩公平少佐とともに北支那方面の偵察旅行を命ぜられていた。

偵察の目的は北支一般の状況視察であって、当時の情勢と関連した特定の任務を与えられたわけではなかった。しかし当時の作戦部長石原少将、作戦課長武藤大佐等が筆者等の視察の結果を、切迫した日支関係に対処する情勢判断の参考としようとしていたことは明らかである。

この旅行から筆者が帰京して約三週間後に蘆溝橋事件が起った。

1、天　津

五月二十六日午後、汽車で天津についた。天津の五月末はひどく暑かった。

直ちに支那駐屯軍司令部を訪問して挨拶し、参謀部で一般の状況をきいた。駐屯軍は昨十一年五月、従来の兵力を約三倍に増強されて支那駐屯軍と改称せられ、田代皖一郎中将が司令官に任命せられてから、ちょうど満一年経ったところであった。

管内の治安確保には確信を以て任じているが、豊台に駐屯地を新設したため、支那軍と顔をつき合せており、とかく彼我の神経が尖《とが》り、昨年中二回の小ぜり合い（豊台事件）を起したこともあり、慎重に対処しているとのことであった。支那駐屯軍の増強には関東軍の過度の北支策動を控制する目的が含まれていたのであるが、依然その弊は存続している。しかし駐屯軍としては、管内の問題は一切自ら処理する意向が強かった。

昨年十月綏遠事件失敗以来、支那側一般の対日態度は頓に強化し、本年に入ってから排（反）日空気はいよいよ高まり、北支の各所において在留邦人に対する圧迫、妨害、不法行為、日本側の交通通信妨害等の事件が頻発している。その都度冀察政権、第二十九軍に対し厳重な抗議をして、事態の悪化防止に努めているという説明であった。

2、北　京（当時北京は北平といっていたが、本回想では北京と書く）

五月二十七日、朝汽車で北京に向った。

(1)　北京の印象　北京城内外の著名な場所は、ほとんど一見することができた。数千年の歴史を有する古都のたたずまいは、さすがに支那文化の結晶で、荘重で重厚なものを感じさせる。当時の北京はほんとうに支那の都として純粋なものを保っていた。

(2)　北支一般の状況聴取　北京で話をきいたのは、特務機関長松井太久郎大佐（補佐官として寺平忠輔大尉がいた）と駐支大使館武官補佐官今井武夫少佐（大使館武官は南京にあり、北京の武官はその補佐官という官制上の形であったが、実質においては今井少佐は中央直轄の北京駐在武官であった）が主であった。その他、北京に駐屯している天津軍の歩兵第一聯隊長牟田口廉也大佐、豊台の同聯隊第三大隊長一木直臣少佐、冀察第二十九軍顧問の桜井徳太郎少佐等からも色々と話を承った。

松井大佐、今井少佐は、職務上常に冀察政権の要人と接触し、互いによく識り合っている。特に今井少佐は多年の在支那経験によって支那を理解することが深く、知人交友も多く、支那の国民性、風俗習慣をよく認識し、日支対等、公正な立場において両国の平和共存を保つべき考え方が強い印象を受けた。両官説明の大要は、

「昨年の綏遠事件は日本の大失策であった。また本事件の失敗は支那側の士気を高め、今や排日侮日は極度に達している。本年に入ってからも張家口、徳州等でわが外交官に対する支那官憲の不法行為があり、北京を始め京津地区数ヶ所で邦人に対する暴行事件があった。その外天津、北京間においてわが軍用電線の切断等の妨害行為がしばしば起っている。冀察政権の要人等は、表面おだやかに我方に対応しているが、内心は表面と異る。北京周辺の第二十九軍も、師長以上は表面紳士的に我方に接触しているが、下級幹部の排日抗日思想は旺盛である。このままの状態で日支関係が推移すると、不祥な事態が起る可能性は極めて大きい。」という趣旨であった。

(3) 北京駐屯のわが部隊　支那駐屯軍の歩兵第一聯隊（長、牟田口廉也大佐）主力が北京市内に駐屯し、その第三大隊は豊台に駐屯していた。まず城内の聯隊本部を訪問したが、牟田口大佐は相変らず真赤な顔をして、極めて元気で颯爽たる聯隊長振りであった。任務達成上自信に満ち、支那軍など問題としておらず、何の不安もない印象を受けた。

聯隊附の森田徹中佐は温厚で内剛古武士の観あり、よい聯隊長の補佐役であると思った。筆者は同中佐が士官学校の中隊長時代に面識を得て、色々と無形の教訓を受けた人である。間もなく起きた蘆溝橋事件では、事態収拾のため支那側との折衝に当って適切な行動をした。後年ノモンハン事件で戦死されたのは、惜しみても余りある痛恨事であった。

次いで豊台を訪問し、一木大隊長から部隊の緊張した駐屯状況、支那軍と目と鼻の先に相対していて、

ややもすれば神経が尖り勝ちである関係などを聞いた。精悍な感じを受けながら思慮深く、頼もしい人だと思った。蘆溝橋事件の立役者であった。

後年一木支隊がガダルカナルの奪回作戦に派遣せられ、寡兵を以て装備優秀な衆敵に対し、悲愴な全滅を遂げた時、この当時の訪問を想起して、一木支隊長の忠霊に合掌したことを思い出すのである。

昨十一年の七月二十六日と九月十八日の二回にわたる豊台事件の経緯、実況を、直接その経験者であった幹部から聞いて、とにかく支那の抗日排日意識と敵愾心は旺盛で、文字通り一触即発の関係にあるをことを感得した。

(4) 支那軍隊（第二十九軍の一部）視察 第二十九軍の軍事顧問桜井徳太郎少佐（後の少将）は、人も知る博多人特有の豪傑肌で、竹を割ったような明けっぱなしの朗らかな人物である。二十九軍少佐の服装をしていた。

「二十九軍は装備もよくないし、一応熱心に訓練はしているが、とうてい日本軍の敵ではない。排日思想も部隊によって差はあるが、相当に強いものがあり、できる限り日本と仲よくするように指導している。顧問との関係は良好で、皆よく言うことを聞いてくれる」というような説明をしてくれた。桜井少佐の人柄で接していれば、支那軍といえどもあまり反感は持たないであろう。

桜井少佐の案内で、半日ばかり部隊を視察した。北京北郊の西苑（馮治安の第三十七師主力）、清河鎮、北苑（第百三十二師）の各駐屯地は自動車で一巡した。

次いで南郊の南苑（張自忠の第三十八師主力）では、歩兵第二百二十七団（聯隊）を訪れた。師長には会わず、兵舎の中には入らなかったが、窓から中をのぞいて見ることはできた。装備はなるほど貧弱である。しかし営内も、室内も一応よく整理整頓されて、軍隊としてはそう見劣りする程度とは思わなかった。

ある大隊（営）の大隊長以下将校だけが体操場に集まって、鉄棒の技倆を見せてくれた。皆装具を脱し

62

ただけの軍装で、巻脚絆をつけていた。大隊長が真先に振り上りをやった。一見四十歳以上に見える、大きな身体をした将校であった。あまりよい出来ばえではなかったが、大隊長が率先してやるのには感心した。その他の将校も、別に優秀な技倆の者はいなかったが、印象に残っているのは二十名ばかりの将校が、例外なくなごやかな表情で私ども三人（桜井、公平、私）に対してくれたことであった。敵意や反感らしい感じを受ける表情も動作も全くなかった。営内で会った多数の兵隊から受けた感じも同様であった。おそらく予め上司からそのことについて注意を受けていたのであろう。

とに角南苑の兵営の印象はなごやかであった。桜井少佐は、張自忠の軍隊は比較的日本に対して好意を持っているが、馮治安の軍隊は少々違うといっていた。張自忠は日本の大学の出身者で、最近も日本を訪れて国情を観察し、日支は提携して行かねばならぬという思想を強く持っているとのことであった。

南苑から盧溝橋に向った。この付近には、後に盧溝橋事件の直接対手たる第三十七師の第二百十九団（聯隊）が駐屯しているのであるが、その部隊を視察する考えはなく、大体の配置と地形一般の観察をするのが目的であった。

盧溝橋（宛平）の町を過ぎて、有名な盧溝橋そのものを見物した。清の乾隆帝の筆である「盧溝暁月」の碑や、その裏に刻まれた有名な詩を翫味する雅懐も歴史的知識もなかったことを情けなく反省回顧するのである。

永定河の右岸に移り長辛店西北の台地に上り、附近の地形を観望した。そこからは遠景近景実によく見渡せた。まるで盧溝橋事件の下見をしたような結果となったが、そんなことになろうとは、夢にも思わなかった。大した意味もなく、職掌柄の癖でポケットに入れていた十万分の一の地形図を出して、現地と対象しながら暫く三人で雑談していた。

こんな情景を支那側が見のがす筈がない。台地を下って町の入口に出て、北京へ帰るため自動車に乗ろうとしたところ、若い支那軍将校が着剣した銃を構えた二人の兵を連れてやって来て、部隊本部まで来いという。桜井少佐が「われわれは師長の了解を得ている。ここの部隊長などに会う必要はない」と説明したが、とにかく隊長の命令だから来いという。相当に気色ばんだ見幕である。

桜井少佐は「とにかく帰る。おれの云ったことを隊長に報告せよ。わからなかったら師長にきけと云え」といいつつ一同車に乗って、ドアのハンドルに手をかけている将校を振り切って、速度を上げながら現場を離れた。支那兵ども、後ろから発砲するのではないかとも思ったが、それはなかった。

その後この事件について、何事も先方から云わないと桜井少佐は云っていたので、おそらく桜井少佐が先手を打って馮治安に話したのであろう。先刻の南苑で受けた感じと、対蹠的な一幕であった。とにかく我軍と鼻を突き合せているだけに、気が立っていることがよくわかった。

3、通　州

北京滞在間の半日、通州に赴き殷汝耕の冀東防共自治政府を訪問した。特務機関の細木中佐の案内であった。殷汝耕は、われわれに耳ざわりのよい南京中央政府の非難、冀察政権の批判を行い、日本と提携して冀東の安定と繁栄に全力を尽すというような発言をしていたが、何か落付かない態度が感じられた。この男、どう見ても大物とは思えなかった。

揮毫を所望したところ、画箋紙の半幅に「山雨欲来風満楼」と書いてくれた。

文句から受ける印象は、一触即発である。当面の情勢をその通りに見ているのかどうか、その時はわからなかったが、間もなく蘆溝橋事件が起きたとき、やっぱり殷は、情勢の逼迫を身を以て感じていたのだと思った。本視察旅行の結論は、殷汝耕が示してくれたようなものであった。

日本人経営の料亭で、殷汝耕招待の会食をして北京に帰った。この訣別は殷汝耕とも、料亭に勤めている日本人男女十数人とも、細木中佐とも文字どおり永訣となった。

それから約二ヶ月後、七月二十八日夜、保安隊の反乱によって無惨にもこれ等の日本人は虐殺による非業の最期を遂げたのである。いわゆる通州事件の犠牲者であった。殷汝耕はその時は死を免れたが、後中央政府から奸漢として処刑された。

4、張家口

六月一日

北京で四日ばかり忙しい日程を過した後、平綏線によって察哈爾、綏遠方面の視察に出かけた。この日は、張家口までの車行であった。朝八時頃の発車に、十分間に合うつもりで宿を出たのであるが、どう間違ったのか時間ぎりぎりに駅についた。

改札口を出ると数人の赤帽が「開了《カイラ》、開了」(発車した）と大声で叫ぶ。汽車はまだ見えるので、とにかくホームを走って近づいてみた。数分過ぎていたと思われるが、我々二人が乗るまで発車を待ってくれた。好意で待ってくれたのか、尾行の指図で、発車が遅れても待って乗せたのか、その辺は不明である。

われわれは身分を全く解放して、職官氏名ありのままの旅券を持ち、それは支那側に提示してある。旅行経路もわかっている。当時の空気で、この旅行に尾行や、行く先々で監視がないと思ったら大間違いであった。しかし全行程を無事に旅行することができたのは、この大びらな身分提示であったようである。

こうしてとにかく発車した。南口附近から八達嶺もよく見え出し、その嶮難な地形も近づくに従って車中からよく観察することができた。これを越えて察哈爾東部に入ると、山地の錯雑した地形に変る。行くに従って平地は次第に広くなり、高燥で、自動車編制の部隊にも適する部分が少なくない。

ひる頃張家口に着き、市中を一巡して北方の長城線に至って地形を観望し、さらに張北まで足を伸した。張北、徳化は昨年秋の視察行でゆっくり訪れた所であったので、時間の関係上すぐ引返した。張家口は北方多倫、徳化、商都方面内蒙の要地からの道の集る所で、蒙古平原から一段下った盆地の陝隘にあるが、防衛上の要衝であることが、長城線に立てば一目でわかる。

夕刻特務機関長の大本少佐と日本人経営の旅館で、会食しつつ状況を聞いたが、その要旨は北京で聞いたことと同様であった。

5、綏遠

六月二日

午前おそく張家口を出発し、大同、平地泉を経て午後はやく綏遠についた。沿道の地形は、次第に広濶平坦となる。大同付近までは漢民族の地帯で、農耕地が多い。平地泉附近以西の鉄道北方地域は、概して蒙古地帯で、次第に陰山山脈の南麓地域に入り、鉄道はその山裾を西方に走っている。車中から見た陰山山脈は山地という感じを与えず、樹木のない灰色の丘陵地帯である。

綏遠には関東軍から派遣せられている特務機関があり、長以下三人の若い軍属が勤務していた。この日はその家に厄介になった。長は夫婦でおり、他の二人は単身で夫人を太太《タイタイ》と支那語で呼んでいた。皆若い開拓的闘志に燃えた人達であった。残念ながら、今日この人たちの姓名を忘却してしまって申訳ない。

南方に支那軍の飛行場があり、訓練は盛んであるということであった。飛行服のまま町を闊歩している若い将校数人を見た。日本の飛行服よりもはるかに立派な新品で、真白い絹のマフラーを巻いているのが印象的であった。見るからに士気は旺盛だと思われた。

昨年の綏遠事件以後、支那側の増長は著しく、この機関も絶えず監視せられており、各種の妨害を受けている。敵意に満ちた支那の軍、官、民の圧迫下で過しているので、何時どんなことが起るかわからないが、その代り仕事に張合もあると、健気な覚悟の反面強気であった。今日我々が来たので、監視が特に厳重だと話している中、「またのぞいていやがる」といって外に出て見たりしていた。

最近溥作義がやって来たといっていたが、支那側が大びらに行動しているので、情報は自然に相当入手でき、多忙だといっていた。町中や郊外を歩きまわることは差しひかえて、専ら話を聞くことで過した。

夫人の好意で、簡素ながら純日本式の家庭料理で待遇せられた。その御馳走から見て、極めて質素な生活で我慢していることが推察できた。こんな危険を伴う所で、命を張って仕事をすることに生甲斐を感じる人たちがいた当時の気風を、今日懐しく回想するのである。

6、包　頭

六月三日

午前、この健気な若い人達に健闘を祈って訣を告げ、包頭に向った。約百キロの行程、陰山山脈の様相は蒙古の高原が緩かに鉄道沿線に向って低下し、その斜面がなだらかな丘陵状を呈して東西に連っているように車窓から見える。鉄道の南方は黄河に近く、低平な砂漠地帯をなしている。

ひる頃、包頭に着いた。半ば蒙古風の土造りの町である。ここにも関東軍から出ている特務機関（情報員といった方が適当か）がおり、五十位の軍属一人、小さな土造りの家に住んでいた。失礼ながら、その氏名も忘れた。適当な旅館はないので、この家に泊めてもらった。表面は何か商売しているように装っているように見えた。

昨年綏遠事変の結末を見るまでは、関東軍の指導者等が蒙古軍を操り、満航の飛行機も多数ここの飛行場を利用し、綏遠、百霊廟（ここから北北東約百キロ）を含む地域で景気よく一芝居やったが、それが失敗に了った今日では情勢は正反対となり、四面楚歌の中でひっそりと過している。別に住民が全部敵意を持っているわけではないが、支那側の監視が強く、情報活動は非常にむつかしい、という話であった。

綏遠といい、包頭といい、排日などという言葉は生ぬるくて当らない状況下にあるのであるが、表面は別に切迫した感じは受けなかった。支那側情報機関の、われわれに対する監視の目も光っていたに違いないが、別にいやがらせをする者もなく、直接監視的な行動をする者もなかった。

北方百霊廟方面および黄河沿いに五原、寧夏方面の情勢、その方面に対する従来関東軍の工作に関する話もきいた。ただ、この辺に来ると支那国民党中央政府の統治力もその色彩を淡くし、必ずしも中央政権に服さない諸勢力の交錯が感じられる。謀略的に興味を持つ人が、手を延ばしたいという意欲をそそられるのもわかる様な気がした。

包頭周辺は、大局的に見ると大沙漠地域で一望千里、海を見るような感じのする地形の如く思われるが、地上に立って見た観景は案外それ程でなかった。屋外に出て北方を観望したが、人間の眼高では大波状地のため案外遠くまで展望がきかなかった。飛行機で見れば、また変った観景であるに違いない。飛行場も今はあまり使われていないらしく、さびれて見えた。

南郊黄河の岸の展望も、大たい同じような感じを受けたが、この附近の黄河の幅は意外に広い。一キロ以上あったような印象が残っている。堤防はなく、沙漠の中に自然の流路ができたものである。青海の山奥に源を発し、ここまで既に二千五百キロ以上流れている。ここから渤海の河口まで、さらに二千キロ以上流れる。支那領土の広大さの一端を見せつけられた感じがした。小さな柳の板で、案外大きな平底の河船が造られている。

綏遠同様の考慮から、あまり歩きまわることを止めて、包頭の視察を打切った。

7、大　同

六月四日

朝、包頭を辞して大同へ引返した。大同の古びて半ばこわれた城門は、土色の市街や周囲の自然と調

68

和して、半蒙古地帯らしい趣きを感じさせる。特務機関の案内で、附近の地形観察かたがた西郊約十二、三キロにある雲崗（石仏の名所）を見物に行った。実は当地の反日的情勢を考え、特務機関の宅を直接訪問することを避け、この見物中話しを承るのが目的で、午後三時頃下車するとすぐこの行動に移ったのであった。

雲崗は平地の畑地の縁端が二、三十メートルの断崖となっており、その断崖に露出した自然の岩石に各種の仏像を彫刻したものである。北魏時代（西暦五世紀）の作といわれている。大は崖の高さに達するものから、小は十数センチ前後の小像に至るまで、各種各様の仏像が刻まれている。心なき素人が見ても優れた芸術であることがわかる。古代支那文化の発達していた一証左である。

当面の情勢に関しては、綏遠附近と大同小異であった。昨年の綏遠事変以後支那側の増長は甚だしく、排日、侮日、抗日の気勢はここ晋北（山西省の内長城線以北）においては特に顕著であった。官憲の監視圧迫も露骨である。山西省は一般にいわゆるモンロー主義で、排他思想が強い。何等かの方法を講じない限り、この情勢は悪化するばかりである、というのが説明の要旨であった。

大同に引返して別れ、その夜は支那の旅館に宿泊した。貧弱な旅館であったが、取扱いは表面上普通で、特別な冷遇的感じは受けなかった。部屋は粗末なもので、厚板の寝台に固い薄っぺらな敷布団が敷いてあるだけであった。

ただでさえ眠れそうにない所で、やっとウトウトしたと思ったら、予告もなしに四、五人の巡警（実は巡警か軍人かわからない）がドヤドヤと入って来て旅券を見せろという。支那語はわからないが身振り手振りで意思は通ずる。例の大びらに職官氏名を記入した旅券を見せる。暫く見ていたが、返して、そのまま出て行った。全くのいやがらせである。やっと眠りかけると、また別の三、四名が入って来た。今度は寝た振りをして、相手にしなかった。暫く懐中電灯を照して、寝台の周りを歩いたりして出て行った。

夜明までにさらに二回ばかり同じようなことを繰返したが、全く相手にせずに寝ていた。まことに劣等非礼な仕打であるが、以て支那側の感情を卜するに足るよい経験であった。公平少佐の部屋にも一度やって来たそうであるが、それ以後来なかったといっていた。

翌朝支那側警察署に抗議を申込もうかと公平少佐に相談したが、抗議しても先方は、身柄安全保護のため等巧みに言を左右にして、徒らに時間の損失をするばかりであると考えられたので、この場は看過して旅行を続けようということになった。

8、太　原

六月五日

朝八時過、太原行きの乗合バスで大同を出発し太原に向った。当時日本でも使っていた小型のバスで、相当古いガタの来た代物であった。これで太原まで行き着けるだろうかと不安もあったが、他に適当な交通の便はない。乗客は素朴な住民ばかりのように見えたが、昨夜のもてなしから察すると、監視の尾行が一名や二名は交っているに違いないと思われた。しかし北京以来の汽車中でもそうであった如く、これと図星のつくような態度を表わす人物は見つからなかった。

経路は大同から西南方岱岳鎮を経て内長城線の雁門関を越え、陽明堡—崞縣—忻縣—太原道であった。内長城線は、見るからに北方に対する要害である。仮りに北方から山西に兵を向けた場合、この線は難攻の地形であることは、一応の地形眼があれば容易に肯くことができる。

雁門関から東は恒山山脈中を平型関に至り、西は山西省西北角の迎思堡において外長城に合する全長二百キロ、平型関から大行山嶺に副ってほぼ河北省境を二百余キロ東北に延びて八達嶺に達する内長城線が河北、山西の支那本部防衛から見れば本防禦線であって、張家口から山西省北境を西に延びて黄河に至る外長城線は、前進防禦線である。

大同を中心とする晋北地域は、地形上から見れば察哈爾、綏遠と一体をなし、半蒙古地域といってよい。古来北狄と中華との勢力の抗争や民族の混交も、この地域で起っている。日本が古くから満蒙問題に強い関心を持ち、満州事変以来、関東軍と北支軍との関係にすっきりしない交錯の起っているのもこの地理的、民族的、歴史的の因果に関連しているように思われる。現地を歩いて、実際の地形、風物に接することにより、その辺の事情が自ら了解されるような感じがした。

雁門関を越えて滹沱河（東方五台山に源を発し、西南流してさらに大きく東方に曲り、石家荘北方を経て河北省の真中に入り、さらに東北流して子牙河に合流する）北岸の平地に出た所が陽明堡である。ここで昼食のため約一時間の休憩となった。

小ぎたない仕出し屋があって、上り下りの乗客は思い思いに出来合の料理を求めて皿に盛り、食事を始めている。天気はよく、かなり暑い日であった。暫くあたりの景色をながめて食事の状況を見ると、たくさんの人の料理が一様に黒くおおわれている。海苔か何か振りかけた土地特有の料理かと思ったら、何とそれは皆蠅が群りたかっているのであった。

そうと気がついて見ると、停留所は蠅で充満している。手で追った位でにげる気の弱い奴ではない。料理の皿をかかえて来ると、吸いつけられるように突進してたかる。土地の人間はなれたもので、別にそれを気にもしていないようである。たかった蠅を追い払いながら箸を口に運んでいる。食慾を大きく減退させられる状景であったが、腹も減った、郷に入っては郷に従えで、われわれも仲間入りしようということになって、二人で一皿の田合煮〆を求め、つつき合って食った。後で始めたので蠅群の攻撃は比較的少なかったが、それでも片手でたえず追い払っていて、なお完全に防ぐことはできなかった。

陽明堡を後にして、再びがた揺れの車で南下した。山西はなるほど山国である。道は忻縣近くまで滹沱河谷の平地を走る。左(東)側は五台山脈、右(西)側は雲中山脈に向って次第に山地の様相を加えつつ高くなっている。沿道の地形を観察しながら車に揺られていた。（約四ヶ月後に戦場となったこの土地を

再び訪れようとは夢にも思わなかった)

太原北方約四十キロの忻縣まで太原に駐在している御厨《みくりや》大尉が自動車で出迎えてくれた。ここでバスを乗り捨て、救われた気持になり、ゆったりと乗用車にくつろいで夕刻前太原に入り、御厨大尉の住居に落付きご厄介になることになった。そこは、正方形の太原城の東側の城壁にくっついた二階建の小ぢんまりした家屋で、部屋には日本式に畳がしいてあった。

閻錫山の招待　その日の夕食に、閻錫山がわれわれを招待するという案内が、御厨大尉を経て伝えられていた。ちょうど興中公司総裁の十河信二氏が山西綿の買付けの商談に来ており、その一行を招待する席に、我々も加えようということであるらしい。

御厨大尉の案内で、定刻山西綏靖公署に着いた。堂々たる構えである。門を入ろうとすると、警備の軍隊か警察かわからないが旅券を見せろという。変だと思ったが差出して見せると、帰りまで預っておくという。いよいよ変だと思ったが、親玉の閻錫山がいるのだから、あとの処置はどうにでもなると思ってそのまま預けて中に入った。

果してこれは、御主人側の知らないいやがらせであったらしい。首脳部の一人にこのことを告げると、平身低頭して旅券を取りよせて返し、入門者の身分を調べる規定があるので馬鹿正直にやったのである。御寛恕を請う、というような弁解をしていた。

宴会は主客合せて二十人ばかりであったが、豪華なものであった。山西特有の料理であったと思うが、北京の料理と特性を見分ける程の眼も舌も持たなかった。フェン酒という粟(?)から醸造した緑色がかった強い酒が出た。これは山西の名産という。こちらは相当な辛党であるが、先方の乾杯攻めには弱った。主人側は水を飲んで、こちらにのみその強烈な奴を強いているのではないかと疑いを抱く程、いくら飲んでも平気な顔をしている。

閻錫山も、その配下要人も当然のことながら、しかつめらしい話は少しもしなかった。山西の産物とか風景の話を少し聞いたが、専ら御馳走攻めで宴会は終った。本来招かれざる客であるので、当然のことではある。

辞して一歩門を出ると、また先の警備の連中が我々を取巻いて何か文句を云う。太原滞在間の予定行動など聞いているらしい。名所見物の旅行に過ぎないと応酬し、暫く押問答して宿に帰った。閻を始め首脳部も、腹の底はこの警備兵等と同じことであろうが、こんな仕打は明らかにマイナスで、如何にも田舎くさい。しかし大同でも、太原でも、山西一般の対日感情がよくわかり、この旅行にとっては大きな収穫であった。

山西一般の情勢　御厨大尉から山西一般の情勢を聞いた。

「山西は閻錫山によってよく統治せられ、いわゆる山西モンロー主義で施政が行き届き、住民は郷土愛が強く排他的である。軍隊はよく訓練せられ、編制装備も一応整っている。しかし日本軍に比すれば遙かに劣る。中央政府の威令は行きわたり、特に昨年二月、共産軍の陝西省からの侵入を中央軍の派遣が大きく物をいって撃退したことも影響があって、モンロー主義といっても現在は蔣介石政権が完全に統属している。昨秋の綏遠事件以後、排日の空気は一段と高まっている。先刻の綏靖公署における不愉快な先方の態度の如きは、今日当然の如く行われる空気である。」

六月六日

太原においても、支那側を刺戟するような行動は避け、この日は太原の名所として有名な晋祠を見物することを主目的とする如く装い、太原周辺の地形を観察した。

午前おそく出発して、車で太原鎮（太原西南方約十キロの旧都晋陽）のさびれた町を過ぎ、晋祠を訪れた。小山の麓にある公園で、お宮ともお寺ともとれるような建物が点々とあり、実にきれいな清水が豊富に湧いて流れている。別に遊覧の施設はないが、景勝の一地域で、市民の清遊地である。筆者は熊本幼年学校時代にしばしば訪れた水前寺や八景宮の清らかな水を想起しながらこの地を眺め、どこの国にも同じような景色の地があるものだと感慨に耽った。

そこを去ってその東方約三十キロの正太、同蒲両鉄道の交叉点楡次《ゆじ》附近をまわって午後早く帰り、その後は夜に入るまで居室に当てられた二階の日本間で寝ころんで過した。暑いので窓を明け放しておいたところ、この部屋は、ちょうど間近かにある城壁の上からのぞきこむように見落せる位置にある。城壁の上は巡警の通路で、二人の巡察が往ったり来たりして見張りしている。

筆者が、何も置いてない部屋の畳に寝ころんでいると、巡察どもは遠慮会釈なく立止って私を監視している。私は窓を閉めることもなく、それを無視して寝たふりをしていた。まことに熱心ではあるが、田舎くさい監視の連続であった。

六月七日

御厨大尉に別れを告げ、正太線で北京への帰路についた。西太線は軌間一メートルの狭軌で車も小さく、乗心地もあまりよいものではなかった。沿線の山地を貫く作戦路に沿う地形を観察することができたのは収穫であった。

石家荘で京漢線に乗りかえて北京に向った。保定附近までは大たい明るい中で沿線の地形の観察もできた。河北の大平野の西に自然の大城壁の如く高い山西の山が南北に連る。河北、山西とはよくもつけた名称である。北京についたのは、夜に入ってからであった。

六月八日

北京滞在。

六月九日

ひる前北京を出発して天津に至り、偕行社に一泊した。

9、済　南

六月十日

朝天津発、津浦線により済南に向う。沿線は河北、山東の大平原、京漢線の西方に山地を控えた地形と大きく異る。午後おそく済南に到着し、特務機関石野中佐の斡旋で日本人経営の旅館に投宿した。

夜石野中佐と会食し、山東方面の情勢をきいた。石野中佐は、最近青島方面の状況を視察して帰ったばかりであった。

「山東方面も北支一般と同様、近年逐次に対日情勢は悪化している。特に昨年の綏遠事件以後は急激にその度を加え、排日の勢力は頓に増大しつつある。中央政府の力が逐次に滲透し、先月(五月)中央軍を改編した税警団を山東に進出させてから、対日情勢は急速に悪くなりつつある。税警団は目下青島附近に位置し、青島圧迫の態勢を強めている。その目的には各種の判断ができるが、要するに対日反発に帰着する。青島の日本勢力を圧縮して、その効果を逐次山東全般に及ぼし、日本の漁業、密輸を取締まり当地にいる韓復榘が日本と特殊関係にあることを重く見て、その力を日本の勢力から分断する等、色色考えられる。そのためには、税警団または中央直轄軍をさらに山東に増派することも予見せられる。

韓復榘は日本側と連絡し、情勢が許せば反蔣の態度を明らかにすることも考えているが、目下中央政府の監視圧迫の施策との板挾みで、苦慮しているように見える。その態度を日本側に有利に決定させるためには、日本の力を以てする支援が必要である。日本としては山東方面の施策に対し、強硬な態度で蔣政権に臨み、情況によっては、この方面に武力を行使する決意を以て進まなければ、山東の情勢を解決することもできず、韓復榘の腹を決めさせることもできない。」

以上が大たい石野中佐の情勢説明ならびに意見の骨子である。

六月十一日

曲阜孔子廟詣で。

津浦線で兗州まで南下し曲阜の孔子廟に詣でた。地形観察が主目的である。この附近は一面の高粱畑であった。もうほとんど伸びきっているが、まだ穂は出ていなかった。平原は青海原のように見える。東方には山東南部の連山が鼠色に見えるが、南方、西方は江蘇、安徽、河南、山東の各境の接する大平原で、総体的に広漠たる大地の感を受ける所である。

兗州から荷車のような馬車で曲阜に向った。暑い日であった。日ざしをよけるために、車と馬鞍とに支柱を立て、それに白布を張って、人馬ともそのかげに入るようにして進む。そのような馬車がいくつか見える。あたかも青い波の上を、白帆が動いているように見えた。一幅の絵画のようで、真夏の暑さとはいえ、のどかで平和な風景であった。一年足らずの後、このあたりが徐州会戦の檜舞台になろうとは想像もしなかったのである。

孔子廟はかなり大きな建物で、中に孔子の立像が安置してある。高さ四メートルばかりの大きな像である。左右にたしかやや小さい孔子の弟子の像が並んでいた。支那式の濃厚で原色的な色彩が施してある。漢民族のイメージで聖人を表現したものであろうが、筆者にはあまり聖人らしく見えず、むしろ逞ましい武人という感じを受けた。どこか能面のような無表情な感じを与えるようにも思われた。芸術的にあまり出来ばえのよいものとは感じられなかった。論語の影響は少なからず筆者も受けている。恭しく一礼した。その気持には日本人、支那人という差別はなかった。

孔子の墓は、その北側近くの大樹の森の中にあった。一礼して帰途につき夕刻済南に帰った。

六月十一日

泰山登山。

朝宿を出て再び津浦線で泰安に向い、そこから徒歩で泰山に登った。昨日は直接監視者はなかったが、今日は泰安から巡警(?)が二人、案内者という名目でついて来た。二人とも六尺豊かの、からだの引きしまった若い頑丈そうな男であった。

泰山は海抜一四五〇メートルの全山大きな岩を積み重ねて作ったような山で、樹木は少ない。麓から頂上まで石段の曲折した登山道である。楽に登るためには四人で担ぐ輿に乗る。椅子に腰かけたまま、担架の上に載せてかつがれた恰好である。公平少佐はその輿で登り、筆者は歩いて登った。

道の両側の無数の大巨岩には大てい有名人の揮毫が彫刻されている。どれも立派な文字で、登りながら見やすいように刻まれている。筆者はこれを観賞しながら登りたかったが、例の巡警が二人とも私について来るので、こいつ等と脚力の競走をして見てやろうという気になった。

山登りの経験は相当あったので、頂上まで一気に上るには、どの位の速度を出せばよいか大たいの見当はつく。その見当で、最大馬力をかけて登り初めた。初めからほとんどかけ足である。たちまち汗びっしょりになったが、頂上まで速度を緩めずに辿りついた。巡警どもは、最後には二、三百メートルおくれたが、とにかくついて来た。

相当な奴等だと思った。彼等も敵愾心を大いに発揮したのであろう。言葉は通じないので、あえぎながら登って来た彼等を笑いながら見つめていたところ、複雑な表情で見返していた。「謝々」といって五円ずつ渡そうとしたが、受取らなかった。敵意からか、公然と渡されては困るのか、わからなかったが、どうも渡し方が拙かったらしい。しかし、あとでこっそり渡すことは止めた。

公平少佐の輿は三十分位おくれてついた。山頂には小一時間いたのだが、山頂から中原の大平原を見おろした大観景の印象は残っていない。周辺の連峰のため、遠望はきかなかったためであろう。しかし昨日、今日の物見遊山で、津浦沿線の山東省の地形は大体大観することができた。

六月十二日

午前石野中佐の案内で韓復榘の邸宅を訪問した。大きな構えではなかった。涼しそうな青色の民服を着けて、椅子によっている韓と面接した。小柄で色白くインテリ的な感じを受け、日本の神主さんのような印象で、軍閥の一方の旗頭という感じは受けなかった。当らずさわらずの雑談で三十分ばかり過し、彼の本心をさぐるような質問はこちらも出さないし、彼もそのような発言はしなかった。

そこを辞して黄河畔に到り、鉄橋や河の状況などを視察した。ちょうど昼飯時で、約一中隊位の軍隊が鉄橋に近い鉄道の突堤の両側で食事をしていた。そこに歩みよって片言で「好乾《ハオチー》」(おいしいか)と云ったら皆笑っていた。彼等はおそらく、われわれが日本の将校であることは知らなかったのであろう。なごやかな感じであった。

ここは十日ばかり前包頭で見た黄河から約二千キロ下流であるが、幅はかえって狭いくらいである。しかし河相は、ずっと大河の貫禄を増している。水は相当豊富で、水面はかなり低い所にある。文字通り黄河だ。鉄橋は構桁であるが、日本の多くのものと違って円墻形の鉄材を使った部分が多く、鼠色の塗料で塗ってあった。さすがに大河の鉄橋だと思って眺めたのが、印象深く残っている。(この鉄橋を爆破しなければならぬような状況が起るだろうかなどと考えたりしたが、翌年の春、徐州会戦の打合せに参加してここを再訪した時には、それが真実となって、橋は捻じるような恰好で落されていた。)

済南城を見物し、済南出兵時の状況などの説明を受け、比較的長い滞在をした済南での旅程を終った。

10、青　島

六月十三日

朝済南を出発し、膠済線で青島に向った。沿線の地形を観察しつつ、午後三時頃青島についた。赤青の屋根、卵色の壁、ドイツ色たっぷりの都市である。港に面したオリエンタルホテルに投宿した。矢萩那華雄少佐が特務機関長としてここに駐在しており、万事お世話になった。海軍も、青島駐在海軍部(長、田尻海軍大佐)があって活動していた。大井篤海軍大尉(現在文筆家として活躍している)もここにいて、海軍側からも一応の説明を承った。

夜、ホテルで矢萩少佐の説明をきいた。

大要は、済南で石野中佐から聞いた内容と符節を合す如く一致していた。最近石野中佐がここへやって来て、くわしく情勢を検討し、意見を交換した直後であった。海軍部の田尻大佐もそれに加わったようである。

青島では昨年の十一月から暮にかけて、日本人経営の紡績工場の支那人職工の大罷業が起り、それは多分に政治的なものであった。わが海軍の陸戦隊が上陸して、治安の維持に当る場面も生じ、年末一応の解決はしたが、山東の対日情勢の悪化は急速に進昂している。それは南京中央政府の勢力浸透政策が大きく影響し、日本の北支政策転覆の重要施策と見るべきである。最近進駐して来た税警第五団の司令部は膠州湾の北岸にあり、その兵力は青島を包囲する如く膠州湾岸に駐屯し、日本人に対する圧迫を強化し、差当り所在の朝鮮人を苦しめている。

当面我国と南京政府との折衝によって、税警団の原駐地復帰を策すことが必要である。現地としては、極力支那側との衝突を避けるが、早晩武力使用を伴う断乎たる対策に出なければ、情勢の抜本的解決は出来ないであろうというのが意見の大要であった。

六月二四日

午前市街、港湾、青島東方の海岸（上陸を考え）などを視察し、東方郊外の九水に至り、矢萩少佐から昼食の御馳走になった。在青島邦人実業家の倶楽部らしい所であった。ここはドイツ占領時代の青島要塞の堡塁のあった附近で、大正三年の青島攻略の戦蹟である。附近の白い砂の丘陵と、桃畑と、アカシヤの林など、のどかな環境の印象が今に残っている。

本日を以て北支旅行を終った。

筆者は明日出発して一路帰国し、公平少佐はここから上海に飛び、南京、漢口と中支揚子江沿岸の情勢を見て月末帰京することとなった。

午後ホテルにおいて旅行間の整理を行い、公平少佐と旅行間の所見報告の要領等について概要の打合せを終り、海軍部を訪問してその説明をきいたが、特に事新しいことはなかった。

六月十五日

公平少佐と別れ、空路天津に向った。この日天津から奉山線で出発し、朝鮮経由で一路帰国した。東京に帰ったのは、六月十八日であった。

11、総括所見

約三週間、北支各地を一めぐりして見聞、体験した結果は、支那の排日、抗日、侮日的気運は確かに高まり、沸騰点に達しようとしている。軍隊、官憲においても、下級者においてはその態度が露骨であった。日本側の軍部出先の意見は、支那のこの動向に対する見方は一致していた。

これに対する日本の取るべき方策に関しては、少数意見として、日支は互恵平等、平和共存で行かなければならないと考えている支那通の若干の人々があったが、大勢は支那の増長、暴慢に対しては、力を以て一撃を与えなければこの情勢の打解はできないという考え方であった。たしかにこの段階では支那側が挑発的であって、わが方は受身であった。その実情の中で、対支膺懲の敵愾心の起るのは当然であった。

そこで、北支で体験した支那側の対日反発的空気が、間近かな日支衝突につながっているか否かの問題であるが、筆者は実際のところその判断を明確にすることはできなかった。

従って帰京してからの出張報告は、見聞、体験のありのままの事実を述べるに止った。ただ、地形の観察は自然不動のものを見るのだから、実見したところにそう狂いはなかった。この地形認識は、その後の任務遂行上相当役に立ったのである。

〔附　記〕筆者が北支旅行から帰った頃、軍事課高級課員、岡本清福中佐が数日間、天津、北京に出張した。その目的は、支那駐屯軍の参謀の中に、北支で事を起そうとするものがあるという噂があったので、その実情を確めることであった。岡本中佐の帰ってからの報告は、そのような心配はない、というものであった。岡本中佐を現地に出張させたのは、石原作戦部長であった。石原少将は支那で事を起すことを、極力抑止しようとする考えが強く、前年来細心の注意をもって努力していたのであった。

（二）华北处理要纲

资料名称： 華北処理要綱

资料出处： 寺平忠輔著《蘆溝橋事件——日本の悲劇》，読売新聞社 1970 年版，第 35—36 頁。

资料解说： 出自原日军驻北平特务机关大尉辅佐官寺平忠辅的回忆资料。1936 年初由驻北平特务机关长松井久太郎主持制定《华北处理要纲》，要求日军对冀察政权的财政、经济、军事进行内部「指导」，借机推动华北五省的「自治」。按寺平的评论，该纲领为日军特务机关在华北推行扩张谋略发挥了「金科玉律」式的指引作用。

35　北京特務機関と冀察の人々

華北処理要綱

東交民巷《トンチャオミンシャン》の特務機関では、松井機関長が、私の到着を待ちうけていた。型通りの申告が終ると、デップリ肥った童顔の大佐は、機関員や顧問一同に私を紹介した。

私は補佐官室に落ち着くと、金庫の中からまず、昭和十一年一月十三日付で示された「華北処理要綱」という文書を取り出して読みふけった。この中には、日本軍が冀察政権を指導するための、根本方針が明かにされていた。つまりこれは特務機関の業務遂行上、金科玉条とすべき性質のものだった。

華北処理要綱（要約）

日本は、華北民衆を中心とする自治の完成を援助する。これがため、新政治機構たる冀察政務委員会を支持し、之を指導誘掖《ゆうえき》して、その機能の強化拡充に努めるものとする。

その要領は

一、自治はまず冀察二省に始まり、爾後漸進的にこれを華北五省に推し進めて行くものとする。

二、冀察政権の基礎確立後は、冀東政権もまたこれに合流せしめる事を考慮する。

三、冀察政権に対する指導はあくまでも内面的にこれを行ない、指導の重点は財政、経済、軍事に置くものとする。満州国に対するような、行政指導はこれを行なわない。

四、日本民間資本の自由進出をはかる。

五、華北各省の自治工作を阻害しないため、内蒙工作の規模は、厳にこれを長城線以北に限定する。

六、華北処理の担当責任者は天津軍司令官とし、冀察政権直接指導のため、新たに北京に特務機関を設置する。

現在の華北、これはこの前私がいたころの華北とはスッカリ様相が変っている。いやそれどころではない。去年この華北処理要綱が出たころの空気と、今日の空気との間にすら、もう大変な隔たりがあるではないか。ことについ先月の三中全会以後というもの、抗日的空気は駸《しん》駸《しん》乎《こ》として、京津一帯に襲いかかっている。つまり足元に火がついているのだ。五省連盟の構想など練っているべき時期ではない。いかにして宋哲元一人を、我が掌中から逃がさないようにするかが北京機関として精一杯の仕事なのだ。

現在の私のなすべき事は、一日も速やかに冀察の実態を把握《はあく》すること、中国側各界の要人に知己を求めること、そして現状打開の方策を確立すること、これらの手筈《はず》を急がなければならない。

（三）对华实行策之改正意见

资料名称： 对支実行策改正意見

资料出处： 島田俊彦、稲葉正夫解説《現代史資料》8《日中戦争》1，株式会社みすず書房1973年発行，第380—381頁。

资料解说： 本资料是参谋本部第二课以1936年8月11日《对华实行策》为蓝本，试图根据形势变化和日本对外方针的总体调整，对原有对华政策进行更多一些的具体调整。内容包括暂缓对华北的积极行动，暂时放弃日本提出的签订中日军事同盟、派遣政治顾问等建议。

昭和十二年八月十一日四省調製

六五　対支実行策改正意見（昭和十二年一月六日調製　参謀本部第二課）

本実行策は昭和十一年八月十一日四省調製対支実行策を改訂し昭和十年十月四日外陸海三大臣間に諒解成立せる対支政策に関する件及昭和十二年一月改訂帝国外交方針に準拠する新実行策を示すものとす

対支実行策

一、対支政策

対支政策の目的は漢民族伝統の精神を復活せしめ彼等の悩める所を正確に認識し其病痕を帝国の力に依りて救済し以て真の善隣関係に導き聽て日満支提携に至らしむるにあり之が為

1、帝国の対支強圧的又は優位的態度を更改し真に友情的対等的たらしむ

2、北支特殊地域なる観念を清算し之を五省独立の気醞に誘致するが如き方策を是正し現冀察政権の管掌する地域は当然中華民国の領土にして主権亦其中央政府に在る所以を明確にす

3、冀東地区は満支経済提携の楔子とし該地域内の経済開発を急速に実現せしむる為暫く現状を維持せしむると共に支那が軍閥誅求の苛烈なる圧迫下にある現状に対する模範的楽土たるの一試験場として帝国並満洲国によりて支援し後述新支那建設と相俟ち適時支那に復帰すべきものとす

冀東政権に対する誘導は右に準拠す

4、施策の対象は軍、政、党に偏することなし特に列強角逐の複雑混迷を正確に認識し大義名分に立脚せる行蔵に終始し具体的問題を捕捉して日支従来の尖鋭関係を正道に入らしむるを要す

5、抗日人民戦線は其発生関係を不問に附するに於ては支那現代の苦悩の一表現なり之を正当なる民衆運動に転向せしめ以て支那統一新支那建設の指導層たらしむるを要す

6、綏東問題は内蒙軍政府が蒙古民族復興を方針として対外侵寇を中止し終始蒙古国建設に傾注することにより支那側との確執を解消せしむ支那側に対しても亦対蒙圧制政策の非を悟り民族善隣の誼に則るが如く逐次和解指導するに至らしむ

二、対支経済施策（特に一般対支政策と分離す）

前項対支経済施策の実行特に新支那建設に向て之を哺育援助せんが為

には漢民族の現下最も苦悩する所の経済状態を良好ならしむること最も肝要にして経済向上は固より其財政政策に負ふ所大なりと雖帝国は国家間の経済関係を増強する手段の外直接支那民衆の康寧福祉を齎すが如き凡有方途によりて其苦悩を救ふを要す之が為

1、満洲国と支那との経済関係を依存状態に導くを要す

即ち支那人の対満投資を許し冀東政府竝北支方面の農鉱業と満洲国の農産重工業に連関あらしむる手段を講じ以て満支提携の基礎的紐帯たるに至らしむ

2、帝国は対外列強より輸入する原料中為し得るものは成るべく支那に求め以て僅かなる採算関係よりして日支経済関係を断絶するが如きことなきを要す特に北、中支に於ける紡績企業等は其棉花、羊毛の産出を促進せしむるを以て互譲紳士的態度を以て企業を行ひ不平等的独占的経済進出を是正す

3、列強の対支経済進出が結果に於て其統一竝に建設に資するに於ては帝国は寧ろ之と協力すべきものとす

三、防共協定は希望する所なるも対支政策の根幹とせず、又之を強制することとなし

日支軍事同盟の訂結、国民政府に於ける帝国最高政治顧問の傭聘、軍事顧問の傭聘、其他地方政権に対する施策等は暫く帝国より提議することを中止す

（四）关于修订帝国外交方针及对华实行策案的理由

资料名称：帝国外交方針及対支実行策改正に関する理由竝支那観察の一端

资料出处：島田俊彦、稲葉正夫解説《現代史資料》8《日中戦争》1，株式会社みすず書房 1973 年発行，第 382—383 頁。

资料解说：1937 年 1 月 6 日由参谋本部第二课提出，从政略角度阐释调整对华策略的理由。强调中日关系进一步紧张，中国国内反对内战、要求抗日的声音将进一步加强，因此日本应该适当调整其强硬政策，努力促成中国主动追随日本。

六六　帝国外交方針及対支実行策改正に関する理由竝支那観察の一端（昭和十二年一月六日　参謀本部第二課）

一、西安事件を楔機〔ママ〕として隣邦支那は次の二個の観点に要約せらる一は内戦反対の空気の醞醸せること二は国内統一の気温（ママ）の醸製（ママ）せられたること而して二者は共に自然発生的傾向を有す

二、右二個の事態は互に表裏を形成し満洲事変及北支問題によりて拍車づけられ逐次軍閥争覇時代を経由せるが如し

更に之を分析すれば現代支那の上部機構は衆知の如く軍政党の三部門に分れ軍は封建割拠の姿勢を持すと雖政及党力は克く大乱の導引を禦ぎあり政力最も活潑なるときは必ず列強角逐の事態を従伴し党に至りては其力の緩急により或は軍に抑へられ或は軍政を抑ゆることありと雖最近の党力の普遍浸透性は啻に藍衣社系CC団系励志社等手製傍系組織以外に民衆特に青年層を風靡し最も注目すべき横断層〔ママ〕を成形するに至れり

三、帝国は何を以て右党力を重視すべきか他なし其発生因由及過程に於て第三国特に共産党の連関ありと雖党の一変体とも称すべき抗日人民戦線派の実体は正当なる新支那建設運動に転化せらるべき多大の期待を有するにあり

之を新支那建設運動に転化せしむる一大動因は実に帝国が従来の帝国主義的侵寇政策を放棄し純正大和民族としての誠心を同策に反映せしむることに依りて決す

四、如此き事態に立到り日支現下の尖鋭深刻状態を正道に入らしめなば必然帝国々是たる日支提携特に日支経済提携の実手段を要望せざるを得ざるに至るべし

五、之を国防国策大綱に照応せしめんか対外一大決戦前に於ける対支政策は実に叙上外交方策と吻合するものにして曩に当課より一案として「対支政策の検討」を提案せる所以玆にあり

六、惟ふに帝国々策は国策大綱に示されあるが如く東亜聯邦を成形し支那を東亜聯盟の一員たらしむるにあり

支那を右聯邦の一員たらしむる為には先づ帝国の政策をして大御心を奉戴する大義公正に則らざるべからず此見地よりすれば必然新建設運動竝統一運動には援助の労を吝むべからざるは勿論侵略的独占的優位的態度の是正を要望せざるを得ざるなり

右方針に立脚する皇国の真諦根幹は悠久にして欧洲流外交国策は

382

一時的成果を追ふ非道義的なることを判別せざるべからず
七、本改正意見固より帝国外交官憲の管掌する所なるも既往軍部の意志が対支外交に於て骨幹を為せる見地よりして一大転向を軍自ら行ふの責を有す
八、主要列強に対する外交は帝国の東亜経綸を以て中枢として調整すべきが故本理由は主として対支外交政策に就て述べたり

（五）就对华政策意见给陆军省的通报

资料名称： 陸軍省に対し対支政策に関する意志表示

资料出处： 島田俊彦、稲葉正夫解說《現代史資料》8《日中戦争》1，株式会社みすず書房1973年発行，第384頁。

资料解说： 本资料是以参谋本部的名义就对华政策问题向陆军省提出的建议，要求正视中国国内的统一运动，暂缓华北分离工作，将侵华的重点转移到经济、文化方面，但「忍无可忍之际则对其加以痛击」。

六七　陸軍省に対し対支政策に関する意志表示

（昭和十二年一月二十五日　参謀本部）

帝国は庶政一新の断行に依り日満を範囲とする自給自足経済を確立し戦争準備の完了を期す

之を一転機として対支政策を変更す即互助共栄を目的とする経済的文化的工作に主力を濺ぎ其の統一運動に対しては公正なる態度を以て臨み北支分治工作は行はず

方　針

帝国々内の庶政一新を貫徹することを前提として日支国交上に於ける一転機を策すること

要　旨

一、支那の統一運動に対し帝国は飽迄公正なる態度を以て臨む

北支分治工作は行はざること

二、日支経済諸工作は一大恋起を要し凡有手段を尽して真に互助共栄を目的とする工作に邁進す

北支特に冀東に於て然り

三、内蒙に対しては親日満を基調とする蒙古人の蒙古建設を目標とし自治強化に専念せしむること

四、以上工作の実行に方りて尚日支関係調整せられず更に悪化し真に已むを得ざるに立到るが如き場合は十分隠忍したる後徹底的痛撃を与ふるの準備にあること

384

（六）解决成都、北海事件，国府处罚犯人并致歉，外务省公报

资料名称：成都・北海両事件解決す　犯人を夫々処罰し　国府・陳謝の意表明

资料出处：新聞集成《昭和史の証言》第十一卷，本邦書籍株式会社 1985 年発行，第 5—6 頁。

资料解说：在日本发动华北等地事变过程中，中日关系日趋恶化，先后发生成都、北海诸多事件。本资料介绍了日本政府迫使中方就成都、北海事件达成妥协，国民政府处罚「犯人」，并向日方道歉等情况。

感じを与へてゐる。一体秕政といふ様な激しい言葉は、責任ある政治家の容易に発すべきものではなく、殊に前二代に閣員たりし者の口から出るのも可笑しいが、これは従来の政治とは急角度に転回した政治を行はうといふ意気込みを示したものと解する外あるまい。そして従来といふのは、前二代の内閣の政治のみならず、その前の政党政治の時代を含めてゐるのはいふまでもない。否その心持は主として政党政治時代のことを指して、前二代の内閣がこれを十分に匡正しなかつたから、新内閣は大に馬力をかけてやると誓つたものだといつてよからう。

党閥官僚内閣でも政党内閣でも国家を念として政治を行つてゐたことは否定出来ない。時には外交の失敗もあつたが、国力と国威はそれを補つて大過なからしめ国防についても、国民の忠君愛国は軍人に後顧の憂ひを感ぜしめたことはなく、軍備制限にしても新しき軍備拡張のために国力を涵養したものとも見られる。殊に陸主海従でも海主陸従でもなく、世界に稀な海陸両建の軍備国防であるから国防不十分を以て一新さるべき秕政に数へることは出来ない。

然らば何が秕政であるのかといへば、国民生活の安定が完からぬ点であり、明治維新以来七十年にして、なほ人権蹂躙、文明国では聞かれない拷問沙汰が絶えないことである。

外に国力が張つてゐるのに内に農村が疲弊してゆくのは秕政といはざるを得ないであらう。農村救済がいつまでたつても代議士が選挙民の投票を釣る餌になつてゐることは、とりもなほさず今迄はいふだけで何にもしてゐないのか、今迄やつてゐる方法では農民は疲弊するばかりで救済されないことを意味する。こゝに於いてか農村再建農民更正の為には、所有本位から勤労本位に政策を急転回しなければならないといふ問題が生じて来る。

非常時当初軍を政治指導者として国民の一部が救世主の如く考へたとすれば、それは広義国防が兵農両全の立場に立つからであつたその後の進行は狭義国防において充実したが、広義国防の方は依然として不十分たるを免れず、増税その他の重圧が更に加はるかの不安がのしかゝつてゐる。それは軍備については軍部大臣の発言と実行力は政治を左右出来るとしても、経済産業財政而して国民生活の安定については、その指導力がないことの当然の結果だともいへるのである。

かくてこの方面の秕政一新の為には、文武官僚の独善主義に頼つてはゐられないから、国民代表の議会政治に復帰しなければならぬと気がついたのである。こゝに於いてか真に国民を代表する議会の再建を必要とし、本当の民意代表の議会政治復興を期待するに至つたのである。政権本位の政党でなく、国民本位の政党が要望されるのである。庶政一新は国防強化と国民生活の安定の併存調和にある国民はその生活安定を犠牲とする庶政一新を希望するものではない。政権本位財閥代表の既成政党が現状維持に傾くのは当然である国民の要望する真議会政治は、庶政一新の線に副ふものでなければならぬ。而して国民生活の安定は物質的安定のみを意味しない。国民は精神的生活安定を非常時以来一層希求してゐるのである。富貴に淫せず、威武に屈せず、国民と共に天下の大道を行く議会人による新議会政治こそ、その目標でなければならぬ。

成都・北海両事件解決す
犯人を夫々処罰し
国府・陳謝の意表明
川越大使、張部長間に公文を交換
外務省公表

〔一・一　満洲日日〕【東京三十一日発国通】成都、北海両事件は三十日須磨総領事、高宗武亜洲司長最後交渉の結果意見の一致を見、同日午後七時川越大使、張群部長間に公文の交換を了したので外務省は三十一日午前零時四十分解決内容並に当局談を左の如く発表した

当局談

成都その他今次排日不祥事件に関する日支交渉に当り帝国政府の執り来つた方針並に交渉に対する政府の見解等は十二月十日外務当局談の通りであるが成都、北海等の個々の事件に関する善後措置に就いては十二月三日在支帝国大使館声明書の趣旨に依り主として在南京須磨総領事と高宗武亜洲司長との間に事務的折衝を続けて来た結果成都、北海事件に関しては十二月三十日付を以て川越大使と張外交部長との間に左記の如き文書の交換を了した

成都事件　本年八月二十四日日本人四名成都において変故に遭ひその中二名負傷し、二名死亡せる事件に関して本部長は茲に政府を代表し誠懇の態度を以て貴国政府に対し深く歉意を表し候、事変に際し地方当局は弾圧救護したるも湘会警備司令及び公安局長は防衛上行き届かざる点ありたるに就き中国政府は既に該両名を免職し又警備司令部衛長一名、連長一名、公安局科長一名、隊長一名、分局長一名等も亦等しく既にそれぞれ処分致し候、本事件の首班者三名は既に死刑に処し、その他の犯人等も亦既にそれぞれ処罰致し候、中国政府は死者渡邊洸三郎、深川徑二の二遺族に対しては夫々実際の損害額及び相当の弔慰金を給与し負傷者田中武夫、瀬戸尚の両名に対しては夫々医薬実費、実際の損害額等給与致すべく、その金額は別信を以て通知の通りに有之候、中国政府は前顕弁法に照し処

理してゐる上は本事件は既に解決せるものといたしたく候旨申越これに対し川越大使は右を諒承するとともに死者の遺族および負傷者に対する諸費合計中国貨幣九万八千八百八十七元一角也を受領せる旨回答した

北海事件　本年九月三日日本商人中野順三が広東北海において変故に遭遇せる件に関しては本部長は茲に政府を代表し誠懇の態度を以て貴政府に対し歉意を表し候当時北海地方の状態特殊にしてまた事件怱卒の間に起りしため関係当局は相当措置を講じたるも保護周到ならざりしものあり、当時実際上該地方警備の責を負ひたる人員翁照桓、邱克鎭は早くも既に放逐し、公安局長陳沈もまた既に職を去りたるため処分の余地なきに立到り候、本事件の犯人は既に情状の軽重に応じそれ〲処分致し候、中国政府は該日商中野順三の遺族に対し弔慰金三万元を給与可致候、中国政府は前顕弁法に照し処理したる上は本事件は既に解決せるものと致度右御諒承相成度候旨申越し之に対し川越大使は右を諒承すると共に被害者遺族に対する弔慰金中国貨幣三万元也を受領せる旨回答した

なほ在成都帝国総領事館は支那側において諸般準備完了するを待ち近く再開の予定である

哀恋ダンサー自殺
アパート十一号室
香水に埋れて
枕頭に“闘いの記”と
白薔薇一輪

（一・一 読売）　師走最後の足音を窓外に香水の香に埋もれたアパート十一号室に“恋のパートナー”を失つたダンサーが独り淋しく死んでいつた——瀧野川区田端町二九一明荘アパート（経営者瀬戸文雄氏）止宿、埼玉県川口町川口ダンスホールダンサー今井潤子(二八)さんが自室六畳の寝床に浴衣の寝巻のまゝ薄化粧を施して冷めたくなつてゐるのを卅一日午前零時ごろホールから帰つた友人の同アパート二階止宿江頭末子(二三)さんが発見、瀧野川署で検視の結果青酸加里自殺と判つた部屋一パイにコテイのロリガン（香水）を撒き散らし『闘ひの記』と題して十一月廿五日以後の心の悩みを大学ノートに綴つた日記風の手記が枕頭にあつた、死の直前手紙、写真等恋愛の証拠になるものは全部焼き捨てたらしく室内はきれいに整頓され花瓶に清楚な白バラが一輪淋しく香つてゐた

彼女は一年ほどまへ大阪市浪速区恵美須町二ノ四〇の生家から上京、去る八月から川口ダンスホールに勤めてゐたがトルストイ、ドストエフスキーなどを耽読してかつては赤の洗礼を受けたこともあるといふインテリ女性である反面酒をよく飲み遊び好きでホールも休みがち、百人のダンサーのうち五十番ぐらゐにゐた、しかし収入は月六、七十円はあつて生活に困るやうなことはなかつた、とのみで誰も陰影の多い女性の真の身の上を知るものが居ない

『闘いの記』を通してみる恋の相手「緑」とは板橋区板橋町五ノ六五〇川口ダンスホール理事青木緑(三二)氏で妻子ある青木氏と恋に陥ち彼女の妊娠を知つて冷めたく浮気な男心を恨み乍らも綿々男への思慕を寄せつつ淋しく死を追つた〃ものらしいが検視の結果は妊娠の兆候なく最近極度の神経衰弱に陥つてゐたといふから、なにかの暗示から妊娠と思ひ込んで自らを悲劇の道へ追ひ込んだものらしい

爆発した春景気
買つた〱、初荷の奔流
歓楽街は『人』で満腹
赤字市電も息詰る騒ぎ

（一・三 読売）　卅億四千万円！未曾有の大膨張予算が生む“軍需インフレ”の伴奏賑かに三七年の春景気は物価騰貴も何のその、元日、二日とかけて初詣でに、湯治にと近郊遊覧地や湯の街は近年にない爆発景気、丸の内、新宿、浅草の帝都興業街も人・人・人の氾濫に呑まれ流石の大東京はまるでガランドウ、二日商品市場のトップを切つた神田青果市場の初売りは前年より二割見当の増加、旧臘来うけに入つた国鉄は初日の出とゝもに黒字に拍車をかけ“景気日本”の指針はピーンとはねあがつて万々歳の超好景気だ、新春を寿ぐ屠蘇の香りも高く“好景気来！”“景気は日本より”の声天地に充ちて何と三七年の明朗なスタートよ！

“黒字王国”国鉄は歳末逃避行、恵方詣り、湯治客、銀盤目ざすスキーヤー等々空前の殺到で文字通り目をまはした

東京駅元日の乗降客は約十一万余、昨年よりも三千円の収入増加北の関門上野駅の乗降客は元日二日の総計が何と百廿三万五千余人、昨年より廿万の激増元日だけで六万千六百余円の賃金をあげてゐる、新宿駅元日の乗降客は卅万四千、二日が廿八万余を算へ千二百円の増収といふ大した景気だ。成田詣でに賑ふ両国駅が元日だけでも四万余で、国鉄のお正月景気はもの凄い限り、市内の人出は明治神宮への参拝客が大晦日の夜から元日、二日にかけて百五十万余人でトップを切り、新宿、丸の内、銀座、浅草等の盛り場はどこも人、人、人の雪崩れとこれに伴ふ金、金、金の洪水に“赤字市電”もすつかり恵比寿顔に転向、省電も、バスも円タクもたんまりお腹をふくらませて、日頃一日十四五円平均の円タクの稼ぎ高が平均四十円を突破するといふベラボー景気に鼻息荒く恵まれた正月日和にこの春景気も三ヶ日はもちろん松の内は上々吉とあつて商店街はじめ各方面では更に景気満喫へと勢ひ込んでゐる

この“景気波”に乗つて二日の

（七）政局新阶段、对华北政策需要同时强化

资料名称：政局一段落と共に　北支対策強化が必要

资料出处：新聞集成《昭和史の証言》第十一卷，本邦書籍株式会社 1985 年発行，第 196—197 頁。

资料解说：1937 年上半年日本政局动荡，继广田内阁之后，林内阁只存在 3 个月左右，随后是近卫（第一次）内阁 6 月上台。变局中的日本军政高层就对华政策有多方面的讨论。本资料是日本媒体对日本军方要求政府加强处理华北问题的报道。

定的のものとなつてゐたが、内務、文部両省首脳部の意見一致を見た結果、文部省では別項の如くいよいよ省令仏道教会所規則第十二条第二号“公安を害しまたは風紀を紊乱するおそれあるとき”の条文により地方長官の権限において断固取消命令を発するとなり十五日朝急遽大阪府社寺兵事課長辻尾規矩彦氏の上京を命じ同日午後四時半安井大阪府知事を通じ布施市氷和の「ひとのみち」本部の許可取消命令を発したものである

辻尾氏は同夜直ちに右の通牒を携へて帰阪、十六日中にも安井知事の名において教祖徳近氏に対し正式に命令書が手交される模様である、全国百三十支部に対しては取消命令は正式に出てないが本部が取消される以上教団の自発的閉鎖を待つかあるひは遠からず取消命令が下るか昭和三年三月扶桑教の一別派として現在の地に本部創設以来満十年、花やかな新興“ひとのみち”の教史も遠からず最後の一ページを閉ぢることとなつた

仮本殿に限定
こんとの行政処分

大阪府では上京中の辻尾社寺兵事課長の帰阪を待つて知事の決裁により布施市氷和「ひとのみち教団」本部の設立名義人御木徳近氏に対し許可取消しを言渡し告示をもつて公表同時に教会所の神殿および看板その他を撤去せしめ儀式の執行、教義の宣布を差止め各所轄署に対し教会所類似行為または信者の不穏行動を取締るやう命令を発するはずである、さてこの神仏道教会所規則による許可取消しの行政処分をうけた場合、ひとのみち教団本部はどうなるか?

文部省の行政処分は内務省令による結社禁止令とは異り、単に教会所の設立許可取消しに限定されてゐるので、その及ぶ範囲はいはゆる仮本殿と称せられてゐる千八畳敷の豪華な拝殿のみで、初代教祖御木徳一、現教祖御木徳近氏らと准祖たちが住んでゐる旧本殿や教師たちが住んでゐる仮本殿裏の寄宿舎などは住宅と認められているためそのまゝ残され、旧本殿にある神殿なども個人の神棚として取消し命令の圏内には入らない、しかし住宅と認められてゐる旧本殿にしろ教師の寄宿舎にしろ結社禁止ではないから信徒たちが集まることは自由だが、教義の宣布儀式の執行またはその類似行為をなす場合は教会所類似行為として厳重取締りを受けねばならぬ

結社禁止は数日後に
内務省の方針

ひとのみち教団は文部省の本部教会所取消命令によつて事実上の壊滅を見るにいたつたわけであるが内務省では既報のごとく同教団は安寧秩序を紊すものであるとして治安警察方第八条二項により結社の禁止を命じ同教団を全国的に掃蕩することになつてをり同命令が発せられるのは信徒に対する刺激を少くし自発的解散を要望する見地から数日後になるやうである

内務大臣に訴願
朝詣りは自発的に取止め
狼狽の教団本部で凝議

ひとのみち教団本部では「教会所許可取消命令いよ／＼下る」の本社号外に狼狽の色禁じ得ず、幹部総検挙の留守をあづかる特報教師江崎徳芳、会計兼庶務課長渡邉尚氏らを中心に種々協義を重ね、**午後八時四十分馳せつけた顧問弁護士岩井庄次郎も加はつて善後策**に腐心した結果

今次の取消命令は訴願法第二条「地方警察に関する事件」にあたるものとして府知事経由、内務大臣に訴願すること、結社禁止命令あれば行政裁判所に提訴すること、財産問題についてはさらに協議すること、多数の教師は扶桑教教師の資格あるをもつて同教本部から資格を奪はれぬ限り同教の布教師として活動し、なほ教会取消は大阪府だけと見て全国教会所の存続を信じ教師をこれら各地に分散し生活の途をたてさせること

などをとり決めた、また本部では朝詣り、布教、入教者の受付などは十六日から自発的に取やめる事にし岩井弁護士は午後十時半引きあげ、各幹部は深更まで密議に耽つた

政局一段落と共に北支対策強化が必要
東條、橋本両参謀長ら進言し
軍の方針 近く政府へ伝達

〔四・一六 満洲日日〕 最近日支経済提携の実現が有望視され急速に成立するがごとき説が伝へられつゝあるが右は全く事実と相反してゐる日本朝野の一部に伝へられた対支政策に関する軟弱論は益々南京政府並に冀察政権の態度を硬化せしめ、最近は却つて反撃的態度に出でつゝあり、冀東政府解消、経済問題解決等の条件を提出され過般渡支せる経済使節団の如きは空しく帰日するの外なかつた、斯かる現状では北支における経済提携は全く望み得られず、却つて南京政府の策動と冀察の不誠意により既得権益の危険をすら感ずるを以て、この際日本政局の一段落と共に対支政策特に北支対策を強化し、膠着状態を一層すべしとの意見が俄然有力化し、過般上京せる東条関東軍、橋本支那駐屯軍各参謀長も出先の強硬意見を中央部に具申するところあり、中央部においてもこれに同意を表明し政局安定を待つて軍部の方針を内閣に伝達するものゝ如くである、而して

関東軍参謀長東条英機

冀東政府解消問題は全く為にする者の宣伝に過ぎず直接関係なき日本が冀東解消に尽力する事などは全然あり得ず、冀察政権が完全に南京に隷属せる如き現状においては北支開発の重点は冀東政府にありとし、日本に好意的態度を有する冀東政府と正式に友好関係を樹立し、これが強化に努力を傾注し、如何なる事態に立致るとも冀東解消を絶対に拒否し、共存共栄の実を結ばしむべしとの意見が強められつゝある

喜劇王が涙の現実　女エノケン失踪

愛児二人を残して覚悟の遺書

舞台と家庭の相剋

〔四・一六　中外商業〕　豊満な肉体と笑ひを盛つた科白で売り出してゐる浅草六区の女喜劇王、女エノケン武智豊子こと里見ふじ子さん(三〇)が夫君に自殺する旨の爆弾的遺書を投じて失踪してしまつた、舞台では笑はせる彼女であつたがその裏には悲しい現実の波が押寄せてゐるがこの失踪の原因のなかに織込まれてゐたのだが、それはかねて自己の舞台に持つ彼女の情熱と彼女を家庭の女として要求する夫との間の相剋が最近まで彼女が出演した浅草の江川劇場の解団によつて爆発、遂に家出となつて現れたのだ、「彼女の場合」舞台の喜劇は一転して現実の悲劇となつたもので、愛児二人を抱へ困じ果てた夫君は親戚知人に相談の上十二日蔵前署に捜索願を出す一方彼女を求めて血眼となつてゐる

彼女が女エノケンとして売出したのは例のエノケンこと榎本健一の一座にあつてエノケンの相手役を勤めてゐる頃からで、一昨年エノケン一座から常盤座の「笑の王国」に転じ女エノケンとして果然浅草の人気を集中するにいたつた、ところが彼女は昨年末常盤座に出演中本人の希望から江川劇場に転じたが、同劇場が経営難から解団してしまつた、その後彼女は浅草区駒形町一ノ五ノ四の夫里見勝美氏(三四)の許に翼を休めてゐたが彼女は夫が策動して同劇団に入れたのでこの様な末路となつたと逆恨みをし自分自身も勝美氏も大いに腐り切つて夫婦が角突合ひとなつた結果が先月廿二日朝豊子さんはフイと家出し、勝美氏が心当りを探し廻つてゐると四月一日横浜市神奈川区高島通り三ノ三五俵某氏に嫁いでゐる豊子さんの実姉すゞさん(三五)から「今こちらに来てゐるが直ぐ連れて帰るから」とハガキが来た、ハガキを受取つた勝美氏は直ぐに横浜に飛んだが結局豊子さんの気持ちが落付くまでといふことにして引きとつた豊子さんは帰京を渋り十一日夜に漸く帰つて来て今までのわが儘を夫にあやまり横浜の姉の家にもその旨を言ひ送つたのだつたが、十二日の正午過ぎは夫の留守中

「昨日貴男の言はれたことは身にしみてよく判りました、しかしあれほど身にしみて居ながら結局反発することの出来なかつたのを残念に思ひます、私は芝居が出来なくなれば生命を奪ばれたことにも等しいと考へ直すのです、て貴男の命令に従ふことは出来ないのですが従はねば叱られる、悶えました、これから貴男の目の届かぬ処に行きます、死んだと思つて下さい、子供のことは頼みます、今後絶対に貴男と会はない積りですが若し会う様なことがあればそれは渡しの亡骸でせう、では貴男の成功を祈ります」

と夫勝美氏に宛て書残し家に居合はせた婆やと女弟子には「学校の坊やを迎へに行つてて下さい」と言残し普段着のまゝ再度の家出をしてしまつたものである、勝美氏は直ちに蔵前署に出頭捜索願を提出して大森にゐる知人や横浜の姉の家を探してゐるが行方は依然として判らず弱りきつてゐる、女喜劇王は果たして死を選んでゐるのであらうか?……

子供が可哀さう　夫は男泣き

自由にさせ過ぎて失敗

勝美氏と豊子さんが結婚したのは九年前豊子さんが松旭斎天華に居て勝美氏が同団の楽士をしてゐた時で以来夫婦で劇団を転々、豊子さんは五九郎一座からエノケン一座に転じたもの、二人の間には長女悦子(七ツ)次女光子(三ツ)の二児があり、妻の家出について勝美氏は語る

「私自身事業に追はれた結果、妻を自由にさせすぎたのが失敗だつたかも知れません、妻はダンスをし喫茶店で遊びもし深夜三時頃になつて家に帰るのが常でしたが仕事が仕事だし私自身干渉がましい事を云つたことはありません、しかし背後に男があつたり今回の家出について糸を引くものがあらうとも考へられません、家族は自分がやしなつてゐるのだから勝美は何もいふことはないなどゝ豊子がもらしてゐるといふ噂も聞きますがそれは私にとつてはたへられないことで一日も早く豊子が舞台から家庭に帰ることを望んでゐたことなどから妻は覚悟を決めたものでせうが、何にしても子供が可哀さうです」

隅田川名物　一銭蒸気も罷業

賃値上げ一蹴されて

〔四・一七　国民〕　浅草区雷門一の一二隅田川汽船会社（吾妻橋―

（八）日中关系的现状与未来

资料名称：日支関係の現状及び将来

资料出处：島田俊彦、稲葉正夫解説《現代史資料》8《日中戦争》1，株式会社みすず書房1973年発行，第404—416頁。

资料解说：本资料是日本驻华外交官须磨弥吉郎在1937年3月针对西安事变后的中国时局，所作的一个演讲。提出对于中国高涨的追求统一和「攘外」的局势，日本方面应该协同一致，实行「一元化」的对华政策。

七七　日支関係の現状及び将来（南京駐在総領事　須磨彌吉郎）

（昭和十二年三月十五日工業倶楽部第三回定例茶話会に於ける講演）

只今御紹介をいたゞきました須磨でございます。私は十一年と申しますが、昭和二年から最近まで支那に居つた者でございます。其間に支那は非常な変革を致しました。これを突き詰めて申しますれば、支那の北京政府即ち張作霖の采配致して居りました昔の軍閥政府が倒れて、三民主義による革命政府が出来て、その政府が悪戦苦闘を続けた時代と申さなければならぬ。此革命政府が南京に飛躍して以来今日まで非常な努力を致しました。極く率直に申しますれば二つの目的に対しまして努力をして来たと存じます。一つは統一でございます。即ち従来各地方に在りました軍閥並びに地方に在りました色々な政権を纒めまして、一つの統一的政府を造ると云ふことが第一であつたと存じます。第二は世界に対して表明致しましたが如く、所謂失権回復——支那の今日まで失ひたる権利を何とかして回復しよう、この二つの目的であつたと思ひます。之を支那の方では安内、攘外——内を安んじ外を攘ふと申します。この二つの目的に向ひまして出て参つたのでありますがこの数年間に於きまして第一の安内の方面に対しては相当な効果を挙げて参つた——今日は私は精しい数字でありますとか出来事を皆様の前で申上げようとは思ひませぬが、この統一の方向に向ひました極めて顕著なる実例と云ふものは幾多挙げることが出来るのであります。就中昨年十二月十一日の夜から十二日の未明にかけて起りました、所謂西安事件、これが如何に支那が統一が出来て来たかといふことを証明するものだらうと思ひます。これを申上げる前に先づ申上げたいことは、この統一が出来ますことには二つの目標があつたと思はれることであります。目標と申しますか——つまり二つの事情があつた。一つは日本より来りたる圧迫であります。寧ろこの圧迫が支那をして統一に向ひ得る一つの機会になつた、これは私は争へない事態だと思ひます。現に支那人の間でも蔣介石の政権が今日の如く基礎鞏固となり、また支那の国力が豊かになりました原因は二つある。一つは日本の侵略であり、いま一つは共産党の討伐である。斯う申して居ります。面白いと思ひますから名前を申しますが、監察院長を致して居ります于右任、これは御承知の国民党の老闘士であります。今の国民党の中では汪精衛と並んで元老の一人であります。この于右任並びに彼を取巻く一派の人々が自ら私にさう申したことがあります。即ち日本の圧迫と申しますか、日本より来る圧力及び共産党に対しまする討伐並びに排撃、この二つが国民政府の——もつと露骨に申せば蔣介石の政権といふものを堅く致した重大な事情であると思ひます。かういふことを根拠と致しまして、所謂統一と申しますか、彼等の安内の作用といふものが段々進歩致して参つたのであります。十二月十一日の夜十一時半でございました。私は国民政府の一要人から直接電話を受けました。それに依りますと、西安からの直接情報は通信機関の杜絶のためにないけれども、洛陽から来た情報に依れば、蔣介石は楊虎城及張學良のために監禁されたことは事実である。併しながらこの事件とは何等関聯なく、国民政府は従来通り総ての政務を処理して行くから、その意味を日本政府に伝へて貰ひたい。かういふ電話を受取りましたのが夜十一時半でございました。それから直ちに中央政治会議、これは御承知でありませうが、日本の閣議の様に、それに党部の最高幹部が加はりまして、支那の所謂政治即ち党政両部の最高会議であります。其会議が開かれまして其会議で決議されましたのが十三日の朝七時頃に発表されたのであります。それに依りますと蔣介石は斯様な監禁の目に遭つたのであるけれども、蔣介石の二つの職務、即ち一つは軍事委員会の委員長たる職務、これは常務委員に於て之を行ふ、軍隊の統率は軍政部長何應欽に於て之を行ふ、行政院長としての職務は孔祥熙に於て之を行ふ、かういふやうな命令を出すと同時に、今度の事件に依つて何等妨げられることなく国民政府諸般の仕事を行つて行く、かういふことを発表致しましたのであります。これが四五年前でありましたならば、それこそ相当な影響を与へ、或ひは韓復榘でありますとか、南で申しますと李宗仁、白崇禧といふやうな連中が、叛旗を飜さないまでも相当な反動的行動に出たかも知れなかつたのでありますが、今回は微動だもしなかつた。この何等の動揺のなかつたといふ儼然たる事実は如実に私の先程申上げました——何と申しますか即ち統一の事業が少くとも緒に着いた験しであると申さなければなりませぬ。而もこれが単に国民政府が、政府として強制的の措置を取つて居るから統一をして居るといふことではないのであります。この西安事件と云ふのは詳しく申しますと面白い点がありますけれども、要するに張學良若しくは楊虎城等の将領が一時的の発作に依つて行つた事件ではないのでございます。この事は世の中に余り出て居りませぬが、十一日の夜起つた事件に先だちまする二日、即ち十二月九日には、学生運動の総主領でありまして、先づ支那を率ゐまする最も大きな雄弁家であり智嚢でありまする所の張語還——この張語還と云ふ男は十二月九日西安に赴いて大示威運動を組織致したのであります。その示威運動の根拠は、即ち学生を集めまして今や吾々青年の起つ時である、国民政府に対しては手を尽して日本の圧迫に対し何等かの重大にして有効な措置を取ることを提議したに関らず、一向効き目がないから、吾々学生団体が今玆に起たなければならぬ。さうして張語還は最後に叫んで居ります。吾々は政府に対して対日宣戦即時実行——日本に対して宣戦を布告することを直に実行して貰ふといふことを提議しようぢやないか、かういふ空気を造つて運動をやつて居つたのであります。この事はもう一つ遡つて考へなければいけませぬのは、この十二月九日といふのは、それに先だちまする一年、即ち〔冀察政権樹立決定の翌日〕一昨年の十二月九日、これに源を発して居るのでございます。一昨年の十二月九日は丁度雪の降る日でありました。三千名の全国学生運動代表者が上海に集りまして、南京に赴いて何か政府に重大請願をしなければならぬと意気込みました。南京政府は驚きまして、滬寧鉄道と申しますが南京上海間の鉄道の運転停止を命じた。然るにこの三千名の学生が直ちに北停車場を占領したのであります。而してその中に居りました工科の学生と云ひますか、機関の心得ある者は自ら機関車を操縦して南京に赴かうと企てたために、遂に軍隊を出動しようと致しましたが、御承知の通り停戦協定のために上海区域には支那の軍隊は出動することが出来なかつたから、今迄なかつた醜態でございますが、政府は遂に滬寧鉄道の軌道を三四箇所に亘つて外したのであります。さういふやうな強力の手段に基きまして、学生が南京に来ることを辛うじて停めたのであります。その十二月九日に学生が為さんと致しましたる請願の目的は、只今の張語還の口から叫ばれた言葉と同じであります。即ち対日宣戦即時実行であります。この空気——即ち今の学生といふ者の頭では北大營の事件が起りました九月十八日の九・一八記念日、或ひは上海事件の起りました一・二八記念日と云ふものは大体頭から脱けて居るのであります。事実この十二月九日——彼等は一二・九の記念日と申して居りますが、この記念日の方が最も彼等を刺戟し最も彼等を激成致す記念日となつたのであります。その一周年の記念が西安事件の三日前に行はれた。その直後に於て彼の西安事件を企てました一人は、張學良の幕下で最も血の気の多い白鳳翔、これは騎兵隊長であります。これが命令を発してその部下をして蔣介石を襲撃せしめ、玆に事端を発したのであります。かういふことを考へて参りますると、つまりこの統一と申しますか、さういふやうな気運といふものは、単に軍閥若くは政府の措置に依つて出来て居るのみならず、学生運動等が象徴致しまする浸潤せる国民的一致の運動として出来て居るといふことが証せられるのであります。

またこの西安事件はもう一つの証拠を出すのであります。丁度蔣介石がさういふ目に遭ひますと同時に、蔣介石の親戚であります御承知の孔祥煕でございますとか宋子文でございますとか、蔣介石の夫人である宋美齢、それらの人々は何とかして蔣介石の身柄を安全に戻したい。そのためには張學良等所謂西安の方面に対して過激な軍事行動を取りたくないといふことを主張して居つたのであります。十二月十七日でございました。丁度張學良に対する討伐令が出たのでありますが、この討伐令を出すに至つた経緯と云ふものは、私は本日玆に聊か述べなければなりませぬ。と云ひますのはこの討伐令を行政院会議及中央政治会議に於て事実言出す者がなかつた。それは矢張私の知つて居ります外国人が悪口交りにローヤル・ファミリーと云つて居りますが、蔣介石を取巻きます宋子文、孔祥煕、宋美齢の一家から誰しも憎まれてはいかぬのでありますから、どうしてもこの張學良及西安に対する強硬政策は取れないといふやうな気運でありました。大体斯う云ふときに一番強硬論を唱へる者が四人居ります。その四人は取りも直さず日本に対する——私はこれを対日主戦論者と申して居りますが、その四人は戴天仇、張繼、唐生智及び楊杰であります。この四人は非常な有力な人物でありますけれども、彼等の言ひますことは非常な影響はありますけれども、この時はこ

406

の四人もどうしても口を開けない。ところが十七日の朝に至りまして青年将校——支那には青年将校といふ言葉はございませぬが所謂日本の中堅将校に当りまする一隊が軍官学校に寄りまして、一つの大なる決議を致しました。それは蔣介石は蔣介石ではないか。国家は国家である。既に数年前より国民的の意識というものは一致して居る。蔣介石の身柄はどうならうとも、吾々は国民の政府のために国家を救はなければならぬ。そのためには大逆を犯した張學良及び楊虎城に対しては、断然たる討伐の挙に出なければならぬ、といふ決議を致しました。この決議の因を為して居ります人間が二人あります。一人は日本の砲兵工廠の長官に当るのでありませうが兵器廠長——向ふの軍部としても無論最も大切な役目でございます。兵器の売買若しくは兵器の製造をやつて居りまする廠長であります錢昌照、この人は独逸の出身でありまして、今の青年将校の間に渇仰されて居る。併しながら彼の唱へることは、国家は国民の国家である。今迄の支那といふものは聊か間違つて居る。軍閥の国家、或る人間の国家のやうに考へられて居つたけれども、吾々はどうにかして国民的意識に依つて国家の統制をやつて行かなければならぬといふことの主張者であります。これと軌を同じくして居ります有力者に譚開先といふのがあります。之は譚延闓氏の甥に当るのであります。この二人が中堅となりまして、軍事委員会の資源委員会、これは最も作戦に関係のあります軍部中の中堅、この委員会に居りまする若い将校を使つて、確乎たる革進機運を作つて居ります。即ち軍の中堅階級の結果が出来て居る。その結果が今申上げましたやうに、吾吾は蔣介石の政府ではない、国民の政府であるが故に、吾々としては正常な処罰を執らなければいかぬと云ふことを主張致しました結果、何事なくその案が中央政治委員会を通過して、遂に討伐令が出たのであります。飛行機が——弾は撃たなかつたさうでありますが、現実に西安の方に向つたのであります。この事態を見ましても今や軍人と云はず学生と言はず、軍閥の国家ではない、蔣介石の国家ではない、国民の国家である。この国民的意識と云ふものが勃然として出て参つた事が一面に於いて統一に向つてゐる一つの証拠であると思ひます。これに依つて大体私は最近の支那といふものは今申上げましたところで、内的にも安内事業といふものが出来て参つたといふことを申しても差支ないと思ひます。

いま一つの外的の原因は先程も一寸触れましたる如く、日本の圧迫が支那の統一を来したといふ点を申上げなければなりませぬ。元来満洲事変が起りまして以来、日支関係といふものは当然踏むべき緊張の途を通つて来たと思ひます。その緊張はどうしても支那の方では、一方に於て満洲国の成立といふ事実を其儘では認め難い。又他方に於て日本としましては、この満洲国の成立といふものは飽迄も主張して行かなければならぬ。此処に大きな一つの開きがあるのであります。二年前の正月であります。蔣介石と汪精衛、所謂蔣汪合作といふことを致しまして、行政院長をして居りました汪精衛氏が其事を如実に述べました。どうもこの満洲問題といふものは日支間に横はる一つの癌であるけれども、これを今問題にすると支那の方が危くなるから斯うして頂きたい——汪精衛といふ人は御承知の如く非常な能弁でありまするのみならず、言葉遣ひの巧い人でありまして、中々時に即妙の言葉を出すのでございますが、一月の確か二十二日でございました。私が東京から帰りました翌日汪精衛氏に招かれて話を致しました折に、彼は斯う申して居りました。満洲問題は謂はゞ日支間に横はる一つの暗礁であります。暗礁には支那の船も日本の船も打突かつては毀れます。当分の間両国の船はこの暗礁を避けて参りませう。かういふ言葉を使つて居つたのであります。即ちこの満洲問題に因つて生起せられたる支那の感情といふものは悪いには極つて居るけれども、二年前の其時頃は兎も角も抑へて居つた、少くとも満洲問題を「セツトアサイド」すると言つてゐた。忍んで居るといふだけの気持はあつたのであります。それが最近の形勢はどうであるかと云ひますと其後引続いて起りました北支事件といふものが三回ございます。続いて昨年十月頃から起りました綏遠事件がございます。これは大影響を与へました。斯様な、引続きまする日本の圧迫——この圧迫から致しまして支那の方では段々結束が強くなつて参りました。この結果と致しまして日本に対しまする感情といふものは自然相当強くなつて参つたのであります。これを今少しく御説明申上げまするならば、一昨年の暮でございました。北支に於て自治運動といふものが起つた。其際は私も命令に依りまして北支の現場に行つて居りましたが、この北支の自治問題は日本側の言つて居つた如くには出来なかつた。只今冒頭に於て申しました学生運動の最近の勃興といふものは此時から始つた。此場限りに申上げて置きたいのでありますが、財政部長であります孔祥熙が北京大学の名誉学長をして居ります。其関係から孔祥熙が自ら金を出して学生を煽つたのが一昨年の十一月の末であります。之が抑々学生運動の起りであります。学生運動といふものは北支問題に関聯して起つたといふのが事実であります。かやうに北支問題といふものが起つて来た、而もその北支の問題の際に、丁度十一月の末頃には、日本の北支に対しまする取扱者が変つた。もつと具体的に申しますならば、従来は関東軍に於て北支問題を扱つて来たのを、関東軍は北満の方に引上げて、天津軍がこれを承けるといふことになつた。これが支那の方と致しましては先づ排日問題に関聯する日本打算としてはマイナスにしたのであります。現に先程申しました于右任の如きは、日本は今や恐露病に罹つて居る丁度個人が猖紅熱に罹つて居る間は他に手出しが出来ないが如く、日本が恐露病に罹つて居る間は支那の方は安全である、といふことを言つて現に叫んで居る。昨年春日本の方から天津に増遣隊が参りまして、兵隊の数は増したのでございますけれども、天津駐屯軍は支那の眼から見ますと是は国際軍隊である。英国でも仏蘭西でも米国でも伊太利でも皆兵隊を出して居る。これは団匪事件の条約に基いて関津間の交通安全を保証する国際軍隊であるから、これが増したところで北支に対する圧迫はない訳である。満洲事変以来支那が日本からの脅威を最も現実に感じて居つた関東軍が居なくなつたのは兎も角喜ばしい、といふのが彼等の気分であつたのであります。同時にこの機会に於て時を移さず支那は結束をしなければならぬ。結束をして支那に対しまする日本のこの上の進出と申しまするか圧迫と申しまするか、それを停めなければいかぬといふやうな声が段々出て参つたのであります。同時に其頃からして支那は日本の方を、平たく申せば嘗めてかかつたのであります。日本はもうこの上何も出来ないのだ、何もしないぞといふやうな気持を持つたのであります。それが不幸でありますけれども、もう一つ大きな事項を支那としては知つたのであります。それは即ち日本の内部には色々な議論が出て来て甲論乙駁である。日本は国策といふものが立つて居らぬ。即ち日本内部の抗争状態を明示するといふやうな事態が刻々に報道されたのであります。此点に就いては私は相当に憤慨の気持を持つて申さなければなりませぬが、支那人の得て居る情報を見ますと、如実に日本の分立——対立の状態が説明されて居るのであります。現に其情報の出て来まする根本を聞いて見まするとと斯う申して居ります。今日本に於て情報を得ることは極めて容易い。それは情報ではない。或る有力な社会的若くは政治的の大立者の所へ行つて、其人の反対の側に立つて居る人の悪口を言はせると、口を突いて千言万言を費す。またその反対の側の人の所へ行つて、同じやうに水を向けるとその人がまた反対側の人の悪口を言ふ。この両方を合せると立派な議論の対立状態の筋が解る。斯ういふことを支那の要人が申して居りました。その情報が手に取るやうに日々伝へられて参つたのであります。この状況を察して支那の方では先程申しました如く嘗めてかかると申しますか、もう日本の方は力がないぞ、今は出て来ぬぞといふやうに見て参つたことは誤りではない、嘘ではないといふことに大体結論を致したのであります。最近の情勢を申しますならば、私は丁度一月の十八日でございました、最後に今は辞めましたのでありますが、外交部長の張羣に会ひますと、張羣は斯う申しました。あなたが帰つたならば日本の総理大臣及び外務大臣にかういふ伝言を願ひたい。それは今支那が最も企図して居るところのものは完全なる行政権の統一である。之に反する事項は総て排撃を致したい。日本がこの希望に手伝つて呉れるお積りがなければ、日本とは今の処お話しは出来ませぬと斯う申しました。この事は今少しく詳しく申上げなければなりませぬが、去年の十一月頃でございます。いはゆる成都事件、北海事件に就きまして話を致して居りまする際には、支那の方としましては冀東政府のことは非常に困るといふことは申しましたが、いはゆる冀察政務委員会の現状と申しまするか、河北省及び察哈爾、この両省に於きまする事態は大体に於て現状を認める——この事に就いて面白い事がございますが、それでは冀察の現状維持といふことはこれを認める原則にしようぢやないか、斯う言ひましたところが、現状維持は困る、さうすると何時迄も持つて行かれるやうだから、現状不破壊——現状不破壊にして欲しいといふやうなことまで言つて居りました。それから何と申しますか北支の現状といふものは大体黙認して行かうといふ肚であつたに拘らず、今申しました一月十八日に私が立ちますときの言葉の如きは全く違ふと申しますのは完全なる行政権の統一といふものを妨げるあらゆるものを排撃したい。いはゆる冀察委員会に於て行はれて居りまする日本の北支に於ける経済合作といふやうなことに対しまする非常な不満の表示でありました。そればかりではありませぬ。孔祥熙——これは事実上の行政院長でございますが、それが私に申しますには、一体日支間の関係といふものを好くするためには、満洲問題をあの儘ではいかぬ。満洲問題を「セット・アサイド」することとは全く反対になつて来たのであります。この満洲問題に就いて或る種の解決を与へなければ、日支間の円満なる話し合ひは出来ない。そこで私はこれに対し然らば借問する。君はどう云ふ解決法を夢みて居るのか、斯う申しましたところ、日本の満洲に対する——彼はインヴエストメントと申して居りました——投資は単なる投資と見て居るやうでありますが、投資はこれを認める、けれども満洲国のいはゆる主権といふものは支那の方へ還して貰はなければいけぬ。還した後で支那の方では自発的に愛蘭のグレート・ブリテンに対する如く「フリー・ステート」にするか、或は加奈陀のグレート・ブリテンに対する如くするか、何れかの方法に依るかも知れぬが、これは支那が自発的にする。兎も角も満洲国といふものは一遍支那に還して貰はないことには話しは出来ぬ。斯う申したのであります。もう支那はソロ〳〵満洲問題まで夢みて参つたのであります。これが先程申上げました安内が出来て——所謂統一が出来て参つて段々日本の方の弱い所を見て嘗めてかかつた証拠と申さなければなりませぬ。

そこで私は次の問題に移りたいと思ひます。攘外と申しますか、いはゆる国権の回復——今申しました満洲問題の如きはその一つになりますけれども、この攘外に就いては聊か申し上げたい事があります。千九百三十一年、今から六年前にゲネラル・フォン・ゼークトを独逸から招聘致しました。其際蔣介石がゼークトに対して二つの質問を発した。一つは支那の軍隊はどうすれば強くなりませうか。もう一つは日本に対する政策はどうすれば宜いでありませうか。第一の問に対するゼークトの答は、日本に対して支那が強くなるためには武器も必要であらうし飛行機も必要であらう。けれども自分が独逸に於ける国防軍を編成し、国防軍を動かした経験、体験から致すならば、今最も支那がやらなければいかぬことは、支那の軍隊に対して日本に対する敵愾心を養ふことだ、斯う申したのであります。これが蔣介石及びこれを取巻きまする軍事委員会が、過去数年に亘つて導いて参りました軍人思想であると思ひます。その証拠と致しましては、一昨年の暮頃から日本に対する色々の防備をやつて居ります。詳しく申上げる迄もありませぬが、南京の例へば御承知でありませうが、鶏鳴寺のありまする北極閣の山の上にも高射砲を据ゑて居る。其他色々の山——殊に紫金山の頂上にも——これは私も嘗見致しましたが皆砲台を造つて居る。西洋人はこれは皆日本人に対する「アームド・キャンプ」だと申して居ります。斯様の事に至つた原因は総てゼークトの与へた軍人指導精神に在るのであります。現にこのゼークト将軍は確か昨年の暮に死にましたけれども、その以前からこれに代つて今独逸の顧問の総大将をして居りますフランケン・ハウゼンが私に申したことがあります。ゼークトのアドヴアイスが利き過ぎて、最近——といふのは一昨年の暮からでありますが、対日防備施設をやることになつたに拘らず、其の防備の実行方について独逸の顧問には何の相談もしない。その理由を聞いて見ると、独逸は何時日本と同盟国になるかも知れぬから、独逸の顧問に相談をして置くと折角の防備は値打がなくなる、かういふ見解で独逸の顧問には一切相談をしない、余程支那も真剣だよ、とフランケン・ハウゼン自身が私に申して居りました。第二の問、即ち日本に対しては如何にすべきかといふ問に対してゼークトの答は、支那一国だけではなか〳〵日本に当られないのであるから、コレクテイヴキテーといふ言葉を使つて居りますが、衆合団隊の力を以て日本に当るが宜いといふことを申したさうであります。私は色々な方面から観測を致しまして、無論このアドヴアイスのみに依つたものではないでありませうが、蔣介石及び首脳者の頭には、普通、夷を以て夷を制すると申して居りますけれども、出来得れば何とかして他国の力に依つて日本を制するやうにしたい。第二のワシントン会議を夢みて居る。是は支那の念願であらうと思ひます。この事に就いては私はチャイナ・プレスの主筆を致して居る董顯光（ホリングトン・トン）、有名の文士であり又排日家でありますが、この男の話しに依つて私は現実にさういふ感じを受けて居る次第であります。これは即ち攘外——外を攘ふためのリーディング・プリンシプルである。併しこれは私は支那特有のものでもなからうと思ひます。如何なる国でありましても弱い者は第三者若しくは他の集団の力を藉りて、自分を圧迫する者に対抗しようとするのは当り前の事と存じます。そこでこの政策がだいぶ稔つて参つたのであります。稔つて参つた第一の例証はいはゆる幣制改革であります。この幣制改革に就いて申上げまする前に、私は英吉利の支那に対しまする観念乃至態度を一瞥致したいと思ひます。ランプソンといふ公使がございました。彼は御承知の如く排英運動の中心地でありました廣東に自ら乗込んで、当時彼の地に居りました李濟琛と膝を交へて、談笑の間に排英問題を解決し、英支間の親交を回復した、左様な手腕を持つた外交家でありますが、このランプソンが来た頃から英吉利は肚を決めて居つたと私は思ひます。何と肚を決めて居つたかと申しますと、如何なる事があつても支那と政治上の問題を惹起させない。さうして財政的にも経済的にも支那の「グツド・フレンド」なることに依つて日本を牽制しようといふのが英国の肚であつたのでありまます。殊にランプソンに代つてカドガン大使が来任し更に今のヒューゲッセン大使になつてからといふものは、その傾向は益々熾烈になる一方であります。実例を申します。政治上の問題と致しまして色色な事もあつたやうでございますけれども、その紛糾に就いては常に英吉利の方は避けて居る。兎に角政治上のコンプリケーションは飽く迄回避するといふことであつたのであります。面白い例がございます。去年の十月末か十一月の始め頃でございましたが、雲南に居ります英国の総領事のハーディング、これは私の友達であります。三十七八年支那に居る老紳士であります。この英国の雲南総領事館へ或る支那のボーイスカウトがやつて来て、そこの垣根を越えて草花を踏躪つたと云ふので、堪忍袋の緒が切れたかハーディング総領事がその一人を捕へて殴つたといふ事件であります。些々たる事でありましたが、雲南政府から中央政府に対して斯の如き乱暴を働く総領事は速に本国政府に召還するやうに交渉して貰ひたいといふことを言つて参つたのであります。忽ち其報道が中央通信に依つて伝へられまして、余程問題になりかけようとして居つたのであります。然るに其事件がありまして五日目には——実に機敏なものと思ひますが、英国政府は何気ないやうな態を装ひまして、そのハーディング総領事に帰朝命令を出して、新しい領事を直に任命したのであります。斯様な些かの事件に就いても支那の方の感情を害さないといふことに、もう肚を決めて居る。私は実例だけを列べて御参考に供したのであります。例へばリース・ロスが乗込んで参つたときは、それは私も悪口を申したのでありますが、リース・ロスは外交官ではない、寧ろ財界上の一人の大立者として参つたのでありますが、来ますときの触れ込みはカドガン大使が自ら私に申しました。今度リース・ロスの来るのは大使館のスタッフとして来るのだ。大使館に於けるチーフ・ファイナンシャル・エクスパートとして来るのだ。其リース・ロスが初めて南京に着きましたときには、南京の英国大使館には這入らずして孔祥熙の別邸に這入つた。即ち支那国民政府の国賓を待つために備へてある孔祥熙の官邸に這入つたのであります。其処で二晩か三晩泊つた。この事は随分外交官の間でも問題になつたのであります。理窟から申せば一大使館のスタッフとして参つた者が国賓待遇を受けて先づ大使館に泊らないで相手国の財政部長の官邸に泊まるといふことはをかしい。といふことを申す者もありましたが、これは妬け根性でありませう。それ程深く咎めるにも及ばぬでありませうが、この事に就いては一つのもとを申さなければならぬと思ひます。元来英国に於きまする政策といふものは、無論英人がやつて居るのでありますが、其手先となつて居りますのは皆猶太人であります。例へば上海のバンドに櫛比して居ります大英銀行のビルデイングを始めとしてカセー・ホテル等の大伽藍を仔細に調べて見ますと大体これらは皆「サスーン」に属し自然通常「サスーン」ビルと称されて居りますが、これらの手先に使はれて居る色々の手下と云ふものは概ね猶太人であります。今一つ玆に御参考迄に実情を申しますと最近はランプソン以来肚を決めて掛かつたことが夫々稔つて参つた。今これを運行してをる状態即ち財政的に経済的に進出して居ります道程となつて居るものに就いて申上げますと、ジャーデン・マヂソンと云ふ大きな会社があります。此処に御承知の方もありませうが、今この会社の上海のマネヂャーたるトーネー・ケズウキツクは三十四歳の若僧でございますが、之が総ての場合に支那側に突入つて非常に進出して居ります。リース・ロスの参りましたことも、実はトーネー・ケズウキツクと商務官のビールこの二人の合作でございます。これが皆支那にばら撒かれて居る猶太人系統を通じてどん／＼喰入つて参つたのであります。さうして此リース・ロスが参つてやらうとしましたのは、もう一つ遡つて申さなければなりませぬが、その前にハモンズ少将が来た。このハモンズ少将は或は印度に於て、或は阿弗利加に於て、立派な手腕を発揮した鉄道の専門家でありますが、これを財政部長の顧問として迎へて、一年半支那内地を旅行させた、その結果の報告が来て居るのであります。これは極秘になつて居つて解らぬのでありますけれども、吾々の探知して居るところでは二つの結論に達した。支那に鉄道を架けて儲からない所はない。面白い言葉を使つて居るやうでありますが、支那の地点を何処でも任意に撰んで、任意の二点を結び付ければ、何処でもペーヤブルな鉄道が出来る。この見地から云つて支那の鉄道は最も有望である。而して彼の与へた具体的の忠告は二つある。一つは今の鉄道は修繕——オーヴァー・ホールしなければならぬ。このオーヴァー・ホールに金が八億磅かかる。これをかけるならば全部の収益が六倍にもなると云ふやうな数字を出して居るさうであります。今一つの方法は先程申しました任意な——何処でもと云ふ訳でもないけれども、兎に角新設鉄道をどん／＼増して行く。この二つの必要があると云ふことを孔祥熙に報告した。この報告の結果をリース・ロスは余程眺めて、何か出来さうだと云ふので、その時から信用保障部の人間を寄越せと云ふもとが出来て居る。過去五年に亘りまして、英国は先程申しましたやうに、肚が決つて居ると云ふ所以はここであります。継続的にシステマテイツクに、英吉利は進出して来て居るのであります。そこでその財政計画の根本であり、支那の金融の新施設でありますニユー・カレンシーの方は誰がやつたかといふと、御承知のジヤン・モネーであります。ジヤン・モネーは国際聯盟事務局の財政部長も致しました。出は仏蘭西人でありますが英語は亜米利加人よりも巧い。本物の亜米加人かとも思はれて居る位であります。これも猶太人であります。彼があの計画をした――またこの計画に依つてリース・ロスも無論アドヴアイスを致したのでありませうけれども、兎に角彼は成功した。この成功にはトーネー・ケズウヰツクが非常な活躍を致しました。これはチヤーターと香上、この二つのバンクに対して或る為替上の援助を与へるやうな仕組を拵へたのであります。この時の事情は私から申上げる迄もなく御承知のことと思ひますが、一昨年十一月三日に新弊制が行はれて、それから二日経つて五日にはカドガン大使が直に布告を出して、さうして英国の方からこれを確保して一つの制度を作つた。かやうなことは元々皆トーネーがやつた事であります。かやうに英国といふものは先づ金融計画の根本施設を定めて、さうしてこのリース・ロスの帰つた後でどうなつたかと申しますと、一緒に参りましたホールパツチ、これも猶太人系といはれて居る若い男でございますが、非常な有能な銀行家ださうであります。これを中央銀行に顧問として入れて、御承知でありませうが今発券部の改組に当つて居ります。さうしてゆく〳〵は中央銀行の改組の役目を勤める訳になつて居ります。もう一人はロヂヤースこれも中央銀行の改組をやるために残して居る。斯うして見ますると、もう英吉利といふものは支那金融の心臓の一部に這入り込んで居るといふ感じが致すのであります。その証拠をもう一つ申上げたいと思ひます。最近の情勢と致しまして今申したケズウヰツクの居る「ヂヤーデン」のビルデイングは六階建であります。其処に大きな新七階の部屋を拵へまして、その真中に英国の商務官が居り、その商務官の周囲に只今申しましたホールパツチとかロヂヤースとかいふ人が居つて、今の発券、金融、保障の如き事務を皆此所でやつて居る。かくの如く英吉利は翕然一体を成して居る。私はこのビルデイングに参りましたときに、恰も是は英吉利の対支経済参謀本部であるといふやうな感じを致しました。勿論独逸でも亜米利加でも仏蘭西でもどん〳〵支那に進出して居ります。けれども只今申上げました様に英国が最も顕著であります。而して最近リース・ロスの後を承けて渡来しました信用保障部のカークパトリツクについて一寸触れねばなりません。彼が支那へ参りましてどう致したかと申しますと、支那へ参りました翌々日、私は外国人として最初に会ひましたが、彼は斯う申しました。如何なるプロヂエクト（企業）でも或るビズネス・ベーシスの上に立つならば不安はないから、投下資本に対して信用保障を与へる。その保障を与へるアマウントは何等制限はない。もう一つそのプロヂエクトは如何なるプロヂエクトでも宜しい。同時に其償還は十年延払ひで宜しい。これは実に驚くべき事であります。今支那では廉価良質と申しますが、ただ安いただ物が良いといふだけでは売れない。英吉利の如きは逸早く信用保障条件を附けて参る延払ひ制をやり出してるのであります。露西亜人と支那人は世界で最も延払ひを好む国民ださうであります。恰も其急所を狙つて参つたのであります。而も十年払ひといふのであります。今日吾々が防共同盟国であると云つて居る独逸ですら五年延払ひでやつて居る。これでは日本も今の儘では到底太刀打が出来ぬのであります。私がお手伝ひを致しましたが、隴海線の機関車を売る取引がございました。これは満鉄が入れたのでありますが、これの如きは全く話が出来ない。また三井の鉄橋のお手伝ひも致しましたが、これなども十年若くは五年などといふことは到底お話にならない。こんな次第で先程申しました排外と申しますか、夷を制すると申しますか、支那が国権を回復致します為に最も暖きウオーム・ベツトが出来て来たのであります。即ち支那と致しましてはこういふやうな情勢をウンと利用して行く。もう一つ申上げたいと思ひますのは独逸であります。独逸の如きは御承知でありませうが、最近の報告に依りますと独逸の対支輸入は既に英国を凌いで居ります。前年に比べて四割五分の輸入増加であります。今では日本の投資の次には独逸といふ順序であります。さういふ偉大な進出をして居りますが、最近一年間に上海を中心と致します独逸の対支商売が一躍一億六千万元に上つて居ります。かやうに申して参りますと其他仏蘭西、伊太利、亜米利加の事も申さなければならぬでありませうが、今日は省きますが、大体さういふ状況になつて来て居ります。併しながら是は実は英国でもさうだと思ひますが、独逸の関係者が面白い事を言つて居ります。オツト・ウオルフやシーメンスや、其他色々の独逸会社が支那に進出して居りますが、是は支那が可愛いからではない、実は最近の傾向としては独逸本国の重工業が衰へた。之を救ふ為には支那に対して余程好条件を以て進出して行つても全局上得である。他面には安く売ると同時に信用を増すことが出来る。即ち自国内の過剰生産を防ぐ為めの支那進出も多いのであります。これは英吉利に適用出来ますかどうか知りませぬが、多少さういふことがありましても、自国の産業を調整致す上にも余程これは利いて居るだらうと思ひます。

かやうに見て参りますると、攘外と申しますか先程のゼークト将軍の申した言葉に依りますと、コレクテイヴキテーを利用して日本に当る地位——地歩と云ふものは余程巧く出来さうになつて参つたのであります。かういふやうに致しまするると、安内攘外の両面に於きまして、支那と云ふものは余程好い条件ばかりを持つて参つたのでありますが、支那は玆に更に大きな一つの問題に打突かりました。私先程一寸触れましたが、昨年十一月頃いはゆる綏遠事件がございました。この事件は新聞掲載禁止事項になつて居りましたが、兎も角一行も出て居りませぬと思ひます。内蒙古の軍隊と綏遠の軍隊が衝突を致しまして、色々こんがらかつた関係を来したのでありますが、この時の支那の熱誠ぶりと申しますか、綏遠の軍隊を援けまする熱誠ぶりと云ふものは甚しいものでありました。日清戦争の当時でも四川とか雲南とかいふやうな山の中に参りますと、現実日本と戦争を致して居りながら、支那がまだ戦争を致して居るといふことを知らなかつた。交通機関の関係もありませうけれども、さう云ふやうな呑気の支那でありましたにも拘らず、この綏遠事件に当つては津々浦々に至るまで所謂綏遠の軍隊を援ける運動が出まして、三日間歌舞音曲を停止するとか或は踊り場の如きも切符の二割を徴収して軍隊に後援するといふやうな熱誠振りでございました。もつと驚くべきことは嘗て世界にも先例のない事でありませうが、援綏のために牢に居りました囚人が金を出したといふやうな例すらあるのであります。この熱誠ぶりは何処から来るかと申しますと、先程両方面から申上げました日本に対しまする感情——一般の排日感情と云ふものが支那に於て随分悪くなつて参つたといふことの尺度であらうと思ひます。時恰も日本では言はなかつたでありませうけれども、百靈廟と云ふ地点がありますが、この枢要なる百靈廟を綏遠軍が奪回した、此時の支那新聞の記事は皆様御覧になつた方もあらうと思ひますが、第一頁の非常に目に着く所に「百靈廟萬歳」と大書してその下へ持つて行つて「敵国遂に敗れたり」——敵国といふものは無論日本の事であります。これが約一箇月に亘つて毎日連載を致しまして敵愾心を煽ると同時に戦勝気分で居ります。勿論支那軍部の幹部とか政治家とかいふ者は、そんな事は歯牙に掛けぬでありませうけれども、これが大衆の意識として日本与し易し、日本と戦つても勝てると云ふやうな気持が或は出来て居るかも知れないのであります。これが先程申しました支那が日本を嘗めてかかり、日本に対しまする感情を益々昂ぶらせたのであります。また攘外の方面から見まして、外国から提供するウォーム・ペットが益々進展して参る所の一つの機会になつたのであります。かやうに申して見ますると、私の如きは南京の第一線のいはゆる塹壕戦のやうな所で働いた一兵卒でありますが、その一兵卒から見ますると、どうしても申さなければならぬ事が一つ起つて参りました。それはかやうな支那の情勢——極めて簡単でありますけれども、統一の現勢、攘外の現勢、かやうな現勢に在るところの認識が日本に於て明かになつてゐないといふ点がありまするのと同時に、その新情勢に処しまする日本の肚と云ふものが出来て居らぬ。これが私から申しまするならば、どうもこの塹壕戦に居つても撃つべき弾がなかつたと申しても宜しいかと思ふのであります。私は一日も早くこの新情勢を明かに認識すると同時に、この新情勢に処しまする肚を——対策を早く定めなければならぬと思ふのであります。これが最も早急の問題でありまして、吾々が対支問題と申しますか、この東亜の問題を考へまする上には、色々な点を考へなければならぬと思ひますが、何よりもこの問題を先づ考へなければならぬと思ふのであります。

更に本日お集りの皆様は工業と申しますか、産業と申しますか、いはゆる経済の方面にも非常に御関心があられると思ひますから、特に一言附け加へさせて頂きたいと思ひます。私の卑見に依れば最近の世界の情勢と云ふものは、政治と経済との分界が極めて薄くなつたと思はれるのであります。ムツソリーニの政治やヒツトラーの政治ばかりを見るのではありませぬ。亜米利加に於けるニュー・ディールの経過を見ましても、政治と経済といふものは極めて微妙な、密接なる関係が出来て参つたことが最近の情勢であります。支那ではそれでなくても政治と経済の区分といふものは余程困難の国であつたのであります。もつと申せば支那といふ国は極めて簡単なる社会情勢——謂はば単細胞式と云つていいやうな国家であるとよく言はれて居りますが、果して然らば単細胞式の中に経済とか政治とかさう云ふやうな分科した制度を作ることは余程六かしい。政治も経済も一つの両面を為して居るといふやうなことが如実に出て居る国家であらうと思ひます。日支経済合作が叫ばれてから五六年になります。現に北支では経済合作の組織そのものが出来上つたと言はれてからでも二三年になりますけれども、まだ思はしき実績は挙つて居りませぬ。二年前だと思ひますが、今の実業部長である呉鼎昌が団長となつて、日本に実業視察に参りました。その当時何か棉花の事が出来上つたとかいふやうな色々な話がありましたが、御承知の如く旅行の結果としては日華貿易協会が出来ただけの事であります。斯様な事実から申しましても、ただ経済合作、ただ経済提携といふやうな事を申しましても、徒に支那に対して経済侵略であるといふやうな口実を与へるに過ぎないといふこの際に於て、最も強調致したいことは、この日本といふものが矢張り政治的に何かの空気を造つてやらなければ、支那といふものは個人と致しましても或は団体と致しましても、経済若しくは財政的に日本と結び付くことは極めて不便な実情である。現に私からただいま御説明申上げました如く、最近の情勢から申しますれば、益々困難なる情況があるだらうと思ひます。さやうに私は考へるのであります。さう致しますれば単に気息めの経済合作、経済提携といふやうな標語に囚はれることなしに、吾々は寧ろ進んでこの日支関係の政治的の打開といふことに意を用ひなければならぬと思ひます。同時にその打開はただいま申しました通り率直に申せば対立して居ります現在の日本の内部の状況を先づ以て改めることが先決問題であらうと思ひます。私は日本に帰つて参りまして、本日は六十九回目のお話を致すのでありますが、各方面、特に各地方で率直に——無論本日の如く精しい事情を打開けは致しませぬけれども、私の感じて居りますことを極めて率直に吐露致しまして、各方面の教を乞うたのでありますけれども、先づ私の最も深く印象されましたことは、遺憾ながら日本の対立状態は事実であつたことであります。大阪に参りまして或る方面から伺ひました空気と云ふものを見ましても、九州に参りまして熊本、博多に於て承りました空気を見ましても、全く相反する二つの空気がある。更に東北に参りますとこれまた全く相反する二つの空気がある。これは事実でございます。かやうな無統制は何に依つて生じたか。私は今日の日本国民は——殊に地方に行つて見ますと能く解るのでありますが、目標を失つて居ると思ひます。この点は何ものよりも大切な点であらうと思ひます。私は対支問題を申上げまする度毎に各方面で此事を申して居るのでございますけれども、対支問題と云ひますか対東亜問題と云ひますか、是は今や国際問題に非ずして国内問題、内政問題になりつつあると私は考へて居ります。さすれば先づ以てこの内政上に低迷致します暗雲を一掃致しませんければ、只今申しました政治的打開の道は相当困難ではなからうかと思ひます。この時に当つて外交一元化を叫ぶ人がありますけれども、私は外交は昔から一元である、昔から陛下の外交であつたと思ひます。その方法には色々あります。方法に色々あることは対支外交の本質であると思ひます。方法の問題であります。この時に当つて或はジャーナリズムと申しますか、各新聞雑誌が外交一元化を唱へ、或は官僚独善と云ふやうな事を唱へて、支那方面に対して外交マイナスの如き情勢を自ら作ることは大に慎まなければならぬと思ひます。甚だ蛇足でございますけれども私の卑見を加へまして支那事情を申上げた次第でございます。（拍手）

（九）关于对华方策之再检讨意见

资料名称： 对支方策再検討に関する意見

资料出处： 島田俊彦、稲葉正夫解説《現代史資料》8《日中戦争》1，株式会社みすず書房 1973 年発行，第 385—387 頁。

资料解说： 本资料是 1937 年初日本海军军令部横井忠雄大佐在对华政策上的意见。横井忠雄指出，《第二次华北处理纲要》（1936 年 8 月）「虽以华北分治为着眼点」，「但当前应该以日满经济提携，获得国防资源及扩充交通设施为目的」，且「本纲要不是永久不变的，必须根据时局而改变」。核心主张是巩固已有侵略成果，暂时避免急进的华北分治，着力于经济和文化手段。

六八　対支方策再検討に関する意見

（昭和十二年二月三日　軍令部第一部横井忠雄大佐）

一、対支観念の根本的検討

「日支共存共栄」は現時対支方策を論ずる者が多く口にする所なり然れども其の包含する本質内容に就ては観念的に幾多異るものあるを感ぜざるを得ず

惟ふに二強国境を接する場合其利害多くは等しきを得ず永年に亘り相争ひ相角逐敵視するは歴史の示す所にして此の見地より我国が支那の統一強大を喜ばず国内数勢力の分立対峙状勢馴致を有利とし斯くの如き施策を対支方策の上乗となす者有るは慥に一面の理あるを失はず、吾人の大理想たる東洋人の東洋が実現し欧米勢力を駆逐し去れる暁強力なる支那統一国家残存せるものとせば日支関係は如何にすべきやの問題は実に帝国百年の大計上重大なる事項たるは疑を容れざる所なり、

然れども吾人の当面する現実の事態は右の状況に立到る迄に解決し我国の存立発展を図るべき幾多重要なる問題の山積しつゝある状況にして駸々として圧力を加重し来る欧米列強の対日策の前に隣邦支那も亦鉾を逆にして我に向はんとする最も危険なる形勢日に顕著ならんとしつゝあり、吾人は先づ此形勢を打破し日支提携真に東洋を東洋人の天地たらしむるを急務とするの意味に於て日支共存共栄を念とするものなり、而して吾人の此希望に対する最大障碍は今日支那全国に弥漫する抗日意識なりとす、

支那民衆の抗日意識は勿論欧米各国の策動、支那各種政権策士の為にする宣伝等に依り醸成せられたる処尠からずと雖も一面に於て我国従来の対支方策に於て余りに強圧的覇道的のもの多かりし事実も否定し得ざる処なり、世界大戦後に於ける仏国の露骨なる対独強圧政策が遂に独国民の憤起となり「ナチス」の擡頭を生じ今日の強力なる統一国家生成を来せるは顕著なる事実なり勿論その根拠にはゲルマン民族の強烈なる民族意識国民的素質の優秀存したらんも仏国にして緩急硬軟時宜に適したる政策を執りたらんにはナチス独乙の興隆は尠くも数年後に至らざれば招来せられざりしならむとは今日欧洲に於ける常識的観察なり、

我国が今日迄支那に対して執り来れる強圧と謀略とを経とし優柔姑息の交渉を緯とせる外交方策は我をして遂に仏の轍に倣はしむる

に至らざるなきやを虞る

小官の支那に対する智識は従来の経歴上極て乏しきものにして只僅に曾て日清日露の戦史を講ずるに際して得たる書籍の上の智識と一部を瞥見したるに過ぎざる観察とあるのみ、従て深刻なる観察判断に於て欠くる処多大なるものあるを自認する所なり唯前年任を伯林に受けし時当時の駐独支那公使劉崇傑氏と柴山陸軍輜重兵中佐（兼四郎）と共に日支関係に就て胸襟を披いて語れる事あり当時劉氏の言へる所に「日支共存共栄」は吾人も世界を見れば見る程痛切に感ず、日本にては欧米派云々と若き支那人を非難するも欧米を見たる者の中にも日支相争ふことが両国の為め決して利益ならざるを痛感する者尠しとせず、唯御国の今迄為せし所は日本の発展のために支那を使ひ結局支那を朝鮮の如く又最近に於ける満洲の如くせんとする如く感ぜらるゝが故に young Chinese は決して日本に接近せざらんとするなり、所謂欧米依存派と雖も支那を欧米の支配下に置くを喜ぶものに非ず唯日本に対する警戒の余先づ相牽制しつゝある欧米の力に依り支那の統一強大を図らんとするものなり、現在の支那を見んとせば老政治家相手にては観察を誤る、尠くも三十代以下の青年の意図を能く観察せざれば今日以後の支那は了解し得ざるべし、日本の出先外交官軍人等が利慾に動く所謂要人の巧言に誤られて何事も自分に都合よき様判断して方針を定め行かるれば大変な間違を生ずるに至るべし」云々の意味ありしを記憶す、（一昨年秋頃）

爾後会談せる二三の所謂「若き支那人」の言皆その軌を一にす、支那人の特性に稽へ従来の言動に鑑み吾人は彼等の言の一々に動かされて我国存立発展に必要なる国策の遂行に怯懦なるの要無し然れども覇道は一時の勝利にして結局天地の公道を履み正義に立脚するものが最後の勝利たるは吾人の信念にして大多数の支那人の抱懐する「日本人の所謂日支共存共栄に対する猜疑」を打破し真に日支両国共存共栄の道に進むの大義を知らしむるを今日の急務と信ず、而して之を果すの途は単なる口頭禅、外交文書の能くする処に非ず、我国の将に為さんとする処現実に行ふ所を以て如実に之を示して初めて期待し得る所なり

二、既定方針の再検討

(一)「国策の基準」変更の要なし、

(二)「外交方針」一般方針変更の要なし方策要綱中に明記しある如き「北支をして防共親日満の特殊地域たらしむ」ることは趣旨に於て変改するの要なきが如きも北支の意味は人により解釈を異にすべく又防共の字句も解釈により強弱二様の意味を生じ結局現在の防共協定の如きものを北支全般に対しても結ばんとする意図強く解せんとする者は種々施策するに至らん該地域が真に親日満とならば防共の如きは自ら達成せらるべきが故に「日満両国との経済的、文化的融合提携」を主眼とする如くなすを適当と認む、

(三)「第二次北支処理要綱」

(1) 本要綱は北支の分治を主眼としあるも分治の強調は結局中央政権と独立し日本の傀儡政権の樹立を策する如く解せらるゝを以て寧ろ日満との経済提携、国防資源の獲得並に交通施設の拡充を当面の目的とするを可とす、

(2) 本要綱は永久不変のものに非ず時局に応じ改変すべきものな

386

るが故に余りに先走りたる事項は掲記せざるを得策とすべし

(3) 北支五省分治の点も(1)に関連し現在に於ては之に触れざる如くする方得策なり内蒙工作は内面指導に止む、

(4) 右は現在の冀東冀察政権の解消を意味せず今日以上に所謂「我勢力範囲を拡大せんとする施策」を見合はすの意味なり

三、対支方策の実行

(一) 根本策

(1) 我国内の融合協力国策実現に邁進し得る強力なる政府の樹立を先決問題とす

(2) 外交の一元化は屢々口にせらるゝも現在は事あれば則ち三省会議なり外務省が現在の儘にては已むを得ざる次第ならんも之にては強力なる外交は望み得ず、方針決定には熟議を要するも爾後の処置は果断即行を許すを可とす、之が為外務に人材を要す、

(3) 現在の状態は対支外交一新の好機とは言ひ難し是れ彼が我の為すなきを蔑視し居る時なるを以て一見既定方針の退却と見らるる方針は愈々彼の増長を招来の虞あり故に本方針改変の際は我国の勢望ある士を特派し蒋又は汪と真剣なる懇談をなし真に東洋平和の大局上に立てたる大乗的国家方策なる所以を認識せしむるを要す

(4) 支那人の事大思想は相当根柢深し軽んずれば愈々乗ずるの虞あり、もし我国為す所なしとして愈々求めて愈々已まざるに於ては大鉄槌を下す最後手段も已むを得ず然れども徒に威圧脅迫せんとするの意に非ず、寧ろ黙々として備ふる当局心構へを要するのみ、

(二) 実行策

(1) 既得権益を地域的に拡充するよりもその内部にて内容の豊富なる建設に努力す

北支の勢力範囲を拡張せんと焦慮するよりも速に経済開発に着手を要す、

(2) 平等の立場に立たんとする彼の面目は維持し苟も彼の主権を侵すが如き形式を執らず専ら実効を収むるを主眼とすべし懸案の日支国交調整事項も右の趣旨にて徒に声を大にする事無く着々として実行すべし

(3) 中支に於ては我既得権益を維持しその業務の繁栄に従て勢力拡充を図り経済的関係を密接不離のものたらしむるに努む

(4) 南支に於ける経済開発は既得の権益に属するものゝ外は臺湾拓殖をして之に当らしめ南支及臺湾の経済関係を深密ならしむ

要するに我国が支那と共存共栄の上に於て求めつゝある事の概略の限界を知らしめ所謂知日派をして立ち易からしめ両国間の摩擦を最小限に限定するを当面の急務とす、

（十）对华政策

资料名称：对支政策

资料出处：島田俊彦、稲葉正夫解説《現代史資料》8《日中戦争》1，株式会社みすず書房1973年発行，第388頁。

资料解说：本资料是日本海军军令部次长岛田繁太郎的对华政策意见，要求取缔日方的走私、限制不良日本人的活动，同时加强对冀察地方政府的顾问指导。

六九　対支政策

（昭和十二年二月五日　軍令部次長〔嶋田繁太郎〕案）

帝国の政変及支那の西安事変を契機とし大局上の見地に基き日支国交を改善し公正なる国交を計り支那をして一意□□〔不明〕蘇に走らしめず我に親ましめ我と経済関係を増進し共栄以て東洋平和を図らしむ

之が為先づ速に

一、北支を明朗とし密輸の如き不正事は厳に之を取締る

一、冀東政権解消の第一歩として支那人本位の明朗善政を行はしめ不良日本人を駆逐す

一、冀察には一層有力有為の顧問を入れ内面指導を適良とす

一、北支に経済投資を行はしめ政府其の投資を保証す

一、中央政権と有力者を介して衷心了解を計る

一、所要人事の刷新を行ふ

（十一）楠本大佐的对华政策意见

资料名称：楠本大佐の対支政策意見

资料出处：島田俊彦、稲葉正夫解説《現代史資料》8《日中戦争》1，株式会社みすず書房 1973 年発行，第 389—390 頁。

资料解说：本资料是日本陆军楠本大佐提出的意见书，反映了日军内部在对华政策上的策略性见解，要求日本中央政府根据中国形势变化，从速调整对华政策，避免在没有开战决心的情况下对中国进行空洞的威压恐吓。

七〇　楠本大佐の対支政策意見

（昭和十二年二月十八日）

関東軍及天津軍幕僚と共に上京を命ぜられたる楠本〔實隆〕陸軍大佐二月十九日上海発に先だち二月十八日本田〔忠雄〕海軍武官と会見首題の件に関し意見交換の結果凡そ左記の如き意見を中央に進言する旨話合ひたるもの

記

一、真に日支の国交を調整せんとするものなるや或は満洲事変の指導精神を尚継続して強硬政策を以て臨まんとするものなるや何れか明確に決定すること肝要なり

中国の現状を観察し帝国の実情を考量するときは後者は到底実行不可能なるのみならず最終の目的たる東亜の安定に逆行するものなることは之迄の経験の明示する所なり速に後者の観念を棄て全国一致国交調整に邁進するを要す

二、陸軍出先官憲の誤れる独断専行は陸軍の通弊なるを以て之を改むること必要なり綏遠工作の失敗は出先を統制し得ざりしに原因するものと確信す出先に此の種人物を配し特殊工作に従事せしむることは敢て排せず然れども苟も此の如きことを許す上は常に其の為さんとする企図手段を詳報せしめ其の情況を知悉して之を駕御統制するを要す

三、中国の現状を看るに反中央各派尚存すと雖も何れも現中央政府を根本的に転覆せんとするものに非ずして現政府の組織内に自派勢力を割込ましめんとするものなりと判断せらる依て我方に於て徒に打倒蔣介石、打倒国民党或は北支五省中央離脱等の旧式観念を以て緊むことは却て反結果を招来すること必然なり速に斯の種旧式観念を改め堂々と中央政府を相手として進むべきものなりと信ず

南京政府を相手とせずして地方政権の利用脅嚇に依り日支の国交を善導し得となすは日清、日露時代の支那のみを知りて中国の現状を知らざるものなり

四、北支自由飛行及密輸問題等の如きも之を停止せしむる方針を確立するを要す

但し其の実行は自ら其の時機あり過早に其の意志を発表するに及ばず徐々に解決すること必要なり

国交調整問題亦然り南京交渉復活の如きは我方より発動せず中国

側より働き掛くる迄静観すべし
五、北支五省聯盟の如きは其の目標を対蘇戦備防共及満洲国の育成に置くべきものなりと雖も古き歴史を有する漢族の駆逐の如きは我大軍を動かす決心なりして到底出来得べきものに非ず大軍を動かす決心なければ其の範囲も之に応ずる如く限定して工作するを要す
六、支那に対し恫愒に依り我意を押付けんとする時機は已に去れり又外圧は却て支那の抗日意識を強め政府は之を利用し益団結力を強固にす実力行使の決心なき威圧は百害ありて一利なし
七、之を要するに現在は大義名分に即せざる工作又は無理なる外交交渉をなさず政府は慎重なる静観態度を持し努めて沈黙を守り外交官軍人民間〔人〕は相互他方の同職と接触交際して逐次空気の緩和を図りつつ中国側より我方に対し交渉再開を希望し来るを待つを以て刻下の対支政策の根本となすべきものなり勿論其の間に於て利用すべきものあらば之を利用して国交の調整経済提携に努力すべきは言ふ迄もなし

390

（十二）关于对华实行策

资料名称：対支実行策に就て

资料出处：島田俊彦、稲葉正夫解説《現代史資料》8《日中戦争》1，株式会社みすず書房1973年発行，第391頁。

资料解说：记录了1937年上半年，日本海军方面在对华政策上的讨论简况。

七一　対支実行策に就て

（昭和十二年二月二十六日　軍令部第一部横井忠雄大佐）

一、二月二十五日午後左記諸官会合し対支実行策に就て海軍側意見起草に関し協議す

海軍省側　保科〔善四郎〕軍務一課長　阿部〔嘉輔〕臨調課長　藤井〔茂〕軍務局員

軍令部側　伊藤〔賢三〕六課長　横井〔忠雄〕甲部員　藤原〔喜代間〕中佐　扇〔一登〕少佐

一、協議は便宜上別紙軍令部第三部起草による「対支実行策」（先般小官起草の「対支実行策」を基礎とす）を討議主題としたるが大綱に就ては列席者何れも異議なく唯之が表現に就て若干修正の要を認めたり

一、右協議の結果を取纒め概ね現在の「北支処理要綱」を廃止し之に代らしむべき「実行方策」の体裁となる如く書き直す事とす幹事藤原中佐、藤井少佐、扇少佐、

一、右起草は時機を失すれば価値小となるを以て成る可く之を促進し遅くも三月十日頃迄には三省会議の上の成案を得る事を目途として進むことに申し合す

一、右「対策案」成文としたる上改めて各上司の決裁を経る事勿論なり

（十三）关于调整《对华实行策》与《第二次华北处理要纲》的议案

资料名称：「对支实行策」及「第二次北支処理要綱」の調整に関するの件

资料出处：島田俊彦、稲葉正夫解説《現代史資料》8《日中戦争》1，株式会社みすず書房1973年発行，第394—396頁。

资料解说：本资料是1937年2月外务省事务官太田一郎提出的以文化和经济为着力点调整对华政策的个人意见书。

七三　「対支実行策」及「第二次北支処理要綱」の調整に関する件（昭和十二年二月廿日　外務省主務者（太田一郎事務官）私案）

説　明

対支及対北支政策に関しては昭和十一年八月十一日附「対支実行策」及「第二次北支処理要綱」の次第ある処其の後に於ける前記諸政策の実績竝に最近に於ける支那国内情勢の趨向に徴するに例へば北支五省分治の如き政治的工作は其の遂行に当り緩急宜しきを制すること困難にして為に支那側をして我方真意を誤解せしめ不必要に日支関係を紛糾せしめたる点尠なからず仍て今後の対支施策に当りては此の種政治的工作は成るべく之を差控へ先づ両国間政治関係の如何に依り影響を受けざるが如き日支不可分の経済的依存関係を樹立せしむることを目標として支那民衆を対象とする経済工作の推進に主力を集結すること肝要なりと認む。

右見地より前記「対支実行策」及「第二次北支処理要綱」を別紙の通り調整す。

対支実行策　（十二、二、二十）

昭和十一年八月七日決定の「帝国外交方針」に遵拠し且昭和十一年八月十一日関係諸省間決定対支実行策の実績と支那国内情勢の趨向とに鑑み対支政策に関し差当り採る可き施策左の通

一、南京政権に対する施策

南京政権竝同政権の指導する支那統一運動に対しては公正なる態度を以て之に臨むと共に支那側が侮日態度を採るに至りし根因の除去に努め以て同政権をして漸次反蘇的態度を執り帝国と近接する如く具体的に促進を計り特に北支事態の改善に対しては同政権をして自ら進んで努力せざるべからざる如く施策するものとす南京政権に対する施策に当りては同政権の面子を考慮し同政権をして国民の手前抗日標榜の已むなきに至らしむるが如き措置を避くると共に特に支那民衆を対象とし如実に共存共栄を具現するが如き文化的経済的工作に力を注ぎ以て日支両国国交の調整に資す。

二、対北支施策

北支処理の主眼は該地域を防共親日満の地帯たらしめ併せて国防資源の獲得竝交通施設の拡充に資し一は以て蘇聯の侵寇に備へ他は以て日満支三国提携共助実現の基礎たらしむるに在り

右目的の達成は主として経済諸工作の促進に依ることとし此の際

急速に北支の分治を図り若くは支那の内政を紊す虞あるが如き政治工作は厳に之を戒め以て内外の疑惑竝支那の対日不安感の解消に努む

三、其の他の地方政権に対する施策

地方政権に対する我方施策は此等局地的政権を親日的ならしむることに依り我方権益の伸張を期すると共に右に依り支那全般に於ける綜合的親日傾向を醸成せしむるを以て主たる目的とす、従つて特に統一を助長し又は分立を計る目的を以て地方政権を援助するが如き政策は之を執らざるものとす

四、内蒙方面に対しては親日満を基調とする蒙古人の蒙古建設を指導し以て対蘇態勢を調整す。但差当り錫盟〔シリンゴール盟〕察盟〔チャハル盟〕を範域とする内蒙政権の内部強化に専念するものとす、而して右工作は成る可く内密且内面的に之を行ふと共に支那側との紛争は平和的方法に依り処理し以て対蘇及対支政策との協調に留意す

第三次北支処理要綱　（十二、二、二十）

方　針

一、北支処理の主眼は該地域を確固たる防共親日満の地帯たらしめ併せて国防資源の獲得竝に交通施設の拡充に資し以て一は蘇国の侵寇に備へ一は日満支三国提携共助実現の基礎たらしむるに在り

二、右目的達成の為め差当り先づ北支民衆を対象とする経済工作の遂行に主力を注ぐものとす。然して右工作の遂行に当りては北支政権に対する内面指導の外南京政権に対する施策に依り同政権をして北支の特殊性を確認し進むで日満支提携共助の諸施策に協力せしむる様指導するものとす

要　綱

一、北支処理に対する態度

北支に対する我方の施策は同地域の地理的特殊性にも鑑み従来動もすれば支那竝に列国に対して恰も帝国に於て停戦地域の拡張、満洲国の国境推進乃至は北支の独立企図等の野望を有するが如き誤解を与へたることなきに非ず。仍て今後の対北支施策に当りては此の種無用の誤解を与ふるが如き行動は厳に之を慎むと共に先づ北支民衆の安居楽業を本旨とする文化的経済的工作の遂行に専念し以て我方所期の目的達成に資すること肝要なり。

北支の文化的経済的開発に当りては努めて解放〔マヽ〕的態度を採り民間資本の自由なる進出を計ると共に冀察政権又は南京政権の要望にして其の至当なるもの又は面子上尤なりと認めらるるものに対しては常に理解ある態度を以て臨むこと必要なり。冀東地区に於ける特殊貿易及北支自由飛行等の問題に関しては概ね既定の方針に基き速に之が解決を計るものとす

二、冀察政権の指導

冀察政権成立の根本義に鑑み同政権に対する指導に当りては最も公明なる態度を以て臨み特に財政経済軍事等百般の事総て軍閥的秕政を清算して明朗なる地域を構成し民心の把握に努めしむるを要す

三、冀東自治政府の指導

冀東自治政府の指導に当りては特に其の内政の向上に努め産業の徹底的開発を行はしむると共に真に軍閥的搾取秕政なき安居楽業の模範地域たらしめ以て帝国の北支に対する真意を事実の上に具現せしむることに努む

前記施策に当りては冀東政権は結局単独に存立し得ざるものなる点をも考慮に容れ冀察政権指導上の障害となるが如き施措は之を為さざるを要す

四、山東、山西、綏遠諸政権の指導

此等諸政権に対する施策は日満支の融通提携を目的とする文化的経済的工作の漸進的遂行に依り帝国との聯帯関係を一層密接ならしむることを以て主眼とす。

防共親日満等を目的とする政治的工作の急激なる遂行は却て民衆の感情を激発し支那側に排抗日の口実を与ふるの結果となるの惧あるを以て厳に注意するを要す

五、経済開発に関する方針

北支経済開発は民間資本の自由進出を本旨とする我方権益の伸暢に依り日支人の一致せる経済的利益を基礎とする日支不可分の事態を構成し平戦両時に於ける北支の親日態度保持に資せしむるを以て目的とす特に国防上必要なる軍需資源（鉄、石炭、塩等）の開発竝之れに関聯する交通、電力等の施設は要すれば特殊資本に依り速に之が実現を図るものとす

尚経済開発に当りては第三国をして北支に於ける我が特殊地位竝権益を尊重せしむると共に第三国の既得権益は之れを尊重し要すれば此等諸国の施設と合同経営し又は其資本材料等をも利用する等第三国特に英米との提携共助にも留意するものとす

396

（十四）海军的对华实行策案

资料名称：海軍の対支実行策案

资料出处：島田俊彦、稲葉正夫解説《現代史資料》8《日中戦争》1，株式会社みすず書房 1973 年発行，第 397—399 頁。

资料解说：本资料系 1937 年 3 月 5 日日本海军方面制定的对华政策方案。方案提出要加强经济和文化手段，努力促进南京国民政府的与日妥协。

七四　海軍の対支実行策案

〔（　）内は海軍省軍務局案。それを省部主務課長と主務者が修正した。〕

（昭和十二年三月五日）

昭和十一年八月七日決定の「帝国外交方針」に遵拠し差当り帝国の執るべき対支実行策左の通

一、方　針

日支共存共栄を目標とする経済的及文化的融和提携の実現により両国関係の調整を図り以て相率ゐて東亜の安定に協力せしめんとす

㈠　各種の施策は合法公正を旨とし且完全なる統制の下に之を実施し支那官民の対日猜疑心を除去するに努むると共に彼等の所謂面子を充分考慮するを要す

㈡　経済提携は支那民衆の幸福をも対象とし（「をも対象とし」を一旦「に置き」と修正したが、海軍大臣〔米内光政〕の意見で復旧）「名を捨て実に就く」趣旨の下に実質的効果を収むる（を要す）如く努力す

㈢　我が公正妥当なる権益は飽迄之が維持増進に努む、然れ共既成事実にして大局上之が調整を有利とするものは全般的対支政策との調和を考慮し適当に之を処理するの用意あるを要す

㈣　「両国共通の目標として防共を強調し」（「　」は海軍側より申出さざるを可とす。〔軍令部次長〔嶋田繁太郎〕意見〕）尠くも満洲国接壌地域に於ては実質的共同防空の実を挙ぐるを要す

（防共を以て両国共通の目標とし之に依て思想的提携を計ると共に尠くも満洲国接壌地域に於ては実質的共同防共の実を挙げ安居の範を示し以て之が促進を図るを要す）

二、南京政権に対する施策

中央政権構成の実体に就ては其の派閥の如何を問はず是々非々の態度を執るの趣旨に於て現南京政権に応酬することと（し日支共存共栄を図り東亜の安定に協力するの誠意あらば我方進んで同政権及其の施策を尊重するの底意を示すこととし日支徒らに相鬩ぐは窮極に於て欧米列強に漁夫の利を奪はるるに過ぎざる所以を悟らしむるを要す）す

而して苟も我と提携し得べしと認めらるる分子（修正の際「者」を「分子」に変更）に対しては極力之が利導を計るべきも常に彼等の対内的立場を考慮し其の政策実行を容易ならしむると共に国内に於ける彼等の勢力を安固ならしめ仍て以て（対人的にも彼我提携の緊密を図り対日依存の情勢を馴致せしむる如くす）漸次彼我の提携

を促進する如く誘導す

日支重要（「重要」の二字は修正の際加筆）諸懸案の解決は経済工作促進の趣旨に於ても必要なるべきを以て速に好機を捕捉し之が交渉再開の用意あるを要す

右交渉再開に際しては左記各項の実行処理を以て帝国要求の当面の限度とし支那の態度如何に依りては彼の要求に対し好意的考慮を加ふるものとす

㈠ 排日言動の（厳重）取締実行

㈡ 昭和十一年九月乃至十二月南京に於て行はれたる日支交渉にて概ね諒解済なる左記各項を実現せしむ

(イ)（軍政各機関に対する）邦人顧問の招聘

(ロ) 日支航空聯絡の開始

(ハ) 支那の排日的関税率の是正

(ニ) 在支不逞鮮人の逮捕引渡の実行、

㈢ 上海中山事件〔本書二八三頁注1〕以下未解決の対日各不祥事件の解決

㈣ 我対支文化関係各機関、団体等を統制動員し積極的に日支両国の文化的提携を計らしむ

（日支両国の文化的技術的提携を計り東亜文化の復興と民族の融和に貢献せしむ）

㈤ 日支経済提携の促進

日支経済提携促進機関の設立に努め該提携実行に当りては必ずしも第三国の資本を排除せず寧ろ之が利用を策すると共に、支那資本の善用に関しても考慮を払ふ（を要す）の要あり

北支自由飛行問題、冀東特殊貿易問題、（上海現銀問題）等は右諸懸案解決（の為支那側に対する手として考慮を払ふこととす）に関聯し南京政権との間に速に合法的解決を図るの用意あるを要す

三、対北支施策

北支は日、満、支三国関係調整上最も重要なる地域なる処当面の情勢に鑑み差当り地方自治的現状を動揺せしめざる如く施策するの要あり之が為北支五省の分治を目的とする工作を止むると共に支那側に対し既成の現状を黙認せしめ進んで経済資源の開発交通の発達文化的関係の向上等に協力せしむる如く施策す

㈠ 冀察政権の指導

最も公正なる態度を以て之が存続に協力すると共に該地域を明朗ならしむるに努め（「すると共に……努め」を入れて外務案を修正す）共同防共、経済提携其の他帝国との間に諒解を遂げある各種事項の実現を計り軍事、経済及政治的に日、満、支三箇国の友好的特殊地域たらしむることに重点を置く

（……之が存続に協力し共同防共、経済提携其の他……日、満、支三箇国不可分関係を確立することに重点を置く）

㈡ 冀東政権の指導

冀東政権の存続は究極に於て日支の友好関係を阻碍すべきを以て冀察政権が我方所望の域に達せる場合之に合体せしむべきものとす

但し其の間状況に依り適時「看板の塗り換へ」（名称機構の一部等を改変し実質は変更せず）を行ひ支那側に面子を与ふるの手段に出づることとす

而して冀東政権と合体する場合尠くとも之を実質上の特別区とし北支停戦協定の儼存と相俟つて満洲国に対する緩衝地帯たるの実を

具備せしむるを要す

（本政権の整頓と其の発達とは冀察政権との関係向上に利用し得るのみならず南京政権との交渉にも善用し得る場合ありと雖も之が存続は究極に於て日支の友好関係を阻碍すべきを以て状況に依りては「看板の塗り換へ」（名称機構の一部等を改変し実質は変更せず）により て支那側に面子を与ふるの手段に出づることあり状況之が解消を可とするに立至る場合に於ても尠くとも……具備せしむるを要す）

㈢　山東、山西、綏遠政権の指導

山東には我が権益極めて大なるものあるを以て日支関係に特別の考慮を払はしめ之等権益を確保するに止らず進んで地方的にも日支提携の実現に努めしむる（を要す）如く施策す

山西及綏遠に対しては公正妥当なる態度を以て臨み徒らに無益なる刺戟を与ふるを避け極力対日猜疑心の解消に努め順を逐ひ実質的提携を計る（を要す）こととす

四、対蒙施策

満洲国治安維持上の見地より内蒙に於ける防共親日満を基調とする蒙古人の蒙古建設に対しては常に同情的態度を以て臨（むも）み内部強化に努力するも其の地域は（厳に）察哈爾省（中華民国分省区劃に依る察哈爾省、北長城線以北）境内に限定す

爾余の内外蒙古各地に対しては（特に）当分施策を行はず（「当分」の挿入を要す（〔近藤信竹〕一部長））

五、其の他の地方政権に対する施策

各局地的政権に対しては之等との実質的提携に重点を置き以て我権益の伸張を図る

（各局地的政権に対しては殊更に支那の統一又は分立を助成し若は阻止するが如き施策は之を行はず、重点を之等との実質的提携に置き一は以て我権益の伸張を図り他は以て南京政権の対日態度好転に資せんことを庶幾す）

右に基き実行すべき事項左の如し

㈠　地方政権の限りに於て行ひ得る資源の開発、通商関係の増進、地方産業、交通、金融、借款、企業等各種事業に関する提携の促進

㈡　各地方の資源調査に対する協力

㈢　文化的技術的提携の促進等

（十五）对华实行策

资料名称：对支実行策

资料出处：島田俊彦、稲葉正夫解説《現代史資料》8《日中戦争》1，株式会社みすず書房 1973 年発行，第 400—401 頁。

资料解说：本资料是 1937 年 4 月 16 日由林内阁的外务、大藏、陆军、海军四大臣共同决定的对华政策方针。文件确定要迫使南京国民政府妥协，要求国民政府取缔排日言论，降低关税，聘请日本人顾问，以图多方面控制中国，并具体规定要让华北成为所谓「防共亲日满基地」，明确要求全面获取华北资源。

七五　対支実行策

（昭和十二年四月十六日外務、大蔵、陸軍、海軍四大臣決定）

昭和十一年八月七日決定の「帝国外交方針」に遵拠し且昭和十一年八月十一日関係諸省間決定対支実行策の実績と支那国内情勢の趨向とに鑑み対支政策に関し差当り採る可き施策左の通

一、南京政権に対する施策

南京政権竝に同政権の指導する支那統一運動に対しては公正なる態度を以て之に臨むと共に支那側が侮日的態度を採るに至りし根因の除去に努め以て同政権をして漸次容共及欧米依存的政策を抛棄し帝国と近接し来るが如く具体的に促進を計り特に北支に於ては自ら進むで日満支提携共助に関する諸施設の実現に協力せしむる様指導するものとす。

南京政権に対する施策に当りては同政権の面子を考慮し同政権をして国民の手前抗日標榜の已むなきに至らしむるが如き措置を避くると共に特に支那民衆を対象とし如実に共存共栄を具現するが如き文化的経済的工作に力を注ぎ以て日支両国国交の調整に資す。

尚客年南京に於て行はれたる日支交渉の経緯を辿り且は其の後に於ける支那政局の動向をも考慮に容れたる上成るべく速なる機会に左記諸懸案の解決を期す。

㈠排日言動の取締

㈡邦人顧問の招聘

㈢上海福岡間航空連絡の開始

㈣関税の引下

㈤不逞鮮人の逮捕引渡

㈥上海其の他に於ける不祥事件の解決

二、対北支施策

対北支施策の主眼は該地域をして実質的に防共親日満の地帯たらしめ併せて国防資源の獲得竝に交通施設の拡充に資し一は以て赤化勢力の脅威に備へ他は以て日満支三国提携共助実現の基礎たらしむるに在り。

右目的の達成は主として経済諸工作の促進に依ることとし北支の分治を図り若くは支那の内政を紊す虞あるが如き政治工作は之を行はず以て内外の疑惑竝に支那の対日不安感の解消に努むると共に支那側をして進むで経済資源の開発、交通の発達、文化的関係の向上等に協力せしむる如く指導するものとす。

三、其の他の地方政権に対する施策

地方政権に対する施策は此等局地的政権との実質的提携を図り以て我方権益の伸張を期すると共に右に依り支那全般に於ける綜合的親日傾向を醸成せしむるを以て主たる目的とす。従つて特に統一を助長し又は分立を計る目的を以て地方政権を援助するが如き政策は之を執らざるものとす。

四、対内蒙施策

蒙古人心の把握を以て対内蒙政策の主眼とす。然して之が施策に当りては親日満を基調とする蒙古人の蒙古建設を指導し対蘇態勢を調整するを以て窮極の目的とするも差当り錫盟及察盟を範域とする内蒙政権の内部強化に専念するものとす。尚右工作は内面的に之を行ふと共に支那側との紛争は為し得る限り平和的方法に依り処理し以て対蘇及対支政策との協調に留意するものとす。

（十六）华北指导方策

资料名称：北支指導方策

资料出处：JACAR（アジア歴史資料センター）Ref.B02030160100《帝国ノ対支外交政策関係一件》第七卷（A-1-1-0-10-007）（外務省外交史料館）第32—37頁；島田俊彦、稲葉正夫解説《現代史資料》8《日中戦争》1，株式会社みすず書房1973年発行，第402—403頁。

资料解说：1937年4月16日日本林内阁的外务、大藏、陆军、海军四大臣在共同决定《对华实行策》的同时，制定在华北地区实施扩张的指导方策。该方策规定：「指导华北的重点在于使该地区实质上成为巩固的防共、亲日满地带，并有助于获取国防资源和扩充交通设备，由此防备赤化势力的威胁，成为实现日、满、华三国合作互助的基础。」确定了分割华北的政治目标，要求积极指导已有的冀察傀儡政权获取民心，以达成日本在华北的政略目的。因该资料的重要性，本书同时收录日本亚洲资料中心存本及《现代史资料》的整理本。

1

北支指導方策

（昭和十二年四月十六日外務、大藏、陸軍、海軍四大臣決定）

方針

一、北支指導ノ主眼ハ該地域ヲシテ實質上確固タル防共親日滿ノ地帶タラシメ併セテ國防資源ノ獲得竝ニ交通施設ノ擴充ニ資シ以テ一ハ赤化勢力ノ脅威ニ備ヘ一ハ日滿支三國提携共助實現ノ基礎タラシムルニ在リ。

二、右目的達成ノ爲メ差當リ先ツ北支民衆ヲ對象トスル經濟工作ノ遂行ニ主力ヲ注クモノトス。然シテ右工作ノ遂行ニ當リテハ北支政權ニ對スル內面指導ノ外南京政權ニ對スル施策ニ依リ同政權ヲシテ實質上北支ノ特殊的地位ヲ確認シ進ムテ日滿支提携共助ノ諸施策ニ協力セシムル樣指導スルモノトス。

1

要綱

一、北支指導ニ對スル態度

北支ニ對スル我方ノ施策ハ同地域ノ地理的特殊性ニモ鑑ミ從來動モスレハ支那竝ニ列國ニ對シテ恰モ帝國ニ於テ停戰地域ノ擴張、滿洲國ノ國境推進乃至ハ北支ノ獨立等ノ企圖ヲ有スルカ如キ誤解ヲ與ヘタルコトナキニ非ス。仍テ今後ノ對北支施策ニ當リテハ此ノ種無用ノ誤解ヲ與フルカ如キ行動ハ嚴ニ之ヲ愼ムト共ニ先ツ北支民衆ノ安居樂業ヲ本旨トスル文化的經濟的工作ノ遂行ニ專念シ以テ我方所期ノ目的達成ニ資スルコト肝要ナリ。

北支ノ文化的經濟的開發ニ當リテハ努メテ解放的態度ヲ採リ民間資本ノ自由ナル進出ヲ計ルト共ニ冀察政權又ハ南京政權ノ要望ニ

シテ其ノ至當ナルモノ又ハ面子上尤モナリト認メラルルモノニ對シテハ常ニ理解アル態度ヲ以テ臨ムコト必要ナリ。冀東地區ニ於ケル特殊貿易並ニ北支自由飛行ノ問題ニ關シテハ速ニ之カ解決ヲ計ルモノトス。

二、冀察政權ノ指導

冀察政權ニ對スル指導ニ當リテハ最モ公明ナル態度ヲ以テ臨ミ特ニ財政經濟軍事等百般ノ事總テ軍閥的秕政ヲ淸算シテ明朗ナル地域ヲ構成シ民心ノ把握ニ努メシムルヲ要ス。

三、冀東自治政府ノ指導

冀東自治政府ノ指導ニ當リテハ特ニ其ノ內政ノ向上ニ努メ產業ノ徹底的開發ヲ行ハシムルト共ニ眞ニ軍閥的搾取秕政ナキ安居樂業

ノ模範地域タラシメ以テ北支ニ對スル帝國ノ公正ナル眞意ヲ事實ノ上ニ具現セシムルコトニ努ム。

前記施策ニ當リテハ冀東自治政府ハ結局單獨ニ存立シ得サルモノナル點ヲモ考慮ニ容レ北支諸政權指導上ノ障害トナルカ如キ施措ハ之ヲ爲ササルヲ要ス。

四、山東、山西、綏遠諸政權ノ指導

此等諸政權特ニ山東ニ對スル施策ハ日滿支ノ融通提携ヲ目的トスル文化的經濟的工作ノ漸進的遂行ニ依リ帝國トノ連帶關係ヲ一層密接ナラシムルヲ以テ主眼トス。

右施策ニ當リテハ最モ公正ナル態度ヲ以テ臨ミ徒ニ民衆ノ感情ヲ激發シ支那側ニ排抗日ノ口實ヲ與フルノ惧アルカ如キ政治工作ハ

3

4

之ヲ避クルヲ要ス。

五、經濟開發ニ關スル方針

北支經濟開發ハ民間資本ノ自由進出ヲ本旨トスル我方權益ノ伸暢ヲ圖ルト共ニ支那資本ヲモ誘致シ以テ日支人ノ一致セル經濟的利益ヲ基礎トスル日支不可分ノ事態ヲ構成シ平戰兩時ニ於ケル北支ノ親日態度保持ニ資セシムルヲ以テ目的トス。特ニ國防上必要ナル軍需資源（鐵、石炭、鹽等）ノ開發並ニ之ニ關聯スル交通、電力等ノ施設ハ要スレハ特殊資本ニ依リ速ニ之カ實現ヲ圖ルモノトス。

尚經濟開發ニ當リテハ第三國ヲシテ北支ニ於ケル我カ特殊地位並ニ權益ヲ尊重セシムルト共ニ第三國ノ既得權益ハ之ヲ尊重シ要ス

5

レハ此等諸國ノ施設ト合同經營シ又ハ其資本材料等ヲモ利用スル等第三國特ニ英米トノ提携共助ニモ留意スルモノトス。

七六　北支指導方策（昭和十二年四月十六日外務、大蔵、陸軍、海軍四大臣決定）

方針

一、北支指導の主眼は該地域をして実質上確固たる防共親日満の地帯たらしめ併せて国防資源の獲得並に交通施設の拡充に資し以て一は赤化勢力の脅威に備へ一は日満支三国提携共助実現の基礎たらしむるに在り。

二、右目的達成の為め差当り先づ北支民衆を対象とする経済工作の遂行に主力を注ぐものとす。然して右工作の遂行に当りては北支政権に対する内面指導の外南京政権に対する施策に依り同政権をして実質上北支の特殊的地位を確認し進むで日満支提携共助の諸施策に協力せしむる様指導するものとす。

要綱

一、北支指導に対する態度

北支に対する我方の施策は同地域の地理的特殊性にも鑑み従来動もすれば支那並に列国に対して恰も帝国に於て停戦地域の拡張、満洲国の国境推進乃至は北支の独立等の企図を有するが如き誤解を与へたることなきに非ず。仍て今後の対北支施策に当りては此の種無用の誤解を与ふるが如き行動は厳に之を慎むと共に先づ北支民衆の安居楽業を本旨とする文化的経済的工作の遂行に専念し以て我方所期の目的達成に資すること肝要なり。

北支の文化的経済的開発に当りては努めて解放〔マヽ〕的態度を採り民間資本の自由なる進出を計ると共に冀察政権又は南京政権の要望にして其の至当なるもの又は面子上尤もなりと認めらるるものに対しては常に理解ある態度を以て臨むこと必要なり。冀東地区に於ける特殊貿易並に北支自由飛行の問題に関しては速に之が解決を計るものとす。

二、冀察政権の指導

冀察政権に対する指導に当りては最も公明なる態度を以て臨み特に財政経済軍事等百般の事総て軍閥的秕政を清算して明朗なる地域を構成し民心の把握に努めしむるを要す。

三、冀東自治政府の指導

冀東自治政府の指導に当りては特に其の内政の向上に努め産業の徹底的開発を行はしむると共に真に軍閥的搾取秕政なき安居楽業の

402

模範地域たらしめ以て北支に対する帝国の公正なる真意を事実の上に具現せしむることに努む。

前記施策に当りては冀東自治政府は結局単独に存立し得ざるものなる点をも考慮に容れ北支諸政権指導上の障害となるが如き施措は之を為さざるを要す。

四、山東、山西、綏遠諸政権の指導

此等諸政権特に山東に対する施策は日満支の融通提携を目的とする文化的経済的工作の漸進的遂行に依り帝国との連帯関係を一層密接ならしむるを以て主眼とす。

右施策に当りては最も公正なる態度を以て臨み徒に民衆の感情を激発し支那側に排抗日の口実を与ふるの惧あるが如き政治工作は之を避くるを要す。

五、経済開発に関する方針

北支経済開発は民間資本の自由進出を本旨とする我方権益の伸暢を図ると共に支那資本をも誘致し以て日支人の一致せる経済的利益を基礎とする日支不可分の事態を構成し平戦両時に於ける北支の親日態度保持に資せしむるを以て目的とす。特に国防上必要なる軍需資源（鉄、石炭、塩等）の開発竝に之に関聯する交通、電力等の施設は要すれば特殊資本に依り速に之が実現を図るものとす。

尚経済開発に当りては第三国をして北支に於ける我が特殊地位竝に権益を尊重せしむると共に第三国の既得権益は之を尊重し要すれば此等諸国の施設と合同経営し又は其資本材料等をも利用する等第三国特に英米との提携共助にも留意するものとす。

（十七）昭和十二年度对华作战计划

资料名称：对支作戦回避の用兵的要請（昭和十二年度対支作戦計画）

资料出处：防衛庁防衛研修所戦史室編《戦史叢書・大本営陸軍部 1》，朝雲新聞社 1967 年版，第 412—414 頁。

资料解说：1937 年度作战计划制定于 1936 年夏秋，大体沿袭上年度计划之规定，惟兵力和作战范围有所变动。华北方面原计划五个师团，现拟增加三个师团，共为八个师团。华中（东）方面原拟三个师团在上海附近作战，现「考虑到中国在该方向投入的兵力与作战规模，如局限在这狭窄地域作战，于我战略态势显著不利，因此决定增派第十军（两个师团）登陆杭州湾，沿太湖南侧前进，两军相互策应，向南京攻击前进，占领包括上海、杭州、南京的三角地域并加以确保」。这一计划得到了实际推行。该计划案原件尚未发现。文字宣传上的「回避」，与扎实准备的实战推进，共同构成了日军侵华作战的谋略特征。

対支作戦回避の用兵的要請
—昭和十二年度対支作戦計画

対ソ戦略態勢の悪化が前述のように、陸軍の全兵力を投ずるもなお国防を全うしえない情勢なので、対米作戦はもとより、対支作戦も極力避けるべきであると考えられた。

ここ一〇年間は、脇目もふらず満洲国の建設と対ソ国防の改善に全力を尽くすべきであり、対支紛争などにかかわって、日満の国防体制強化に支障をきたしてはいけないというのが、参謀本部作戦当局の信念であった。

また昭和十年ころから中国の統一と軍備とが着々進展してきたので、従来のように局地の作戦行動によって政略目的を達成するということも困難になり、場合によっては全面戦争に発展することすら懸念されるようになったので、対支問題に武力を行使することは、避けるべきであるとした。

しかし従来のように、既得権益の確保や、居留民保護のため出兵を要請される場合国防方針と用兵綱領の規定する所に基づいて、軍としては一応の用兵計画を準備しておくことは必要であるとして作戦計画を策定した。

参謀本部としては、極力一方面の作戦に極限することを主旨としたが、軍令部は主義としてはこれに同意したが、中国統一の進んでいる現在、局地の用兵にとどめることは不可能な場合もあり、万一を考えれば全面戦争にも応じうる計画を必要とするという意向であった。また陸軍作戦としては単に要地を占領するだけでなく、これを確保することが対支作戦の主体となるとの見地で、特に「占領確保」と明示された。

以上のように対支作戦はこれを回避し、やむを得ない場合でも局地の用兵にとどめようとするも、一面中国側の軍備の改善充実に伴って、作戦に充当する兵力は、従来よりも増加しなければ用兵の目的を達しえないと判断されるようになった。

したがって北支那に作戦する場合は、従来の二コ軍（計五コ師団）のほか、状況によってはさらに三コ師団を増加し、必要に応じ北支五省に作戦を進めることもあるとされた。この計画策定の昭和十一年八月ころにおいては、前述のように北支自治の方針が堅持されていたので、このような用兵にも応ずる一応の態勢を準備していたのである。北支への用兵は、万一対ソ開戦となった場合にも比較的容易に転用しうるので、この兵力増加の計画も一応可能と思われた。

中支那に対しては、従来第九軍（三コ師団）をもって上海付近を占領する計画であったが、この方面の中国軍の兵力と作戦の規模とを考えるとき、このような狭い地域に作戦を限定することは、わが戦略態勢を著しく不利にするので、新たに第十軍（二コ師団）を杭州湾に上陸させて太湖南側から進め、両軍相策応して南京に向かい作戦を進め、上海、杭州、南京を含む三角地域を占領し、かつ確保しうるように計画された。対ソ関係が窮迫しているとき、このような用兵を行なうことは困難ではあるが、万一行なうとすれば、少なくも五コ師団を投入するのでなければ軍事目的は達成しえないであろうというのであり、その際は、北支那など他方面に対する作戦は行なうべきでないとした。

南支那方面すなわち、福州、厦門、状況によっては汕頭に対する作戦は、台湾防衛などのため、やむを得ない場合を考慮して、前年度計画に従って、一応約一コ師団の用兵を計画した。

かくて昭和十一年度は、計画上の対支充当兵力は九コ師団であったが、昭和十二年度には累計一四コ師団に増加する結果になった。

さて対支作戦に関し、陸海軍間に計画上は一応同一歩調がとられたが、心底においては、海軍としては中国の統一が進んだ現在、このような局地に作戦を限定することは、希望はしても現実問題としては不可能であろうと考えていた。また、海軍用兵は陸軍のように一地に固着するものではなく、機動性に富んでいるので、むしろ当初から所要の兵力をもって全支所要の要域に対し一大鉄《てっ》槌《つい》を加え、迅速に目的を達成することもあろうとの底意があったようである。陸軍の対ソ作戦に対する苦衷はそれ程にも理解されていなかった。本件に関連しては後に述べることにする。

　これに反し参謀本部作戦部は、対支全面戦争は絶対に行なうことはできない。支那の対日作戦は、広大な地域を利用して、退避戦略、消耗戦法による持久戦争を指導すべく、日本のおかれている現下の国際情勢は、この中国の持久戦争意志を打破して決勝戦争で解決するほど十分な用兵は不可能である。是が非でも局地戦に終始すべきであるとの構想であり、局地の用兵も困難性を増加したので、なるべく避けなければならないと考えていた。

　しかし省部の大半、特に第二部さらには関東軍などは、依然支那に対する用兵を軽易に考え、わが権益の確保、居留民の保護、更には逐次悪化する抗日の勢いを挫くため、必要があれば一部の用兵もやむを得ないという満洲事変以来の対支積極思想を捨てていなかった。この対支用兵上の思想の不統一は厳然たる事実であった。

　作戦部としては、以上のように対支作戦回避の方針なので、昭和十二年度作戦計画における対支作戦の計画は余り重視されず、おおむね従来の計画を踏襲し、この年度に生起した支那事変の現実の経過のような大規模な全面的戦争は計画されていなかった。

　支那事変は予期しない用兵であり、回避すべき戦争であり、あくまで局地の事変にとどめるべきものであった。(79)

（十八）卢沟桥附近图

资料名称：盧溝橋付近図五万分一

资料出处：JACAR（アジア歴史資料センター）Ref.C11111733400、Ref.C11111733500《盧溝橋付近図五万分一》（森川史料）（防衛省防衛研究所）。

资料解说：关东军测量队于1937年7月绘制的卢沟桥附近1：50000的精确地图。

森川史料

盧溝橋付近図五万分一

昭和十二年七月　関東軍測量隊

分割撮影ターゲット

分割した部分の撮影順序	1 2 3 4 5 6 7 8
分割撮影した理由	Ａ３版以上のため
文書等名	盧溝橋附近図

上記のとおり分割撮影したことを証明する。

0003 0007
0004 0008
0005 0009
0006 0010

昭和十二年七月製版（関東軍測量隊）

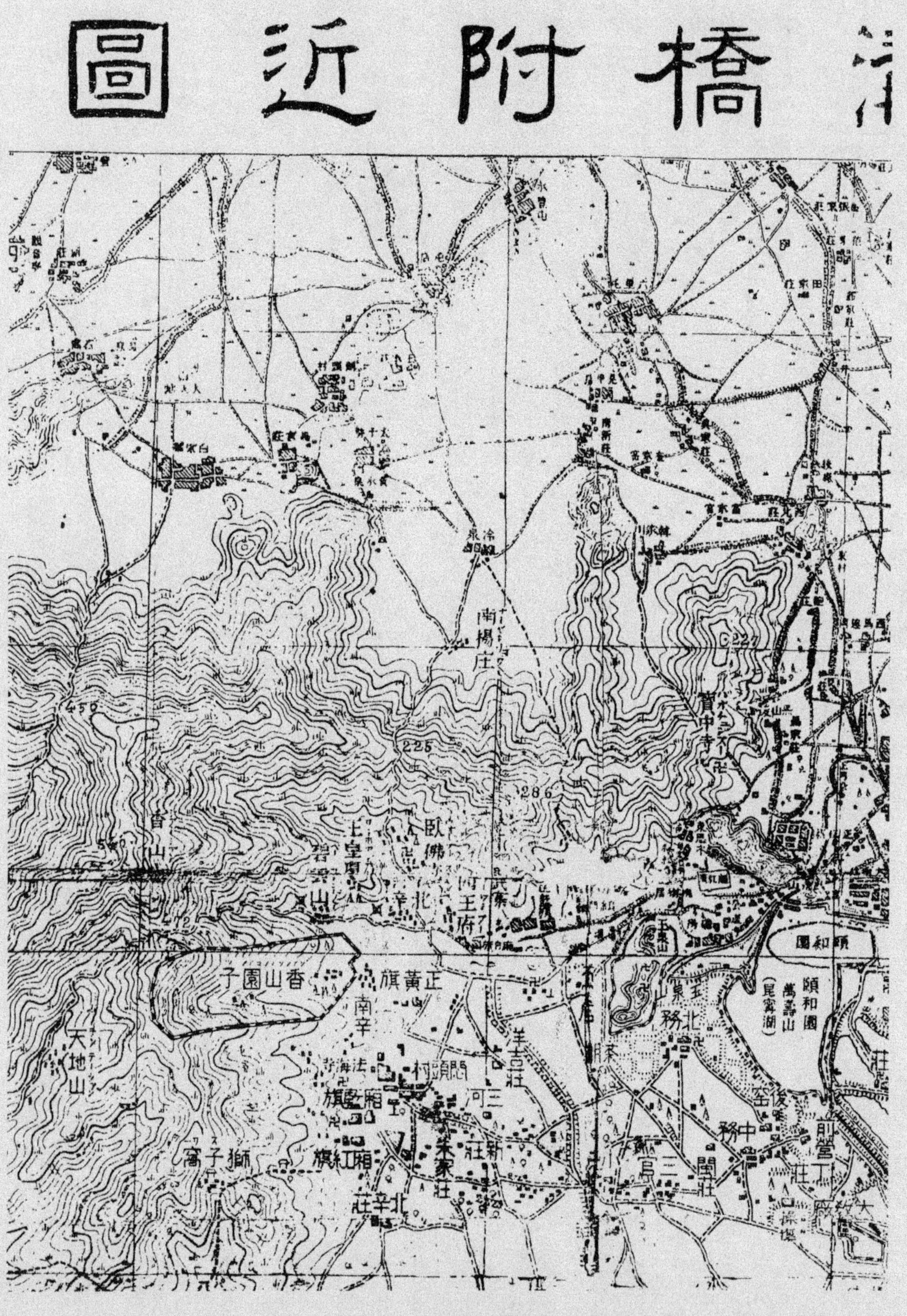
橋附近圖
南楊庄
臥佛
正黃旗
香山園子
頤和園
萬壽山
天地山
獅子窩
廂紅旗
北辛庄
玉泉山

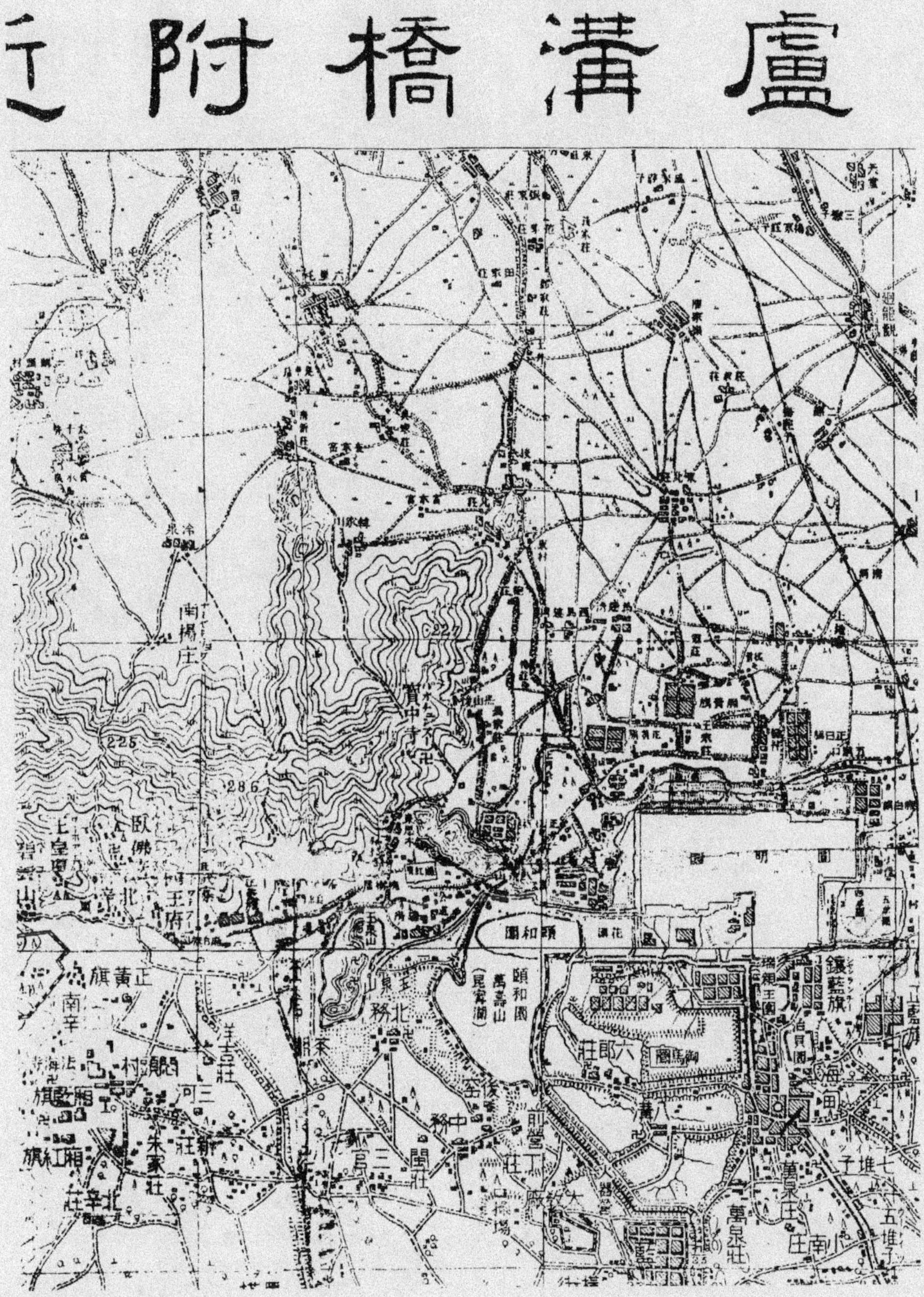
盧溝橋附近
頤和園
萬壽山
昆明湖
圓明園
南揚庄
正黃旗
鑲藍旗
海甸
六郎庄
北辛庄

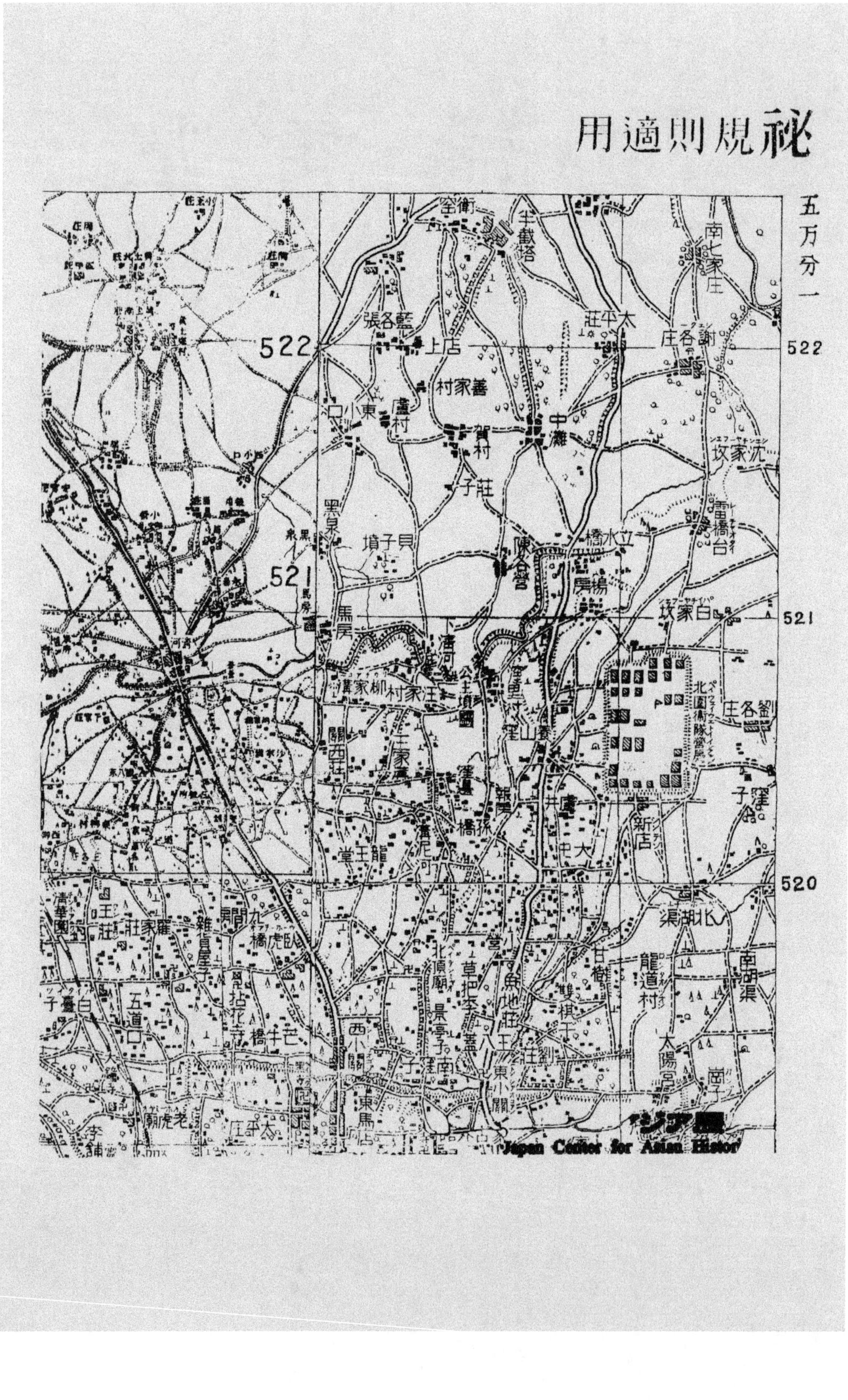

秘 規則適用
五万分一
522
521
520
大平莊
謝各庄
南七家庄
藍各張
上店
善家村
東小口
盧村
中灘
賀村
沈家坟
立水橋
白家坟
馬房
清河
汪家村
公主墳
劉各庄
北苑衛隊營房
新店
大屯
龍王堂
北湖渠
南湖渠
龍道村
太陽宮
Japan Center for Asian History

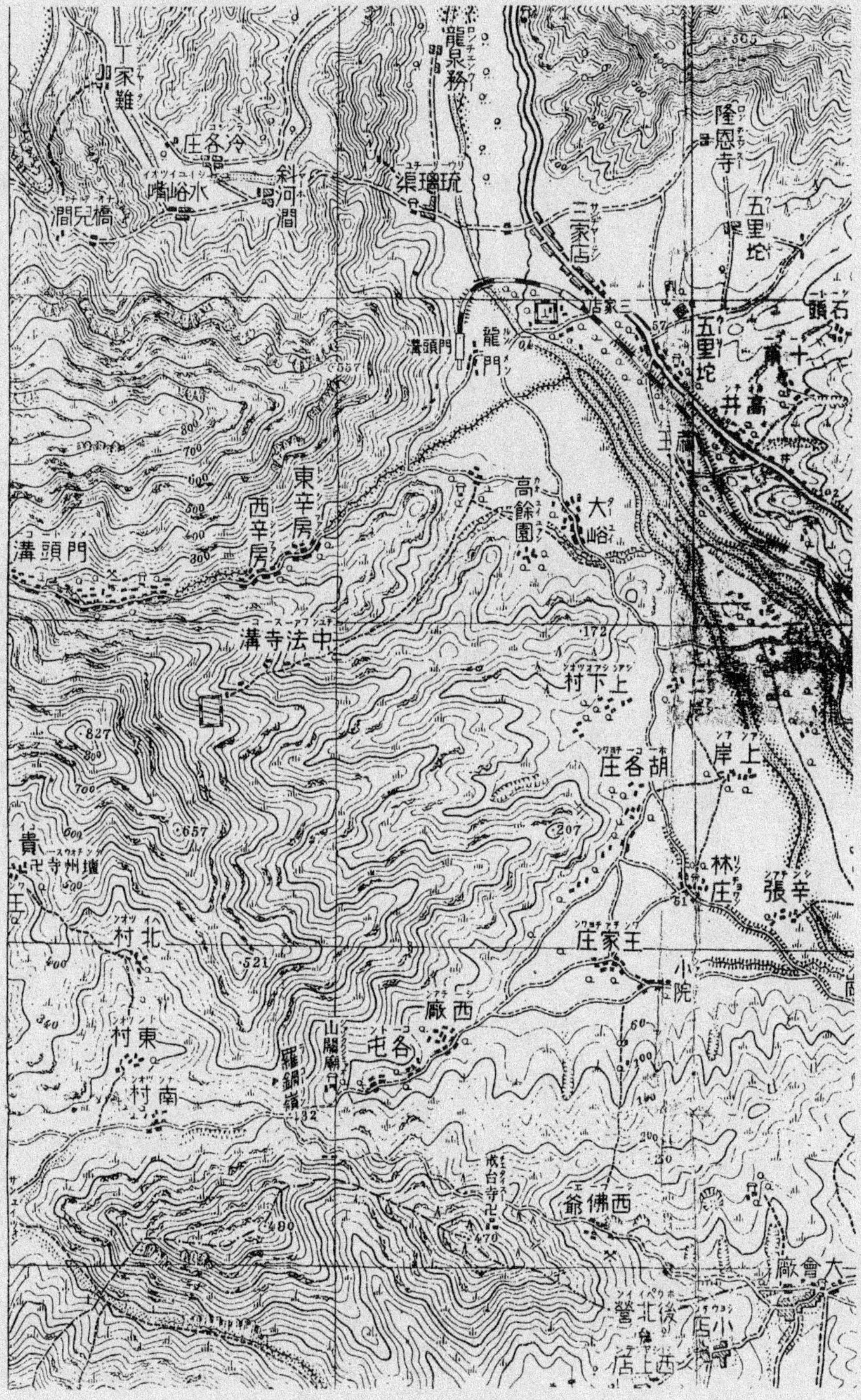
龍泉務
冷各庄
水峪嘴
斜河澗
琉璃渠
橋兒澗
三家店
隆恩寺
五里坨
龍門
高井
東辛房
西辛房
大峪
中法寺溝
胡各庄
上岸
王家庄
小院
西廠
北村
東村
南村
大會廠
後北營
西上店

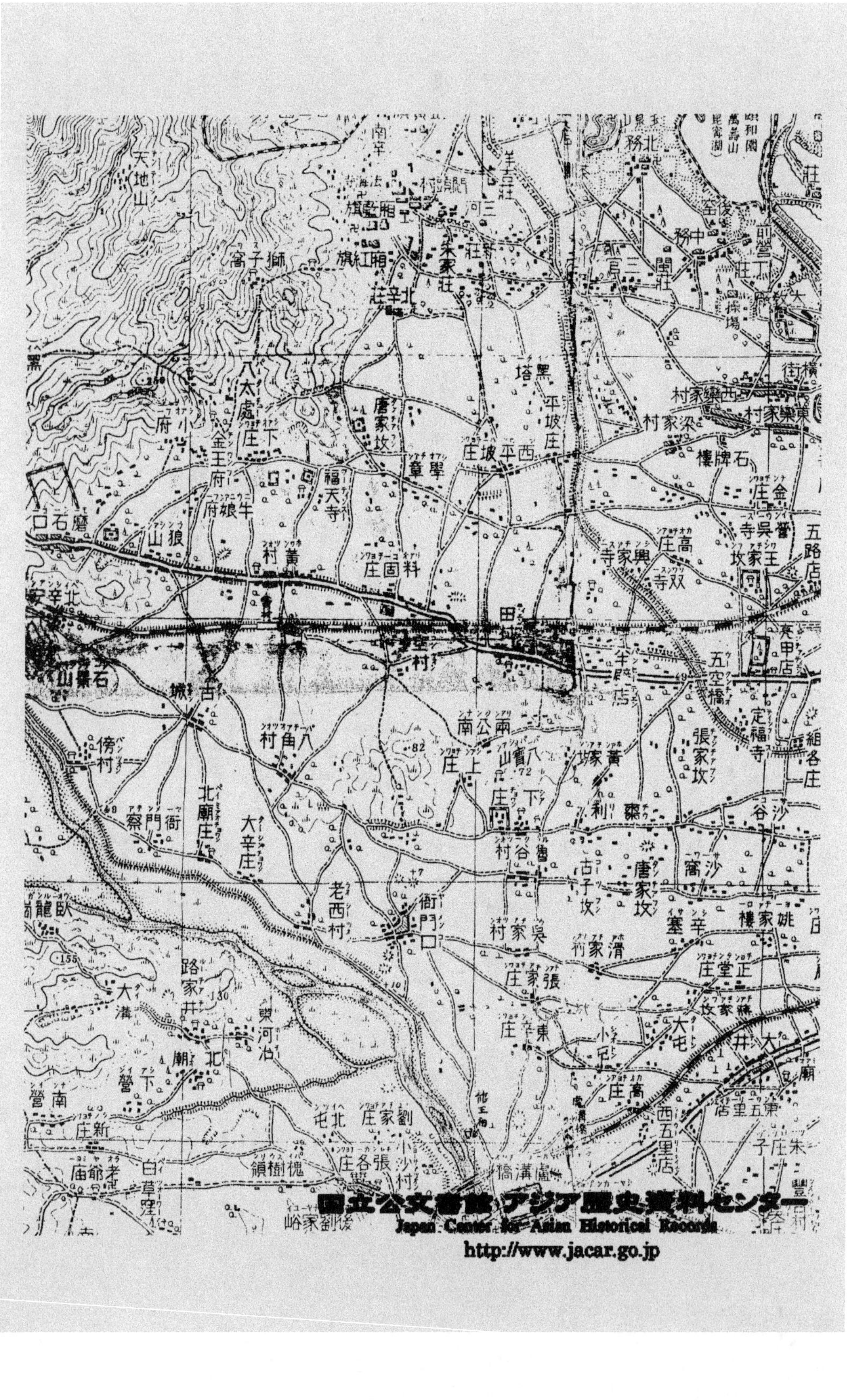
天地山
獅子窩
磨石口
石景山
古城
八角村
黑塔
石牌樓
五路店
衙門口
盧溝橋
国立公文書館 アジア歴史資料センター
Japan Center for Asian Historical Records
http://www.jacar.go.jp

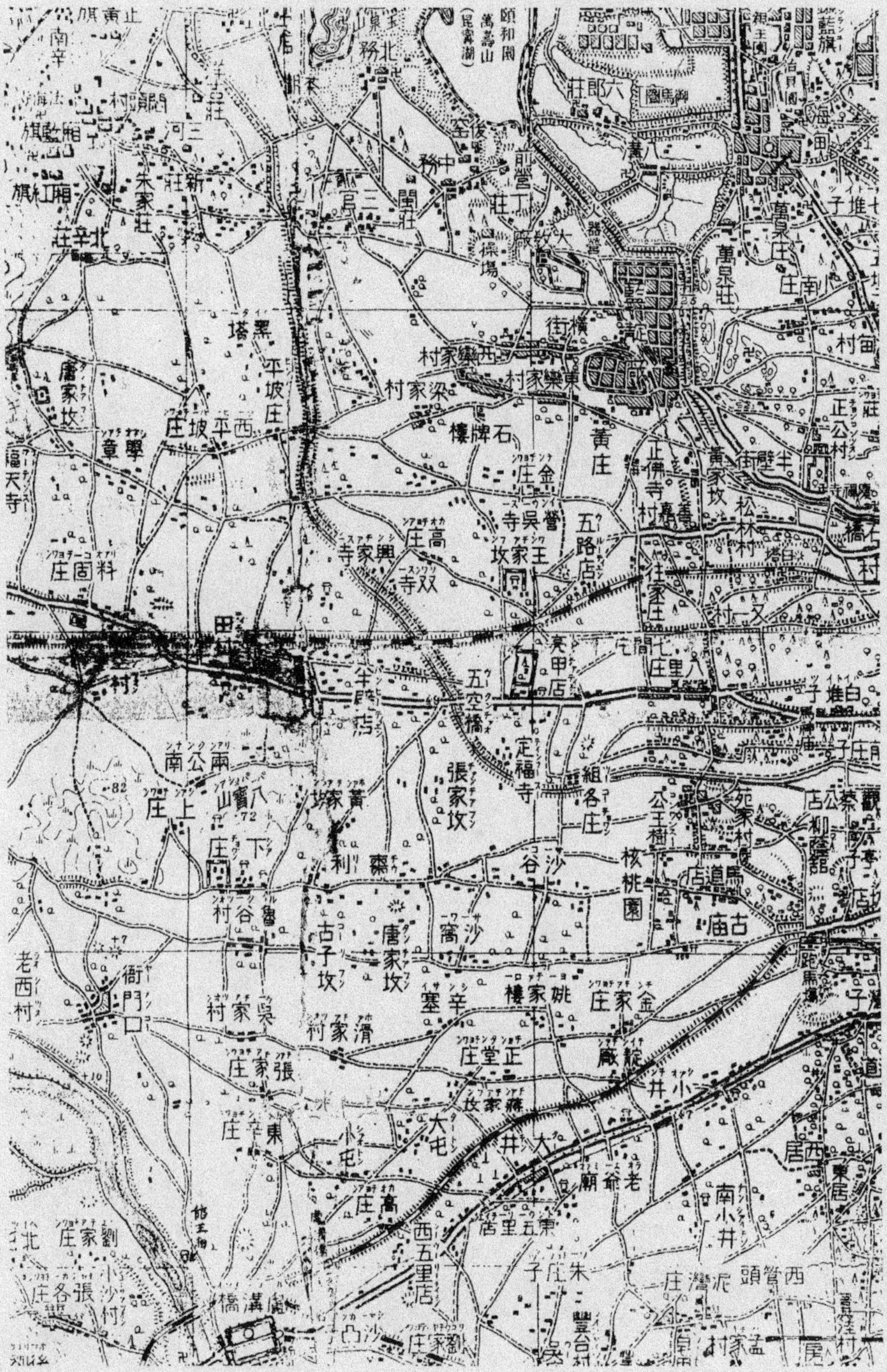
頤和園
萬壽山
北辛庄
三河
新庄
黑塔
平坡庄
西平坡庄
學章
唐家坟
料固庄
興家寺
高庄
双寺
石牌樓
梁家村
黄庄
金庄
吳督寺
王家坟
五路店
五空橋
定福寺
張家坟
南公兩
上庄
下庄
魯谷村
古子坟
唐家坟
沙窩
辛塞
姚家樓
金家庄
衙門口
老西村
吳家村
滑家村
張家庄
正堂庄
東辛庄
小屯
大屯
大井
小井
高庄
老爺廟
東五里店
西五里店
朱庄子
南小井
西賀頭
劉家庄
張各庄
小沙村
核桃園
古廟
八里庄
白堆子

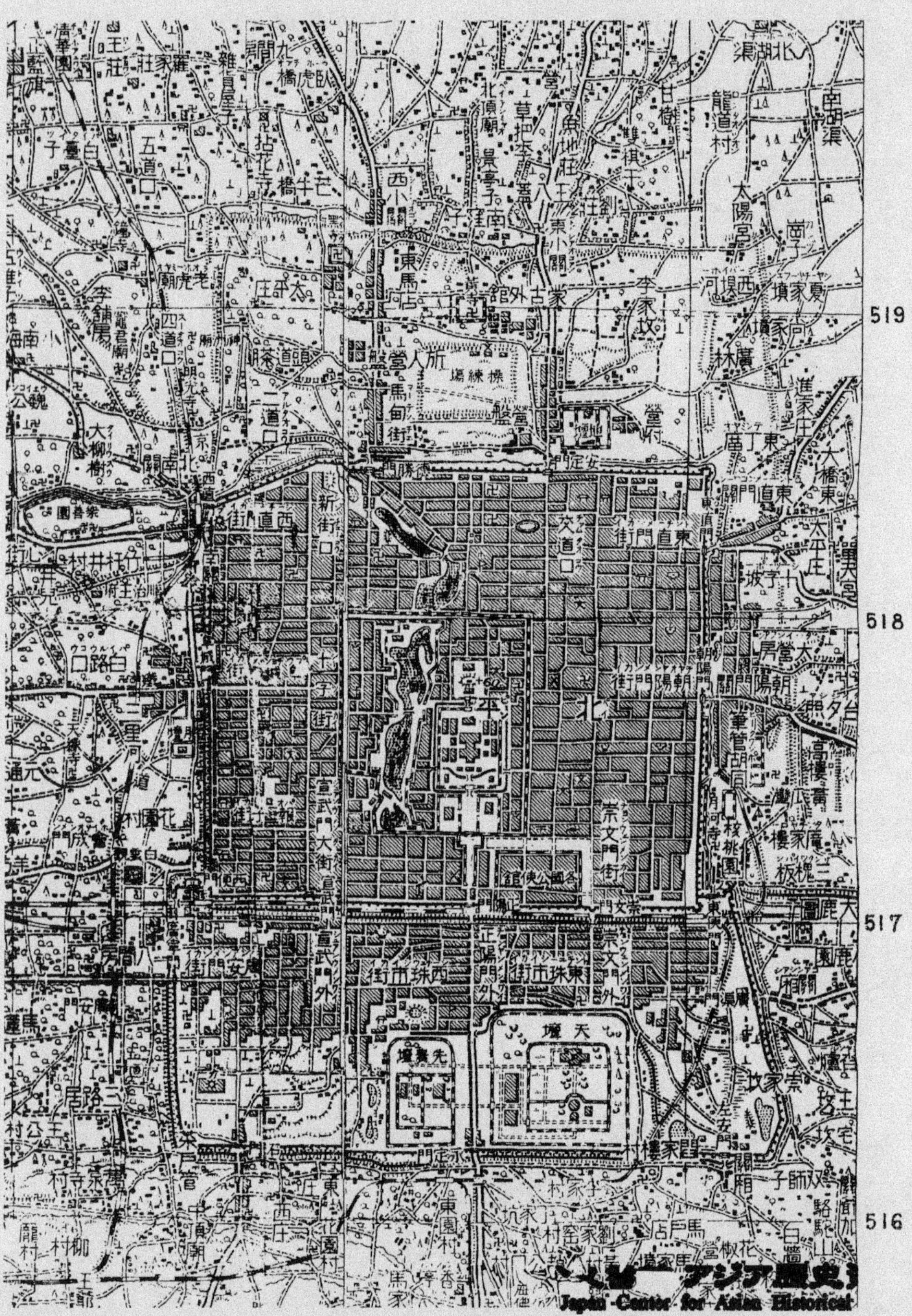
519
518
517
516
天壇
先農壇
各國公使館
崇文門
永定門
安定門
東直門
朝陽門
西直門
交道口
宣武門大街
東珠市口
西珠市口
Japan Center for Asian Historical

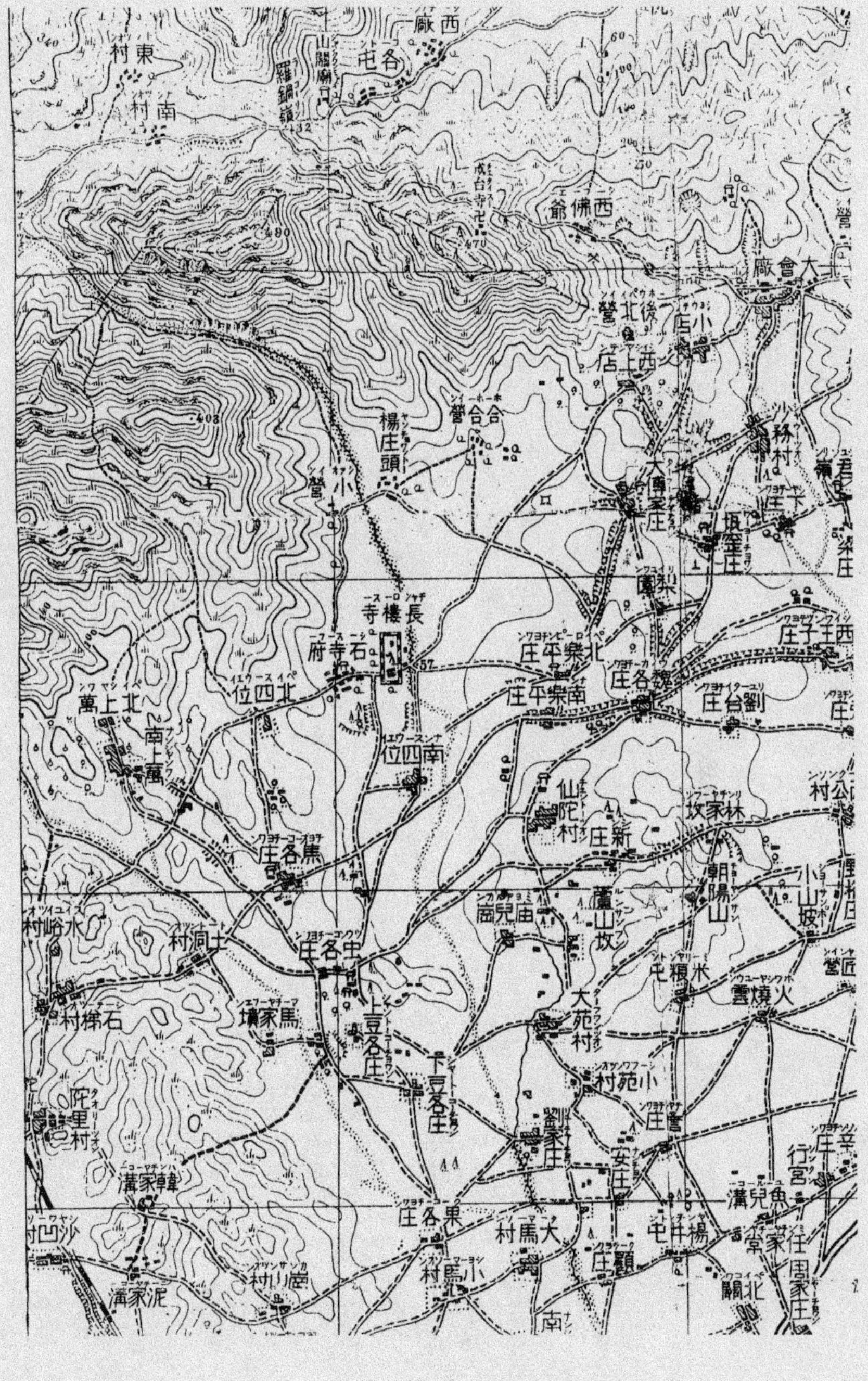
西廠
各屯
東村
南村
羅鍋鎮
山關廟
西佛爺
大會廠
後北營
小店
西上店
合合營
楊庄頭
小營
長樓寺
石寺府
北四位
北上萬
南上萬
北樂平庄
南樂平庄
魏各庄
劉台庄
西王子庄
南四位
仙陀村
新庄
坟家林
黑各庄
朝陽山
小山坡
水峪村
土洞村
屯各庄
毛粮米
火燒雲
大苑村
石梯村
馬家墳
上豆各庄
下豆各庄
小苑村
陀里村
韓家溝
東各庄
大馬村
楊井屯
魚兒溝
沙凹村
小馬村
泥家溝
顧庄
北關
周家庄

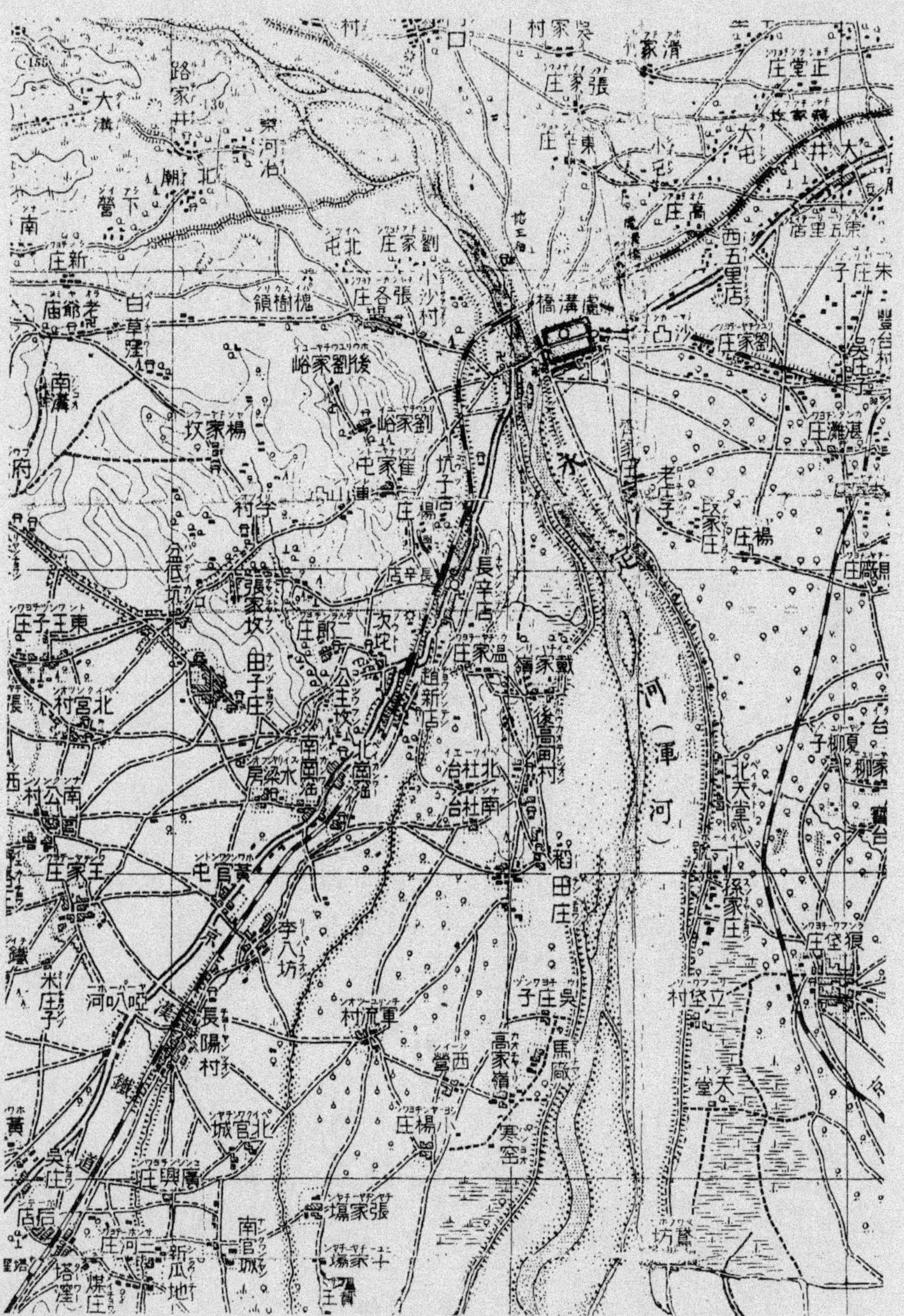

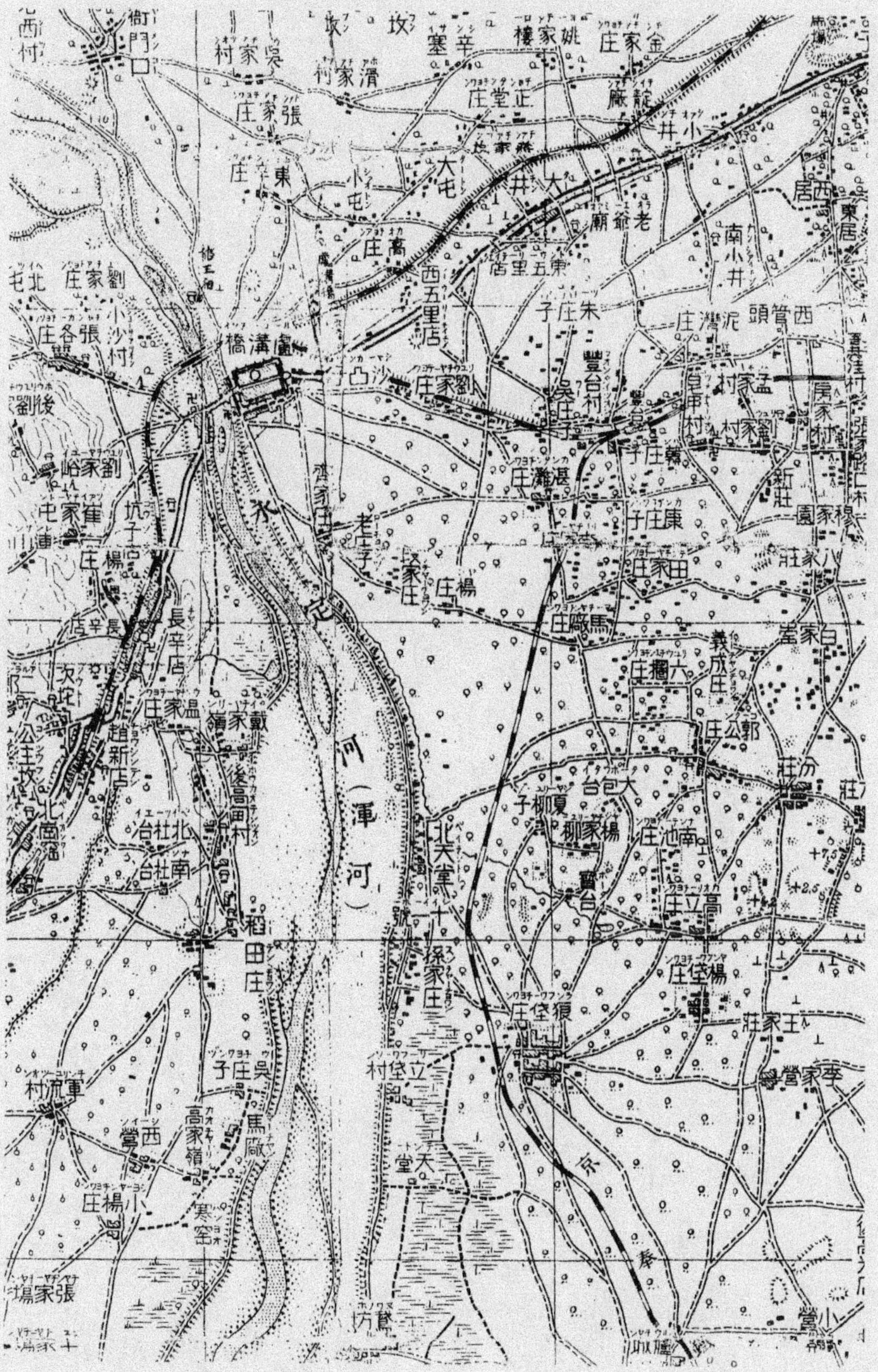
盧溝橋
永定河
渾河
豐台
長辛店
趙新店
稻田庄
大井
小井
京奉

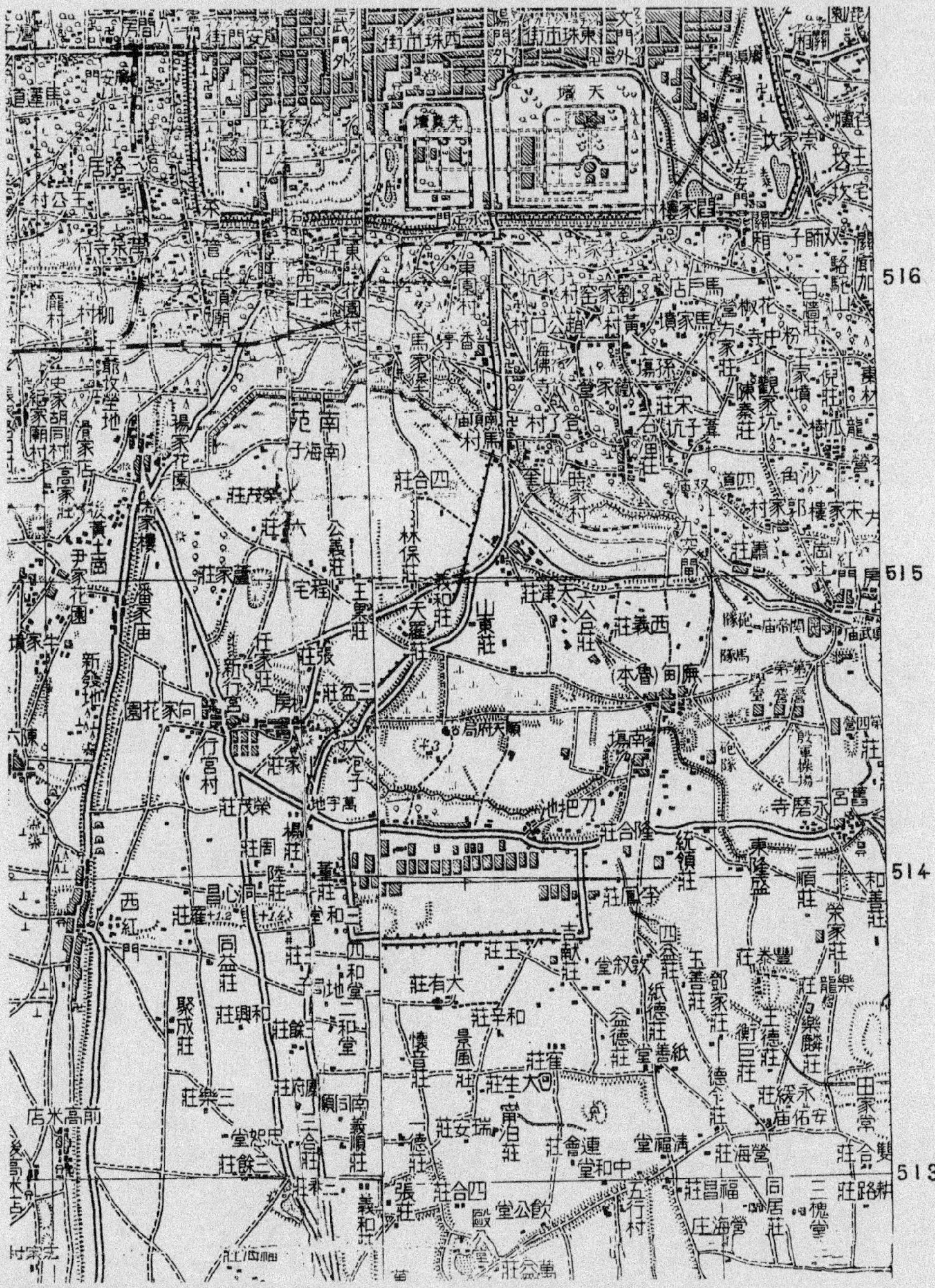
516
515
514
513

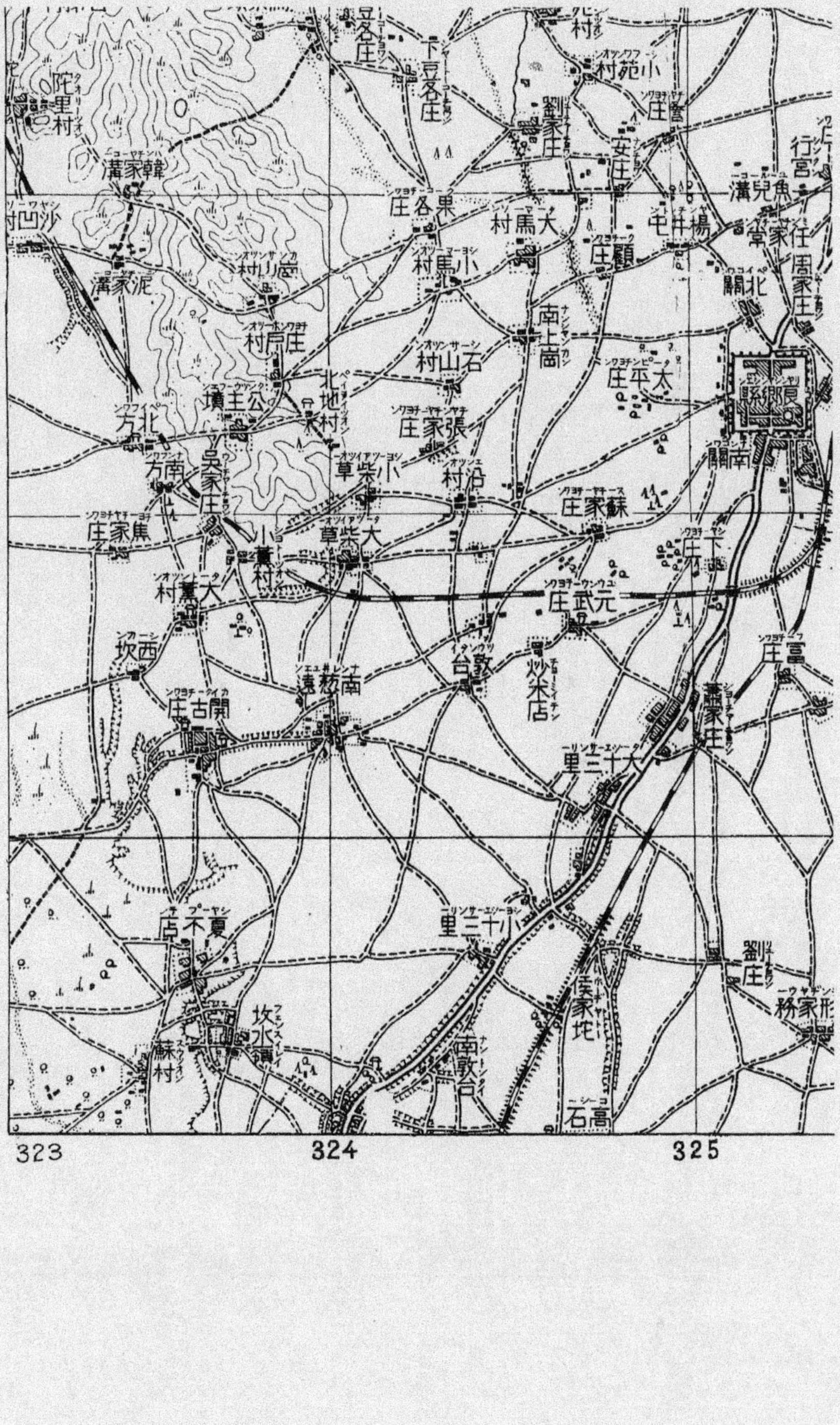

關東軍司令部

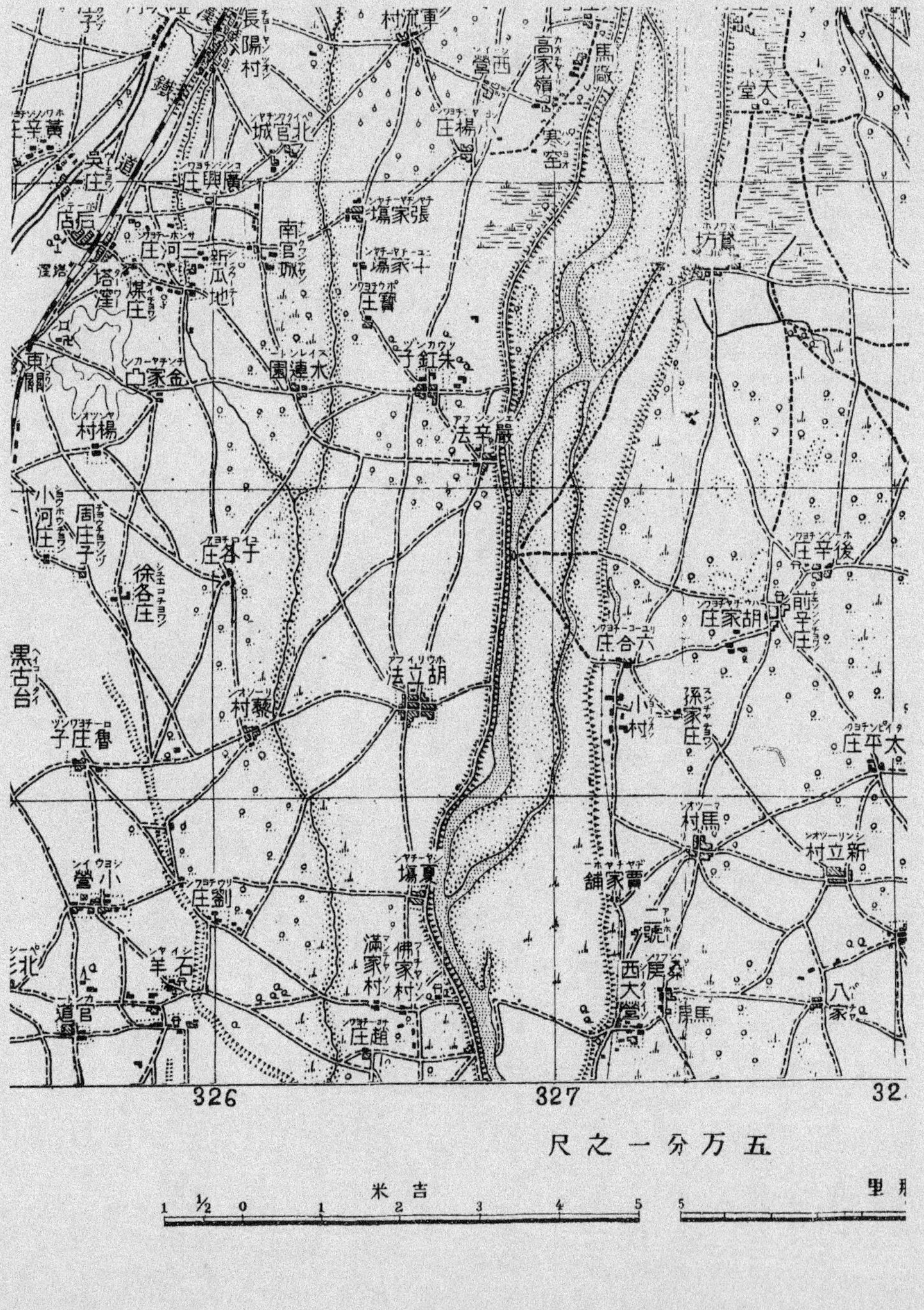
長陽村
北宮城
廣興庄
張家場
十家場
南宮城
新瓜地
木連園
朱紅子
楊村
胡立法
夏場
劉庄
小營
石羊
官道
趙庄
後辛庄
前辛庄
胡家庄
六合庄
孫家庄
太平庄
馬村
新立村
賈家舖
西大營
326
327
32
五万分之一尺
吉米
1
1/2
0
1
2
3
4
5
5
里

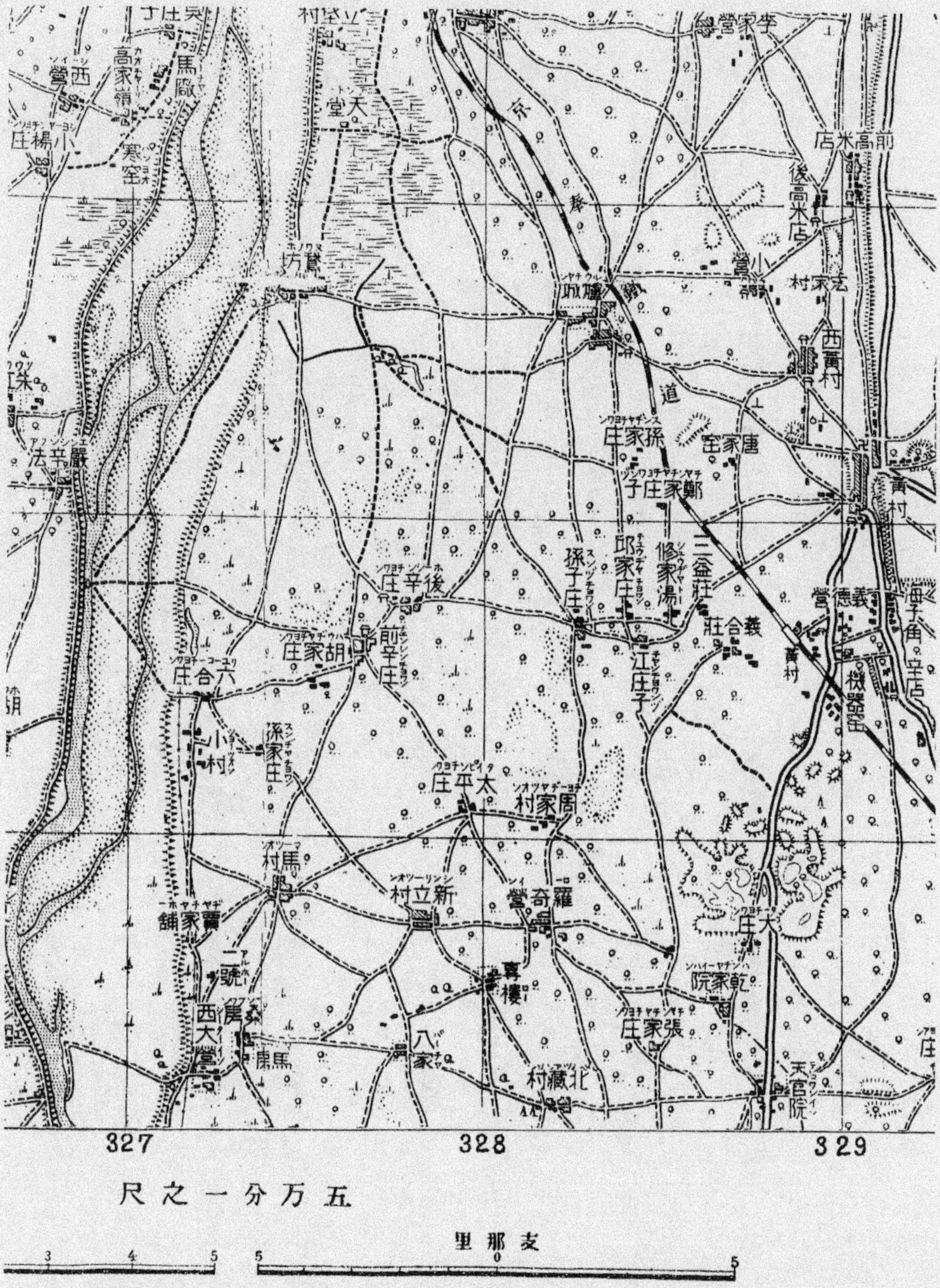
李家營
前高米店
後高米店
小營
宏家村
西黄村
黄村
唐家窪
孫家莊
鄭家莊子
孫子莊
邱家莊
修家湯
三益莊
義合莊
義德營
海子角
辛店
機器莊
江莊子
後辛莊
前辛莊
胡家莊
六合莊
小村
孫家莊
太平莊
周家村
馬村
新立村
羅奇營
大莊
賈家舖
二號
西大營
盧家
馬房
八家
張家莊
乾家院
北藏村
天宮院
嚴辛法
小楊莊
西營
高家嶺
馬廠
寒窪
大天堂
繁坊
龐城
京奉鐵道
327
328
329
五万分一之尺
支那里
3
4
5
5
0
5

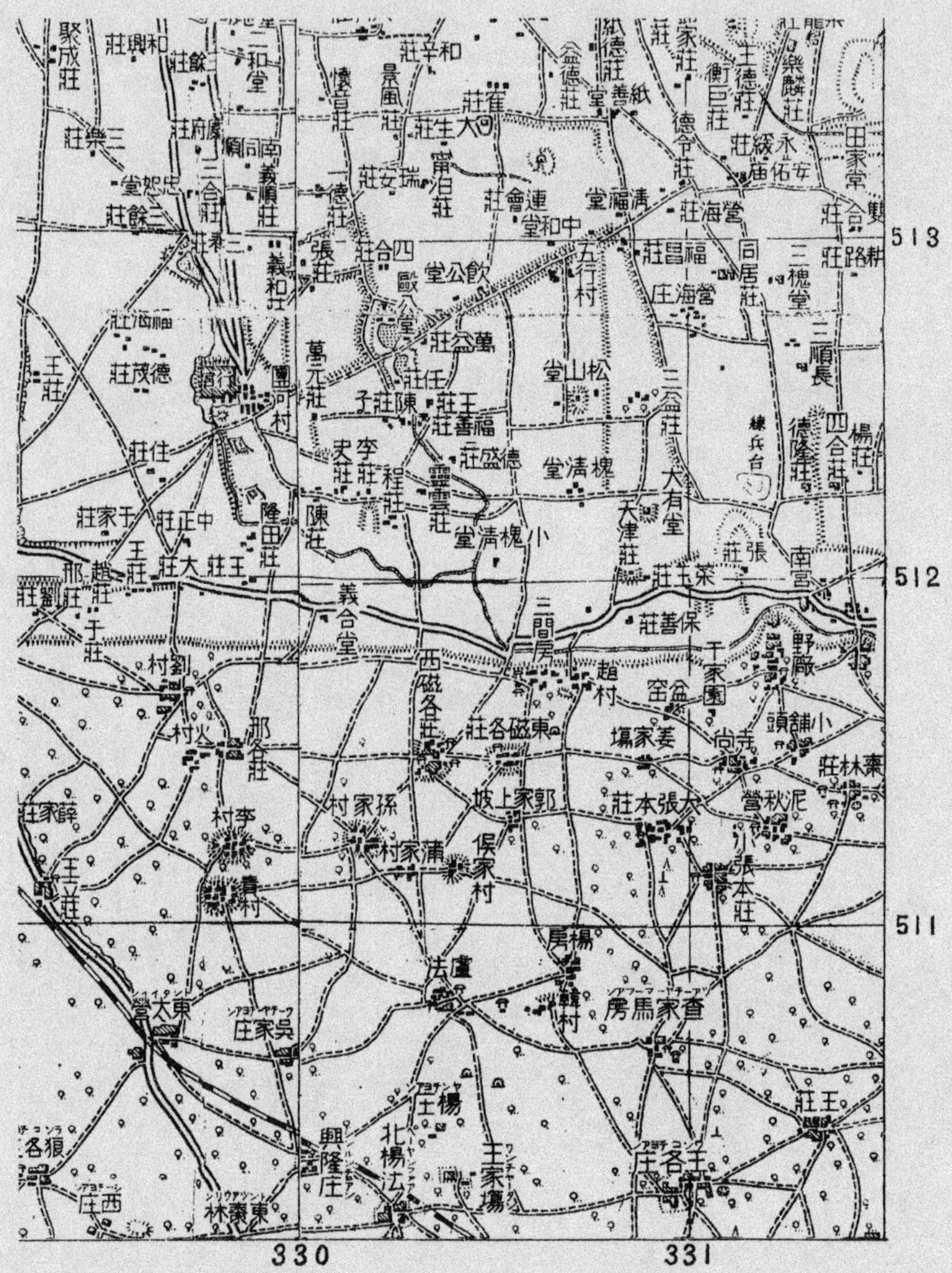
513
512
511
330
331
盧溝

三、日军扩大军事演习

（一）困难的兵营建设

资料名称：難航の兵舎建設

资料出处：読売新聞社編《昭和史の天皇》15，読売新聞社 1965 年発行，第 317—328 頁。

资料解说： 1936 年日军两度挑起丰台事件，抢占中国军营，再以修建兵营和飞机场为借口，要求购买丰台至卢沟桥之间土地，被拒绝。本资料记载了卢沟桥事变前日军围绕着收买丰台土地问题和当地产生的纠纷，及其交涉问题。包括秦德纯等人对相关事实的证言，以及日军方面当事人的回忆。

難航の兵舎建設

（豊台—蘆溝橋の中間地帯を日本軍が買収もしくは租借して、兵営と飛行場にしようとした。これについて）北京において数回にわたり交渉をなしたが、ひとしくわが方に拒絶された。この試みが失敗したるため、彼らは金をもって買収せんとした。

その地の住民へは土地を自発的に売りたいと主張させ、そうすることによって、一方彼らの生計を保ち、他方日本の強力な圧迫をまぬかれるためだと県政府へ提案せしめた。

日本側は北京日本特務機関ならびに天津駐屯《ちゅうとん》軍（支那駐屯軍）司令部を通じ、支那当局との交渉において、希望した事が遂行出来得なかった。その後、日本の計略だと私は知ったから、寸土といえども侵略者に譲るべからずという決意のもとに自分の責任を感じて、そこの住民を全部招集して激励した。

愛国心に燃える彼ら住民は、土地を売り、あるいは血を流さずにはあとへ退くがごとき事はなさじとの宣誓をした。彼らは署名捺印《なついん》をなして決意を披瀝《ひれき》した。

のちほど日本側が、土地を売ることは住民の自由意思によるものなりと申し入れて来たから、われわれは右宣誓を日本側へ見せた。かくして日本側は和平的侵略の不可能なるを知り、武力による侵略のほかなしとし、ここに『蘆溝橋事変』の端を発するに至ったのである」

秦徳純、王冷斉二人の書証によれば、日本軍は豊台近くの民有地を借り上げるか買収して、ここに新たな兵舎ばかりか、飛行場まで建設し、中国侵略の拠点にする魂胆だったというわけである。それが事実なら、まさに王冷斉のいう〝和平的侵略〟以外のなにものでもなかろうし、〝豊台事件〟はその布石として、日本側が十分計算した日中衝突事件としてとらえることが出来るだろう。

ともかく、中国側の二つの〝証言〟を出したので、こんどは日本側の証言を出す。

一つは秦徳純書証に出てきた当の支那駐屯軍参謀長・橋本群少将のもので、昭和十四年、参謀本部によって、竹田宮恒徳王大尉（現、IOC委員・竹田恒徳氏）を質問者として作成された「橋本群中将回想応答録」である。

「事変（いわゆる支那事変）前にも豊台事件というのがありました。

衝突の直接動機は、結局豊台に新たに兵営一ケ大隊分を設けたということに起因するのです。この兵営を設けるについては、相当向こうに刺激を与え、北支にいろいろなゴタゴタを起こすことになりましたので、一ケ大隊の兵舎がなかったならば、あるいは今度の事変（支那事変）も防ぎ得たかも知れませんし、少なくともああいうことが導火線となって蘆溝橋事件なるものは起こらなかったように思いますが、これにはいろいろの経緯があるのであります。

駐屯軍は（昭和十一年）三月増強されることに決まりまして、その後、逐次増強されつゝあって、兵営に一番困っておりました。

駐兵は条約上においては交通を確保するためでありまして、鉄道沿線には兵力を置きますが、その場所も北京、黄村、楊村、天津、塘沽、秦皇島というように指定されておるもの以外には置けないわけです。

しかし時勢は非常に変わったので、いままでのわずか五ケ中隊ばかりでは足らないために混成一ケ旅団になったのですが、その兵力をどこへ置くかということが問題であります。

そこで主力を天津に置くことは、天津というものが条約にありますからよいのですが、租界外の土地を買収して兵営を作ろうと思っても土地をなかなか買収させないので、北寧鉄道当局に買わせまして、そこに兵営を作らしまして、天津に一ケ連隊と特科部隊（戦車、砲兵、工兵など）を置くことになりまして、他の一ケ連隊は北京ということになったのですが、しかし北京の城内には公使館および居留民の治安を守るために二ケ中隊の兵舎があるばかりだから、そこへ一ケ大隊の兵隊を入れるのも非常にきゅうくつで、どうにも容《い》れようがない。

そこで現地では通州に置きたかったのであります……。それは（殷汝耕の）冀東政府のためにそこに日本軍がいるというのが非常に有利であるからであります。もちろん冀東政府は敷き地を提供するというのです……。ところが当時陸軍省で梅津（美治郎中将）次官らは反対をされました。それは通州に置くということは条約にないからです。

すなわち『通州に兵力を置くというのは国際問題となった時に、なんら外交的に見ても根拠がない。そういう所に駐兵するということは、外交上の弱点をひき起こす』というので、これはもっともな話で、それでそのつぎは豊台を考えたのです。

豊台も指定地域外でありますが、そこには十数年前、イギリス軍が駐屯し、何年かいて、どうしたわけか引きあげてしまったことがあるのですが、当時支那側はなんら抗議をしておらない。そういう先例があることを陸軍省が外務省で捜し出しまして、それでそこへ決まるようになって、とりあえず城内（北京）に一大隊、豊台に一大隊、天津に一大隊と分置して、仮に収容することになりました。

ところが、こんどはそこ（豊台）で土地を得ることがなかなか出来ないので、ご覧になりましたように、鉄道（長豊支線）のすぐ側の土地を停車場の用地という名目で、北寧鉄路をして買収させたのであります。

（殿下　それはいつごろのことでありますか）

十一年三月、増強当時のことで前（支那駐屯軍）参謀長永見（俊徳）大佐のころです。ところが最初工事をする時、すでに問題を起こしましてゴタゴタやっておりました。それが第一回の豊台事件であります。

次に私が着任しました後、十月ごろでしたか（九月十八日）第二回目の豊台事件でありました。それはあそこに向こうの軍隊もやはり駐屯しておって、それと衝突してまさに撃ち合うというところまでいって、ようやく治めたのです。

豊台という所はそういういやな所ですが、一方戦略上の交通の要点です……。なんとなれば鉄道が京漢線、天津方面、北京方面各方面へ行く分岐点で、これを押えるということは重要なことであります……。しかしそれだけに支那側としましては、日本軍があそこへ軍隊を置いたということの真意に対し、恐らくは疑惑をもっておったらしく、二回も豊台事件が起こったのであります」――

豊台に一個大隊を置いた支那駐屯軍としては、やはりここに永久的な兵舎をつくりたいと考える。

橋本群支那駐屯軍参謀長の「回想応答録」を続けていく。

「ところが（豊台の駐屯部隊を）いつまでもバラックに入れておくのはいかないから、永久建築物にしなければならない（天津は永久建築で始めておった）。また連隊長としては三つの大隊を三か所に分けておったのでは統率上困るので、連隊をまとめてくれという当然の要求もありましたが、どうしてもよい場所がない……。前にも申したように通州の方に建てることについては、殷汝耕は自分の方に来て下されば都合がよいという。しかし陸軍省が承知しません……。

それで仕方がないので、豊台ならば今まで仮にでもおったことがあるので、ここへ置くということにして、あの兵舎の回りの広い地域（豊台と蘆溝橋との中間より豊台の方へ少し寄った所）を買収することに着手しました。ところでうまく話がつきかかると妨害がはいって仕方がない。そこで私が宋哲元に話したこともありますが、言を左右にして、その時は拒否をしないでどうも譲りたくないらしく、いろいろなデマが飛んで、飛行場を作るのだとか、あの付近に大きい兵営を作って大軍を持って来て駐屯させるという意図を日本軍が持っているとか、何とかいって宛平県長（王冷斉）以下が策動し、土地の地主を使嗾《しそう》して売らせないようにする。それで付近のものを相当刺激させたようであります。

そこへ問題が起こったのです。これはもちろんこの付近の人も騒いだが、直接表面に立ってワイワイと騒いだのは学生です（北京は学生の巣窟《そうくつ》だものですから、それが策動して騒ぎ立てた……。始終監督はしているけれど、そういう者がまじって運動したことは目に見えている）。

その問題がごたごたとして何とも決まらない内に事件（蘆溝橋事件）が起きたのです。（中略）しかしともかくも豊台に軍隊を駐屯させたということが、この事件の発端といいうるのであります。今から思えば（兵営を）通州へ持って行っておけばよかったと思います。そうすれば、かえって敵の拠点を包囲するような態勢に兵力の集結が

出来たと思います。（中略）

簡単に結論するのは早計かも知れませぬが、まず平時に、駐屯軍のような半端《はんぱ》な兵力をああいう所に置いて、実力者たる軍司令官が表面に立って、北支の問題を解決しようとした所に研究を要するものがあると思います。（これは昭和十一年三月、支那駐屯軍司令官に与えられた第一次北支処理要綱をさす。これによって参謀本部は関東軍の北支への政治介入をやめさせようとしたことは、なんとか述べてきた）

閣議で決定した北支処理方針（第一次北支処理要綱のこと）にあるああいうふうな程度のことをやるのなら、兵力はいらない訳です。したがって条約に基づく列国並みの兵力で沢山のように思います。

駐屯軍の兵力は、事変前、すなわち十一年の三月に増強して、混成一個旅団にしました。そしてこれだけの兵力を北支へ置けば大丈夫だという考えであったのですが、これが大いに検討を要するものと思われるので、今から考えると、それくらいの兵力だったらなかった方が良かったと思います。

また軍司令官というものをして外交経済に関することまでやらせることは良くないことで……やはり外交は外交関係の者がやり、経済はその専門家に任せ、陸軍は満州国の北支寄りの所……つまり熱河（この方面は当時がらあきになっていた）……付近に大きな力を集めて置いて、グッとにらんでおったならば、むしろその方が効果があったと思います。

軍司令官その他軍隊における者が専門外の外交経済を取り扱うものですから、すべてにぎごちなく、何か向こう（冀察側）へ申し込みをして拒絶せられたら、軍の面目にかかるということになって非常にまずい。それでどうしても外交関係の人にやらせ、経済はその方面の人にやらせるということが必要であります。

次に、北支問題を単に北支のみにおいて解決することは当時の情勢においては無理であって、どうしても北支全般の問題と関連して中央政府（南京の国民政府）を相手に解決すべきものであったのですが、種々の事情（満州事変以来の抗日態度、英国の経済問題を主とする援支排日、西安事件以来特に露骨となれるソ連の策動等）よりして、中央政府を相手とする外交関係は停頓《ていとん》状態となり、むしろ悪化する一方であったのです。

それで少なくとも北支問題は北支政権（宋哲元）を対象として局地問題として解決しようと考えたのですが、北支政権としても中央政府を全然無視して日本の希望する如《ごと》き提携合作を実行することはやり得なかったのです。すなわち、表面実力者たる日本側（駐屯軍）の言に聴従するが如くにして、内々では常に南京政府の意向に気兼ねをし、牽制《けんせい》せられておったのです。

これに対し、日本側においても満州事変の惰性と申しますか、満州問題を処理したと同様の思想をもって北支を処理せんとする観念と、満州以外の支那はこれを統一せる支那のまま国交の調整を図り、その範囲内において北支問題をも処理せんとする観念とが、絶えず両立していたように思います。

これらの不一致が、たとえ表面上は政府の一定せる方針を示されても、不言の間に実際問題の処理に影響を及ぼしたることは争われないことと思うのです。

以上の如く考えますと、北支問題と称するも、ひっきょう独立した問題ではなく、対支問題に包括せらるべきもので、対支問題は一面支那をめぐる国際問題でもあるのですから、この解決が困難であるのは当然と思いますが、日本の大陸発展のためにはおそかれ早かれ解決せねばならぬ問題であったのです。

盧溝橋事件は避け得たかも知れませぬが、第二、第三の同種事件、すなわち根本的問題解決の導火線たるべき小事件は不可避的に起こったでしょう」

橋本参謀長のこの回想にしたがえば、豊台の土地買い上げ問題だって、外交機関のようなチャンネルを通せばよかったのかも知れない。少なくとも、日本軍が飛行場を建設するなどというデマは飛ばされなかっただろうが、それが結局は日中調整という大問題につながっているだけに、そして駐屯軍の増強そのものが抗日の勢いをあおっていただけに解決はきわめてむずかしかったろう。ただ、この回想では、秦徳純、王冷斉の書証のように、必要な土地を入手するため日本軍が手練手管を使ったとはちょっと思えないのである。

こんどは当時、北京特務機関補佐官だった寺平忠輔大尉の回想を見る。

「もともと南京（国民政府）が冀察の主導権を宋哲元にゆだねたのは、彼の政治的手腕や力量を買ったわけでは決してなく、ただ単に、華北における一番の勢力者だからという、中国在来の行き方以外何の理由もなかった。だから蒋介石もこの〝客軍〟を、逐次南京側になびかせようと骨は折ったが、日本側は日本側で、これを日満側に近づけるべく工作にこれつとめた。しかし、あちらにもよく、こちらにもよいという政策は、簡単にいくものではない。宋哲元は双方の板ばさみ的立場から、次第次第に自分を窮地に追い込んでいかなければならなかった。

その第一は——

張家口の東方にある竜烟《りゅうえん》鉄鉱の開発問題である。日本側はこの開発権の譲渡を冀察に迫った。宋哲元はいたって気軽にこれを取り扱い、これに承諾を与えてしまった。ところが蒋介石は、

『資源の開発、誠に結構。だが日本側にノシをつけて差し上げてしまうということは筋が通らぬ。日本の独占企業にはしたくない。あくまで中日合弁という方針をもって交渉せよ』

と訓令してきた。からだは大きいが気は至って小さな宋哲元だった。彼の苦慮懊悩《おうのう》は、まず、このあたりから始まったようである。

第二点は津石《しんせき》鉄道敷設問題である。昭和十一年の秋ぐち、支那駐屯軍は宋哲元に対して、この敷設権の移譲方を交渉した。目下準備されつつある滄石《そうせき》線（天津の南、津浦線沿線の滄州と石家荘を結ぶ鉄道）の一部を変更し、天津から石家荘への最短距離コースを、日本側自らの手で着工したいとの申し出である。これが出来ると山西（省方面）の石炭や綿花が、きわめてスムーズに塘沽《タンクー》の港に運び出せるというのがねらいだった。

昭和十一年十一月、宋哲元と田代（皖一郎、中将）軍司令官との間に、この事に関する下交渉がまとまった。ところが、蒋介石からの飛電は、いたく宋哲元をおどろかした。

『津石鉄道の敷設などはもってのほかである。これは明らかに日本の戦略鉄道ではないか。奉天（現在の瀋陽）で乗車した日本軍は、そっくりそのまま、天津経由太原《たいげん》へでも鄭州《ていしゅう》へでも、一気呵成《かせい》に持って行ける。こういう亡国鉄道は私の目の黒い間、絶対敷設することはまかりならぬ』

と突っぱねてきた。

さらに第三点は、華北に駐留する日本軍の兵営敷き地問題である。昭和十一年五月、日本は冀察政権の後ろだてとしての実力を充実し、また関東軍の関内容喙《ようかい》（つまり中国について、くちばしをはさむ）を封止しようという見地から、従来、歩兵十個中隊しかなかった華北駐屯軍（支那駐屯軍）の兵力を増強することとなり、新たに河辺正三少将を長とする歩兵一個旅団、他に砲兵一個連隊を北京、山海関の間に駐留させることとなった。新設連隊の真新しい軍旗二旒《りゅう》が華北の広野にひるがえった時、日本の居留民は安堵《あんど》の胸をなでおろし、

『これで、ようやくまくらを高くして寝ることが出来ます』

と、軍を迎えた。

兵力の増強、これは北清事変議定書による、駐兵権に準拠したことなので、中国側が格別これに異議をとなえ

る筋合いではなかった。ところが兵力の増強に付帯して、兵舎の敷き地が必要になってくるのは当然である。

宋哲元や北寧鉄路局長陳覚生《ちんかくせい》は、豊台付近の兵営敷き地問題に対して、

『責任をもって必ず何とかいたします。決してご心配には及びません』

と明言し、きわめて協調的、友好的な態度を示していた。

現に豊台における一木大隊（第三大隊）の兵舎は、狭隘《きょうあい》であったが、北寧鉄路の用地をさいて、特に日本軍に無償貸与してくれたものであった。だが、ここは狭隘であるばかりでなく、環境上いたって不便なため、改めて（豊台の）郊外の適当の地に、兵営敷き地を求めようとして、冀察側との間に正式交渉が開始された。候補地は豊台と蘆溝橋の中間地区である。

この交渉の矢面に立った秦徳純は、河北省長兼第二十九軍第三十七師長馮治安《ひょうちあん》の意見に引きずられ、拒絶の理由として、土地所有者である農民が反対していると申し立ててきた。軍はさっそく、現地住民について、直接実情を調査したところ、民衆の反対は大したものではなく、むしろ喜んで買収に応じたい意向のものが、かなり多いことが確かめられた。そこで軍はますます強硬にこの交渉を進めた。

ところが馮治安はこれに対応するため、宛平県長王冷斉に命じ、高圧的に民衆から陳情書を取ったりして、活発な反対運動を展開した。この時、彼らが宣伝のために作為した言葉が『日本軍は蘆溝橋付近に一千エーカー（約四百ヘクタール）の土地を要求し、飛行場を建設しようとたくらんでいる』という文句である。

軍は、飛行場の建設など夢にも考えたことはない。この点、軍参謀長橋本群少将も、

『これこそまったく事実無根、完全に中国側のデマである』

ときびしく反論している。

ところがこの宣伝は、大きな波紋を描いて、南京方面に響いていった。その結果『日本、特にその軍に対して土地を提供する者は、理由のいかんを問わず、中国を売り、中国を滅ぼすものである』との言葉をもって応酬が始められた。この問題は、とうとう完全にデッドロックに乗り上げたのである。

宋哲元としては、日本側の再三再四の督促に対し、なんらの回答の出来ない、苦しい立場に追い込まれてしまった」

対日強硬派の馮治安の態度はどうだったか。「寺平回想」によると、当時四十四歳の馮は、抗日に徹し、することなすこと第二十九軍の司令官でもある宋哲元の意に反するところが多く、手放しておくと、なにを仕出かすかわからないというので、一番手近な北京周辺に配置してあったのだという。また、第二十九軍軍事顧問桜井徳太郎少佐が、日本側と冀察側との友好をねらって日本の陸軍大演習に冀察の幹部を招待したさいも、桜井少佐の北京陸大教官時代の教え子である馮治安は、ついに同行を断わり、この〝日本旅行〟の効果を半減させたとさえ日本側をして嘆かせたのである。

「寺平回想」は、こういう出来事もつづっている。

「昭和十二年四月三日朝、北寧鉄道沿線、落垡《ラオファー》の西方で日本の軍用電線が八間隔にわたって切断された。その一月十八日にも五間隔ばかり切断された前例もあり、軍参謀長は四月八日、河北省政府主席馮治安に対し、犯人逮捕、損害の賠償、責任者の処罰、将来の保障の四項目を要求した。彼はこれに対してなんらの回答もしてこない。そのうち五月三日、落垡の同一地点で、またもや八間隔の切断事件が報告されてきた。

軍司令部は、もう通り一遍の通告では役に立たないと、問題を北京特務機関に移し、機関長松井（太久郎）大佐に対し、馮治安との直接交渉を命じてきた。ところが馮は言を左右にして会見に応ぜず、下僚に日本側の意向を打診させるありさまである。もともと、この電線切断事件は、抗日侮日のものがやったとは思われない。中国のアヘン吸飲常習者が、その飲みしろに困って銅の質が非常によい日本の軍用電線をねらったものに違いないと私はにらんだ。（中略）六月五日早朝、またもや同一場所で五間隔が切断された。機関長は『事は小さいが問題が問題である』と事件を冀察政務委員会にあげようとした。冀察側では『河北省政府が不誠意だという印象を与えては面白くない』と馮を説得した。

六月十日午前十時、私は北京西城大院胡同《ターユワンホートン》の私邸で馮に会見した。

彼は私の一言一句を柳に風と受け流し、極力責任回避にこれつとめ、直接談判すること三十分、ようやく日本側から提出した諸条件を総体的に承諾したのだった」

師長馮治安が徹底した日本ぎらいであってみれば、上の行なうところ下これにならうのも、またやむを得ないだろう。その部下と日本軍がこぜり合ったのが豊台事件なのであった。

（二）险象激增的现场

资料名称： けわしさ増す現地

资料出处： 読売新聞社編《昭和史の天皇》15，読売新聞社 1965 年発行，第 328—336 頁。

资料解说： 记录了部分日军士兵对卢沟桥事变前夕中日两军关系情况的回忆，包括中日两军在丰台事件后关系的进一步恶化、日军展开大规模军事演习、与中国军队的冲突等。

けわしさ増す現地

豊台事件のあと、日中両軍の間には目にはみえない速度だが、ジリッジリッと険悪の空気が濃くなっていった。第八中隊の兵士たちはそれをハダで感じるが、ときにはまざまざと中国側の強い抗日の姿勢を見せられて、あらためてその空気の密度が増しているのを思ったのである。

第八中隊最年少、当時十九歳だった安保喜代治氏（当時、上等兵）の話。

「われわれは演習にはよく豊台の兵舎を出て四キロほど歩いたところ、宛平《えんぺい》県城に近い西五里店《にしごりてん》の方から一文字山付近を使いました。

このあたり一帯は昔、永定河が流れていた跡で、じゃりが敷きつめられた――というと大げさだが、非常にじゃりが多いところで、一名〝じゃり取り場〟といわれていたんです。事実、工事に使うじゃりを人夫たちがよく取っていましたが、宛平県城に近くなる、つまり永定河のすこし下流の方は同じじゃり取り場でも比較的平坦《へいたん》になっていて、コーリャンや麦畑が多かったように記憶しています。上官からは、われわれがこの辺で演習できるのは北清事変の議定書にのっとっているんだ、すなわち日本軍の演習地だと聞かされておりましたよ。だが川を渡った長辛店《ちょうしんてん》の方は、中国軍の領域ということで演習には一度も行きませんでしたね。

演習のなかでも実弾射撃となりますと、民家に被害があってはならないということで、永定河には大きな中州があって、通称〝中の島〟といっていましたが、そこへ行ってやる。中の島へ行くのには豊台から、いわゆる京北街道を歩いて宛平県城に突き当たり、城内を突っ切って行くのがいちばん近いし便利なんです。

城門は外門と内門と二つあって、はじめのうちは、事前に連絡しておくと『どうぞ、どうぞ』というように気持ちよく門をあけてくれていたんですが、たしか豊台事件のあとごろからは、なんのかんのと言を左右にして門をなかなかあけてくれなくなったんです。だから射撃演習に行くさい、準備のために小人数の先発隊が出るんですが、だんだん気味が悪くなって、城内を通らないで城壁に沿って遠回りして行く。城内を通って行こうとしようものなら通せんぼをやられたり、イスをぶつけられるという威嚇《いかく》行為もうけましたね」

〝兵器係軍曹〟だった阿部久六氏の話。

「わたしども下士官は、上官からつねづね『われわれ駐屯軍の任務は居留民の保護にあることを忘れないよう』いわれておりましたし、兵隊たちにも繰り返して教えたものです。だからわたしなんかは比較的に事態を軽く考え、豊台事件だって意外に早く解決したんだから、まさかまたあんな事件が起こるとは、まして戦争が起こるとはツユ考えておりませんでした。だが演習で宛平県城を通るとき、なんとなく気味悪いことは事実でした。はじめのころは、門のところで衛兵に、

『隊長を呼んでくれ』

といえば、日本の陸士を出た隊長がやってきて、日本語で、

『どうぞ、どうぞ』といわれていたんだが、豊台事件後はそれがスムーズにいかなくなってきましてね。わたしは中隊の兵器係ということで、よく設営のため兵隊二十人ぐらいを連れて先発したんですよ。弾薬なんかリヤカーに積みましてね。すると、いやがらせをやられる。帰りには帰りでまたやられる。そういうように不愉快な底流がだんだん強まったように覚えているんです」

内務班では中隊の兵隊に軽機関銃を教えていた佐藤一男氏の話。

「豊台事件の直前でしたか、大隊の主計の中尉さんが中国軍兵舎の前を通ったさい、歩哨《ほしょう》に威嚇されたそうです。なんでも鉄砲の遊底(タマを発射させる装置の部分)をガチャガチャさせられたとか。

これは十二年の五月すぎになってだったと思うんですが、初年兵——これは十二年になって入営した兵士で、あらためてお話ししますが——の実弾射撃訓練のときなんです。もうそのころは宛平県城内を通過するには、その三、四日前にあらかじめ文書をもって、

『これこれの兵隊が何時に通過するから城門をあけて通されたい』

と通報していました。了解を求めていたわけです。そして城門の衛兵にわれわれ第一小隊の野地(伊七)少尉が

『何日前に通知した演習部隊が通過する』

と中国語で話す。野地少尉はなかなか中国語がうまいんです。ところが、われわれの感じでは、こうした事前の通知があるにもかかわらず、それが果たして末端にまで徹底しているのかどうか、とにかくいやらしい行動をされる。早くいえば威嚇です。青竜刀を抜いてみたり、あるいは小銃の遊底をガチャガチャさせる。まあ、撃つといわんばかりのことをやる。あるいは、いままで二人立っていた歩哨がわれわれの通過時に四人になってみたり——。

極端な例は、ある日、射撃演習が終わって、兵隊は野地小隊長が引率して帰った。わたしは古参軍曹だから演習の材料をリヤカーに積んで兵隊三人か四人に引かせていたんです。それで本隊との距離がひらいてしまったんです。わたしがボヤボヤしていたもんだから、わたしたちだけが城内にいるうちにガチャリと分厚い板でつくられた、がんじょうな門をしめられちまったんですよ。そして中国語で、

『お前たちはいま通った部隊と違うではないか』

という意味のことをいわれたんです。

『オレたちは同じ部隊で、荷物を持っていたため遅れたんだ。通してくれ』

というんだが、日本語と中国語、意が通じない。筆談をやり、身ぶり手ぶりでやると、向こうも同じ部隊だとはわかるんだが、それ以上は、

『わからない。えらい人に話す』

といって将校を呼んできた。たしか中尉か大尉だったと思うが、いろいろ話すとわかってくれて、

『あまりおくれないようにしてくれ』

とおしかりをうけて、やっと城外に出たことがあるんですよ。

このときは、本当に肝を冷やす思いでした。だって、こちらは演習材料の運搬だから小銃は持っていない。わたしだけがピストル一丁を腰にぶら下げているが、多勢に無勢、もしもゴタゴタがはじまったら、これで終わりだとひそかに覚悟を決めたもんです。中国兵たちは『ナニ、日本軍が――』というような、なんともけわしい表情でしたからね」

初年兵の教官であり、のち第八中隊第二小隊長をつとめた石井寅之助准尉からも〝豊台事件以後〟の表情を聞いておく。

「第三大隊が豊台に常駐するようになったころから、わたしは中隊の人事係をやるようになって、演習にはほとんど出なくなった。つまり内勤です。それでも、どこからともなく日中間のピンと張った空気が襲ってくる。たとえば豊台事件の直前だったと思うが、夕方、わが方の兵隊たちが営内で徒歩行進をやりながら軍歌を合唱する。これは軍隊生活では毎日やることなんですが、するとそれに対抗というか、反発でもするように中国軍が軍歌の大合唱をやる。われわれの方も負けじと大声を出す――といったぐあいに、ことごとに対立するんです。

豊台事件以後は、兵舎も離れたから、直接日本の兵隊とあちらの兵隊が顔を付き合わせるということはほとんどなくなったが、永定河の中州に演習に行くさい、どうしても中国軍の〝真ん中〟を通って行かねばならない。そんなとき、内にこもっていたガスが暴発するように両者の関係がにわかにけわしくなるんですなあ。

わたしの記憶では、そのけわしさが急速に高まったのは昭和十二年春になってだった。というのはその三月、二年兵が除隊になって内地へ帰る。それと交代で初年兵が豊台の兵営にも入営してきたんです。この初年兵はどういう理由だかわかりませんが、秋田県の壮丁ではなく、関東地区の若者たちだったんです。東北人のわれわれからみると、やはり関東、とりわけ東京や横浜といった大都会出身者はからだが出来ていない。それで出来るだけ早く強い兵隊に仕立てるためどんどん教育をやった。激しい演習が行なわれたんですよ。

どう勘違いしたのか、中国側はこの演習を見て警戒の度を強めてきたんです。宛平県城（蘆溝橋城）を通過するさいなんか、けわしい対立が間々見られるようになったんでしたなあ」

昭和十二年三月、石井寅之助氏の話にあるように、兵員の交代があった。前にも述べたように、太平洋戦争前までは、男性は満二十歳になると二年間兵役に服さなければならなかったのである。秋田の第十七連隊が昭和十一年五月、中国に支那駐屯軍の増強部隊として渡ったとき、兵隊の構成は初年兵と二年兵で、一年経過した昭和十二年には二年兵は除隊になる仕組みだったのである。つまり初年兵は二年兵となって階級もほとんどが二等兵、一等兵を経て上等兵に進級していた。

そこへ初年兵として関東出身者がもたらされたが、どんな理由で〝秋田県人のグループ〟に〝関東グループ〟が送られたのか、この意味を説き明かす資料はなく、また第八中隊の幹部たちにも知らされなかったようである。

佐藤一男氏（当時、第八中隊第一小隊第一分隊長）の話。

「この関東出身の初年兵を〝受領〟のため、わたしは門司まで出張したんです。どういうわけで関東の初年兵が配属されるようになったかわかりませんが、この新兵さんたちは、たしか東京の麻布にあった歩兵第三連隊にはいる予定だったのが支那駐屯軍に回されたということです。ですから想像をたくましくすれば、前年（昭和十一年）にあった二・二六事件、あの事件に出動して〝反乱軍〟となった部隊の中心がこの麻布三連隊、したがって二・二六事件の影響がこんなところにもただよっていたんではないでしょうか。

これは兵隊たちのうわさ話ですが、支那駐屯軍の将校の中には二・二六事件になんらかの関係を持っていたため、中国に〝飛ばされた〟方がいるそうだということでした。だが実際に、この将校がそうだ、とはまったくわかりませんでしたけど——」

二・二六事件に関連した将校は事実いた。話のすじからは、関東から来た初年兵に及ばなければならないが、すこし横道にはいる。なぜなら、この将校は、第八中隊が直属する第三大隊の副官、平たくいえば大隊長付の庶務将校であり、現在、第三大隊に配属されていた将校（准尉を除く）十六人のうちのただ一人の〝生き残り〟と思われるからである。

荒田武良氏（当時、中尉、現、広畑鉄鉱所同友会事務局長、姫路市飾磨区富士見ヶ丘町）の話。

「秋田の連隊が中国に渡った当時の大隊副官は田辺さんという方でしたねえ。その方が外語にはいることになったので、第三大隊機関銃中隊付をやっていたわたしに『若い者の中ではお前が一番古い』ということで副官になりました。

わたしはもともとは仙台の連隊の出身なんですが、この連隊が満州事変に行きました。ちょうどわたし、からだを悪くして寝ていたんで戦地へは行けませんでした。事変が終わって、そのあと昭和八年二月に例の熱河作戦というのがはじまる。これに秋田の連隊が出動したんですが、わたしはからだが間もなくなおって歩兵学校で機関銃学生をやっていたから、まあ埋め合わせみたいな格好で秋田の連隊に転属して熱河へ行ったわけです。

帰ると、青年将校の間には国家革新熱が盛り上がっていて、わたしも人並みにかぶれたんです。豊台事件で、馬のしりを中国兵にたたかれ、事件のきっかけをつくった小岩井光夫中尉なんかの方が思想的にはずっと激しかったように思うんですが、シンパ的なわたしにも二・二六事件が起こった日、激しい連中が多かった青森の連隊の者から、一緒に決起しようというような電報が打たれてきましたよ。地方にいてどうなるものでもない、適当にしていただけなんだが、われわれのところはいなかだから大変な騒ぎになって、師団長に呼ばれましてね。師団長に、

『わたしも同情者のような嫌疑《けんぎ》をうけているような状態だから、君も憲兵の調べをうけてくれ』

とくどかれましてね。結局、反乱将校たちとは直接的な関係はないとわかったんだが、わたしの郵便物から本などもみんな調べられるありさまだったんです。そしてとどのつまり、重謹慎三日の処罰をうけたんです。軍中央はだいぶ神経をとがらせていたわけですが、こちらもなんとなくいや気がさして、やる気をなくしていた。すると上司から、

『こんど支那駐屯軍が増強されることになった。ついては君、機関銃の小隊長で行かんか』

と言葉をかけられましてね。まあ、内地もなんとなく住みにくいから、

『じゃあ、行きましょう』

と、ごく軽い気持ちで中国へ行ったんですよ。だからわたしとか小岩井中尉のことが拡大されていいふらされたんでしょう、二・二六事件の関係者がいるなんて――。だが、ちょっとオーバーだなあ。

ともかく駐屯軍にいた一人の将校として当時をふり返ってみると、われわれは第二十九軍を友軍とみていましたね。〝親日政権〟の軍隊だし、別にいくさをやっているわけでもない。したがってわれわれの方から第二十九軍を挑発するようなことはなかったが、意地悪い見方をすれば、日本の軍隊が宛平県城を通ることが相手に対する挑発行為じゃないか、ということにもなるけれど――。

わたしの感じでは〝友軍〟である第二十九軍のうしろで、だれかが排日、抗日の扇動をやっていたんじゃないか。そしてむしろ、われわれがそれに引っかかっちまったんではないか。そんな感じを持つほど、少なくともわたしは第二十九軍に友軍的な感情を持っていました。しかし、それより、関東から来た初年兵たちを、いかに強い兵隊にするか、その方に心は行っていたんですよ」

（三）别致的北京入营式

资料名称： 異常な北京入隊式

资料出处： 読売新聞社編《昭和史の天皇》15，読売新聞社 1965 年発行，第 336—343 頁。

资料解说： 1936 年华北日军增兵，日军为从日本本土抽调的士兵举行所谓「入营式」，以鼓动新兵士气。本资料借助当事人的回忆，再现了华北日军入营的过程及入营后的训练生活。

異常な北京入隊式

秋田の第十七連隊出身者で固められた第八中隊に入営することになった関東出身の〝新兵〟さんたちの感慨はどうだったか。東北人対関東人という微妙な違和感はなかっただろうか。それ以上に、ともかく平時の入営者が、中国という異国において入隊する〝異常〟さにどう反応していたか。こんどは、この二等兵たちから話を聞いてみる。

斧窪聖行氏（現、農業、山梨県大月市梁川町斧窪）の話。

「むずかしい名前で、〝おのくぼ・きよつら〟と読むんです。みんなわたしのことを〝きよちゃん〟と呼びますが、その〝きよちゃん〟と、わたしの家から少し先へ行ったところの田中正男、〝まさちゃん〟の二人が山梨県から豊台の第八中隊に入営したんです。まさちゃんは漢口作戦で戦死したんですが、どういう手違いか、靖国神社に合祀《ごうし》されず、八十になるお母さんがあちこちに陳情や嘆願をして、結局、回り回って、かつてのわれわれの上官であった秋田の佐藤一男さんが部下だったことを証明してくれたんで、ようやくこの年になって彼が第八中隊員だったことが公式に認められました。わたしもようやく、まさちゃんに顔を合わせることができるというわけです。

ともかく、わたしとまさちゃんの入営は、直接外地の部隊にはいるということで非常に珍しがられ、入営前の数日というもの、大げさにいえば、村をあげてのお祝いの連日連夜、だいぶグロッキーになりました。村を出発する日なども——もう、いつだったか忘れましたが、昭和十二年二月下旬だったように覚えているんです——日の丸の小旗や祝入営と大書したノボリの波に送られて、それは大変な騒ぎでした。だからわたしたちも張り切らざるを得ないし、事実そうでしたよ。

詳しいことはさっぱり忘れちゃったが、門司に集合して、そこには佐藤一男軍曹が豊台から迎えに来てました。そこで二等兵の軍服をもらって御用船で中国に渡ったんでした。わたしが配属されたのは第八中隊第一班、班長が佐藤さんで軽機関銃班、演習のときは第一分隊で軽機の射手をやることになりましたね」

もう一人の関東兵、林定氏(現、農業、千葉県匝瑳郡野栄町野手一二六三五)の話もつける。

「入営のとき、東京駅に集合して、千葉連隊区の兵事係の下士官でしたかが引率しまして門司へ連れて行ってくれたんでした。支那駐屯《ちゅうとん》軍第一連隊、第二連隊に入営する者が集まったんだから相当な人数だったように思うんです。記憶では第八中隊に配属されたのは八十二人ではなかったかな。

門司へ着いて、いまでいう公民館みたいな所へ行ったら佐藤軍曹が来ていました。そこで兵隊の服をもらい、民家に分宿した翌日だったですか、『とうこう丸』と『三池山丸』という二隻の汽船に分乗して中国に行ったんですよ。ええ、わたしが第八中隊に配属になるということはすぐわかりました。というのは佐藤さんが自分の部下になる者、つまり軽機班に配属になるわたしと斧窪君にはそのむね教えてくれたからです。

ですから、この付近からも何人もが同時に入営したんですが、みんな他の中隊にはいったわけです」

さらにもう一人池内利幸氏（現、紙器製造業、東京都江戸川区長島町二〇二五）の話もつけよう。

「わたしの本籍は横浜で、本来は甲府連隊区に所属しているわけです。ですから記憶では、横浜、神奈川地区の入営者は横浜駅に集合したんじゃなかったか。同年兵が何人いたか、ちょっと記憶がないんだが、引率者に連れられて門司から塘沽《タンクー》に上陸し、そこから列車でまっすぐ豊台にはいったんです」

この満二十歳の入営者にまじって十九歳の志願兵が二人いた。

福島忠義氏（旧姓、関根、現、藤幸ＫＫ営財部次長、横浜市磯子区久木町一五の一三）の話。

「われわれ関東地区の者は東京駅に集合したんでした。たしか二月二十一日だったと思うんです。そして門司に行きまして、そこで二、三日分宿したあと中国へ行ったんですが、佐藤軍曹が迎えに来ておりました。わたしたちの乗った船は『とうこう丸』で、塘沽に上陸、列車で豊台に着いたのが三月一日の朝でした。除隊になるわれわれの先輩はこの日の夕方、列車で内地へ向かったんだから、半日くらいは〝三年兵〟と同営していたことになりますね。

門司では佐藤さんが服、くつ、帽子などすべて、外套《がいとう》まで用意していてくれましたね。これらを身につけたときは、志願兵のわたしなど、さすがに『これで兵隊になったなあ。いよいよ中国で警備につくのか』と身を引きしめたもんです。だがこのときは銃はなかったので、ちょっと、しまらない感じがあったのは忘れません」

もう一人の志願兵、鈴木久義氏（現、千葉県君津郡清和村会議員、清和村正木一九四の一）の話。

「第八中隊に所属することは門司で佐藤軍曹からいい渡されたんです。門司までは東京駅から行ったんですが、われわれ支那駐屯軍の入営者は臨時に仕立てられた七両編成だったかの列車でした。おそらく第二連隊所属の兵隊も一緒ではなかったか。門司では兵器を除いた軍装一式をもらって民間人に別れを告げたんですが、上着の上から巻くバンド、あの帯革《たいかく》がどういうわけかありませんでね、まるで着流しみたいな格好なのには閉口したのを忘れません。

三月一日、豊台に着き、その日の夕景でしたか三年兵が帰国したんだが、駅頭で二年兵と三年兵がそれぞれ肩を抱き合って、もう泣きながら別れを惜しんだ光景がついきのうのように思えるんです。こちらも十九歳でしょう。ジーンと胸が熱くなって、父や母や肉親が思い出されるとともに、いよいよオレたちも兵隊なんだ、軍人なんだからしっかりしろよと、自分にいい聞かせましてね。それからどのくらいたってからでしょうか、一か月はたたないうちに有名な北京の国際練兵場で入隊式が挙行されたんでした」

この同じ入営者の中に志村菊次郎二等兵がいた。志村二等兵は、のち除隊したあと太平洋戦争で召集され、昭和十九年一月三十一日、ビルマ戦線、アラカン山系のブチドン付近で憲兵伍長として戦死している。ところで盧溝橋事件の、いわゆる〝銃声一発〟の真相を突きとめていくさい、志村二等兵がとった現場での行動は、絶対欠かせない事件の輪の一つなのである。

志村二等兵には実兄がいる。彼の横顔を知るため、この兄さんの話をそえる。

志村元一氏(現、ガラス店経営、川崎市鋼管通二の一五)の話。

「菊は大正六年十月生まれ、四男一女の二男坊、当時わたしたちは東京の下町、本所の横網町に住んでいました。間もなく浅草の竜泉寺に移転したんですが、小あきないの両親は子だくさんのため家計のやりくりに大分困っていた。菊は兄のわたしがいうのはおかしいが、大変成績のいい子で、小学校時代はいつもクラスで一番か二番でしたよ。

母が若死にしたんで菊は小学校を出ると配本会社の配達員になり、そのあと絵がうまかったんで文化勲章をいただいた陶芸家の板谷波山先生のアトリエに住み込んで夜学に通ったりしていました。会社づとめをやっているころ『小説家になるんだ』なんていい出したこともあって、びっくりさせられたなあ。林不忘という、なんでも三つのペンネームをもって丹下左膳を創作した有名な小説家の弟子になるんだとかいって——。

わたしも奉公に出されていたからよくわからないが、そんなこんなのうち四国の松山へ行っちゃって、なんでも松山新報とか松山新聞とかにはいったそうです。果たして記者だったかどうか……。そして兵隊検査のとき東京に帰ってきて、合格すると昭和十二年の正月間もなしに北支に行っちまった。それが家族には何もいわずにですからね、正直なところ、いつ支那へ行っちまったのかわからないんです」

歓呼の声に送られて入営する者、希望と挫折《ざせつ》のないまじった人生の影を引いてただ一人営門をはいっていく青年——いずれもが第八中隊の新兵さんだった。

その第八中隊に入営してきた関東出身の新兵さんたちは、どんなふうだったか——

この初年兵と一番年も近かった志願兵出身の安保喜代治氏（当時、上等兵）の話。

「初年兵たちは、かなり気合いははいっていたが、東北の人間と比べていかんせんからだが弱かったのは否定できないと思います。ですから中国という気候風土のまったくちがう所にポッとやってきて、しかも兵舎は設備が悪かったから、大分からだにこたえたようです。ちょっと無理をすると、ロクマクを悪くしちゃう者が結構いたように思いますね。なにしろ豊台の兵舎というのは、風の強い日には戸や窓のすき間から中国の黄塵《こうじん》万丈という砂ぼこりが舞い込んで、手ぬぐいをマスクのようにして寝なければいけなかったくらいです。そんなわけで初年兵たちは苦労が多かったでしょうね。

わたしは昭和十二年には上等兵になり、二年兵、初年兵に『八九式重擲弾筒《てきだんとう》』というのを教えていました。関根さん、そうそう、現在の福島さんはわたしが擲弾筒を教えた組でした」

その福島忠義氏の話。

「前にもお話ししたように、わたしは志願兵ですから、どんな激しい訓練を受けても別にきびしいとは思いませんでした。二年兵や下士官から聞いたところでは、中国だからといって特別な訓練をやっているわけではなく、まったく平時の教育だということでしたよ。

わたしは擲弾筒班の教育を受けたわけですが、当時はこれが〝機密兵器〟だったんです。どうしてかというと、擲弾筒という兵器そのものはかなり昔からあったんですが、それが部隊戦闘に参加する、つまり、小隊の火力となったのがわたしたちのころからなんです。擲弾筒分隊には三筒配属されていて、射手と弾薬手がいるんですが、いずれも小銃隊と同じ装備をしたうえに、擲弾筒やそのタマを持つんですから、体力的にはかなりきついことは事実でした。もっともあとになって、それでは行動に自由を欠くというので射手、つまり筒手は小銃のかわりに拳銃《けんじゅう》を持つようになりましたが――。

三月に入営しまして、まず基礎訓練を受ける。もう無我夢中にやっているうち、五月の終わりだったと思うけど、第一期検閲というのがあって、成績のいい初年兵の中から上等兵候補者が選抜される。八十何人かの初年兵の中から二十人くらい選ばれたと記憶するんですが、わたしも首尾よくその一人に選ばれたんです。これが特別に教育を受ける。その中からさらに試験で下士官候補者がより抜かれる仕組みなんです。

わたしは志願兵、つまり下士官の道を希望したんですからこの試験を受けてパスして、特別教育のため六月七日に通州へ行きました。第八中隊からはこの下士官候補者が五人出たと覚えています。ですから通州へ行くまで、アッという間に日がたってしまいましたね」

同じ志願兵だった鈴木久義氏の話。

「わたしも下士官候補者に選ばれたんだが、一緒に福島さん、斧窪さん、それに斎藤さんという人、もう一人はだれだったか。訓練はそれほど激しかったとは思いませんでしたが、なんというか、日中間にこうピリピリした空気が張りつめていて、外地とはこういう感じなのかと思った印象の方が強いんです。

公用外出のさいも、拳銃を持って出なければなりませんし、日曜の外出だって単独行動は禁じられていました。豊台から北京まで列車で約一時間足らずですが、歯の治療のため五、六回北京の歯医者に行きました。このときもたしか団体だった。

わたしは軽機班で、班長の佐藤さん（軍曹）が初年兵教育のため、よく盧溝橋城（宛平県城）を通って永定河の中の島に連れて行きましたが、そうすると城壁の上からよく二十九軍の兵隊に威嚇《いかく》されたものです。いきなりチェコ（製）銃をこちらに向けて撃つような構えをしたり、歩哨《ほしょう》が背中に背負った青竜刀をわざと引っこ抜いて、かたわらの柳の木を切ったりするんです。わたしどもは『青竜刀って、日本刀より切れないナ』なんていい合ったもんですが、豊台の兵営から外に演習に出るさい、厳重に包装されているとはいえ、三十発の実弾を用心のため持っていくんですから緊張してました」

下士官候補者として同じく通州へ特別訓練にやらされた斧窪聖行氏の話を加える。

「いま考えてみると豊台時代の教育はきびしかったですね。アゴを出すというとオーバーだが、きつかった。だから、わたし、下士官候補になると二年で除隊できないぞって古年兵からいわれていたんで、まったくその希望はなかった。そんなふうに、いやだいやだといっていたのに無理やり試験をうけさせられ、なんかの都合で通州守備隊の中にある教育機関に入れられちまったんですよ。

ここでの訓練はそりゃあきびしかった。たとえば、休めの号令がかかると腰の図嚢《ずのう》（バッグ）から歩兵操典とか出して読みふけるくらいですもんね。わたしなんかはダメな男だが、関根さん、鈴木さんは年は若いが気合いがはいっていたなあ。

だが、印象に残っているのは日中間の緊迫でした。蘆溝橋事件の直前だったが、豊台の兵舎で、赤池という衛生兵が休日に飲み屋へ一人で行ったんです。それがどんなきっかけかわからないが、二十九軍の兵隊たちになぐられて血だらけになって帰ってきた。豊台では六月ころには、日曜の外出でも三人ぐらい一組にならないと外に出てはならない。必ず拳銃を所持することになっていましたね。そんなところへ赤池衛生兵が血だらけで帰ってきて報告するもんだから、血気の若者の集団である軍隊では、みんな頭にカッときて、二年兵なんかは『やったのはどんな顔をした中国兵だ。ようし、こんどでっくわしたらただでは置かないぞ――』といきり立っていたのを覚えている。

わたしなんか、だらしない兵隊だから、蘆溝橋畔の演習地、じゃり取り場ですね、あそこへ各中隊がまるで願かけでもするように、ひんぱんに演習に出かけるのを不思議に思っていた。そりゃあ、あそこで演習をやるのは協定上の権利ではあるが、すぐ目の前に二十九軍がいるんですよね。なにもあそこへ行かなくたって演習地はいくらでもあるのになあ――なんて。挑発行為とみられたって仕方ないと思うんです。

だけど、われわれがやっていた演習の内容は、対中国軍のものでなかったことだけは、はっきりいっておきたいんです。それはまったく対ソ戦の訓練だったんです」――

（四）三中全会引人注目的宣言

资料名称：「三中全会」注目の宣言　北支主権障害除去は日支関係調整の端緒

资料出处：新聞集成《昭和史の証言》第十一卷，本邦書籍株式会社1985年発行，第111—112頁。

资料解说：本资料是日本媒体对国民党五届三中全会的报道。1937年2月在南京召开了国民党五届三中全会，会议发表宣言，指出扫除危害中国华北主权的障碍，是改善日中关系的开端，会议确定了停止内战、实行国共合作的原则。

公選は分裂の危機

代行機関案に落つくか

政友会総裁問題漸く大詰めへ

〔二・三読売〕去る十日、日比谷の山水楼に開催された政友会革新派の党内革新運動の口火は遂に鈴木総裁をして辞意表明の止むなきに至らしめ党を挙げて混乱の渦中に投ずるといふ党の非常時を現出するに至つたが今日迄を辿つて見るに総裁辞任の端を開いた革新運動は必ずしも総裁の辞任を前提としたものではなく、第一の目標を解散回避におきそれより病総裁の隠退、現幹部の引責辞職、即ち鳩山勢力の駆逐といふ所においてゐた、そこで先づ運動の順序として十二日革新派が主催で顧問招待会を開いた所総裁の隠退問題が中心議題となり、顧問は顧問として別個に総裁隠退の運動を起すといふことに急転し、その結果十三日山本悌二郎氏招待の形式で顧問会を招集するに至つたのであるが、元来顧問なるものは総裁の諮問機関で独自の見解によつて行動するの権限を持たないにも拘らず会議を開いて総裁の進退問題を議するに至つたのであるから、即事隠退の強硬論も出て中には幹部などに相談せず直接総裁に隠退を勧告するといふ行動派も現れてしまつた、この情勢は誰とはなしに総裁の耳に入り、一日おいて十五日遂に辞意表明となり、十六日総務と顧問の首脳部連合会を開き善後策を協議する所までヒタ走りに進んでしまつたのである、革新派が発起人会を開いてよりこの間僅かに一週間、頑張ると予想された総裁隠退は誠にアツ気なく解決してしまつた

◇

かくして首脳部連合会は総裁の辞意を容れ辞任に伴ふ善後策を総務会に一任することに決したのであるが善後策となれば腹に一物も二物もあつて隠退せしめた連中であるから簡単に片付く筈はない、先ず第一に現れた代行機関案は鳩山、前田、島田、中島の四氏を以て組織するといふのであつたが、これでは顧問が一人も入つてゐない、総裁を隠退せしめた革新派を代表して、山本、川村、宮田の三氏が委員候補者にせり上つて来た、更に党内の実力派として松野氏を入れろとの意見も出て来た、四名から五名説になつたのだが一名ばかりふえた所でどうにもならない、何れも親分大事と必死の推薦運動を始める、その間新党派も動けば解党論も出る、山本悌二郎氏を中心とし島田、中島両氏を加へた三名の代行委員説が恰も鈴木総裁の意向であるかの如く伝へられて来る革新新派から代行機関の公選論が出る、更に飛躍して総裁即事公選論も出るといふ有様で、党内の意見は百花騒乱の如き観を呈し全く帰趨する所を失つてしまつた、茲において総務会は辞退の紛糾を避ける意味から取敢す現在の六総務に前閣僚たりし前田、島田の両氏を加へ八総務の手によつて局面を収拾し、対議会策を講ずるとともに除ろに善後措置を立案し議会終了後幹部改選の際数名の総務制によつて代行機関たらしめようとの暫定案を樹てた

◇

しかしこれでは革新派が満足する筈はない、現状維持絶対反対の声は総裁の辞意表明以来自信を失つた幹部を畏怖せしめ、折角の暫定案も懐中に足踏みの状態になつてしまつた、党内からは引続き総裁公選、代行機関公選の声が挙げられた、誰が総裁の候補者か、曰く鳩山、曰く中島、曰く前田等々候補者はいくらでもあるといふのであるが、本人に聞いて見るとテンデに相手にしてゐない

鳩山氏　満足にものもいへない時代に苦しみを一人で背負ふやうな総裁に誰がなるものか

中島氏　太陽が西から上るやうな話サ

前田氏　はサツサと御陵参拝に行つてしまつた、といふわけ

◇

次に代行機関の公選だが政友会が投票を用ひて公選したのは十数年前常議員の選挙が一回きり、選挙の結果は党員間の感情を極度に疎隔せしめ数年間感情のもつれが解けず、党の統制上に重大なる障碍となつたといふのである、事実親分乾児の関係は単一でなく大半は相錯綜し公選にでもなれば棄権せねばならぬといふものが沢山あるゝ人々が斯で公選には分裂の危機を含むから円満解決を望む以上、実際問題としては出来ない、そこで代行機関を置くにしても党内の意向を見定め総裁と相談の上決するといふことになるのだが目下の情勢は最初の代行機関に逆戻りして廿三日の総務会で決するといふことになるらしい、当日は革新派主催の有志代議士会も開かれることになつてゐるし、総裁隠退問題の大詰めも愈よ近づいたが、扨て一挙に代行機関の顔触れ決定まで行けるかどうか、更に之によつて党内が納まるかどうか、茲数日間が政友会にとつて最大難関と見るべきであらう、だから議会でも控室に二、三人づつ集まつてヒソ〳〵話を繰返し議事などはソツチのけの始末で、このところ政友会のお家騒動は党内を沸きたゝしてゐる

〃三中全会〃注目の宣言

北支主権障害除去は日支関係調整の端緒

〔二・三東朝〕三中全会の意思表示として注目を惹いて居る大会宣言案は汪兆銘、葉楚傖氏等五名の起草委員によつてその原案を

昭和十二年　二月　（一九三七）　一一

作製、廿一日午前開かれた首席団会議で修正通過、同日午後行はれた第六次大会にてこれを決定した

宣言【要旨】

廿一日決定された三中全会宣言要旨は左の通りである

一、対外方針　昨年七月十日第二次中央執行委員全体会議開会の際、中央同人は内憂外患益々加はるに鑑み対外的には領土主権の擁護、対内的には和平統一の促進を決議し爾来努力し来つた、今回の全体会議は過去の成果を検討し現在の情勢を観察し以つて将来の趨向を決定せんため対内対外各問題を詳細討論し慎重に決議す、吾人は対内的には全国国民の団結を熱求し対外的には領土主権の侵害は如何なる事実も容認せず又領土主権侵害の如何なる協定にも調印せず、たま／＼領土主権侵害を蒙むる事実の起るあり政治方法を用いるも無効にして国家民族の生存に根本的な危害の加はる時は何ら躊躇する事なく最後犠牲の決心に出づるは勿論である、二中全会閉会後滞日交渉は此れに基き交渉を進めその間屢々破裂に瀕したるも立場を固守し終始変らなかつた、匪偽各軍綏遠を侵略擾乱するに及び全国の力量を合し以て国土を守り外的を防ぐ、西安事変の首謀者は種々の口実を以て人心を煽動せるも国人は毅然として動揺する所なかつた、蓋し数年来苦難の経験を積み救亡国存以外に途なきを知るがためである、今次大会の対外方針は従前と変らずかつ努力その随行を策す、蓋し吾人不変の目的は対内的には自立を求め対外的には共存を求むるにある、もし忍耐の限度を越ゆる霜害を蒙らば決然出でて抗戦せん、然し乍ら之自衛のためであり絶対に排他の意思にあらず、故に犠牲の決心と和平の希望は何等矛盾せず、仮りに平和の望み尚未だ完全に断絶せずとすれば吾人は元より平等互恵、領土尊重の原則を確守し中日国交調整の努力を惜まず、その初歩解決は冀東、冀察の匪偽をしてそのよる所を失はしめ我が北支行政と主権の障害を除去せば即ち両国間の懸案は完全な解決を得ずとも少なくとも和平の方法を以て紛糾解決の可能の端緒を得べし、これ我が国に在つては実に目前の国家生存最低限度の要求となす、必ず挙国一致最短機関にその解決を期す、吾人は日本がこの最も必要なる要求を諒解しその実現を促さん事を切望するものである、その他国際関係に至つては我が国は既に国際連盟の一員である集団安全制度を擁護し国際和平の途に従つて進み連盟国とは友誼の増進を祈る、但し非連盟国も決して白眼視する事なし、すべて政治的協調、経済的合作は必ず各々に利するの原則により相互関係の日に密接に赴く事を祈る

一、対内方針　和平統一は全国一致の共通の信条である、和平統一の目的は国家の整備と民族力量の整備である、整備された国家は統治権不可分の原則の下に部分の独立を許さず軍事、外交、財政、交通、国防に必要なるものは必ず中央がこれを綜覧せねばならぬ、整備された民族に在つては外侮甚だしき今日存亡を共にすべき国民は絶対に階級闘争の説に惑はず団結を以て国難に赴くの実がなければあらぬ、所謂内戦停止の真意は同一主義の下では意見の相違は武力によつて解決せず必ず折衝により解決するにある、内戦停止のスローガンで国家民族の分裂行動を掩蔽するものでは絶対にない、近来共産党は共同幾侮を表示せりと雖も往時に徴すれば国民革命に従事すると揚言し乍ら実は国民革命を破壊し民国十六年以来は暴動手段を以て民国に危害を加へた、国家の対外力量はこのため削減され人民の生命財産の損失は限りがない、従つて片言の表示を以しては絶対にこれを信ぜず、暴動の事実並に暴動宣伝が絶滅せざる以前においては本当は国家のため人民のため数年来血と汗とを以て制匪に従事した同志のため九仞の功を一簣に欠くに忍びず、如何なる手段を以しても必ず赤禍を中国より根絶し将来無窮の禍を残すを免がれしめ永く民族復興の基を定めん事を期す敢て明白に天下に告ぐ

民衆の組織及び訓練に就ては協同建国の大衆に参与せしむる本当の天職にして今や期日通り国民大会を召集し憲法を制定して民権主義の基礎を定めんとす、国家統一は経済統一を俟つて始めて真正の統一を実現し得る、而して救亡国存の秋に当たり国力の増大は民力の充実に俟たねばならぬ、故に経済建設は当面の重大問題たると共に建設は孫総理所定の民生主義に捺らざるべからず、民生問題解決法は

一、地権平等と資本節制の実行

一、国家資本を発達せしむると共に個人資本に適切なる保護を加ふにあり、これ経済建設不変の方針にして敵国の侵略と生産凋落の秋に当たり階級闘争を煽動するのは民族の力量を減殺し国家を滅亡に陥らしめるのみならず生産分子間の混乱を惹起し生産建設の進展を阻害するもので絶対に排撃する、共産党の所為は全く右に異らず農村を蹂　し郷村の手工業を破壊し、都市の軽工業の被害赤枚挙に遑なし、優越せる資本と技術を背景とする外国との競争裡に拮据経営する民族工業に対し煽動して打倒を叫ぶは新興工業を滅亡せしめるに外ならず、労働者も亦同じ運命に関するを知らず、此等の工場に対しては維持愛護すると共に必要に応じ統制を加へんとす、又は性質上国営を適当とするもの或は個人実力にては経営し得ざるものは国家資本を以て発達に努力しその責に任ぜんとす、幣制度改革経済建設は一段と進歩したが今後共最善の努力を尽して国防と人民生活の需要に適合せん事を期す以上は今次大会で確定せる方針にして誓つて当面の国難を排除し三民主義の実現を期す

（五）抗日与英国在华力量发展　我之外交阵线萎靡

资料名称：抗日と英国の対支進出　わが外交陣の萎靡

资料出处：新聞集成《昭和史の証言》第十一卷，本邦書籍株式会社1985年発行，第130—131頁。

资料解说：本资料是日本媒体对国民党五届三中全会后中日形势的评论，认为中国抗日立场逐步明确，英国加强与华合作，将导致日本外交阵线萎缩，而日本外交方面反应不够有力。

であることは勿論、財政、經濟、行政、議會制度等、すべての側面における事實である。かゝる制度上の時代遅れが、現在における政治的、社會的、經濟的不安動揺の一大原因をなしてゐるのである。いまその一指標として、在來の日銀制度が如何に時代遅れとなり、そのため如何に多大なる摩擦を社會に起せるかの一斑を瞥見しよう。

日銀從來の制度は、金本位制度の所謂節作用（銀本位であつても構はぬが）の基礎の上に築かれたものであるが、周知の如く、時代は金本位制度から管理通貨時代に移つて了つてゐる。かうなると、日銀從來の制度やスタッフでは、如何なる金融政策を採るべきやの基準が分からなくなつて來るのである。

故井上藏相の無謀なる旧平價金解禁が破れて、金再禁止となつてからの日銀と云ふものは、國民經濟の最も重大なる時期において、全く舵を失つた洋上の船の如く、風のまに〳〵漂流してゐたと云つても過言ではなかつた。日銀はただ、時の大藏大臣の驅使するまゝに從ふと云ふ、消極的な存在と化し去つたのである。この時以來、日銀の政府からの獨立性は完全に喪はれて、大藏省の一部局化して了つたわけだ。

だが、日銀が、かく大藏省の一部局化したと云つても、それは、大藏省と積極的に一體となつたと云ふわけでは決してなく、寧ろ、いや〳〵ながらに、最近年の財政政策に追随したに過ぎなかつたのであつた。從つて日銀の積極的協力が最も必要なる最近の非常時局において、日銀は之に対処すべく何等積極的に働かなかつたと云つても大過なく、その結果として、當然に防遏し得る筈の幾多の金融的破綻を頻出せしめて來た。例へば繰返し起こつた金融の一時的逼迫、そこから起つた人心不安、國債時價の發行價格割れの頻々たる現出、それ等の結果としての海外に於ける日本財界不信の激成、それの外交交渉への悪影響、等々の如くである。

日銀從來の制度は又、商業資本全盛時代の財産である。然るに、いまや、時代は完全に工業資本の時代となつてゐる。その上に、世界的に云つても、中央銀行の政府機関化の大勢は顕著であつて、これは、管理通貨時代、統制金融時代における必然の成行である。日銀在來の制度は、かゝる側面から見ても、多くの時代後れ的缺陷を暴露して居つた。

この秋において、大規模の國防五ヶ年計畫は愈よ實施せられることになつた。ところで、此の國防計畫を破綻なく、最も効率的に實現せしめ、しかも、我が經濟力前途の發展を庶幾するがためには、右の目的達成のために、日銀そのものが、積極的に政府と一體になつて參加して來ことが絶對に必要である。それは、併し、日銀從來のイデイオロギーからの一大飛躍を必要とする。かく考へる時、深井、清水の日銀正副總裁の辭任は、在來の日銀イデイオロギーの喪亡に對するせめてもの供養であつたと見るべきであらう。

而して、新日銀總裁に民間から池田氏を祭り上げ、副總裁また前大藏次官津島氏を起用して、日銀育ちの者は、完全にシャット・アウトせられたことは、新時代の要求に應ずべく、先づ人事の一新を斷行して、次の制度の改革を準備したと見るべきであらう。

新時代に適應すべく、かく新人物を外部から輸入する必要のあることは、併し、決して日銀に限つたことではない。政府の各省然り財界然り、政界然りである。

それは兎に角として、かく日銀の改革が斷行せられることになつたと云ふことは、他の各種の諸機關においても、愈よ旧イデイオロギーを修正して、新しき時代に適應せんとする積極的運動の顕著なる一表現として至大の注目に値する。無論、從來とても、かゝる修正は皆無ではなかつた。（高橋龜吉）

抗日と英国の対支進出

わが外交陣の萎靡

一

（三・五　東日）（社説）

林内閣成立以來すでに一ヶ月、漸く專任外相を任命したに止まり未だに行詰まつてゐる對支外交の打開策の決定を見ないのに、相手方の支那側では、先般の三中全會において、對日外交方針を確定し目下積極的に日本に立ち向はうと對日外交陣の刷新整備に懸命となつてゐる事は、英國側が日支關係の行詰まりを奇貨とし、それを尻目に出先官民が協同して、英支合作の全支經濟開發に大車輪となつてゐるとともに、われわれの到底看過出來ない重大關心事であらねばならぬ。國民政府の改造、對日外交問題を繞つて、相當紛糾するだらうと豫想された三中全會が、その豫想を見事に裏切つて滿場一致的に、蔣介石政權の強化と對日積極方針の採用を確定したとは、表面共産黨排撃を宣言しながら、實際において共産黨の對日主張を容認して内戰回避に努めてゐるとともに西安事變、綏遠戰事以來、支那全國民の"國難支那"に對する認識が如何に深刻であり、對日關係の積極的是正に對する熱意が如何に熾烈であるかを明示するもので、現在の支那が、朝野一致、國難打開に向つて眞劍に全力を傾注してゐることは、最早何人もこれを疑ふことは出來ぬ。當の相手國たる日本は、まづこの事實に故意に目を掩ふ怯懦を棄ててこれを正視し、愼重に對策を講ずることが必要である。

二

支那をして敢然と對日積極的強硬方針を決定せしめたものは、主として"全支統一成る"の自負心と全國に瀰漫してゐる熾烈な抗日熱であるが、これ以外に二つの重大な理由がある、第一は支那朝野が日本の對支外交を見くびつて、日本恐るゝに足らずと断じてゐることであり、第二は英國の積極的對支援助に對する感謝と期待とである。これを換言すれば、日本の支那に對する腹がきまつてゐないのだから、英國側の全面的援助に頼つてゐれば、支那から積極的に日本に立ち向つても毫も心配はないといふのが、支那朝野の眞意なのである。他力本願の支那が、かうした氣持になつてゐることは、一昨秋リースロス氏來支以來の英國の對支援助振りを見れば、何人にもその無理でないことが讀めるはずである。一昨秋の支那の幣制改革や昨冬の西安事變に、英國側が如何に熱心に支那側に好意的援助を與へたかは、すでに天下周知のことであるが、自來英國側の裏面的活躍は一段と活氣を帯びて來た。しかしてこれらの援助活躍は支那側に感謝をもつて歡迎され、それが三中全會に反映し、同全會は〝今後の國家的な經濟建設は英國の投資に持ち、これによつて支那の統一を完成し英支親善關係を增進する〟旨の決定をなすや、英國の對支援助政策はます〳〵積極的となり、それに呼應して、駐支英國大使ヒューゲッセン氏や英國輸出保證部駐支代表カークパトリック氏等の活躍はいよ〳〵露骨となつて來た。

三

英國の對支進出の最終目標は、中南支鉄道建設、廣東省の經濟開發、海南島開發等による全支產業の直接指導權の把握にあるといはれ、英國出先官民は、國民政府内切つての親英論者宋子文、孫科両氏を初め、財界有力者と密接な關係を保つて、各種產業開發、主要鐵道の敷設などにつき折衝を続けて來たが、先づ廣東省の產業開發五ケ年計畫に二億元を融通して實際的に援助するに決し、駐支大使やカークパトリック氏は實地調査のため、支那側の宋子文、孫科氏らと相前後して、香港、廣東に赴くこととなつた。この二億元の借款が成立すれば、廣東省の產業利權は英國側に圧断されることになることは勿論で、日本が今後南支進出を企図しても割り込む余地が皆無となるであらう。

四

日支両國が現在の如き行詰り關係を持續すればするだけ、英國側の對支活躍は傍若無人的となるべく、英國の活躍が旺盛となるに正比例して、英支の經済合作關係は深くなり、それは直に支那の對日態度を一層硬化せしむるに役立つことは自明の理である。われらは決して英國の對支活躍を嫉視し羨望するものではない。たゞ國内盟國の事情に制せられて、大東的對支方針を樹立し、それを直に實地に移すだけの氣魄と經綸なく、英國の全支產業開發活躍を徒らに袖手傍觀しつゝ、荏再日を曠しうしてゐるわが當局の腑甲斐なさにあきれるのみである。

合評

人と芸術の価値基準

山本有三を検討する

何が彼等を寵児にしたか

谷川徹三、窪川いね子、矢崎弾

一、思想時代との交渉

(三・五 読売)(文芸) 谷川 ヒューマニスト・リベラリスト。常に堅實な実行者の魂をもつてゐるところが一般文壇人とちがつてゐる。對社會的には一種の義憤的な動きが見え、それがいつも作品のモティーフになつてゐる世間を知ることによつてそれが弱められないで却つて強められてゐる。モラリスト的教育者的素質。これは作品の中にも見られるが、最近では「日本少國民文庫」となつてあらはれた。あれはよい仕事であつた。

窪川 一貫して、小市民生活に根ざした正義感を以て態度としてゐる作家のやうに思ひます。取材される生活も多くそこにあるし、人間性の解剖も、また提出される主題も全て、そこに統一されてゐる。それはインテリゲンチヤの良心。といふ風なものであるより以上に、氏の生活感情そのものがそこに結びついてゐる。從つてその限りにおいて、時代ともよく結びついてゐる。また氏にはよく抗議的な行爲もあつて、社會的な感じを受けます。

然し、山本氏の積極性が、生活を叩き破つてゆくほど強烈なものでないのは、山本氏にとつては自然な限界性でせう。

矢崎 山本有三氏の作品に親しみの薄い僕には氏の思想の實體はといふより方向といふものを知らない。むしろ無思想、穏健なリベラリストとして生きながら絶えず何か求道的な瞳をちらつかせるところに氏の生命があるやうに思われる。氏は時代大衆の保守的な面に沿ふて退歩と進歩との境界線を忠實に守りつゞけようと努力してゐる。鋭敏な時代の解剖學者にしては遅鈍すぎ、といつて保守と進歩との決意には怯懦である。

二、藝術價値

谷川 戯曲でも小説でも極めて緊密な構成をもつてゐる。その構成力は類が少ない。

窪川 藝術價値といふことに私たちはある囚はれ勝ちなひとつの概念を持つてゐる。それを破るやうです。氏の藝術價値は、その描かれる世界での、人間の眞實性の表現にあるのではないでせうか。それが幾分通俗性を持つてゐたとしても。

（六）调整对华外交

资料名称： 対支外交は出直し　先方の要求更に十分考慮　我主張懇切に説明せん

资料出处： 新聞集成《昭和史の証言》第十一卷，本邦書籍株式会社 1985 年発行，第 140—141 頁。

资料解说： 本资料是日本媒体对林内阁新外相佐藤尚武的外交方针的点评，指出佐藤外交思想的基调是强调应该首先充分考虑对方要求，同时注意恳切说明日本自己的主张。

い丶兄弟やさようなら秀より」と名古屋市南區宝田町一の一六森兼太郎と印刷した名刺の裏に遺書様の文句が鉛筆で走り書きされ、男の特徴として左足に生鯉右足に女の顔「丁と張らんせ若し半と出たら、わしを買らんせ吉原へ」との文身ある旨身許照會があり、父親德次郎の供述と一致するので

全く妊娠五箇月の妻とその妹を続る邪戀の三角關係を清算すべく、先づ妻女たけを絞殺して堪難き愛着を偲んで自己の寫眞を彼女の胸に抱かせ、次いで義妹にたまゑ（二三）を連れ出して心中を遂げたものであることが判明し、名古屋大阪を宙に迷つて移動したさしも難解を思はせた行李詰怪死體事件も死の清算によつて急轉解決を見、愛知大阪兩刑事課の緊張の協同捜査網は解かれた

妹も絞殺
怪奇の心中！
身許不明のため
一旦仮埋葬
栃木県下で発見さる

七日午後一時半ごろ栃木縣河内郡平石村中平出薮山中へ同村道場宿街道から北東に三丁程入つた雑木林の中に女の絞殺死體とその傍の周圍二尺位の檜の木に男の縊死體があり宇都宮署から伊藤次席警部以下係官が現場に急行、檢視したが、男は茶色銘仙の對の着物にメリヤスの肌襦袢メリヤスの股引をはき二丈位の檜に女の帯しめで縊死を遂げ、女は男の足の下で男の黒の二重廻しで全身を包み花色花模様綿紗の羽織御召の袷を着てクリーム色の帯紐で絞殺され、

遺留品は二十五銭入りの裏口、メリヤス風呂敷包みに包んだ旅行案内、日光華厳羊羹新しい白足袋、浅草の大都劇場忠臣蔵プログラムチリ紙等で風呂敷包みの中に名古屋市南區宝田町一ノ六森兼太郎といふ名刺があり、その上に鉛筆の走り書で「御兩親様御許し下さい可愛い兄弟よ左様なら、ひでより私は二人で幸福に花と散ります」とあり

犯人の素性

犯人秀一は名古屋第六聯隊に入營中、邪推から先妻なみ子當時＝（一八）＝に男が出來たといつて昭和三年八月五日市内八事山中猪勝において、なみ子を殺害のゝち憲兵隊に自首、同年九月廿二日第三師團軍法會議において殺人窃盗軍用物故棄罪により懲役に處せられ市ヶ谷刑務所に服役、同十年四月卅日假出獄し、爾來名古屋市南區熱田内田町の自宅において八百屋業を營んでゐたものである

佐藤外交の基調
対支外交は出直し
先方の要求更に十分考慮
我主張懇切に説明せん

〔三・九　讀売夕刊〕　佐藤新外相が行詰れる帝國外交を如何なる方策によつて打開せんとするかは内外の注目の的となつてゐたが、八日の貴族院本會議で大河内輝耕子の質問に對し約一時間に亙りソ聯及び英國等に對する外交方針を述べたる後、對支交渉は平等互譲の新らしい出發點から出直す必要のあることを力説、獨自の立場から日支協調外交の根本方針を宣明した、この演説は國民政府外交部長に新任された王寵恵氏の對日三原則聲明に呼應したものでその内容は抽象的に原則上の見解を述べ且つ平等互譲といふ外交々渉の當然極まる原則を再確認したに過ぎないが從來この方面に幾多の誤解があつたゞけに新外相の聲明は各方面にわが外交の是正として好感を與へるであらう、併しこの原則の上に立つて北支問題、防共協定、交通聯絡、及び最近再燃した治外法權撤廢問題等の日支兩國間個々の懸案を如何に調整せんとするかは將來の三相會議その他の結果に俟たなければならぬけれども新外相が毅然たる態度でもつて對支外交の再検討の必要を協調すると共に滿洲事變以來の独立的強行外交を排し平和的建設外交への轉換を示したことは帝國外交の劃期的所産で、若し支那側が新外相の眞意を諒解し大局的見地から提携に乘出して來るならば從來の暗澹たる局面を打開し明朗な日支關係を樹立することに相當な効果があらう

佐藤外相　只今大河内子爵から私が外務大臣の重責に任じましたにつきまして御鄭重なお言葉を頂戴致しました、私自身深く感謝し且つ恐縮に存じて居ります、丁度同子爵がお話になりました通りに私自身は全く外の意味合いで歸つて参りましたところ測らずも總理大臣閣下からの御推薦によりまして、この重任に任ずる云ふ事になりまして誠に匆々の際、且つ何等の準備なしにお受け致した次第でございまして私自身は誠に無準備の點においてお受けに遅疑を感じて居つた譯でございまするが、この時局多端の際何人も責任を引受けない事でありましては上御一人に對し奉りましても誠に申譯のない次第であると考へまするし又國民の前に立ちましても誠に責任を空しうすると考へましたので及ばず乍ら又微力も顧みずおすすめをお受けした譯で御座います、かやうな状況で御座りまするから殊に又私自身は海外に出て居りまする事が久しく、大變永くなりまして國内の政治に干與しました事は一回も御座いません、又議會に關係したる事も御座いませず政府側として議會に御説明を申上げるといふやうな任務に就いた事も御座いませんので從つて少くとも最初の間は議會の手續きその他慣例等に不馴れでございまして或はさう云ふ點において失態を演ずると云ふやうな事が有り得るかも知れません此の點は豫め御諒承を願ひ度いと

同時に又議會の貴族院諸彦の御寛容を願ひ度いのでございます

……◇……

問題の内容に入りまして只今極種重要なる點に於て御質問がござりました、この議會開會當初に於いて、いや失禮、林内閣が成立の當初に當りまして議會において既に外交の方針の大綱につきまして御説明がござりました私は新任この方、右方針につきまして外交の繼續性を保たせて行きたいと云ふ風に考へてをります、と申しますのは林首相兼外務大臣の御説明の大體の範圍におきまして從前、前内閣のとりました外交方針を再び檢討してその中で繼續性を保たせ得るものならば私はそのまゝ續けて行き度いと思ふ、何故かなれば政府が變るたびに前内閣が樹てた方針をその根柢から覆すといふことになれば單に国内において國民そのものが去就に迷ふのみならず外國から見ても日本政府の態度に種々等變化が起るのを見ましては決してその國に對しつまり日本に對して安心して交渉をすると云ふことが出來なくなると思ふので私は出來るだけ繼續性を持たせることに努力したいと思ふのである

……◇……

但し事態が常に變化して參りますのでその前内閣の方針等につきましても十分の檢討を要するといふこともまたやむを得ません次第で而して、後現在の狀況に合はずまた將來も多少の變更を加へて實施する方がよいといふことに意見が纏りました場合には止むを得ず只今の繼續性に對しまして除外例を設けねばならぬと云ふ風に考へてをりますかういふ見地からいたしまして私は只今の御質問に出來ますだけ御返事を申上げたいのでありまするが何分にも先程申しました様な事情で就任以来まだ日も淺く省内の意見も十分に取纏めていない問題が多々御座りまするし又閣僚諸君とも十分に打合せを遂げて居らないので從つて私の説明は遺憾ながら本日では極く大體の點で御説明を申上る外ないので御座います、その點予めお含みを願ひます

……◇……

ただいまの大河内子爵のお話の根本はこれ程國民の負擔を増加させると云ふ風になつて來たのは從來の外交そのものが、宜しきを得なかつたに因るのであると云ふお話でございます、私は果してこれ迄外交の方針が宜しきを得ず若しくばその實行に當つて機宜の處置を缺いて而してその結果世間がこれ程不安になつて來たと云へるかどうかと云ふ事につきまして私は可成りの疑問を持つて居ります、これは何も私は前内閣の方針を茲で辨護すると云ふ地位に立つて居る譯でもなし、またその義務もない譯でござりませうが、併し極く常識論から考へて見まして外交と云ふものが果して何等の困難なしに何等の傷害に逢着せず極く順調にのみ行き得るものと考へるのは之は誰しも非常な冒險的な考へと申す他ないと思ふのでありまして、皆様も御同感の事と思ひます私は外交の問題につきましては常に紆餘曲折若しくは非常に大きな傷害に突き當りまして或る場合には停頓し或る場合には全然進路を見出すことが困難となる場合に逢着するといふ事は決して珍らしくないのであります、而して種々の困難に遭遇し或時は全然行詰りになつたかのやうに見えるその中に再び打開策を講ずるといふ事の爲に全力を舉げるといふとも當然必要なことであるし又度々繰返へされて今日まで來つた事であります

外交には常に相手方があるといふことを忘れてはならぬのでありますからこれは何にも私は珍しいことを申上げるのでも何でもありませんが然るに動もすれば國内の議論が強硬意見が行はれたりする場合はやゝもすれば相手の方があることを忘れ勝ちで、その注文がいかなる形式によるとも亦程度があることでそれは十分に強くさへ相手方にぶつかつて行けばそれは物事が解決され我の滿足を得ることも困難でないと云ふ風に屢々思はれるのであります今日の世情は困難で國際關係の不安の直接原因が全部外交にあるといふのは少し酷である、今日の不安には多くの原因がある對ソ關係に於て、彼が帝國と握手を希望していたのに帝国は之に應じなかつたために兩國の關係が不安になつたとの大河内子の御説について御答へする、兩國最近の關係は可成りの曲折があり、ソ國が必ずしも敵意を有しない事を證示する事實もあるが、既往の事實をかれこれ云つても問題の解決にはならぬ、要は現實の事態の解決方式を求めることで、前内閣も色々やられたが、私も更に何等かの方針を付け加へて兩國の親善を取り戻し度い、たゞ一つ危惧する問題はソ聯邦内に國際共產黨の存在してゐることである、各國が獨立してゐる以上、他國の組織等に干渉する權利のない事は明かでソ國に對してもこれは同樣である、しかしその國の中に世界革命を目的とする有力な團體の存在を容認する事は種々の疑惑不安の原因となつてゐるソ國政府の要人は同時にコミンテルンの首腦者にして兩者は同政府の云ふ如く別個のものとは考へられず、不可分のものと思ふ外はないかくの如き狀態の下において兩國の關係が困難になるのは已むを得ないもので此疑惑不安が無くなる時代があれば、その時に國交の改善は期し得られるのであり普通に考へれば假りにソ國がかゝる團體の存在を許さず或は同團體を國外に出す事になれば兩國の關係は明朗性を増すものと考へる、之が果して實現性があるかどうかは知らないがかゝる新事態の發生こそ好ましい事である第二の對英關係につきこれまた最近の過去において英國側より日英提携を希望してゐたのに日本がこれに應じなかつたとの御説であるが日英親善は我官民一致の方針である、近年不幸にして兩國間に種々の誤解困難があつた、それは第一は支那問題第二は經濟問題、第三は北支問題である日本が滿洲北支那に勢力を伸張するに連れ英國は南支の權益についての危惧の念を深めている

"骨を埋むは日本"

トルストイの遺児再び来朝

厚き人情が忘れられず 交友へ切々の書信

〔三・九 報知〕 ＝ロシアの文

（七）第二十九军逃亡士兵和保安队袭击伪满警察署

资料名称：二十九軍逃亡兵と保安隊満洲国（大庄户）警察署を襲撃　日満警官十一名を殺傷

资料出处：新聞集成《昭和史の証言》第十一卷，本邦書籍株式会社 1985 年発行，第 233 頁。

资料解说：本资料是 1937 年 5 月日本媒体报道，谓第二十九军逃亡士兵和保安队袭击了延庆方向的伪满洲国警察署，杀伤日伪警察 11 人。

ンブルグ号の惨事の原因は今のところわからぬが航路上の重大な欠陥ではなく、ごく小さなところにあること、想像される事件の真相調査の上迅速に本事件の解決にあたることになつた

二十九軍逃亡兵と保安隊
満洲国（大庄戸）警察署を襲撃
日満警官十一名を殺傷

〔五・八　東日〕最近察哈両省内の停戦地区内において廿九軍の一部逃亡兵が保安隊と合流し大胆にも満洲国領土内の警察署を襲撃して武器弾薬を奪取したのみならず日満警察官合せて十一名の死傷者を出すに至つたといふ北支近来にない不祥事が勃発し日満支親善の使命を帯びる冀察当局者をして極度に狼狽せしめてゐる、

事件の発端経過は察哈両省主席兼百四十三師長劉汝明氏の部下独立歩兵四十旅長夏子明が先ごろ免職されたことに端を発しこれに不平を抱いてゐた夏子明が停戦区内の永寧城に逃走しかねて諜し合せてゐた保安隊保甲団員等と合流して不逞にも満洲国領土内にある大庄戸（延慶東方）の満洲国警察署を四月卅日、五月一日の両日にわたり襲撃、これを占領し武器、弾薬を奪取したのみならず、この戦闘において満洲国側は本田警査及び満警六名の死者と谷警長及び満警三名の重傷者を出すに至つた

急報に接した四海保駐屯の満洲軍の一隊は五月四日仏暁大庄戸警察署を占拠せる支那兵を攻撃して同署を完全に回復するとゝもに支那逃亡兵を満洲国領外に撃退するを得、目下国境の警備に当つてゐるが同戦闘において支那兵は死体三個を遺棄した、本事件を接受せる在北平のわが陸軍機関は六日冀察綏靖公署主任宋哲元氏に対して北支に特殊の関係を有する廿九軍の一部兵士がしかも停戦地区の保安隊その他と合流して満洲国警察署を襲撃し多数死傷者を出す等不祥事は事の如何を問はず誠に遺憾なる事実としてこれが速かなる善処方を要望する旨を述べ満洲国側とよく連絡をとつて冀警当局の今後の態度を厳重注視してゐる、目下宋哲元氏は母堂七十二回の誕生祝ひのため天津にあり当該責任者たる劉汝明首席も天津にあるが、劉氏は急遽任地張家口に帰還して

日本全国に「速達」
定期航空でスピード

〔五・八　東朝〕逓信省では、料金値上増収の一部を割いて郵便制度の拡充に宛てる事となり、今度従来東京、名古屋、大阪、神戸等小数の特定地域内に限つて実施されてゐた所謂ブロック・システムの速達便制度を定期航空を利用して全国的に拡大、しかも今迄の市内速達と同じ料金を以て北は北海道から南は九州に至る内地間何れの地からでも希望の場所へ速達郵便を取扱ふといふスピード時代に相応しい「全国速達郵便制度」を早ければ六月一日から遅くも七月一日から実施する

「青いポスト」でお馴染の「航空郵便」も書状郵便に関する限り廃止となり速達、航空、別便配達の三種を統合して単に速達郵便と名称が改まる事になる

この改善によつて仮りに東京から九州福岡へ速達を出す場合、有封でも葉書でも普通郵便料金の外に速達料八銭（従来の航空郵便は普通料金の他に封書十五銭、葉書十銭）を貼りさへすれば、直ちにこれを飛行便で福岡へ空輸、其処から更に別扱ひで受取人の手許へ速達する訳で、定期航空路をはなれた場所であれば、最寄りの飛行場まで飛行機を利用する事になる

しかもこの速達は「即日配達」といふのが原則となつて居り、来る六月一日、日本空輸会社の日満連絡急行便実施に伴ひ全般的に改される空のダイヤグラムも此所正力点が置かれる筈で、例へは福岡から速達を出せば、仙台まではその日の中に配達出来るといつた工合で、これが若福岡から北海道札幌への場合は実際問題として即日配達は不可能なので、第一日目は仙台まで送り、翌日更に飛行機で札幌へ送る事となる

革新政策実現を期し陸軍・林内閣を指導
政局動向に重大示唆

〔五・八　東朝〕四面楚歌の林内閣の前途にとつて軍部特に陸軍の態度如何はその運命を左右する重要なる鍵として各方面から深甚なる注目をひき殊に杉山陸相就任以来政局に関しては努めて沈黙を守り寺内陸相時代に見られた様な活発な発言がなくなつただけに陸軍の動向を中心に政局について各種各様の観測が行はれてゐるが陸軍としては年来の主張たる広義国防方針を微塵も変更せず、この方針に則り革新政策を実現せしむることを目標として林内閣を指導せんとしてゐるやうである

即ち林内閣が去る四月十日発表したところの新政策八項目の中には陸軍がかねて要望し来つたもの例へば政治の刷新、軍備の充実、国家総動員的準備、社会政策の徹底と国民生活の安定、産業の総合的振興その他の重要政策が織込まれてをり、これらの政策が漸次具体化して実現される時には陸軍終局の目標たる国防国家の建設に向つて行くものであつて、これ程明確なる政策を掲げた政府はいまだかつてないのであるから、陸軍としては林内閣がこれらの革新諸政策を実現せんことを切に希望し、杉山陸相は入閣以来今日まで機会ある毎に林首相に対して革新政策の実現を督励し来つてゐる

而して杉山陸相のこの態度は今日も変つて居らぬでいはば政策を中心に林内閣を指導せんとする

（八）宋哲元的「三明治」策略

资料名称：サンドイッチの原理

资料出处：寺平忠輔著《蘆溝橋事件——日本の悲劇》，読売新聞社 1970 年版，第 30—31 頁。

资料解说：本资料记录了宋哲元为躲避平津两地日军的纠缠，在天津高调为母亲祝寿，随又送母返乡，并借口「修缮祖坟」、「疾病疗养」，避走山东乐陵一个多月。日军将宋哲元这一躲避策略称为「三明治」策略。

れ、金泥銀泥色とりどりの対連《トイレン》が、ホールの壁全面を埋めていた。文武百官が相ついで自動車で乗りつけて来る。宋哲元総帥の母堂、七十二歳の誕生祝いがいとも盛大に行なわれている最中である。

ホールの真ん中、一段と高いところには、総帥の母親、白髪の老婆が中国の慣わし、深紅のかんざしを頭に飾り、身には金銀ちりばめた豪奢《ごうしゃ》な衣服を纏《まと》って、参賀の群臣に満面の笑みを投げかけていた。大兵肥満の宋哲元は、その傍に眼を細めて、かしずいている。人目には宋哲元この時の心境は、人世至上の満足感に浸っているかのように見えたかも知れないが、内心は——英雄の心、乱れて糸のごとし——の焦燥感で一杯だった事を知っている者は少なかった。

彼はこの日、この式典が終るとすぐ、車をとばし故郷山東省の田舎、楽陵に向かった。郷里に落ち着いた彼が北京や南京の諸機関に発した通電には、「先祖の墓参のため帰郷」という言葉が述べられていた。ところがこの墓参りが二週間たっても三週間たっても終らなかった。そのころの北京では、「宋委員長はいったい何時、北京に戻って来るのだろう」という話題ばかりで持ち切って

サンドイッチの原理

昭和十二年五月五日、天津英国租界《そかい》、冀察政権の倶楽《くら》部《ぶ》、進徳社《しんとくしゃ》では、花輪や花籠《かご》が所狭いまでに飾りつけら

いた。そこに「また二週間ばかり延びるという電報が、昨日天津市長のところに入ったそうだ」という噂《うわさ》が立ち始めた。冀察政務委員会にもたらされた電報によれば「墓参」の名目が今度は「墓の改修」に切り換えられた。

蒋委員長自らが宋哲元に対し、北京帰任の督促電報を発するまでになってきたが、今度は「病気療養」という名目に改められ、さらに一ヶ月という長期にわたる休暇申請が返電された。だが彼は北京、天津から見舞い客が訪れると、床にもつかずピンピンしていて、つれづれのあまり、だれも彼もを、長い時間引きとめて話にふけるのが慣わしだった。この事は私が陳覚生から聞いた直話だから間違いはなかろう。公然の仮病だったのである。

サンドイッチは両面から押すと、中身のハムやサラダが外の方へとび出してしまう。宋哲元が政治の中枢北京を離れ、楽陵にとび出して行った経緯、それは全くこのサンドイッチの原理と同じだ。宋哲元は、「とどまって憂《うれい》を見るより逃避するに如《し》かず」と、彼一流の逃避行をきめ込んだのである。

（九）石友三阅兵

资料名称：石友三軍を閲兵す

资料出处：寺平忠輔著《蘆溝橋事件——日本の悲劇》，読売新聞社1970年版，第36—38頁。

资料解说：本资料为寺平忠辅回忆自己在卢沟桥事变前同石友三的往来情况，及参加检阅石友三军队等活动。

石友三軍を閲兵す

翌日、私は機関長に伴われて挨拶《あいさつ》回りのため、その名もいかめしい鉄獅子《ティエシーズ》胡同《ホートン》の、北京進徳社に、冀察の総帥宋哲元将軍を訪れた。丸二年ぶりの再会である。

彼は六尺豊かな巨軀《く》をノッシノッシと運んで来て、象のような優しいまなざしを私に向け「寺平先生！　今度松井機関長の補佐官として、こちらに来られた事を心から歓迎します。これから大いに仲よくやっていきましょう」その大きな掌で私の手をガッシと握り、幾度も懐かしそうに打ち振るのだった。

小倉の重砲旅団から選ばれて、新たに軍事顧問として着任した、笠井半蔵少佐と私との着任披露の宴会が、日本大使館の大広間で開かれたのは、三月二十六日の夜だった。

宋哲元や秦徳純、張自忠や馮治安、そういった冀察や二十九軍のお歴々が六、七十人、一堂に会したありさまは壮観だった。

冀北辺区保安隊総司令石友三《せきゆうさん》将軍は、私が天津軍司令部にいた当時、桃山街と三島街、背中合せの家に住み、毎日のように往き来して、意気投合、義兄弟の契までかわした間柄だった。だから私の今度の北京着任を、一番親身になって喜んでくれたのは、何といってもこの石友三だった。

彼は披露宴の席上、宋哲元と並んで中国料理のメインテーブルに納まっていたが、宴酣《たけなわ》なるころ、突然立ち上って

「皆さん！　ご紹介申し上げます。新しい補佐官は中国の京劇の歌がとても得意です。今日は着任の披露に併せて、歌の方の披露も一つ、この席上で是非やってもらおうじゃありませんか」

とんでもない事をしゃべり出したものである。われるような拍手と歓声、のっ引きならぬハメに追い込まれた私は、やむなく、昔北京留学時代、辻聴花氏の手ほどきで習い覚えた京劇、「女起解《ニュイチーチェ》」の一節を、西皮快板調《シーピーコワイパン》で歌って責を塞《ふさ》いだ。

日本人、ことに現役の将校が京劇を歌いこなしたという事が、彼等一同の感興をひいたらしい。歌い終ると、あちらからも、こちらからも乾杯攻め、私はこの一曲で、スッカリ彼等の間に顔を売ってしまった。

デザートコースに移ってから、石友三は「私の司令部は今、安定門外黄寺《ホワンスー》の兵営にあります。是非一度見に来て下さい。冀北辺区保安隊八千の兵を集め、あなたに対して敬意を表させます。閲兵をやって下さい」

天津にいたころは亡命生活で、四六時中藍衣《らんい》社の刺客につけ狙われ、邸の周囲には電流鉄条網まで張りめぐらして、手も足も伸ばされなかった石友三である。再び軍界に返り咲いた彼の得意や思うべしである。

こうして四月三日午前九時、黄寺《ホワンスー》の兵営に石友三を訪ね、私は悍威《かんい》の高い石友三の白馬に乗せられた。この馬は二年前、天津の冀北会乗馬倶楽部以来の顔馴染で、かの男装の麗人川島芳子など、しばしばこの馬を石友三から借りて乗り回していた名馬である。私が部隊の最右翼に姿を現わすと、諸隊八千の兵が一斉に「捧《ささ》げ！　銃《つつ》」の号令がかかった。軍楽隊が嚠喨《りゅうりょう》と国歌「君ヶ代」を奏しはじめた。私は度胸をきめ、軍司令官気取り、悠然《ゆうぜん》挙手の答礼をもって酬いた。

石友三は私を導いて総司令部、第一旅、第二旅といった順序で閲兵に移った。続いて分列行進である。式後、司令部の大広間で、営長以上の幹部による、大歓迎宴が催された。

石友三は劈頭《へきとう》「我等の老朋友《ラオポンユー》を、本日ここに迎え得た事に、私は非常に大きな歓びを覚える。我々は今後、寺平補佐官とシッカリ手を握り、東亜和平のため、努力邁《まい》進しようではないか」と挨拶《あいさつ》した。

宴酣《たけなわ》となるに及んで、私はここでもまた、例の中国の歌を所望された。そこで今日は少々趣向をかえ、中国の軍歌を高唱した。この雰囲気《ふんいき》の中には排日もなければ抗日もなかった。九・一八の恨《うら》みなどとっくの昔、どこかに吹っとんでしまっている。

（十）冀察首脑考察日本

资料名称：冀察首脑の日本見学

资料出处：寺平忠輔著《蘆溝橋事件——日本の悲劇》，読売新聞社1970年版，第44—45頁。

资料解说：本资料记录了第二十九军为协调与华北日军的关系，组织部分中坚干部访问日本，以及参观青岛日本海军军舰等活动。

冀察首脳の日本見学

四月中ごろのある日曜日、周参謀がブラリ遊びに来た。二人は特務機関のベランダにテーブルと椅子を持ち出し、コーヒーをすすりながら、思い出話がハズんでいった。その時の話にこんなのがあった。

南苑の第三十八師といえば親日将軍張自忠《ちょうじちゅう》の部隊である。一日司令部で将校の兵棋戦術が統裁され、団を単位とする防禦戦闘が研究題目になった。その時若い将校が一人、席を蹴って起ち上がった。「統裁官、我々は防禦《ぼうぎょ》の研究はもう沢山です。それよりもっと大切な、奇襲攻撃を指導して下さい。この南苑と目と鼻の先にいる豊台の日本軍は、いつ我々に奇襲をかけて来るかわかりません。奉天北大営の前例はもちろんのこと、ついこの間の九・一八の記念日にも、現に豊台の中国軍に挑戦して来たじゃありませんか。我々はすべからく、こちらから逆九・一八を仕掛けるくらいの決意があってしかるべきです」その意気当るべからざるものがあった。

統裁官はこれをなだめ「意見はなるほどもっともである。しかし今日の研究課題は防禦戦闘という事になっているのだから……」「いや豊台を奇襲することは焦眉《しょうび》の急です。今晩もし、日本側から奇襲を仕掛けて来たら我我はいったいどうなってしまいます」「統裁官、私も豊台即時襲撃論に賛成です。逆九・一八をやらなくちゃだめです」

戦術の研究はそっちのけで、将校同志が撲《なぐ》り合い摑《つか》み合いの大乱闘を演じ、数名の負傷者を生じたという。

冀察の総帥宋哲元もこうした空気の緩和には日ごろ少なからず頭を悩まし——中日間の親善提携は単なる口頭禅では何にもならない。お互い身をもってその真髄に触れ、これを体得する事が一番の早道だ——そういった見地から、昭和十二年四月、冀察及び二十九軍の高級幹部十三名に日本内地の実情視察を命じた。

すなわち張自忠を団長とし、張允栄《ちょういんえい》を副団長とする一行は、笠井軍事顧問、愛沢誠通訳生同道の下に、六週間にわたって日本への旅行に出発した。また李文田、張凌雲等中堅幹部数十名は、桜井軍事顧問誘導の下に、約一週間青島《チンタオ》に出向し、同地に寄泊している日本海軍主力艦隊を見学する事になった。

内地組は東京、京都、奈良、大阪をはじめ、各方面で非常な歓待をうけ、両手に持ち切れない程のお土産を抱えて引あげて来たが、そのいずれもが喜色満面、親日気分の醸成には十二分の効果を収める事が出来た。

このメンバーに馮治安あたりが加わっていたら、日本を認識させる上に非常に効果的だったと思われるが、辞退したのか選考に漏れたのか、彼の姿はとうとう一行の中には見られずして終ってしまった。

一方、青島組も、生れて初めて軍艦と名のつくものに乗せられ、艦隊運動や巨砲の操作を見学し、少なからず度肝を抜かれたことは確かである。

ところが青島市長沈鴻烈《ちんこうれつ》が、一夕一行を歓迎宴に招待した。もともと彼は、張学良の旧東北艦隊司令長官の閲歴を持ち、満州事変後失脚して陸に上り、青島市長に納まった男である。したがって日本に対して好感は持っていなかった。

彼は宴会の席上「諸官は本日、日本主力艦隊の威容をご覧になり、とても太刀打ち出来ないという感じを抱かれたかも知れませんが、米英日の海軍力は、一九二一年ワシントンの海軍条約で、主力艦五五三の比率が決められています。米英の海軍はトン数において、また備砲の精度において、日本海軍などの及びもつかぬ強大かつ有力なものを持っています。この現実を、諸官は十分頭の中に入れておかれることが大切です」とさえいうのだった。

（十一）演习的事前通告

资料名称：演習の事前通告

资料出处：寺平忠輔著《蘆溝橋事件——日本の悲劇》，読売新聞社1970年版，第48—53頁。

资料解说：本资料记录了日军在卢沟桥演习前和中方军队的联系情况，意在强调日军演习的合法性。

演習の事前通告

「特務機関ですか、私、旅団副官の松山少佐です。寺平補佐官を電話口までお願いします」七月四日のもう日暮れ時である。明日、軍に提出しなければならない冀察情報月報に筆を入れていた私は、早速ペンを投じて電話にかかった。

「ああ寺平君ですか。僕、松山です。随分暑いですな

あー　北京の夏ってもう少し涼しいものかと思っていましたが、「今日あたりまるでゆだるようじゃありませんか。時に今日はですねえ。ちょっと面倒な事をご相談するんですが……

実は昨日、河辺閣下のお伴をして中国側の宴会に行ったんです。そしたら例の外交専員の林耕宇《りんこうう》がですねえ。今後日本軍が空包を使って演習する場合、とりわけ夜間演習の時には、必ず中国側にあらかじめ通告して欲しいというんです。

これについて特務機関では、どのようにお考えになっておられますか、お教え頂きたいと思いまして……」

私はつい二、三日前、やはりこの問題について当の林耕宇が、私のところに交渉にやって来た事を思い出した。で早速松山副官に

「その事件ですか。これはちょっと問題ですなあ。北清事変の議定書には、実弾射撃を実施する場合には、通報する事になっていますが、空包の場合のことは、何も規定してありません。以来三十何年間、立派にそれでやって来たんですからねえ。

それにあの議定書というものが厳存する以上、これを歪《ゆが》めるような内規をつくることは、列国軍と共同合議の上でなければ、日本軍独自でこれを推し進める事は出来ないんじゃありませんか」

「いや、その点は私もよく考えてみたんです。早速議定書の条項も引っ張り出して、いろいろ研究してみたんですが、ただいまあなたのおっしゃる通りなんです。

ただ、閣下が最近の険悪な情勢を大変ご心配になりましてね、南方の便衣隊が北京方面に入り込んで来たとか、共産分子が裏面策動を開始したとか、そういった情報がひんぴんとしてあがってくるものですから、万一にも日本軍の演習が、中国側の誤解を招くような事になって、そのため事件でも引き起したら、それこそ申し訳ない事になってしまう、といっておられるのです。

そこでこういった通報を、永久に継続する意志はありません。ここしばらく、こうした空気が鎮静するまでの間、臨時の弁法としていわばまあ好意的に、彼等の要求を通してやったらどんなものか、とこういうご意見なんです」

「閣下がご心配になるのもごもっともですなあ。この問題については、一応松井機関長とも相談してみないとわ

かりませんが、私はこれが前例になる事を深く怖れるのです」

「ところが実際問題として、豊台部隊は早速もう、この九日と十日に蘆溝橋付近で中期の検閲が行なわれるのです。これにはもちろん空包を使わなければなりませんし、同時に夜間演習も行なわれるのです。またこの検閲を準備するために、六日と七日は二晩続けて、やはり同じ場所で演習をやります。

しかも閣下は明日、山海関部隊の検閲を視察するため南大寺《ナンタースー》に出張されますので、もし中国側に通報するとすれば、どうでも今晩中に書類をこしらえてしまわなければならないのです」

「じゃあこうなさったらいいかがです。今回に限り、特に好意的にこれを通報する。決して恒例的性質のものじゃない。だから将来これを前例と心得ないようにと、その点、但《ただ》し書きか何かで強調しておかれたらいいかがでしょう」

「どうも林耕宇が余りしつっこくいって来るもんですからねえ。まあそういったような事にでもして、今度だけは一つ通報しておいてやりましょう」

こういった経緯を経て、七月六日、七日、九日、十日の四日間、日本軍が蘆溝橋の原で、昼夜空包を使って演習するという通告が、その晩の中に中国側に通達された。河辺旅団長と松山副官は共に、その翌日南大寺《ナンタースー》に向って出発したのであった。

緊迫した諸情勢

そのころ巷《ちまた》には、殷汝耕《いんじょこう》の冀東防共自治政府が、近く解消されるだろうという噂が、かなりの真実味をもって広がっていた。

冀東としてはこの対策として、あの手この手を打ち始めたが、とりわけ山東匪賊《ひぞく》の大頭目、劉桂堂《りゅうけいどう》一派をそそのかして、まず北京城乗っ取りの策をめぐらした。

機に先んじて宋哲元の地盤をかき乱し、冀察の信望を失墜させる事が彼等の狙いらしかった。現に拳銃を腰に手ばさんだ匪賊達が、三三五五、うさん臭そうな目付きをして、前門《チェンメン》外の旅社にとぐろを巻いていた確証も挙っている。

冀察はこの策動を重要視し、六月二十八日から、北京城内外に非常警戒体制を実施した。そして平素よりはるかに多くの保安隊が、市内の巡邏《ら》をやり始めた。

河辺旅団長は南大寺《ナンタースー》におもむくため、七月五日朝五時、軽機関銃一ヶ分隊を護衛とし、自動車で南苑飛行場に向ったが、北京城永定門を一歩出外れた時、そこに二十九軍の一ヶ連隊が街道上に北面し、至厳な警戒幕を張りめぐらしているのに出会った。

副官は覚えず――しまった。こんなところで非常警戒の真っ唯中《ただ》に突っ込んでしまうとは何たる失態――と思ったが取あえず車に徐行を命じた。ところが意外、中国兵はサッと道を開いて旅団長の車を通し、一言の制止も加えようとしない。

ここから数百メートル走ったところに天羅荘という部落があった。ここでも同様一ヶ連隊の兵が、北面の警戒を担当していたけれど、これまた難なく通り過ぎる事が出来た。

旅団長は車中、副官を顧みていった。

「しばらくここで食い止められるかと思ったが、よくまあ手出しも何もしなかったものだなあ」

「さすがに親日将軍張自忠の部下だったからよかったんです。もしこれが馮治安の部下だったら、全く危いところでございました」

その馮治安が、今度河北省政府のある保定に、新たに外賓招待所というのをこしらえて、どういう風の吹き回しか、陸軍武官今井武夫少佐に、迎賓ナンバーワンの招請状を発してきた。

七月三日、武官は馮治安と列車を共にして保定に向った。車中、馮治安は

「このごろ宛平城の北面の壁めがけて、夜間しきりに機関銃の射撃をする者があって困るんです。それが空包じゃなくって実弾なんです。一応日本側でも、豊台の部隊あたりを調べてみて下さいませんか？」と申し出た。

「そりゃ初耳です。どういう理由か知らないが、一応調べるだけは調べてみましょう」

翌四日、武官はそれを旅団次級副官の小野口大尉に照会した。副官は早速豊台部隊に連絡し、各中隊隈《くま》なく調べたがそんな事実は全くない。そこで五日朝、その事が武官に報告され、武官から馮治安あてに回答が発せられた。

日本軍が好き好んで夜中に宛平城を射撃するなど常識としても考えられないし、ことに実弾使用という事にな

ると、日本軍では射耗報告がやかましいので、そんなでたらめな射撃は出来るはずがない。満州事変の際の柳条溝は、日本軍自らが満鉄線に点火し、爆発させたというのが事の真相だが、いかに逆九・一八だからとはいえ、中国側自らが宛平城を射撃するような芝居、これまたちょっと穿《うが》ち過ぎていて実際問題としては考えられない。武官の脳裏にはこの問題は一つのナゾとして、ずっと後後までも刻みつけられていた。

翌六日の夕六時、またしても今井武官をめぐって第二の不可解な謎《なぞ》が発生した。今度は北京北城の鼓楼西《クーローシー》、陳子庚博士の邸においてである。

その日、博士の招待をうけた今井武官は、開宴前のひととき、博士としばしの歓談に打ちくつろいでいた。博士は元、国務総理靳雲鵬《きんうんぽう》の秘書長をつとめ、国際的な智識が広く、人柄は温厚円満な紳士だった。

開け放たれた客庁の窓からは、夕暮れの城壁がすぐま近にそば立っているのが眺められ、一種哀調を帯びた胡弓《こきゅう》の音が、どこからともなく静かに流れ込んで来るのだった。表の方から突然、一台の自動車があわただしく滑り込んで来た。だれだろう、といぶかっている間もなく、ボーイが名刺を捧げて入って来た。「ただいま石友三将軍がお見えになりました。今井武官に緊急の用事があってお目にかかりたいと申しております」

武官は大倉洋行の林亀喜氏を通訳に石友三と話し始めた。

「突然こういう席にとび込みまして、不躾《ぶしつけ》の段はお許し下さい。実はただいま、蘆溝橋で中日両軍が衝突し、今、盛んに射ち合いを始めております。私は早速部下に命じ、日本軍に対し絶対抵抗してはいかんと言い含めて参りました。どうか日本軍も今後、私の部隊に対しては絶対攻撃行動をとられないよう、直ちに手配をお願い致します」

武官は彼のこの言葉を怪しんだ。もしそれが事実ならば、武官室からとっくに電話で報告が来るはずである。

「石さん、それはどこから入った情報なんです」「これは最も確実な情報です。絶対間違いありません。だから取りあえず武官を探してとんで来たんです」

周囲をはばかってか、出所をハッキリいおうとしないが、先方がそれほど真剣になっているのを、けなしつけるのも礼ではない。確実な情報、といったところで、ど

53　事件前夜の雰囲気

うせデマだとは思ったが、そこはさあらぬ体で「それはご連絡有難う。日本軍は一番親日な石さんの部隊に対し、どうこうするような考えは毛頭持っていません。その点どうぞご安心下さい」

としかるべくあしらった。

石友三は武官と一緒に、前菜、燕窩《えんか》、鱶《ふか》のひれだけを形通り食べ終ると、あたただしく退出して行った。

その晩は何の事なく平穏に過ぎ、石友三のもたらした情報は結局デマである事がはっきりした。しかしそれから二十四時間の後、場所も情況も彼のいった言葉そのまま、それが現実となって現われたのである。

今井武官は考えた——石友三はあの事件に関し、なにか事前企図を知っていたのではなかろうか？　あまりに思いつめてしまった結果、日取りを一日間違えて、あわてて私のところにとんで来たのかもわからない。——それにしても石友三の一語は、不思議といえば不思議に予言じみた言葉であった。

（十二）永定河畔的演习

资料名称：永定河畔の演習

资料出处：読売新聞社編《昭和史の天皇》15，読売新聞社1965年発行，第360—368頁。

资料解说：本资料通过多名参与卢沟桥事变的原华北驻屯军第八中队士兵的回忆，记录了卢沟桥事变之前日军持续进行薄暮及黎明攻击、轻机枪等武器的隐蔽与使用等军事演习，以及日军演习牵动中国守军挖掘防守战壕等当地现场情况。还指出日军持续不断的演习，造成了中国军队的紧张感，抵消掉了此前邀请第二十九军军官访日的「怀柔」效果，两头不讨好。

永定河畔の演習

第八中隊からも何人かの実習要員が参加しているが、その一人、佐藤一男軍曹の話を聞く。

「昭和十二年三月に、われわれの〃豊台部隊〃にも初年兵がはいり、五月末の第一期検閲が終わると、こんどは重点的に『薄暮、黎明攻撃』の演習が行なわれるようになりました。具体的には、薄暮、黎明の時間を選び、兵隊各個が地形を選びながら前進し、一気に日本軍お得意の白兵戦に持ち込むというものです。この演習はきびしく、また夜間やるもんですから兵隊は昼間は休養させられる。そしてまた夕食をとってから演習に出かけるんですが、兵隊が中隊長の意のごとく動かないとストップ。もう一度はじめからやり直しで、きょう日の若い人たちには想像もつかぬ激しさでした。

そうしているところへ歩兵学校の千田大佐、わたしは〃チダ大佐〃と覚えているんですが、この方がこられて訓練を実施したんです。果たして千田大佐が歩兵操典の改正点を説明にこられたのか、わたしたち末端の者にはわかりませんが、当日——いつだったか、はっきり覚えてませんが——北京からも第一連隊の将校多数がこられていたのをよく記憶しています。

いえ、そんなにむずかしい演習ではなく、わたしは第八中隊で軽機を教えていたもんですから軽機の使用法だった。軽機をもって敵と対している場合、この軽機陣地が敵に暴露しないようにするのがねらいで、軽機のまわりに薬っぱをつけたネットを置いてカムフラージュする。射手も同じようにする。これは旧操典ではそれほど重視されていなかったことで、当たり前といえば当たり前のことなんだが、新操典では徹底して要求された点でした。小銃隊の演習もあったと思うんだが、これは覚えていません。演習実施の場所は――、そうです、一文字山ではなくて、そのすこし手前の部落に近い原っぱで、林のかたわらだったような思い出があるんですよ」

同じくこの普及教育に参加した安保喜代治上等兵の話。

「この演習に参加した〝実技部隊〟は、一個中隊ぐらいのかなり大規模のものだったように思う。いえ、一日限りではなくて一週間ぐらいぶっ続けで行なわれたんでした。駐屯軍司令部、第一連隊からも高級幹部が多数やって来ました。わたしたちのテーマは陣地攻撃でした。敵陣地に迫っていくためからだを隠す壕《ごう》を掘るんですが、その掘り方、攻撃の仕方といったものでしたね。つまり新しい防御と攻撃の仕方だったと覚えております。最後は攻撃側と防御側とに分かれる対抗戦もやったように思うが、この演習をやった場所が宛平県城の第二十九軍の目の前でしょう、そこでかなり大がかりに陣地構築なんかやるんだから、この一連の行為は中国側に相当刺激を与えたようです。あの演習をきっかけにして、空気がピンと張ったように思うんです」

話をこの普及演習の指揮者だった千田貞雄大佐（当時、歩兵学校教官）に戻そう。

「普及教育は南満州の各部隊から中国にいる部隊に及ぼしていくというスケジュールで、一か所で二、三日かけたと思う。そして主として面の戦闘体形の組み方、軽機の射撃法というような実技まで指導したんですよ。さて、最後の支那駐屯軍の第一連隊では、たしか蘆溝橋駅ホームだったと思うんだが、ここに将校、下士官を集め、黒板を出して操典の改正要点についての図示説明をやった。その間、付近周囲には中国人がはいり込まないように歩哨《ほしょう》をずっと配置したりしましたなあ。図示説明を徹底的にやったうえで、こんどは実際に攻撃、防御の演習を行なったが、細かいことはもう忘れました。ただ第一連隊長の牟田口大佐、豊台の第三大隊長一木少佐は旧知の間柄だったんで、この教育は大変やりやすかった。

しかしあの現地一帯の情勢は日支両軍の関係がきわめて先鋭化しているから、その点心を配ってほしいと旅団長の河辺少将から念は押されていたんです。だから、わたしとしてはそうした配慮のもとに教育と訓練をやったつもりなんだが——。こうしてわたしが歩兵操典草案の普及教育の全行程をおえ、帰途に着いたのが七月七日でした。

北京から天津経由で大連に飛び、それから船で内地へ向かうコースだったが、北京を出た飛行機が天津上空に来たら雲が多くて着陸できんという。やむなく北京に戻って模様をみていると、そう、二時間ほどして天候回復というんで再び飛び出したんです。そして船に乗った翌日ですか、船中新聞で蘆溝橋における日中両軍の衝突を知った。つい数日前、わたしが演習をやった場所ですよ。愕然《がくぜん》というのか自失というのか、天候が回復せぬまま北京に残っていたらわたしも事件の渦中に巻き込まれたことでしょう。一種不可解な感情に襲われたことをよく覚えています。

それから間もなくわたしは熱河の独立歩兵第十一連隊長に就任したんだが、山西省で作戦をやったときに牟田口連隊長にぱったり会った。すると彼は、

『あなたは日支事変の発端者ですよ』

というから、

『どういうわけだ』

と聞くと、

『あなたがあそこで普及教育をやった。そのため中国第二十九軍は、日本軍がてっきり宛平県城の夜襲攻撃訓練をやっていると誤解したらしいんです』

というんだな。

『冗談じゃない。本気に夜襲をやるんなら秘密のうちに計画、実行するよ』

と話し合ったことがあるんです」

だが、中国第二十九軍はこのときの普及教育演習を、単なる演習とは考えず、かつて日本軍が満州事変において、その発端を突然の夜襲戦（奉天の北大営攻撃）に求めたのと同様の手口と考えていたようである。そしてそれに対応する措置を急ぎ講じたのである。この場面に筆を移す前に、歩兵操典の行方をみておこう。防衛庁戦史室に残されている資料によると、歩兵操典の草案が下達されたのは昭和十二年五月五日（陸普第二五三〇号）であり、陸軍歩兵操典として正式決定をみたのは昭和十五年二月十九日（軍令陸第七号）であった。草案が決定した昭和十二年五月五日という時点をとらえ、二か月後の盧溝橋事件と重ね合わせて、中国軍と事を構えるための戦闘法の改正と考える向きがあるが、それはこれまでにみてきたように、まったく対ソ戦用のものであったのである。

試みに、当時の日本陸軍中央部がいかにソ連陸軍の力、すなわち戦闘能力をおそれていたか、防衛庁戦史室編の「関東軍（1）」からその数字を抜き出してみる。この「在満鮮日本軍対極東ソ軍の兵力推移概見表」は、昭和六年から同十五年までの各年別の師団数、飛行機数、戦車数をあげているが、ここでは日中戦争開始の前年、昭和十一年末のそれをあげる。

▽師団数＝ソ軍一六、日本五（比率三一パーセント）

▽飛行機数＝ソ軍一二〇〇機、日本二三〇機（同一九パーセント）
▽戦車数＝ソ軍一二〇〇両、日本一五〇両（同一三パーセント）

このように圧倒的に数の開きがあり、大隊当たりの火力を比較してみると、ソ軍は自動小銃五四、日本〇、軽機＝ソ軍二七、日本三六、擲弾筒＝ソ軍五四、日本三六、重機関銃＝ソ軍一八、日本一二、大隊砲＝ソ軍〇、日本二、速射砲＝ソ軍二、日本〇、迫撃砲＝ソ軍二、日本〇であった。

この数字から判断しただけでも、日本軍は中国軍と戦端を開くようなことは絶対にあってはならなかったし、もしそのような事態を引き起こすとすれば、それは現地指揮官、ひいては軍中央、日本政府自体が大局観のなさを、自ら告白するにひとしかったのである。

京漢鉄路（道）の小さな蘆溝橋駅を中心に、永定河畔一帯で実施された歩兵操典草案の普及訓練は、目と鼻の先の宛平県城に駐屯する冀察第二十九軍の兵士たちに「日本軍が夜襲をしかけるのではないか」という大きな疑惑をいだかせ、そして、これに対応すべく行動を起こした。日本軍兵士にその姿はどのように映ったか。

まず第八中隊上等兵石川小太郎氏の話から。

「そのころわたしは第八中隊の中隊長付で、指揮班長というのをつとめておりました。われわれの第八中隊は七月の九日、十日の両日、第二期検閲、これは牟田口連隊長がじかに検閲するという中隊にとってすこぶる重要な演習で、六月下旬から七月にはいると、この検閲に備えて連日のように猛訓練が行なわれたんでした。

毎日のように永定河畔のじゃり取り場へ行ったんですが、見ますとね、永定河の堤防の上にだんだん二十九軍の兵隊の姿がふえてくる。白いシャツ姿の兵隊がなにかゴソゴソやっているんですなあ。わたしら『何をやっているのかなあ』と話し合ったものです。

まあ、あとからわかったんですが、堤防の上に竜王廟という、こちらでいう〝おやしろ〟みたいなのがあって、その左方、蘆溝橋の鉄道の鉄橋の間、その間はどれくらいの距離があったか、そこにトーチカが五つか六つあって、そのトーチカを、壕を掘ってお互い連絡できるように作業していたんですねえ。そのための壕掘りやトーチカの修理をしているとは思いませんでした」

同じく第八中隊の佐藤一男軍曹の話。

「じゃり取り場から見ると永定河の堤防は見上げるような高さなんです。そこに二十九軍の兵隊が出て懸命に作業している。なにをやっているのかと思っていたんだが、あとになってわかってみると、堤防上にはジグザグ形に散兵壕が掘ってあり、その壕の前、つまりじゃり取り場の方に向いてコンクリートづくりのトーチカがあった。もっともトーチカはかなり以前につくられたもので、それに土をかぶせて埋めた格好になっていたのを、新歩兵操典の演習、さらに第二期検閲をひかえて各中隊が連日連夜あの周辺で訓練をやる。これはただごとではないと、トーチカを掘り起こしたり、壕の手入れをしていたんですね。トーチカを地上に露出させたのは七月六日か七日ではなかったか。トーチカの位置は堤防の斜面のちょうどなかばぐらいのところにありました。なんでも、大正十三年の奉直戦争（中国軍閥同士の戦い）につくられたもんだそうですが、その真偽はわかりません」

このころ、下士官候補者に選抜されて通州の下士官候補者隊で特別訓練をうけていた第八中隊の一等兵鈴木久義氏の話。

「通州での訓練は通算すると一か月半くらいだったろうか。通算というのは、通州にいる間も第八中隊でなにかと訓練があると豊台に呼び返される。ことに六月にはいるとよく訓練がありましてね、一週に一度は帰っていたと思うんです。ですから昼間は通州でしぼられ、夜はまた豊台でしぼられるというきびしさでした。

ところで、この特別教育には第八中隊から五人のわたしども初年兵が参加していたんだが、七月五日に第二期検閲のため第八中隊への復帰を命ぜられたんです。そのとき教官の仏中尉から『豊台付近は非常に険悪な空気になっている。したがって、そんなことはないと思うが、万一の事態が発生してふたたび諸君とこの通州で教育演習ができないかも知れないから心するように』といわれました。

通州の教官がこういわれるくらいだから、当然連隊の幹部もわかっていたんでしょうが、いま申しましたようにわたしたちは週に一度は豊台に帰っていたから、現地の事情は割合よく知っていたんです。戦友たちが『どうも永定河で二十九軍が壕を掘っているし、この豊台の兵営の周囲にも掩蓋《えんがい》壕をつくり、銃座も設けているんだよ』などと教えてくれる。

ですから五月末にわれわれが通州へ行ったときと、七月五日に帰ってきたときでは豊台兵舎の様子がすっかり変わっているのにはおどろきました。そして七月七日に永定河畔へ演習に行ってみたら、堤防に沿って点々とコンクリート製のトーチカが見えるんでしょう。いつの間にあんなものをつくったのか。わたしども『こつぜんとトーチカが現われたみたいだナ』と感じたのをよく覚えているんです」

豊台の第三大隊と冀察第二十九軍との間にはこのように日を追って切迫感がきわ立ってきていた。だからといって、日本側ではこの事態をそのまま放置していたわけではない。ささやかではあるが、状況回避の試みがほどこされていたのである。その一つは、豊台事件(昭和十一年九月十八日)の突発によって中止になった冀察政権幹部の日本見学旅行の実施だった。これは第二十九軍軍事顧問桜井徳太郎少佐によって企画されたものだったが、こんどは同じ軍事顧問の笠井半蔵少佐が同行して行なわれた。昭和十二年四月だった。

笠井半蔵氏の話。

「日時は忘れてしまったが、ともかく桜のころでした。日本と冀察の間がどうも豊台事件以来しっくりいっていないんで、桜井さんの計画をもう一度実行しようということになりましてね、冀察、および第二十九軍の高級幹部十三人を日本に案内することになったんです。ねらいは、日本のありのままの姿を見てもらい、それをきっかけに日中親善が具体化すれば——ということです。メンバーは第二十九軍三十八師長兼天津市長の張自忠を団長に、日本側はわたしと愛沢誠君という通訳生、それに支那駐屯軍から塚田という中佐が案内役についたと記憶しています。

船で門司に上がり、それから箱根に出て富士屋ホテルにはいったんです。ここに二、三日滞在したのち東京の名所を見て回り、日光へも行ったと思うが、また東京に戻り、続いて京都、奈良、大阪、さらに博多と歩きましたよ。こんどは、〝日本の素顔〟をとっくり見てもらおうというわけですから、堅苦しい軍隊の見学など一切除きました。ですから、かなり〝やわらかい〟所にも足を入れましてね。期間はざっと六週間という長丁場の旅行でした。

わたしの感じですが、張自忠将軍などは〝知日派〟の方だったから、よりよく日本を理解されたようです。だが残念だったのは、反日色の強い三十七師長兼河北省長の馮治安将軍にも是非参加してもらいたかったのに、とうとう同行願えなかったことです。もし、この旅行に馮師長が加わっておられたら日本に対する認識も多少なりとも従前とは異なったんではなかったかと思うんですが——」

この旅行と歩調を合わせて、桜井軍事顧問も、第二十九軍の中堅幹部数十人を案内して青島に寄泊していた日本海軍の軍艦を見学した。桜井徳太郎軍事顧問にはこのときの記憶はもうないが、寺平忠輔大尉の回想はこうしるしている。

「青島市長沈鴻烈《ちんこうれつ》は一行を一夕歓迎宴に招待した。日本に好感を持っていなかった彼は宴会の席上、中国側の見学者に向かって『諸官は本日、日本主力艦隊の威容をご覧になり、とても太刀打ちできないという感じをいだかれたかも知れないが、米英日の海軍力は、一九二一年ワシントン海軍条約で、主力艦五五三の比率が決められている。

米英の海軍はトン数において、また備砲の精度において、日本海軍などの及びもつかぬ強大かつ有力なものを持っている。この現実を、諸官は十分頭の中に入れておかれるのが大切である』と述べた」

日本旅行組の成果に比べ、こちらはアブハチ取らずの感である。

四、事变前的日军动员部署与舆论宣传

（一）关于华北宪兵的任务、时局现状及其对策的讲话案

资料名称： 北支憲兵ノ任務ト時局ノ現況並ニ之ヵ對策ニ関スル講話案

资料出处： 北博昭編·解説《十五年戦争重要文献シリーズ》⑦《支那駐屯憲兵隊関係盧溝橋事件期資料》，不二出版1992年版，第7—98頁。

资料解说： 本资料原稿为日本驻华北宪兵队的赤藤少佐的一份讲稿，对于宪兵队的人员编组、任务规定与时局分析等问题有清楚的说明。尤着重分析了当时的冀东、绥远、山西、山东等地形势，强调从冀察政务委员会动向看来，日本需要采取相应对策。讲稿申述了日军在丰台驻军以及向周边扩大的必要，说明在该地区应采取「决然的飞跃式工作」。

2　北支憲兵ノ任務ト時局ノ現況並ニ之カ対策ニ関スル講話案……………………昭和十二年四月

北支憲兵ノ任務ト時局ノ現況
並ニ之カ對策ニ関スル講話案

赤藤少佐

目次

10

隊

此支憲兵ノ任務ト時局ノ現況
並ニ之カ對策ニ就テ

不肖此ノ度本會同ノ席ニ列スルノ光榮ヲ得マシタニ付キマシテハ此ノ機會ニ於テ標記題下ニ支那駐屯憲兵隊服務ノ實情ヲ御紹介申上ケ何程カノ御參考ニ供シタイト存シマス。

第一、支那駐屯憲兵隊ノ編制及任務

支那駐屯憲兵隊ハ申ス迄モナク内地憲兵隊トハ

一
一二

異リ支那駐屯軍司令官ニ直隷スル所ノ純統帥系統
内ノ所謂軍令憲兵デアリマス
其ノ編制ハ隊長以下八十一名本部ヲ天津ニ置キ
天津及北平ニ各一分隊外ニ一分遣隊ト九ケ分駐所
ニ區分シ圖ノ如ク配置致シテ居リマス（要圖省略）
天津及北平分隊ノ擔任區域ノ境界ハ薊縣、寶坻縣
武清縣、静海縣、大城縣ヲ含ム以東ノ區域カ天津分

12

隊ノ擔任デアリ以西カ北平分隊ノ擔任ニナツテオリマスカ何分ニモ此ノ廣範ナル地域ニ少數ノ憲兵ヲ分散配置シテ居リマスル為分駐所ハ通常二名分隊ニ致シマシテモ僅カニ十數名ト云フ狀態デ服務上實ニ非常ナル手不足ヲ感シテ居ル次第デアリマス

次ニ此ノ憲兵隊ニ與ヘラレテ居ル任務ハ何カト申

シマスレハ之ハ支那駐屯軍勤務令ニ規定セラレテ居リマシテ駐屯地域内ニ於ケル保安並ニ軍事警察ヲ掌ルト云フコトニナツテ居リマスカ先ツ第一ニ保安警察ヲ掲ケテアル所ニ特別ナル意味カアルト信スルノテアリマス

此等ノ任務ヲ遂行スル為ニ北支憲兵ニ與ヘラレタル權限ハ如何カト申シマスレハ保安警察ニ付テハ對

14

象ハ何ト申シマシテモ支那人カ主ニナツテ参リマスカ何ヲ申スニモ外國ノコトテアリマスノテ内地ヤ満洲ノヤウナ譯ニハ参リマセン 結局北清事変最終議定書後ニ規定セラレマシタル驛壓治罪權昭和八年ノ塘沽停戰協定等カ警察執行ノ根據ニナリマシテ憲兵ノ活動カ遙カニ能率的ナルコトヲ必要トスルニ拘ラス其ノ權限範圍ハ誠ニ極限セラレテ居リマスルノテ其處ニ幾多

三

15

ノ支障ヲ生シテ來ル現況テアリマス

軍事警察ニ付テハ法典携行主義ニ則リマシテ内地ト大体変リナクヤツテ居リマスルカ支那駐屯軍ニハ臨時軍法會議カ設ケラレ駐屯軍ノ駐屯地域ハ軍中テアルト云フ建前ノ下ニ一切ノ處理カ行ハレテ居リマス

第二、時局ノ現況

次ニ時局ニ付テ一言申上ケタイト存シマス現在日支

間ノ時局ニ付テハ幾多ノ人々カ各種各様ノ觀點カラ色々ノ觀察ヲ致シマスルカ私ハ茲ニ勤務地ニ於ケル即チ平津地方ヲ中心ニシテノ時局ノ現況ヲ申上ケテ御參考ニ供シタイト存スルノテアリマス

扨テ北支ト申シマスルト種々ノ區分モアラウカト存シマスルカ俗ニ北支五省ナント申シマスル如ク河北、山東、察哈爾、綏遠、山西ノ五省ヲ包含スル地域ト概念セラ

四

17

レテ居ルノデアリマシテ此ノ間ニ蟠居シテ居リマスル地
方政權ハ殷汝耕ノ率ヒテ居リマスル冀東防共自治
政府宋哲元ノ冀察政務委員會　徳王ノ内蒙自治
（閻錫山ノ山西省政ニ付傅作儀ノ綏遠省政ニ付
政府韓復榘ノ山東省政府ノ六政權カアリマスルカ各
政權ハ夫々ニ自己ノ軍隊ヲ持ツテ居リマスルカラ此等
主腦者ハ同時ニ又地方軍閥デアリマス此等ノ各地方軍
閥カ南京政府ノ對日政策及澎湃ドシテ巻キ起レル全

國的ナル抗日風潮ノ間ニ介在シテ複雜微妙ナル動キ
ヲ見セ北支ノ時局ヲシテ端倪捕捉シ難キ複雜サニ
突キ入レテ居ルノデアリマス
以下各政權ノ現狀ヲ簡單ニ申述ヘテ見タイト存シマ
ス

一、冀東防共自治政府

之ハ冀東停戰地區ニ於ケル南京政府ノ督察專員

五

19

テアツタ殷汝耕カ昭和十年十一月南京政府ヲ離
國民黨絶對排撃ノ民衆運動ヲ起シ通州ニ
冀東防共自治委員會ヲ組織シ同年十一月二十
五日冀東防共自治政府ヲ作ツテ自ラ其ノ長官ト
ナリ以テ今日ニ至リマシタモノデ政府ハ秘書處、外
交處、保安處、民政廳、財政廳、教育廳、建設廳
實業廳ノ三處五廳ヨリナリ冀東二十二縣カ之ニ

20

屬シテ居リマス 軍事ニ付テハ冀東地區カ停戰地域テアリマスルタメ正規ノ軍隊ノ存置ハ許サレマセンカ一萬七千名ノ保安隊ヲ以テ治安維持ニ當ツテ居リマス 保安隊ノ編制ハ五ケ總隊アリ各總隊ハ歩兵旅團ノ制式ヲ採リ第一總隊ニハ若干ノ騎兵及砲兵モ配屬セラレテ居リマスルノテ相當ナル戰鬪力ヲ持ツテ居ル次第テアリマス

六

21

冀東政權ハ前ニモ申シマシタル如ク南京政府ヲ離レ國民黨絶対排撃ヲ宣言セル外昨年十一月二十五日冀東政府成立一週年記念日ヲトシテ從來ノ青天白日旗ヲ廢シ五色旗ヲ復活致シマシテ愈々其ノ主旨ヲ明ニシタノデアリマス日本ニ對シテハ絶對親善提携ヲ標榜致シテ居リマスカ　然シナカラ主權ハ何處迄モ中華民國ニアル政治ハ何

22

處迄モ中國人カヤルノデアルト云フ建前ヲ堅持シテ
居リマス從ツテ政府、各縣、各保安隊其ノ他ニ
日本人カ相當數這入ツテ居リマスカ之ハ皆顧問
テアツテ「役人テナイ從ツテ自ラ行政執行ノ權ハナイ
此ノ點滿洲國邊リノ日系官吏ト全ク趣ヲ異ニスル
所テアリマス冀東政府ノ所在地タル通州ニハ
我カ特務機關カアリ機關長カ各縣顧問ヲ指揮

シ且自ラハ政府ニ對シ指導ヲ致シマスルノテ日
本ノ對冀東對策ハ通州特務機関長ヲ通シテ
行ハレルト云フ建前ニナツテ居リマス
冀東地區ハ人口六百萬面積ハ我カ九州ニ匹敵シ
人口モ稠密テアリ北支ニ於ケル最モ經濟力アル
地方ニテ民國二十五年度ノ歳入ハ千二百萬円其ノ外
ニ冀東特種貿易ニ依ル特別收入カ七百萬圓ア

24

リマシテ財政的ニハ比較的餘裕カアリマスルタメ建設事業モ道路ノ改良電信電話線ノ架設自動車交通ノ開設水道ノ敷設等遂次成績ヲ挙ケツヽアリマスルカ元来長官殷汝耕カ蒋介石ト同シク浙江省ノ出身テアリマスルタメ種々ノ情実カラ冀東政府ニ這入ル者カ南方人カ多ク之カ為動モスレハ地方民衆ト遊離スル虞カアリ又動モ木七ハ

八

南方ト通謀スルヤウナ人物ヲ生ジタリ致シマシテ
マタ〳〵中々油断カ出来ナイノデアリマス
又冀察政権ニ致シマシテモ河北省内ノ最富裕ノ地
方ニ冀東ト云フ獨立政権カ出来テ利益ヲ壟断
シテ居ルノハ忌々シイト云フ考カアリ南京政府ト
シテモ五色旗ヲ立テテ中央ヲ絶對排撃スル所
ノ政権ノ存在シテ居リマスルコトハ最モ神経ヲ刺

26

載スル所テアリマスルノテ昨年以來南京政府ハ
頻リニ冀東解消問題ヲ宣傳スルノミナラス裏面
カラ冀東崩壊ノ策謀ヲ廻ラシ冀察政權モ亦
冀東合併ヲ策動スル等相當ニ尼介ナル動キヲ
見セテ居リマシテ之等ノ裏面策動ハ本年ノ三中
全會以後益々活發ヲ加ヘタルカノ感ヲ致スノテア
リマス

九

二、内蒙自治政府

内蒙古、西蘇尼特ノ徳王カ南京政府諒解ノ下ニ百霊廟ニ内蒙自治委員會ヲ設立シタノハ昭和九年三月ノコトテアリマスカ内蒙獨立ノ氣運強キニ鑑ミ之ト對抗スル爲南京政府ハ内蒙各盟旗地方自治政務委員會ヲ組織セシメ從來徳王等ノ獨裁的行動ニ反感ヲ抱キツヽアル伊克昭盟長沙王ヲ主班トシテ德王等ノ内蒙独立派ノ運動ヲ封スルノ策ニ出タノテアリマスカ之カ昨年來有名ニナリマシタ綏遠問題ノ直接原因テアリマス
之ヨリ先一昨年ノ察哈爾事件ノ結果察哈爾省北部六縣ハ内蒙古保安隊ノ守備區域トスルコトニ決定セラレ次テ内蒙古ノ保安隊長タリシ李守信ノ部隊ハ内蒙軍第一軍ト改稱セラ

レタノデアリマスカ徳王ハ李守信軍並ニ新編ノ王
英軍ヲ指揮シテ敢然右ノ策謀ニ對シテ立チ上
リ綏遠、山西ノ軍ト戰ヒマシタカ遺憾ナカラ寝返
ル者カ出來タリシテ一勝一敗豫期ノ如ク戰績進
マス初メ不意ヲ突カレテ占領セラレタ百靈廟ノ
奪還モ出來又中ニ日滿側ノ政策上ノ理由カラ
其ノ援助モ期待出來ナクナリマシタノテ積極的進

攻ヲ中止シ内蒙軍ノ守備地域タル察北六縣ニ矛ヲ收メ境域ヲ固メテ内部ノ整理ニ努メテオリマス現在内蒙自治政府モ德化ニ位置シテ居リマスルカ元來此ノ察北ノ地域タルヤ荒涼貧窮ノ地方テアリマスルタメニコレタケテハ政權ノ維持モ困難ナ程ノ財政狀態テアリマスカサリトテ現在ノ情勢上他ニ發展ノ方法モナク當分日滿兩國ノ援

助ニ依リ政権ノ維持ヲ圖ル外ナイモノト思ハレル
ノデアリマス
徳化ニハ関東軍ノ特務機関カ設置セラレテ内
蒙自治政府ノ指導ニ當ツテ居リマス

三、綏遠省政府

綏遠省政府ニハ茲四年以来傅作儀カ主席トシテ收マッテ居リマスカ彼ハ保定軍官学校ノ出身テアリ多年山西ノ閻錫山ノ腹心テアリ民國十五年山西軍ノ部長トシテ平漢沿線ノ涿州ニ於テ奉天軍ト戦ッテ一躍勇名ヲ謳ワレタ人物テ彼ノ率ユル軍隊ハ第三十五軍兵力四萬實戦ノ経験モ

一二

豐富デアリ訓練モ行キ届イテ居ルトノ事デアリマス
彼ハ日本ニ對スル認識モ相當進ンデ居リ決シテ排日家ト云フ種類ノ人物デハアリマセンカ彼ノ最モ苦慮シテ居ツタ問題ハ德王ノ率ヒル内蒙獨立運動デアリマシテ之ニ對シテハ早クカラ德王ニ反對ノ意志アル伊克昭盟長沙王ヲ中心トスル綏遠省内蒙古各盟旗地方自治政務

委員會ヲ組織セシメテ德王ノ内蒙自治政府ニ對抗セシメ德王ニ呼應シテ綏遠省内ニ出向シタ班禪喇嘛ヲ監置シテ完全ニ外部トノ連絡ヲ遮斷シ逆ニ自分カ班禪喇嘛ノ熱心ナル支持者ナルカ如ク宣傳シテ蒙古人ヲシテ彼ニ弓ヲ引クコト能ハサルニ致ラシメ　カクノ如クニシテ德王ノ運動ヲシテ遂ニ失敗ニ終ラシムル等見事

一三

35

ナル腕前ヲ見セタノデアリマスカ南京政府ハ綏遠事件ノ結果ヲ利用シテ直ニ綏遠ノ中央化工作ヲ計リ三月十五日綏遠公會堂ニ綏遠戰爭陣亡烈士追吊大會ヲ開催シテ南京ヨリ汪精衛初メ多數要人カ參列致シマシテ行ヲ盛ニ致シマシタルカ如キ其ノ一例テアリマスカ彼ハ南京ノ中央化工作ニハ相當不快ノ感ヲ持ツテ居ル趣テ

36

アリマシテ最近我カ関東軍方面ニ秋波ヲ送リ
徳王ノ内蒙軍トモ互ニ境ヲ守ツテ相侵サス平
静ノ態度ヲ取ツテ居ルトノ事テ彼ノ今後ノ動キ
ハ判リマセンカ日本側ノ態度山西ノ動キニ影響
サレルコトカ多カラウト信スル次第テアリマス

四、山西省政府

省政府ノ主席ハ徐永昌テアリマスカ山西省ノ

實權ハ太原綏靖公署主任タル閻錫山ノ手中ニ民國成立以來今日モ依然トシテ握ラレテ居ルノデアリマス一昨年來共產軍ノ蹂躙ニ會ヒ剿共ヲ名トシテ中央軍ノ省内進入更ニ昨年ノ綏遠事件ニ際シ中樞部ニ迄中央軍ニ侵入セラレテ山西ノ中央化、抗日ノ色彩ハ頗ル濃厚トナリ昨年日本人ノ逮捕放逐等露骨ナル排日ヲ継續シタ

ノテアリマスカ西安事變ノ勃發ニ依ル中央軍ノ
省外退去ノ結果山西省ノ排日空氣ハ非常ニ緩和
セラレ太原ニ居リマス特務機関其ノ他日本側
諸機関ニ對スル官民ノ態度ハ非常ニ良シクナツ
タ相テアリマス元來閻錫山ハ無論親日家テ
ハアリマセンカ サリトテ生來ノ排日家ト云フテモ
ナク殊ニ最近ハ関東軍ニ代表ヲ派遣シタリ實

業家ノ訪日視察團ヲ派遣シタリシテ本色氣ヲ見セテ居ルノデアリマス《カニ思ハレマス》

閻錫山ノ率ユル軍隊ハ第十九軍第三十三軍テ兵力約九萬ト稱セラレ彼多年手飼ノ軍隊テアリ實戰ニハ強クナイトノ評カアリマスカ彼ニ對シテハ最モ忠誠ナル軍隊テアルコトニ間違ハアリマセン最近太原テ民衆訓練團幹部ヲ非常ナ熱

ヲ以テ訓練シテ居リマス米《剿》匪救國ノ為ト申シテ
居リマスカ將來ノ動向ニハ多大ノ注意ヲ要シマス

五、山東省政府

山東省政府主席ノ韓復榘ハ馮玉祥ノ下ニ卒伍
カラ身ヲ起シタ者デアリマスカ昭和五年馮玉祥
カ反蔣戰爭ヲ起スヤ蔣介石側ニ加擔シテ濟南
ヲ陥レテ山東省政府主席トナリ爾來中央側ト

一六

ナツテ今日ニ至ツテ居リマス日本ニ對シテハ従来
親日家ノ如ク振舞ツテ居リマスカ實際ニハ親日
ノ行績ハ何モナク（一面）中央ニ對シテモ（近頃）好イ見ニナツテ居
（物テアリマス去ル素面ノ然モ彼ハ見ヲ持トシテ）
リ日和見主義洞ケ峠ノ名人テアリマス最近特
ニ関東軍ニ連絡ヲ取ツテ見タリ日本トノ經濟合
作ニ色氣ヲ見セタリ接近ノ態度ヲ示シテ居
（余リ乾リニナラヌムヤカト思ヒマス）
リマス韓カ最近傳ヘラレル所ニ依レハ突如冀察ヲ

42

辞シテ赴南シタトノ事デ彼ノ済南出發ト同時ニ過激ナル排日運動ガ済南ニ起ッテ居リマス」

彼ノ軍隊ハ第三路軍デ兵力五萬ト稱セラレテ居リマスガ彼ノ將來ノ動キハ今ノ所全ク豫測ヲ許サヌモノガアリマス

六、冀察政務委員會

昭和十年六月察哈爾事件ノ結果日本側ハ當時

ノ察哈爾省主席宋哲元ヲ反満抗日ノ色彩濃厚ナルモノトシテ其ノ轉任ヲ要求致シマシタ處日本ノ要求ハ何デモ聞キ入レル状態ニアッタ當時ノ南京政府ハアッサリト宋哲元ヲ罷免致シマシタノデ南京ノ此ノ意外ノ仕打ニスッカリ腹ヲ立テタ宋哲元ハ其ノ儘プイト天津ノ自宅ニ帰ッテ蟄居シテシマッタノデアリマス　同年下半期北支ニ自治ノ運

44

動カ巻キ起ッタ時ニ宋哲元ノ右ノ事情カ自治運動者ニ買ハレテ宋哲元ヲ主領ニ祭リ上ケ昭和十年十一月冀東政府ト前後シテ出來上ッタノカ冀察政務委員會テアリマス

冀察ト冀東トノ相違點ハ冀東カ南京政府離國民黨絶對排撃テアルニ對シ冀察ハ南京政府公認ノ地方政權テアリ自ラ亦中央擁護ヲ標榜

シテ居ル點テアリマス

機関ノ組織トシテハ秘書處外務處財務處ノ三處ト外交、経済、建設、交通、法制ノ五委會、冀察清査總處カアリマシテ各處ハ行政執行ノ機関テアリ各委員會ハ研究表決ノ機関テアリマス外ニ軍政機関トシテ冀察綏靖公署カアリ矢張リ宋哲元カ主任テアリマス之ハ常設ノ戒嚴司令部ノ如キ任務ト

46

權限ヲ持ツテ居ルノデアリマス　冀察ノ軍隊トシテハ宋哲元ヲ軍長トスル第二十九軍ガ居リマシテ之ハ四ケ師、四ケ獨立旅、二ケ保安旅カラナツテ居リ「第三十七師ハ北平西苑ニ第三十八師ハ北平南苑ニ第百三十二師ハ任邱ニ第百四十三師ハ張家口ニ其ノ他ノ各獨立旅ハ夫々北平近郊ニ駐在シテ居リマス各師長即第三十七師長馮治安ハ河北省

一九

47

主席ニ第三十八師長張自忠ハ天津市長ニ第百四十三師長劉汝明ハ察哈爾省主席ニ又副軍長タル秦徳純ハ北平市長ニ夫々要職ニ就テ居リマス

斯様ノ状況テアリマスカ北冀察政権ハ既ニ其ノ成立ノ初メニ於テ幾多ノ矛盾ヲ包蔵シテ居リマシタ即チ自治ヲ宣言シテ居リナカラ中央擁護テア

リ南京公認テアリ又其ノ首領タル宋哲元自身
各種ノ經緯カラ相當強烈ナル反蔣反國民黨テ
アルニ拘ラス同時ニ又抗日意識ノ所有者テアリ
日本依存ヲ口ニシツヽ一方ニハ常ニ不辱國不喪權
ヲ揚言シテ居ルノテアリマス
政權ノ組成分子モ亦宋ヲ支持スル舊西北系ア
リ舊東北系アリ西南系アリ直隷派アリ南京

二〇

49

直属ノ精鋭分子アリデ頗ル複雑ヲ極メテ居タノデアリマス而モ此等ノ分子カ互ニ相反目シ機微ナル暗躍ヲ續ケテ居ル實情デアリマス此等ニ對シテハ日本側トシテハ北平及張家口ニ特務機関ヲ置キ第二十九軍及各委員會ニハ日本人顧問ヲ入レテ夫々指導ニ當ツテ居リマシタカ昨年來石敬亭、蕭振瀛、劉哲等舊東北系ノ策動家ヲ放逐シ年末ニハ親日家ノ稱アル西南派ノ陳中孚ヲ追ヒ出シ今年ニ入ツテカラハ南京直系ノ戈定遠ヲ罷免シ更ニ戈定遠ノ片相棒テアル雷嗣尚罷免ニ内定シテ居ル等逐次異分子ヲ掃蕩シ今日テハ宋哲元ノ大体意ノ如クナルヤウニ進ンテ居リマス」

最近ニ於ケル冀察政権主脳部　二十九軍首脳

二一

部ノ對日態度ハ如何カト言ヘハ是ハ善クナリツヽアルノタト言ヘルト思ヒマス

例ヘハ三月三十日カラ一週間二十九軍高級幹部二十一名ノ青島日本艦隊ノ見学訪問四月五日カラ冀察政務委員會二十六名ノ日本視察團派遣平津地方支那新聞記者團ノ日本訪問四月二十日カラハ更ニ張自忠以下二十九軍及冀察要人

52

ノ親日計画等所謂日本依存傾向ヲ標示シツヽアル
ノデアリマス又北冀察政権内ノ南京直系人物ノ追ヒ
出最近頻ニ北支ニ侵入潜行シ初メタ南京派遣ノ
C、C團藍衣社等ノ捜索 駆逐等処スシモ南京ニ
絶對服從スルモノニアラサルコトヲ表示シテ居リマス
然シナカラ前ニモ申述ヘマシタル如ク北冀察政権
自体カ存在ノ様式ニモ組成分子其ノ物ニモ非

二二

53

常ニ矛盾ヲ持ッテ居リマスカ故ニヤル事ニモ矛盾カ多イ例ヘハ自治ヲ宣言シナカラ事細大トナク南京ノ指令ヲ仰キ行政ノ合議制度ヲ取リナカラ多クハ宋哲元ノ一言テ事カ決スル南京絶對服従カト思ヘハ時ニ南京系人物ノ追出シヤ中央反對ノヤウナ事ヲヤル日本依存ヲ口ニスルカ日本側ノ言フコトハ中々聞カナイノテアリマシテ最近ノ例

54

テ申セハ北平ノ西南五里ノ所ニ豊台ト云フ所カアリマス我カ駐屯歩兵第一聯隊ハ天津、豊台、北平通州ト云フヤウニ廣大ナ地域ニ分屯シテ居ッテ而モ皆「バラック」式ノ建物ニ這入ッテ居ルコレテハ教育上ニモ衛生上ニモ困ルカラ豊台ニ兵営ヲ作ッテ集結シタイ付テハ兵営ト練兵場ノ敷地ヲ都合サレタイト申込ムト誠ニ結構テス ト云フカ一向ニ實

二三

55

行シナイ督促スルト地元農民ノ反對カ激シイノ
テ之ニハ政府モ困ッテ居ル土地ハ農民ノ物タカラ
之ニハ政府モホト〳〵困ッテ居ルト云フンコテ憲
兵カ調査スルト農民ハ反對所カ土地ノ買上ヲ
極力希望シテ居ル依ッテ此ノ二月ニ地主二百名カ
ヲ敷地買上陳情書ヲ出サセマシタ所カ今度ハ
豊台ハ戰略上ノ要點テコンナ所ニ日本軍ヲ集結

56

セラレテハ誠ニ困ル強イテ兵営ヲ御作リニナラウ
ト言フナラ南京ト交渉シテ戴キタイト言ツテ逃ゲ
タト云フヤウナ次第ナノテアリマス又聴面モナク
冀東政府及察北六縣ヲ宋哲元ノ手テ解消サ
セテ戴キタイ但シ之ハ名前ダケテ良シイノテアツ
テ實際ハ現情ノ変更ヲ必要トシナイノテアル只
我々ノ面子カ立テハソレテ良シイノテアルナトト

二四

57

臆面モナク申出ル有様テアリ二十九軍ノ中堅以下ハ只モウ抗日ノ盲信者テアルト云フ現況テアリマシテ宋哲元以下モ此ノ風潮ヲ如何トモ致シ難ク軍口下ニ迎合シナケレハ位置カ保テナイト云フ状況テアリマス

兎ニモ角ニモ現在ノ南京政権ノ存在スル限リ抗日ノ止ム時ナク妥協モ提携モアツタモノテナイコト

58

ハ明瞭ナ話デアリマスカラ日本トシテハ何トシテモ冀察政權ヲ善導シ醇化シ以テ北支工作ノ據點タラシメネハナラス又カクスヘク軍ノ方針モ指向セラレテ居ルノデアリマスカ果シテ意ノ如ク參リマセウカ不肖竊カニ思ヒマスルニ之カ爲ニハ決然タル飛躍的工作ノ必要アルコトヲ信スル次第デアリマス

二五

七、學生運動ノ概況

支那ハ遠イ昔カラ處士横議之國ト稱セラレ近ク八學匪ナンソト云フ言葉モアツテ學生ノ動キカ社會ノ動向ニ大キナ影響ヲ及ホスコトハ到底我カ國ノ學生運動ナンソノ比テハアリマセン殊ニ冀察地區内ニハ北平ニ國立大學一〇、私立大學九、計一九、其ノ學生總數一萬五千公立中學一五、私立中學六六、計八一、其ノ學生總數六萬天津テハ國公立大學二、私立一、計三、其ノ學生數一千五百 中學公私立計二一、其ノ學生數七千八百カアリ其ノ學生總數八萬四千三百名斯クノ如キ狀態テ北平ノ如キハ宛然學生街ノ如キ觀ヲ呈シ此等ノ學生ハ支那各省カラ集マッテ來テ居ルノテアリマス 從ッテ學生個々ノ利害得失ノ如キハ其ノ出身地方毎ニ夫々異ツテ居ルノテアリマスカ之等ノ学生ノ動キハ概括的ニ申シマスナラハ従来共産系学生運動ト国民党系学生運動トカ交々ニ行ハレタノテアリマス昨年以来人民戦線運動ノ擴大ト共ニ北平学生救国聯合会カ結成セラレ一切ノ学生運動ハ皆此ノ内ニ吸收セラレテ国民党ノ操縦モ加

62

ヘラレ昨年五月頃カラ北支ノ學生運動ハ一糸乱レ
サル統制ノ下ニ行ハレマシタ先ツ昨年ニ於ケル大
キナ運動ヲ拾ヒ上ケマスルト五月ニ於ケル日本ノ
北支増兵反對運動、十月、日軍秋期演習反對運動
十一月綏遠將士援助運動、十二月　綏遠戰勝慶祝
示威運動、蔣委員長脱險慶祝運動等テアリ
マスカ西安事変後ハ學生内ニ人民戰線系ト國

民黨系トノ大分裂ヲ起シ本年一月四日東北大學テハ國民黨系ノ學生カ人民戰線系ノ共產黨分子カラ撲殺セラレルト云フ事件ヲ惹起シ一月九日北京大學ニ於テモ両者ノ間ニ爭鬪ヲ起シテ数名ノ死傷者ヲ生スルヤウナ惨事カアリマシタ此ノ北平學生救國聯合會ハ何時ノ間ニカ人民戰線系ノ共產分子ニ指導セラルヽノ狀態テア

リマシタタメニ冀察當局ニ於テハ之ニ解散ヲ命シ新ニ北平學生聯合會ヲ作ラセマシタ之ハ國民戰線ト呼ハレテ居リマスルヤウニ國民黨ノ指導精神ヲ綱領ト致シテ居リマスルカ舊學生聯合會ハ尚暗ニ存續シテ居リマシテ新學聯ト事毎ニ暗鬪ヲ續ケテ居リ從ツテ學生運動ハ一致ノ外部活動ヲ最近見ナイヤウナ有様テアリマス

本年二月ニ行ハレマシタル三中全會ニハ冀察政権カラハ剿共断行ノ提案ヲ致シマシタケレトモ之ハ蔣介石ノ爲ニ握リ潰シニ遭ヒマシタカ冀察當局ニ於テハ共產黨排撃ノ爲ニ三月十九日清共指導委員會ナルモノヲ冀察政務委員會内ニ組織シ各市縣ニ清鄉局ヲ設ケ四月一日カラ共產分子排撃工作ヲ實施ノ趣テアリマスカラ舊學聯

ノ勢力ハ大ニ削減セラレ新学聯ノ勃興ヲ見ルコト
ト思ハレマスカ昨年ノ如キ一致ノ行動ハ最早困
難テハナイカト思ハレルノテアリマス

八、抗日運動ノ狀況
北支ニ於キマシテハ何處ニ参リマシテモ一般民家
カラ激シイ抗日的言動ヲ受ケルコトハ餘リアリマ

二九

67

センカ然シ新聞ヲ見マシテモ雑誌ヲ見マシテモ全紙面排日記事デ埋マッテ居ルト申シテモ過言デナク殊ニ本年ニ入リマシテカラハ北平ノ如キハ學生ノ多イ所ダケニ抗日印刷物ノ洪水デアリマス多クハ上海南京方面カラ參ルノデアリマスカ北平デ印刷サレタルモノモ相當ニアリマス從ッテ凡ソ文字ヲ讀ム程ノ者ハ多少共其ノ影響ヲ受ケル次

第テアリ殊ニ學生層ニ對スル抗日教育特ニ小
學児童ニ對スル抗日教育ノ如キハ寧ロ気狂
沙汰ト申スヘキ程度テアリマスカラ彼等ノ抗日思
想ハ相當深刻ナルモノテアリ一切ノ學生運動ハ
即チ抗日運動テアリマス 従ッテ北支ニ於ケル抗日
北支ニハ特ニ抗日團体ト認ムヘキモノハアリマセンカ
一切ノ學校即是抗日團体テアリ一切ノ官公署是

三〇

69

即抗日團体ナリト見得ラレヌコトハナイノデアリマス
畢竟深刻ナル排日思想ヲ植エ付ケラレタル學
生等カ卒業シテ官公吏ニナリ抗日態度ヲ執ラ
ネハ其ノ地位ノ保テナイ空氣ノ中ニ置カレルノデアリ
マスカラ官公署ノヤル事カ總テ排日的ニナル軍
隊ニ於キマシテモ精神教育ノ中心ヲ抗日ニ置キ
訓練ノ對象ヲ日本ニ置キ ソレテ軍紀ノ維持ヲヤ

70

ツテ居ルノテスカラ勢ヒ抗日ニナラサルヲ得ナイ
今日トナツテハ軍隊幹部トシテハ心ナラスモ抗日
ヲ叫ンテ居ナケレハ部下ノ信頼ヲ得ス自己ノ地位
ヲ保ツコトカ出來ヌ迄ニナツテ居リマス
ソコテ最近行ハレル排日行為ハ皆學生カ官吏
カ軍人カノ行為テアリマシテ民衆ノ行為ハ十
モナイ本年ニ入ツテカラテモ北平附近ニ於ケル排

三一

71

日不法行為ヲ列挙スルト次表ノ通リ

月日	場所	加害者	被害者	行為ノ概況
一、三一	平綏線北平西直門駅構内	平綏線路警平津清査処派遣兵士	天津居住 上月（商人）	一月三十一日午前六時四十分西直門駅着下車後駅構内ニ於テ平綏線路警並平津清査処派員第二十九軍所属兵士数名ノタメ不法身体検査及携帯品ノ點検ヲ受ク
三、五	平綏線南口駅列車内	列車警乗路警及清査処派遣兵士	張家口居住 中澤達喜	三月五日午前五時三十八分南口駅着ト同時ニ列車警乗路警及平津清査処派遣兵士ニ不法身体検査並ニ携帯品ノ実検ヲ受

72

三、七	綏遠省 包頭	包頭 支那官憲	鮮農 李時健 以下八七名	大正十三年以来土着シ居リタル鮮人農民十五家族（八七名）ハ過般ノ綏遠問題勃発以来該地支那官憲ノ迫害ヲ受ケ遂ニ居住困難ニナリ三月七日北平ニ引上タリ
三、九	西単北街堂子胡胡一二	支那側機関	鮮人 朴海雄	昨年十一月十二日家主忠享道ヨリ家賃一ケ月百五十元敷金七百元手続料二百元計一千五十元ヲ手交シ借家シタルモ一月上旬ヨリ冀察外交委員会市政府警察局等ヨリ何等ノ理由ナク明渡方ヲ要求セラレ三月九日領事館警察署立会ノモトニ

三二

				賠償金二千二百八十四元余ヲ受ケ家主ニ明渡セリ然レトモ家ノ修理費約一千餘元損害ヲ受ケタリ
三、一五	南口	平綏線南口軍警督察処	張家口特務機関長 大本少佐	張家口特務機関長大本少佐ハ北平経由天津ニ赴ク途中平綏線南口駅ニ於テ軍警督察処ノタメ携行品ノ開披ヲ強要セラレタリ
三、一七	右同	右同	北京新聞記者 勾川敏雄	三月十七日午前五時三十八分南口駅着ト同時ニ列車警乗路警及稽査処派遣兵士十数名ニ不法身体検査ヲ受ケ其ノ際殴打セラレ静養三週間ヲ要スル脱臼暴行ヲ受ク

74

三、二二	通州南駅構内	第二十九軍第三十七師第二一七団第二営所属一等兵孫志齊	白築洋行傭人 岩崎勲 川城唯市 田中久男	三月二十二日夜通州駅ニテ駐通日軍兵営工事ニ従事中ノ邦人川城外二名駐通州第二十九軍所属兵一ノ為メ殴打セラレ川城ハ支那兵営ニ拉致セラル

ツマリ北支ニ於ケル排日ハ官憲製排日デアリマス之ヲ民衆ノ間ニ迄限ナク徹底セシメヤウトテ学生ヤ知識階級層デ躍起ニナッテ居ルノデアリマシテ逐次効果ヲ挙ケツヽアル現況デアリマセ

三三

大

以上ノ如キ全國的且狂氣染ミタル抗日空気ト云フモノハ此ノ風潮ノ上ニ自己政權ノ安定ヲ維持シ統一ヲ策シテ居ル蔣政權ノ存在スル限リ之ヲ緩和シ更ニ轉向セシムルコトハ寧ロ不可能ノ問題デアルト私共ハ考ヘルノデアリマス

76

九、北支ノ疲弊

北支一般カ都市ト言ハス農村ト言ハス甚シイ疲弊ノトン底ニアルコトハ從來モ屢々人口ニ上ツタ所テアリマスカ一度北支ヲ旅行スル者ハ詳シイ説明ヲ聞ク迄モナク如何ニ疲弊ノ甚シキカヲ直感スル次第テアリマス此ノ事ハ獨リ北支ニ限ラス中支方面ノ一小部分ヲ除キ全國概ネ同樣ノ狀態

〔三四は原本にて欠〕

三五

77

テアルトノ事テアリマス　本年一月北京新聞ノ報スル所ニ依レハ北平特別市ニ於ケル總人口百六十万中九十五萬人ハ無職者テアルト報シテ居リマスカ正確ナル基礎ヲ欠イテ居ルノテ明テハアリマセンカ大勢ヲ察スルコトカ出来ルト思ヒマス

又本年一月豊台ニ於ケル日本兵営及練兵場ノ敷地問題ノ紛糾シマシタ節憲兵ノ調査シタ

78

所ニ依リマスト地元農民デ無疵デ土地ヲ持ツテ居ル者ハ極メテ少ク大部分ハ二重三重ノ抵當ニ入レテ居ルト云フ事實ヲ發見致シマシタ

租税ノ徵收ノ如キハ數年後甚シキハ十數年後ノ分迄取リ立テラレテ居ルト云フ状態デアリマス

而モ支那ノ如何ナル政權ト雖産業ノ指導開發農事ノ改良等ハ全ク捨テヽ顧ミヌノデアリマシテ

三六

79

經濟ノ萎微農村ノ疲弊ノ如キハ支那全國的ノ問
題テ之カ復興ノ如キハ容易ノコトテナク寧ロ絶望的
タトサヘ見ラレルノテアリマス
支那ノ疲弊カクノ如クニシテ果シテ各要人等ヤ學
生等ノ云フ様ナ對日即時決戰カ出来マセウカ
ソレハ實ハ南京ヤ各政權ノ首腦部カ一番克ク知
ツテ居ルト思フノテアリマス　サレハト言ツテ對支問

80

題ヲ一擧ニ武力テ解決スルトシタ場合此ノ荒
レ果テタル土地ト抗日意識ニ燃ユル無数ノ餓エ
タル民衆ノミヲ受取ツタル日本ハ如何相成ルコト
テアルカ等ヲ考ヘマスレハ單純ニ事ヲ決スル譯
ニハ參ラヌト思フノテアリマス

一〇、三中全會ノ決議

三中全會ハ昨年カラノ豫定ノ會議テアリマスカ

西安事変ノ解決カ長引キ且西安事変ノ善後處理カ議題ノ中心ニナリマシタカ爲ニ宛カモ西安事変ノ善後處理ノ爲ニ臨時ニ開カレタ會ノ如キ姿ヲ呈シタノデアリマス　事實此ノ會議ハ今後ノ支那ノ動向ニ重大ナル示唆ヲ與フルモノト信スルモノデアリマス同大會ニハ西安事変デ背後ニ受ケタ傷ノ未タ全癒シナイ蔣介石モ押シテ

82

出席シテ西安半月記ナル手記ヲ提出シ事件ノ責任ヲ負フテ辞職ヲ乞ヒマシタカ大會ノ慰留スル所トナリ張學良ノ要求八ケ條ハ之ヲ黙殺スルコトヲ決議シ又同大會ハ主席團ノ提案ニナル赤化根絶決議案ナルモノヲ討議可決シテ中國共産黨ノ存在ヲ容認セス中國共産軍ノ解散ヲ決議致シマシタケレトモ一方中國共産黨ハ三中全會ニ對シ

容共抗日ヲ主張スル通電ヲ發シ其ノ中ニ四ケ條ノ実行項目即「ソヴエート」區ヲ特區ト改稱スル件軍費ヲ支給スル件内戰停止ノ件等ヲ強要致シマシタ

一　三中全會ハ勿論表面上右ノ赤化根絶案ナル決議案ノ外其ノ閉會ニ當ツテノ宣言書中ニ於テモ明瞭ニ中國共産黨トノ妥協ヲ排シテ居リマ

スカ事實ハ三中全會以後ニ於ケル舊東北軍ノ處置楊虎城軍ノ取扱共産黨代表周恩來ト中央政府代表張仲トノ交渉等ニ明ラカニ其ノ妥協ト讓歩ヲ示シテ居ルノデアリマス　勿論之等ノ共産黨トノ妥協ガ一時的且部分的ノ妥協讓歩ニ相違ナイコトハ之ハ國民黨ノ本質南京政府ノ實質ヲ支那資本主義發展ノ役割ニ當嵌メテ考ヘテ

見レハ明ナルコトテアルト思フノテアリマス
ソレヨリモ私共カ三中全會ノ意義トシテ重大視
スヘキハ西安事変中ニ現ハレタ蔣政權崩壞ノ閃ニ
脅エタ南京ノ連中カ此ノ悪夢ヲ拂ヒ除ケル為ニ
全國民衆ノ視聽ヲ只々抗日ノ一點ニ集中スヘク
狂氣染ミタ努力ヲ始メタ點統一ノ為ニ乘ルカ
反ルカノ強氣ニ出初メタ點テアラウト信シマス

殊ニ北支ニ勤務スル私共トシテ聞キ捨出来ナイ點
ハ三中全會宣言書中ニ述ヘテ居リマスル所ノ
「和平ノ望全ク断絶セサル限リ我等ハ平等互恵
領土主権尊重ノ原則ノ下ニ先ツ初歩ノ解決ヲ求
メ匪偽ヲシテ其ノ依附スル所ヲ失ヘシメ主権會
議ニ至ラハ和平手段ヲ以テ紛糾解決可能ノ端
緒ヲ得ヘシ此ノ一事ハ我カ國ニ於テ擧國一致最

四〇

短期間内ニ貫徹ヲ期スルモノナリ」ノ文句デアリマス

情報ノ傳フル所ニ依リマスルト大會席上宣言書カ討議可決セラレタ時ニハ右ノ匪僞ト云フ字句ノ上ニ尚冀東冀察ノ四字カ挿入セラレテアッタノカ宣言書發表ノ節此ノ四字カ削ラレタト云フノデアリマス

三中全會以後ニ於ケル南京ノ動キニ見マシテモ被等今後ノ對日工作カ北支ニ全力ヲ指向シテ来ルテアラウト云フコト殊ニ冀東冀察察北六縣ノ解消ニ大童ニナルテアラウト云フコトハモウ明瞭ニ考ヘラレル所テアリ之カ為各種ノ謀略カ行ハレルテアラウコトハ想像ニ餘アル所テアリマス現ニ冀東冀察地区内ニハ多数ノ藍衣社員

四一

89

C、C團員カ入リ這ンテ居リ冀察側機関ニ発見セラレテ追ヒ出サレタルモノ本年ニ入ツテカラ既ニ二十数名ニ及ンテ居リマスカ尚續々増加ノ傾向ニアルノテアリマス

第三、對策

以上述ヘマシタカ如キ時局ノ現況ニ對シテ如何ナル策ヲ講スヘキカ理由ヲ省略致シマシテ直ニ結論ノミヲ申述ヘマス先ツ方針トシテ南京政府トノ妥協ハ無益テアル只管ニ北支政權ヲ強化シテ之トノ提携ヲ促進シ冀東冀察ノ取消ハ絶對ニ排擊スルノカ爲ニハ國力ヲ賭スルモ辭セス決意ヲ明ニスヘキタ

四二

91

ト信シマス
以上ノ如キ方針ニ基ツク對策トシテハ中央部ノ大経
論ニ待ツヘキコト、現地出先ノ機関カノ努力トカ相
一致セネハナラヌノテアリマス
一、中央部ノ経綸
1、満洲國内長城線ニ強大ナル武力ノ集駐
2、察北内蒙古ニ強力ナル皇軍ノ駐屯

92

3、青島ニ強力ナル艦隊ノ常駐

4、冀東、冀察、山東ニ對スル経済提携ト財政的支援

5、冀察政権内部ノ機構ヲ改革シ各委員會ヲ廢シ南京政府派遣ノ人物ヲ一掃シ有力ナル日本人多數ヲ政府顧向ニ入レ宋哲元ノ独裁力ヲ強化ス

四三

93

６、日本内地ノ實業團体若クハ農業組合等ヨリ多数ノ産業指導員及農業指導員ヲ北支地方ニ入レ政策ニ一切觸レシメス専心指導ニ任セシメ實利ヲ挙ケシム其ノ間日本人カ眞ニ中国人ノ味方ナルコト南京政府ノ欺瞞宣傳ヲ逐次体得セシム

７、各省間ノ一致結束ノ増進

二、現地出先機関ノ對策

1、天津軍関東軍在支外交機関トノ連絡ヲ緊密ニシ常ニ一致團結ノ鞏化ヲ圖ル

2、天津軍内部ノ結束ヲ鞏化ス

3、駐屯部隊出動ノ態勢ヲ常時整備ス

4、諜報網ノ擴大ト連絡統一ヲ鞏化ス

5、冀東冀察ニ日本ノ眞意ノ普及徹底ニ努ム

四四

6、冀察内部ノ改組ニ協力ス
7、北支支那人ノ日本視察團特ニ農村知識分子ノ日本派遣ニ努力ス
8、北支在留不良内鮮人ノ粛清轉向ニ努ム
9、施療其ノ他住民ノ愛護日本ノ實情宣傳
三、特ニ駐屯憲兵隊ノ對策
1、日本ノ無侵略ノ眞意ノ普及宣傳

2、住民ノ愛護

3、非合法手段ノ抑制

4、憲兵ノ充實 裝備ノ充實

5、諜報網ノ擴大強化ト統制ヲ圖ル

6、不良内鮮人ノ取締

7、支那側機関指導力ノ強化

8、藍衣社員 C.C團員ノ彈圧

四五

97

9、冀東保安隊ノ監視
10、第二十九軍ノ監視
11、英、米、蘇機関ノ活動監視

（二一）华北宪兵的任务与改组方案

资料名称：北支憲兵ノ任務ト改組案

资料出处：北博昭編・解説《十五年戦争重要文献シリーズ》⑦《支那駐屯憲兵隊関係盧溝橋事件期資料》，不二出版1992年版，第99—113頁。

资料解说：本资料记录了卢沟桥事变前夕日本在华北宪兵队的改组方案、配置情况与任务调整。其主要任务是执行驻屯军命令，协同维持驻地安全，收集相关情报，镇压抗日力量，防范各种抗日活动。

3　北支憲兵ノ任務ト改組案……………………………（昭和十二年・月不詳）

陸軍

北支憲兵ノ任務ト改組案

憲兵大尉　菅井豊文

99

北支宣邑号ノ任務ト治安情勢ニ就テ

100

一、北支憲兵ノ任務

支那駐屯憲兵隊ハ主トシテ
北支憲兵ハ支那駐屯軍駐屯地附近及全停
戰地域内ノ保安並軍事警察ヲ掌ルヲ
任務トシテ居リマス（別図）
而シテ軍駐屯地ハ北平ヨリ山海関ニ至ル
延長約四百吉ニ及ブ北寧鐵路沿線ニシ
軍ハ
分屯
アリマシテ目下約十ケ所ニ散在シテ居

陸軍

101

リマス又停戦地域トハ昭和八年五月（注二

関内作戦ノ後塘沽停戦協定ニヨッテ

定メラレマシタ九州大ノ（一六八）特殊地域テアリ

マシテ大体ニ於テ北平、天津（含マス）以北

萬里ノ長城以南ノ地区テアリマス

（以上注一九二ノ地域

即チ北支憲兵ハ前記地域ニ於ケル保安

並軍事警察ヲ主掌スル為

(一)軍隊軍人軍備ノ保護ト皇軍ノ威信

擁護

(二)警備並作戦資料ノ、情報ノ蒐集

(三)中國（及分子）軍隊並特用要人ノ動向

(四)北支攪亂的策謀特ニ共産運動ノ諜

報（遏）警防及彈圧

(五)軍機國交ニ關スル各種策謀ノ諜報警防

陸軍

ヲ服務主目標トシテ居リマス

二、編制及配置

目下隊長以下八十一名テアリマシテ本部ニ二十八名（各部将校以下五名ハ本部勤務者十名ヲ含ム将校以下十七名ヲ以テ特高課ヲ編成シテアリ）天津分隊ニ廿四名（本部勤務者ヲ除ク）北平分隊ニ十六

名山海関分遣隊ニ五名其他鐵道沿線九
分駐所ニ各二名ヲ配置シテ服務シテ居リ
マス
三、現在ノ服務状態
編制配置概ネ前述ノ如クデアリマシテ
天津、北平ノ如ク比較的多ク集結シテ居
ル所ニ於キマシテモ内地ニ於ケル小分隊

陸軍

他ノ人員デアリマシテ
人員ニ過ギズ 庶務、當直、留置人監視
（留置人ハ常續的ニ十數名アリ）軍司令
官護衛 列車警乗等固定的勤務要
員ヲ除ケハ外勤ニ充當シ得ル人員ハ殆
ント皆無ニ等シク、尤一部ニハ特高課長以下十七名
又ノ特高課ハ編成シテ居リマスカ退テ
北支ノ現状ニ
ナラヌ渉外事故續發スル為當地方ニ於

キマレタハ甚ダ方ニ振向ケネハナラヌ事
ハ種族ノ性質ノ複雑ナルニ基因致シマス
多ク紛糾シタル軍事警察ノ仕事モ忠ニ奔
命ニ疲レテ居ル様ナ状態デアリマス
況ンヤ兵力二名ノ各分駐所ニ至リマシテ
ハ全ク議論ノ外デアリマシテ言語不通、
問題続發ノタメ
勤務ノ危険性大ナル隔地ニ於テ行動ス
三年ヤ張ナ素人ハ手モ足モ出ナイ有様ト申シテ宜シイカト思ヒマス
ル場合ニハ自衛上必ズ二名以上同行スル

陸軍

ヲ要シ甚ノ時ハ思ヲ分離所ヲ空ニ
スル様ナ状態デアリマシテ事件突發ノ虞
要時ニ本部トノ連絡ヲ絶タナケレバナラヌ
事ガ屢々アルノデアリマス
「北支治安ノ現況ニ照ラシ華北ニ於ケル
反日猶分子ノ警防彈壓ハ作戰警備
上極メテ重要ノ問題デアリ從ツテ昨年

五月軍改編ト共ニ憲兵ニ新タニ保安
任務ヲ附加セラレタノデアリマスカ遺憾
ナカラ憲兵現在ノ兵力ヲ以テシテハ日常
發生スル事象ノ處理ニ追ハレ天津、北平
ニ於テスラ積極的活動ヲ爲ス餘裕ナク
隔地沿線停戰地域ノ如キハ全ク反日満
分子ノ跳梁ニ放任シテ居ル様ナ状況

陸軍

ヲ望ミテ居ルノデアリマス」

四、編制改正案

以上ノ理由ニヨリマシテ昨年九月

(1) 積極的警防活動ヲ行フ為ノ特高課ノ充

實

(2) 停戰地域ニ對スル警察力ノ伸暢

(3) 隔地隊所ノ強化

ヲ、改正ノ方針ト致シマシテ別紙ノ如キ改正案ヲ作成シ上申中デアリマスカ何分五月改編ノ直後デアリ其ノ他種々ノ關係カアリマシテ今日俄カニ改編ノ運ヒニ至ラナイノデアリマスカ我々ハ敎〔育〕ノ不足ヲ質ノ向上ニヨリテ極力補フヘク本科ノ使命達成ノ爲日夜努力シテ居ル

陸軍

次第デアリマスカニ於テモ自ラ限度ガアリマスルノデ今般様

御申聞ノ事ハ（先々ノ苦慮ニ因ル慎マサルコトヲ）北支實情ノ特殊ニ鑑ミルコトハ陸軍当局ニ於テ十分ノ

中央部トシテ此点ハ十分考慮ヲ加ヘ居ル（係ノ）ココニ注意ヲ与ヘテアリマス

（治安維持ニ付テハ特ニ致シマシテモ其後ナルモノニ其後援モ致シマス。）

（北支治安ノ維持ハ先ヅ第一ナリマス）

112

支那駐屯憲兵隊編制配置改正案

區分	階級	大中佐	少佐	尉官	特務曹長	曹長	軍曹伍長	上等兵	主計	計手	看護長	鐵路工長	計		乘馬	
本部		一	附佐官一	附尉官二	二（一）	五（三）	一八（五）		一（一）	二（二）	一	一（一）	三四（一七）	三四（一七）	四	四
天津分隊	分隊		分隊長一	附尉官一	一（一）	二（二）	一〇（八）	一二（一）					二八	四六（二九）	七	七
	東站分駐所					一	二（一）	一					四（二）			
	總站分駐所					一	二（一）	一（一）					四（二）			
	東機局分駐所					一	二	二					五			
	塘沽分駐所					一	二（一）	二（一）					五（二）			
北平分隊	分隊		分隊長一	附尉官（一）	一（一）	三（二）	一二（五）	一三（六）					三一（九）	四七（一九）	七	一一
	通州分遣隊				一	一	三（一）	三（一）					八（二）		二	
	豐臺分遣隊				一	一	三（一）	三（一）					八（二）		二	
唐山分隊	分隊		分隊長一		二	二（一）	九（一）	一一					二五（三）	五一（一四）	六	八
	灤縣分駐所					一	二（一）	三（一）					六（二）			
	山海關分遣隊	分遣隊			一		四（二）	四（二）					九（五）		二	
		秦皇島分駐所				一	三（一）	二（一）					六（二）			
		昌黎分駐所				一	二（一）	二（一）					五（二）			
合計		二	四（二）	四（二）	九（四）	二（二）	七四（二九）	五九	一（一）	二（二）	一（一）	一	一七八（七九）		三〇	

備考

一、本表ノ外對共産黨諜報ノタメ軍ノ一機關ヲ保定ニ設置スル場合ヲ豫想シ之ニ若干ノ憲兵ヲ編入スルヲ可トセン
又青島濟南太原綏遠張家口等既設軍機關ニ共産黨藍衣社其他一般諜報要員トシテ各三名宛配屬セシムル場合ハ本表ノ外優秀ナル下士官十五名ヲ必要トス

二、本表中黒書ハ改正人員ヲ朱書ハ現在人員ヲ示ス　（手書き数字は朱書）

三、　印ハ新設ヲ示ス

四、本部ノ人員中准士官下士官ヲ増員シタルハ本部ニ現在特設シアル特高課ノ要員ヲ本部員ニ編入シ天津分隊ヨリノ兼勤ヲ廢止セントスルニアリ

五、本表ハ最少限ノ人員ヲ示ス

（三）操典改订为「对苏」

资料名称：操典も「対ソ」に改正

资料出处：読売新聞社編《昭和史の天皇》15，読売新聞社 1965 年発行，第 344—351 頁。

资料解说：本资料通过当年参战日军士兵的回忆，介绍了增编后的士兵训练情况。日本编组华北驻屯军，其基本任务是控制华北的军事、社会、政治诸多方面，但为转移中国驻军视线，掩饰日军增兵与作战训练目标，日军指挥官反复向士兵宣称，千万别忘记其演习假想敌是苏联而不是中国。但同时也强调，在下一阶段假如与第二十九军发生交火事件，也可以认为当前的敌人就是「苏联陆军」。

操典も〝対ソ〟に改正

第八中隊の兵士たち、すなわち支那駐屯軍《ちゅうとん》の将兵が形のうえでは冀察《きさつ》第二十九軍と〝対峙《たいじ》〟の態勢にありながら、激しい訓練に明け暮れていた対象がソ連軍であったというのは、いったいどういう意味なのだろう。
昭和十一年五月の支那駐屯軍の増強は、関東軍をしてその本来の目的、つまり対ソ戦に専念させるためのものであった。また支那駐屯軍の目的は在支居留民の保護と、北京—海岸間の輸送の確保だった。とすると関東軍の顔はソ連に、支那駐屯軍のそれは中国に向けられていたはずだが、一様に対ソ戦の訓練をしていたというのである。中国軍は日本軍の目からみれば、その実力、戦闘力はそれほど劣弱であり、かりに戦闘状態におちいった場合、まったく日本軍の相手にはならないと見くびっていたためなのか。

こんどは、この点に集約して話を聞いていこう。

当時、初年兵で第八中隊の一等兵だった斧縺聖行氏の話。

「豊台でのきびしい初年兵訓練のさい、上官から口がすっぱくなるほど繰り返して教え込まれたのは『われわれの仮想敵は中国ではなくて、あくまでソ連である。その点を忘れるな』ということでした。前にも話したようにわたしなんか、なぜ駐屯軍が永定河畔で演習をやるのか、その点に疑問を持っていたくらいですから、中国軍に親近感とまではいかぬまでも、悪感情は持っていなかった。だから対中国軍相手の演習じゃなくてソ連相手の訓練ということで、心のどこかにホッとしたものはありました。わたしみたいな初年兵に、中国にいるわれわれがなぜ対ソ戦闘の演習をやっていたか、まったくわかりませんけど、考えてみると、一方では中国軍の実力をみくびり、他方では冀察、冀東は友軍、だからこれとはいくさはやらないということではなかったでしょうかね」

同じ第八中隊の一等兵、鈴木久義氏の話。

「思い返してみると、われわれは豊台に入営したときから対ソ戦闘の教育をうけ、教官から『お前たちがやっているのは対ソ戦闘だぞ』といわれていましたね。それがなにを意味しているのか、当時十九歳のわたしにはよくわからなかったが、少なくとも中国軍を相手にやる戦闘法を習っているんではないことだけは理解できました。

具体的にいえば、敵に向かって歩兵が散開するさいの形がカサを広げたようになる。そしてカサの突端に当たる位置に、軽機が進出するということなんですよ。これを『カサ型散開』というんだが、なぜそれが対ソ戦闘法なのか、当時は詳しくはわからぬまま、その猛訓練をやっていたんです」

同じく一等兵だった福島忠義氏の話。

「記憶ではわたしらが入営した当時は、歩兵の散開はだいたい横一文字にそれぞれ遮蔽《しゃへい》物を利用して拠点を占める横列散開だった。それが五月になってだったと思うが歩兵操典、つまり教科書が書き換えられて、カサ型散開になったんでした。

はじめは赤い表紙の操典だったのが白い表紙になった。この白いというのは歩兵操典がまったく切りかわったというのではなくて〝新歩兵操典案〟だったからでしょう。ともかく赤い表紙のは極端にいうなら明治以来の、つまりドイツの戦闘法にならったもので、白表紙が対ソ戦闘ということでした。だからわれわれは新旧の歩兵操典の切りかえのときで、またひところ企業家の間で〝経営作戦〟の手本みたいにいわれた作戦要務令も、このときその第一部、第二部、第三部がやはり案の形でわれわれの前に出てきたんです。（注＝作戦要務令が正式に決定したのは昭和十三年九月二十九日で、それ以前は戦闘綱要、陣中要務令が使用されていた）

ですからわたしたちは、はじめは横列散開を習って、第一期の検閲（五月末）のときはカサ型散開をやったんです。ところで、なぜわれわれが対ソ戦闘を習ったか。中国軍を友軍とみていたかとはわたしには思えない。雨の降った日なんか、兵舎で教官や中隊長の精神訓話があるんです。そんなとき『昨年九月には豊台事件があった。したがって相手（中国軍兵士）にケンカをしかけられても絶対負けるな』なんて教えられていましたね。

豊台のわれわれの兵舎には中国側に砲口を向けた大隊砲があったし、すぐ裏側には、兵舎を急襲されても裏手の練兵場に脱出できるような壕《ごう》が掘られていました。そういうことを考え合わせれば、日本最大の仮想敵に対する訓練をすれば、すべてに間に合うということではなかったんでしょうか」

この福島氏の話はきわめて重要な内容をふくんでいる。それまで踏襲されてきた歩兵の教科書・操典が、昭和十二年五月に対ソ戦用に改正されたと述べているからである。そして支那駐屯軍にもそれが教育されたという。いいかえれば、全日本軍のからだがはっきりとソ連に向いたということであり、時の参謀本部第一部長（作戦）石原莞爾少将の『わが国の仮設敵はソ連であり、強大なソ連陸軍に対するためには絶対に中国と事を構えてはならない』という思想のなによりの現われと解釈できよう。

だが、中国にあって対ソ戦闘を教育する支那駐屯軍とは、ずいぶんおかしな話であり、その駐屯軍と中国軍の関係は、これまでくどいほど見てきたように、もう抜きさしならぬ爆発点に刻々と近づいていたのである。ソ連に目を向けるあまり、中国をなおざりにした軍中央の施策の誤りは指摘されねばなるまい。それはともかく、支那駐屯軍における対ソ戦闘の教育をもうすこしみていこう。それには、第八中隊からただ一人、操典改正にともなう教育法を内地へ受講に来た兵士がいる。

兎沢正樹氏（当時、上等兵）の話。

「歩兵操典が改正になって、歩兵の散開がカサ型に変わった。豊台の中隊もこの散開の仕方を覚え込もうと演習のたびに輪をかけた。演習のピッチをあげる日本軍の姿を表面だけとらえて見れば、中国軍は『日本軍はなにかたくらんでいるな』と思ったことでしょう。駐屯軍司令部の偉い方々はこの点に留意されたかどうか。それはそれとして、われわれの第一連隊から約二十人の者が選ばれて、北支から豊橋の陸軍教導学校に入れられ、この新しい教育をうけたんです。第八中隊からはぼく一人でして、豊橋に来たのは四月ごろだったと思います。

詳しいことは忘れてしまったが、たとえば操典の改正前なら、兵隊は散開すると、その場にガバと伏せて射撃をすればいい。それがこんどはからだを隠すための穴を掘るんです。向こうには仮設敵が必ず配置される。そう、実戦さながらの演習といったらいいでしょうか。以前は訓練といっても射撃なら射撃だけ、あるいは馬の訓練を中心にやるというように、〝訓練らしい訓練〟を繰り返して兵隊の戦闘の練度を上げていったんですが、こんどは実戦に出来るだけ近づけた訓練ですから、昼間でも夜間でも空包を撃つんです。防御側、つまり仮設敵は、昼間はその位置を示すため旗を振って目じるしにするけど、夜間は攻撃側同様空包を、それも緊迫感を出すため軽機で空包を連射するようになりました。

そして日本軍のお得意は、陸海軍を問わず夜間戦闘ですから、豊台においても六月以降、第一期の検閲が終わってからは、新操典による夜間戦闘教育が盛んになったはずです。しかし、だからといってこの訓練は、決して中国を相手に示威するためのものではなかった。これははっきりしていたんですがね」

もっと具体的に改正歩兵操典を分解していこう。新しい歩兵操典の内容を具体的に知っているのは、官庁でもっとも実務に通じているのが係長クラスであるように、軍隊においては下士官であった。第八中隊で〝最右翼〟の下士官だった第一小隊第一分隊長で軽機関銃の教育責任者佐藤一男軍曹が詳しい。

佐藤一男氏から話を聞く。

「わたしどもが豊台でやっていた教練は、上官の方々から『対ソ戦闘であり、対支戦闘ではない』とつねづね申し渡されていました。ですから中国軍、とりわけ、しょっちゅう顔を合わせる冀察の二十九軍と銃火を交えるなんていうことは一度も考えたことはなかったんです。もし、仮に、次の段階で戦闘状態が発生するとしたら、それはソ連陸軍とであると思っていたんですよ。

ところで、この新しい歩兵操典の主眼は、小隊の火力の充実と、圧倒的なソ連軍の火力をどう防ぐかにあったんだと思うんです。ソ連陸軍の、というよりソ連歩兵の火力の中心は重機関銃でした。重機関銃というのは、本当にタマを連続的に撃ち込む機械で、ふつうタマが発射される音を表現するのに『パン、パン』『パリ、パリ』といいますがこちらは『ドッド、ドッド』と力強い機械音に似ているんですよ。

ですから、ソ連の重機の射撃からいかに身をかわすかが問題になる。まず考えられるのは、それまでの歩兵操典で指示されていた歩兵の散開、つまり横に広がるやり方では重機の掃射にあったら、ひとたまりもなくナギ倒されてしまうわけです。どうすればいいか。横の散開を縦にすれば、そして身を隠すための穴を掘って重機の掃射をかわしたらいい。さらに、日本陸軍の戦闘時の最小単位集団は分隊ですから、これにもれなく軽機関銃を配属し、これを分隊の先頭に置いて敵火力と対抗する。『カサ型散開』というのはこういう考えから編み出されたんだとわたしは理解しています。したがって旧操典では散開の兵と兵の間隔は四歩だったが、より広く、六歩間隔に改められたんです。

前にもお話ししたと思うんですが、旧操典時代の小隊の編成は六個分隊でした。第一分隊から第四分隊までが小銃隊、つまり小銃だけを持つ分隊です。第五、第六分隊が軽機関銃分隊でした。戦闘に当たって小隊長は状況とにらみ合わせて、軽機分隊を前に出したり、横から猛射を浴びせるというふうに小銃隊、軽機隊の機能をうまくかみ合わせて戦ったわけです。そして最終的な白兵戦では、軽機隊はこれに参加しないのが建て前でしたから、敵の火点をたたくのが軽機隊に課された使命といえましょう。

小銃隊は、分隊長以下十二人、軽機隊は分隊長と射手、それに小銃を持つ者が六人で八人編成でした。ということは小隊には軽機二丁が配属され、三個小隊で一個中隊になるから、わが第八中隊には六丁の軽機があったことになりますね。だが近代戦になると、ものをいうのは火力量です。中隊あたり六丁ぐらいの軽機銃ではとてもかなわないということになって、近代戦に即応するように操典が改められた。

それによりますと小銃隊と軽機隊の別をなくし、小銃隊に軽機をまじえた——これが大きな相違点でしょう。それまで十二人編成だった分隊員が十六人に増加された。分隊の数も一、二、三分隊が軽機、小銃を持ち、第四分隊として新たに擲弾筒《てきだんとう》分隊がつくられて加わったわけです。中隊は前と同じく三個小隊編成でしたから、中隊の軽機の数は六丁から九丁にふえた。さらに擲弾筒が火力を強めるというぐあいに、まあ革命的ともいえる改正だったんです。

たしかに数字の上では火力量、戦闘力は飛躍的に向上したんですが、昭和十二年の夏ごろ、数字通りにこの火器が充足されたかというと、残念ながらまだいけませんでした。第八中隊の場合、九丁なければならぬ軽機は従来通り六丁でしたし、一分隊十六人というのも人員が足りなくて、十人あるいは十二人だったと思います。

　これで編成の方はおわかりいただけたと思いますが、では分隊単位の具体的な戦闘法はどうなったか。まず分隊は↑印のように、カサが半開きの格好に散開します。右肩の部分に分隊長が位置し、最先端部のところには軽機の射手、左側のカサの骨のところに二人の弾薬手が配置になるんです。柄の部分は小銃手なんですが、小銃手は状況次第で右にも左にも移動して行くんですよ。小銃手のうち射撃のうまい二人が狙撃《そげき》手になる。のちになると狙撃手には望遠鏡のついた精度のいい小銃が支給されましたが、当時はまだ普通の小銃でした。

　さて、各分隊が敵との距離七、八百メートル程度に近づくと、この狙撃手を前に出して、敵の指揮官をねらって倒す。それまでは分隊長は軽機、小銃隊を温存しておく。さらに彼我接近してその距離三、四百メートルになると、擲弾筒を敵の火点に打ち込み、軽機を出して射撃を開始するんです。こうして敵を制圧しておいて白兵戦に持ち込むんですが、かつては白兵戦には参加しなかった軽機の射手も、軽機に銃剣を付けて小銃手と同じく突撃をやるようになった。この戦闘法をわれわれは『三隊編成』と呼んでいましたね。

　以上が新歩兵操典の概略なんですけど、細かい点をいえば、たとえば、前にこの話の中に出てきた高桑弥一郎上等兵の役割なんかその一つでしょう。彼は小隊長付の連絡係なんですが、これも以前にはなかった。どういうことをやるかというと、つねに小隊長のそばにあってその手足になって動く。小隊長の意思通り各分隊が動いているかどうか、それを連絡するんです。ですからかなり重要な役目で高桑さんの部下として志村菊次郎一等兵がいたんです。

　もう一つ重要なことは、日本軍のお得意な戦法は夜間戦闘です。平たくいえば暗夜を利用して隠密《おんみつ》のうちに敵に近づき、一気に白兵戦に持ち込んで勝つというやり方。隠密ということは絶対に物音をたててはいけません。

足音を殺して、こっそりと敵に肉薄し、あの強力な重機関銃の火点を瞬間につぶすんです。これが以前ですと夜襲をかけるさい、小銃にはタマをこめていったんだが、操典改正で夜襲の場合でも小銃、軽機を問わずタマをこめてはならないことになった。前進するときの緊張でタマこめしてあるととかく暴発させがちでこちらの位置や意図を敵にさとられてしまうわけです。一発の小銃の暴発が敵重機の猛射をさそって分隊どころか小隊、中隊の全滅という事態を招かないとも限らないんです。

昭和十二年三月に入営してきた初年兵たちも、五月の第一期検閲までには分隊単位の戦闘訓練ができるように教育され、六月にはいると、わたしが述べてきたような新歩兵操典にのっとった夜間演習をひんぱんに行なうようになりました。その演習場としては人家のない、そして比較的平坦《へいたん》な永定河畔のじゃり取り場が選ばれたんですが、演習はわが第八中隊ばかりでなく、第七、第九中隊もそれぞれひんぱんに実施しましたね。

これを中国側からみれば、日本軍はなんだか新しい戦闘法で訓練している。しかも夜間演習を毎晩といっていいほど繰り返している。これはなにかたくらんでいるなと想像したことでしょう。こちらは操典が改正になったことを中国側には伝えていないんだから、二十九軍の兵士たちが神経をピリピリとがらせていただろうことは想像にかたくありませんねえ。

あの七月七日夜も、わが第八中隊はこの夜間演習を永定河畔で実施していたんです」——

（四）谋略说满天飞

资料名称：謀略説も乱れ飛ぶ

资料出处：読売新聞社編《昭和史の天皇》15，読売新聞社 1965 年発行，第 368—377 頁。

资料解说：本资料记录了日军在卢沟桥事变之前的「谋略行动的传言」和日军高层的对应活动，包括流传的要制造「第二次九一八事变」等传言问题。

謀略説も乱れ飛ぶ

けわしい北支の情勢は、いろいろな形で東京のいわゆる軍中央にももたらされていた。だが問題はそれらのニュースが果たして〝真相〟を伝えているのかどうかである。つまり、ためにせんがための誇大なものか、あるいは支那駐屯軍や関東軍という特殊なフィルターを通して屈折した情報なのか。もしそうだとすると軍中央の判断は大きく狂ってきてしまう。これを恐れた参謀本部第一部長（作戦）石原莞爾少将は六月（昭和十二年）初旬、北支の実情調査のため陸軍省軍事課課員岡本清福中佐を派遣したのである。

岡本中佐は終戦時中将、スイスの駐在武官としてチューリヒにあってアメリカのアレン・ダレスとコンタクトし、〝岡本・ダレス工作〟という終戦工作を行なった。だが時すでにおそく、工作は成功をみぬまま日本は敗戦を迎えた。その八月十五日、宿舎のアパートで岡本中将は陸軍正装をまとってピストル自殺をとげたのである。そのいきさつは「昭和史の天皇」第二巻〝ダレスの手紙〟の中で詳しく述べたが、それはともかく参謀本部が作成した「石原莞爾中将回想応答録」をみる。

「昭和十一年ないし昭和十二年初め、だいたい(軍)中央部(日中の)時局収拾の可能性につきまして研究を進めておりました時、ある旅行者から『天津軍(支那駐屯軍)の某砲兵大尉参謀の話によると五月、宋哲元と衝突するだろう』といっているという話を聞きました。

それで陸軍省に強硬に申して岡本清福中佐(軍事課課員)に北支を回ってもらったのでしたが、今から考えると参謀本部としてもっと努力すべきで、石原が第一部長として自ら北支にやってもらうべきだったと思います。しかしこの事は蘆溝橋事件とはなんら関係ないと思いますが、当時現地にはこのような若手の気持ちがあったといわざるを得ないのであります。

事件勃発《ぼっぱつ》と戦争謀略との関係は、絶対にないというのが岡本中佐の報告でした。しかしこのような気分のあったことは石原の非常に残念に思った点で、もっと力強い指導が迅速《じんそく》に決行できたならばと思います。(中略)蘆溝橋事件はだいたいそういう状況で北支においては理論的に日支提携を整えて戦争なしに行けそうだという気分の時に起こったのであります」

つぎに同じく参謀本部作成の支那駐屯軍参謀長「橋本群中将回想応答録」を引く。

「竹田宮殿下(この応答録の質問者)　まず伺いたいのは事変の始まる前、現地で戦争謀略か何かあったでしょうか。中央としてはいろいろ心配して岡本中佐を現地に派遣しておりますが。

橋本　岡本中佐は私が種々話しましたので安心して帰りました。その他は何もありません。

殿下　まったく〝デマ〟でありますか。

橋本　相当大きく〝デマ〟がとんで、中央部は非常に心配せられたらしいが、まったくの〝デマ〟です。しかしその〝デマ〟がどういう理由で伝播《でんぱ》したかといえば、当時（支那）駐屯軍を取り巻いている浪人どもが沢山おったので、そういう連中の策動によるかと思います。満州に多勢集まって来ました浪人どもは、満州が片付いて奇麗になった今日では、関東軍の行動を邪魔して（満州事変最中でもよくありましたが）目に余るようになって来る。そのためにそれらを駆逐するようになったので、内地に帰ったものもあるが、大部分は北支へ流れて来て、支那問題その他を提《ひっさ》げてゴロゴロしてこの付近に非常に沢山おったのであります。

それで事変直前にもいろいろ策動する者や各種のものがありましたが、その都度これを弾圧しておったのです。しかしこれは今からみますと、浪人あたりの策動というものが相当に働いて、駐屯軍内部においても支那側に対する諜報《ちょうほう》謀略をやる主任者の内の一部には、それを諜報その他に利用しているために、それらの間に種々な関係を持っておったのでありましょう。

また実際、軍の意見をまとめるまでに幕僚たちの考えとしては、いろいろ個々の意見もあったのでありましょうが、それは駐屯軍としての正式のものでなく、事実においてかくのごとき計画もなんらの準備もなかったのです。

そうした実情は、中央の方面にはなかなかわからんので、中央は心配しまして、駐屯軍は今にも戦争をするのかと（その戦争というのはどの程度のものを考えていたかわかりませんが）いわゆる戦争謀略をやっているがごとく中央は考えておられたようです。

当時、浪人たちの間の考えというものも、対支戦争などというようなものではなく、結局北支の状態を一変する、たとえば宋哲元の政権をくつがえして韓復榘《かんふくく》(北支の軍閥)を持ってくるとか、あるいは閻錫山《えんしゃくざん》(北支の軍閥)をどうするとか、または冀東政権を拡大強化するとか、いわゆる北支工作の過激なる進展を望んでおったと見るべきでありまして、駐屯軍の施策に対し飽き足らない考えを持っていたように思います。

しかし駐屯軍としては廟議《びょうぎ》の決定に基づく対支処理方針(北支処理要綱)を基礎とし、これを遂行するためには当時の冀察政権を対象として施策するを本筋とし、徐々にその実績をあぐるの方針でありまして、必ずしも荒療治をしなければ工作停頓《ていとん》せりとは考えておらなかったのです。

右処理方針の内容は詳細には覚えませんが、要するに北支においては防共、親日、経済開発、経済提携という事を主としてやらねばならんというような方針だったと記憶しております。

殿下　それはいつごろの事ですか。

橋本　これは古い話ですが、私が(陸軍省)軍事課長(昭和九年八月—十年十月)でおりました時から関係省間に研究せられ、その後数次の修正を経て私が(支那駐屯軍)参謀長に行くころにはさらに新しいものが決定せられていて、赴任する前に話を聞きました。これはもちろん平時における政策的のもので、今度の(支那)事変の不拡大方針というものと直接の関連はありません。

後日、戦争謀略うんぬんという実情はまあそんなものです。

結局、取り巻き連中が北支になにか事あれかしと裏面からそれぞれ陰謀をたくらんで策動して、陰謀計画を立てるもの、実際に動いておったやつもあるし、その中には一部幕僚がこれを使っておったという事もありました。

殿下　しかしそのころ、支那に何か事が起こりはせんかという気分はだいたいうかがえたのではないですか。岡本中佐の行ったのは五月ごろだと思いますが。

橋本　岡本の来たのは今でもはっきり覚えております。戦争のことを非常に心配していましたが、私が話しましたらすっかり安心して帰りました。支那における空気が段々険悪になり、ことに西安事件以後は南京政府の抗日がいっそう露骨となり、それが宋哲元の態度にも影響し、北支にも不安の空気が逐次醸成せられつつあったことは事実です」

こんどは支那駐屯軍歩兵旅団長河辺正三少将の実弟で、当時、参謀本部第二課長（戦争指導）だった河辺虎四郎大佐（終戦時、参謀次長、中将）の回想。

「昭和十二年四、五月ごろから、好ましからぬ情報が時折り私らの耳にはいって来た。それは華北駐屯軍（支那駐屯軍）司令部幕僚らが、何事か華北に事を起こそうとしている気色があるというのである。かつての関東軍の石原（莞爾）参謀、今の参謀本部第一部長も、すこぶる心配をして、陸軍省側と相談して、有力な課長やこれに次ぐ地位の人たちを現地に派して調査し、また別途内偵もしたが、それらの報告に関する限り、すべて〝心配無用〟であった。

私もかの地にある実兄に私信の警告状を送ったが、怒ったのか、返事もなかった」

石原莞爾少将のたっての希望で、陸軍省軍事課から北支情勢調査のため現地に派遣された同課員岡本清福中佐の行動をもうすこし追ってみる。

当時、陸軍省軍務課政策班長だった佐藤賢了中佐の「大東亜戦争回顧録」から。

「そんなとき、北支からイヤなうわさが流れてきた。

『たなばたに北支で第二の柳条溝事件（満州事変の発端で、関東軍の陰謀による）が起こる』というのだ。このうわさはずいぶん前からあったが、（軍）中央部では、初めは単なる流説として気にもしなかったが、林（銑十郎大将）内閣の末期になると、もはや袖《そで》でも袂《たもと》でもかくせなくなった。捨てておけないので、軍事課の岡本清福中佐を調査に出すことにした。

岡本中佐は私に相談したので、

『満州の柳条溝事件が一部（関東軍）の策謀でみごとに成功したから、親の心も知らずに、鵜《う》のまねをする烏《からす》がおりますと、答えるバカもいますまい。むしろあなたには警戒するでしょう。そこで若い者をよんで大いに酒でも飲まして〝いったい北支のざまはなっとらんじゃないか。貴様たちはなにをしているんだ〟と少しハッパをかければ、なにかたくらみがあるなら〝なあに、そのうち見とってごらんなさい〟といったように、手づるが引き出されるかも知れません』

といった。

岡本中佐は兵営建築の視察というふれこみで、六月初旬北支へ出かけ、調査の結果、

『うわさのような陰謀はない』と復命した」

これまで見てきたいくつかの回想を通じてみられることは、北支の日中間にかもし出されている緊張状況をたくみに利用して、支那駐屯軍の若手参謀たちが柳条溝事件と同じような陰謀を計画しているという風説が、軍中央にも聞こえてきていたという事実である。皮肉なことに石原第一部長自身が満州事変計画の責任者の一人であっただけに、だれよりもこの〝風説〟を身にしみて受け取ったわけであり、その回想にあったように陸軍省に「強硬に申し入れて」岡本中佐を現地に出したのだった。

一方、現地の橋本群支那駐屯軍参謀長は回想で「それらのうわさは、満州を食いつめて中国に流れ込んできたいわゆる"支那浪人"たちが、ためにするために故意に流したもの」と述べ、中央と出先の判断の対比をみせているのに注目すべきだろう。先を急ぐ。

続いて寺平忠輔大尉の回想を引く。

「"たなばたさまの晩に、華北で第二の柳条溝事件が起こる"という謡言《ようげん》（うわさ話）は、私はじめ現地で耳にした者はいない。それがどういうものか、はるか海を越えた東京三宅坂（かつて陸軍省、参謀本部があった）あたりに、ある程度の迫真力をもって伝えられていったという事実がある。

これが参謀本部の作戦部長石原莞爾少将に考えさせるものがあった。さっそく陸軍省軍務局長後宮淳《じゅん》少将とも相談し、軍事課の高級課員（課長補佐に当たる）岡本清福中佐を現地に派し、華北の情勢を子細に検討させることになった。

出発に当たって石原少将は、

『現地の若い連中が、何かエラく勢い込んでいる風評がある。とんでもない事だ。バカげた事件でも起こすといかん。至急現地に行って、それらの芽ばえを摘み取って来てくれ』

といった。

岡本中佐は華北にとんだ。そして山海関、灤州《らんしゅう》、唐山、天津等、現地部隊の状況を逐次打診した。橋本参謀長といい、池田純久経済参謀といい、時局に対してはいたって冷静であり慎重である。（中略）

引き続き北京を訪れた岡本中佐は、同期の木原義雄第一連隊第一大隊長を交えて、河辺旅団長のもとで懇談した。旅団長は語った。

『現地軍の思潮、これにはなんら憂慮すべき点はない。ことに私の隷下《れいか》部隊に関する限り、厳に軽挙妄動《もうどう》を戒め、慎重の上にも慎重を期するよう徹底させてある。この事は安心して内地に復命してくれたまえ』

岡本中佐はその翌日、さらに豊台を訪れた。一木(清直)第三大隊長は謹厳な態度で、

『われわれは河辺閣下の直轄指揮のもとに、この豊台に駐屯しております。閣下はかねがね、中国軍に対してはあくまで慎重であれと要望されており、この点、兵に至るまで十分徹底させております。部下はいま、一心不乱、対赤軍(ソ連軍)戦法の訓練に専念しております』

とはっきり報告した。(中略)

東京に戻った岡本中佐は、これら一切をありのまま上司に報告した。(中略)お隣、満蒙千里を掌握する関東軍を〝勇壮〟という言葉で現わすなら、天津軍(支那駐屯軍)には隠忍を最大の使命とする駐屯軍が背負う〝悲壮〟の言葉がしっくりあてはまるだろう」

さらに当時、北京の陸軍駐在武官で、終戦時、支那総軍参謀副長だった今井武夫少佐(現、善隣友誼会理事、東京都中野区東中野二の四の八)の回想から。

「(昭和十二年)六月、なんの前ぶれもなく、大谷光瑞が突然北京にやってきて、北京前門駅に近い六国飯店に宿泊した。大谷は西本願寺法主を退いてから、一年の大部分は、満州、台湾、中国、マライ、ジャバ(インドネシア)等を周期的に回遊し、日本の対外発展策に、透徹した識見をもっていた。

私はかねてから面識があったためか、招かれて余人を遠ざけ、二時間以上懇談した。

その時、大谷の語ったことは、次のような内容であった。

『日華両国の関係は年々険悪となるばかりで、長年結んで解けることがない。私はなんとかして、これを打開

せんと念願していたら、今度幸い近衛内閣が成立した。近衛家は先代霞山公（篤麿）以来、大陸に対し人一倍関心が深く、中国関係者としては因縁の浅からぬものがある。当主文麿になってからは、その側近に新しい大陸研究者も加わったので、いわゆる新旧中国通のブレーンをその傘下《さんか》に収めている。

したがって日本政府として、日華関係の刷新を企図するなら、現内閣をおいて再び他に求めることが出来ないと思う。今度私の弟の尊由が拓務大臣として入閣したのも、まったくこの素志達成の好機と思えばこそである。私が今回当地に旅行したのも、この国策に寄与せんがためにほかならない』

と前置きして、華北最近の情勢について私の意見を求めた。

私はこれに対して、今春以来の険悪な現地中国人による民衆運動の情勢を分析して、

『このまま放置せんか、事態のおもむく所、必ず不祥事の勃発《ぼっぱつ》が懸念される。万一日本がまじめにこれを避けんと欲するなら、現在行なわれている日本の対華政策、特に華北における早急な経済権益の要求（たとえば竜烟鉄鉱の開発、津石鉄道敷設問題など）について考慮する必要がある』

と述べたら、大谷は、

『日本が今、華北に事を構えることは適当でない。なんとかこれを防ぎ、不慮の戦争勃発を阻止せねばならない』

と繰り返し、

『北京武官はともかく一度日本に帰朝して、ただいま述べた所見を、内閣総理大臣以下閣僚に講演してもらいたい。そのため私の随行者を、当地から直ちに帰国させ、君の上京を促すように準備させる』

との希望であった。

大谷はそのまま直ちに北京を出発し、通州、青島を経て帰朝した。

377　第八中隊

（五）昭和十二年关东军的对中国政策

资料名称： 昭和十二年「関東軍」の対支政策について

资料出处： 臼井勝美《史料解題・昭和 12 年「関東軍」の対中国政策について》，《外交史料館報》(11)，外務省外交史料館 1997 年版，第 64—66 頁。

资料解说： 本资料是战后日本历史学家臼井胜美对 1937 年部分关东军对华政策文件的解读分析。

解　説

本稿で紹介する日中戦争勃発の年、すなわち昭和十二年に於ける関東軍の対中国政策に関連する文書は何れも外務省外交史料館所蔵のものである。

昭和十二年を迎えての関東軍の首脳は植田謙吉軍司令官、板垣征四郎参謀長である。三月板垣は第五師団長に替わり板垣の後任には関東憲兵隊司令官東条英機が就任した。

板垣は昭和四年五月関東軍参謀として満州に着任以後石原莞爾参謀とともに満州事変の計画実行者として著名であるが、以後満州国顧問、関東軍参謀副長、同参謀長と短い時期を除いて満州で活動した。そして日中戦争にかけては板垣、東条のコンビが戦争遂行に大きな役割を果たすことになる。

史料は、Ⅰ西安事件後の新情勢のもとにおいても断固たる華北政策が必要なこと　Ⅱこのような方針が林内閣佐藤外相などの新中国政策と対立し屈折を余儀なくされること　Ⅲ盧溝橋事件の勃発と同時に伝統的な強硬方針〔一撃論〕を即座に展開したことなどを示している。時期を追って簡単な解説を試みたい。

Ⅰ昭和十二年二月「対支蒙情勢判断」関東軍参謀部

A.1.1.0.10「帝国ノ対支外交政策関係一件」第七巻

西安事件後の国共合作の可能性が関東軍に深刻な危機感を抱かせ、積極的な「北支工作」の推進あるいは復活の必要を強調する内容となっている。

この関東軍の見解は参謀本部の石原莞爾〔一月第一部長代理、三月同部長〕の方針と真正面から尖鋭に対立していた。[1]

処置三〔項〕に「冀東政権ノ指導権ヲ再ビ関東軍ニ移管シ」とあるのは前年五月天津軍増強に際しそれまで関東軍の実質的な管理下にあった塘沽停戦協定地域すなわち冀東政権の指導が関東軍から離れ天津軍に移管されたのを旧に戻したいとの要求である。陸軍中央のこの措置に関東軍は強い不満をもち反発していた。[2]

関東軍がこの文書で強調しているのは政治工作を伴わない経済工作の無意味さであり、日本は対ソ戦争に先だって断固たる決意のもとにたとえ武力を行使してでも華北特殊化政策の実現を図るべきだというのであった。

Ⅱ　(1)昭和十二年六月二日「対支実行策及北支指導方策に対する関東軍の解釈」

(2)　六月　「対支政策に関する意見具申」関東軍

(3)　六月十六日「堀内次官及び欧亜、東亜両局長と東条関東軍参謀長会談要領」

(1)(2)　A.1.1.0.30「支那事変関係一件」第三十巻〔田尻・石射文書〕

(3)　前掲「帝国ノ対支外交政策関係一件」第七巻

林〔銑十郎〕内閣〔昭和十二年二月二日成立〕は四月十六日外〔佐藤尚武〕、蔵〔結城豊太郎〕、陸〔杉山元〕、海〔米内光政〕の四相会議で「対支実行策」「北支指導方策」を決定した。

この新しい方針は満州事変以後の日本の中国政策に根本的な修正を加えようとするもので実質的な推進者は佐藤外相であるが、参謀本部石原第一部長など陸軍一部の支持も得ていた。一例を挙げれば前年八月十一日広田内閣が決定した「対支実行策」には「先ず徐に冀〔河北省〕察〔察哈爾省〕二省の分治完成に専念し」とあるが、新「対支実行策」では「北支の分治を図り若くは支那の内政を紊す虞あるが如き政治工作は之を行はず」と従来の華北分離工作は明確に否定された。

新「対支実行策」及び「北支指導方策」[3]が梅津陸軍次官から東条関東軍参謀長に伝達されたのは四月二十八日である。其の際注目されるのは伝達に当たって「昭和十一年八月八日《ママ》決定の対支実行策、第二次北支処理要綱[4]は廃止せられたるに就き申し添ふ」[5]と広田内閣の対中国方針が「廃止」になったことを明示していることである。

陸軍は新中国政策に関し関東軍、天津軍など出先に説明するため五月中旬から六月初旬にかけて柴山兼四郎軍務局軍務課長を上海、南京、天津、北平、奉天などに出張させた。もっとも重点を置いたのは関東軍の説得である。奉天には五月三十一日から六月五日まで滞在の予定であった。

柴山軍務課長を迎えての関東軍の新中国政策への反応は極めて厳しいものであった。文書(1)では冀東政権の解消などは問題にならないとしまた塘沽停戦協定に関する一切の件は今回の案にかかわらず変化がないと解釈すると反発した。文書(2)では新内閣による政策変更に期待し「南京政権〔国民政府〕ヲ対照《ママ》トスル國交調整ノ如キハ・・・絶対ニ不可能」「現下支那ノ狀勢ハ・・・我武力之ヲ許セバ先ツ之ニ一撃ヲ加ヘテ再ビ立ツ能ハザラシメ」など厳しい文言となっている。

林内閣が倒れ佐藤外相も退陣して六月四日近衛内閣、広田外相の登場をみたのち、上京した東条参謀長は六月十六日堀内次官はじめ外務省首脳との会談(3)で、林内閣決定の対中国新政策について「既ニ中央ニ於テ決定サレタモノナルニ付関東軍トシテモ之ヲ遵奉スベシ」と一應中央の方針に従う態度を表明したが多くの条件をつけた。

Ⅲ

(1)昭和十二年七月十九日　「対時局処理要綱」関東軍

(2)　七月十九日　「北支処理要綱」関東軍

(3)　七月二十一日「北支事変ニ伴フ経済工作要綱」関東軍司令部

(4)　七月二十四日「情勢判断」関東軍司令部

前掲「支那事変関係一件」第三十巻〔田尻、石射文書〕

七月七日の盧溝橋事件の勃発により関東軍の一撃論は一挙に展開した。翌八日早朝関東軍は首脳会議を開き、ソ連は内紛があり、差し当たり北方の安全は確保できるから、此の際冀察に一撃を加えるべきとの判断を下し、参謀本部に独立混成第一及び第十一旅団の主力ならびに航空部隊の出動を準備すると打電した。

関東軍は今村均参謀副長、田中隆吉参謀、辻政信参謀などを天津に派遣し支那駐屯軍に一撃論を関東軍と連名で中央へ具申しようと説得したが拒否された。[6] 橋本支那駐屯軍参謀長は「関東軍は支那問題を非常に軽く見て居る点に就いて非常に不安があって」と述べている。[7]

事件の翌日辻参謀が盧溝橋の戦場に現れ、牟田口連隊長に対し「関東軍が後押しします。徹底的に拡大して下さい」と激励した。[8]

東条関東軍参謀長は十日橋本支那駐屯軍参謀長に、独立混成第十一旅団の奈良歩兵部隊が九日山海関に集結を完了したと伝えた。

関東軍の独立混成第一旅団、同第十一旅団に長城を越えての出動命令が出たのは十一日午後六時三十五分である。

盧溝橋事件の勃発は、関東軍の判断によれば中国問題解決に現在以上の好機はないのであって華中方面への実力行使を行ってでも華北問題、満州国承認問題などの根本的解決に邁進すべきだとした。(2)で関東軍は華北〔山東、河北、山西〕に南京国民政府より独立した新政権を作り、青島、済南、石家庄などに日本軍を駐屯させるとともに新政権に対する日本側指導機関として北京に大特務機関を設けるなどの具体的提案を行っている。

確かにこれらの関東軍の対中国構想をみると橋本天津軍参謀長の関東軍は中国を非常に軽く見ているという憂慮は頷けるのである。

八月以降関東軍の関心は専ら察哈爾工作に集中した。八月九日強引に中央から察哈爾作戦実施の承認を得た東条参謀長は自ら作戦を指揮し、二十七日張家口を占領した。二十八日東条が「所要の将校を現地に派遣する外満州国より経験豊なる日満系官吏十名、宣撫工作員五十余名、施療機関員十名、金融関係者数名並満軍憲兵三十名、満州国警察官百名を現地に派遣し更に保安隊幹部人員若干名を準備しあり」[9]と梅津次官、多田参謀次長に報告しているのは注目されよう。そして中央の強い牽制をうけながらも十一月二十二日蒙疆政権〔蒙疆連合委員会〕と植田関東軍司令官との間に溥儀書簡〔昭和七年三月満州国執政溥儀より本庄関東軍司令官宛〕と同じ内容の公文の交換を実施するにいたった。この交換公文は昭和十二年の関東軍対中国工作の一つの到達点を示すものなので参考のために付記する。

注

（1）参謀本部の見解については、みすず書房『現代史資料』第八巻、三七八～三八四頁参照。

（2）『現代史資料』第七巻、六〇四～六〇六頁。

（3）『現代史資料』第八巻、四〇〇～四〇三頁。

（4）同右、三六六～三七一頁。

（5）陸満密第一八七号（防衛庁防衛研究所所蔵「陸満密大日記」昭和十二年第十冊）。

（6）秦郁彦『盧溝橋事件の研究』、二三八頁

（7）「橋本群中将回想応答録」（『現代史資料』第九巻、三二五頁）。

（8）寺平忠輔「盧溝橋畔の銃声」（『現代史資料』第九巻付録の月報）。寺平大尉は当時北平特務機関勤務。

（9）前掲「陸満密大日記」昭和十二年第十九冊。

（『日本外交文書』編纂委員）

—66—

（六）对华、对蒙形势判断

资料名称：对支蒙情勢判斷

资料出处：臼井勝美《史料解題・昭和12年「関東軍」の対中国政策について》，《外交史料館報》(11)，外務省外交史料館1997年版，第67—71頁。

资料解说：本资料是1937年2月关东军参谋部拟定的对华、对「蒙」形势判断。关东军认为，日本面临的来自苏联的威胁日益紧迫，若不进行「政治工作」，仅靠「经济工作」是远远不够的，极力主张加强对华北（含内蒙等地）的控制。

史　料

I

30 部内第25号

昭和十二年二月
關東軍參謀部

對支蒙情勢判斷

帝國ハ對蘇支關係ノ現状ニ鑑ミ速ニ滿洲國ノ治安ヲ確立シ北支防共ヲ完成シ對蘇必勝ノ戰備ヲ充實スル爲内蒙及北支工作ヲ强行シ該地帶ヲ日滿支ノ融合地帶タラシムルノ國策ヲ速ニ具現スルヲ要ス

處　置

一、關東軍ノ增强計畫ヲ更ニ繰上ケ實施シ北方蘇聯邦ノ野望ヲ封スルト共ニ北支情勢變化ニ對應スル準備ヲ完備ス

二、南京政權ヲシテ北支自治ヲ承認セシメントスルカ如キ所謂受權主〔ママ〕義ヲ放棄シ工作ノ進展ハ一ニ帝國ノ自主的施策ニ依ル如クス

三、冀東政權ノ指導權ヲ再ヒ關東軍ニ移還シ北支工作ハ駐屯軍ヲ主體トシテ關東軍之ニ協力スル如ク原則ヲ確立スルト共ニ冀東政權ヲ北支工作ノ母體トシ

四、内蒙軍政府ヲ强化シ之ヲ冀東ト連衡ス

五、次テ冀東、冀察、山東各政權ヲ一體トシ呉佩孚ヲ起用シ茲ニ北支政權ノ基礎ヲ確立ス若シ冀察政權ニシテ之ニ應セサル場合ニ於テハ先ツ天津ヲ獨立セシメ冀東、山東ヲ合体セシム之ノ際要スレハ帝國ハ所用ノ兵力ヲ行使シ〔ママ〕

狀況ノ推移ニ應シ帝國ハ所用ノ〔二字空き〕力ヲ行使シテ冀察政府及其武力ヲ驅逐シ一擧ニ冀察ヲ右政權ニ合流セシム

若シ右ノ情勢ニ至ラサルトキハ一時内蒙、冀東、天津、山東ヲ貫ク地域ニ止メ機ヲ見テ更ニ冀察ヲ料理ス

六、次テ之ヲ山西、綏遠ニ擴大ス

理　由

一、ソ聯邦ハ日獨ヲ以テ假裝敵國トナシ國家總動員大系〔ママ〕ヲ整理シ本年度軍事關係豫算約三百億ルーブルヲ計上シ益々戰爭準備ヲ促進シ今後二年間ニ常備軍百八十萬（歩兵百、騎兵三十師團）ノ準備ヲ企圖スルト共ニ空軍及ヒ機械科〔ママ〕部隊ノ强化ヲ企畫シ一萬五千機ノ大空軍ヲ建設セントシ更ニ又海軍ノ增强、交通施設ノ改善ヲ計畫實行中ナリ

從テ極東ニ於ケル軍備モ逐日增强セラレ彼ノ所謂不敗ノ態勢ヲ整ヘツヽアリ

右ノ如ク政策遂行ノ支援タル軍備ヲ充實スルト共ニ「世界赤化ハ極東ヨリ」ノ標語ヲ實踐シ支那赤化政策ヲ强行シ着々其目的ヲ達成シ今ヤ抗日思想ニ於テ蘇支兩國ハ完全ニ一致シ更ニ具體的軍事勾結ヲ見ントスルニ至レリ

然レトモ蘇國ノ内部事情ハ未タ積極的ニ開戰ヲ行フコトヲ許ササルモノナルヲ以テ暫ク開戰ヲ避ケツツ外交、政治的工作ト併行シ赤化施策ヲ强行シ支那ヲ其ノ傘下ニ收ムルト共ニ全般的國際情勢

—67—

ヲ有利ニ導クコトニ努力スルモノト觀察セラル

二、近時支那ノ對日動向ハ帝國ニシテ拱手傍觀ノ態度ヲ以テ終始セハ其容共タルト反共タルトヲ問ハス一部ノ親日的分子（冀東及內蒙古）ヲ除キ益々抗日氣勢ヲ高揚スヘク而モ逐次蘇聯容共的色彩ヲ濃厚化スルノ虞アリ

北支方面ヨリ滿洲國ノ側背ヲ攻擊シ来ルヘキハ豫斷ニ難カラサルトコロナリ

三、西安事變ハ南京政府ノ買收工作ニ依リ一時的小康ヲ見タルモ共產軍ハ之ヲ契機トシテ著シク其勢力ヲ增大シ中央軍ニシテ縱令之カ討伐ヲ企圖スルモ陝西甘肅方面ノ地形及過去ニ於ケル共產軍ノ戰績ニ鑑ミ之カ討伐ハ相當ノ日子ト兵力トヲ要スヘク殊ニ討伐ニシテ不成功ニ終ランカ北支五省中山西、綏遠ハ逐次共產軍ノ蹂躪スルトコロトナリ遂ニハ外蒙ト連接スルニ至ルヘク勢ノ赴ク所河北、察哈爾ニ戰禍ノ波及スヘキハ言ヲ俟タサルトコロナリ若シ夫レ傳フルカ如ク現南京政府カ裏面ニ於テ密カニ企圖シアルカ如キ共產軍トノ間ニ妥協成立センカ該政權ハ陰ニ容共政策ヲ採用スルニ至ルヘク此場合ニ於テハ當然ノ歸結トシテ北支及內蒙ニ於ケル我特殊地位ニ動搖ヲ來タシ帝國ノ庶幾スル平和工作ニ依ル北支及內蒙自治ノ實現ノ如キハ遂ニ全ク不可能ナルニ至ルヘシ

蓋シ容共的思想運動ハ巧妙ナル蘇聯ノ施策ニ依リ人民戰線ノ名ニ於テ相當廣範囲ニ擴大シツツアレハナリ而シテ帝國ノ對支態度爲スナキヲ觀取セル南京政府ノ對日態度ハ逐次硬化シ我カ外交的交涉ハ毎々ニ支那ノ冷笑的應接ノ前ニ挫折シ何等兩國關係ノ調整ヲ希求シ得サル狀況ナリ

更ニ支那軍備ノ狀況ヲ觀察スルニ最近數年間ニ於ケル裝備ノ向上就中航空兵力ノ增大ハ著シク其內容ノ變化ヲ招來シ必スシモ從來ノ如ク之ヲ對岸ノ火災視シ得サルコトハ其實狀ヲ知ルモノノ何人ト雖モ否定シ能ハサル所ニシテ若シ支那側カ陰ニ陽ニ宣傳スルカ如ク對蘇開戰ヲ期シ東北四省ノ失地回復ヲ企圖スルモノトセハ帝國ハ支那ノ現狀ニ對シ三思再省ヲ要スルコトヲ認メサルヲ得ス

茲ニ於テ帝國ニシテ先ツ支那ニ對シ何等ノ施策ヲ行フコトナク對蘇戰爭ヲ敢行センカ支那ハ殆ト全土ノ政客軍閥及民衆ヲ驅ツテ一丸タラシメ蘇聯ト連衡シ所謂失地回復ノ美名ノ下ニ即チ南京政府カ討共、容共ノ何レヲ採用スルニ於テモ北支及內蒙ハ直接間接ノ影響ヲ受ケ我カ帝國トシテ所謂靜觀無爲ノ態度ヲ持續シ得サラシムルモノアリ

翻ツテ滿洲國治安確立ノ見地ニ於テ觀察スルニ支那特ニ北支那現狀ヲ自然ノ推移ニ放置セハ滿洲國民ニ對スル感響《ママ》甚大ニシテ反滿抗日及共產的思潮ノ增大高揚ヲ招來シ現在帝國ノ豫期スル在滿兵力ノ增強ヲ見ルモ到底右ノ思潮乃至匪軍ノ根絕ヲ期スルヲ得ス

抑々對蘇策《ママ》戰準備ノ完成ハ滿洲國ノ治安確立ヲ以テ第一義トス從テ支那ニ對シ單ニ在滿兵力ノ增強ヲ完了スル迄靜觀的態度ヲ以テ終始スルモ兵力ノ增強ト滿洲國民ノ蒙《ママ》ル感響《ママ》トハ相殺シテ完全ナル治安ノ確立ヲ期待シ得ス對蘇策《ママ》戰準備ノ完了ハ終ニ其目的ヲ達

成シ得サルヘシ

四、情勢斯クノ如キヲ以テ北支那ニ日滿依存地帶ヲ建設セントスル國策ハ益々之カ實現ヲ緊急トシ之カ爲ニハ帝國ハ斷乎タル決意ヲ以テ政治的工作ヲ敢行セサルヘカラサルヲ痛感ス昨今北支那ニ對スル經濟工作緩慢乍ラ其ノ緒ニ就キアルヲ見テ對支政策ノ遂行ヲ一ニ經濟的工作ニ依ラントスルモノアルハ思ハサルモ甚シキモノト云ハサルヘカラス

蓋シ北支經濟工作ノ稍々見ルヘキモノアルハ昭和十年關東軍ノ行ヘル政治工作ニ依リ冀東、冀察、兩委員會ノ成立セル賜物ニ外ナラス

政治的工作ヲ進展セシメスシテ單ニ經濟工作ノミニ依リ庶幾ノ結果ヲ得ントスルモ其ノ不可能ナルハ事變前ノ滿洲ニ於ケル狀態ニ見ルモ明ナレハナリ

果セルカナ冀察政權近時ノ態度ハ逐次惡化ノ傾向ヲ辿リ我カ企圖セル經濟的發展ノ前途モ甚タ樂觀ヲ許ササルモノアリ仍チ帝國ハ自主的見地ニ於テ北支ニ對スル政治的工作ヲ敢行シ之ト併行シテ經濟工作ヲ行フコト緊要ナリ

若シ夫レ之カ爲長江沿岸ニ於テ一時喪失スヘキ商權ハ北支ノ處理ニ依リ之ヲ償ヒ得テ余リアルヘキニ依リ長江沿岸權益ノ減退ヲ理由トスル北支工作反對論ハ成立シ得サルモノナリ

五、南京政府カ容共政策ヲ採用スルヤ否ヤハ暫ク措クモ抗日政策ヲ實行スルハ略豫測シ得ル所ニシテ現狀ヲ以テ推移セハ日蘇開戰ニ方リ蘇聯ト協同作戰ニ出ツルハ前述ノ如シ故ニ北支ヲシテ反共親日ノ旗幟ノ下ニ南京政權ヨリ分離セシメ之カ經濟的開發ヲ圖リ一般民衆ノ生活ヲ向上安定セシメ以テ關東軍背後ノ脅威ヲ除クコト緊要ナリ是レ軈テ全支ニ亘ル抗日乃至容共抗日ノ氣運ヲ衰退セシメ最モ有利ナル場合ニ於テハ蘇支連合ヲ阻止シ得ルノ公算アリ換言スレハ將來帝國ノ豫期スル對蘇戰爭ニ先チ支那ヲ各個ニ擊破スル所以ニシテ之ニ依リ帝國ノ經濟的実力ハ益々向上スヘク在滿兵力ノ整備ト內蒙方面ヨリスル帝國ノ施策等ト相俟テ遂ニ戰ハスシテ蘇聯ノ極東勢力ヲ屈服セシメ得ルコトアルヘシ而シテ現下支那ノ全般的情勢ハ縷述ノ如ク益々之カ必要ヲ痛感セシムルモノアルヲ以テ縱令武力ヲ行使スルモ之カ實現ヲ期セサルヘカラス

六、帝國カ對支政策ノ遂行ノ爲止ムヲ得ス兵力ヲ行使スル場合ニ於テモ前述ノ如ク蘇聯內部ノ實情ハ未タ帝國ニ對シ開戰ノ決意ヲ行ヒ得サルモノアリ又支那ノ現實ハ逐次思想的武力的統一ニ向ヒアルモ西安ハ舊態依然トシテ嚴存スルヲ觀取セラレ我カ疾風迅雷的作戰ノ前ニハ現在尚充分ノ成算ヲ豫期セラレ若シ夫レ對支作戰ニ使用スル我カ軍ハ永久ニ固着シ對蘇作戰ニ兵力不足ヲ來タスヘシトナス論者アラハソハ支那ノ國民的自覺ヲ過大ニ評價シ自ラ描ク幻想ニ驚クモノト云フヘシ

若シ現狀支那ノ惡化ヲ放置シ北支ノ完全ナル南京化ヲ想定センカ對蘇支戰爭ノ場合支那ニ指向スル兵力ハ現下北支處理ニ要スル兵力ニ數倍スルヲ覺悟セサルヘカラス

—69—

又北支工作ノ為使用シタル兵力カ假リニ固着シ平時之ヲ引上ケ得ストスルモ對ソ開戰ニ至ラハ作戰運用ノ重點主義ニ依リ必要ニ應シ満洲國内ニ使用スルハ固ヨリ妨ケサルニ想到セハ對ソ作戰ニ先ンシ支那ヲ料理スル為北支ニ兵力ヲ行使スルハ何等憂慮ヲ要セス有利ニ進捗セハ對ソ開戰ニ際スル兵力ヲ節約シ得ル結果トナルモノト信ス

Ⅱ
(1)

昭和十二年六月二日
（六、七、森島（守人）參事官ヨリ接受）

對支實行策及北支指導方策ニ對スル關東軍ノ解釋

一、停戰協定ニ基ク戰區及之ニ關スル諸問題ノ處理ニ關シテハ昨年中央ノ命ニ依リ之ヲ支那駐屯軍ニ移管セルモ満洲國ノ治安確保ノ見地ヨリ軍ハ重大ナル關心ヲ有ス而テ停戰協定ニ關スル一切ノ件ハ今回ノ四省決定案ニ於テモ何等變化ナキモノト解釋ス

二、北支ノ經濟開發實行ノ為ニハ直チニ之ニ要スル資金問題ヲ考慮セサルヘカラス、満洲國開發ノタメニ巨額ノ資金ヲ要スル刻下ノ情勢ニ於テ更ニ北支ニ多額ノ投資ヲナスコトハ相當ノ困難ヲ伴フナランモ要ハ戰時ニ於ケル國防用資源ノ一部ヲ北支ニ求ムルヤ否ヤニ依リ決定セラルヘキモノナリ、仄聞スル所ニ依レハ最近國防用資源ハ先ツ満洲（或ハ冀東地區ヲ含ム）ニ於テ略々充足シ得ヘシトノ見解ニ基キ計畫セラレアル由ナルカ此點研究ノ上方針ヲ確定シ明示セラレンコトヲ望ム蓋シ本件ハ満洲開發ニ重大ナル關係アルノミナラス確固タル方針及計畫ニ基カサル慢然タル北支投資ハ満洲ノ經濟開發ヲ阻害スル結果ヲ招來スル危險アレハナリ従テ北支ノ經濟開發ハ國策ノ重點タル満洲ノ開發ニ何等ノ支障ヲモ齎ササル範圍内ニ於テ實行セラルルモノト解釋ス

三、内蒙工作ニ對スル方針ハ従來ト何等ノ變化ナク若シ支那側カ實質的ニ察盟及錫盟ニ對シ觸手ヲ延ヘ來リタル際ハ土肥原—秦徳純協定ニ違反スルモノトシテ斷乎タル處置ヲ講シ得ルモノト解釋ス

四、冀東自治政府ノ解消ハ冀察政權カ實質的ニ防共親日滿地帶トシテ我實力下ニ[1]明朗化セラレタル曉ニ於テ始メテ實現セラルヘキモノニシテ現下ノ状態ヲ以テ推移スル間ハ議論ノ餘地ナキモノト解釋ス

五、冀東貿易ノ解決ハ之ヲ償ヒ得テ餘アル條件ノ下ニ行ハルルモノト解釋ス

六、[2]自由飛行ノ中止ニ關シテハ軍ノ行フ自由飛行ハ之ヲ中止スルモ惠通公司ノ行フ自由飛行ハ之ヲ中止スル必要ナキモノト解釋ス

（欄外注記）
關東軍ヨリ柴山大佐ニ手交セラレタルモノ（太田記）[3]

（貼紙）
柴山大佐ノ談

（六、八）太田記

(1)明朗化サレタルヤ否ヤノ認定ハ勿論中央ニ於テナス。
私見ニ依レハ津石龍烟カ目鼻着キタル上ハ冀察ハ一應明朗化サレタルモノト認メ差支ナカルヘシ

(2)六、ノ點ハ「對支航空問題ノ解決促進ニ關スル方針」（五月七日）トハ關係ナシ（即チ日支及日滿獨航空聯絡ノ實現ヲ前提條件トセス）

注　太田一郎東亜局第一課事務官

（七）关于关东军对华政策意见之件

资料名称： 關東軍ノ対支政策意見ニ關スル件

资料出处： 臼井勝美《史料解題・昭和 12 年「関東軍」の対中国政策について》，《外交史料館報》(11)，外務省外交史料館 1997 年版，第 71—74 頁。

资料解说： 本资料介绍了关东军对华政策意见及相应解释。关东军认为不可轻视国民政府的抗日意向，期待用经济手段达成目的是不现实的，需要用武力对中国进行决定性打击，消除与苏联发生冲突之际来自背后的威胁。

(2)

公機密第一〇三七號

昭和十二年六月十一日

在滿　大使館參事官　澤田廉三

外務次官　堀内謙介殿

關東軍ノ對支政策意見ニ關スル件（部外秘）

六月五日夜今村關東軍參謀副長本官々邸ニ來訪ノ上別紙寫通リノ對支政策ニ關スル關東軍意見ヲ内示シ右ハ今般政府ヨリ柴山大佐ヲ派遣シテ開示アリタル對支實行策及ヒ北支指導方策ニ關スル關東軍ノ意見ニシテ軍部中央ヘハ八日東上ノ筈ナル東條參謀長ヨリ具申スル筈ニ付キ本官ニ於テモ一讀アリ度キ旨希望ノ次第アリタリ本省ヘハ陸軍省若クハ參謀本部ヨリ内示アルヘキカト存スルモ爲念寫作成ノ上一部送附ス

本信寫宛先　在支大使（南京）、北平、天津、上海

（欄外注記）

別添「對支實行策及北支指導方策ニ對スル關東軍ノ解釋」(省略)參照ノコト　太田　記

對支政策ニ關スル意見具申

一、帝國ノ對支政策ハ國策ノ重點タル滿洲國ノ健全ナル發達ヲ促進シ對蘇作戰準備ニ遺憾ナカラシムル見地ヨリ決定セラレサルヘカラサルモノト確信ス最近ニ於ケル支那ノ狀勢ヲ觀察スルニ西安事變ヲ契機トシテ表面化セル國共ノ妥協ノ結果ハ共產黨ヲシテ赤化救國ヨリ國民黨ノ「スローガン」タル抗日救國ニ轉向セシメ共產黨員ハ公然國民黨ト拘結シテ滿洲國及ヒ辺境地方ニ對シ反日滿工作ノ魔手ヲ伸フルニ至リ其ノ手段ハ日ヲ追フテ深刻且ツ巧妙トナリツツアリ而シテ現下ノ狀勢ハ滿洲國ノ治安確保ノ見地ニ於テ軍トシテ之ヲ等閑視スルヲ得サル狀態ニアリ

二、南京政權自体ハ如何ニ同政府ノ要人カ罪ヲ日本側ニ轉嫁シテ巧妙ナル宣傳ヲ行ヒ其ノ表面ヲ糊塗スト雖モ政權維持ノ基調ヲ抗日意識ノ高揚ニ置キアルコトハ周知ノ事實ナリ而シテ其ノ政權ノ基礎ヲ爲スモノハ歐米就中英國資本ト結ンテ我經濟的勢力ニ對抗セントスル浙江財閥ノ財力ト蔣介石ノ武力及ヒ抗日ヲ生命トスル國民黨ノ思想的背景ナルカ故ニ國共妥協ノ成立セル今日ニ於テハ其ノ抗日的風潮ハ將來益々熾烈トナルヘキハ何人ト雖モ否定シ能ハサ

ル所ナルヘシ從テ若シ萬一南京政權カ從來ノ態度ヲ一擲シテ日本ト親善關係ニ入ルコトアリトセンカ即チ南京政權ノ基礎的蔺《(ママ)》權ノ全面的崩壞ヲ來タシ同政權ノ自殺ヲ意味スルモノト言ハサルヘカラス從テ南京政權ヲ對照《(ママ)》トスル國交調整ノ如キハ國際關係特ニ日本對英蘇間ノ關係ニ重大ナル變化ヲ生セサル限リ絶對ニ不可能ナリト判斷スルヲ至當トス

三、過般開示セラレタル對支實行策及ヒ北支指導策ハ從來ノ對策ニ比シテ著シク消極的ニシテ重點ヲ文化及ヒ經濟的工作ニ置キ政治的工作ヲ行ハサルコトニ定メラレ特ニ冀東政權ヲ冀察政權强化ノ目的ヲ以テ之トノ合流ヲ急キアルカ如キ傾向ナキニアラス之ヲ過去ノ實績ニ徵スルニ政治工作ノ伴ハサル經濟工作ノ進展カ如何ニ實行困難ナルカハ單ニ事變前ノ滿洲ノ狀態ヲ想起スルモ明カナル所ナリ況ヤ成立以來裏面ニ於テ常ニ南京政權ノ指導ヲ仰キ表面親日ヲ標榜シテ事態ヲ糊塗シツツアル冀察政權ヲ强化センカ爲ニ冀東政權ヲ解消セントスルカ如キハ全ク南京政權ノ要求ヲ其ノ儘ニ甘受スルモノニシテ之カ爲滿洲國ノ治安及ヒ人心ニ及ホス影響ノ如何ニ大ナルモノアルヤハ思ヒ半ニ過クルモノアリ

況ヤ無智ノ支那民衆ニ對シ日本與シ易シトノ感ヲ與ヘ更ニ排日侮日ヲ助長スル結果ヲ招來スヘキハ青島還附後ノ日支關係ヲ想起セハ火ヲ見ルヨリモ明カナルモノアルニ於テヲヤ

四、一方文化經濟的工作ノ實質ヲ檢討スルニ刻下帝國ハ國防ノ充實ト滿洲國ノ開發ノ爲多額ノ資金ヲ必要トスル現況ニ於テ支那ニ對シ果シテ所要ノ資金ヲ投シ得ルヤ疑問トセサルヘカラス若シソレ日滿兩國內ノ資源ヲ以テ戰時ニ於ケル所要資源ヲ概ネ充足シ得ルモノトセハ我經濟力ニ余力ヲ存セサル現在ニ於テ支那ニ對スル漫然タル投資ノ如キハ寧ロ有害無益ニシテ却テ日滿產業能力ノ增張計畫ヲ阻害スル惧ナシトセス從テ本工作カ豫期ノ如キ美點ヲ見ルヲ得ルヤ否ヤ疑問ナキ能ハス

五、現下支那ノ狀勢ハ對蘇作戰準備完成ノ見地ヨリ觀察セハ我武力之ヲ許サハ先ツ之ニ一擊ヲ加ヘテ再ヒ立ツ能ハサラシメ我背後ノ此ノ脅威ヲ除去スルヲ以テ最モ有利ナル對策ナリト言ハサルヘカラス而シテ若シ我武力ニシテ之ヲ許サストセハ既成事實ヲ嚴守シテ支那ヲシテ一指ヲモ染メシメサル嚴然タル決意ノ下ニ我國防充實完了ノ時期迄靜觀的態度ヲ持スルヲ可トセン而シテ帝國ノ庶希スル國交調整ニ對シ毫モ之ニ應スル意思ナキ南京政權ニ對シ我ヨリ進ンテ親善ヲ求ムルカ如キハ其ノ民族性ニ鑑ミ却テ彼ノ排日侮日ノ態度ヲ增長セシメ毛ヲ吹イテ傷ヲ求ムルノ結果ヲ招來スルノ惧ナシトセス

內閣更迭ノ機ニ際シ過般開示セラレタル對支實行策及ヒ北支指導策ニ對シ更ニ一段ノ檢討ヲ加ヘラレンコトヲ望ム

(3)

(一)　堀內次官及歐亞、東亞兩局長ト東條關東軍參謀長會談要領

六月十六日午前外務次官邸ニ於テ堀內次官東鄉歐亞局長及石射東亞

—72—

局長東條關東軍參謀長ト約五十分ニ亘リ會談セルカ其ノ要領左ノ通

一、次官ヨリ短時間ノコトナレハ先ツ關東軍ノ對支及對「ソ」關係ニ對スル考ヲ述ヘラレ度シト求メタルニ對シ參謀長ハ先ツ對支政策ニ付テハ先般四省間ニ於テ決定セラレタルモノヲ關東軍ニモ回示セラレタルカ右ハ既ニ中央ニ於テ決定セラレタルモノナルニ付關東軍トシテモ之ヲ遵奉スヘシ但シ右方策ノ内ニ三ノ點ニ付關東軍ノ解釋ヲ森島參事官ニ述ヘ置キタルヲ以テ同參事官ヨリ御承知ノコトト思フモ簡單ニ申上クレハ

(1)停戰協定ニ關スル事項ハ今回ノ四省決定方策ニヨリ何等變更ナキモノト解釋ス右ハ森島參事官ニ於テモ之ヲ肯定セラレタルカ其ノ通ニ承知シテ可然ヤト問ヒタルニ付次官ヨリ然リト答ヘ置キタリ

(2)對支經濟工作ニ關シ最近關東軍ニ於テ調査ノ結果國防資源ハ滿洲國及冀東地域内ニ於テ略々之ヲ充足シ得ル見込立チタリ（例ヘハ鐵鑛ノ如キ弓張嶺ノ富鑛約五千萬屯、臨江ノ鐵鑛等發見セラレ又石炭液化ノ見込モ立チタルカ如シ）從テ對支經濟工作ハ單ニ金儲ケヲ目的トスルモノハ之ヲ差控ヘルコトトシ滿洲國ノ

㈡

開發ニ支障ナキ範圍ニ止メラレ度キ希望ナリト述ヘタルニ付次官及欧亞局長ヨリ國防資源ト云フモ例ヘハ石油ノ如キハ石炭液化ニヨリ急ニ用途ヲ充タシ得サルヘク又戰時經濟總動員ヨリ云ヘハ綿羊毛ノ如キモノモ之ヲ必要トスルニ拘ラス之ヲ悉ク外國ニ仰カサルヘカラサルノミナラス國民ノ戰費負擔力ヲ涵養スル點ヨリ云ヘハ國際收支ノ適合上貿易ヲ增進スル必要アリ又諸外國トノ摩擦ヲ極力少ナカラシムル工作必要ナリト思考スル旨述ヘ置キタリ

(3)内蒙工作ニ關シテハ從來ノ方針ト何等變リナク察盟錫盟ニ對スル政治工作ヲナシ之ヲ固メルコトニ主力ヲ注ク考ヘナリト述ヘ當方ノ質問ニ對シ世間ニハ種々ノ風評アルモ綏遠ニ對スル軍事的行動等ハ絶對ニ行フコトナシト斷言シ此點ハ陸軍次官ヨリモ質問アリタルニ付同樣答ヘ置キタル次第ナリト附言セリ

(4)冀東政府ノ解消ハ冀察政權ノ態度明確トナラサル限リ之ヲ實現シ難シト考フト述ヘタルニ付次官ヨリソノ點ハ此際直チニ冀東政府ヲ解消シ得ルモノトハ考ヘ居ラス只同政府ノ内政ヲ改善スル爲ニ有力ナル顧問ヲ入レ其ノ他必要ナル改革ヲナスコトノ急務ナルヲ認ムト述ヘタル處參謀長ハ其レハ別問題ナルカ關東軍トシテモ同樣其ノ必要ヲ痛感シ居レリト答ヘタリ

(5)冀東貿易ノ解決ハ別ニ關東軍トシテ反對ナキモ之ヲ稅率引下、冀東ノ收入援助ノ如キ何等カ對償ヲ得ル等外交上有利ニ利用セラレ度シト述ヘ尚此點ニ關シ世上往々特殊貿易ト密輸トヲ混淆スルモノアルモ冀東特殊貿易ハ地方政權ノ公然行フモノニシテ密輸トハ截然區別スルヲ要ス密輸ノ方ハ外交上取締ル樣セラレ度シト附言セリ

二、參謀長ハ滿「ソ」國境ニ付テハ出先各部隊ニ此ノ際事ヲ起スコトナキ樣ヨク云ヒ含メ居レリ前線ニアル二三下級將校ニ於テ敵状偵

察ノ爲事端ヲ起シタルコトアルモソレ等ハ戒飭ヲ加ヘ置キタリ此際對「ソ」關係ニ事ヲ起スコトナキニ付安心アリ度シト述ヘタルニ付欧亜局長ヨリ國境委員會ノ問題ニ付テハ山岡參謀ノ説明ハ諒トセルモ内外大局的見地ヨリ中央ニ於テ協議決定セル次第ナルニ付右了承アリタシト述ヘタル處參謀長ハ右ハ之ヲ了トスルモ此ノ際「ソ」側ノ機嫌ヲトルカ如キコトハ避ケラレ度シト述ヘタリ仍テ欧亜局長ヨリ外務省トシテハ「ソ」ヲ恐レス從テ機嫌ヲトル必要ヲ認メサルカ徒ニ感情ニ捉ハレス且大局的見地ニ立ツコト必要ニテ兩國間ニ正常關係ヲ維持シ且出來得ル限リ諸問題ノ解決ヲ計ラントノ考ナリト説明セリ

三、尚欧亜局長ヨリ此機會ニ於テ日英關係調整問題ニ付説明シ度キ處右ハ永イ間ノ問題ニテ自分ヨリモ豫テ永田、磯谷兩軍務局長及板垣參謀長ニモ話ヲシ其ノ了解ヲ得居リ又昨年陸海外三省幹部會議ニ於テ協議ノ結果日獨ト同時ニ日英接近工作ヲ行フコトニ決定セルモノニシテ先ツ日獨協定カ成立セル次第ナリ此際日英關係ヲ調整スルコトハ日本ニトリ極メテ必要ナルノミナラス獨逸側モ英トノ關係ノ調整ヲ希望シ居レリト説明セル處參謀長ハ日獨協定ニ付テハ政府内ニ於テ多少之ニ對スル熱意ヲ失ヘルヤノ感想ヲ抱クモノアリト云ヘルニ付欧亜局長ヨリソノ點ニ付テハ林内閣時代ニモ外相ノ議會演説中ニ特ニ廣田内閣ノ日獨協定締結ヲ極メテ機宜ニ適セル措置ナリトシソノ實効ヲ収メルコトニ努力スル旨ヲ言明シ更ニ議會ニ於ケル質問應答ニ於テモ屢々コノ點ヲ明瞭ニシタルノミナラス地方長官會議ニ於ケル佐藤外相ノ演説中ニモ特ニ繰リ返ヘシ居ル通ナリト述ヘ更ニ次官ヨリ日獨協定ハ公表セラレタル部分ノミニテハ其ノ重要性ヲ國民一般ニ理解セシムルコト相當ニ困難アルモ政府部内ニ於テハ同協定ヲ以テ重要ナル國策ト認ムルコトニ何等變リナシト述ヘ尚欧亜局長ヨリ對英工作ニ於テハ何等日獨協定ニ影響ヲ及ホスコトナキノミナラス日英關係ノ調節ハ日獨協定ヲ強化シ又之ヲ充分ニ活カス結果トナルモノニシテ幸ヒ日英關係調整ニ至ラハ對「ソ」關係ニ於テモ我カ日本ノ立場ヲ尠ラス有利ナラシムヘキ旨ヲ説明シタル處參謀長モ對英工作ハ對支對「ソ」關係ヨリ見ルモ甚タ必要ナルモノト自分モ考フル旨述ヘタリ

(欄外注記)

(一)六月十八日山田秘書官ヨリ入手「朝海」(浩一郎、東亜局第一課)

(二)具体的ニ如何ナルコトヲ意味スルヤ明カナラス恐ラク物資ノ北支ヨリノ輸入ヲ指スニ非ズシテ北支開発ニ資金ヲ要スルノ理由ヲ以テ対満投資金ヲ牽制スベカラズトノ趣旨ト解セラル換言セバ棉花ヲ北支ヨリ輸入スルコトハ勿論差支ナキモ龍烟鉄礦ノ開発等ハ満洲ニ於ケル同種計画ト睨ミ合セテ実施シテ貰ヒ度トノ意ナルベキ処右ハ外務省トシテモ関東軍北支駐屯軍間ニ明確ニ話ヲ付ケテ貰ハネバ迷惑也

—74—

（八）向冀察派遣军事顾问

资料名称：冀察へ軍事顧問

资料出处：読売新聞社編《昭和史の天皇》15，読売新聞社 1965 年発行，第 284—292 頁。

资料解说：本资料采用日本驻北军特务机关寺平忠辅和第二十九军日本顾问樱井德太郎的回忆，描述了卢沟桥事变前夕第二十九军与日本驻屯军的交往、军事训练，以及冯治安、秦德纯等将领的个人情况。

冀察へ軍事顧問

寺平《てらだいら》忠輔《ただすけ》大尉の回想でわかるように、綏遠、西安両事件を経た昭和十二年春の北支の空気は「中国人不打中国人」—（中国人は中国人を打たず）のスローガンのもとに抗日、排日の勢いが強まり、もう、かつての華北分治工作を許すような雰囲気《ふんいき》はかけらもなかったのである。いいかえれば、いかにして宋哲元の冀察政務委員会の顔を日本の方に向けさせておくかが、最大、唯一の政治工作だったのである。

寺平回想を続ける。

「（冀察の軍隊、つまり第二十九軍のなかでも河北省長を兼任する馮治安《ひょうちあん》の第三十七師の抗日の態度は強かった）

馮は河北省の出身で、当年四十四歳、馮玉祥《ひょうぎょくしょう》の旧部下ではあったけれど、抗日に徹し、することなすこと(委員長で、どちらかといえば日中の間にあって中立的態度をとろうとする)宋哲元の意に反するところが多かった。そこで(彼を)遠く手放しておくと、何を仕出かすかわからないというので、一番手近な北京周辺の要地に配してあった。

ある日、私(寺平)が北京の万寿山の方に車をとばして行くと、ちょうど西苑の兵営から出て来た馮治安の部隊、歩兵の一個連隊が私の車とすれ違った。この時、彼らがうたっていた軍歌は、

『打倒日本、打倒日本、除軍閥、除軍閥、努力革命成功、努力革命成功、去奮闘、去奮闘』

というのだった。この歌詞はもともとは、打倒列強、打倒列強というものだが、三十七師はそれをわざわざ打倒日本と置き替えてうたわせていた。

黒塗りいかめしい西苑の兵営は、昔、ドイツ人技師の設計監督の下に建てられたということだが、今では完全に侮日、抗日の根拠と化し、さきに梅津・何応欽協定（昭和十年六月十日）で華北から追われた二十五師長の関麟《かんりん》徴《ちょう》も、しばしばここに姿を現わして兵を煽動《せんどう》し、また中共北方局の主任劉少奇《りゅうしょうき》（中国政府の国家主席だったが文化大革命で、昭和四十三年十一月追放された）あたりも、学生の軍事訓練に便乗してこの方面に顔を出し、盛んに抗日をアジっていたという情報がはいっている。

師長馮治安が徹底的に日本ぎらいな男であってみれば、上の行なうところ下これにならうのも、またやむを得ないところではある」

人間のめぐり合わせとは不思議なものである。この日本ぎらいの馮治安に軍事学を教えたのは、北京特務機関に席を置き、二十九軍の軍事顧問だった桜井徳太郎少佐である。桜井氏は、現在、僧籍にはいって名を金覚と改

め、福岡県糸島郡志摩町稲留、不知火山瑠璃光寺住職をつとめている。

桜井氏（福岡市春吉二の五の四）の話を聞こう。

「陸大を大正四年に出ましてね。――古い、古い話だが、昭和二年に陸軍戸山学校の教官に出た。それを二年ほどやっているうちに支那へ行かんかということになった。ええ、北京にある中国の陸軍大学の兵学教官です。校長が蒋介石、代理校長が日本の陸士を出た熊斌《ゆうひん》中将でした。学生は蒋介石がつくった黄埔《こうほ》軍官学校を出たもの、それに昭和四年に蒋介石が一応中国を統一したということで、各軍閥からも優秀な幹部将校をこの陸大に集めて、思想統一の軍事教育をやったわけです。だから、張学良のところの東北軍出身のもの、西北軍の宋哲元の部下もいる。全国四集団軍からもれなく集めて、全部で学生は三百六十人ほどいましたね。

教官は日本人が六人。前に土橋という中佐と、田中という少佐がおりましたが、それでは不足だということでわたしをふくめた四人が新たに加わったんです。もちろん中国の教官もいるし、ドイツからリンドマンという中将が来ていました。この人は第一次世界大戦でポーランドのルージュ要塞《ようさい》を攻撃した著名な砲兵司令官だったんですが、結局ドイツが負けちゃったんで中国に来ていたんです。

学生は、いまいったように出身はいろいろなんだが、宋哲元の部下にしぼってみると、河北省長になった馮治安をはじめ、張という副軍長、旅(団)長が二人、副師(団長)など七、八人おりましたなあ。後に有名になった衛《えい》立煌《りつこう》、だいぶ前になくなりましたが、蒋介石の右腕といわれ、たしか西安事件のさい蒋介石と一緒に張学良軍につかまったり、終戦のときは満州軍総司令官になっていた、いやいなかったか、はっきり記憶はないが、山西軍の豊玉璽《ほうぎょくじ》なんていうのもおりました。当時この豊さんは日本の陸士出で五十二歳、わたしは三十二歳の若造だったから、中国についてのことは、豊さんをはじめ、学生たちにずいぶん教えてもらったもんです。

昭和六年八月までのまる二年間教官をやって、中国を回って帰国したんですが、そのころ外国人には見せなかった上海の呉淞《ウースン》の砲台などもそこの砲台長がわたしの教え子でしてね、実によく案内してくれた。これを聞いた上海陸戦隊の鈴木という隊長なんか『へえっ』といってびっくりしてましたよ。

それから満州事変に出征したり、歩兵学校の教官をやったり、二・二六事件があったり、なにかとせわしなくやっているうちに、昭和十一年の五月でしたか、冀察政務委員会、つまり宋哲元の二十九軍の軍事顧問をやれというわけです。ヤブから棒の命令でした。おそらく、軍中央のだれかが、かつてわたしが北京の陸軍大学で教えた学生の多くが二十九軍にいるから好都合だと考えたんじゃないですかな。二十九軍はそんなことで教官時代には閲兵にも出かけたことがあり、なんとなく愛着を持っていたから、二つ返事で引き受けたんです。

軍事顧問といっても、身分は北京特務機関員です。特務機関には軍事顧問部と外交顧問部、経済顧問部などがあり、それぞれ顧問がいて冀察政権と日本側とのパイプの役割を果たしていたんです。そして軍事顧問部にはわたしをふくめて三人の軍事顧問がおり、ええ、中島弟四郎中佐、笠井半蔵少佐ですが、わたしが借りた家を顧問部の事務所にしておりました。事務員をふくめると二、三十人という大所帯でした。

われわれは通常はカーキ色の国民服みたいな顧問服というのを着てましたが、時によって中国服、また灰色の中国軍の軍服も着ましたよ。二十九軍顧問だから当然でしょう。

したがって、月給は顧問料ということで冀察側が支払ってくれる。たしか五百円だったと覚えております。当時の五百円というのは大変に使い出がありました。それで、わたしは母をはじめ家内、子供も連れて行っていましたから、この生活費、女中さんたちの給料、——まだある。いわゆる〝支那浪人〟というのがつねに顧問部にころがり込んできている。ひどいのは一か月も二か月もいそうろうをきめこんだうえ、子分を連れてくる。こういう連中の食費もまかなっていたんです。

なにかの折りにふと思い出すんですよ。家はかなり広い敷き地の中に、レンガ造りの、そう、中国風の平屋建ての家が何むねか独立して建てられていた。元は中国の身分ある官吏の家だったそうだが、なんというか文学博士でも住んでいるような面影でした。その一番奥まった部屋に家族、表に面したむねが事務所、その間にあるいくつもの側室に〝浪人〟たちが住んでいたんです。

わたしたち軍事顧問の仕事というのは、向こうの軍の方で用事があるといえば行き、兵学の講義をしてくれといえば行ってそれをやる。それから二十九軍の演習を見て歩くとか、河北省内の各所を省長一行と視察して歩く。政務委員会は察哈爾《チャハル》省も行政区域ですから、そちらの方にも足を延ばす。だから、これでも結構忙しかったですなあ。忙しい忙しいで日が暮れていたように思います。

中島さん、笠井さんの二人の顧問とも相談して、同じような仕事を手分けしてやっていたんだが、冀察政務委員会の中にも、いまでいうタカ派とハト派がおりましてね。なかなかめんどうでしたなあ。

冀察政権の二十九軍というのは、もともと馮玉祥の軍隊で、いわゆる山西軍、つまり山西の地方人を中心にした軍隊。それが北京という花の都に出て来たわけだが、わたしの見るところ軍律はよく守られておりましたなあ。そのうえ質素倹約で、中国軍とすれば非常に質のよい軍隊でした。兵力は三個師団と騎兵一個師団、それに軍直轄の兵力があったから、ざっと五万人ぐらいではなかったろうか。

当時の日本軍の最大の仮想敵はソ連です。つまり北支の方からシリを突っつかれないような体制をとるというのが対中国作戦の根底にある考え方だった。そういうことで、なるべくなら日本軍に好意をもったものに北支を押えていてもらいたいというのが日本の希望でした。ところが、それでは蒋介石としてはメンツが立たない。

ということは、蔣介石としては昭和三年に一応北伐を終えて全国を統一した。いいかえれば中国の各軍団をその手に握ったということです。で、前にも申しましたように、各軍の思想統一のため各幹部将校を北京の陸大に集めて教育をする。わたしも招かれて昭和四年八月から二年間兵学を教えるということになったんです。だから〝日本軍に好意をもった軍〟を北支に置くなんて、彼の意に反することおびただしいというわけですよ。

といっても、中国の軍隊は、元来は軍閥の軍隊で、したがって、それぞれの思惑がからんでいるのは当たり前。蔣介石の中央集権政策に反発して、自分たちなりの地盤を保持しようとする。これは否定できないことだったと思います。まあ、利害がなかなか一致しないわけですね。なかにはある程度、日本軍をたよりにしていたものもあった。蔣介石としては、それは気にくわない。そこで各軍閥にいろいろな形で目付け役を入れる。冀察政権に国民政府のものがたくさんはいっていたのは、こういう理由なんですよ。

この親国民政府派、これらは対日本ということになるとタカ派、これを否とする者はハト派で、主義、主張を越えた、もう、ナマの人間がむき出しになる場合もたびたびあったようです。宋哲元および冀察の幹部たちは、こうしたあぶなっかしいバランスのうえに乗っていたともいえましょう。一歩誤れば、たちどころに政権喪失のうき目にあう。

いったい、北京は千年の都ですから、政治、経済といったあらゆる点について成功した者、失敗した者が住み、生きたお手本になっている。どういうことをやったら失敗するか、まざまざとわかるわけです。当時の状況からいって、宋哲元は、ことさらに事を構えて日本と衝突したら損だということも、これらの実例に照らしてよく知っていますよ。

そこで、経済工作なんかはなるべく受け入れて、日中合作して冀察に紡績工場なんかつくったりしておけば都合がいいと判断しましてね、そういう政治的な意味での提携事業はやりました。また、それで自分の財力がふえるから、二十九軍の武器をふやすこともできるんです。民衆に対しても苛斂誅求《かれんちゅうきゅう》をやらなくてすむ。そうすれば彼の評判が悪かろうはずがない。外資導入という形で、それまでは中国産の綿を日本へ持って行って織布していたのを、日本の紡織機を持ってくればなにかと都合よく、しかも日中合弁のそうした会社があると日本も冀察に対して実力行動に出にくい——宋哲元自身はそんなふうに考えていましたね。

そうすると、南京から来た国民政府の目付け役たちは『宋は日本と組んでカイライ政権みたいなことをやって、中央（国民政府）のいうことを聞かないばかりか、いよいよ強化している』と圧迫してくるんです。回りくどく話したが宋哲元の立場、考え方は、蘆溝橋事件に微妙に投影するんですから、これは頭に入れておいてほしいと思います。

冀察のナンバー・ツウの秦徳純（北京市長、二十九軍副軍長）は一口にいえば柔軟な、政治家ハダの男でした。その立場がナダメ役だから自然そうなったんだろうが、ある意味では宋哲元以上の人物でしょう。

具体的には大将の宋哲元と、徹底した日本ぎらいの三十七師長兼河北省長の馮治安との間にはいって、うまく両者の手を握らせていく。そして、日本から押されるとそちらになびくがごとく、中央から圧力がかかればそちらに顔を向ける。中央から来ていた熊斌中将なんかには、きびしく監視されていたようだし、たしか夫人は人質のような格好で南京に連れて行かれていた。北京の特務機関と接触するのは彼で、わたしは直接の相手を馮治安にしておりました。

馮は北京の陸大でわたしの教え子に当たるわけだからまあ、むずかしい話もヤアヤアというところから始めることができる。ともかく冀察の実力者で、彼さえなだめればなんとか問題の片がつくんです。いってみれば武断派、タカ派の中心人物でした。

こういうたとえは沖縄の人たちに悪いと思うが、冀察政権というのはひところの沖縄の場合に似ているんではないか。潜在主権は日本にある。つまり、この日本が南京政府に当たる。そこへ米軍がはいってきて、すなわち日本軍ですね、思うようにやろうとするが沖縄は日本人だからいやだという。といってタテをついてばかりいられない。現実の施政権は米軍が握っているんだから。そして、内部には一日も早く日本への復帰を願う者があれば、もっと経済的実力をつけてから復帰してもおそくないとする者もある。わたしはよく当時の冀察を沖縄になぞらえ、一人考えることがあるんです。

沖縄の対米感情があまり良くないように、中国の対日感情はきわめて悪い。満州事変で満州を略奪し、さらに日本は冀東まで取った。こんどは蒙古《もうこ》の徳王をたてて北の方で画策している。それだけでもにくくてたまらんのに、こんどは冀察政府を自由にし、北支どころかさらに勢力を南下させるのではないかと——そう心配するのは中国人として当然でした。いかにわたしが馮治安たちの先生であったとしても、彼らは中国人として日本を警戒している。日本の野放図もない〝横車〟に憤慨していたんですなあ。

だから、冀察は表面的には一応日本と協調しているように見えていたが、内実は一触即発の雰囲気にあり、あとでわかったことだが、北京大学には、例の文革で追放された劉少奇が中共の北方総局主任ではいってきており、図書館員をやりながら学生運動を指導していた。運動といってもプラカートをただ掲げるような甘いものではなく、二十九軍の兵士にも積極的に働きかけるし、日本軍——支那駐屯軍の兵隊にもひそかに呼びかけていた形跡がある。

二十九軍に対する運動なんか、兵舎に抗日のデモをかける、また、ものすごいというより壮絶なアジ演説をぶち、兵営にも北京の町かどにもそうしたビラがたくさんはられていましたよ。いちばんわかりやすいのは『打倒日本』だが、さすが文章の国です。名文をもって抗日、日本軍閥への激しい反発がつづられてあった。

当時われわれは劉少奇についてはほとんど認識がなかった。なぜかというと、第一彼は武力を持っていない。それに活躍の舞台が大学の中で、細かく目が届いていないせいもあったでしょう。なんだか北京大学にはいって、学生を扇動している若い活動家がいる、共産党の出先みたいな青年がいるが、大学の中にいることだし、北京大学は抗日運動の大きな拠点の一つだが、ヘタに突っつけない、どうにもならん——という程度でしたなあ。むしろ、われわれの目は、親日中国人に対してひんぱんにテロを加える国民党の特務工作組織の〝藍衣社〟や〝CC団〟の方に向けられていたんです。

こういう抗日運動の激化は、昭和十一年五月の、支那駐屯軍の増強を境にして、よりいっそう盛り上がり、とりわけ歩兵一連隊第三大隊、つまり一木（清直少佐）大隊、これには第八中隊が含まれているが、それが豊台に常駐したことでもう抜きさしならぬ日中の関係になったんです」

（九）装备良好的第二十九军

资料名称：装備よい二十九軍

资料出处：読売新聞社編《昭和史の天皇》15，読売新聞社 1965 年発行，第 292—301 頁。

资料解说：本资料利用第十九军的日本顾问等当事人的回忆，记录了第二十九军的装备、训练，以及卢沟桥事变前中日两国发生多方面摩擦与冲突的情况。

装備よい二十九軍

桜井少佐と共に、中国第二十九軍軍事顧問をつとめていた笠井半蔵少佐は、いま福岡県久留米市に健在である。

笠井氏（現、久留米市会議員、久留米市小森野町一八〇五）の話も聞いておく。

「わたしが二十九軍の軍事顧問として中国に渡ったのは、桜井さんよりずっと遅れて昭和十二年の三月だったと記憶しています。

陸士の三十二期、つまり明治三十二年生まれで、桜井さんの二年後輩なんです。もともとは砲兵でしてね、砲兵学校で教育をうけ、原隊の小倉にあった野戦重砲第五連隊に戻って間もなく、なんの前ぶれもなしに陸軍省から『お前、中国へ行け』という命令なんです。これにはおどろきましたね。なぜかというと、学校でわたしがやった語学はロシア語。中国語はひと言も話せない。したがって中国について勉強したこともないんです。そんな門外漢がなぜ中国へ行かなければならないのか、いまもってこの中国行きの選考の理由はわかっておりませんでしてね。

裏返していうと、わたしのような者を中国にやることを決定した軍中央には、本当の意味の〝中国通〟がおらなかったんではないか。そうでなければ理解できません。だって昭和十一、二年の日本と中国の関係を考えてみれば、中国に理解をもった軍人でなければ、二十九軍の軍事顧問という大切な役目は果たせませんよ。軍事顧問という役目は軍事だけにかかわり合いを持って、政治問題にタッチしないから、大砲専門のわたしを選んだ——ということは理屈にはならんと思うんですがね。

ところで、この軍事顧問という仕事ですが、わたしの経験によれば〝押しかけの顧問〟であり、中国側からはまったく〝希望されざる顧問〟だったんです。二十九軍の軍事顧問というのは、昭和十年六月二十七日に取り決められた『土肥原・秦徳純協定』に基づいて作られた制度なんです。この協定自体、中国側にとってはすこぶる屈辱的なものだったわけですから、軍事顧問に対してそう思うのは当然でしょう。当時ドイツからも一人、軍事顧問が二十九軍に来ておりましたが、これはわたしたちと比べて中国側は段違いの誠意を見せていたように思いましたなあ。

ともかく軍事顧問というのはその名の通り、こと軍事に関する指導、助言に当たるのが本来の姿です。ですからわたしたち三人の軍事顧問は手分けをして二十九軍の軍隊を見て歩くんです。というと、いかにも二十九軍側から『おいでいただきたい』と請われているみたいだが、実情はまったく逆でした。中国側は来てもらいたくない、兵営や各施設、軍隊の装備なんか日本人には知られたくないんです。それではこちらの役目が果たせません。

そこで二十九軍の三十七師、三十八師、百四十三師を押しかけみたいに視察にいく。軍事顧問事務所から『何月何日に視察したい』と連絡すると、絶対に断わりません。『どうぞおいでください』と返事してくる。しかし、現地へ行きますと、もう徹底した宴会戦術で飲めやたべろなんです。つまり兵営を見せたくないんです。そして実に丁重に、にこやかに応対してくれる。それを押して、なんとか理由をこねて視察しますが、やはり肝心なところは見せません。

軍事顧問に対して、日本人であるという根本的な反発があるんですが、同時にわたしたちを軍事スパイだとも考えているんです。無理もないんです。わたしたちは、あくまで二十九軍の軍事顧問ですから、支那駐屯軍司令官の指揮もうけなければ、また北京特務機関の命令を聞く必要もありません。ただ便宜的に特務機関に席だけを置くしきたりになっていたんです。ご承知のように特務機関は情報とかいろいろな工作をやりますね。したがって中国側はわたしたちを特務機関から派遣されている——というように見て疑心暗鬼になる。そういう誤解をうけるのも無理はないと思いますね。なしうることなら、わたしたちは、すっぽりと二十九軍の内部にはいってしまう、たとえば二十九軍の兵舎の中で生活するとかすればよかったと思うんですが、当時の日本軍としてはそういうことはなかなか実現がむずかしかったんです。後悔先に立たず、残念だったと思います。

そんなふうに表面は日中なごやかなんだが、内実はまったく違う。これは忘れられないことだが、冀察側と日本側はよく宴会をやったものです。向こうに呼ばれればお返しにこちらが呼ぶ、また向こうが招待するというぐあいです。冀察の方からはナンバー・ツウの秦徳純をはじめ三十八師長の張自忠中将といった実力者が出席するんです。

宴会は中国料理店でやるんだが、話は和気あいあい、まったく気持ちがいいんです。宴はずめば歌も出る。秦徳純二十九軍副軍長はニコニコしてまして、すごい酒豪でした。宴席にはこう万国旗が張りめぐらしてあるんです。

ところがよく見ると数十か国ある国旗の中に、たった一つない国旗がある。日の丸なんですよ。日章旗だけ除いてある。なんともいえない不思議な気分ですが、そんなこと口に出してとがめ立てるのもヤボな話ですよね。向こうの宴会になんど呼ばれても同じでした。つまり、中国側は、いわず語らずのうちに激しい抗日の意思を表わしていたんですね。

だから、日中の兵隊同士になると、敵意を包まずにぶつけ合う。もう、お互い、顔見ただけでにくいんだとトゲトゲしい関係でしたね。とりわけ馮治安を師長とする三十七師の兵隊にそれが強いように思われました。ですからわたしは軍事顧問をやっている間、ついに馮師長の顔を見ることがなかったですな。日本側とやる宴席には一度も出席しないくらいの反日、排日派でした。

それに引きかえ張自忠三十八師長は温和な人柄だった。わたしたちとも積極的に付き合おうと努力していましたよ。それを日本人は『張師長は親日派だ』と思い込んでしまう向きが多かった。それは大変な誤りだったと思う。わたしにいわせれば〝知日派〟だったんです。中国の目の前に立ちふさがる日本という国、日本人というものをなんとか理解しようとした方だと思います。本を読み、話を聞く、そういう意味の知日派だった。親日派というのは冀東政府の殷汝耕がそうだったでしょう。そうしてくると、冀察側には、強いとか、おだやかだとかの差はあるが総体としてみれば、その本心は抗日一色だったようにわたしは判断しています。

軍事顧問としてわたしが見た二十九軍の装備というか兵力は、日本軍とドッコイドッコイ、あるいは若干日本軍の方がよかったかなと思われるくらい充実したものでした。砲力がいささか劣っていたくらいの違いでした。また軍の規律も厳正でした。もっとも終戦時、わたしは華北で十個大隊編成の特別警備隊の高級参謀をやっていて中共軍に降伏したんですが、そのとき会った中共軍のそれは日本軍ですら及ばぬ立派なもので、わたしの経験ではただ舌を巻くといった軍隊でした。

それはそれとして、前にも話したようにわたしたちは一種の〝独立機関〟ですから、こうした冀察の軍事力についても軍司令官に報告する義務もなく、またしませんでした。せいぜい松井（太久郎、大佐）特務機関長にお会いしたとき、茶飲みばなし程度に話したくらいでしたなあ。

だが、結果的にいって、わたしのような軍事顧問の存在が中国側をして、より抗日を強める材料の一つになったんではないかと恐れているんです」——

いままで支那駐屯軍増強の意味と、実際に増強部隊要員として中国に派遣された兵士たちや特務機関員の言葉をつづってきたが、では、これに対する中国側の反響はどうだったか。もちろん、日本の考えがどうあれ、激しい反日の声に満ちていた。北清事変最終議定書によれば、支那駐屯軍の増強は中国政府に無通告、つまり黙って実施することが出来る。だからといって、明治三十四年に取り決められた、三十五年前の、カビのはえた〝条約〟がそのままの姿で存在価値を主張していいものだろうか。少なくとも、中国の姿は綏遠《すいえん》、西安事件によって大転回していたのである。ここにも、この二つの事件のもたらす歴史的意義を理解していない日本軍部の独善の態度がうかがえるのである。

ここに、駐屯軍増強が実施された翌日、昭和十一年五月十六日付けの中国の新聞の論調がある。これがどんな経路で今日まで残されたかはあとにして、まず読もう。

「大公報」（漢口）

「居留民の保護を名とせる（支那駐屯軍の増強）は遁辞《とんじ》に過ぎず。支那駐屯軍と関東軍は今後完全に分立し、一は直ちに支那を侵略し、一はもっぱらソ連を圧迫せんとするものにして、万一、支那およびソ連に対し同時に行動する場合、おのおの全力をあげてこれに当たらんがためなれば、増兵は啻《ただ》に支那に対するのみならず、実にソ連にも対せんがためなり」

「星華日報」（汕頭《スワトウ》）

「日本は冀察ロボット政権との防共協定に藉口《しゃこう》し、列強ならびに中国民衆の耳目を欺瞞《ぎまん》し、大規模の増兵を決行し、華北統治の鞏固《きょうこ》と中国救国運動の消滅を策し、漸次侵略政策を拡充し、中国を併合せんとす。全中国民衆は積極的に日本増兵に反抗すべし」

これらは、当時、汕頭にあった海軍武官から海軍省に報告された情報であり、現在、これを所持しているのは、武蔵大学人文学部教授で現代史担当の島田俊彦教授である。

島田教授（東京都新宿区下落合二の八三六）の話を聞く。

「わたしは太平洋戦争中、正確にいえば昭和十七年六月から海軍軍令部の軍属となって、戦史の編纂《へんさん》をやっていたんです。

この仕事の話は、恩師の辻善之助先生（東大教授）からあったんですが、海軍のほうでも『本当のことを包み隠さず、潤色を加えず書いてくれ。悪かったことも、そのままに書いてほしい』ということでした。それでわたし、興味を持ちましてね。当時は大学の研究室をはじめ軍の外にいますと、いろいろな形で圧迫があって、本当の歴史は書けなかったんです。それが、ああいう中（軍の中）にはいり込むと逆に出来たんだから変な話です。

もっとも最初は辻先生が『お前、戦争に行きたくないんだろう』とおっしゃるから『行きたくないですねえ』とお答えすると『海軍の戦史編纂の仕事がある。召集なんかされないように掛け合ってやる』という、いきさつがありました。だから本音は戦争に行かなくてすむということだったですかな。結局、先生がわたしを〝枢要な人物〟ということで海軍と、それに陸軍にも交渉して召集がないようにしてくれたんでした。

まあ、そういうことで海軍戦史の編纂をやっているうちに終戦になりました。その前に新橋にあった海軍軍令部戦史部も空襲が激しくなって、山中湖畔のニュー・グランドホテルに疎開したんだが、そこで終戦を迎えたわけです。終戦と同時に戦史部の資料を全部焼いてしまえという〝海軍大臣命令〟が出たんです。

でも、せっかくの資料を、もったいないですからねえ。わたしはなんとかそれらの資料を保存しようとして、村の信用できる農家に頼んで、その屋根裏に隠す手はずをととのえ、資料を箱詰めにしていたんです。それが本省から来た軍人に見つかっちゃった。『海軍大臣の命令を知らないのか。すぐ燃やせ』とえらいけんまくでした。しゃくにさわって箱詰めのままホテルの庭で燃やしたんですが、資料は膨大です。燃やすのに二晩徹夜で足かけ三日もかかりました。

村の人は火事かと思って飛んできたくらいでしたよ。でも、全部燃やすのはなんとしても惜しい。で、資料の中から満州事変から日中戦争までの資料をなんとか抜き出して、当時、わたしの家族も近くに疎開していたもんですから、水兵に手伝ってもらって〝暮夜ひそかに〟そこへ運び込んだんです。だから外務省にも陸軍省にも残らなかった資料がわたしのところにあるわけなんです。

支那駐屯軍の問題もその資料によるのですが、列国の支那駐屯軍は、そのときどきで増減があります。もっとも減はドイツやロシアが引き揚げをしたからで、増のほうが多いですね。この資料のもともとは外務省が出所なんだが、まずアメリカがふやしています。明治四十四年から四十五年にかけてですから、辛亥《しんがい》革命のときですね。

それから各国がいちばんふやしたのが昭和二年の蒋介石の北伐です。あのときはイギリスが非常にふやしたがって、日本にもふやしてくれといってきています。まあ、結果的には、このとき日本もふやしましたが、あまり乗り気になっていません。当時の田中義一首相も、はじめは拒否している。イギリスはたしか各国合わせて二万人くらいほしい、これくらいないと義和団事件(北清事変)の二の舞を踏むということをいっている。しかし田中という人は、出兵には臆病で、そんなものを出さないでも北支は大丈夫だという見方をしていました。張作霖《ちょうさくりん》を『あれはオラが弟』といって、一声かければ北京から満州に引き揚げる。北伐の蒋介石はそんなに深入りはしないだろうという観測を持っていた。あんまり当たってはいませんでしたけどねえ——。

それから昭和十一年の日本の増強になるわけですが、あのいちばんの大きな理由は防共ですねえ。十一年の三月に山西(省)に共産軍がはいってくる。それで日本はこれを警戒すると同時に、冀察政務委員会に働きかけて、日本との間に一種の防共協定が結ばれているんですよ。これはどういうわけか公表されてなかったんですが、十一年の三月三十日に、日本といいますけど支那駐屯軍と冀察の宋哲元の間に協定が調印されているんです。まあそんなこともやっているし、一般に陸軍の側で昭和十年の後半ごろから非常に対ソ危機感が高まってくるんですね。（石原莞爾大佐が参謀本部作戦課長として軍中央にはいったのはこの八月だった）そういうこともあって増強されたんだと思います。

それが、興味深いことに、前に掲げた新聞でもわかるように、中国の新聞の論調のなかに、日本の意図は〝対ソ〟にあると述べていることですね。また冀察政務委員会は国民政府の一機関であるんですが、ロボット政権といっています。つまり、冀察と蔣介石の間はまだ流動的で、星華日報には南支の特殊性が多少出ていると思います。

さらに増強の大きな理由になっている日本居留民の増加ですが、これは確かに北支の密輸、冀東特殊貿易でふえた。中国側では、日本は兵力を増強して密輸のあと押しをやる気だとも憤慨しています。中国の税関の監視船が強い態度に出ていることは『税関吏が義務遂行に努力していることの証左なり』という中国政府の報告もあるんですよ。

それから日本の内的問題としては関東軍に対する牽制《けんせい》だが、これもちゃんと向こうの新聞にある。日本の手の内は完全に読まれています。そして、中国の学生運動は激化の一途をたどっていく。どこの国でも学生は敏感ですからね」

「長城と長江と」の項でしばしば登場を願い、当時、上海にいた鹿島宗二郎氏（現、国際商科大学教授、中国問題研究家、東京都杉並区高円寺北四の三九の四）の話をそえる。

「このころ中国の各地で日本人に対する暴行殺害事件がしきりと報告されました。七月十日に萱生という人が殺害され、八月二十四日に成都で新聞記者らが殺傷される。つづいて北海で商人が殺されるし、漢口でも日本人警官が射殺された。九月にはいってからは上海でも、いわゆる対日テロ事件が頻発《ひんぱつ》しましてね。とりわけ、満州事変を〝記念〟する九月十八日には大きなデモが上海を抗日の声で埋めたんでした」——

（十）华北驻屯军人员配置表

资料名称：支那駐屯軍人員ならびに配置表

资料出处：臼井勝美《史料解題・昭和 12 年「関東軍」の対中国政策について》，《外交史料館報》(11)，外務省外交史料館 1997 年版，第 80—81 頁。

资料解说：本资料是日本华北驻屯军部队序列、人数、配置地点等统计表，实际数目待考订。

Ⅰ　支那駐屯軍人員ならびに配置表［(1)昭和十一年一月　(2)昭和十二年五月］

(1)昭和十一年一月三十一日現在

	将校	下士官、兵		
駐屯軍司令部				
軍司令部　天津	20	7		
憲兵部	6	36		
通信部	6	97		
山砲第一中隊	7	133		
工兵第一小隊	3	65		
合計	42	338		
北京駐屯歩兵隊	13	223		
通州	2	49		
天津駐屯歩兵隊				
天津	29	545		
塘沽	1	38		
唐山	8	190		
灤州	5	98		
昌黎	1	22		
秦皇島	1	33		
山海関	12	217		
計	57	1143		
総計［戦員］	114	1753	非戦員	27［将校待遇］
				67［下士官、兵待遇］
			馬匹	98

(2)昭和十二年五月三十一日現在（注、支那駐屯軍増強後）

	将校	下士官、兵
軍司令部	38	11
旅団司令部	3	3
支那駐屯歩兵第一聯隊		
北平	33	557
東機局	26	535
豊台	32	651
通州	2	28
計	93	1771
支那駐屯歩兵第二聯隊		
天津	57	1035
塘沽	5	141
唐山	6	140
灤県	6	125
昌黎		19
秦皇島	2	20
山海関	13	220
計	89	1700
支那駐屯戦車隊	15	153
支那駐屯騎兵隊	6	146
支那駐屯砲兵聯隊	35	686
支那駐屯工兵隊	9	160
支那駐屯通信隊	9	175
支那駐屯憲兵隊	11	63
総計［戦員］	308	4868
		［定員4966］

非戦員　67［将校待遇］
181［下士官、兵待遇］
馬匹　651

支那駐屯軍司令部月報　昭和十一年一月分および昭和十二年五月分
「支那駐屯軍人馬現員表」より作成
（防衛研究所所蔵「陸満密大日記」昭和十三年第一冊）

（十一）河北省日本人居留人口一览

资料名称：河北省日本人民留民人口一覧

资料出处：臼井勝美《史料解題・昭和 12 年「関東軍」の対中国政策について》，《外交史料館報》(11)，外務省外交史料館 1997 年版，第 82 頁。

资料解说：本资料是 1937 年 1 月日本外务省方面对于当时河北等地的日本侨民人口的统计，其居住地集中在天津和北平。

Ⅱ　河北省日本人民留民人口一覧

一九三七年〔昭和十二年〕一月一日現在

		内地人	朝鮮人	台湾人
北平	4,024	2,109	1,854	61
天津	11,409	9,373	1,962	74
山海関	2,084	1,660	416	8
秦皇島	628	321	307	0
昌黎	403	156	247	0
塘沽	376	221	157	0
灤県	774	210	554	10
唐山	813	366	447	0
古北口	281	224	57	0

東亜局第二課　「満州国及中華民国在留本邦人人口概計表」昭和十二年一月一日現在

（外交史料館所蔵調書　東亜33）

五、华北驻屯军增强之后的月报选辑

日本的华北驻屯军是日军侵华先锋部队，也是日本策划、发动卢沟桥事变的责任者。日本在华北的驻屯军，自1901年列强迫清政府签订《辛丑条约》之后配置，其名义是执行条约第七条所规定「分保使馆」，第九条「以保京师至海通道无断绝之虞」。日本驻军初称清国驻屯军，1912年4月（明治四十五年）改称「支那驻屯军」，通称中国驻屯军，又称「北支」（华北）驻屯军。司令部设在天津，其兵力根据中国形势变化时有增减，辛亥革命之前大体为两千人左右。日本不仅在八国联军时期出兵人数最多，其后驻军人数亦为最多。

民国北京政府曾就《辛丑条约》等不平等条约和列强谈判，1928年南京国民政府统一全国，亦曾推行「革命外交」，要求废止或修订不平等条约，并获得部分国家的响应与配合。但是，日本坚持以不平等条约为依据，展开在华北地区的侵略扩军行动。特别是1931年日本发动九一八事变侵占中国东北地区后，转锋华北，于1936年4月决定将华北驻屯军升级，从一个非正规编制的守备部队，升级成为「永驻部队」，即常规编制部队，兵力急剧增长。其任务不再是「守护京师至海通道」，驻扎地也非条约规定而是随意开进，包括占领「北京的咽喉」丰台。司令官为中将衔，直属于天皇，统领日本在华北地区的军、政、经、特务机关等系列大权，发展为诸兵种合成的野战重兵集团，按中日历史共同研究中日方报告书所指，从军制上看是与关东军「同格化」的政治与军事战略集团。

该驻屯军司令官直辖于日皇，所属步兵联队的联队旗也由日皇亲授。日皇裕仁将联队旗授予首任联队长时鼓励爱护军旗，联队长则回答决不辜负军人荣誉。如此激励其斗志，终于在驻屯军编组十个月之后，卢沟桥事变发生了。这些史实，揭示了卢沟桥事变与日本战争计划之间的紧密关系。现今遗存的驻屯军资料，虽然因日本在战败投降时的大批烧毁而严重缺损，但仍旧保存下来不少值得参考的原始资料。

（一）华北驻屯军月报选（1936年）

资料名称：昭和十一年五月《支那駐屯軍月報》、昭和十一年六月《支那駐屯軍月報》、昭和十一年九月《支那駐屯軍月報》

资料出处：JACAR（アジア歴史資料センター）Ref.C01003332000 昭和十三年《満受大日記 2の1》（防衛省防衛研究所）。

资料解说：在有关1936年增兵后的该驻屯军相关资料中，现今遗存的业务「月报」，含军事、医务、通讯等内容，对于全面了解驻屯军的任务规定、序列编组、兵力扩充，及其行动历史，进而分析其发动卢沟桥事变的诸多军事与谋略准备，具有重要参考价值。现选编其决定增兵后的5月、6月与9月的月报，以便了解其增兵初期态势，以及两次挑起冲突并占领丰台的相关情况。

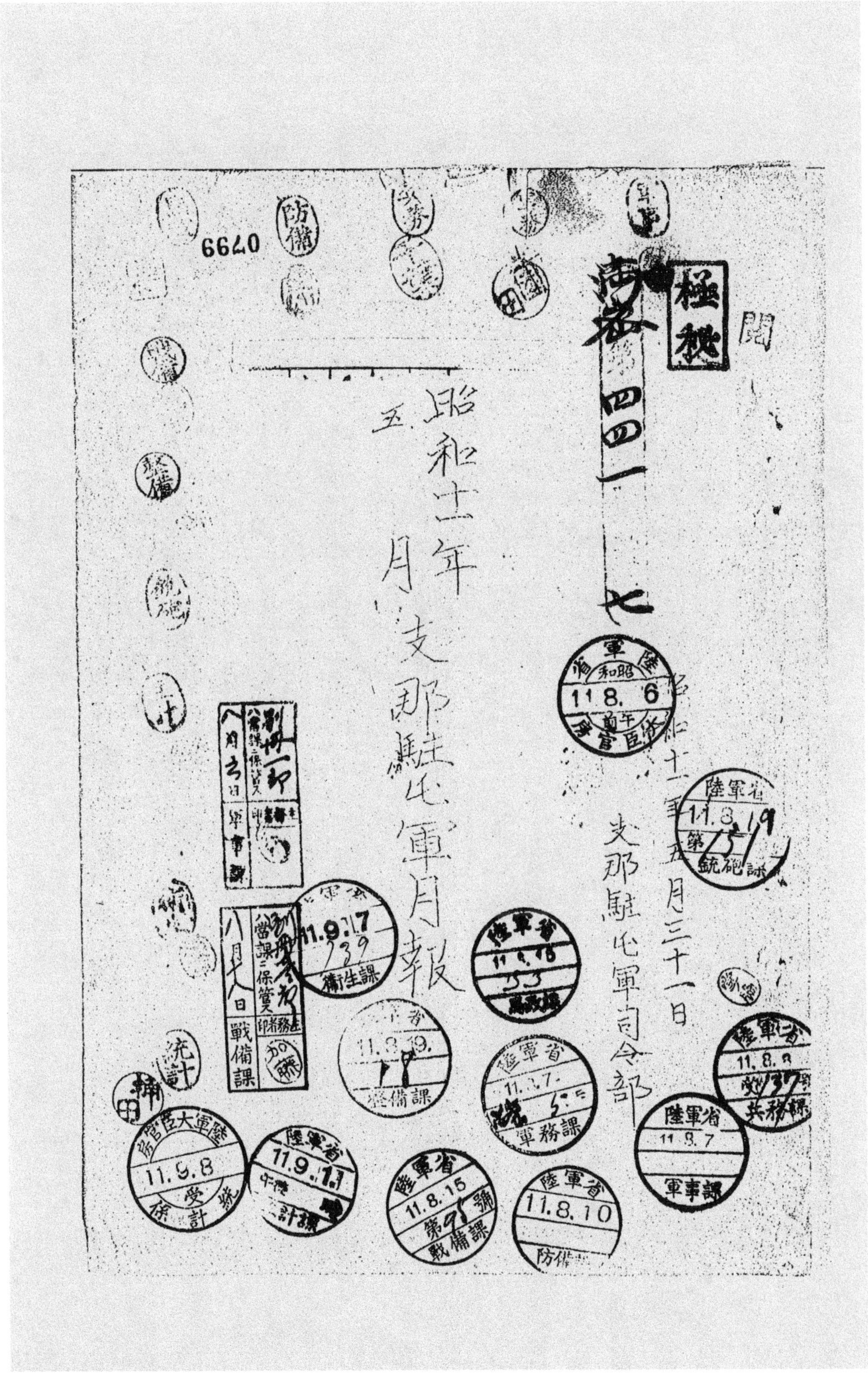
極秘
昭和十一年五月
支那駐屯軍月報
昭和十一年五月三十一日
支那駐屯軍司令部

目次

第九款　人衛生ニ関スル事項
第十款　馬事関係事項
第十一款　儀禮、社交、渉外ニ関スル事項
第十二款　人馬異動並ニ現在員
附録第一　邦人居留民ノ状況

第一款 北支一般ノ情勢

其ノ一 冀察政権

一、宋哲元ノ態度

宋哲元ハ先月来永ク天津ニ滞在シ容易ニ歸平セサリシ為彼ノ辞職説乃至逃避説等ノ遥言起リシカ之カ原因カ先ニ防共ニ関スル取定メ等ノ結果當然冀東ノ合流ヲ實現セラルヘキモノト豫想シアリシ所事志ニ反セシヲ以テ宋哲元モ部下ニ對スル面子上何ントカシテ司令官交代ノ時機ヲ

利用シ之カ解決ヲ圖ラント焦慮セルモノナリ然レ共冀察ノ現狀ヲ以テシテハ未タ合流ノ時機ニ非ラサル說得セシ所彼モ之ヲ諦メ十五日歸平セリ

二、南京政府ハ北京外交特派員ノ制度ヲ廢止ス

冀察外交委員會ハ南京外交部特派員ヲ接收セントシ南京政府ニ對シ該委員ニ冀察外交委員熊少豪ノ任命承認スルカ然ラサレハ之カ官制ノ廢止ヲ要求セシ所南京政府ハ十日附ヲ以テ之カ廢止ヲ發令セリ

三、交通委員會ノ成立

先ニ交通委員長ノ任命ヲ見タルモ諸種ノ関係ニ依リ委員會成立式ヲ挙行セリ

四、冀察側ト北平市ニ於ケル南京ノ軍事訓練委員會ヲ解散シ中學校以上ノ軍事訓練ヲ中止シ新ニ体育委員會ヲ編成シ學生ノ訓練ヲ準備中ナリ

五、平津ニ於ケル學生運動

日本ノ増兵期ヲ目標トスル學生ノ排日運動ハ今月初ヨリ相當積極的傾向ヲ示シアリシカ二十八日天津

二

學生ハ數百名集マリ市政府ニ押寄セ曰李增兵反對ヲ陳情シ次テ市内示威行列ヲナシ更ニ講演會ヲ催フスル等大イニ排日的氣声ヲ揚ケタリ

之ニ關シ當方ハ支那側ニ對シ嚴ニ之カ取締ヲ要求スルト共ニ之カ監視中ナリ

尚此機會ニ於テ冀察政府ノ癌タル天津市長蕭振瀛ノ罷免ヲ要求スルコトトナレリ

六、我軍用列車爆擊事件

二十九日午后八時天津市東北端ヲ去ル約一吉ノ地点ニ

於テ我軍用列車ヲ爆破シ之カ為馬匹三頭輕傷ヲ受ケタリ 軍ハ之ニ関シ共産党或ハ排日滿分子ノ仕業ニシテ之カ背後ニハ某々方面ノ策動アルモノト睨ミ目下之カ調査中ナルモ取敢ス冀察政権ニ對シ之カ警告ヲ發スルコトトナレリ

其ノ二 冀東政権

冀東ノ貿易ハ依然トシテ隆盛ヲ極メ其輸入品ハ北支ニ流入スルニ止マラス長江沿岸中部支那ニ迄重大ナル影況ヲ及ホスニ至リ為ニ南京ノ高

三

関税ヲ支那ノ輸入業者ハ悲鳴ヲ揚ケ殊ニ南京政府ハ関税収入ノ激減ニ依リ四苦八苦ノ情態ヲ呈シ目下孔詳煕ヲ委員トシテ防止委員会ヲ組織シ之カ防止策ニ腐心シアリ他方欧米就中英国ハ之ヲ以テ関税制度ノ破壊ト見做シ極メテ悪辣誇大ニ宣伝シツツアリ

其三、其他ノ地方

一、山東

韓復榘ハ親日防共ノ決意ヲ有スト称スルモ

未タ時期到ラストナシ積極的ナラス

又青島邦人ハ冀東貿易ノ影況ヲ受ケ相當苦境ニアルモノ也リ之カ為南京依存且抗日態度濃厚ナル沈鴻烈ヲ排除シ以テ北支擴大工作ニ加入セントスル空氣極メテ濃厚ナルモノアリ

二、山西

山西共匪ハ山西側ノ招撫政策ノ結果五月ニ日乃至六日ノ間全力ヲ以テ永和大寧西方ニ於テ黄河ヲ渡河シ陝西ニ退却シ茲ニ二箇月

ニ亙ル剿匪モ漸ク一段落ヲ告ケタリ爾後山
西軍ハ黄河ノ守備ニ任シ且一部ハ中央軍ノ
四ケ師ト共ニ北部陝西ニ向ヒ剿匪ノ為出發
中ナリ尚中央軍ノ半部ハ省外ニ撤退セリ

三、察哈爾

察東保安隊ハ總隊長王道一ヲ繞リ内紛ヲ生
シ更ニ昌平ヨリ進入セル高部隊加ハリ二日
交戰スルニ至リシモ間モナク平靜ニ歸シ王道一ノ
罷免羅東初ノ總隊長任命ニ依リ一先ツ解決セリ

四、綏遠

傅作義ノ態度ハ時ニ消長アルモ概ネ抗日的態度ニ暮レタルヤノ感アリテ對日本人感情面白カラサルモノアリ

五、内蒙

徳王軍政府ハ徳化ニ移轉シ十二日莊嚴盛大ナル移轉式ヲ擧行セリ

六、中央及西南

中央ト西南派ニ廣西ト共ニ天ヲ戴カサル仇

五

敵ノ関係ニ在リ近時蒋介石ノ西南圧迫策ハ政略的ニモ軍事的ニモ益々加ハルモノアリ斯クテ十二日西南文治派ノ巨頭胡漢民死スルヤ西南ハ妥協カ反蒋戦ヲ起スカノ岐路ニ立ツニ至レリ茲ニ於テ西南實力者ハ断然反蒋ニ決議スルモノノ如ク近ク通電ヲ出ス運ヒトナリアルカ如シ

第二款　警備

一、要旨

軍ノ増強ト冀東政府ノ低関税輸入品ノ南方進出ニ依リ之カ反對ヲ標榜シテ開始セル南京政府ノ排日政策ハ北支ニ波及シ一方共産分子ノ策動ト相俟テ學生間ニ不隠ノ風潮アリシカ果然二十八日天津ニ於テ近來其例ヲ見サル學生運動ヲ見又二十九日ハ我軍用列車ヲ爆破スルニ至リ軍ハ改変業務其他ノ為繁忙ヲ極メアルニ拘ラス警備ヲ嚴ニシテ支那側ノ行動ヲ監視シツツアリ

二、列車爆破事件

五月二十九日塘沽ニ上陸シタル軍ノ第二次派遣部隊中歩兵第一聯隊及歩兵第二聯隊ノ歩兵砲隊戦車隊ヲ搭載セル軍用列車カ午后八時頃天津市特別第三区（旧露西亜租界東北方地区進行中何者カ巧妙ナル地雷ヲ軌道下ニ設置シ馬貨車ヲ爆破シタルコト既述ノ如クナルカ軍ハ直ニ之カ証拠蒐集ノ為兵器部長本田中佐堂ノ脇参謀、池上憲兵分隊長及歩兵第

二聯隊ヨリ清水中尉ノ指揮スル一小隊ヲ臨時列車ニ搭乗現地ニ派遣シ各種資料ヲ蒐集シ爾後犯人捜査ニ努メツツアリ

事件ノ詳細ハ天参秘第一一一號報告ノ如シ

第三款 改変業務及軍司令官交代

一、要旨

軍ノ増強ノ為ノ改変ハ五月一日ヨリ着手セラレ各部隊ハ曩ニ定メタル改変規定ニ依リ着々業務ヲ進メ五月十七日軍ノ編成担任部隊ノ

編成ヲ概ネ終了シ又内地ヨリ派遣ノ部隊モ五月十四日（秦皇島上陸）及二十九日（塘沽上陸）ノ両次ニ亘リ無事到着シ五月三十日軍ノ全部ノ編成ヲ完結並集結ヲ終レリ

二、軍司令官多田中將ハ五月一日附第十一師團長ニ轉補セラレ田代中將軍ノ改變ニ伴フ初代軍司令官トシテ發令セラル

田代新軍司令官ハ十九日午後四時天津ニ着任シ多田中將ハ之ヨリ先左記ノ如ク各部隊

ニ對スル告別ノ為巡視ヲ終リ又新軍司令官
ニ事務ノ引継キヲ了リ二十八日午前九時三
十分離津セリ

三 改變ニ伴フ諸規定ノ準備

軍ノ改変ニ伴ヒ諸規定ノ改正ヲ要スルモ十二日
軍勤務令到着シタル為之ニ基キ軍ノ勤務規
定其他ノ諸規定改正ニ着手シ六月上旬ニハ
發布スル如ク準備中ナリ

四 軍ノ改変及軍司令官交代ニ伴フ本月間ノ主

要行事項別紙ノ如シ

第四款 教育訓練

一、要旨

各部隊ハ改変業務ニ忙殺セラレ充分教育訓練ニ従事スル能ハサル状況ニ在リシカ編成ノ完結ニ伴ヒ軍ノ特異性ニ應スル教育ニ努メツツアリ

二、教育指針並教育規程ノ發令

新軍司令官着任ト共ニ軍ノ軍隊練成ニ関スル

指針軍教育規程及年度教育ニ関スル指示ヲ
發布シ各部隊ノ教育ノ為ノ基礎ヲ指示セリ

二、各部隊教育狀況

各部隊ハ軍命令ニ基キ五月下旬以後教育査
閲ヲ實施シ内地ニ於ケル教育程度ヲ檢シツツアリ
之ニ基キ濟一進歩ヲ企圖シアリ但シ砲兵聯
隊ニ於ケル教育ハ内地ニ於テ教育セシ砲種
ヲ全然異ニスルタメ人馬共ニ根本ヨリ之カ
訓練ヲヤリ直シヲ要シ相當困難ヲ感シツツアリ

又戰車等ノ如キモ資材整ハス未タ十分訓練
ニ精勵シ得サル狀態ニ在リ

四、陸軍大學校初審試驗終了

本年度陸軍大學校初審試驗 五月四日ヨリ八日迄ニ實施シ學生候補者五名專科學生候補者一名無事終了セリ

第五款 軍紀風紀並軍事警察

一、軍紀風紀

管内各地駐屯部隊共支那駐屯軍任務ノ重大

性ニ鑑ミ将校以下一般ニ克ク緊張シ勤務ニ
精励シアリ特ニ今次ノ新編成ト同時ニ新旧軍
司令官ノ交代行事並ニ新軍司令官ノ訓示ア
リテ志気愈々昇リテ軍紀風紀ハ厳粛ニ維持
セラレアリ
然レトモ天津ヲ離レタル山海関駐屯中ノ砲
兵部隊ニ於テ口論ノ末同僚ヲ銃剣ヲ以テ殴
打シ軽傷ヲ負ハシメタルノ一件北京歩兵
聯隊ニ於テ下士官一ハ神経衰弱ニ起因シ挙

一〇

銃自殺ヲ遂ゲタルモノ一件アリタルハ遺憾トスル所ナリ

(二) 警察事項

本期間發生シタル警察事項ハ陸軍軍人ノ傷害事件一件同変死一件陸軍関係常人犯罪二件、陸軍関係常人說諭五件計九件ニシテ其中軍用列車爆破事件ハ軌條ニ爆藥ヲ裝置シ計画的ニ行ハレタルモノナリ犯人ハ未タ發見セサルモ抗日分子ノ行為ト思料セラレ極力捜査中尚軍ノ増強ト共ニ此種犯罪増加ノ虞

レアルヲ以テ関係部隊ト連絡シ密ニシ犯罪ノ防止ニ努メアリ事件ノ概況左表ノ如シ

人、陸軍々人犯罪調

月日件名	所属官等級氏名年齢	事件ノ概要処置
五、二七 傷害	支那駐屯砲聯隊第二中隊 砲二、國原秋吉 当二十二年	山海関仮宿舎ニ於テ兵器手入中口論シ三十年式銃剣ヲ以テ同僚ヲ殴打頭部ニ全癒十日間ノ列傷ヲ負ハシメタリ 所属中隊長ニ於テ取調中

乙、陸軍々人変死調

種別	所属官等級氏名年齢	月日	手段	原因動機	検視官衙
自殺	支那駐屯歩兵第一聯隊	五、二七	前額部	神経衰弱	北平分隊

歩軍漆原　順 当二十八年	ヨリ拳銃貫通ニ起因ス	（五、三〇支憲警第一〇号）

3、陸軍関係常人犯罪調

月日	件名	犯行者住所職業氏名年齢	事件ノ概要	處置
五、二九	軍用列車爆破	不詳	支那駐屯軍派遣部隊ノ乗車スル軍用列車ヲ東站駅南方約七粁ノ地点ニ於テ爆破シ軍馬一頭軽傷ス	支那側ト共ニ犯人捜査中

4、陸軍関係常人説諭調

月日	件名	犯行者職業住所氏名年齢	事件ノ概要	処置
五、二二	水底電信線標示板窃盗	不詳	天津縣西大沽白河々岸ニ加設セラル水底電信線（軍用）ノ標示板ヲ窃取ス	公安局ヲ督励シ犯人捜査中
五、二五	自動車事故	住所 天津市河東郭庄大街一二 自動車運転手 陳恩貴 当二十九年	天津歩二聯隊西村歩上等兵運転スル貨物自動車カ天津佛界疾走中加害者ノ操縦スル貨物自動車ヲ接觸セシメ軍用自動車ニ約五十円ノ損害ヲ與ヘタリ	説諭ノ上加害者ニ謝罪書ヲ提出セシム

一二

五、二四	無断日本兵営工事場ヲ窺フ	住所 天津河北黄緯路徳善里之 天津市長密偵兼支那新聞記者 李博良 当二十年	天津市長及北平政匪道巡社平津分社長ノ命ヲ受ケ天津市外日本兵営工事場ニ無断出入シ工事状況ヲ窺フ （六、三 支憲警第一五号）	他ニ容疑ノ点アルヲ以テ天津分隊ニ於テ留置取調中
五、一五	憲兵ヲ詐称	本籍 福岡縣[redacted] 現住所 河北省[redacted] 日語教師 浅川徹雄 当二十六年	禁制品「モヒ」販賣ノ目的ヲ以テ寧河縣漢沽ニ旅行中唐山分駐憲兵ナリト称シ不当ノ利ヲ計ラントセリ	改悛ノ情顯著ナルヲ以テ説諭放遣
五、二三	星章乱用	住所 北平絨線胡同四八 カフエー 茂宮秀 当五十三年	他人ノ信用ヲ得ヘク陸軍ノ星章ヲ店頭ニ揚ケタリ	説諭ノ上マークヲ除去セシム

第六款　通信ニ関スル事項

一、軍ノ改変ニ伴ヒ中旬以降頓ニ通信量増加（前月一〇、二九四通、本月一三、九三一）セル有無線共ニ概シテ円滑ニ消化スルヲ得タリ

二、従来ノ軍通信部ハ改変ニ伴ヒ通信隊ニ改変セラレ軍ノ通信業務ヲ継承実施セシメツツアリ

三、軍ノ改変強化ニ伴ヒ五月三日平時通信網ノ改変ヲ命シ各駐屯地ノ電話網ハ勿論天津東機器局兵営通州綏中等仮駐屯部隊トノ間ノ

一三

通信施設ヲ實施シ通信隊ノ作業ハ相當繁忙ナリ

四、本月間北倉附近ニ於テ約千米ノ電線窃取セラレ直ニ支那側（省政府、天津市政府）ニ抗議シ爾後十分監視セシムル如ク誓約セシム

第七款　兵器ニ関スル事項

一、張北特務機関ニ交付スヘキ謀略用兵器支那野砲八門同弾薬四、〇〇〇發ハ五月二日山海関ニ於テ同機関部員ニ授受ヲ了セリ

関東軍ノ委託ニ基ク謀略用兵器ノ隔地ヘノ移動集積ハ今回ヲ以テ終了セリ

二、昨年度交代要領兵器表改正ニ依ル過剰器材ハ返納スヘキノ処兵器本廠ト協議ノ結果今回ノ改変不要ノ兵器ノ補填ニ充當スルコトニ決定セリ

三、特殊情報業務用トシテ従来短波受信機「三」ヲ供用シアリシモ今次ノ改変ニ依リ米、蘇ノ傍受ヲモ實施スルコトトナリタルヲ以テ新ニ二機ノ増加支給方五月七日陸軍大臣ニ電報申請セリ

一四

一七

四、軍改変ニ伴フ當軍本年度演習用彈藥ニ關シ至急指示アリタキ旨五月七日兵器局長宛電報セリ然シテ五月十六日陸普第二八七九號ヲ以テ支給定数ヲ指示セラレタリ

五、天津駐屯工兵第一小隊ノ秦皇島移駐ニ伴ヒ保管兵器ハ支那駐屯工兵隊ニ交付スルコトトナリタルヲ以テ五月五日付軍命令ニ基キ引揚ケヲ實施シ五月八日受領セリ

六、軍改変ニ伴ヒ新設各隊ニ初度支給スヘキ兵器関

係書類ハ別送ノ通中央部ヨリ交付六五七九日軍
副官部ニ請求セリ
七、戰車隊及砲兵聯隊到着直後ニ於テ使用スヘキ
自動車類ノ揮發油ハ五月廿一日左記ノ通リ調弁、
準備ノ上夫々先發者ニ交付ス

左記

戰車隊　揮發油　二、〇〇〇竏
砲兵聯隊　右　五、〇〇竏

八、當軍改變不足兵器トシテ關東軍ヨリ送付セラレタル

一五

左記兵器ハ五月十二日山海関到着有村火工長ヲ
仝地ニ派遣シ該地ニ於テ砲兵聯隊（山砲兵中
隊）ニ交付ヲ了セリ

左　記

九〇式野砲　八門
同弾薬尖鋭弾　一、〇〇〇発
同　榴弾　一、〇〇〇発
同　榴散弾　四〇〇発

九、支那駐屯軍兵器部陸軍砲兵中佐本田義三郎　八

五月十五日着任セリ

六、今回ノ改変ニヨリ新設セラレタル支那駐屯兵器部ハ五月十七日編成完結軍司令部兵器班ノ業務引継ヲ了シ五月十八日ヨリ其業務ヲ開始セリ

二、改変ニ伴フ本年度各隊共兵器費ハ未タ令達ヲ受ケサルモ取敢ス軍司令部令達予算中ヨリ六月分トシテ各隊ニ夫々配當シ兵器ノ保續整備上遺憾ナキヲ期セリ

一二、當軍改変不足兵器トシテ本月間補給セラレタル兵器中

一八

一六

主要ナル別表ハ通シテ受領同時夫々整理ノ上各部隊ニ交付セリ

支那駐屯軍兵器部将校（准士官ヲ含ム）職員表

職名	階級	氏名	摘要
部長	砲兵中佐	本田義三郎	五月十五日着任ス
部員	歩兵少佐	佐藤春太郎	五月十九日着任ス
同	砲兵大尉	菅原竹次郎	旧兵器班長トス
部附	砲兵上等工長	福山梅夫	旧兵器班附トス
同	同	最勝寺良直	五月三日着任ス
備考	一、定員トシテ部員一アルモ欠員トス 二、書記四ヲ有ス（火工長 銃工長 電工長 輜重兵軍曹各一）		

軍改変ニ伴フ新設部初度支給兵器関係書類調査表

名稱	名稱
射表取扱規則	兵器射表
廢兵器指定規則	陸軍兵器廠兵器業務規定
兵器保存要領	同　運輸業務規定
陸軍兵器機(秘)密取扱規則	第二類兵器交換兵器定價表
陸軍秘密兵器一覧表	兵器荷造積載要領
兵器射式圖	部隊注文ニ依ル一時代造ニ関スル取扱要領
兵器細目名稱表	兵器定價表
兵器取扱法	

品目	數量	受領月日	
各種自動車	三一	五月十四日	菊池工長ヲ秦皇島ニ派遣シコレカ並ニ砲兵聯隊ニ交付[illegible]処ヲナサシム
九二式重機関銃	二一梃	五月十六日	

一一二

四一式山砲駄馬具		
九三式折疊舟門橋々床	一組	五月三十日
九四六式山砲	四	
携行銃工具	一之組	同
九号式五号無線電信機	五一個	五月二十四日
九二式折疊舟	一三個	同
将校乗馬具		
九四式山砲駄馬具	十三個	同
十五年式輜重駄馬具		
三八式野砲車輪扛器		
四一式山砲土工器具		
四一式山砲繋駕馬具		五月二十四日
九二式重機関銃	五五個	
兵營用銃工具		

一七

同　鞍工具			
携帯鞍工具			
将校乗馬具	一六組		
九二式重機関銃甲弾薬箱	三八四	五月二十六日	
化営用木工具	五二梱		
九二式歩兵砲	二	五月二十七日	
九四式六輪自動貨車	八	五月二十九日	菅原大尉ヲ塘沽ニ派遣シ之ヲ受領並ニ交付ノ区処ヲナサシム
ビツク乗用車	一		
八九式中戦車	四		
測車附自動二輪車	六		
九四式軽装甲車	三		

第八款　経理ニ関スル事項

一、

軍經理月報ノ如シ

第九款　人衛生ニ關スル事項

軍一般ノ衛生状態ハ概ネ良好ニ維持セラレアリ患者ノ状況ハ傳染病其他多發生疾患等ノ發生ハ見ザリシモ支那駐屯歩兵第一聯隊ニ於テ自殺者（拳銃ニ依ル）一名同第二聯隊ニ於テ不慮外傷（頭蓋底骨折）ニヨル死亡者一名及北京駐屯歩兵隊ヨリ入院中ノ肺結核患者一名ノ死亡ヲ生シタルハ遺憾トス

將兵保育ノ状態ハ概ネ良好ナリ

又軍ノ改変ニ伴フ派遣人員及帰還人員ノ衛生状態モ概シテ良好ニシテ特異ノ患者発生ヲ見ズ

第十款 馬事関係事項

一、軍馬ノ保育衛生ニ就テ

軍ノ改変ニヨリ増加セシ馬匹ハ長途輸送境域ノ変化及馬匹衛生施設ノ未完成等ニ基キ栄養ノ衰退能力低下ヲ認メシニヨリ保育衛生上深甚ナル注意ヲ喚起シ不良感作ヲ防止スルニ努メタルモ天津東極寄駐屯部隊ハ飲馬水ノ不良ト不足トニ基

一九

一九

キ又天津海光寺駐屯部隊ハ假廐舎ノ感作ニ基キ軍馬ノ飼養管理ハ相當困難ヲ訴ヘ若干栄養ノ低下ヲ認メタリ又最近氣温ノ頓ニ上昇シ増強部隊ノ厩施設未完成ニヨリ之カ悪感作ノ見ルヘキモノアリ之ニヨリ目下防暑施設ノ實施中ナリ

二、防疫ニ就テ

(一)本月間ニ於ケル軍馬傳染病發生概况左ノ如シ

区分／部隊別	發生			轉歸		
	病名	月間發生頭数	初發以来ノ累計	殺処分	後遺	摘要
天津歩兵隊	鼻疽	八	八	八	—	支那馬トス
備考	鼻疽ハ五月七日一頭ノ初発生ニヨリ直ニ全馬ノ検疫ヲ行ヒ更ニ七頭ヲ検出シ翌八日屠殺處分ニ附ス					

(二)本月間ニ於ケル鼻疽検疫ノ概況左ノ如シ

部隊別	検疫月日	検疫頭数	マレイン反応 陰性	マレイン反応 陽性	摘要
支那駐屯歩兵第二聯隊	第一次 五月八日	二〇	一三	七	第一次ヨリ処分
	第二次 五月二十一日	一二	一二		
	第三次 五月三十日	一二	一二		
工兵小隊	第一次 五月十七日	三	三		内地帰還馬ニ之
計		四七	四〇	七	

三、病馬廃斃馬発生概況

(一)病馬ノ概況ハ左表ノ如ク比較的少数ナルヲ得タリ

部隊別	平均一日ノ病馬数	一日毎百病馬比例	平均一日ノ休業馬数	毎百馬休業馬比例
歩一	〇、〇六	〇、〇〇二	〇、〇六	〇、〇〇二
歩二	〇、三二	〇、九四	〇、三二	〇、六六

二〇

二〇

騎兵隊	〇、二三	一、五二	〇、二三	一、五二
砲兵聯隊	六、二三	〇、八〇	四、三九	〇、五六

(二) 廢斃馬ノ概況ハ左表ノ如ク斃死馬一頭トス

部隊	病名	頭数	月日	區分	摘要
砲兵聯隊	腸裂	一	五月十九日	斃	船舶輸送中疝痛症状ヲ認メ治療中山海関ニ於テ斃死

四、其他関係事項

(1) 病馬救護班開設本月間ニ亘リ改変部隊ノ上陸地及内地帰還部隊ノ乗船地ニ病馬救護班ヲ配置シ輸送ニ基因スル過労馬及疲労馬等ノ應急處置ヲ講セシメ第一回ニ於テ六頭第二回ニ於テ十八頭ヲ救護シ

其成績ハ良好ナリ

(2) 馬匹ノ整理　改変ニ依ル旧部隊ヨリ新部隊ニ移管スヘキ馬匹ハ五月十五日之ヲ実施完了セリ

第十一款　儀礼、社交、渉外ニ関スル事項

一、儀礼

1、五月十九日田代軍司令官着任ニ付在津部隊ハ宮島街上ニ堵列シ又日本租界馬場ニ於テ礼砲式ヲ施行セリ　同日午后五時ヨリ軍司令官々邸ニ於テ伺候式ヲ施行セリ

一一

二一

2、五月二十二日多田中將離津セラルルニ付在津部隊ハ宮島街上ニ堵列シ又日本租界碼頭ニ於テ禮砲式ヲ施行セリ

3、五月二十六日田代軍司令官ハ官邸ニ前街上ニ於テ各國軍ノ儀仗ヲ受ク

4、五月二十七日佛軍司令官ハ軍司令部ニ公式訪問セリ

5、五月二十八日伊軍司令官ハ軍司令部ニ於テ公式訪問セリ

二、社交

1、五月八日午后八時十五分英米司令官幕僚隊長

等十四名ヲ軍司令官邸ニ招待懇談セリ

2、五月十一日午后八時十五分伊、佛軍司令官幕僚ヲ官邸ニ招待懇談セリ

3、五月十七日午后七時ヨリ蕭市長以下十五名ヲ官邸ニ招待シ懇談セリ

4、五月二十日午后四時ヨリ田代軍司令官多田中將ノ交代ニレセプションヲ施行シ外支日人有力者ヲ招待セリ

第十二款 人馬異動並ニ現在員

1、人員異動左ノ如シ

二二

左記

着任月日	所属	官等	氏名
五月二日	経理部長	陸軍一等主計正	大木戸仁輔
五月十日	参謀部	陸軍歩兵大佐	飯田泰次郎
同	副官部	陸軍歩兵中佐	河田槌太郎
五月十五日	兵器部	陸軍砲兵中佐	本田義三郎
同	軍醫部	陸軍一等軍醫正	桃井直幹
同	経理部	陸軍二等主計正	中塚繁太郎
同	軍醫部	陸軍一等軍醫	田村常元
同	同	陸軍二等軍醫正	樋口四郎
五月十五日	法務部	法務官	原憲治
五月十九日	獣醫部	陸軍二等獣醫正	青木昌一
同	兵器部	陸軍歩兵少佐	佐藤甚太郎

同	調査班	陸軍工兵大尉	古元利三郎
同	參謀部	陸軍三等主計正	井土垣浚
五月二十四日	法務部	法務官	大田原清美
五月三十日	特殊班	陸軍歩兵大尉	中馬米彦

一、人馬現員ハ別表ノ如シ

第十三款 其他

一、秦皇島港使用

秦皇島港ハ軍事輸送ノタメ昨年度ニ限リ便宜ヲ與ヘアリシカ之カ永久化ヲ開灤礦務局ニ交渉中ノ所五月十四日天津總領事トノ間ニ左

二三

ノ如ク契約成立セリ

二、南大寺野営地ノ租借期限ノ延長

南大寺野営地ノ租借期限ハ五月末日迄ニシテ毎年改約ノ契約ナリシカ之ヲ千九百四十年五月末日迄ニ延長スルコトトセリ

開灤礦務局側カ軍ニ好意ヲ示シツツアルハ注目ニ價ス

附録第一 邦人居留民ノ状況

第五 邦人居留民ノ状況

一、一般状況

北支居留民ノ状況ハ概ネ前月ト大差ナク而シテ冀東政府及日本官憲ニ於テ実施セル不良邦人取締ハ依然續行シ最近冀東政府管内ニアリテハ賭博禁制品ヲ業トスル不正業者ハ著シク減少セリ然レ共北支ノ現況ハ未ダ彼等民衆ニ充分ナル正業ヲ與ヘザルヲ以テ一ノ

二四

二〇

部ヲ除ク外ハ比較的取締緩ナル日貨ノ密輸
ニ転向シ目下冀東沿岸ニ集中シアリ

二、渉外事件

本月中發生スル渉外事件ハ邦人對英國軍人
（推定）關係ノモノ一件及邦人對支那人間ニ惹
起セルモノ六件ニシテ其中憲兵介在円満解
決セルモノ三件アリタリ他ハ領事警察ニ於
テ支那側ト共力能ク捜査中ノモノナリ事件
ノ概況左表ノ如シ

月日	五、二七
件名	英国人（推定）カ邦人ヲ殺傷
場所及被害程度	北平大街北端路上ニ於テ殺人
被害者住所氏名	満洲国憲政部雇員 予備歩上 佐々木喜作
事件概要	被害者ハ路上ニ於テ英国軍人対支那人ノ喧嘩ヲ観望中故ナク英国人（推定）ヨリ一撃セラレ人事不省ニ陥リ地方医院ニ入院シタル後死亡セリ（五三六支憲警第一号）
処置	憲兵取調ニ依リ伊ノ関係ニアラザルコト判明事件ヲ領警ニ移送セリ

四二〇	邦人支那人ヨリ金銭強要	昌黎縣周家莊 被害者ナシ	住所 河北省灤縣第五区姜各莊川家營 周何樵 当六五年	邦人二名ハ支那人ニ冊用セシ昌黎縣[illegible]ニ於テ在郷軍人制服ヲ着用支那人ヲ脅喝金銭ヲ強要シタルモノ	縣政府ノ依頼ニヨリ憲兵班調説諭
五四	保安隊員邦人傷害	昌黎縣城内南門大街 全癒四週間	本籍 山口縣萩町一〇三七 住所 山海關南門外 生駒武勇	保安隊員三名ハ故ナク邦人ノ通行ヲ阻止シタル上殴打負傷セシム	憲兵介在被害者ニ謝罪セシメ同治療費ヲ負担セシメタリ
五七	鮮人ノ暴行	秦皇島碼頭 被害ナシ	冀東政府 秦皇島査検所	秦皇島海岸ニ於ケル約三十名ノ鮮人暴力ヲ以テ密輸品ヲ陸揚セントシタルニ対シ保安隊並公安局ハ之ヲ制止セントシ	憲兵ハ公海関特務機関長ノ依頼ニヨリ[illegible]

二五

2

				関[illegible]財紛糾ハ共心[illegible]ト[illegible]ルモノナリ	渉
五、一八	支那人強盗	昌黎縣大蒲河 現金二六三元	本籍 朝鮮慶尚南道安東郡西後面大洞里 住所 河北省昌黎縣第七区大蒲河 李戍華	支那人強盗一名侵入シ拳銃ヲ擬シテ家人ヲ脅迫金品ヲ強奪逃走セルモノ	公安局ヲ督励犯人捜査中
五、一五	同右	深縣揚安地現金二四二元 衣類九点 金指輪一個	本籍 朝鮮平安北道河安郡興岩面竹調里 住所 河北省深縣第三区揚安地 朴日華	六人組華人強盗侵入シ拳銃ヲ擬シテ家人ヲ脅迫金品ヲ強奪逃走セシモノ	支那側公安局ヲ督励シ犯人捜査中

五、二五	支那人強盗傷害	灤縣東端街 各ノ時計一個 肩先突傷	本籍 朝鮮全羅南道南平郡[illegible]内面中里 住所 灤縣東端街 文小姐	二人組支那強盗侵入シ拳銃ヲ擬シテ家人ニ脅迫シ負傷セシメタル上時計ヲ強奪逃走シタルモノ	領事館警察ト協力公安局ヲ督励犯人捜査中

二六

3

三、憲兵鉄道警乗

北支明朗化ノ一手段トシテ居留民及内地満鮮方面ヨリ渡来スル邦人ノ不正乗車取締ノ為メ二月ヨリ北寧鉄路ニ憲兵ヲ警乗セシメ、

タルカ遂月半減ノ効果ヲ收メ本月ニ至リテハ始ト不正者ナキ迄ニ粛正サレタルモ尚彼等ニ間隙ヲ與ヘサル如ク不断警視ニ努メアリ

四 居留民ノ主要行事

イ、海軍記念日當日ノ状況

五月二十七日海軍記日際シ天津ニ於テハ在郷軍人主催ノ下ニ在天津海軍武官久保田大佐ヲ聘シ大和公園及公會堂ニ於テ軍

一二

事並及講演（映畫）會ヲ開催セリ
尚各地ニ於テモ夫々行事ヲ催シ記念日
ヲ偲ヒタリ

2 軍司令官及交代部隊ノ歡迎送
新旧軍司令官及新派遣並歸還部隊ノ着發
ニ関シ天津居留民ハ晝間ハ勿論夜半ニ於
テモ驛（碼）頭乃至沿道ニ多數堵列シテ誠
意歡迎送ヲナシ又鉄道沿線居留民ハ其地
着發部隊ヲ熱誠歡迎送シテ第一線軍民又

意氣融合ヲ具顯シタリ

3、北平居留民會異動將校ノ歡迎送會

北平居留民會ニ於テハ五月二日前歩兵隊長長谷川中佐ノ送別會同二十七日松室特務機關長ノ歡迎會同二十九日河辺旅團長ノ歡迎會ヲ催シ各會共ニ八十名乃至百名ノ出席者アリテ盛會ヲ極メタリ

4 軍隊歡迎送

五月三十日通州部隊二回ニ亘リ北平駅

二八

到着シタルカ其際官民國防婦人會小學校生徒約三百名驛頭ニ於テ歡迎シ尚ホ國防婦人會ハ湯茶ノ接待ヲ為シタリ

五月行事摘要

日	曜	摘要	
一	金	改変 軍司令官交代	
二	土	改変打合 航空田中中佐來津	
三	日	軍民聯合運動會 佐々木少将來津	
四	月	總領事歸國	10先発 神宮洲
五	火	陸大 北寧ト輸送交渉	
六	水	試驗 教育規程審議 東機局上棟式	
七	木	通信輸送ノ命令 上奏ノ案	

日	曜	摘要
一七	日	業務規定書式 呂ヲ敷島ニ招待
一八	月	秦皇島使用契約調印
一九	火	幣原平軍兵山砲ノ残桑飯田大佐見 田代軍司令官着任同儀式
二〇	水	八日一司令官訓示(軍司令ノ三) 外口側訪門 勤務規定書式
二一	木	今井中将來津 桜井少佐着任
二二	金	多田中将離津 III 1/21 IV 1/21 TK 新灣午后、部長報告
二三	土	教育指針規定出ス 特務機関ノ状況報告 各部班打合服務規定

八	金	臨(一皿iA)	卬竪正光発到着
九	土	如几ミし(一皿iA) A P 宇品 大臣配屬者上陸出迎有志 參列	
一〇	日	?州部隊門司 飯田河田憲兵長來夜守 多田閣下招待	
一一	月	在津部隊多田閣下告別 c工兵秦皇島へ	
一二	火	勤務令到着	
一三	水	第一次輸送船秦皇島へ 着 夜多閣下秦皇島へ	
一四	木	第一次秦上陸出迎 夕八山海関及唐山へ	140 整備 人員
一五	金	唐山告別 幕僚招待	
一六	土	到着報告 通信會議	
二四	日	業務規定ノ訂正	
二五	月	五ノ三午宇品 九日ヨリ幕僚会議 一〇日ヨリ服務規程打合	
二六	火	田代閣下 外國軍儀仗交代	
二七	木		
二八	水	天津学生運動協議	
二九	金	第二次派遣隊 爆破事件 塘沽上陸 山海関 東機局 北平	
三〇	土	夜捜索 幕僚會議 午後派遣輸送計畫変更	
三一	日	休養 夜運輸部招待	
備考			

分割撮影ターゲット

分割した部分の撮影順序	1 | 2
分割撮影した理由	A３判以上のため

上記のとおり分割撮影したことを証明する

8　年　10　月　28　日

主務者又は

撮影立会者　坂根嘉和（印）

附表第一

支那駐屯軍人馬現員表

昭和十一年五月三十一日調

区分 \ 部隊			軍司令部	旅団司令部	支那駐屯歩兵第一聯隊 北平	綏中	豊台	通州	計	支那駐屯歩兵第二聯隊 天津	塘沽	唐山	灤縣	昌黎	秦皇島	山海関		計
戦闘員	将校	現員	三八	三	二六	二六		三八	九〇	四六	六	九	四	一	六	一八		九一
		定員ニ対スル過不足			一				一									
	下士官・兵	現員	一五	三	四一〇	五六〇		八三五	一八〇五	七九四	一五二	二〇一	一〇二	二三	一五二	三八四		一八〇八
		定員ニ対スル過不足			四			一	五	七		四	一					一二
非戦闘員	将校同相当官高等文官	現員	一三 △五		一〇	二		二	一四	九		二				一		一二
		定員ニ対スル過不足								フ一						フ一		フ一
	下士官同相当官判任文官傭人	現員	一〇 △二五	△一	一四 △四	五		一二	三一 △四	一八 △一	二	四	一		二	一七 △一		三四 △二
		定員ニ対スル過不足	ツ一															
計			七六 △八〇	七	四六〇 △四	五九三		八八七	一九四〇 △四	八六七 △一	一六〇	二一六	一〇七	二四	一六〇	四二〇		一九四四 △二
馬匹	乗馬駄馬輓馬	現数	二三	四	二七	一九		五四	一〇〇	七九		二				一九		一〇〇
		定数ニ対スル過不足																
摘要																		

0859

支那駐屯戦車隊	支那駐屯騎兵隊	支那駐屯砲兵聯隊	支那駐屯工兵隊	支那駐屯通信隊										
				天津	北平	通州	豊台	塘沽	唐山	灤縣	秦皇島	山海関	綏中	計
一六	八	三九	八	八	一							一		一〇
一六五	一五五	七三一	一六二	九〇	三四	七		八	七	七	七	一二	四	一七五
		四		一										一
二	三	五	二	△一										△一
七 △七	六	一七 △三	五	五 △四	△一					△一				五 △六
一九〇 △七	一七二	七八二 △三	一七七	一〇三 △四	三五 △一	七		八	七	七 △一	七	一三	四	一九〇 △七
	一五三	三四三	七	四										四

看護兵二
軍病院ヨリ

0980

支那駐屯憲兵隊 天津 内部	天津 分隊	天津 東站	天津 總站	塘沽	唐山	灤縣	昌黎	秦皇島	山海関	北京 分隊	北京 通州	北京 豊台	計	軍病院 天津	軍病院 北平	軍病院 計	支那駐屯軍倉庫	總計
四	二								一	二			九					三二
	フ二									フ二			フ二					一 フ二
八	二一	二	二	二	三	二	二	二	四	一三	二	二	六五					五〇七四
																		二二
一													一	Δ一 九	一	Δ一 一〇	四	Δ七 六六
														フ七		フ七		フ八
Δ一 四	Δ一								Δ一	Δ二			Δ五 四	六六	四	七〇	Δ一 七	Δ一四 一九六
														フ九		フ九		フ一〇
Δ一 一七	Δ一 二三	[illegible]	二	二	三	二	二	二	Δ一 五	Δ二 一五	二	二	Δ五 七九	Δ一 七五	五	Δ一 八〇	Δ一 一一	Δ三 五〇四
三	七								二	二			一六					六四八

備考
一　准士官ハ將校欄ニ含ム
二　Δ印ヲ附セルハ軍屬ヲ示ス
三　未着セルハ現員中ニ含マス

0929

極秘

昭和十一年六月分

支那駐屯軍月報

昭和十一年六月三十日
支那駐屯軍司令部

陸軍省 11.10.7 馬政課

陸軍省 11.9.18 銃砲課

陸軍省 11.10.9 主計課

陸軍省 11.9.15 防備課

陸軍省 11.9.8 戰備課

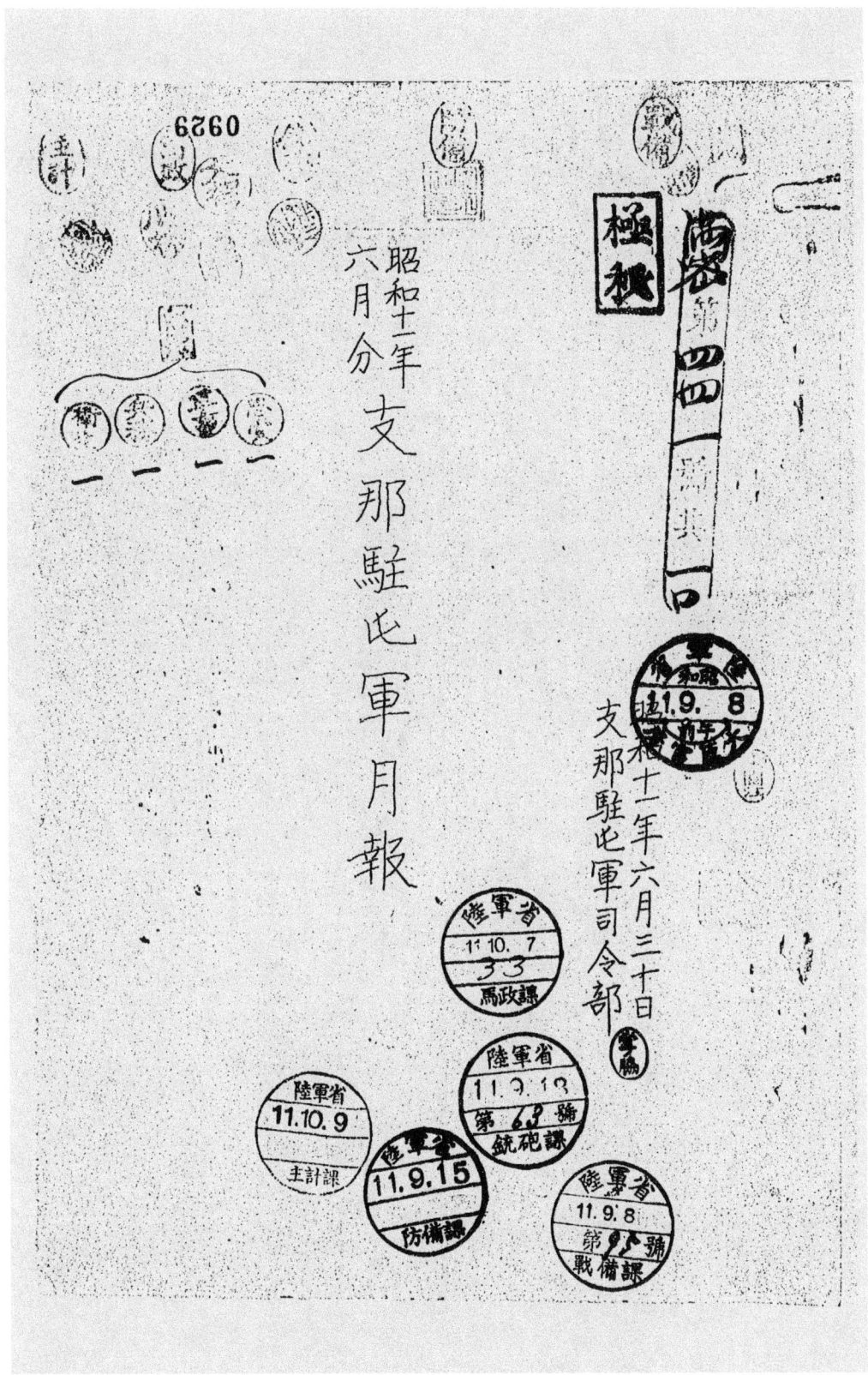

配布先
前月ニ同ジ

0929-2

目次

第一章　北支一般ノ状況

一、北支ノ状況ハ別冊附録ノ如シ

二、六月十八日軍ハ各特務機関長ヲ天津ニ召集シ各機関長ノ情報交換ヲ行フノ外軍司令官参謀長ヨリ所要ノ訓示及注意ヲ與ヘ今後ノ方針ヲ指示セリ

第二章　警備

去月二十九日第二次輸送部隊ノ北支到着ニ依リ軍ノ各部隊ハ全部集結ヲ終了シ茲ニ陣

容ヲ一新スルニ至リシモ支那側ハ軍ノ増強ヲ以テ日本カ北支ニ事ヲ構ヘントスル前提ト看做シ殊ニ南京側ノ策動ニ依リ増兵反對ノ學生運動ヲ起シ五月末ニ以テ列車爆破事件等ヲ引續キ形勢楽観ヲ許ササルモノアリキ軍ハ之等狀況ニ處シ各部隊ヲシテ益警備ヲ嚴ニシ違算無キヲ期セシムルト共ニ六月二十六日發生豊台事件ニ當リテハ一部出動準備ヲ計畫シタルモ遂ニ大事ニ至ラスシテ

終レリ

第三章改変業務

一、五月末発布ノ軍勤務規程案及軍司令部服務規程案ハ本月一日ヨリ實行シ各隊ノ勤務及服務ヲ律シツヽアリ

二、六月三日旧天津駐屯歩兵隊第四第五中隊及旧第三大隊ノ過剰人員塘沽ヨリ乗船出帆帰國ノ途ニツケリ

三、各部隊駐屯地ノ移駐

兵舎未完成ノ爲昌黎ニ仮駐屯中ノ工兵隊ハ
六月二十六日天津東機局ニ又通州ニ仮駐屯中
ノ[illegible]ハ三十日豊台ニ移駐ヲ完了セリ
又唐山及灤縣ニアリシ歩兵第二聯隊第一大
隊（第三中隊欠）ハ二十九日天津海光寺兵営ニ
移駐シ唐山灤縣ニハ山海関ノ第三大隊ノ各
一中隊來駐セリ
山海関ニ仮駐屯中ノ砲兵聯隊主力及綏中ニ
仮駐屯中ノ歩兵第一聯隊第二大隊ハ東機局

兵營ハ完成シタルモ給水量不足ノ為八月一杯移駐ヲ延期セリ

四　歩兵聯隊ノ軍旗拝受

歩兵第一聯隊及第二聯隊編成完了セルヲ以テ

大元帥陛下ニハ六月十八日両聯隊長ヲ宮中ニ召サレ左ノ勅語ヲ賜ハリ各聯隊ニ軍旗一旒ヲ授ケ賜フ両聯隊長ハ恐懼感激誓ツテ

聖旨ニ副ヒ奉ルヘキヲ奉答シ即日退京二十

二日帰津歩兵第二聯隊ハ同日同第一聯隊翌二十三日全聯隊ヲ夫々海光寺兵営及北平ニ集合シ軍旗奉戴式ヲ行ヘリ

今回ノ軍旗奉戴ハ駐屯軍ハ勿論北支一般居留官民ニ異常ナル感激ヲ與ヘ且軍ニ対スル信頼ノ度ヲ加ヘタリ

五 軍ノ永駐地及入営期日ノ決定

軍ノ永駐地ハ未タ決定セラレス又入営期日モ未決定ノ為各種事項ノ計畫書實施ニ支障

ヲ、蔵シアリシカ月末永駐地ヲ確定セラレ軍司令部ハ依然天津歩ニ主力騎兵戦車等豊台ノ件又入営期日モ三月ニ決定セラルヘ旨ノ通牒アリシヲ以テ之ニ基キ諸準備ヲ進メツツアリ

第四章　教育訓練

要旨　軍ノ全兵力集結シタルモ各部隊ハ尚政変業務ニテ多忙ヲ極メアルモ軍ハ速ニ各隊ノ教育訓練ノ程度ヲ視察前後ノ指導ノ資

二供スルノ必要ヲ認メ本月中旬ヨリ下旬ニ亘リ各隊長ヲシテ教育査閲ヲ實施セシメタリ尚各部隊ハ改変事務ノ平靜化ニ伴ヒ逐次努力ヲ教育訓練ニ指向シツヽアルモ新編成ノ爲或ハ施設ノ不十分兵器資材ノ不足等ニ依リ未タ十分之ヲ徹底セシムル能ハサル現況ニアリ

一、軍ノ主要行事

ノ六月一日各隊教育主任者ヲ軍司令部ニ召

集シ教育施設及各隊教育實施ノ爲ノ諸件ノ打合セヲ行フ

2 六月七日八日ノ両日（改変後第一回）ノ團隊長會議ヲ行ヒ軍司令官ノ訓示（別紙）及參謀長及各部長ヨリ夫々指示ヲ与ヘ軍ノ方針ヲ指示セリ

3 本月中旬以後軍司令官各隊初度巡視ヲ實施スル豫定ナリシモ歩兵隊軍旗拜受等ノタメ一三日憲兵部及軍病院ノミノ初度巡視ヲ

八

實施セリ

二、歩兵旅團ノ行事

歩兵旅團長ハ左記ノ如ク初度巡視及教練査閲ヲ實施ス

六月一日	第二聯隊	教練査閲
六月二日	通州部隊	初度巡視
六月三日	塘沽唐山部隊	右同
六月四日	灤縣昌黎部隊	右同
六月五日	山海関秦皇島部隊	右同

六月六日　在綏中部隊　右同

初度巡視ノ教練査閲ノ結果ハ概ネ所望ノ域ニ達シアリ

三、歩兵第一聯隊ノ行事

ノ六月三日第三大隊及歩兵砲隊

六月五日第二大隊中隊教練ノ査閲ヲ實施セリ

ニ六月九日十日ノ両日各将校同相當官ヲ北平ニ集合セシメ市街戦及駐屯ニ勤務ニ関スル

集合教育ヲ實施ス

四、歩第一聯隊ノ行事

六月三日ヨリ五日ニ亘リ聯隊長陽地部隊ノ初度巡視ヲ實施ス

六月九日歩兵砲隊教練査閲ヲ實施ス

五、戰車隊ノ行事

七月十七日、二十四日ノ両日幹部教育（支那事情）ヲ實施ス

六、砲兵聯隊ノ行事

六月九日ヨリ十二日ニ亘リ第一第二大隊教育査閲ヲ實施ス

第五章軍紀風紀及軍事警察事項

一、軍紀風紀

将校以下一般ニ新鋭ノ意氣ヲ以テ改変直後ノ複雑ナル職務ニ精勵シツヽアリテ軍紀風紀ハ概ネ嚴正ニ保持セラレアリ

然レ共業上ノ過失或ハ監督ノ不十分等ニ因リ左ノ如ク處罰者ヲ出セルハ遺憾ナリ

所属	区分	件数	摘要
軍司令部	将校	一件	税関関係
歩兵第一聯隊	将校	一件	監督不行届
	下士官	一件	兵器取扱不十分
	兵	二件	花柳病
砲兵聯隊	兵	三件	争闘一 花柳病二

7

二、軍事警察事項

六月中憲兵ニ於テ取扱ヒタル軍事警察事項ハ支那駐屯軍軍人軍属ノ非行事件三件関東軍ニ所属スル軍人ノ非行事件一件計四件ア

リ状況左表ノ如シ

ハ陸軍々人軍属非行調

所属	官等級氏名	非行月日	非行ノ概要	處置
支駐司調査班	軍属 大江悌《ヘイ》 同 荒谷忠義	六、一四	両名ハ酒氣ヲ帶ヒ街路ニ於テ侮言ヲ發シタルニ起因シ通行人ト喧嘩ヲ為ス	説諭ノ上所属長ニ通報
支駐戰車 支駐砲	歩一 田島輝男 砲一 石川初次（三年兵）	六、二	自動車運轉中過ッテ停車シテル人力車ニ接觸セシメ該車夫ニ輕傷及損害ヲ與フ	所属長ニ通報ノ上憲兵分在賠償金五円ヲ以テ解決
支駐騎	騎二 大澤正次（初年兵）	六、八	運轉手ノ資格ナキニ不拘運轉手ニ代リテ自動車ヲ運轉シ支那家屋ノ土壁ヲ破損セシム	所属長ニ通報ノ上憲兵分在賠償金二円六十銭ヲ以テ解決
關東軍遷安警備隊	歩上 鷲見松次（三年兵）外三名	六、六	連絡兵トシテ服務中北寧列車内ニ公用書類貯金通（百五十通）現金十七円印鑑等在中セルトランク一個ヲ忘却ス	憲兵隊員ト連絡北平駅ニ於テ之ヲ発見所属長ニ通報

8

第六章通信ニ関スル事項

一、軍ノ改変ニ伴フ部隊ノ移駐増設等ニ依ル通信施設ノ整備ハ着々進捗シツヽアリテ通信ハ有無線共ニ概ネ良好ニ實施シツヽアルモ増強ニ伴ヒ電話器不足シ又豊台東機局等新兵営ニ対スル通信設備材料不足ノタメ不便ヲ感シアリ

二、本月間軍用電線ニ對スル被害事件多発セシカ其ノ状況左ノ如シ

月日	場所	被害程度	発見當時ノ状況	捜査状況
六、一七、	天津總站北倉間	自一九九號柱至二〇七號柱電柱八間隔電線二條約一粁	十七日午前六時断線状態ナルヲ発見	通信隊ヨリ通知ニヨリ憲兵現場臨檢ノ結果窃取セラレタル事判明縣公安局ヲ指導シ捜査中
六、二〇、	天津總站西方約二五粁	自二五〇號柱至二五四號柱電柱四間隔銅線二條約五〇〇米	二十日午前五時三十分定時導通試験ニテ混線状態ナリシヲ以テ直チニ保線兵ヲ派遣窃取セラレタルヲ確認ス尚二十日午前二時導通シタルヲ以テ午前二時以降五時	憲兵公安局長ニ対シ嚴重警戒及犯人逮捕スヘク積極的指導ス目下犯人捜査中

9

				迄ノ間ニ窃取サレタルモノナリ
六、二三	天津 塘沽線 灰堆東側	自一八三號柱 至一八五號柱 電柱二面間 約二五〇米	二十三日午後十一時山海関ニ通話セントシタルモ不通ナリシタメ通話シ得ス 二十四日午前五時再検査ノ結果断線状態ナルヲ知リ補修班ヲ派シ窃取サレタルヲ確認ス 二十三日午后十時三十分過電報送信セサルヲ以テ二十三日午後十時三十分ヨリ十一時迄ノ間ニ窃取セレタルモノト判断ス	市縣公安局長ヲ憲兵隊本部ニ招致シ絶対犯人逮捕スヘシト指導サスルト共ニ将来此種ノ被害ヲ未然防止スルタメ公安局長ノ名ヲ以テ懸賞附犯人捜査ノ布告ヲナサシム 引續キ捜査中

第七章兵器ニ関スル事項

一、六月五日支那駐屯軍兵器部業務規定草案ヲ制定各部隊ニ配布ス

二、六月七日八日實施セラレタル團隊長會議ニ於テ軍ノ改変ニ伴フ兵器ノ速カナル整理ト兵器業ノ基礎確定ノ方法指導ニ重点ヲ置キ所要指示ヲ為セリ

三、内地ヨリ派遣セラレタル新部隊ノ携行兵器検査ニ際シテハ兵器部員ヲ出張其ノ程度ヲ視」

10

察セシメタリ

四、改変ニ伴フ不足兵器ハ最ニ取敢ヘス電報ヲ以テ申請シタルモ調査完了シタルヲ以テ六月十日陸軍大臣ニ申請セリ

五、歩兵第一聯隊ニ対シ九二式歩兵砲輓馬具双（歩兵砲）擲弾筒弾薬類ヲ交附セリ

六、昭和十一年度演習用弾薬現品未到着ノ為取敢ヘス軍予備中ヨリ各隊ニ若干ヲ支給シ教育上遺憾ナカラシメタリ

七、六月二十一日天津日本青年學校貸與兵器檢査ヲ行フ其ノ成績ハ概ネ良好ニシテ特ニ程度ノ降下ヲ認メス

八、軍ノ兵器費ハ本年度十一萬圓餘ヲ配當セラレタルモ初度費其ノ他ノタメ約十四万円ノ增額ヲ必用トスル狀況ニアリ陸軍省兵器局課員馬渕大尉ノ來津ヲ機トシ說明スルト共ニ上京ノ幕僚ヲ經テ交涉中ナリ

11

第八章経理ニ関スル事項

改変ニ伴フ経理業務ハ頗ル繁忙ヲ極メアリ
又軍倉庫モ去月編成完結シタルモ建物ナキタメ頗ル不自由ヲ感シアルモ補給ハ先ツ順調ニ行ハレツヽアリ
經理業務及倉庫業務ノ細部ハ別冊経理月報及軍倉庫月報ノ如シ（中央部以外省略）

第九章人衛生ニ関スル事項

一、軍一般ノ衛生狀態ハ概ネ良好ニ維持セラレアルモ月末ニ至リ歩兵第一聯隊通州部隊ニ細菌性赤痢患者二名ノ發生ヲ見タルハ遺憾ナリ

二、將兵保育ノ狀態ハ概ネ良好ナルモ月例身体檢査時ニ於ケル体重ハ氣温ノ變化ニヨリ前月ニ比シ大部分ニ於テ僅ニ減少セリ

三、凍機局給水ノ狀態ニ就テ

12

五月二十九日戰車隊及騎兵隊ノ駐屯ニ際シ當時井水ノ溷濁著シク雜用水トシテ使用ニスラ堪ヘサル狀態ナリシヲ以テ「トラツク」ニ台ヲ使用シ天津市内水道水ヲ運搬シ傍ラ軍病院ヨリ石井式「ガソリン」喞筒濾水器一具及手廻式濾水器二具ヲ備付ケ僅カニ人馬飲料ノミノ補給ヲナシタリ

然シ共之ヲ以テシテハ浴水其ノ他ノ雜用水ニ不足ヲ告クルヲ以テ更ニ日本租界局所有

ノ撒水車一臺ヲ加ヘ引續キ六月十日関東軍ヨリ固定型石井式濾水器一具ヲ借用シ給水ニ資シタルモ尚現在部隊ニ對シテ支障ナキ程度ニ過キス

六月十九日以降井水ノ溷濁漸次減少シツヽアリト雖未タ其儘飲料水トシテ使用シ難キ状態ナリ

第十章 馬事関係事項

一、軍馬ノ保育衛生

3

月間ハ北支ニ於ケル盛夏ノ季節ニシテ中旬既ニ厩舎内外氣温ハ最高攝氏三七、五度ニ上昇シ炎熱ノ感作見ルヘキモノアリタリ即チ日常ノ教練ニ當リテハ馬匹ハ發汗甚シク呼速迫シ食慾不振トナリ易ク飯思ハ著シク増加シ騎兵隊ニ於ケル調査ニヨルニ演習後ノ水飼ニ於テハ最大一馬一回九升強ニ達シ平均ハ六升ニ及ヘリ然レトモ之カ對策トシテ前月以來實施中ノ各部隊厩舎ノ天棚式日覆八月初既ニ完成セルヲ以テ厩内温ハ概ネ厩外温ニ比シ聯氏ニ度内外低ク東機器局新設兵營ニ於ケル飲馬水ハ當初水質不良馬匹ノ飲用ニ適セス水飼不足ノ悪感作ヲ受ケシモ速ニ浄化施設ヲ行フト共ニ極力馬匹ヲシテ之ニ習慣セシムルニ努メ又一方水質ハ逐次良好トナリ中旬以降ノ酷熱ニ於テモ見ルヘキ有害感作ナク經過シ馬匹ハ逐次異域ノ風土ニ馴化シツヽアリ

二、防疫ニ就テ

月間軍馬傳染病發生及終熄概要左ノ如シ

部隊別＼區分	發生 病名	發生 月間發生頭數	發生 初發以來ノ累計	轉歸 殺處分	轉歸 快復	轉歸 後遺	摘要
砲兵聯隊	腺疫	五	五	、	五	、	
	血斑病	一	一	、	、	一	

備考

一、腺疫ハ内地ヨリノ増加馬ニシテ輸送中本症疑似馬ト認メ六月二日本症ト決定セルモノトス

二、歩兵第二聯隊保管支那馬ノ鼻疽ハ視察期間ヲ経過シ六月三日終熄セリ

(二) 月間ニ於ケル鼻疽検疫ノ概況左ノ如シ

部隊	検疫月日	検疫頭数 内地馬	検疫頭数 支那馬	検疫頭数 計	マレイン反応成績 陽性	マレイン反応成績 陰性	摘要
歩二	六月二日		一二	一二	、	一二	
騎兵隊	六月二十三日	五三	、	一五三	、	一五三	
工兵隊	六月二十七日	七	、	七	、	七	

(三) 月間炭疽予防接種実施概況左表ノ如シ

部隊	実施月日	頭数 内地馬	頭数 支那馬	頭数 計	術式	摘要
歩二	六月十一日	一七	、	一七	ゾ式	一般順調経過終了セリ

三　病馬斃馬発生概況

(一) 病馬ノ概況左表ノ如シ

部隊別	平均一日病馬数	馬毎百病馬比例	平均一日休業馬数	馬毎百休業馬比例
歩一	〇、二三	〇、一七	〇、一七	〇、一七

歩二	二、八七	二、八八	二、〇三	二、〇三
騎兵隊	四一三	二、七七	二、七七	一、八一
砲兵隊	一、九三	四九三	八二〇	二、三八

(二)斃死馬ノ概況左表ノ如シ

部隊別	病名	頭数	月日	区分	摘要
歩一	中毒性胃腸炎	一	六月二十二日	斃死	野外ニ堆積セル大麦発芽及変敗ニ因リ

四 護蹄ニ就テ

月間ニ於ケル装蹄作業ハ各部隊共ニ蹄鉄工場ノ設備尚完成ニ至ラサリシタメ野戦工具ヲ用ヒテ炎暑ノ下ニ野外装蹄ヲ行ヘシヲ以テ工長及工兵ノ労苦ノ甚大ナルニ反シ作業

進捗セス稍改装遅延ノ傾向アリシモ万難ヲ排シ概ネ豫定ノ如ク進捗セリ

又護蹄ハ大氣ノ乾燥ニ對シテ各部隊共ニ特ニ水洗塗油ヲ勵行シ以テ蹄ノ保健ニ努メ其ノ成績ハ良好ナリ

月間装蹄作業ノ概要左表ノ如シ

部隊	装蹄頭数	保存日数 平均	保存日数 三週以内	保存日数 七週以内	蹄鉄工兵	摘要
歩一	九八				一〇	営内ニテ工場装蹄ヲ行ヒ得ルニ至レリ
歩二	一三〇	三二、〇二			一二	
騎兵隊	一四七	三七、九三		一三	七	一部ハ営内ニテ工場装蹄一部ハ野外装蹄ヲ實施ス
砲兵聯隊	二三五	三一、六九	一五		一二	野外装蹄ヲ實施ス

五

其ノ他關係事項

臨時軍馬廠ノ施設軍ハ北支ニ於ケル特異性ニ鑑ミ駐屯地ニ於ケル防疫ノ適確ト各部隊ニ於ケル重症病馬ノ周到ナル診療トヲ期シ且出動時ニ於テハ馬廠及兵站病馬廠業務ノ基幹ナラシムルタメ軍病馬廠施設ノ必要ヲ認メ最少限ノ施設ヲ行フニ決定シ下旬ヨリ之カ新設ニ著手セリ

第十一章　儀礼社交ニ関スル事項

一、儀礼

イ　六月六日英米両軍司令官公式訪問アリ支那駐屯歩兵第一聯隊ヨリ一ヶ小隊ノ儀仗隊ヲ差出セリ

ロ　六月十八日支那駐屯歩兵第一第二両聯隊ニ軍旗ヲ親授セラレ歩兵第一聯隊ハ六月二十四日歩兵第二聯隊ハ六月二十五日各々衛戍地ニ於テ奉祝祭ヲ施行セリ

17

二、社交

イ六月四日冀東政府長官殷汝耕以下五名軍司令官々邸ニ招待懇談セリ

ロ六月十日各國軍司令官及幕僚十名ヲ軍司令官々邸ニ招待懇談セリ

ハ六月十五日外人新聞記者八名ヲ軍司令官々邸ニ招待懇談セリ

ニ六月十九日各〔国〕領事七名ヲ軍司令官々邸ニ招待セリ

第十二章人馬異動並現在員

一、人員異動

赴任　六月四日　陸軍歩兵少佐　鶴田登實

〃　六月九日　陸軍歩兵大尉　秋山邦雄

着任　六月七日　陸軍工兵大尉　中田寛

〃　〃　陸軍歩兵大尉　田辺新之

〃　六月十六日　陸軍航空兵少佐　塚田理喜智

〃　六月十八日　陸軍輜重兵少佐　工藤勝彦

二、人馬現員表別表ノ如シ

12

第十三章其ノ他ノ雜件

一、北支航空規則ノ改正
北支航空ハ逐次其ノ內容ヲ整ヘ支那側之ヲ默認スルニ至リシヨリ以テ本月ヨリ運航規則ヲ改正シ北支航空會社成立迄一般居留官民及支那人ヲモ搭乘ヲ許可スルコトトセリ

二、東京天津間日支無線通信開始ノ件
昨年末ヨリ天津電報局ニ日本製無線機ヲ設置シ東京トノ無線通信ノ開始ヲ企圖シアリ

シカ最近完成シタルヲ以テ一日ヨリ之ヲ開始シ和文電報ヲモ取扱フコト、ナリ從來上海經由ナリシ不便ヲ除クヲ得タリ

三、北平ニ於ケル涉外事件

二十三日北平ノ歩兵第二聯隊軍旗奉戴式ノ際場內警戒ノ歩哨カ佛國婦人ニ對シ通行ヲ禁止シタル爲佛國官憲ヨリ抗議ヲ受ケタルモ圓満解決セリ

四、要人來津

9、

イ杉山中將十二日來津十五日離平セラル

ロ二十二日関東軍參謀副長今村少將來津ニ十三日離津ス

ハ五日桑木少將來津ス

五軍幕僚ノ連絡出張

イ池田參謀ハ関税問題ニ付中央部ト打合セノ為六月十[illegible]日出發上京ス

ロ堂脇參謀ハ東京參謀本部ニ於テ開催ノ通信會議ノ為六月十六日出發上京中ナリ

ハ永見参謀長ハ冀東問題其ノ他ノ打合ノ為大

月二十七日出発新京ニ出張中

20

秘

昭和十一年九月三十日

支那駐屯軍司令部

支那駐屯軍九月分月報

配布先前月ニ同シ

月報目次

第十一章 人馬ノ異動及現員表

附錄

北支居留民ノ狀況

支那駐屯軍九月分月報

第一章　北支一般ノ状況

北支一般ノ状況ニ關シテハ別册附錄ノ如クニシテ益南京側ノ策動ヲ受ケタル冀察政權ハ政治機構並人事ノ刷新或ハ豐台事件ニ起因シ對日態度相當悪化シ第二十九軍ノ如キハ本月ニ入リ我軍隊ニ對スル不法行爲三、四件ニ及ヒ遂ニ九、一八記念日ノ當日又々豐台ニ於テ日支兩軍ノ衝突事件ヲ惹起スルニ至レリ本事件ハ軍ノ指導ニ依リ擴大スルコトナク解決セリ（別册附錄参照）

而シテ南方ニ於テハ成都事件後更ニ北海事件、漢口事件或ハ上海水兵射殺事件等相踵イテ不祥事件發生シ全支ニ反日激化ノ徴ヲ示シ爲ニ北支モ相當緊張セルノ状態ナリ

第二章　作戦警備

第一　作戦並北支情勢判断

一、軍ハ前月ノ移駐完了ニ依リ新陣容ヲ整フルニ至ルヲ以テ本然ノ任務遂行ノ積極化ニ努メ永久配備ノ計畫或ハ對支作戦指導ニ關スル研究ヲ遂ケ第二次第三次報告ヲ提出セリ

二、本月間ニ於ケル支那情勢ニ對スル軍ノ判斷左ノ如シ

軍ハ中南支ニ頻發スル排日テロ行為ノ本質ニ鑑ミ北支ノ對日感情ノ動向ニ至大ノ注意ヲ拂ヒツツ北支各政權ヲ一層鞭撻督勵シ既定方針ノ遂行、工作ノ進展ニ努メ適時中南支ニ於ケル情勢ヲ利用シテ南京對北支ノ關係ヲ軍ノ希望スル方向ニ誘導シ北支各政權ノ自治能力就中經濟工作ノ確立ヲ迅速ニ進展セシムルヲ要ス

即チ武力ヲ以テ一擧ニ北支問題ヲ解決セントスルカ如キハ大義名分上ヨリスルモ適當ト認メ難ク又冀察政權ニ對シテハ不滿足ノ點多々アルモ北支情勢ニ大ナル變化ナキ限リ依然從來ノ方針ニ基ク施策ヲ必要トスヘク而シテ今回ノ南京ニ於ケル日支交渉カ北支政權者ヲシテ南京恐怖乃至依存心ヲ脱却セシムルニ相當效果アルヘク以テ之カ機微ヲ利用シ北支ノ諸工作ヲ進展セシムルコト肝要ナリ

以上ノ如ク軍ハ現下ノ情勢ニ於テハ從來ノ方針及工作ノ基礎ニ變化ヲ加フルノ要テク若シ中南支方面ニ瀰漫セル排日テロノ風潮カ北支ニ浸潤シ來ルニ於テハ自衞權ノ發動ニ遺憾ナキ準備ヲ整ヘ又北支支那軍隊トノ關係モ依然從來ノ態度維持ニ變化ナク軍ノ威信保持ト自衞ノ爲ニハ嚴然タル態度ト十分ナル戒心ヲ以テ此種惡風潮ノ彈壓ニ努力セント

スルモノナリ

而シテ之カ處置ノ大要次ノ如シ

1 冀東ノ諸施設ヲ益向上シテ諸般ノ工作ヲ進展セシメ殷汝耕以下ノ幹部ヲ十分支持督勵シテ北支諸政權ノ模範タラシム

2 冀察ニ對シテハ從來ノ工作ヲ進メ此際特ニ經濟方面諸工作ノ進展ニ努力シ併セテ人事及機構ノ改善ヲ計ル

3 山東山西方面ニ對シテハ從來ノ方針ニヨリ工作ス

4 以上ノ諸工作ニ對スル南京勢力ノ妨害ヲ警戒排撃ス

5 中南支ノ情勢上北支分治ヲ完成スル場合ヲ顧慮シ北支ニ於ケル稅關ノ接收鹽制ノ分離等ヲ實施シ得ル如ク準備ス

第二　警備

一、九一八豐台事件ニ際シテハ軍ハ從來ニ於ケル第二十九軍ノ對日態度ヲ根本的ニ解決スルノ必要ヲ認メ之カ爲事件ノ擴大ヲモ豫期シ萬般ノ所置ヲ構シ在津部隊ノ一部ニ出動準備ヲ命シタルモ現地部隊及各機關ノ適切ナル處置ニ依リ解決ヲ見タリ

二、北支一般ノ狀況ハ前述ノ如ク相當緊張セル狀態ナリシヲ以テ軍各部隊ハ警備ヲ嚴ニシ突發事變ニ應スルノ準備ヲ整ヘ警戒ニ努メタリ

第三章　教育訓練

軍司令部及各隊ノ主要行事左ノ如シ

一、軍司令部

自九月十日
至九月三十日　機械化部隊ノ訓練ヲ實施ス

自九月十三日
至九月十五日　在北平部隊步兵兵器巡回教育

自九月十七日
至九月十九日　在天津部隊步兵兵器巡回教育

二、步兵第一聯隊

九月十一日　通信修業者檢閲

自九月一日
至九月十四日　通州ニ於テ二年兵通信手ニ對スル無線集合教育ヲ實施ス

自九月六日
至九月二十日　本年度氣象要員教育ヲ實施ス

九月十二日　小銃及重火器ノ連合檢閲射擊ヲ實施ス

自九月十五日
至九月二十日　東楼局及通州附近ニ於テ實施ノ機械化部隊訓練參加

中隊教練檢閲

九月二十二日　豐台部隊

九月二十三日　東機局部隊
九月　三十日　北平部隊

三、步兵第二聯隊
自九月　九日
至九月十一日　將校實務教育
自九月　十日
至九月三十日　第六中隊步兵砲隊機械化部隊演習ニ參加
九月十二日　在津部隊（第三中隊ヲ含ム）ノ喇叭教育檢閱ヲ實施
自九月十四日
至九月廿二日　王欒庄東方地區ニ於テ天幕露營ヲ實施シ中隊教練訓練ヲ行フ
中隊教練檢閱
自九月二十五日
至九月二十六日　天津、塘沽部隊

自九月二十九日
至九月三十日　山海關、灤縣、唐山部隊

四、戰車隊

自八月三十日
至九月三日　塘沽ニ於テ戰車單車戰斗射擊ヲ實施ス

自九月九日
至九月三十日　軍機械化部隊ヲ編成シ之カ訓練ヲ担任實施ス

戰車無線修業ノ爲關東軍旅順無線敎習所ニ派遣中ノ將校以下六名九月六日終了歸隊ス

九月八日軍自動車手敎育査閲ヲ實施ス

五、騎兵隊

將校現地戰術ヲ實施ス

六、砲兵隊

大隊教練ノ練成ニ努メ概ネ之カ速成教育ヲ終了セリ大隊教練ノ練成ニ伴ヒ各中隊ハ其戰斗能力ヲ向上シ中隊教練ヲ略完成スルニ至レリ

自九月二十六日
至十月　二日　天津東方地區ニ於テ九〇式野砲、三八式火砲ニ依ル射撃ヲ實施ス

九月上旬　瓦斯兵及工務兵修業者ノ教育ヲ開始ス

七、工兵隊

自九月十三日
至九月二十六日　昌黎ニ於テ交通演習ヲ實施ス

自九月　六日
至九月　八日　北平、張辛店、涿州附近ニ於テ將校築城現地戰術ヲ實施ス

八、通信隊

1有線電線路ノ秋季大補修作業ニ方リ線路ノ電氣的測定ニ關シ幹部以下ヲ訓練ス

八

2 八里台無線受信所新設作業ヲ利用シ固定無線所ノ建設ニ關スル教育ヲ實施ス

第四章　軍紀風紀

一、將校以下一般ニ精勵シ軍紀風紀ハ概ネ嚴正ニ保持セラレタリ
然レ共左記ノ如キ處罰者アリタルハ遺憾トスル所ナリ

左記

歩兵第一聯隊	准士官	一件	飲酒ノ結果軍人ノ本分ニ悖リタル科
	下士官	二件	軍事ノ定規ニ違ヒ下士官トシ正規ノ手續ヲ踏ムコトナク外出セシ科
	兵	一件	飲酒ノ結果勤務服行不十分ナリシ科
歩兵第二聯隊	兵	一件	飲酒酩酊シ歸營時刻ニ遲レタル科
砲兵聯隊	下士官	一件	防毒面甲ヲ落失シ之ニ對スル處置ヲ誤リタル科

第五章　通信ニ關スル事項

最近ニ於ケル諸情勢ニ鑑ミ本月上旬在豐台電信所ノ強化ヲ圖リ偶々九月十八日ニ於ケル豐台事件ニ際シテハ遺憾ナク其ノ任務ヲ達成シ得タリ

本月ニ於ケル電報取扱字數及前月トノ比較左ノ如シ

前月一五九三四通　二一二七六二三字

本月二〇八四八通　三〇二四一三一字

第六章　兵器ニ關スル事項

一、兵器業務視察ノ爲部長ハ九月六日ヨリ十二日迄關東軍兵器部同野戰兵器廠、奉天造兵廠、滿洲工廠等ニ出張セリ

二、九月七日ヨリ實施セラレタル軍氣象教育ニ際シ氣象器材取扱法ノ研

6

究其他ノ目的ヲ以テ菅原大尉　築地工長　兵器工「一」ヲ參加セシメタリ（自九月七日　至九月十二日　六日間）

三、九月七日從來警備上使用シ來レル特種戰斗資材ハ其性質ニ鑑ミ本名稱ヲ廢止シ總テ練習用具（又ハ其他ノ部品）ニ組替整理スヘキヲ至當トスルヲ以テ參謀部經理部ニ連繫ノ後軍司令官達ヲ以テ通牒シ其整理ヲ完了セリ

四、昭和十一年度管理兵器檢查ニ於ケル各部隊希望事項ニ對スル處置ハ夫々レ決定シタルヲ以テ九月十日各部隊ニ通牒セリ

五、陸普第四四六八號ニ依リ當軍步兵兵器巡回教育ヲ左記ノ通リ實施セラレタリ今回ノ巡回教育實施ノ結果實際的取扱法ノ習得ニ依リ兵器ノ保存上利スル處大ナルノミナラス警備上ニモ多大ノ心强サヲ加ヘ

タリ

左記

月日	部隊	摘要
自九月十三日 至九月十五日 三日間	（北平） 歩兵第一聯隊 （除第二大隊）	一、豐台ニテ實施ス 二、佐藤少佐ヲ出張セシメ教育ニ關スル要領ヲ掌理セシム
自九月十七日 至九月十九日 三日間	（天津） 歩兵第一聯隊第二大隊 歩兵第二聯隊	一、海光寺ニテ實施ス 二、戰車、騎兵、砲兵、工兵隊ヨリモ所要人員ヲ參加セシム 三、兵器部ハ全員參加セリ

六、昭和十一年度第二類兵器交換定額ハ本年度管理兵器檢査ノ結果ニ基キ各部隊配當計畫立案中ノ處九月十七日左記ノ通決定シ各部隊長ニ

通牒セリ

左　記

步一、三一〇〇圓　工兵、六三三圓
步二、二八五〇圓　通信、四一〇圓
砲兵、三四二〇圓　戰車、三二〇圓
騎兵、二〇八〇圓

七、豐台事件ハ解決ヲ見タルモ尚北平方面ノ情況ヲ考慮シ九二式重機關銃實包一六二、二四六發其他ヲ步兵第一聯隊ニ補給スルニ決定九月十九日田中工長ヲシテ交付セシメタリ

八、綏遠特務機關備付發信機ハ九月　日機能不具合ニシテ通信不能ニ陷リタルヲ以テコレカ修理ノ爲九月二十日機關員當室ニ携行セリ直チ

ニ通信隊ヲシテ修理セシメ廿六日完成廿八日飛行機ニテ返綏セシメタリ

九、特種戰斗資材ノ配當替ヘニ伴ヒ步兵第一聯隊ニ支給スヘキ拒馬外六十一點ハ九月廿五日新木雇員ヲシテ宰領セシメ豐台北平東機關ニ於テ夫々交付ヲ了セリ

10、糧秣其他諸材料ノ野外格納警戒用トシテ特種戰斗拒馬「一〇〇」ヲ九月廿九日軍倉庫ニ配當交付セリ

第七章　經理ニ關スル事項

一、軍經理部服務細則ノ制定

軍經理部服務細則ヲ制定シ九月一日ヨリ實施ス

二、豫算及決算事項

本月中左ノ通豫算ヲ增額セラル

滿洲事件費　二一、〇〇〇〇〇〇圓

支那駐屯部隊暫　一五五四〇〇

三、糧抹事項

1 搗精機増設完了ス

四、被　服

1 冬季下士官以下ニ支給スヘキ單衣袴ハ九月末所持定數ヲ完備スル豫定ナリシモ一部未到着ノ爲十月上旬交付完了ノ豫定ナリ

2 戰用縫靴工具六組ノ定數整備ヲ完了ス

五、營繕事項

特別ノ事由アルモノ及上長官以上ニ成ルヘク單獨宿舍ヲ貸與スルノ

方針ニテ逐次宿舎ノ増加借上ヲ實施中ナリ

第八章　衛生ニ關スル事項

一、軍一般ノ衛生狀態ハ概ネ良好ニ維持セラレタルモ前月ヨリ引續キ細菌性赤痢散發シ月間患者四二名菌保有者九名ニ達シ月末ニ至リテ漸ク終熄セリ

入院患者中急性蟲様突起炎（歩二ノ二中）及結核性腹膜炎兼急性粟粒性結核（歩二ノ歩砲）患者二名ノ死亡ヲ出シタルハ遺憾トス

二、將兵保育ノ狀況ハ概ネ良好ニ維持セラレ一般ニ體重ノ増加ヲ示セリ

三、八月二十四日附陸滿普第七四八號ニ依リ當軍事變用竝初度備附及防疫用衛生材料ヲ交付セラレ月末軍倉庫ニ到着ス

四、其他詳細ハ軍衛生業務月報記載ノ如シ

10

第九章　馬事關係事項

一、軍馬保育衛生

月間初旬ハ氣溫高ク最高攝氏三二度ニ達シ勞働ニ當リテハ馬匹ハ發汗シ易カリシモ中旬以降ハ秋冬候ニ加ハリ保健上好適ノ季節トナリシヲ以テ其勞働ハ教育ノ進捗ニ伴ヒ前月ニ比シ著シク增加セルニ係ラス馬糧定量ノ改正ト飼養管理ノ周到ト相俟テ榮養ハ逐次向上シ保管馬ノ能力ハ漸次充實シツツアリ

二、防疫ニ就テ

(1)軍馬傳染病ハ軍臨時病馬廠ノ開設ニヨリ部隊ニ於ケル防疫業務ハ周到ナリシヲ以テ僅ニ砲兵聯隊ニ腺疫一頭發生入廠セシニ過キス又前月發生ノ同隊血斑病馬ハ月間ニ於テ快復退廠セリ

(2)鼻疽檢疫ハ步二、砲兵聯隊等ニ於テ實施ス、點眼反應ニヨル疑陽性一二頭ハ軍臨時病馬廠ニ於テ血清診斷ノ結果全部陰性ト決定セリ

三、病馬、廢斃馬ニ就テ

(1)病馬ハ演習ノ增加ト共ニ馬匹ノ勞働繁多トナリシヤ各級幹部ノ注意ニヨリ發病馬比較的少ナク一般狀態ハ良況ナリ

(2)廢斃馬ハ九月二十四日軍通信隊馬一頭變位疝ノタメ斃死セリ

四、護蹄ニ就テ

軍各隊共蹄鐵工場ヲ使用シ作業ヲ行ヒ得ルニ至リタルト裝蹄器具ノ逐次整備セラレタルトニヨリ概ネ順調ニ裝蹄作業ヲ實施シ其平均保存日數ハ三〇－三六日ノ間ニアルヲ得タリ

11

五、其他ノ關係事項

(1)計畫ニ基ク現地購買支那馬ハ購買實施中ナルモ最近滿蒙ノ現產地ハ馬匹ノ北支移出ヲ禁止セルト支那軍ノ軍馬購入トニヨリ北支ニ於ケル馬匹ノ資源ハ著シク枯渴シ其價格モ亦騰貴セル爲目下數頭宛逐次購買補充シツツアリ

(2)軍臨時病馬廠ハ前月末建築物ノ一部完成セル爲月間ニ於テ逐次內容ノ充實整備ヲ圖ルト共ニ各部隊ノ要求ニヨリ病馬ノ收療、檢疫等ノ業務ヲ開始セシカ月間ニ於テ重症病馬、鼻疽檢疫馬等十一頭ヲ收容シ又部隊鼻疽檢疫ニ於テ鼻疽疑似ト認メタル一二頭ノ保管馬ノ血液檢査ヲ行ヒテ判定ヲ與ヘ且目下購買中ノ支那馬ノ鼻疽檢疫及去勢ヲ擔任シツツアリ

第十章 涉外ニ關スル事項

ナシ

第十一章 人馬現員表

12

附錄

北支居留民ノ状況

一、一般状況

㈠管内情勢ハ特異ノ變動無ク冀東沿岸ニ於ケル特殊貿易ハ南京政府ノ反對策動及日支問題ノ險悪等ニ因リ不振ヲ呈シ之カ爲逐月増加セル邦人ノ進出モ稍停頓ノ状況ニアリ

北支産業開發ニ關シテハ大阪實業組合聯合會滿支産業組合其ノ他經濟視察團ノ來往漸増シツツアルモ事業ニ着手セルモノ小數ナリ

㈡不良邦人ノ取締ニ就テハ憲警協力善處シツツアリ本月中軍部ノ北支政策ニ對シ反對策動シ爲セル邦人二名ヲ檢擧セリ

㈢涉外事件ハ三件ニシテ前月ニ比シ十四件減少セリ

二、人口分布状況

河北省（除口北道）内ニ於ケル居留邦人ノ人口ハ天津九、九八五名、北平四、四六六名、山海關一、六三〇名、秦皇島四四〇名、古北口二〇六名、昌黎三一四名、灤州七八二名、塘沽三一九名、唐山五三四名

其他三三八名、計一九、〇一四名ニシテ前月ニ比シ大差ナシ分布狀況別表ノ如シ

三、職業及生活狀態

有資本者ハ堅實ナル會社、工場、店舖ヲ有シ貿易、鑛山、紡績等經濟的ニ進出シアルモ其數僅少ニシテ其大部分ハ依然舊態ヲ脫セス禁制品密賣及日貨ノ密輸、賭博開帳等ヲ事トシ生計區々ニシテ概シテ裕ナラス

尙通州、豐台等ニ於テハ我軍ノ駐屯ニ因リ邦人逐次增加シ之等邦人ハ喫茶店、料理店、旅館、時計店、寫眞店、自動車屋等ヲ經營シアルモ何レモ營業不振ニシテ生活困難ナル狀況ニアリ

四、思想及素質

邦人ノ素質ハ一般ニ穩健ニシテ目下憂フヘキ事象ナシ然レ共素質不良ナルモノ比較的多キト且北平方面ニハ不逞鮮人十數名アルヲ以テ警戒視察ノ要ヲ認メ居レリ

五、邦人ニ關スル涉外事件

九月中發生セル涉外事件ハ匪賊ニ因ル邦人ノ强盗被害二件、支那稅關ノ密輸現銀ノ沒收一件計三件ニシテ前月ノ十七件ニ比シ十四件減少シタリ其主ナル原因ハ豐台駐屯支那軍隊ノ撤退ニ因リ抗日侮日事件減少セルト一面同地方民カ事件ノ發生ヲ恐レ自重シアルニ因ルモノト思料セラル

狀況左表ノ如シ

種別	月日	場所	被害物件	被害者	事件ノ概要	處置
强盗	九、一四	北戴河	現銀六、四八〇元 支那服二着 手提鞄一個	在北戴河運輸公司 梅原惣太郎	華人三名侵入シ就寢中ノ被害者ヲ起シ拳銃ヲ擬シテ威嚇シ金品ヲ强奪逃走ス	支那側ヲ督勵捜査中
强盗	九、一八	灤縣	金銀一〇二元 洋服一着 時計三個	在灤縣驛前 鮮人 洪石桂	本人ノ留守中四人組華人强盗侵入拳銃短刀ヲ擬シ妻及同居人ヲ强迫金品ヲ强奪逃走ス	右同

沒收	九、一六	塘沽	現銀五、五〇〇元	在天津宮島街 則外次 吉岡宇一郎	兩名ハ現銀五千五百元ヲ長城丸ニテ密輸セントシタルヲ出帆前ニ支那稅關發見沒收	領舘ニテ交涉中

六、居留民ノ主要行事

1 滿洲事變記念日

九月十八日滿洲事變五週年記念日ニ際シ天津ニ於テハ居留民團及在鄉軍人分會主催ノ下ニ記念大會ヲ擧行シ現役將校（軍司令部附鈴木少佐）ノ實戰談、戰病死者ヘノ默禱及餘興ヲナシ參會者約六百名ニシテ盛況裡ニ終了セリ

尙管內各駐屯地居留民ハ夫々記念日ヲ迎ヘ模擬演習、運動會、射擊會等ヲ爲シ當日ヲ意義アラシメタリ

2 運動會

天津居留民ノ年中行事タル秋季運動會ハ九月二十七日擧行シ軍部ヨリモ選手出場セリ

3 軍事講演

北平日本小學校ニ於テハ九、一八記念日ヲ兒童ニ認識セシムル爲九月十八日支那駐屯歩兵第一聯隊田口中尉ヲ招聘シ軍事講演ヲ實施セリ

4 豐台邦人ノ軍隊炊事

九月十八日豐台事件發生ニ際シ駐豐日本軍ノ出動ニヨリ同地在留邦人婦女ハ九月十八日同十九日ノ兩日出動軍人ノ炊事ヲ行ヒタリ

5 現役軍人ノ慰安施設

北平在鄉軍人分會ニ於テハ北平駐屯部隊下士官兵ヲ慰安スヘク軍人「ホーム」（食堂、娯楽、休憩所等）ヲ建設シ開館當日ハ北平部隊將兵ヲ招待セリ

6 湯茶ノ接待

北平在鄉軍人分會竝同居留民會ニ於テハ九月二十九日支那駐屯戰車隊福田大佐以下四二五名來平宿營ニ際シ宿舍準備及湯茶ノ接待等ヲ

北支那邦人分布表

昭和十二年八月末日調

地名＼区分	戸数 内地人	戸数 朝鮮人	戸数 台湾人	戸数 計	人口 内地人 男	人口 内地人 女	人口 内地人 計	人口 朝鮮人 男	人口 朝鮮人 女	人口 朝鮮人 計	人口 台湾人 男	人口 台湾人 女	人口 台湾人 計	人口 計 男	人口 計 女	人口 計 計	前月末比増減 増 戸数	前月末比増減 増 人口	前月末比増減 減 戸数	前月末比増減 減 人口
天津 日本租界	一八三五	五三六	一二	二三六五	三六九九（九六二）	三四〇二（九三）	六九九三	八九六（三八）	六七五（三七）	二九九	一八（一九）	一七（一六）	六〇	四九二一	四三三一	九二五二	四〇			五二
天津 英國租界	四七	四		五一	一四八（一五）	一四二（一二）	二九〇	四（一一）	三	八				六八	五六	一二四			三	一二
天津 佛國租界	五三	七		六〇	二七〇（三〇）	一六一（二八）	一八四	一〇（一六）	八（一五）	二九				一一一	一〇二	二一三				一
天津 伊國租界	八			八	[illegible]	（三）	二三							一二	一三	二五				
天津 特別第一區	二四	一七		四一	一一八（一九）	一二二（七）	二五四	五（三〇）	四四	五一				一三二	七三	二〇五				
天津 特別第三區	七			七	九（三）	六（三）	二〇		四					一一	一三	二四				
天津 支那街	二六	一	一	二八	二五（一八）	三四（一八）	一三五	二（三）	一	六	二（三）	四（二）	二	八三	五八	一四二	四	二三		
天津 計	二九〇	五五	一三	二六四	三〇〇七（一〇三二）	三五七六（一〇〇二）	七六一七	九一七（三四）	七三五（三〇五）	二二九七	二〇（一三）	二一（一八）	七一	五三三八	四六七五	九九八五	四三			四二
北平	三六一	二〇一	一八	五九〇	七五八（一九三）	五三五（一七五）	一六五一	一三八五（三九五）	八三五（三五二）	二七五六	二四（二）		五九	二六六六	一八〇〇	四四六六	一			一
山海關	四八六	五一	一	五三八	五九〇（九〇）	四九五（一三九）	一四二三	七九（二六）	八〇（一八）	二〇三	一（三）		四	七八九	七三三	一六三〇	二	二一		
秦皇島	七二	六六		一三八	一〇六（二二）	六二（一三）	二〇三	一〇七（二四）	七九（二七）	二三七				二六〇	一八〇	四四〇			一六	七五
古北口	五六	一二		六八	八六（一一）	四四（一六）	五一七	一三（三）	二九（五）	四九				一一二	九四	二〇六	四			七
臨楡	一五	二五		四〇	三八	六	四四	三六（八）	一一（四）	五九				八二	二一	一〇三	一七	四一		
昌黎	五二	六〇		一一二	七五（四）	三二（六）	一一七	九四（二一）	六〇（二二）	一九七				一九四	一二〇	三一四	一六	八		
樂亭	一七	五		二二	二〇（二）	七	二九	八	四	一二				三〇	一一	四一		三		
灤縣	九七	一八七	二	二八六	一三八（一六）	三九（五九）	二五二	二七七（一八〇）	二一（五三）	五二〇	七（二）		一〇	五一九	二六三	七八二	三	一三一		
遵化																				

1233

豊潤	王田	塘沽	唐山	蘆龍縣	遷安縣	撫寧縣	平谷縣	薊縣	三河縣	通縣	興隆縣	計
六		六二	三四	二	二	二〇						三六五四
七		六四	三三四	四	二	二七						三二〇〇
												三四
一三六		一三六	一二五九	六	四	四七						五六九八
(三)八		(二三)九四	(一四)一五四	四	六	二五						(五二五)五〇二一
(三)一		(二七)五六	(一四)四八	(一)三	(一)四	(一)八						(一四四)三九七六
一一		一八九	二三〇	八	二一	三四						二九七六
(三)二二		(二七)七八	(一六四)一五七	四	九	(九)四三						(八七七)三三九
(三)七		(六)三九	(六八)一一三	一	一	(二四)一六						(七七五)一九三
三三		一三〇	三〇二	五	一〇	八二						六八八
			(二)一									(二七)五三
												(二九)三七
			二									一四六
三二		一六一	二九一	八	一五	七七						一〇七四
一二		一一八	一四三	五	六	三九						八七四五
四四		三一九	五三四	一三	二一	一一六						一九〇四
		二										一六
												三七
			一	三	五	二〇						四八
		四	三〇	七	一〇	五三						二九

備考

括弧内ハ子供ヲ示ス

分割撮影ターゲット

分割した部分の撮影順序	1 | 2
分割撮影した理由	A３判以上のため

上記のとおり分割撮影したことを証明する

8 年 10 月 28 日

主務者又は

撮影立会者　坂根嘉和（印）

附表第一

支那駐屯軍人馬現員表

昭和十一年九月三十一日現在

部隊区分	戦員 将校 現員	戦員 将校 定員ニ対スル過不足	戦員 下士官・兵 現員	戦員 下士官・兵 定員ニ対スル過不足	非戦員 将校同相当官及高等文官 現員	非戦員 将校同相当官及高等文官 定員ニ対スル過不足	非戦員 下士官相当官及文官軍属 現員	非戦員 下士官相当官及文官軍属 定員ニ対スル過不足	計	馬匹 現数	馬匹 定員ニ対スル過不足	摘要
軍司令部	三八		五		一三 △五		一一 △一六		七七 △八一	二三		
旅団司令部	三		三				△一		△一 六	四		
支那駐屯歩兵第一聯隊 北平	二六		三七五		一〇		△一四		四二九 △四	二七		
支那駐屯歩兵第一聯隊 天津 中	二六		五四八		二		五		[illegible]	一九		
支那駐屯歩兵第一聯隊 豊台	三五		七八一		二		一一		八二九	五四		
支那駐屯歩兵第一聯隊 通州	三		四四				一		[illegible]			
支那駐屯歩兵第一聯隊 計	九〇		一七五二		一四		三一 △四		[illegible] △四	一〇七		綜理ノ為[illegible]歩兵学校移校[illegible]
支那駐屯歩兵第二聯隊 天津	五四		一〇五一		九		二三 △一		一二四七 △一	八〇		
支那駐屯歩兵第二聯隊 塘沽	六		一五二				二		一六〇			
支那駐屯歩兵第二聯隊 唐山	四		一四七		一		二		一五四			
支那駐屯歩兵第二聯隊 灤県	四		一三一				二		一三七			
支那駐屯歩兵第二聯隊 昌黎	一		二二						二三			
支那駐屯歩兵第二聯隊 秦皇島	一		三四						三五			
支那駐屯歩兵第二聯隊 山海関	一一		二一六		三		△一五		二三五 △一	二七		
支那駐屯歩兵第二聯隊												
支那駐屯歩兵第二聯隊 計	八一		一七五三		一三		三四 △二		[illegible] △二	一〇七		歩兵学校入学将校 二名

12

部隊							
支那駐屯戰車隊	一六	一六四		二	△一九七	△八九九	
支那駐屯騎兵隊	一〇	一五二	三	三	六	一二一	一五三
支那駐屯砲兵聯隊	三九	七〇八		五	△一三七	△二三九九	二四五
支那駐屯工兵隊	八	一五七		二	五	六二	七
支那駐屯通信隊 天津	八	四〇		△二	△四五	△五一七	三
北平	一	二七			△一	△一二八	
通州		七				七	
豊台		七				七	
塘沽		八				八	
唐山		七				七	
灤縣		七			△一	△一七	
秦皇島		七				七	
山海關	一	二				一二	
綏中							
計	一〇	一七五一		二	△六五	△一九七	三

備考	總計	支那駐屯軍倉庫	軍病院 計	軍病院 北平	軍病院 天津	支那駐屯憲兵隊 計	北京 豊台	北京 通州	北京 分隊	山海関	秦皇島	昌黎	灤県	唐山	塘沽	天津 總站	天津 東站	天津 分隊	天津 本部
一、准士官ハ將校欄ニ含ム 二、△印ヲ冠セルハ軍屬ヲ示ス 三、朱書セルハ現員中ニ含マス	三〇四					九			二	一								二	四
	四九三四					六五	二	二	一三	四	二	二	二	二	二	二	二	二一	八
	△七 六七	四	△一一〇	一	△一九														
	七																		
	△一〇五 九七	△一七	七〇	四	六六	△九四			△二	△一								△六	△二四
	△三三 五五	△一一	△八〇	九	△一五	六九													
	六四八					一六			四	二								七	三

（二）华北驻屯军月报选（1937年）

资料名称： 昭和十二年一月《支那駐屯軍月報》、昭和十二年五月《支那駐屯軍月報》、昭和十二年六月《支那駐屯軍月報》

资料出处： JACAR（アジア歴史資料センター）Ref.C01003332200 昭和十三年《満受大日記 2の1》（防衛省防衛研究所）。

资料解说： 从这些月报中可以考察华北驻屯军新一年的任务方针，进而了解其在5月和6月连续进行军事演习，并在军事演习的掩护之下，终于发动事变，占领平津等华北地区的过程。

秘

四一六

昭和十二年一月三十一日
支那駐屯軍司令部

一月月報

第三類

陸軍省 12.4.14 67 整備課

陸軍省 12.4.15 132 防備課

陸軍省 12.4.21 第53號 銃砲課

陸軍省 衛生課

一月分月報目次

一月分月報

第一章　北支一般ノ狀況

本月間ニ於ケル北支一般ノ狀況ハ前月ト大差ナキモ西安事件ヲ繞リ種々取沙汰セラレ殊ニ蔣介石ノ西安脱出條件タル容共抗日問題ハ世界關心ノ焦點ニシテ北支政權ノ動向ニモ多大ノ注視ヲ要スルモノアリ其詳細附錄ノ如シ

第二章　作戰、警備

一、昭和十二年度ノ作戰計畫ニ關シテハ着々準備ヲ進メ概ネ成案ヲ得ルニ至レリ

二、北支警備並諸工作ハ前報ノ方針ニ基キ努力シツツアルモ時局ノ不安ト北支各政權ノ危惧トニ依リ渉々シク進捗スルニ至ラス

三、鄭州事件

鄭州附近ノ排日空氣ハ豫テヨリ熾烈ナルモノアリシカ一月四日西安ヨリ歸來セル同地我機關ノ使用密偵一名カ張込ミ中ノ公安局密偵ニ

捕ヘラレ僞ニ翌五日支那官憲ハ同地機關ヲ襲ヒ四十名ヲ以テ戸外ニ見張リ約四十名ヲ以テ所内ニ侵入シ拳銃ヲ擬シテ所員ヲ脅迫連行ノ上家托捜索ツ爲シ秘密書類ヲ押收セラレタル事件アリシヲ漢口武官ヨリ通報ニ接セリ軍ハ同機關ハ現役軍人ニアラス表面文化研究所トシテ派遣シ何等關係ナキ如ク粧ヒアリシ關係モアリ本事件ノ表面上ノ交渉ハ外務側ニ依頼シ上海、漢口武官ノ斡旋ト軍ノ内面工作ニ依リ事件ヲ解決スルコトトセリ

第三章　教育訓練

各隊ハ教育ノ重點ヲ補備教育ニ置キ歩兵部隊ハ歩兵操典草案普及教育ヲ實施シ之カ徹底ヲ期シツツアリ

軍及各隊ノ主要行事左記ノ如シ

一、軍司令部行事

(1) 一月八日　陸軍始觀兵式ヲ東機局ニテ施行實施ス

(2) 自一月二十二日
至一月二十三日　團隊長會議

(3) 自一月二十八日
至一月二十九日　各隊教育主任者會議

(4) 自一月二十五日
至一月二十七日　主計分團野外作業ヲ實施ス

(5) 自一月十八日
至一月二十三日　軍寒稽古ヲ實施ス

二、旅團司令部

(1) 自一月二十四日
至一月二十七日　步一將校集會所ニ於テ旅團長統裁圖上戰術ヲ實施ス

三、步兵第一聯隊行事

(1) 步兵操典草案普及教育實施

一月二十日　於通州　北平部隊

一月二十一日　於東機局　東機局部隊

自一月二十九日
至一月三十日　於北平　初年兵掛教官及中隊長以上ニ對シ初年兵教育法ヲ實施ス

(2) 自一月九日
至一月二十二日　將校暗號教育實施ス

二

(3) 自一月十一日
至一月十九日 寒稽古ヲ實施ス

(4) 左ノ如ク將士官曹長現地戰術ヲ實施ス

自一月十五日
至一月十七日 第二大隊、豐臺北平地區

自一月十五日
至一月十八日 豐臺部隊八寶山昌平附近

(5) 自一月二十五日
至一月三十日 東機局ニ於テ馬事合同教育ヲ實施ス

四 步兵第二聯隊行事

(1) 步兵操典草案普及教育實施

自一月十一日
至一月十三日 天津(ニ塘沽ヲ含ム)部隊

自一月十四日
至一月十七日 山海關部隊

一月二十九日夜 下士官以上ニ對シ活動寫眞ニ依リ教育ス

(2) 兩衛集合教育

(1) 自一月六日 至一月十四日 於天津

(2) 自一月二十四日 至一月二十八日 於天津

(3) 自一月九日 至一月十日 聯隊長昌黎部隊ノ教育ヲ實施ス

(4) 自一月十五日 至一月二十一日 寒稽古實施

(5) 自一月十八日 至一月二十日 耐寒行軍實施（開平－榛子鎮－砂河舖－灤縣ノ地區）

(6) 自一月二十一日 至一月二十三日 灤縣附近ニ於テ歩兵砲實彈射撃ヲ實施ス

(7) 一月二十三日 軍用鳩、軍犬、馬取扱修業教育ヲ開始ス

(8) 自一月二十五日 至一月二十八日 瓦斯普及教育ヲ實施ス

(9) 自一月二十五日 至一月二十日 補助憲兵要員教育ヲ實施ス
（山海關部隊ハ山海關ニ於テ）

(10) 一月二十九日 三年兵銃劍術競技會ヲ實施ス

(11) 一月三十日 初年兵教育打合ヲ實施ス

三

五、戰車隊ノ行事

(1) 自一月十日 至一月十五日 幹部操縱演習及戰史研究ノ爲古北口方面ニ出張ス

(2) 一月十八日 步、戰、砲連合演習ヲ兵營附近ニ於テ實施ス

六、騎兵隊行事

(1) 自一月七日 至一月十六日 劍術寒稽古ヲ實施ス

(2) 自一月十八日 至一月二十一日 下士官現地教育ヲ實施ス

七、砲兵聯隊行事

(1) 自一月十八日 至一月二十一日 第二大隊耐寒演習ヲ實施ス

(2) 自一月二十日 至一月二十三日 第一大隊耐寒演習ヲ實施ス

(3) 一月二十五日 第一、第二大隊ハ酷寒時ニ於ケル實彈射擊ヲ實施ス

(4) 自一月十一日 至一月十四日 准士官曹長ノ圖上戰術ヲ實施ス

(5) 自一月二十七日
至一月三十日　北平附近ニ於テ現地教育ヲ實施ス

(6) 自一月二十一日
至二月一日　作戰準備ノ爲北平南側及西側（長辛店地區ヲ含ム）ノ測地ヲ實施セリ

(7) 一月十五日　早朝出動準備演習ヲ實施ス

八、工兵隊ノ行事

(1) 自一月十九日
至一月二十日　潘莊鎭ヘ往復耐寒行軍ヲ實施セリ

(2) 自一月二十七日
至一月三十一日　准士官曹長現地教育ノ爲北平—密雲—古北口附近ニ出張ス

九、通信隊行事

(1) 自一月十一日
至一月十六日　劍術寒稽古ヲ實施ス

(2) 自一月二十五日
至一月三十日　營内無線通信演習實施ス

第四章　軍紀風紀

一、將校以下一般ニ精勵シ軍紀風紀ハ概ネ嚴正ニ保持セラレアリ

四

然レ共左記ノ如キ處罰者アリタルハ遺憾トスルトコロナリ

左　記

歩兵第一聯隊　兵　二件

1 平素ノ訓戒ニ悖リ飲酒酩酊シ脫柵シタル科

2 通州分遣隊ニ服務中平素ノ訓戒ニ悖リ軍事ノ定則ニ違犯セシ科

憲　兵　隊　下士官一件

上司ノ平素ノ訓戒ニ悖リ軍經理部長ノ實施セル野外作業ノ集合ニ遲刻セル科

第五章　通信ニ關スル事項

時局ニ對スル諸準備ニ遺憾ナキヲ期スルト共ニ天津—山海關間ノ新軍用幹線略〻完成シ之カ切換作業ヲ實施シ概ネ順調ニ通信連絡ヲ實施セリ

一、電線盜難事件

灤縣警備地區內ニ於テ電線盜難事件頻發セシヲ以テ之カ防止ノ爲軍

冀東政府、電々會社間ニ「通信線路保守ニ關スル協定」ヲ締結シ又唐山ニ於テ軍司令部、通信隊、憲兵隊、灤楡警備地區駐屯隊、電々會社、支那側官憲相會同シ之カ對策ヲ討議シ直ニ之カ實施ニ着手セリ

二、通信實施

有、無線共概ネ良好ニ通信ヲ實施スルヲ得タリ

第六章　兵器ニ關スル事項

一、滿期除隊兵用携帶兵器ヲ東京支廠其他ヨリ受領シ之カ支給ノ準備ヲ完了ス

二、一月二十六日青島學院商業學校へ軍事普及用トシテ左記ノ如ク貸與セリ

左　記

三八式步兵銃	三〇
三十年式銃劍	三〇

三、自衛用トシテ左記ノ如ク拳銃及同彈薬特別支給セリ

左記

部隊官衙 / 種類	旅司	歩一	歩二	工兵	憲兵	軍病院	軍倉庫	張家口機關
拳銃	三	二〇	二〇	六	四〇	五	一〇	五
同實包	七五	五〇〇	五〇〇	一五〇	一〇〇〇	一二五	二五〇	一二五

部隊官衙 / 種類	北平機關	通州機關	計
拳銃	五	五	一一九
同實包	一二五	一二五	二九七五

四、一月十六日青島特務機關ヘ特殊用ト號無線機一組ヲ特別支給セリ

五、兵器格納用具整備ニ伴ヒ兵器格納法ノ一部ヲ改善シコレカ格納替ヘヲ實施セリ

六、一月九日ヨリ二十三日迄ニ左記ノ如ク演習用彈藥打殼藥莢類ノ撰分作業並整理ヲ完了セリ

左　記

小銃實包打殼藥莢　五四〇〇瓩
小銃空包打殼藥莢　五二七〇、四〇〇〇瓩
機關銃保彈板　六四五七
九二式步兵砲打殼藥莢　二〇六
小銃擲彈子　九一六、五〇〇瓩
十一年式平射步兵砲打殼藥莢　二三二
四一式山砲打殼藥莢　二六二四
三八式十二榴打殼藥莢　四〇
三八式十五榴打殼藥莢　二三

七、一月七日昭和十二年度化學戰教育用彈藥トシテ左記ノ如ク受領ス

六

左記

八九式みどり筒乙	七〇
八九式みどり棒	一七〇
九四式小發煙筒甲	一七〇
九四式代用發煙筒	一四五〇

八、本月間補給セラレタル兵器中主要ナルモノ左記ノ如シ

左記

九二式歩兵砲榴彈々藥筒	一〇五〇
八九式重擲彈筒榴彈	四五四〇
四一式山砲榴彈々藥筒	四八〇
九四式山砲空包	三〇〇
九〇式五糎七戰車砲榴彈々藥筒	二〇
同　代用彈々藥筒	一〇〇〇
同　空包	一〇〇〇

八八式瞬發信管「野山加」　一〇〇〇
八八式短延期信管「野山加」　一〇二〇
九三式キイ劑現示筒　三五〇

九、本月間各部隊ニ補給セシ兵器中主要ナルモノ左ノ如シ

左記

九〇式駄載操舟機（除屬品）	一
導火索接續管　甲	四〇
同　乙	二〇
四一式山砲九四式榴彈々藥筒	四八〇
三八式銃實包	一七三四
九二式重機關銃普通實包	九六四
十四年式拳銃實包	八五
八九式重擲彈筒八九式榴彈	四

七

第七章　經理ニ關スル事項

各部隊ノ經理業務ハ逐次其ノ基礎ヲ固メツツアリテ教育訓練並警備上ノ要求ヲ充足シ概ネ順調ニ進捗シアリ

一、幹部教育

自一月二十五日至同二十七日ニ亘リ楊村、豐臺、北平及通州附近ニ於テ經理部士官、准士官、下士官ヲ合シ幹部指導現地教育演習ヲ實施シ之カ識能ノ高調ニ努メタリ

第八章　衛生ニ關スル事項

軍一般ノ衛生狀況ハ概ネ良好ナルモ患者發生率ハ前月ニ比シ稍々增加ノ傾向ニ在リシ將兵保育ノ狀況モ良好ニ維持セラレ體重一般ニ增加セリ

一、傳染病並防疫ノ狀況

四圍ノ狀況ニ鑑ミ各々諸設備ヲ改善シ防疫軍紀ノ振作並防疫教育ノ徹底ニ努メ其實績ノ向上ニ努メ初年兵入隊準備ニ遺憾ナキヲ期シツ

ツアリ

第九章　馬事關係事項

一、軍馬保育衛生

月間ハ當地方ノ最酷寒期ナリシモ例年ニ比シ氣溫比較的高ク且ツ風無ク外氣溫ハ最低零下十九度ニ過キス加フルニ各部隊共ニ防寒ニ對スル馬衛生施設ニ努メシヲ以テ特ニ認ムル悪感作ナク經過シ殊ニ本年度補充ノ内地新馬ニ腺疫ノ發生ナク經過スルヲ得タルハ至幸トスル所ナリ

二、防疫

(1) 鼻疽及炭疽ノ防疫

鼻疽檢疫ハ步二、騎兵隊ニ於テ又炭疽豫防接種ハ步一、砲兵聯隊ニ於テ又軍臨時病馬廠ハ現地購買支那馬及各部隊ノ依賴ニヨル馬匹ニ對シ血清診斷ヲ實施シ防疫ノ完璧ヲ期セリ

(2) 地方獸疫

一月中旬當市特別第三地區牛ニ一種ノ流行病猖獗セル風評ニ接シ調査スルニ乳牛ニ於テノミニテモ約五、六〇頭ノ斃牛アリ之レカ病性鑑定ノタメ諸種材料蒐集ニ努メタルモ畜生ノ隠匿及行政官廳ノ不誠意ト一時的糊塗トニヨリ全ク材料ヲ得ル能ハス然レトモ諸情報及現地視察及調査ヲ綜合スルニ今回ノ流行病ノ一部ハ炭疽ニシテ又一部ハ氣温ノ感作ニヨル感冒性疾患ト疑フヘキモノアリ

三、病馬及廢斃馬ニ就テ

(1) 病　馬

馬匹耐寒性ハ逐次増加シ且勞働一般ニ輕易ナリシタメ發病馬少數ニシテ一般ニ良好ナル状況ニテ經過セリ

(2) 廢斃馬ナシ

四、護蹄ニ就テ

酷寒ニ加ヘ大氣ノ乾燥ニヨリ蹄質ノ乾固及氷上蹄鐵裝著ノ影響ニヨリ裂蹄、蹄叉腐爛ノ發生豫防ニ努メシモ月末ニハ裂蹄四、蹄及蹄叉

腐爛馬八蹄ヲ生セリ

五、其ノ他關係事項

(1) 步兵第一聯隊幹部馬事合同教育

步兵第一聯隊馬匹關係ノ將校以下二十八名ニ對シ軍臨時病馬廠ヲ主体トシ其ノ一部ヲ砲兵聯隊ニ擔任セシメ步兵聯隊馬事教育ノ基礎ヲ確立スルタメ自二十五日至三十日六日間馬術、軍馬衛生、同蹄鐵病馬看護其他軍馬ノ保育管理衛生調教ニ關スル馬事教育ヲ實施セリ

(2) 軍臨時病馬廠

各部隊ノ難症病馬ヲ收容シ且同時ニ各部隊馬匹ノ鼻疽血清診斷ヲ擔任シ其間ニ能力向上ノタメ外科手術ヲ行ヒ或ハ地方家畜流行病ノ調査ニ參畫スル等全般ノ馬衛生ニ貢獻シツツアリ

第十章　儀禮、社交ニ關スル事項

一、儀禮

1 一月一日四方拜ニ付各隊ハ御眞影拜賀式ヲ施行セリ（軍司令部ハ

高等官食堂ニ於テ實施セリ）

2 一月四日各隊ハ明治十五年陸海軍軍人ニ賜ハリタル勅諭ノ奉讀式ヲ施行セリ

3 一月八日陸軍始ニ付在津部隊ハ東機局飛行場ニ於テ觀兵式ヲ擧行セリ

二、社交

左記ノ通リ支那及外國要人ヲ官邸ニ招待シ懇談親睦ヲ計レリ

左記

招待月日	招待者	人員	摘要
一月十五日	斉雲鵬外要人	二名	
一月十八日	王克敏外要人	三名	
一月二十日	英國司令官及幕僚	五名	
一月廿一日	天津市長及支那側要人	一七名	
一月廿二日	馮治安外要人	六名	
一月廿六日	各國租界理事 警察署長	六名	

分割撮影ターゲット

分割した部分の撮影順序	2 1
分割撮影した理由	A３判以上のため

上記のとおり分割撮影したことを
証明する

8 年 10 月 28 日

主務者又は

撮影立会者　坂根嘉和

北支那邦人分布表

昭和十二年一月末日調

地名	区分	戸数 内地人	戸数 朝鮮人	戸数 台湾人	戸数 計	内地人 男	内地人 女	内地人 計	朝鮮人 男	朝鮮人 女	朝鮮人 計	台湾人 男	台湾人 女	台湾人 計	計 男	計 女	計 計	前月末比増減 増 戸数	前月末比増減 増 人口	前月末比増減 減 戸数	前月末比増減 減 人口
天津	日本租界	1997	541	11	2549	三〇五八(一〇三七)	三七三六(一〇〇五)	七八五六	八二七(三四〇)	六九二(二九三)	三一五一	一四(九)	一五(七)	五五	三八九九(一三八六)	三四四三(一三四四)	一一〇六二			二三	三
天津	英國租界	47	4		51	五六(四)	三八(八)	一一六	四(二)	三	八				六〇(一五)	四一(八)	一二四		十	三	
天津	佛國租界	145	17		162	一七一(三八)	九六(三六)	三二一	二二(四)	一五(一〇)	五一				一九三(三八)	一二一(三六)	三七二				四
天津	伊國租界	7			7	五(三)	一〇(三)	二〇							五(三)	一〇(三)	二〇			一	五
天津	特別第一區	163	17		180	一五七(一〇)	三五(一二)	二一三	四(三)	五一	五八				一六三(一三)	八六(一二)	二七一			一	一
天津	特別第二區	7			7	九(三)	六(三)	二〇	四		四				一三(三)	六(三)	二四		十	三	
天津	支那街	41	12	2	55	九五(一三)	三二(一三)	一五二	一八(四)	五(二)	二八	三(三)	四(三)	一二	一一六(一〇)	四一(一六)	一九二	三〇	七		
天津	計	2407	591	13	3011	三五五一(一〇三三)	二九五三(一〇八九)	八六九八	八七五(三五三)	七七〇(三〇三)	三三〇〇	一七(一三)	一九(一九)	六七	四四四三(一〇六九)	三七四二(四〇二)	一二〇六五			一八	一〇一
北平		970	636	18	1524	一二一〇(三〇三)	六八七(一六一)	二二六一	八四八(三二九)	五一一(三四七)	一八三五	二四(一二)	一五(一二)	六一	一九八六(四四三)	一二一三(四一九)	四一五七			七四	四三二
山海關		521	60	1	562	六四七(三一九)	五二八(三六)	一五三〇	九八(三四)	九四(三二)	二四八	三(三)	一	七	七四八(三五六)	六三三(二五八)	一七八五	一六	一八		
秦皇島		88	67		155	一二六(三〇)	九一(一六)	二六三	一〇四(三三)	九四(三二)	二六一				三三〇(六三)	一九五(四七)	五二四			八五	三八
古北口		71	12		83	八七(一八)	五八(三四)	一八七	一一(三)	二九(四)	四六				九八(三〇)	八七(三八)	二三三	一	二		
臨榆																					
昌黎		47	46		93	七四(五)	三七(六)	一二二	七三(二八)	五一(一九)	一六一				一四七(三三)	八八(三五)	二八三	一三			一〇三
樂亭		25	5		30	三五(四)	一二	五一	一〇(二)	三	一四				四五(五)	一五	六五			五	一四
灤縣		77	202	2	281	一〇五(一九)	五六(二二)	一九一	二四〇(一〇二)	一四六(八〇)	五六七	七	一(二)	一〇	三五三(一三三)	二〇三(九三)	七六八			一九	二
遵化																					

1634

豊潤																				
玉田																				
塘沽	85	68		153	一〇八（六七）	三一（三二）	三二七	八二（六）	三七（七）	一三二				一九〇（七三）	六八（三八）	三五九			四	一〇
唐山	150	128		278	一八五（九）	一三六（三二）	三七一	一四一（九六）	一三三（八五）	四四七				三三六（三五）	三四八（一一六）	八一八	二	八		
蘆龍縣	4	8		12	七	四（二）	一二	八（二）	二（二）	一二				一五（二）	六（三）	二四		ナ	シ	
遵安縣	3	12		15	三		三	一二（三）	二（二）	一八				一五（三）	二（二）	二一		ナ	シ	
撫寧縣	8	21		29	二	二	一三	三一（四）	一一（五）	五一				四二（四）	一三（五）	六四		ナ	シ	
平谷縣																				
蘇縣																				
三河縣		18		18				二〇（四）	七	三一				二〇（四）	七	三一		ナ	シ	
通縣	75	88		163	六一（四）	二八（三）	九六	九〇（三三）	六七（一七）	一九六				一五一（三六）	八五（三〇）	二九二	二	二		
興隆縣																				
	21	16		37	三〇（三）	二六（三）	七一	二一（五）	三三（九）	五八				五一（七）	五九（一三）	一二九	一三〇	五六		
	96	127		233	一七一（三二）	六〇（五）	三五七	一七〇（五八）	一〇一（四九）	三七八				三四一（七九）	一六一（五四）	六三五				
計	4628	2105	34	6669	六三一一（一五五九）	[illegible]	[illegible]	[illegible]	[illegible]	[illegible]	五五四（三六）	三四（三〇）	一四五	九一九六（三七三三）	六〇五（三四一八）	三五八			一八三	一〇八

備考
括孤内ハ子供ヲ示ス

1635

分割撮影ターゲット

分割した部分の撮影順序	1　2
分割撮影した理由	Ａ３判以上のため

上記のとおり分割撮影したことを証明する

8　年 10　月 28　日

主務者又は

撮影立会者　坂根嘉和

附表第一

支那駐屯軍人馬現員表

昭和十二年一月三十一日調

部隊 \ 區分	将校 現員	将校 定員ニ対スル過不足	下士官・兵 現員	下士官・兵 定員ニ対スル過不足	将校相当官及高等文官 現員	将校相当官及高等文官 定員ニ対スル過不足	下士官相当官及判任文官 現員	下士官相当官及判任文官 定員ニ対スル過不足	計	馬匹 現数	馬匹 定員ニ対スル過不足
軍司令部	三八		五		△一二 五		△一一 一六		△一 八六 七	一三	
旅団司令部	二		二				△二 一		△一 八	四	
歩兵第一聯隊 北平	三四		五一五	△五九	一〇		△一四 一二		[illegible]	一七	
歩兵第一聯隊 天津 (struck)	五		五四八	△一二八	二		九		五八四	一九	
歩兵第一聯隊 豊台	四六		六七二	△一九	二		二		七〇	五一	
歩兵第一聯隊 通州	二		四五				一		四八	二	
歩兵第一聯隊 計	八七		[illegible]	[illegible]	一四		△三六 三四		[illegible]	一〇一	
歩兵第二聯隊 天津	五六	三	一三五五	△二五	七		△二 一六		[illegible]	八一	
歩兵第二聯隊 塘沽	六		一四九	△一一			二		一五七		
歩兵第二聯隊 唐山	六		一四八	△一三			二		一五六		
歩兵第二聯隊 灤県	五	一	一二四	△二四			二		一三一		
歩兵第二聯隊 昌黎			二二						二二		
歩兵第二聯隊 秦皇島	一		三五				一		三七		
歩兵第二聯隊 山海関	一三	一	一四七	四	一		五		一六六	一九	
歩兵第二聯隊 計	八七	五	[illegible]	△一七 四	八		△三八 一		[illegible]	一〇〇	

摘要

1630

支那駐屯戦車隊	支那駐屯騎兵隊	支那駐屯砲兵聯隊	支那駐屯工兵隊	支那駐屯通信隊 天津	北平	通州	豊台	塘沽	唐山	灤縣	秦皇島	山海関	綏中	計
一六	一〇	三九	二	七	一							一		九
				一										一
一六四	三五	七八	三六二	九四	三七	七	七	八	七	七	七	一一		一五
		五	一	一										一
二	三	五	二	△一二										△一二
△九七	六	△三七	五	△二五	△二									△五五
△九九	三四	△三九	六〇	△五八	△三八	七	七	八	七	七	七	二		[illegible]
	一五	三四	七	四										四

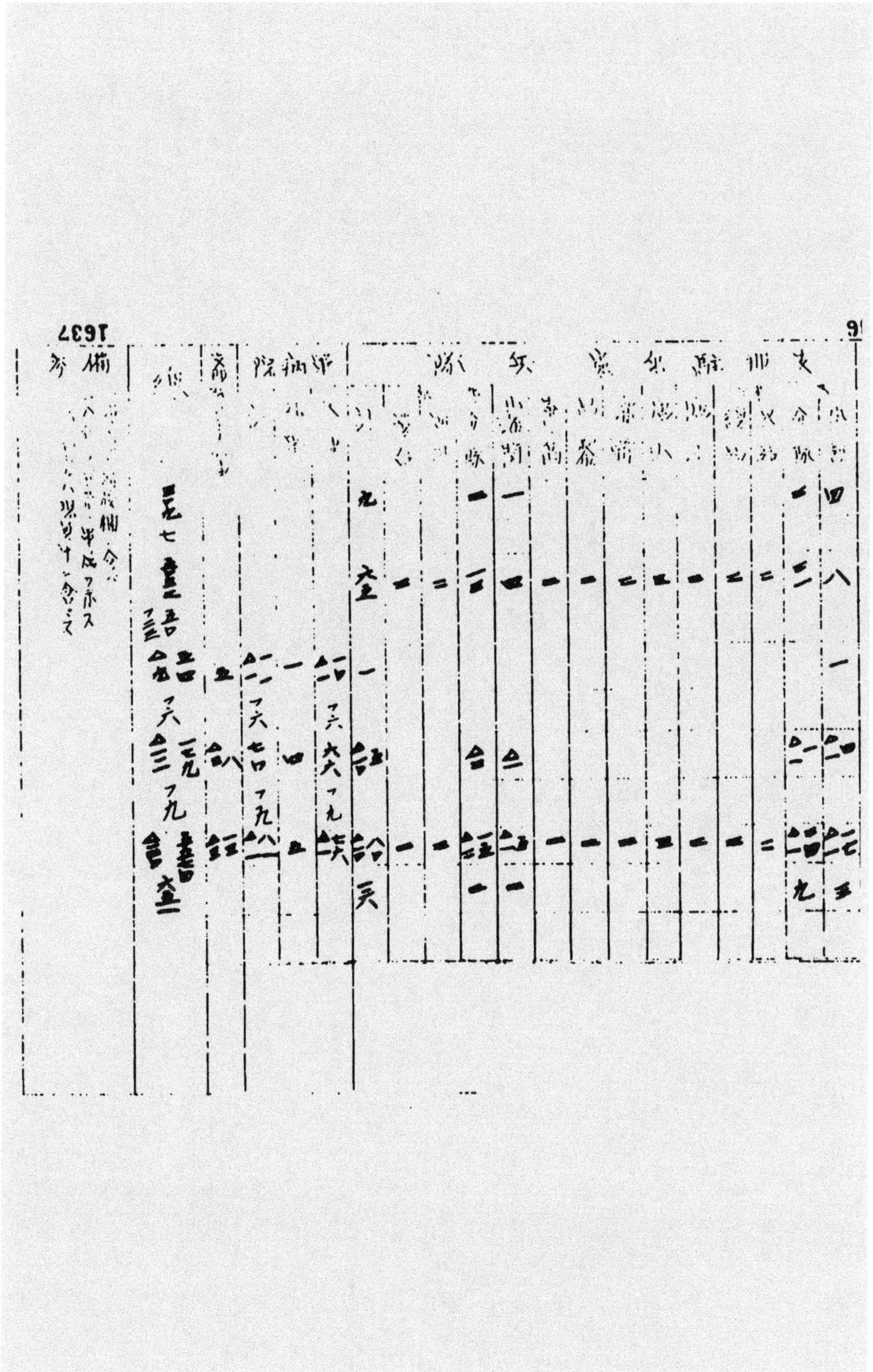

秘

昭和十二年一月
月報附録

北支ノ状況

昭和十二年一月三十一日
支那駐屯軍司令部

昭和十二年一月
月报附录 北支ノ状况

目次

要旨

第一章 一般情势
第一款 冀察ノ状况
第二款 冀东ノ状况
第三款 察哈尔ノ状况
第四款 山西ノ状况
第五款 山东ノ状况
第六款 青岛ノ状况
第二章 共产党ノ活动状况
第三章 中国国民党ノ状况
第四章 蓝衣社ノ状况

第一章　一般情勢

要旨

本月中ニ於ケル北支一般情勢ハ從前ト大差無ク特筆スヘキ事項無キモ各省ノ情勢ノ大要ヲ述フレハ左ノ如シ

冀察

宋哲元ハ年頭ニ際シ「同志ニ告クルノ書」並ニ「管下軍政各機關ニ告クルノ書」ヲ發表シ防共剿匪ノ緊急要務ヲ力說スルト共ニ中央ノ政令ヲ實行スヘキ旨ヲ明示セル外冀察ニ於ケル親日要人ノ逼出ヲ策スル等ノ事アリ、又一方其機關紙北平晨報一月二十九日ノ社說ニ於テ日本國體不認識ニ因シ不穩ナル記事ヲ掲ケタル等明朗ヲ缺ケル點少ナカラサルヲ認メラル。察哈爾ニ於テハ新任民政廳長及劉汝明高級參謀等親日要人ノ爲明朗性ヲ增進スヘク期待サル

山西

新年匆々ヨリ中央擁護ノ國家統一觀念ノ強化ニ一層拍車ヲ掛ケ各階

級ニ對シ猛訓練ヲ實施セルモ昨秋頃ニ比シ對日空氣ハ若干緩和セラレタルノ感アリ

山　東

西安問題未タ完全ニ解決セサル情勢ニ處シ韓復榘ハ徐ニ形勢觀望ノ狀態ニ在リ此間蔣伯誠ノ來濟、聞承烈ノ南京旅行等アリ南方ノ監視相當嚴重ナルヤニ觀察セラル

中國國民黨、共產黨、藍衣社等ハ各々相當ノ活動ヲ示シ殊ニ學生、農民勞働者、無產大衆ニ呼ヒ掛ケ態度露骨トナレルヤニ觀察セラル

第一款　冀察ノ狀況

一、宋哲元同士ニ告クル書ヲ發行ス

冀察政務委員會宋委員長ハ歲ノ改マルニ際シ一年ノ計春ニ在ルヲ以テ特ニ同志ニ告クルノ書ヲ自ラ撰シ三大立身方針ヲ明示シ以テ遵守ヲ期セリ、原文摘錄左ノ如シ

1國家ノ統一ヲ擁護シ中央ノ政令ヲ實行シ、自力ヲ以テ強ヲ圖リ、

政治修明ノ象ヲ實現スルコトヲ誓フ
8國家ノ三大要素タル主權、土地、人民ハ軍人ノ天職ニ本キ極力之ヲ保護スルコトヲ誓フ
9共產主義ノ本來中國ニ適セサルハ夙ニ識者ノ共ニ認ムルトコロナリ「マルクス」ノ說ク所ノ唯物史觀、餘剩處分等ノ語ニ對シテハ余既ニ屢々反駁ヲナセリ、土匪之ニ口實ヲ藉リテ民衆ヲ煽動シ階級鬪爭ヲ惹起シ以テ其權利掠奪ノ目的ヲ達セント企圖セリ、其實殺人放火ヲナシ純然タル土匪ノ行動ニシテ主義ノ何タルヲ知ラス國體ヲ危フシ民命ヲ害フノミ即チ嚴重共產ヲ清掃シテ餘蘖ヲ留メス

二、宋哲元ノ通令

冀察政務委員會委員長兼綏靖公署主任宋哲元ハ一月二十日軍政各機關ニ通令シテ曰ク

惟フニ經國ノ要ハ是非ヲ辨シ正義ヲ伸シ善惡ヲ分チ亂源ヲ塞クニ

二

在リ力ヲ致ス途徑ヲ明カニスレハ始メテ意志ヲ統一シ共ニ事功ニ赴クコトヲ得方今國難正ニ殷ンナリ速ニ左記數端ヲ認識シ堅ク之ヲ實行シ力メテ怠ラサルヘシ

左　記

第一　銃口ヲ內ニ向ケス中國人ハ中國人ヲ擊タス之ヲ換言スレハ卽チ內戰ニ參加セサルナリ

第二　我カ土地ヲ侵略占領シ我カ人民ヲ侮辱スルモノハ卽チ我等ノ敵ナリ我等ハ必ス之ヲ擊ツ

第三　社會ノ治安ヲ擾亂スル土匪及共匪ハ誰ニテモ之ヲ誅シ得可キナリ

第四　剿匪ハ內戰ト見做スヲ得ス剿共ハ殊ニ內戰ト見做スヲ得ス應ニ徹底肅清シ以テ社會ヲ安ンス可ナリ

以上ノ四端ハ卽チ本委員長本主任カ數年來具フル決心ニシテ今後共繼續力行シ以テ貫徹ヲ期ス

右主管機關ヲシテ其所屬ニ轉合セシム咸斯ノ旨ヲ體シ宏ク艱難ヲ濟ヒ救國救民スルコトヲ切望シテ已マス

此ニ令ス

三、張允榮ノ辭任

張允榮ハ病氣ヲ理由トシテ河北省保安處長ヲ辭任シタル爲新ニ高樹勛一月一日處長ニ就任セリ

四、陳中孚被免

外交委員會主席陳中孚ハ一月六日戈定遠ヨリ辭職ヲ勸告セラルヽ十一日夕宋哲元ヨリ正式ニ申シ渡シヲ受ケ直チニ依願免職ヲ命セラレタリ

五、宋哲元ノ滯津

宋哲元ハ數日前ヨリ母親ト共ニ陰曆正月ヲ迎フルコトヲ口實トシテ天津ニ赴ク筈ナリシ所外交委員長更迭問題紛糾ノ爲暫ク延期シテ觀望中ノ所一月十九日北平ヲ出發シ天津ニ赴ケリ約一ケ月滯在ノ筈

六、北平晨報ノ不敬記事

冀察政務委員會ノ機關紙北平晨報ハ一月二十九日其ノ社説ニテ日本軍人强大ノ由來ト題シ宇垣大將組閣難ニ關連セテ帝國憲法ノ特色トシテ統帥權及其ノ他ノ大權ヲ論述シタル後軍事參議院ハ完全ニ内閣及議會ヲ超越シテ獨立シ却ツテ之等ヲ控制シ法律上居ニ至尊（天皇）ニ對シテノミ責ヲ負フモノニシテ、天皇ノ實際ノ權ニ衰微スルカ故ニ同院ハ何レニ對シテモ責ヲ負ハサルコトトナリ隨ツテ軍人カ强大ナル威勢ヲ有スルコトトナリタルモノナリト論シ日本ノ國体及國情ヲ認識セスシテ不敬ニ亘ル字句アリタルヲ以テ大使館ヨリ冀察政務委員會ノ常務委員タル秦德純ニ對シ厳重ナル警告ヲ發シ凡善後處置ヲ要求シタル處先方ハ直チニ陳謝ノ上責任者ノ譴責及遺憾ノ意ヲ表シタル取消文ノ發表及將來ノ保證等ヲ承諾シタルヲ以テ其ノ實行ヲ監視スルコトトセリ

第二款　冀東ノ狀況

一般情勢

政府ハ新年早々西安事變ニ伴フ共產黨乃至冀東切崩シ等反動分子ノ暗躍ニ備フルタメ內密ニ特種警察ヲ備ケ其防止ニ一段ノ努力ヲ拂ヒ一面保安隊ノ訓練及强化ノタメ淺野少佐ノ指導下ニ一層ノ關心ヲ喚起シツツアリ

更ニ滿洲國トノ緊密ナル接衛ノタメ政府ハ古北口ニ辦事處ヲ設ケタルカ滿洲國モ通州ニ外交專員公署ヲ設ケタリ

一、軍　事

1 一月　日　保安隊休賜金條例公布

2 一月　日　兵器庫警衛隊規則ノ制定方ヲ命令

3 保安隊ノ巡視

政府顧問淺野少佐ノ着任ヲ機トシ同少佐ニ囑託ヲ隨行セシメ一月中旬ー二月初旬ニ亘リ保安隊ノ巡視ヲ實施セシメタリ

二、政　治

1 古北口外交辦事處規程ノ公布
2 禁毒治罪暫行條例中死刑處罰ノ件（六ケ月延期ノ上七月一日ヨリ擧行）
3 各縣鄉鎭ノ境界辦法案ヲ作成
4 通州—新京間電話料金規程ヲ公布
5 電線事故防止取締規程ヲ制定スルト同時ニ軍、政府、電々會社間ニ防止協定ヲ締結セリ
6 二十五年度豫算ハ收支相伴ハス豫備金額モ全部消費濟ノ旨各機關ニ通告シ戒飭スル所アリ

三、經　濟

1 合作員ノ任用、訓練大綱並ニ豫算案作成ヲ命ス
2 農村救濟ノ繼續資金トシテ更ニ銀二萬元ヲ財政部ヨリ捻出ス
3 通縣小街村植棉採指導所組織規程ヲ公布ス

5 昌黎縣府務會發行ノ土票回收並燒却、處罰ノ件ヲ嚴命ス

四 敎育（社會）

1 地方鄉鎭ニ於ケル忠孝節義祠ノ祀典復興ノ件

2 敎會、鑛務局所屬ノ學校取締辦法案

3 冀東小學校敎員檢定規定ヲ公布

4 軍診療所ヲ通州ニ開設ス、唐山ニモ開ク豫定

第三款 察哈爾省ノ狀況

一 般情勢

綏東事件ノ一段落ニヨリ官民等シク安堵シアリテ諸方面極メテ平靜ナリ

現省政府秘書長高自明ハ民政廳長ニ、後任ニハ河北省淶源縣縣長郭天民就任スルコトニ決定セリ而シテ郭天民ハ省政府參議（兼）タル親日派要人張嵐峯（日本陸士卒第百四十三師高級參謀長事實上劉汝明ノ參謀長格ナリ）ト親交深ク從ッテ本人モ亦相當日本ニ對スル認

識ヲ有スルヲ以テ將來ノ諸工作ハ尚一層好轉スルモノト思考セラル

一、軍　事

永寧城特種保安隊ハ羅東初部ノ北平移駐後夏子明部ノ一ケ營ヲ以テ暫編保安隊トシテ該地ノ治安維持ニ任シアリタルカ去ル一月十六日ヲ以テ保安第三團（舊胡玉田）ノ一ケ營（舊夏子明部ナルモ第百四十三師改編ノ際前記第三團ニ改編セラレタルモノナリ）ヲ正式特種保安隊トシテ暫編保安隊ト交代シ其後更ニ二十九日同團ノ一ケ營ヲ增加シ茲ニ保安隊問題ヲ解決セリ

二、經　濟

1　當舖ノ開設

一月二十二日本埠東關街ニ當舖福成當營業ヲ開始セリ、當地人楊壽軒ノ經營ニ依リ資本三萬元ヲ準備セル由ナルカ事業ノ發展ニ伴ヒ商業錢局ヨリ月一分ニテ五萬元ノ融通ヲ受クヘキ旨諒解ヲ得タリ從來月一割ノ高利ヲ以テ當地庶民金融ヲ獨占シ居リタル邦人側當舗ハ此資金豐富ニテ且月利二分五厘ノ低利ノ當舗ノ出現ニ對シテハ太刀打不可能ニテ結局邦人ノ華人相手ノ正業トシテ唯一ノ有望ナル事業トシテ囑目セラレ居リタル當舗業モ今後ハ見込無キニ至レリ

2 拒毒運動

省官憲ハ省收入ノ點ヨリ見テ本運動ニ好意ヲ有シ居ラス從ツテ今日ニ至ル迄何等積極的ニ取締ヲ強化セル模様ナシ

在留邦人ハ最大ノ生業ナリシ生阿片ノ平津輸送ハ綏東事件ニヨリ入手ノ困難ト支那側官憲ノ取締徹底（主トシテ平綏線南口）ノ爲ニ目下ノ處手モ足モ出ヌ狀態ニ在リト

3 商業錢局紙幣發行額

商業錢局ノ紙幣發行額ニ對シ民間ニ於テハ既ニ五百萬元ヲ超過セリト傳ヘ居レルカ同局郭經理ノ確言スル處ニ依レハ未タ三百萬元

六

ニ達セス法定ノ準備ヲ有シ居ルトノコトナリ

第四款　山西省ノ狀況

一般情勢

西安事件ニ際シ山西當局ハ飽ク迄中央擁護ヲ表明セルハ既報ノ如クナルカ蔣介石ノ脱出ニ依リ省當局ノ中央擁護國家統一觀念ノ強化モ一層拍車ヲ掛ケ加フルニ綏東問題等ニヨリ一般民衆モ國家統一思想益々強化セラレ學生、軍隊、公務員等ニ對シ連日未明ヨリ猛烈ナル訓練ヲ強制施行シアリテ精神的ニ大ナル效果ヲ收メアリ從ツテ省當局首腦部ハ強大ナル勢力ヲ以テ強制セラルルカ若クハ中央政權ノ分裂セサル限リ目下ニ於テハ絕對的中央擁護、國家統一論ニ附隨スヘク所謂北支五省分治ニ相反スル方向ニ進ミツツアルカ如ク當局要人ノ言ヲ綜合スルニ經濟行政其他交通整備等ニ就キテ假令中央側ト山西側トノ利害ノ一致ヲ見サル場合在リト雖モ之ヲ以テ直ニ中央ニ服シ外國ト協約セントスルカ如キ決意ハナシ得サルモノノ如シ

然レ共昨年八、九月頃ノ狀況ニ比スレハ近時ノ對日空氣ハ幾分緩和ノ傾向アリテ將來指導宜シキヲ得ハ更ニ若干ノ好轉ヲ見ルヘシ

一、軍事

1 陝甘方面ノ時局切迫ヲ告ケ加フルニ陝西北部ニ盤據シアリテ陝北共產軍ノ蠢動活潑トナリタル爲山西省當局ハ省內軍隊ノ綏遠出動ニヨリ省內殊ニ晉南ノ警備手薄トナリ晉陝省境ノ防備ニ對シ大ナル不安ヲ抱キ何トカシテ綏東方面ニ出動シアル軍隊ヲ南下セシムヘク腐心シアルヤニ認メラレ之カ苦肉策トシテ陝北共產軍就中延長、延川附近並ニ同地方以西附近ニ紅軍ノ猖獗ヲ誤大ニ宣傳シ既ニ山西省西北端黃河沿岸河曲縣ニ侵入セル共產軍王兆祥部隊（舊劉子丹部隊）ニ關シテハ絕對極秘ニ附シ山西南部ノ危急ヲ宣傳スル等ノ策ヲ講シアリ（延長、延川附近ニ侵入セル共產軍ニ關シテハ諜者ノ調査セル處ニ依レハ同地ニ侵入セル部隊ハ朱德部ノ極少數ニシテ一時山西側カ傳ヘタル程ノモノニハ非サルカ如シ）

內蒙軍德王ノ聲明ニ意ヲ安ンシタルモノノ如ク本月初旬ヨリ北部出動部隊ノ南下カ開始セラレタリ

南下部隊ハ一旬ニ亘リ計歩兵約二ケ團、砲兵一ケ團其他機關槍連二ケ連カ移動セリ本南下部隊ハ主トシテ山西中部、黃河沿岸ニ配置サレタルモノノ如シ、其他目下各縣保衞團ノ一部ヲ二十ケノ歩兵團ニ改編中ナルカ之カ一部及防共保衞團ヲシテ陝晉黃河沿岸ヲ防備セシムルコトトナレルカ如シ

2 陝北共產軍ニ對シテハ山西側ニテハ西安附近三原地方ニ侵出セル陝北共產軍ニ關スル報導ハ中央側一流ノ誇大宣傳ナリト稱シアルカ同時ニ延長、延川地域ニ侵入セル共產軍ニ關シ稍大ナル報導ヲ爲セルモ亦山西側ノ政策的宣傳ナルカ如ク而モ陝北ニ於ケル王兆祥匪部約一千五百（銃數五百）ヲ微少ナリト宣傳スル等虛說流布セラレ詳細不明ナルカ當地綏靖公署側情報其他ヲ綜合スルニ大要左ノ如シ

(イ)陝北ノ府谷、神木、葭縣一帶ニ王兆祥匪部一五〇〇名既ニ山西河曲ニ侵入シアリ（其後山西側ニハ河曲侵入ヲ否定シアリ）

(ロ)延安ヲ中心トシ保定ニ通スル一帶ニ朱德部アリテソノ一部ハ延長、延安ニ侵入シアリ朱德ハ膚施ニ在リ（一說ニハ賀、蕭聯合軍カ延川地區ニ在リトモ稱シアリ）

(ハ)中部、鄜縣洛川地區ニ賀龍部隊駐屯ス

(ニ)晉陝省黃河沿岸韓城ニ於テハ楊虎城部三千ト合流セシ共產軍アリテ山西侵入ノ渡河準備中ナリ

(ホ)藍田、商縣一帶ハ徐海東部三ケ師アリ

(ヘ)西安ヲ中心トスル三原、富平、赤水、咸陽、臨[illegible]、渭南等ノ地區ハ平涼方面ヨリ侵入シ來レル毛澤東、彭德懷、林彪等ノ聯合軍及楊虎城部隊ノ主力カ分駐シアリテ兵力八萬ト概算セラル

(ト)陝西西北ニ在リシ紅軍第五方面軍ハ東進シ安邊堡ヲ經テ目下綏遠省南端寧條梁附近ニ蟠居シアルカ如シ

以上ノ如ク在陝西叛軍總兵力十四萬ト推算セラル

之ニ對スル山西側防備ハ北部河曲侵入ノ王兆祥匪ニ對シテハ七十二師二百九旅（旅長段樹華）一ケ旅ヲ以テ討伐ニ當ラシメ同地附近ヨリ南部榮河（陝西韓城對岸）ニ至ル一線ニハ防共保衛團十七ケ團全部ヲ配置シ延川對岸永和縣一帶ニ六十九師四百三團及獨立第二旅、砲兵一ケ團ヲ當ラシメ更ニ目下改編中ノ保衛團十七ケ團ヲ配備スル筈

第五款　山東省ノ狀況

一般情況

陝西、甘肅ニ於テハ楊虎城、于學忠等ノ共産軍ト連絡シ中央不服從ノ態度ヲ示シ西北問題未タ完全ニ解決シ得サル情況ナルニ於テ山東省モ徐ニ形勢ヲ觀望シアリ

一、政　情

1　一月八日蔣伯誠再ヒ來濟シ爾後此處ニ滯留シアリ、彼ノ任務ハ韓

復榘ノ態度監視ヲ主トスト稱セラルカ要スルニ彼一流ノ暗躍ニ依リ山東ノ中央ヨリ離脫センコトヲ防遏スル爲極力工作シアリ

2汪精衞歸國ニ當リ韓復榘ハ祝賀電ヲ發シ上海ニ到着スルヤ使者ヲ派遣シテ之ト連絡セシム韓復榘ハ嘗テ「蔣介石カ西安ヨリ脫出シ得サリシナラハ余等ハ汪精衞ヲ戴キテ「ファッショ」政府ヲ作ラシムル筈ナリキ」ト語リタルコトアリ兩者ノ間ニハ相當ナル交情アルモノト認メラル、尚宋子文ノ連絡者モ在濟シアリト云フ

3月末山東省政府高等顧問聞承烈南京、上海方面ニ出張シ南方ノ空氣ヲ視察シ山東汽車路管理局長劉熙衆山西ニ使ス

南京方面ノ政局未タ混沌タルニ於テ當方面又依然日和見的態度ナリ

二、經　濟

1燕京、清華、金陵、南開ノ各大學、協和醫大等ノ教師、學生等ニヨリ組織セラレタル全國鄉村建設會ハ今回山東省濟寧、曹州、鄒

平、河北定縣ノ郷村實驗機關ト連繋シテ郷村研究ノ實際工作ニ着手シ來レリ、右該學校カ米國系ノ色彩アルモノタルニ於テ此等ノ郷村運動ノ將來ニ對シテハ相當ニ注目ヲ要スルモノト推考セラル

2 膠濟鐵路局及膠濟沿線炭鑛業者ノ希望ニヨリ滿鐵ヨリ借入レタル貨車百輛ハ本日中旬以來逐次到着シ淄川、博山炭鑛地ト青島埠頭トノ間ニ使用セラレ炭鑛業者ヲ蘇生セシメツツアリ

第六款　青島ノ狀況

一般情勢

沈市長ノ辭職問題ニ絡ミ各方面ニ策動アリ、舊正月前ヲ控ヘテ匪賊ノ横行喧傳セラレタルモ被害ハ豫想外ニ尠ク經濟市況モ概シテ活潑ナリ

一、軍　事

1 國立山東大學ニテハ過般防毒用「マスク」ヲ製造シ前線ニ送付セシカ今般化學館ヲ新設ニ決シ二十六日山東省教育廳長何思源來青

シ視察ヲナシ直ニ工事ヲ開始セリ右ハ毒瓦斯及防毒具ノ實驗ヲナスモノト信セラル

2 抗日ヲ目的トスル公民ニ對スル軍事訓練盛ンニ行ハル

二、政　治

1 沈市長ハ十七日濟南經由南京、上海、奉化ニ赴キ辭意ヲ表明シ月末ニ至ルモ尚歸青セス中央ニ於テハ暫ク現位置ニ留マル様指示シタルモノノ如シ然レ共現地ニ於ケル日支側ノ反對事情モアレハ早晩辭職ハ免レサルヘシ

2 三十日日本船大黒丸青島沖ニ於テ税關ノ監視船ニ密輸ノ嫌疑ヲ以テ拿捕セラレ曳航ノ途中乘組中ノ邦人濱崎精一ハ支那海關吏ノタメニ拳銃ヲ以テ射撃セラレ足部ニ貫通銃創ヲ受ケタリ、總領事代理ハ取不敢税關長ニ對シ口頭ヲ以テ抗議シタルモ事件ノ眞相調査ノタメ未タ正式抗議ヲナスニ至ラス

三、思　想

西安事件後山東省ニ於ケル共産黨ノ活躍漸次活潑トナリ人民戰線一派ハ盛ニ支那側海軍部內ニ働キ掛ケ宣傳ヲナシツツアリ

四、經濟

1 中國全國火柴聯合社青島分社ハ二月一日ヨリ開業ノ豫定ナルモ青島ニ在ル支那側十八箇所ノ工場ハ日本側工場ノ加盟ニ猛烈ナル反對運動ヲナシツツアリ

2 膠澳電氣ト省政府トノ間ニ諒解成立シアル博山火力發電所設立問題ハ同地ニ在ル膠濟鐵路發電所ノ處分ニ關シ葛委員長ノ反對アリ行惱ノ狀態ニテ目下斡旋中ナリ

第二章　共産黨ノ活動狀況

要旨

共産黨カ西安事件ヲ好機トシテ俄然積極化ヲ謀レルハ事實ナルカ運動ハ主トシテ宣傳戰ニシテ而モ之ニ對抗スル一般ノ防共反共機運亦

傾ニ起レリ、之カ偽共産黨ハ其運動方式ニ於テ寧ロ「急リ氣味」ヲ呈シツツアリ

一、西安事件ニ對スル共産黨ノ活動

1 西安事件ノ和平解決ニ對スル北方局ノ聲明

事件發生直後中央北方局ハ張學良、楊虎城ノ行動ヲ謳歌シ極力之ヲ支援スヘシトノ聲明ヲ發表シタルカ其後事件一段落ヲ告ケ一般ニ反共氣運濃加セラレントスルヤ同局ハ十二月二十八日「對西安事件和平解決宣言」ト題シ前回ノ主張ヲ弊履ノ如ク放棄シ攻撃ヲ張、楊ニ向クルト共ニ南京政府ノ態度ヲモ排撃シ、更ニ曲説シテ「反共救國」ハ即チ日本ノ術策ニ陥ルモノナリト結論セリ

2 胡適之ヲ攻撃セル聲明

北平大學校長兼上海申報主筆胡適之カ十二月二十日西安事件ニ關シ新聞ニ論文ヲ掲載スルヤ中共重要人物タル陶尚行ハ十二月二十一日「胡適之ハ南京政府支持ノ偽ノ排日ニシテ眞ノ救國者ニアラ

一一

スレト前提シ徹底的ニ批判排撃シタル聲明書ヲ作製シ之ヲ平津共産黨員ニ配付セリ

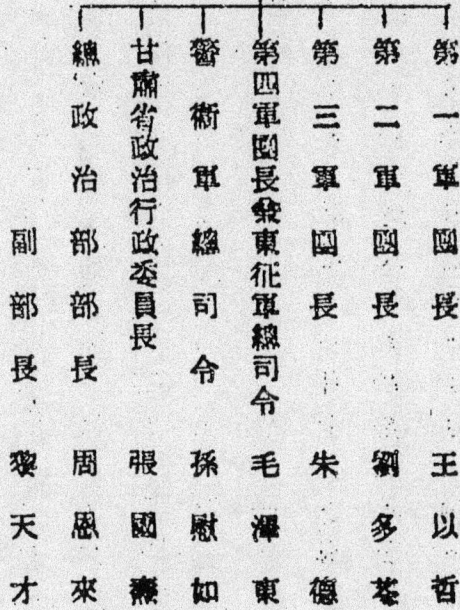

5　西安抗日聯軍ノ組織通告

毛澤東ハ西安到着後軍事組織ヲ左ノ如ク改組シタル旨一月十五日全國各地共産黨機關ニ通告セリ

抗日聯合軍司令（楊虎城）

- 第一軍團長　王以哲
- 第二軍團長　劉多荃
- 第三軍團長　朱德
- 第四軍團長兼東征軍總司令　毛澤東
- 警術軍總司令　孫蔚如
- 甘肅省政治行政委員長　張國燾
- 總政治部部長　周恩來
  - 副部長　黎天才

4 西安抗日援綏集團司令部ノ抗日檄文

抗日援綏集團軍司令總部ノ名ヲ以テ「政權解放ノ爲民衆ニ告クル書」及「抗日統一戰線建立ノ爲全國同胞ニ告クルノ書」(內容ハ南京政府ノ改組ト一般民衆ニ抗日統一戰線ヲ强調)ヲ西安及其附近ニ撒布セリ

5 第三國際代表ノ上海到着

第三國際代表ボロヂン及ミフノ兩名ハ一月十日上海ニ到着シ十一日宋慶齡、孫科ト會見セリト、同人等ノ來支ハ西安事件ヲ機會ニ民國十六年當時ノ國共合作ノ再現工作ニアリト傳ヘラル

二、華北ニ於ケル共產黨ノ活動

西安事件ヲ好機トセル宣傳戰ニ並進シテ黨勢ノ擴大ニ一層ノ加緊ヲ示シアリ、其ノ狀況左ノ如シ

1 學生運動指導

北支ニ於テハ學生運動ノ指導ハ共產黨現在ノ主要工作ニシテ運動

リ合法的ナラシムヘク學内ニ合法外廓團体ヲ組織シ隱密潛行以テ
其ノ效果ヲ擧ケントセリ
主要ナル一、二ノ例ヲ示セハ次ノ如ク

(イ)舞臺協會ノ成立
昨夏來天津ニ於テハ學生ヲ主体トセル演劇團体續出ノ傾向アリシカ其ノ數二十有餘ヲ算スルニ及ヒ之カ統制ヲ名トシテ其ノ藥籠中ニ收メタリ

(ロ)中國詩歌作者協會ノ成立
左翼作家團体九個ヲ合シテ作家協會トナシ前記舞臺協會ト相呼應シテ主義ノ宣傳ニ努メツツアリ
何レモ合法團体タリ
其他西安ノ形勢ヲ擁護挽回スヘク多數ノ宣傳物學内ニ撒布セラレタリ

2 天津市赤色工會聯合會

十二月二十五日第四次代表大會ヲ開キ部内ノ改組ヲ行フト共ニ宣言書及大會決議案並ニ宣傳紙「工人小報」等ヲ發行シ工人ノ勸誘ニ努ム

3 河北省平津兩氏委員會代表會議

一月八日天津蘇聯領事公館ニ於テ開催左ノ決議ヲ爲ス

A 平、津、河北省三委員會ハ北平ニ一行動委員會ヲ設ケ指揮及統一ノ便ヲ圖ル

B 河北省各縣ノ紅軍先鋒隊及貧民團ノ整理

C 平津赤色工會ノ積極工作ノ開始

D 唐山、房山、井陘、磁縣各特區礦工聯合會ニ指導員ヲ派シ武裝組織ヲ指導ス

E 學生工作指導員ノ派遣ヲ積極化ス

F 突擊隊、特務隊ノ積極工作

4 邯鄲附近ノ鐵路爆破

一三

河北省委員會所屬ノ鐵路特種破壞隊ハ一月九日頃平漢線邯鄲驛南方約十支里ノ鐵路ヲ破壞シ貨物列車ヲ脫線セシム

5　天津市委員會ノ失業工人訓練

天津市委員會ハ一月中旬天津市ヲ四失業區ニ分チ各區ニ失業委員會ヲ設ケ計二三一名ニ對シ一週三回宛一ケ月間ノ豫定ヲ以テ軍事訓練ヲ開始セリト

6　「レーニン」逝去紀念日工作

天津市委員會ハ一月十二日レーニン逝去紀念日行事ニ關シ協議會ヲ開催シ當日天津市內外ニ亘リ積極的宣傳ヲ爲スヘク決定シタリ

當日タル一月二十一日ハ表面的運動ヲ認メサリシカ左ノ如キ宣傳物撒（配）布セラレタリ

(イ)「レーニン」ノ逝去ヲ紀念シ全國勤勞兒童ニ告クル書

（中國共產黨主義兒童團宣傳部名義）

(ロ)西安事件ヲ謳歌セル傳票

（中國共產主義青年團宣傳部名義）

7 共產黨青年團ノ活動

前記「レーニン」逝去紀念日傳單撒布以外ニ左ノ活動ヲ爲ス

(イ) 一月十七日中國共產黨冀魯豫晉邊區書記處ヨリ河北省委員會宛ノ命令ニ依レハ邊區突擊隊（共產黨青年團先鋒第一隊小組）ハ懷來ヨリ徒步ニテ平西門頭溝ニ到着セルヲ以テ天津市委員會ハ、長辛店ニ人ヲ派シ折衝スヘシトアリ、事實ヲ握ミ得サリシモ何事カ策サレアルヲ察知シ得

(ロ) 共產黨青年團ノ外廓團体タル左翼作家團体「文地社」十一月初旬天津市西頭小西關二十號英文補習學校內ニ成立ス

8 29Aニ對スル共產黨ノ侵入

二十九軍ニハ共產黨士兵委員會設立セラレ昨年七月末ニハ黨員五〇〇名ト算セラレアリシカ西安事件以後右委員會ノ幹部ヲ更迭シ積極的ニ士兵ノ革命化ヲ圖リアリシカ現在黨員約一千名ニ增加セル

模樣ナリ

第三章　中國國民黨ノ狀況

要旨

中國國民黨ノ北支對策ハ舊冬以來工人會學生層等ノ組織團体ニ對シ積極的ニ働キカケ「炭坑內ニ黨部連絡機關ノ設置」「或ハ工人學生ニ傳單ノ撒布」「天津市黨部ノ再興工作」「冀東擾亂運動」「抗日聯合會組織計畫」等ノ黨勢強化ニ奔走シツツアリテ黨部復活運動ニ徐々拍車ヲ加ヘツツアリト思料セラレ其ノ推移嚴重視察中ナリ

狀況左記ノ如シ

左記

(1)天津市黨部ノ再興工作

イ　黨員登記辦事處ノ設置

天津市黨務工作員ハ中央ノ密令ヲ帶ヒ一月中旬英界四十二號路知

安里及津市某小學校ニ黨員登記辦事處ヲ設置シ在津黨員ノ登記及市内各工場ノ入黨ヲ勸誘シ且前黨員ニシテ黨員證遺失者ニ對シテハ其ノ再發行ヲ請願セシムル等黨員登記業務ノ圓滑ヲ圖リツツアリ

ロ 津市各區委員會議開催

一月二十一日夜天津市各區委員二十數名ハ天津市提頭大街某小學校ニ集合特別工作ニ關シ次ノ如キ協議ヲナシタリ

「第二區黨員田玉清ヲ情報員ニ第四區黨員宋海山、鄭玉民ヲ特務員ニ任命シ北方黨務ノ進行、共產黨ノ活動監視、漢奸分子ノ彈壓天津市黨員ノ獲得ニ努ムルコト」等ヲ決議セリ

右ニ依リ田玉清ハ部下工作員ヲ指揮シテ日界内ニ情報機關ノ秘密設置（負責者宋天華）ヲ企圖スル外日界居住ノ前黨務工作員ト連絡情報蒐集ニ奔走シアリ

(2) 反冀東運動

在唐山津東通訊社林西分社長　劉　中　先

大同報林西分社長　張　明　春

同　記者　吳　玉　良

右者等ハ中央黨部ノ指令ニ基キ反殷汝耕（冀東）團体ヲ組織スヘク津東通信社總社長周公李等ト協議ノ上土匪及浮浪者ヲ買收シ冀東擾亂ヲ畫策シアリ

(3) 抗日聯合會ノ秘密會合

元河北省直隷督辦公署軍醫處長　張　心　盤

右者現在天津市北門内大官門口西府署ニ於テ醫師ヲ開業シアルカ自宅ニ於テ同志張憲廣等數十名ト連絡シ抗日工作促進ノタメ抗日聯合會ナルモノヲ組織セントト企圖シアリ

(4) 抗日傳單ノ撒布

天津市委員會ハ一月二十一日打倒帝國主義ヲ強調セシ「天津市民衆

ニ告クルノ書」ト題スル傳單ヲ作製在津學生、工人及一般市民ニ配布セリ

「同胞諸君、帝國主義ハ尚侵略ニ飽キ足ラス綏東、察北ノ匪軍ヲ使嗾シテ華北ヲ擾亂セシメントシアリ」

華北ノ同胞ヨ速カニ立テ

吾等ノ口號

1 吾等ノ國土保守實行

2 打倒帝國主義

3 民衆ハ一致團結シテ援綏セヨ

(5) 開灤工人ニ對スル策動

開灤礦局秘書主任張冠備（黨員）ハ中央黨部ノ指令ニ基キ一月初旬工人同志ヲ糾合シ炭坑内ニ勞工合作社ヲ設立社長ヲ舒連順トシ委員五名ヲ設ケ表面上ハ礦區内保安隊ト協力シ工人ノ監視ニ任シアルカ秘カニ中央黨部ト連絡シ黨勢擴大ニ努メツツアリ

第四章　藍衣社ノ狀況

要　旨

華北ニ於ケル日軍ノ日支親善工作進渉ニ伴ヒ藍衣社ノ策動益々愼重トナリ官吏ヲ以テ華北區工作員ニ充テ秘密洩漏防止ニ努ムルト共ニ一方其行動極メテ辛辣トナリ過般「鄭州ニ於ケル日本特務機關員ノ不法逮捕」ノ如キ藍衣社員ノ裏面策動ニ依ルモノノ如シ

又「日軍軍情偵知ノタメ比較的警戒力薄キ特務機關ニ於テ使用シアル華人ノ買收ヲ企圖シ」更ニ犧牲救國同盟會ハ一般民衆ノ抗日精神助長ノタメ中央黨部發行ニ係ル救國日報天津分社ヲ天津市南市大興旅館ニ設置シ附近各鄉村ニ販路ヲ擴大シツツアリ

狀況左記ノ如シ

左　記

(1) 華北區工作員ノ改組企圖

中央總部ニ於テハ西安事變後汪精衞ノ歸國ヲ機トシ華北區內各工作

員ノ改組ヲ企圖シ爾後工作員ハ公安局、舊市政府官吏ヲ以テシ秘密洩漏防止並ニ民衆ニ疑惑ヲ生セシメサル様工作ノ進行ヲ圖リアリ

(2) 鄭州事件ト徐松平ノ策動

元藍衣社員タリシ當隊諜者ノ内偵ニ依レハ鄭州ニ於テ日本特務機關員不法逮捕セラレタルハ華北區總部主任徐松平ノ部下カ支那側軍警機關ヲシテ行動セシメタルモノナリ

(3) 日軍特務機關使用華人ノ買收工作

藍衣社華北區總部主任　徐松平

右ハ中央總部ノ秘令ヲ帶ヒ中央特務員七名ヲ引率保定ニ歸還セシカ當隊諜者ノ内偵ニ依レハ該特務員ヲシテ華北區ノ日軍特務機關ニ使用中ノ華人ヲ買收シ日軍軍情ヲ偵知セントスルニアリ

(4) 犧牲救國同盟會ノ新聞ニ依ル抗日策動

天津分會長劉宸章ハ目下南京ニ在リ時玉海之カ代理トナリ工作ノ擴張ニ努力シアリテ最近ニ於テハ郷村ニ抗日愛國ノ精神ヲ徹底セシカ

爲中央黨部發行ニ係ル救國日報ノ天津分社ヲ天津市南市大興旅館ニ設置シ其販路ヲ擴大シ一般農村民衆ニ働キカケアリ

第五章　其他反日滿團体ノ策動

要旨

西安事變後舊東北系ノ活動漸ク活潑トナリ平津地方ニ革命宣傳隊ノ設置或ハ抗日講演集ノ配布等ヲナシ又張學良ノ異母弟張學藝ヲ首魁トスル東北集團軍ノ組織工作ハ中途ニシテ憲兵ニ於テ檢擧シ（目下取調中）未然ニ防止スルヲ得タリ

更ニ十二月上旬支那側公安局ヨリ隷下ニ達セシ「日軍ノ平津攪亂策動ノ防止云ハ」ナル指令ノ如キハ日支親善ニ多大ノ障害ヲ誘致スルモノニシテ出所嚴探中ナリ

狀況左記ノ如シ

左　記

(1)北平公安局ノ「反日」指令

北平公安局ハ十二月二日「日本關東軍ハ人ヲ平津地方ニ密派シ中國浪人ヲ懷柔シテ賞金ヲ附シ我平津各機關ニ炸彈投擲ヲ計畫シアリ因テ嚴重之カ警防ニ任スヘシ」

又十二月五日

「駐漢日軍情報主辦者堤良治ハ中國人ヲ各鐵路沿線ニ派シ工人ヲ買收破壞工作ニ任シツツアリ因テ之カ警防ニ努ムヘシ」

トノ指令ヲ發セリ

(2)舊東北系ノ策動

張學良ハ平津方面ニ多數ノ部下ヲ密派シ軍隊ヲ煽動シ抗日宣傳ニ名ヲ藉リ兵變ヲ實行セシメント冀察宣傳聯絡委員ナルモノヲ設置シ天津委員長ニ王卓然ヲ任命北平、天津、保定及平漢路北段、張家口及平綏路ニ前東北軍下級官及東北大學生ヲ以テ編成セシ宣傳隊(一ケ隊十五名乃至三十名)七ケ隊ヲ配置セリ更ニ張學良ノ異母弟張學縉ハ昨夏來舊東北系軍官及浮浪人等ニ國民華令軍幹部任命狀ヲ交付シ抗日救國ヲナス目的ノ下ニ東北集團軍ヲ組織セントシ平津地方ニ於テ暗躍シアルヲ憲兵探知シ張學縉其他ヲ逮捕シ工作ヲ未然ニ防止シ目下嚴重取調中

(3) 張學良ノ抗日講演集配布

西安事變後平津地方學生ニ配布セラレタル張學良擁護ノ宣傳物中ニ「張學良講演集一」ナル小册子アリ、右ハ張學良カ綏東ニ出征セシ官兵ニ與ヘタル指示及東北軍幹部學員ニ對スル訓示ヲ登載シタルモノニシテ徹底的抗日ヲ主張シ其所論共產黨ノ主張ト一致スルモノアリ

(4) 抗日援綏集團軍司令部ノ檄文

南京政府ノ改組ト一般民衆ニ抗日統一戰線ヲ强調セシ「政權解放ノタメ民衆ニ告クルノ書」及「抗日統一戰線建立ノタメ全國同胞ニ告クルノ書」ト題スル檄文ヲ西安及其附近一帶ニ撒布セリ

(5) 各界抗日聯合會ノ抗日決議

西安民衆ハ一月六日緊急大會ヲ開催（參會者約四萬）

「南京政府ハ親日派操縱ノ下ニ西北ニ進兵シテ抗日勢力ヲ壓迫セリ」

ト次ノ如キ四項目ヲ決議セリ

(イ)西北民衆ヲ動員シテ武裝自衞

(ロ)打倒日本帝國主義並ニ其ノ走狗ノ內戰製造ニ反對ス

(ハ)打倒何應欽及南京政府內一切ノ親日漢奸

(ニ)全國民衆ニ漢奸賣國賊ノ制裁ヲ通電

(6) 冀察政權ノ共產黨釋放方針

冀察政權ハ張學良時代共產黨取締機關トシテ國民政府ニ於テ設置セラレタル「反省院」ヲ繼承シ來レルカ最近其ノ中ニ「詳判委員會」ヲ新設シ鄧哲熙ヲ委員長トシ反共助長轉向誘致策トシテ「反共啓事」ナル簡單ナル共產黨釋放方針ヲ採リ群衆心裡ニ迎合シ以テ抗日救國ヲ名トスル赤化運動ニ大ナル活氣ヲ與ヘタリ

右ハ宋哲元カ蔣介石ニ對スル功績ヲ目標トシ又一面最近抗日運動ノ情勢ニ鑑ミ之等分子ノ攻擊ノ目標トナルヲ虞レ緩和手段トシテ採擇セシモノナリト思料セラル

(7) 支那紙幣ニ抗日「スタンプ」ヲ押捺

河北省古冶開灤礦務局ニ於テ支給セル十二月分工人給料中ノ中國、交通兩銀行發行ノ五圓紙幣裏面ニ

譯文「此ノ紙幣ニテ仇貨（日製品ヲ指ス）ヲ買フヘカラス、此ノ紙幣テ仇貨ヲ買フモノハ亡國奴ナリ云々」

ト日貨排斥「スタンプ」ヲ押捺シテルモノアリ

第六章　學生運動ノ狀況

要旨

西安事件後ニ於ケル平津學生ノ動キハ混戰狀態ニ在リト謂フヘシ、即チ國、共兩派ノ分裂ハ依然繼續セラレツツアル一面此間ニ乘スル共產

黨ノ活躍並ニ左右兩派ノ妥協抗日工作乃至一部ニ於ケル親日派ノ擡頭等複雜ナル現況ナリ

平津民族解放先鋒隊ハ冬季休暇中ニ於ケル學生ノ利用ヲ忘レス、即チ彼等ハ冬季休暇學生救亡工作計畫ヲ作定配布シ之ニ基キ鄉村宣傳工作ヲ實施セシメントスルモノノ如シ

一、學生層分裂國共兩派對立抗爭狀況

1、西安事件後ノ一般平津學生層ハ張學良派ノ共產黨系（舊學聯）ト中央擁護ノ國民黨系（新學聯）ニ二分シ國民黨系ハ從來ノ各校學生自治會ニ對抗シ各校毎ニ非常自治會ヲ組織シ兩者對立抗爭中ナリ、在北平各大中學校ノ國民黨系ハ十二月二十六日新タニ「北平市學生聯合會」ヲ組織シ所要經費トシテ中央ヨリ十五萬元ヲ支給セラレ舊學聯ニ對抗シ盛ンナル文書戰ヲ展開中ナリ

天津ニ於テハ蔣介石ノ生還ニ依リ兩者妥協シ學生運動ノ指導權ハ從來通リ共產系之ヲ掌握シアリ

a 新舊兩派主張ノ差異ハ共産系ノ即時對日抗戰ニ對シ國民黨系ハ準備抗戰ヲ主張スルモノナレトモ兩派共依然トシテ抗日ヲ主張ス

b 兩派抗爭ノ間ニ於ケル共産黨ノ活躍ハ學生自ラノ覺醒ニヨル親日主張者ノ簇出及ヒ支那一流ノ妥協工作乃至當方工作ノ進出等アリテ將ニ混戰狀態ニ在リ

二、冬季休暇中ノ工作

1 平津各學校ハ概ネ一月下旬ヨリ冬季休暇ニ入リ之ニ先立チ從來學生運動ノ指導團体タリシ共産系團体北平及天津各民族解放先鋒隊ハ冬季休暇中ニ於ケル學生ノ救亡工作計畫ヲ作定シ之ヲ配布セリ

2 現在迄ニ於ケル計畫ノ實施狀況左ノ如シ

(イ) 徒步旅行團ノ組織

天津民族解放先鋒隊ハ五十名ヲ以テ滄州ニ二週間ノ徒步往復旅行ヲ爲シ沿道各村落ニ抗日宣傳ヲ爲スヘク一月二十三日出發ニ決シタルヲ當方ニ於テ探知シ當局ヲシテ實行ヲ不能ナラシメタ

(ロ)業餘學園ノ支持

本園ハ大衆ニ對スル救亡教育ヲ目的トスルモノハニシテ學聯ノ附屬團体ナリ

從來學聯ニ於テ經營中ナリシ王藍莊、小干莊、河北大經路ノ學園ヲ聯合シ天津業餘教學園トシ一月二十日其結成ヲ見タリ尚學園ノ增設ヲ畫策シツツアリ

3 各種學術研究團ノ組織

(イ)華北農村建設協會ノ成立

南京金陵大學、北平清華、燕京各大學、醫學院及天津南開大學等聯合ノ下ニ「華北農村建設協會」ヲ一月二十日組織シ先ツ農村視察ヨリ開始シ漸次實際工作ニ入ルモノノ如シ

(ロ)南開大學ニ於ケル經濟政策講習會

一月二十五日北平大學政治經濟教授程某ノ首唱ニ基キ南大ニ於テ講演會ヲ催セシカ講演ノ主旨次ノ如シ

二一

A　棄日聯蘇

B　華北開發ニハ日本ト提携スヘカラス

三、官憲ノ態度

近時冀察要人ノ對日態度兎角圓滑ヲ缺クノ怨アル折柄之カ反映ハ學生運動取締ニ當ツテモ其ノ片鱗ヲ現出シツツアリ、即チ北平社會局長雷嗣尚ノ抗日學生ニ對スル表裏ノ手加減、國民黨系學生（新學聯）ノ過激ナル運動ニ對スル不取締等其ノ一例ナリ

第七章　列國軍並列國關係事項

一、伊國極東艦隊司令官バロニーノ中佐ハ本年一月一日大佐ニ進級一月末其後任バルガスピ中佐ト交替シ歸國ノ途ニ就ケリ

二、一月十五日（金）午前十時ヨリ正午ニ亘リ駐屯軍將校飯田大佐以下二十八名英國兵營ヲ見學セリ

三、西安ニ於ケル外國人ハ一月十八日英國大使館附武官スミット大尉ト共ニ潼關迄自動車ニヨリ潼關ヨリハ鐵道ニテ十九日洛陽ニ避難セリ

其人員ヲ示セハ左ノ如シ

英　人……三〇名　米　人……一五名　伊　人……一三名
露　人……七名　瑞西人……四名　ノルウヱー人……四名
デンマルク人……三名　獨　人……一名
計　……七七名

尚、西安ニハ英人四名、露人二名留マリアリ、前記避難外人ノ中三十名（内米人九名）ハ二十日夜上海ニ向ヒ又米人三名ハ北方青島、濟南方面ニ向ヘリ

四、天津丁抹副領事（名譽）ヂヨンゲンソンハ一月二十六日ムラー氏領事（名譽）ニ領事事務ノ引繼ヲ了セリ

五、一月二十八日（木）午前十一時ヨリ正午迄駐屯軍將校飯田大佐以下二十四名伊軍兵營ヲ見學セリ

六、伊軍新司令官ジッチオ中佐ハ一月三十一日着津ス、臨時司令官クレゴリオ少佐ニ月一日午後[illegible]時五十分東站發列車ニテ歸國ノ途ニ就ケリ

二一

1894

秘

昭和十二年五月三十一日
支那駐屯軍司令部

昭和十二年五月月報

五月分月報目次

昭和十二年
五月分　支那駐屯軍月報

第一章　北支一般ノ狀況

本月間ニ於ケル北支一般ノ狀況ハ益々南京政權ノ策動露骨トナリ北支ノ中央化察北回收工作或ハ山東ニ於ケル稅警團ノ進入等ハ漸次日支關係ヲ阻害スル諸事象ヲ頻發セシメ冀察政權ノ根本的動搖スラ思ハシムルモノアリテ我カ對支處理方針ノ局面打開ヲ必要トスルニ至リ五月二十五、二十六日中央部ヨリ新對支實行策及北支指導方策並之カ說明ヲ受ケタリ軍ハ依然從來ノ方針ニ基キ右國策ノ遂行ニ邁進シツツアリテ其ノ詳細別册附錄ノ如シ

第二章　作戰警備

一、作戰警備

軍ハ前述ノ如キ情勢ニ鑑ミ警備ヲ嚴ニスヘキヲ命ズルト共ニ作戰警備ノ諸計畫完成セルヲ機トシ各警備隊ノ作戰警備要領ヲ、警備查閱ヲ

五月十七日ヨリ二十二日ニ亘リ查閲セリ其ノ成績ハ最初ナリシヲ以テ希望ノ域ニ達セサリシモ相當ノ成果ヲ得タリ

二、北平警備地區司令官ノ警備查閲

北平地區警備司令官ハ五月一日豐台五月三日北平部隊ノ警備查閲ヲ實施セリ

第三章　教育訓練

軍司令部及各隊ノ主要行事左ノ如シ

一、軍司令部行事

1 自五月　一日
至五月十四日　炊事調理ノ巡回指導ヲ行フ

2 自五月　三日
至五月　四日　經理會議ヲ實施ス

3 自五月　四日
至五月　八日　參謀長會議ニ大木參謀列席ス

4 各隊ノ保管馬検査ヲ左ノ日程ヲ以テ實施ス

五月四日　歩兵第二聯隊、第三大隊

五月七日　騎兵隊

五月八日　歩兵第二聯隊（第三大隊缺）

五月十一日　砲兵聯隊

五月十二日　軍司令部、憲兵隊、通信隊

五月十四日　歩兵第二聯隊第二大隊

五月十八日　歩兵第一聯隊第三大隊

五月十九日　歩兵第一聯隊第一大隊

5 左ノ通保管兵器検査ヲ實施ス

五月八日　憲兵隊

五月十一日　衛病院

五月十二日　軍倉庫

6 五月十日各隊各機關防諜主任者ヲ集合シ防諜會議ヲ實施ス

二

7　自五月十四日　至五月十五日　高級軍醫藥劑將校會議ヲ實施ス

8　自五月十三日　至五月十八日　各特務機關ノ機秘密書類ノ檢査ヲ行フ

9　自五月十七日　至五月廿一日　經理檢査ヲ實施ス

10　自五月十七日　至五月廿二日　警備査閲ヲ實施ス

11　自五月廿二日　至五月卅一日　會計檢査員實地檢査ヲ實施ス

12　自五月卅一日　至六月一日　團隊長會議ヲ實施ス

二、旅團司令部行事

1　左ノ日程ヲ以テ警備査閲ヲ實施ス

五月　一日　豊台部隊
五月　三日　北平部隊

2 左記ノ通教育視察ヲナス

五月　五日　東機局部隊
五月十一日　山海關部隊
自五月十二日　南大寺
至五月十三日　山海關　野營部隊（[illegible]/2l）

3 左記ノ通両聯隊前期検閲ヲ實施シ夫々次期教育ノ指導ノ爲重點事項ニ就キ訓示ヲ示達セリ

自五月十四日
至五月十五日　歩兵第一聯隊第三大隊
五月廿三日　歩兵第二聯隊第二大隊
五月廿四日　歩兵第一聯隊第二大隊
自五月廿五日　歩兵第二聯隊第三大隊

三

至五月廿六日
自五月廿七日　步兵第一聯隊第一大隊
至五月廿八日

三、步兵第一聯隊行事

1 左記ノ通前期検閲ヲ實施セリ

自五月十二日　第二大隊
至五月十三日
自五月十四日　第三大隊
至五月十五日　步兵砲隊
自五月十六日　第一大隊
至五月十七日

二年兵小隊教練
初年兵基本教練

五月廿四日　第二大隊
五月廿六日　第三大隊、歩兵砲隊　初年兵戦闘教練及陣中勤務
自五月廿七日
至五月廿八日　第一大隊

2 各大隊長ハ左ノ如ク初年兵教育査閲ヲ實施セリ
聯隊長之ヲ實施セリ

自五月四日
至五月六日　第三大隊、歩兵砲隊
自五月七日
至五月八日　第一大隊

四 歩兵第二聯隊行事

1 左記ノ通前期檢閲ヲ實施セリ

自五月廿三日
至五月廿四日　第二大隊

自五月廿五日 至五月廿六日	第三大隊	基本教練
自五月廿七日 至五月廿八日	第一大隊	戰鬪教練
五月三十日	步兵砲隊	障中勤務

2　五月一日第二大隊ニ於テ初年兵擲彈筒教育查閱ヲ實施セリ

3　五月二日各大隊ハ大隊長統裁ノ下ニ昌黎附近ニ於テ中、少尉現地戰術ヲ實施セリ

4　自五月二日
至五月四日　聯隊長ハ中、少尉現地戰術實視並山海關灤縣唐山駐屯隊初年兵教育ヲ視察ス

5　將校圖上戰術ヲ五月五日同八日ノ兩日在津部隊將校全員ニ對シ聯隊長統裁ノ下ニ實施ス

6　初年兵野外訓練ノ爲左記ノ通野營ヲ實施ス

自五月十日　南大寺　第一大隊第二大隊

至五月十五日　山海關　第三大隊步兵砲隊

7　五月十五日幹部候補生要員ノ檢定試驗ヲ實施セリ

8　自五月三十一日
　　至六月一日ノ豫定ヲ以テ下士官候補者要員選拔試驗ヲ實施セリ

五、戰車隊行事

1　五月　四日　步戰協同演習ヲ實施ス

2　五月十二日　渡河ニ關スル研究ヲ實施ス

3　五月十九日　戰騎連合演習（基礎的訓練）ヲ實施ス

4　五月廿一日　停車場外ニ於ケル戰車自動車搭載卸下研究ヲ實施ス

5　自五月廿一日
　　至五月廿五日　將校現地戰術及戰史研究ヲ實施ス

六、騎兵隊行事

1　五月十二日　教育查閱ヲ實施ス

2 自五月十五日
至五月十六日　新馬水檢査閲ヲ實施ス

七、砲兵聯隊行事

1 十一日間ニ亘リ瓦斯ニ關シテ基礎教育ヲ演練ス

2 左ノ日程ヲ以テ將校准士官ニ對シ夜間偵察演習ヲ實施ス

五月　十、十一日　第二大隊

五月十一、十二日　第一大隊

3 左ノ日程ヲ以テ聯隊觀測班及聯大隊指揮機關ノ觀測通信演習ヲ實施ス

五月五、六日　聯隊觀測班

五月十八、十九日　第一大隊

五月廿七日　第二大隊

八、工兵隊行事

左ノ著眼ヲ以テ幹部二年兵、初年兵ニ對シ教育ヲ實施シ相當ノ効果ヲ

収メタリ

1 幹部教育：指揮法、教育法、兵器取扱法、典範令ノ重要事項ニ就キ試験ヲ實施セリ

2 二年兵教育 渡河、交通、築城爆破班、教練及陣中勤務ヲ訓練シ專ラ作業教練ニ付實施ス

3 初年兵教育 作業基礎教練中、木工、植杭及重材料取扱爆破ニ重點ヲ置キ教育ス

九、通信隊行事

1 自五月 三日
至五月十六日 北平、豐台間ノ舊有線電線路撤收作業ヲ實施ス

2 自五月 六日
至五月 七日 電信所長會議ヲ實施ス

3 自五月廿六日
至五月廿七日 年度作戰計畫ニ基ク編成ヲ以テ部隊無線電信演習ヲ實施ス

一〇、憲兵隊行事

1 自五月廿五日至五月廿九日 内務及教育ヲ主眼トシ天津－山海關間隊所ノ査閲ヲ實施セリ

一一、軍倉庫行事

1 五月六日 平譯主計大尉ヲシテ防諜ニ關スル檢查ヲ施行セリ

2 五月十五日 警急集合ヲ實施シ警備演習ヲ實施セリ

第四章　軍紀風紀

一、將校以下一般ニ精勵シ軍紀風紀ハ概ネ嚴正ニ保持セラレタリ
然レトモ左記ノ如キ處罰者アリタルハ遺憾トスルトコロナリ

左　記

步兵第一聯隊　下士官　一件　平素ノ訓戒ニ悖リ歸營時刻ニ遲レタル科

同　兵ハ　二件　一、衞兵司令トシテ部下ノ監督不十分竝犯人ノ取扱ヲ輕視シタル科
一、犯人ヲ脫出セシメタル科

戰車隊　准士官　一件　平素ノ訓戒ニ悖リ自動車運轉手證ヲ有セズシテ濫リニ營外ニ於テ自動車ヲ操縱セル科

騎兵隊　准士官　一件　花柳病ニ罹リ病名ヲ騙リタル科

砲兵聯隊　將校　二件　一、兵器ノ盜難紛失ニ關シ部下ノ監督十

分ナラサリシ科

一、同　右

同　下士官　一件　平素ノ教示ニ悖リ鍛冶工場内ニ在ル下士官事務室入口ノ扉ニ鍵ヲ施スコトヲ怠リ同室ニ收容セル兵器ノ盜難紛失ヲ招キタル科

同　兵　一件　平素ノ訓戒ニ悖リ脫營セル科

同　軍屬　一件　平素ノ訓戒ニ悖リ軍紀ヲ紊リ他人ト爭鬪シ其本分ニ背キタル科

通信隊　將校　一件　部下ノ監督指導不行屆ノ爲部下將校ヲ犯罪ニ致ラシメタル科

同　准士官　一件　隊印ノ保管適確ヲ缺キ隊附主計大尉ヲシテ隊印盜用ノ機會ヲ與ヘタルハ任務遂行不十分ナル科

第五章　通信ニ關スル事項

四月十六日海光寺兵營內ニ軍事郵便所ノ開設ヲ見五月一日天津日界壽街（舊營外酒保）ニ移轉シ郵便業務ハ圓滑ニ實施セラレツツアリ

其ノ他通信一般事項左ノ如シ

一、通信ニ關スル新規定事項

1 五月六日對濟南ノ晝間周波數ヲ夜間周波數ニ變更ス

2 豫テ試驗通話實施中ノ五吉無線電話ハ五月十日ヨリ對東京トノ無線電話ノ取扱ヲ開始ス

3 五月十五日通信秘匿上ノ見地ヨリ左ノ交信時間ヲ豫備トシ特別ノ場合ノ外實施セサルコトニ變更セリ

北平－豐台（セ十一時）北平－通州（コ一時）

北平－豐台（コ　六時）北平－通州（コ五時）

天津－山海關（コ　一時）天津－北平（正　午）

天津－山海關（コ　六時）天津－唐山（コ二時）

4 五月二十六日氣象放送ヲ午前七時ニ變更ス

5 對東京無線電話ノ通話時間ヲ當分ノ間左ノ如ク協定ス

午前八時—十時　午後一時—三時

二、通信實施ノ狀況

(一) 有線通信

1 天津—北平間ハ二回盜難ノ爲メ線路障碍アリタルモ回線ノ變更無線ノ利用ト相俟ッテ迅速ナル補修ニ依リ概ネ支障ナク實施スルヲ得タリ

2 天津—山海關間ハ線路ノ狀態良好ニシテ圓滑ナル通信ヲ實施スルヲ得タリ

但シ山海關—新京（錦州）線ハ屢々障碍ノ爲メ天津—新京間ノ臨時無線交信ニヨリ通信ノ疏通ヲ圖リタリ

(二) 無線通信

1 空界ハ概ネ靜穏ナルモ依然時々發生スル黃沙及雷等ノ爲通信困

難トナルコトアリタリ

2 對東京トノ通信ハ五月三日午後五時ヨリ空電雜音多ク又午後八時四十分ヨリ猛烈ナル混信妨害ヲ受ケ受信困難ニ陷リシモ午後十一時頃恢復ス

3 其他各所トノ交信ハ一般ニ良好ニ實施スルコトヲ得タリ

4 無線電話ノ狀態ハ概ネ良好ナルモ午後一時以後ノ通話ハ對所ニ十分ナラリル點アルヲ以テ近ク時間ノ變更ヲ企圖シアリ

5 無線電話機ノ特殊裝置ハ四月下旬來當隊及作製會社ノ技師之ヲ擔當シ實施中ニシテ近ク完成ノ豫定ナリ

第六章　兵器ニ關スル事項

一、昭和十二年度管理兵器檢査ヲ憲兵隊本部同分隊、軍病院及軍倉庫ニ就テ實施セリ

二、兵器業務規則ノ改正並兵器保存要領ノ改纂ニ伴ヒ部內教育ヲ實施セリ

三、五月二十六日ヨリ二十九日迄保管無煙藥ノ耐熱試驗ヲ實施セリ之ノ結果若干耐熱降下火藥アリタルヲ以テ本廠ヘ通牒之カ處置方法研究中ナリ

四、本月中特別支給ヲ受ケタル兵器中主要ナルモノ左記ノ如シ

左　　記

二重電信機

特一號電話機

九四式一號型充電機

現字機

九四式二號乙無線機用整流装置

五、本月中不足兵器補塡トシテ受領セル兵器中主要ナルモノ左記ノ如シ

左　　記

九四式六號無線機

同　四號丙無線機

九四式二號乙無線機
九四式一號無線機
九四式一號型特殊受信機
九四式三號同
九四式五號同
其ノ他演習用彈藥若干ヲ受領ス
第七章　經理ニ關スル事項
五月上旬實施セラレタル經理會議ノ際ニ於ケル軍經理部長ノ指示並注意事項ニ基キ特ニ經理ノ重點指向ニ留意シ駐屯勤務教育及作戰準備ニ遺憾ナカラシムル如ク着意シ概ネ順調ニ進捗シアリ
其詳細經理月報記載ノ如シ
第八章　衛生ニ關スル事項
別册衛生月報記載ノ如シ
第九章　馬事關係事項

一、軍馬ノ保育衛生

月間ハ快晴連續シ氣温ハ前月ニ比シ平均一〇度内外ノ上昇ヲ示シ北支ニ於ケル夏季ニ入リ日中最高氣温三九度ニ及ヘリ隸下各部隊假廐舍ハ亜鉛引鐵板ノ屋根ニテ日中廐内暑熱甚シク徒ニ馬匹ハ廐内ニ於テ發汗疲勞スル傾向アリシヲ以テ天棚ニヨル防暑ノ施設ヲナシ有害感作ノ除去ニ努メ其成績良好ナリ

二、防疫

1 鼻疽發生終熄狀況

二月十六日本症關係馬發生以來之カ檢疫豫防撲滅ニ努メ初發以來眞症六頭疑似症四九頭計五五頭ヲ檢出シ軍臨時病馬廐ハ其大部ヲ收容シ速カニ判定ヲ得ルニ努メタル結果月末ニ於テハ后遺四頭トナリ各部隊ハ之レカタメ警備教育ヲ阻害セルコトナク經過セリ

其ノ概要左表ノ如シ

病名		鼻疽	同疑似及觀察	計
月間發生頭數		一	一	一
初發以來ノ累計	步一	一	六	七
	步二	五	三八	四三
	騎		二	二
	砲		三	三
	計	六	四九	五五
轉歸	解除		四五	四五
	殺	六		六
	計	六	四五	五一
後遺			四	四
初發月日		二月十六日		
摘要			後遺ハ步一ノモノトス	

2 強直病

四月三十一日砲兵聯隊ニ發生入廠中ノ本病馬ハ五月二十日快復退廠トナレリ軍ニ於テハ「アナトキシン」ニヨル強直病豫防注射ノ準備ヲ完了シ不日實施ノ豫定ナリ

三、病馬及斃馬

1 病馬北支ニ於ケル夏季ニ入リ日中暑熱著シキモノアリシモ天棚ニヨル防暑施設成リシト各部隊ノ馬衛生ノ周到ナル注意ニヨリ發病馬少數ニシテ馬每百病馬比例ハ一、九六トス

2　廢斃馬　ナシ

四　護蹄

快晴ノ連續シ教育ノ進捗ニ伴フ馬匹ノ勞働増加シ蹄衛生ハ特ニ考慮ヲ要スヘキ時期ナリシモ各部隊共周到ナル注意ニヨリ裂蹄新發一蹄ヲ發生セルノミニテ經過セリ裝蹄作業ハ警備訓練繁忙ヲ極メ蹄鐵工兵ノ工場出場困難ナル狀態ニアリシモ周到ナル計畫ニヨリ概ネ順調ニ實施セラレ其ノ保存日數二六乃至三四日ノ間ニ在ルヲ得タリ

五　軍臨時病馬廠

1　診療業務ニ關スル事項

月間各部隊ノ鼻疽檢疫ニヨル疑症馬及重症病馬外科手術馬等三〇頭ヲ收容治療シ平均一日ノ入廠病馬數一四頭ニ及ヒ部隊附獸醫部員ヲシテ治療衛生ノ勞ヲ省キ保健衛生及教育ニ邁進セシメツツアリ

防疫治病ノ成績ハ概ネ良好ニシテ一七頭ヲ隔離解除又ハ快復セシ

メ又月間切紳術燒烙術齒牙整理術等六頭ヲ實施シ其經過何レモ良好ナリ

2 防疫業務ニ關スル事項

前月ニ引續キ獸醫配屬ナキ部隊ノ鼻疽檢疫ヲ實施シ其頭數七〇頭ニ及ヒ又入廠隔離中ノ鼻疽疑似馬ノ檢疫ヲ實施シ后遺四頭ヲ殘シテ他ノ隔離視察ヲ解除セリ

又軍納入馬糧運搬馬ノ鼻疽檢診ヲ實施シ馬糧ノ汚染ニヨル軍馬鼻疽搬入防止ニ努メタリ幸ニ今同ノ全檢疫ハ陰性ナリシモ尙將來引續キ實施ノ豫定ナリ

3 研究事項

鼻疽檢疫ノ迅速確實ト職員ノ檢疫能力向上ノタメ左記ノ研究ヲ行ハシメ概ネ豫期ノ成果ヲ收メ鼻疽檢疫上從前ニ比シ有利ノ狀態ニ達セリ

(イ)鼻疽菌鑑別培地トシテ「パラフクシン」加寒天培養基ノ價値ニ

就テ

(ロ)腺疫傳貧經歷馬及新馬ノ鼻疽凝集價ニ就イテ

第十章　儀禮、社交、涉外ニ關スル事項

一、儀　禮

1 五月六日米軍司令官リンデ大佐離任ニ付歩兵第二聯隊ヨリ儀杖隊ヲ出セリ

2 五月十八日新任米軍司令官マクアンドリウ大佐軍司令部ニ正式訪問アリ歩兵第二聯隊ヨリ儀杖隊ヲ出セリ

3 五月二十一日新任米軍司令官マクアンドリウ大佐着任ニ付歩兵第二聯隊ヨリ儀杖隊ヲ出セリ

4 五月二十六日全支英軍司令官バーソロミユウ少將軍司令部ニ公式訪問アリ歩兵第一聯隊第二大隊ヨリ儀杖隊ヲ出セリ

二、社　交

五月二十七日米軍司令官外各國司令官及幕僚等（八名）ヲ官邸ニ招待懇談セリ

第十一章　人員ノ異動

附表第一ノ如シ

分割撮影ターゲット

分割した部分の撮影順序	1 | 2
分割撮影した理由	Ａ３判以上のため

上記のとおり分割撮影したことを証明する

8 年 10 月 28 日

主務者又は

撮影立会者　坂根嘉和

附表第一

支那駐屯軍人馬現員表　昭和十二年五月三十一日現在

部隊	區分	戰員 將校 現員	戰員 將校 定員ニ対スル過不足	戰員 下士官、兵 現員	戰員 下士官、兵 定員ニ対スル過不足	非戰員 將校同相當官及高等文官 現員	非戰員 將校同相當官及高等文官 定員ニ対スル過不足	非戰員 下士官兵及之ニ相当スル文官軍属 現員	非戰員 下士官兵及之ニ相当スル文官軍属 定員ニ対スル過不足	計	馬匹 乗馬輓馬駄馬 現員	馬匹 乗馬輓馬駄馬 定員ニ対スル過不足	摘要
軍司令部		三八		一一		一三 △五		一〇 △七六		七二 △七一	二三		
旅團司令部		三		三				△一		六 △一	四		
支那駐屯歩兵第一聯隊	北平	三三		五五七	ㄱ八	九		[illegible]		六一六 △三	二七		入院 四四
支那駐屯歩兵第一聯隊	東機局	二六		五三五	ㄱ二四	二		九		五七二	一九		
支那駐屯歩兵第一聯隊	豐台	三二		六五一	ㄱ一五	二		一一 △一一		六九六 △一一	五二		
支那駐屯歩兵第一聯隊	通州	二		二八						三〇	三		
支那駐屯歩兵第一聯隊	計	九三		一七七一	ㄱ四七	一三		三七 △二四		一九一四 △四	一〇一		
支那駐屯歩兵第一聯隊	天津	五七		一〇三五	ㄱ三一	八	ㄱ一	二三	ㄱ一	一一二三	八一		入院 四二
支那駐屯歩兵第一聯隊	塘沽	五		一四一	ㄱ五			一		一四七			
支那駐屯歩兵第一聯隊	唐山	六		一四〇	ㄱ四			一		一四七			
支那駐屯歩兵第一聯隊	灤縣	六		一二五	ㄱ三			一		一三二			
支那駐屯歩兵第一聯隊	昌黎			一九						一九			
支那駐屯歩兵第一聯隊	秦皇島	二		二〇						二二			
支那駐屯歩兵第一聯隊	山海關	一三		二二〇	ㄱ八	二		三		二三八	一九		
支那駐屯歩兵第一聯隊													
支那駐屯歩兵第一聯隊	計	八九		一七〇〇	ㄱ五一	一〇	ㄱ一	二九	ㄱ一	一八二八	一〇〇		

1927

支那駐屯戰車隊	一五	一五八三	二	三	一七三四		
支那駐屯騎兵隊	六	一四六	二	三	一五八	四七	入院二
支那駐屯砲兵聯隊	三五	六八六	五	一二	七四八	五一	入院一六
支那駐屯工兵隊	九	一六〇	二	二	一七三		
支那駐屯通信隊 天津	七	九四	△三一	△四五	△五一〇九	四	
北平	一	二七		△一	△一二八		
通州		七			七		
豐台		七			七		
塘沽		八			八		
唐山		七			七		
灤縣		七			七		
秦皇島		七			七		
山海關	一	二			一二		
計	九	一七五	△一二	△五五	△六一九二	四	

	支那駐屯憲兵隊 天津本部	天津分隊	天津東站	天津總站	塘沽	唐山	灤縣	昌黎	秦皇島	山海關	北京分隊	通州	豐台	計	軍病院 天津	北平	計	支那駐屯軍倉庫	總計
	四	三								一	三			一一					二〇八
	八	一九	二	二	二	三	二	二	二	四	一三	二	二	六七					四八六八
																			フ九八
	一	卅												一	△二九	一	△一一〇	五	六七 △八
																			フ一
	△一三	△一								△一	△二			△五三	六六	四	七〇	△二七	一八一 △九四
																			フ二
	△一一六	△二二	二	二	二	二	二	二	二	△一五	△一二六	一	一	△七五八	△七一五	五	△八一〇	△一二二	五四二四 △九四
	四									二				二					六五
																			一〇三 入院

備考
一、准士官ハ将校欄ニ含ム
二、△印ヲ冠セルハ軍属ヲ示ス
三、朱書セルハ現員中ニ含マス（フハ不足数、他ハ入院数ヲ示ス）

秘

昭和十二年六月三十日
支那駐屯軍司令部

昭和十二年六月月報

六月分月报目次

昭和十二年　支那駐屯軍月報
六月分

第一章　北支一般ノ狀況

本月間ニ於ケル北支一般ノ狀況ハ表面前月ト大差ナキカ如キモ内面ニ至リテハ南京政權ノ抗日諸工作ハ益々露骨トナリ殊ニ北平ニ於テ著シキモノアリ、即駐屯部隊或冀察政權トノ間ニ諸系爭事件ヲ頻發セシメ又ハ學生ノ反日運動ヲ煽ル等、日支關係ハ逐日惡化ノ途ヲ辿ルノミニシテ其詳細別紙附錄ノ如シ

第二章　作戰警備

一、北支一般ノ情勢前述ノ如キヲ以テ軍ハ突發事變ニ應スルノ諸準備ヲ整フルト共ニ警戒ニ努メ且本月間主トシテ之等ニ關シ隨時檢閲ヲ實施シテ一般ノ緊肅ヲ圖レリ

2

第三章　教育訓練

軍司令部各隊ノ主要行事左ノ如シ

一、軍司令部行事

(1) 左ノ日程ヲ以テ隨時檢閲、馬衛生檢閲ヲ實施ス

自六月三日
至六月四日　砲兵聯隊

六月五日　唐山憲兵分駐所

六月六日　灤縣、昌黎憲兵分駐所

六月七日　歩二ノ第三大隊、山海關憲兵分遣所

六月八日　歩二第九ノ一小、秦皇島憲兵分駐所

六月十四日　歩二ノ三（塘沽）

六月十五日　歩二（第三大隊及第三中隊員）（天津）

六月十六日　歩一ノ第二大隊（天津）

六月十七日　通信隊（天津）

3

六月二十二日　步一ノ第三大隊及步兵砲隊
豐臺憲兵分駐所

六月二十三日　步一第一大隊ノ一小
通州憲兵分駐所、通州特務機關

六月二十四日　步一（第二、第三大隊第一大ノ一小、步兵砲隊
缺）
軍病院分院

六月二十五日　步兵旅團司令部
北平憲兵分隊
北平特務機關

自六月二十九日
至六月三十日　戰車隊、騎兵隊、工兵隊

(2) 自六月三日
至六月二十四日　軍衛生査閲ヲ實施ス

(3) 自六月六日
至六月十九日　軍經理檢査ヲ實施ス

6

二、步兵第一聯隊行事

(1) 自六月三日 至六月五日 將校暗號教育ヲ實施ス
自六月八日 至六月十日

(2) 自六月五日 至六月七日 將校現地戰術ヲ實施ス

(3) 自六月十日 至六月十二日 步兵操典草案普及教育ヲ實施ス

(4) 六月十一日 下士官候補者教育ヲ開始ス

(5) 自六月二十八日 至六月三十日 將校現地戰術ヲ實施ス

三、步兵第二聯隊行事

(1) 六月三日 特業教育ヲ開始ス

(2) 左ノ日程ヲ以テ秦皇島ニ於テ野營ヲ實施ス

自六月二十六日
至六月二十九日　第三大隊

六月二十八日ヨリ第二大隊

六月三十日ヨリ第一大隊

四　戰車隊行事

(1)　六月五日　隊經理檢査

(2)　六月九日　國境ニ對スル戰闘ノ研究

(3)　六月十五日　軍經理檢査

(4)　自六月二十一日
至六月二十二日　前期檢閲

(5)　自六月二十九日
至六月三十日　隨時檢閲

五　騎兵隊行事

(1)　自六月一日
至六月四日　炭疽予防接種ヲ實施ス

6

(2) 六月　五日　被服検査ヲ實施ス

(3) 六月十一日　經理検査

(4) 六月十九日　衛生査閲

六、砲兵隊行事

(1) 自六月十一日
至六月十四日　前期検閲ヲ實施ス

(2) 六月十六日　將校ニ對シ兵棋ヲ實施ス

(3) 自六月二十二日
至六月二十五日　大尉以上現地戰術（張家口、張北）

(4) 自六月二十六日
至六月二十九日　中少尉現地戰術（南口、密雲）

(5) 六月三十日　歩兵操典草案ノ改正要點ニ關シ教育ス

七、工兵隊行事

(一) 幹部教育

將校ニ對シテハ現地戰術、准士官曹長ニ對シテハ典範令ニ基ク課題

作業ヲ課シ相當ノ効果ヲ收メタリ

(二)兵教育

二年兵ニ對シテハ作業班教練ニ重點ヲ置キ初年兵ニ對シテハ作業基礎教練ニ重點ヲ置キ教育シ共ニ時期相當ノ成果ヲ收メタリ

八、通信隊行事

(1)自六月十二日　至六月十五日　移動無線訓練ヲ實施ス

(2)自六月二十五日　至六月二十八日　下士官合同教育ヲ實施ス

第四章　軍紀風紀

一、將校以下一般ニ精勵シ軍紀風紀ハ概ネ嚴正ニ保持セラレタリ

然レトモ左記ノ如キ處罰者アリタルハ遺憾トスルトコロナリ

左記

步兵第一聯隊　下士官　三件

一、平素ノ訓戒ニ悖リ不注意ノ爲罹病シタル科一件

二、平素ノ嚴重ナル訓戒ニ悖リ歸營時刻ニ遲レタル科二件

戰車隊　兵　一件

平素ノ訓戒ニ悖リ初年兵ヲ毆打シタル科

軍病院　下士官　一件

平素ノ訓戒ニ悖リ公用歸途ノ婦人ト會合シ之カ誘惑ニ陷リ下士官ノ体面ヲ汚シ歸營時刻ニ遲レタル科

第五章　通信ニ關スル事項

一、通信ニ關スル新規定事項

(1) 六月十日營外無線通信所名符號及名宛暗號用ヲ使用ス

(2) 六月十五日緊急警備通信規定ヲ定メ有線障碍及非常ノ際ニ於ケル無線通信連絡ヲ演練シアリ

(3) 六月二十四日ヨリ約一ケ月間軍艦龍田トノ交信ヲ中止ス

(4) 六月二十五日北平ー天津間ノ搬送電話使用時間ヲ改正シ同日ヨリ實施中ナリ

三、通信實施ノ狀況

㈠有線通信

①天津—北平間ハ概ネ良好ニ通信ヲ實施セリ

②天津—山海關ハ良好ナル通信ヲ實施セリ

③天津—塘沽線ハ概ネ良好ニ實施セリ

④北平—豐臺、北平—通州線共ニ圓滑ナル通信ヲ實施セリ

⑤天津—東機局線、通州—唐山線亦共ニ良好ナル通信ヲナセリ

㈡無線通信

①本月中旬頃ヨリ空電多大ナル妨害ヲ受ケタルモ周密ナル調整ニ依リ概ネ支障ナク通信ヲ實施セリ

②其ノ他管内ノ交信ハ小ナル障碍ヲ除キ概ネ圓滑ニ通信ヲ實施スルヲ得タリ

③對東系ノ五吉無線電話特殊裝置試驗ハ前月ニ引續キ實施中ニシテ概ネ所期ノ成果ヲ擧ゲツツアリ

10

㈢電線路ニ關スル事項

①各地電信所共長距離及局地電話圖線整理作業ニ着手セリ

②天津－北平間ハ盜難一回人爲障碍（混線）一回及風害ニ依ル混線二回アリタルモ迅速ナル補修ニ依リ完全ニ恢復セシメタリ

③天津－塘沽線ハ盜難二回アリタルモ迅速ニ補修シタル爲完全ニ恢復セリ

④其他各所共線路ハ良好ニ維持セラレアリ

第六章　兵器ニ關スル事項

一、保管兵器竝貸與兵器檢査ヲ左記ノ通實施セリ

左記

六月二十三日　濟南特務機關

六月二十五日　青島特務機關

青島學院商業學校

六月二十七日　天津青年學校

二、六月十二日警備ノ際ニ於ケル服務訓練ノ爲部内判任官以下全員ニ對シ教育ヲ實施ス

三、六月十九日大倉農場ニ於テ兵器部火薬燒却作業ヲ實施セリ

四、本月中部隊ニ支給セシ兵器ノ主ナルモノ左記ノ如シ

左　記

一〇〇回線共電式複式交換機其他

現示機

二重電信機

特一號電話機外各種無線機

五、東京兵器支廠ヘ返納スヘキ五吉短波無線電信機ノ發送ヲ完了セリ

第七章　經理ニ關スル事項

本月ハ臨時檢閲經理檢査等各種ノ行事輻輳シ經理業務ハ繁忙ヲ極メタル

12

モ適時適切ニ業務ヲ處理シ教育訓練ニ支障ナク其ノ詳細經理月報記載ノ如シ

第八章　衛生ニ關スル事項

一、一般衛生狀況

(1) 將兵保育ノ狀況ハ概ネ良好ニ維持セラレアルモ氣溫ノ上昇ト兵業ノ繁劇トニ因リ体重ハ前月ニ比シ僅ニ減少ヲ示セリ

(2) 氣候ハ月間ヲ通シテ概ネ晴天ナリシモ雨期ニ入リ曇天比較的多ク屢々降雨アリ

氣溫ハ頓ニ昇騰シ月間最高四〇度ニ達セリ、暑熱益々加ハリツツアリ

二、患者ノ狀況

月間新患數ハ四七〇名ニシテ之ヲ病類別ニ觀察スレハ榮養器病ノ三〇三名首位ヲ占メ外傷及不慮ノ三九名之ニ亞キ呼吸器病ノ二四名ノ順ト

ス
新患中入院患者九七名ニシテ榮養器病ノ二七名首位ヲ占メ赤痢一二名呼吸病一二名ノ順トス
減耗ハ二九名ニシテ内地還送二七名、死亡二名ナリ。即チ新患發生率ハ人員每千比八、五、治療日數一、七五五、平均一日現在患者五七、五ニシテ前月ニ比シ稍々增加ヲ示セリ
三、防疫
本月ヨリ夏季防疫ヲ實施シ特ニ經口傳染病ニ意ヲ拂ヒタリ
尚「コレラ」ハ北支地方ニ發生ナキモ豫防接種液ヲ準備シ萬全ヲ期シツツアリ

13

第九章　馬事關係事項

一、軍馬ノ保育衛生
月間依然トシテ快晴ハ連續シ北支ニ於ケル盛夏ノ候ニ入リ暑熱甚シク

最高氣温四〇度ニ及ヘリ。隷下各部隊ハ馬匹ノ北支邊境ノ馴化ニ力ムルト共ニ前月ニ引續キ防暑ノ目的ニテ假廐舍ノ天幕及防蠅ノタメ廐舍ノ通風窓ニ窓布ヲ設ケ有害感作ノ排除ニ專念シ且馬ノ耐暑ニ對スル鍛錬ヲ行ヒタリ。而シテ之カ鍛錬ト共ニ隷下部隊中ニハ廐内氣温ノ昇騰無風中ニ馬匹ヲ繫留セルハ徒ラニ激汗疲勞ヲ生セシムルヲ以テ一方夕食後ヨリ點呼時限迄之ヲ馬繫場ニ出シソノ勞ヲネキラフ等ノ處置ヲ採ルモノアリ

二、防疫

(1)鼻疽發生終熄状況

前月後遺ノ鼻疽觀察馬四頭ハ引續キ軍臨時馬廠ニ於テ鼻疽檢診ノ結果六月十三日觀察ヲ解除セリ

本病ハ二月十六日發生以來愼重檢疫ノ結果檢疫ノ都度似馬發生荏苒六ケ月ニ及ヘルモ此ノ間豫防撲滅等盡粹シ眞症七頭。疑似及觀察馬七九頭ニ及ヒ眞症馬ハ決定ノ都度殺處分ヲ行ヒ疑似馬及觀察馬ハ主

トシテ軍臨時病馬廠ニ入廠セシメ臨床及血清診断等ノ併用ニヨリ極力早期ニ之カ判定ニ努メ關係ナキモノハ之ヲ解除シ六月十二日ヲ以テ終熄セリ

三、病馬及斃馬

(1) 病　馬

北支ニ於ケル盛夏ニ入リ日中暑熱著シキモ各部隊周到ナル注意トニヨリ發病馬少數ニシテ馬毎百病馬比例ハ一、三七頭（前月ニ比シ〇、四九減）トス

(2) 斃馬ナシ

四、護　蹄

快晴連續シ教育ノ繁忙ニ伴ヒ馬匹ノ勞働増加シ肢蹄ノ保護上最モ考慮ヲ要スヘキ時期トナリシカ各隊共周到ナル著意ニヨリ之カ遺憾ナキヲ期セリ

装蹄作業ハ警備訓練上蹄鐵工兵ノ工場出場困難ナル状態ニアリシモ萬

難ヲ排シ概ネ順調ニ實施スルヲ得タリ

五、軍臨時病馬廠

(1) 診療業務ニ關スル事項

月間各隊共入廠病馬ハ僅少ニシテ病馬數二七頭ノ内新患トシテ消化器病皮膚病運動器病等一四頭ヲ收容シ平均一日入廠馬一〇頭強ニ及ヒ月間一五頭ヲ恢復退廠セシメタリ

(2) 防疫業務ニ關スル事項

前月ニ引續キ獸醫配屬ナキ部隊ノ豫防接種及鼻疽發生部隊ノ血液檢診等ヲ實施シ鼻疽檢疫ノ適確ヲ期シ六月十五日ヲ最後トシ軍鼻疽關係馬ハ絶無トナレリ

檢疫ノ概況左表ノ如シ

區分	檢疫又ハ豫防注射頭數	マレイン −	マレイン ±	マレイン +	疑集反應 −	疑集反應 ±	疑集反應 +	補体結合反應 −	補体結合反應 ±	補体結合反應 +	判決 −	判決 ±	判決 +	摘要
鼻疽血清診斷	一五				一三	二		一五			一五			
鼻疽マレイン檢疫	一三	一三		一	一			一			一三			
炭疽豫防注射	四五	皮内注射トシ接種反應輕微ナリ												
強直症豫防注射	四五	アナトキシン注射トシ反應輕微ナリ												
計	一一八	一三		一	一四	二		一六			二八			

第十章　儀禮、社交、渉外ニ關スル事項

一、儀禮

(1)六月十八日支那駐屯步兵第一、第二聯隊ハ各々ノ駐屯地ニ於テ第一回軍旗祭ヲ施行セリ

17

二、社交　ナシ